제2판

예제를 통한 계량경제학

Damodar Gujarati 지음 강달원, 김윤영, 제상영, 차경수, 홍찬식 옮김

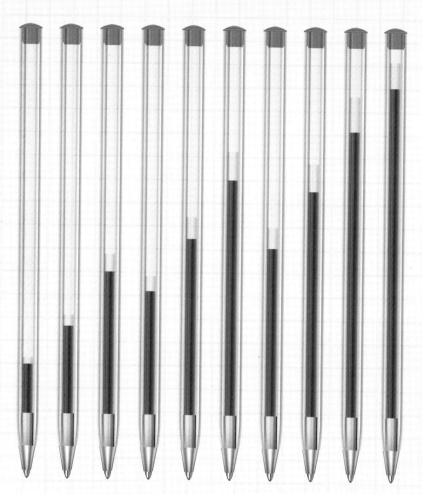

Σ 시그마프레스

예제를 통한 **계량경제학** 제2판

발행일 | 2016년 9월 1일 1쇄 발행

지은이 | Damodar Gujarati
옮긴이 | 강달원, 김윤영, 제상영, 차경수, 홍찬식
발행인 | 강학경
발행처 | **(주)시그마프레스**
디자인 | 김정하
편집 | 김은실

등록번호 | 제10-2642호
주소 | 서울특별시 영등포구 양평로 22길 21 선유도코오롱디지털타워 A401~403호
전자우편 | sigma@spress.co.kr
홈페이지 | http://www.sigmapress.co.kr
전화 | (02)323-4845, (02)2062-5184~8
팩스 | (02)323-4197

ISBN | 978-89-6866-767-1

ECONOMETRICS *BY EXAMPLE*, Second Edition

* 책값은 책 뒤표지에 있습니다.

* 이 도서의 국립중앙도서관 출판시도서목록(CIP)은 서지정보유통지원시스템 홈페이지 (http://seoji.nl.go.kr)와 국가자료공동목록시스템(http://www.nl.go.kr/kolisnet)에 서 이용하실 수 있습니다.(CIP제어번호 : 2016019527)

역자서문

계량경제학 교과서 저자로 유명한 구자라티 교수가 또 한 권의 흥미로운 교과서 **예제를 통한 계량경제학**을 내놓았다. 이 책은 학생들이 자료를 이용한 계량분석을 직접 손으로 해봄으로써 다양한 계량경제모형을 자연스럽게 이해할 수 있도록 쓰여 있다. 모형과 자료의 성격을 간략하게 제시하고 추정 및 검정 방법을 누구나 이해할 수 있도록 단계별로 설명한 다음 즉각 통계패키지를 이용하여 결과를 얻어 보는 방식이다.

이 책 **예제를 통한 계량경제학** 제2판은 세 가지 면에서 기존의 교과서들과 차별화된다. 먼저, 이론적 논의와 수학적 유도가 최소화되어 있다. 예를 들어, 거의 모든 계량경제학 교과서가 소개하고 있는 가우스-마르코프 정리의 증명을 이 책에서는 찾아볼 수 없다. 모든 모형에 대해 왜 이러한 추정 및 검정 방법이 도출되는지에 대한 직관적 설명만 있을 뿐이다. 수학도 단지 모형과 추론방법을 설명하기 위한 편리한 기호로만 이용되고 있다. 따라서 기초통계학을 공부한 학생이라면 누구나 어렵지 않게 읽어 나갈 수 있는 책이다.

둘째, 이 책은 이론을 최소화하는 대신에 기존의 교과서들이 공간제약상 다룰 수 없었던 고급 주제들을 포함하고 있다. 패널자료 모형, 벡터 오차수정모형, 생존분석, 절단회귀모형 등의 어렵지만 유용한 모형들이 학생들이 직접 해볼 수 있는 예제와 함께 소개되어 있다. 이론을 어느 정도 깊이 있게 공부하면서 이들 주제에 단시간 내에 도달하기는 매우 어려운 일이다. 물론 모든 계량경제 모형을 전부 다루고 있지는 않지만, 입문서로서는 매우 다양한 모형들을 폭넓게 공부할 수 있는 책이라 할 수 있다.

마지막으로, 이 책의 예제들은 모두 가상적 자료가 아니라 현실의 실제 자료를 분석하고 있다. 사실 이것이 학생들로 하여금 재미있게 계량경제학을 공부할 수 있도록 해주는 이 책의 가장 중요한 특징이라 할 수 있다. 일급 학술지의 논문에서 사용한 자료를 제시하고 학생들이 논문의 결과를 재생하도록 하는 예제들도 다수 포함되어 있다. 계량경제학 입문자가 단시간에 프론티어까지 맛볼 수 있도록 해준 구자라티 교수에게 감탄할 뿐이다.

경제학을 전공하는 학생이라 해도 고작 한 학기 정도 계량경제학을 수강하고 졸업하는 것이 현실이다. 계량경제학의 방대한 내용을 공부하기에는 턱없이 부족한 시간이다. 이렇게 한 학기의 시간만 주어져 있다고 할 때, 처음으로 계량경제학을 접하는 학생이 무엇을 어떻게 공부하는 것이 최선일까 생각해 본다. 먼저, 가장 기본적인 다중회귀분석을 탄탄하게 공부하는 방법이 있다. 오차항의 이분산과 시계열상관까지 배우면 한 학기가 지나갈 것이다. 기초는 튼튼해지는 장점이 있지만 다중회귀분석의 틀에서 벗어나기 어렵다.

이 책은 여기에 대한 대안으로, 이론적 기반을 다소 희생하더라도 재미있는 예제를 통해 다중회귀분석 이후의 모형까지 가능한 한 많이 접해 보는 방법을 권하고 있다. 역자들이 이 책을 번역하기로 결정한 것은 구자라티 교수가 제안한 후자의 방법이 학습동기 유발과 실용성 면에서 훌륭한 대안이라 판단하였기 때문이다.

이 책을 읽을 때에는 반드시 통계패키지 Stata나 Eviews를 곁에 두고 있어야 한다. 모형의 성격과 추정 및 검정 방법, 그리고 결과의 해석 등을 눈으로 읽어보는 것만으로는 결코 이 책의 내용을 올바로 이해할 수 없다. 도우미 웹사이트에서 자료를 다운로드 받은 다음 필요한 모든 계산을 스스로 단계별로 실행해 보아야만 계량경제학이 다양한 경제문제에 대해 해답을 얻게 해주는 매우 실용적인 학문임을 깨닫게 될 것이다. 자신의 계산이 책에 재현되어 있는 패키지 출력물과 일치하는 것을 확인하는 순간의 기쁨도 누릴 수 있을 것이다. 모쪼록 이 책으로 한 학기 동안 계량경제학을 즐겁게 공부하기 바란다.

역자들은 원서의 의미가 정확하게 전달될 수 있도록 번역에 최선의 노력을 기울였다. (주)시그마프레스 편집부도 편집과 교정뿐만 아니라 역자들의 몫인 용어의 선택과 통일에까지 큰 도움을 주었다. 물론 남아 있는 오류와 어색한 문체는 역자들의 책임이다.

2016년 8월
역자 일동

저자서문

예제를 통한 계량경제학(Econometrics by Example, EBE) 제2판의 주목적은 제1판과 마찬가지로 복잡한 수학과 통계학을 사용하지 않으면서 계량경제학의 핵심내용을 소개하는 것이다. 계량경제학의 기본 이론을 다양한 분야의 자료를 이용한 다수의 예제 수행을 통해 설명하는 것이 책 전체에 걸쳐 강조하고 있는 점이다. 이 책이 염두에 두고 있는 독자는 경제학, 회계학, 금융, 마케팅, OR 및 관련 분야의 학부학생, 그리고 MBA 프로그램의 학생과 기업, 정부 및 연구기관의 연구자들이다.

주요 특징

- 심도 있는 예제들로 계량경제학의 주요 개념을 설명한다.
- 모든 필요한 곳에 Eviews(버전 8), Stata(버전 12), 그리고 Minitab(버전 16) 등의 통계패키지에서 얻은 그림과 출력물을 삽입해 놓았다.
- 예제와 연습문제에 사용되는 자료는 이 책의 도우미 사이트에 게시되어 있다.
- 일부 연습문제는 강의에서 과제물로 활용할 수 있게 되어 있다.
- 분석에 이용된 자료의 목록과 변수들에 대한 설명은 부록 1에 수록되어 있다.
- 부록 2는 이 책을 공부하는 데 필요한 통계학 기초개념을 제공하고 있다.

제2판의 새로운 점

- 분위수 회귀모형과 다변량 회귀모형에 관한 완전히 새로운 두 개의 장이 있다.
- 다수의 장에 새로운 예제들이 추가되었다.
- 자료 기반 연습문제를 상당히 확충하였다. 자료 기반 예제와 연습문제가 모두 합해 약 70개에 이른다.

이 책은 다섯 부로 구성되어 있다.

제1부는 계량경제학의 기본 분석수단인 고전적 선형회귀모형에 대해 상당히 자세하게 논의한

다. 여기에 있는 장들은 책의 나머지 부분을 위한 기초를 형성한다. 원점을 지나는 회귀, 즉 제로-절편 모형은 새로운 토픽이며 금융이론으로 잘 알려져 있는 자산가격 결정모형(CAPM)을 영국의 주식시장 자료로 분석하는 예제를 통해 예시해 보여주고 있다. 다른 하나의 새로운 토픽은 구간별 선형회귀(piecewise linear regression)로 회귀선의 선분들이 매듭(knots)이라 부르는 굴절점에서 연결되어 있는 모형이다.

제2부는 고전적 선형회귀모형의 가정들을 비판적으로 검토한다. 구체적으로 다중공선성, 이분산, 자기상관, 그리고 모형설정오류 등의 주제를 다룬다. 연립방정식 편의와 동적 회귀모형에 대해서도 논의한다. 이 모든 주제들을 구체적인 경제 자료를 가지고 설명하고 있으며, 자료 중에는 이번 판에 새로이 추가된 것도 일부 있다. 이분산에 대한 장에서는 강건한 표준오차와 관련된 몇 가지 기술적 측면에 대해 논의하고, 이분산-강건 t 통계량과 이분산-강건 왈드 통계량의 개념을 소개한다. 자기상관을 다룬 장에서는 자기상관에 대한 표준적인 검정과 대안적인 더빈검정을 모두 논의한다. 정규성 검정에 흔히 이용되는 자크-베라 검정의 소표본에서의 제한점에 대해서도 설명한다. 제2부에는 자료 기반 연습문제가 다수 추가되어 있다.

제3부는 일반화선형모형(Generalized Linear Models, GLM)이란 이름으로 알려진 모형들을 다룬다. 이름이 시사하는 바와 같이 이들은 고전적 선형회귀모형을 일반화시킨 모형이다. 고전적 모형에서는 종속변수가 회귀모수들의 선형함수이고, 연속형 변수이고, 정규분포를 따르며 동분산이라 가정한다. 오차항이 정규분포를 따른다는 가정은 회귀계수들의 확률분포를 구하여 가설검정에 이용하기 위한 것으로 소표본에서는 매우 중요한 가정이다.

GLM은 종속변수가 회귀모수들의 비선형함수이고, 정규분포를 따르지 않으며, 오차 분산이 일정하지 않을 수 있는 상황에 유용한 모형이다. 제3부에서 다루고 있는 GLM은 로짓과 프로빗 모형, 다항회귀모형, 제한 종속변수 회귀모형, 그리고 가산자료를 위한 모형인 포아송 및 음이항 회귀모형 등이다. 모든 모형들은 구체적인 예제를 통해 예시되어 있다.

일부 장에 변화가 있다. 로짓과 프로빗 모형에 odds 비율에 대한 논의, 그리고 상관관계를 가진 두 개의 예/아니요 유형 종속변수가 있는 이변량 프로빗 모형에 관한 연습문제가 추가되었다. 제한 종속변수 회귀모형을 다룬 제11장에 흔히 헤킷 모형(Heckit model)이라 부르는 헤크만의 표본 선택 모형(sample selection model)에 대한 논의가 추가되었다. 제3부에는 강의에서 프로젝트 과제로 쓸 수 있는 것을 포함하여 다수의 새로운 연습문제가 들어가 있다.

제4부는 시계열자료에서 자주 부딪히는 몇 가지 주제를 다룬다. 안정 시계열과 불안정 시계열, 공적분된 시계열, 그리고 자산가격 변동성 등의 개념을 다수의 경제, 금융자료를 이용한 예제들을 통해 설명한다. 경제예측은 기업이나 경제예측자들이 지대한 관심을 가지고 있는 주제이다. 다양한 예측기법이 논의, 예시되어 있다. 다른 편에서와 마찬가지로 제4부에도 곳곳에 새로운 예제와 연습문제가 들어가 있다.

이번 판에 새로이 추가된 두 개의 장을 포함하고 있는 제5부는 계량경제학의 몇 가지 고급 주제를 다룬다.

패널자료 회귀모형에 관한 제17장은 횡단면 개체들(예를 들어 한 산업 내의 기업들)이 일정 기간 동안 보인 행동을 어떻게 연구하는지, 그리고 이런 분석에서 부딪히는 추정상의 문제는 무엇인지 설명한다. 하나의 예로 1985~2000년 동안 미국의 50개 주 및 워싱턴 DC에서 소득과 맥주세가 맥주 매출액에 미친 영향을 들 수 있다.

생존분석에 관한 제18장은 실직한 근로자가 재취업할 때까지의 시간, 백혈병 진단을 받은 환자가 죽음에 이를 때까지 생존한 시간, 그리고 이혼과 재혼 사이의 시간 등 어떤 사건이 발생할 때까지의 시간을 분석한다. 계량경제기법이 이러한 상황을 어떻게 처리하는지 논의하고 있다.

확률적 설명변수와 도구변수법에 관한 제19장은 회귀분석에서의 까칠한 문제, 바로 오차항과 모형 내 하나 이상의 설명변수 사이의 상관관계를 다룬다. 이런 상관관계가 존재하면 회귀모수들에 대한 OLS 추정치들은 일치성조차 가지지 못한다. 다시 말하면 표본이 아무리 커지더라도 참값으로 수렴하지 않는다. 도구변수 또는 대리변수는 이 문제를 해결하기 위해 고안된 것이다. 도구변수는 반드시 두 가지 조건을 만족해야 한다. 첫째, 도구변수(instrumental variables, IV)는 자신이 대리하고자 하는 변수와 높은 상관관계를 가지지만 오차항과는 상관관계가 없어야 한다. 둘째, IV는 도구로 쓰일 모형에 자신이 설명변수로 들어갈 수 있어서는 안 된다. 많은 경우 이 조건들을 충족시키는 것이 쉽지 않지만 때로는 IV를 발견할 수 있는 상황이 존재한다.

분위수회귀(quantile regression, QR)에 관한 제20장은 이번 판에 새로이 추가된 장이다. OLS가 하나 이상의 설명변수와 관련하여 종속변수의 평균을 추정하는 데 초점을 맞추고 있는 것과 달리, QR은 확률변수의 분포를 십분위수, 사분위수, 백분위수 등 여러 부분으로 분할함으로써 (확률)분포 전체를 살펴본다. 비대칭분포나 다수의 이상치를 가진 분포에서는 평균보다 **중위수**를 추정하는 편이 나을 수 있다. 평균은 이상치, 즉 극단적 관측치들의 영향을 크게 받기 때문이다. 이 장은 QR이 다양한 분위수들을 어떻게 추정하는지, 그리고 분포 전체를 살펴보는 것이 어떤 장점을 가지는지 설명하고 있다. 구체적인 예로 제1장에서 논의한 임금 및 관련변수들 자료를 재분석한다.

다변량회귀모형(multivariate regression models, MRM)에 관한 제21장 역시 이번 판에 새로이 추가된 장이다. MRM은 둘 이상의 종속변수가 있고 각 종속변수가 동일한 설명변수를 가진 상황에 유용하다. 미국에서 대부분의 고등학생이 치르는 SAT 시험이 좋은 예이다. SAT는 언어능력과 수리능력의 두 영역으로 구성되어 있다. 각 영역 점수에 대해 개별적으로 OLS 회귀를 추정할 수도 있지만, 두 영역 점수를 결합 추정하는 것이 바람직할 수 있다. 두 영역 점수에 영향을 미치는 변수들이 동일하여 두 영역 점수가 서로 상관되어 있을 가능성이 매우 높기 때문이다. 이런 상관관계를 고려한 결합추정은 각 영역 점수에 대한 개별적 OLS 추정보다 효율적인 추정량을 얻도록 해 준다. 하지만 오차항들이 상관되어 있지 않은 경우에는 결합 추정이 방정식별 OLS 추정에 비해 이점을 가지지 못한다.

보다 폭넓은 MRM으로 겉보기무관 회귀방정식(seemingly unrelated regression equations, SURE)이 있다. 동일 산업 내 여러 기업의 투자함수가 고전적인 예라 할 수 있다. 이 기업들은 동일한 규제환경에 놓여 있기 때문에, 개별 기업들의 투자결정을 결합 추정하는 것이 각 방정식을 하나씩 따로 추정하는 것보다 효율적일 수 있다. 개별 회귀의 오차항들이 상관되어 있을 가능성이 매우 높기 때문이다. SAT 예에서는 동일한 개인이 언어영역과 수리영역 시험을 둘 다 치르고 있지만, SURE에서는 상황이 다르다는 점에 유의해야 한다. 더욱이 SURE에서는 기업마다 설명변수들도 다를 수 있다. 재미있는 것은 각 기업이 동일한 설명변수를 가지고 설명변수의 값이 모든 기업에 대해 동일한 경우에는 SURE 추정치가 개별 OLS에서 얻는 추정치와 같다는 점이다. 또한 서로 다른 방정식의 오차항들이 상관되어 있지 않은 경우에도 결합추정은 각 방정식에 대한 개별 OLS 추정에 비해 아무런 이점을 가지지 못한다.

도우미 웹사이트

이 책의 도우미 웹사이트는 www.palgrave.com/companion/gujarati-econometrics-by-example-2e에 있으며 학생과 강사를 위한 내용이 둘 다 게시되어 있다.

학생들을 위해서는 각 장의 요약과 결론, 그리고 모든 자료파일이 Excel 및 Stata 포맷으로 제공된다. 학생들은 이 자료를 이용하는 각 장의 여러 연습문제를 통해 공부한 내용을 다른 상황에 응용하는 연습을 해 주기 바란다.

패스워드로 보호되어 있는 강사영역에는 각 장의 내용을 정리한 파워포인트 파일과 모든 연습문제의 해답을 수록한 해답집이 있다. 두 개의 추가적인 장은 전문화된 내용을 다루고 있어서 강의에 이용하고자 하는 강사들을 위해 도우미 사이트에 게시해 둔다—제22장의 계층선형회귀모형(hierarchical regression models)은 다단계 선형회귀분석(multilevel linear regression, MLR)이라 부르기도 하며, 제23장의 제목은 '부트스트래핑 : 표본에서 배우다'이다.

계층선형회귀모형

MLR의 주목적은 종속변수의 값을 둘 이상의 계층을 가진 설명변수들의 함수로 예측하는 것이다. 아동의 표준화 독해력시험 점수가 자주 언급되는 예라 할 수 있다. 한 아동의 점수에는 그가 속한 학급의 특성(예를 들어 학생 수)뿐만 아니라 아동의 특성(예를 들어 학습시간)도 영향을 미친다. 이러면 2단계 분석이다. 기독교학교인지 아닌지의 학교 유형을 분석에 포함시키면 3단계 분석이 된다. 실제로 몇 단계의 분석을 수행할 것인지는 연구 대상 문제의 유형, 자료의 이용가능성, 그리고 컴퓨팅 설비에 따라 결정된다. 단계를 증가시킴에 따라 분석이 급격히 복잡해지리라는 것은 쉽게 상상할 수 있을 것이다.

이 예제에서 중요한 점은 분석을 수행하는 맥락을 반드시 고려해야 한다는 것이다. 이것이 MLR 모형을 맥락모형(contextual model)이라 부르기도 하는 이유이다. 표준적인 고전적 선형회귀모형으로 이런 다단계 분석을 처리하기는 쉽지 않다. MLR에 관한 장은 왜 그런지 그 이유를 설명하고 또한 다단계 회귀모형을 어떻게 추정하고 해석하는지를 보여주고 있다.

부트스트래핑

고전적 선형회귀모형에 오차항이 정규분포를 따른다는 가정을 추가함으로써 모형의 모수를 추정하고 표준오차를 구하고 모수의 참값에 대한 신뢰구간을 설정할 수 있었다. 하지만 정규성의 가정이 유효하지 않거나 표본의 참 모집단이 알려지지 않은 경우에는 어떻게 되는가? 부트스트래핑에 대한 장은 계산된 잔차에 근거하여 관심모수에 대한 추정량과 표준오차, 그리고 신뢰구간을 구할 수 있음을 보여준다.

저자의 개인적인 메시지

학생들에게

먼저 예제를 통한 계량경제학(Econometrics by Example, EBE) 제1판을 이용해 준 학생들과 강사들에게 감사한다. 이들의 유용한 논평과 제언에 고무되어 제2판을 쓰게 되었다. 계량경제학에 대한 사용자 친화적인 예제 중심 접근법은 그대로 유지하였다. 이번 판에 포함된 변화는 제1판에서 다룬 주제들에 대한 설명을 보다 가다듬고, 두 개의 새로운 장을 포함시켰으며, 두 개의 추가적인 장을 이 책의 웹사이트에 올려놓은 것이다. 그리고 다수의 새로운 자료기반 연습문제를 이번 판에 추가하였다.

　제1판에서 언급한 바와 같이 계량경제학은 더 이상 경제학과 내에 갇혀 있는 학문이 아니다. 계량경제 기법들은 금융, 법학, 정치학, 국제관계, 사회학, 심리학, 의학, 그리고 농학 등 다양한 분야에서 이용되고 있다. 경제문제를 해결하기 위해 특별히 개발된 여러 기법들이 이제는 이들 학문분야에서도 이용되고 있는 것이다. 그리고 계량경제학은 특정 경제상황을 설명하기 위한 새로운 계량경제 기법을 개발하고 낡은 계량경제 기법을 개선시켜 나가는 등 여전히 활발한 연구가 진행되고 있는 분야이다.

　계량경제학의 기초를 확실하게 다진 학생들은 손쉽게 여러 분야에서 경력을 쌓아나갈 수 있다. 대기업, 은행, 증권사, 중앙 및 지방정부, IMF나 세계은행 같은 국제기구 등은 계량경제학을 이용하여 수요함수와 비용함수를 추정하고 주요 국내 및 국제 경제변수들에 대한 경제예측을 수행할 수 있는 사람들을 대단히 많이 고용하고 있다. 전 세계의 대학들도 계량경제학자들에 대한 엄청난 수요를 가지고 있다.

　여러분을 도와줄 아주 초보적인 수준에서부터 상당한 고급 수준까지의 다양한 계량경제학 교과서가 출간되어 있다. 이런 성장산업에 저자도 기초 및 중급 수준의 교과서 두 권과 새로운 접근법에 대한 분명한 필요를 의식한 이 세 번째 책으로 기여하고 있다. 호주, 인도, 싱가

포르, 미국 그리고 영국에서 학부와 대학원 수준의 계량경제학을 다년간 강의하면서, 저자는
복잡하게 느껴지기 쉬운 이 학문을 자선기부, 패션의류 매출, 다이아몬드 가격결정, 그리고
환율 등과 같은 흥미로운 예제들을 **깊이 있게** 다루는 예제들로 직접적이고 실용적인 방식으로
설명하는 책이 반드시 필요하다는 것을 깨닫게 되었다. 이 필요를 충족시켜 주는 책이 바로
예제를 통한 계량경제학이다.

오늘날 계량경제학 공부를 더욱 신나게 만들어 주는 것은 사용자 친화적인 통계 프로그
램들이다. 많은 통계 프로그램이 나와 있지만 이 책은 널리 이용되고 있고 배우기도 쉬운
Eviews와 Stata를 주로 사용할 것이다. 이 프로그램들의 학생 버전은 비교적 저렴한 가격에
구입할 수 있다. 여러분이 분석 결과를 분명하게 이해할 수 있도록 이 책의 곳곳에 이 프로그
램들의 출력물을 제시해 두었다.

각 주제를 쉽게 찾을 수 있도록 책을 다섯 개의 부로 나누어 놓았고 이에 대해서는 서문에
상세히 설명해 두었다. 모든 장은 유사한 구조를 가지고 있으며 기억하기 쉬운 형식으로 요점
을 정리한 요약 및 결론으로 끝맺고 있다. 이 책의 예제들에서 이용된 자료는 도우미 사이트
www.palgrave.com/companion/gujarati-econometrics-by-example-2e/에 올려놓았다. 여러
학술지가 자료보관소를 운영하고 있고 많은 대학이 연구자들에게 방대한 양의 자료를 제공해
주고 있다.

저자의 직접 해보기식 학습방법을 여러분이 즐겨주면 좋겠고, 또한 이 책이 경제학 및 관련
학문에 대한 여러분의 공부, 그리고 여러분의 미래에 훌륭한 동반자가 되었으면 한다.

이 책에 대한 어떤 피드백도 환영한다. 도우미 사이트에 게시된 저자의 이메일 주소로 연락
바란다. 앞으로 이 책의 새로운 판을 계획할 때 이런 피드백들이 저자에게는 지극히 중요하다.

요약 차례

차례

PART 03 | 횡단면 자료를 가진 회귀모형

제 8 장   로짓 모형과 프로빗 모형   201

제 9 장   다항회귀모형   225

제 10 장   서열 로짓 모형   245

제 11 장   제한종속변수 회귀모형   261

표 차례

그림 차례

선형회귀모형

1 선형회귀모형 : 개관

머리말에서 언급한 바와 같이, 계량경제학에서 중요한 분석도구 중 하나가 선형회귀모형(linear regression model, LRM)이다. 이 장에서는 LRM의 일반적인 특징을 설명하고, 이 책에서 논의될 다양한 예제에 대한 배경지식을 설명할 것이다. 여러 책에서 쉽게 찾을 수 있기 때문에 여기서 증명은 하지 않겠다.[1]

1.1 선형회귀모형

일반적인 형태의 LRM은 다음과 같이 쓸 수 있다.

$$Y_i = B_1 + B_2 X_{2i} + B_3 X_{3i} + \ldots + B_k X_{ki} + u_i \tag{1.1}$$

변수 Y는 종속변수(dependent variable) 또는 피회귀자(regressand)라고 하며, 변수 X는 설명변수, 예견자(predictors), 공변량(covariates), 또는 설명변수(regressors)라고 하며, u는 무작위수, 또는 확률변수, 오차항이라고 한다. 하첨자 i는 i번째 관측치를 나타낸다. 식 (1.1)을 보기 쉽게 나타내면 다음과 같다.

$$Y_i = BX + u_i \tag{1.2}$$

여기서 BX는 $B_1 + B_2 X^2 i + B_3 X_{3i} + \cdots + B_k X_{ki}$를 나타낸다.

식 (1.1), 또는 간단한 형태인 식 (1.2)는 모집단 모형(population model) 또는 실제 모형(true model)이라고 한다. 이 식은 두 가지 요소로 구성되어 있다. (1) 결정적(deterministic) 요소 BX와 (2) 비체계적(nonsystematic), 즉 무작위적(random) 요소 u_i. 앞으로 알게 되겠지만, BX는 주어진 X 값에 대한 조건부적 평균(conditional mean), 즉 Y_i의 조건부 기댓값 $E(Y_i|X)$로 해

---

1 예를 들어, Gujarati, D. N. and Porter, D. C., *Basic Econometrics*, 5th edn, McGraw-Hill, New York, 2009 (henceforward, Gujarati/Porter text); Wooldridge, J. M., *Introductory Econometrics: A Modern Approach*, 4th edn, South-Western, USA, 2009; Stock, J . H. and Watson, M. W., *Introduction to Econometrics*, 2nd edn, Pearson, Boston, 2007; and Carter Hill, R., Griffiths, W. E., and Lim, G. C., *Principles of Econometrics*, 3rd edn, Wiley, New York, 2008.

석될 수 있다.[2] 식 (1.2)는 각각의 Y_i의 값은 모든 각각의 BX 값에 오차인 u_i 값을 더하거나 뺀 값과 같다는 것을 의미한다. 모집단의 정의는 일반적으로 잘 정의된 정체성(사람, 기업, 도시, 국가, 지역 등)에 관한 통계적 분석 또는 계량경제학적 분석의 핵심요소이다.

예로서, 변수 Y가 한 가구의 음식소비지출액을 나타내고, 변수 X가 한 가구의 소득을 나타낸다면, 식 (1.2)는 개별가구의 음식소비지출액(Y)은 동일한 소득수준의 모든 개별가구의 음식소비지출평균액에 개별가구마다 다른 몇 가지 사정에 의해 발생하는 무작위 요소(random component, u_i)를 더하거나 뺀 값과 동일하다.

식 (1.1)에서 B_1은 상수항을 의미하고 B_2에서 B_k는 기울기 계수의 값을 의미한다. 종합적으로, 각 값($B_1 \sim B_k$)을 회귀계수(regression coefficient) 또는 회귀모수(regression parameter)라고 부른다. 회귀분석의 주요 목적은 회귀변인(X)에 관련한 Y의 움직임, Y의 평균치, 즉 평균적으로 나타나는 Y 값을 설명하기 위한 것이다. 다시 말하면, 변수 X 값의 변화에 따른 평균적인 변수 Y의 반응을 설명하려는 것이 회귀분석의 주요 목적이다.

적절한 이론에 기반을 두었다고 하더라도 변수 X와 Y의 인과관계는 명확해야 한다.

각 기울기 계수의 값은 다른 여타의 변수가 일정할 때, 한 설명변수 값이 1단위 변했을 때 Y 값의 (부분적) 변화량, 즉 편미분 값을 나타낸다. 분석모형에 얼마나 많은 설명변수를 포함해야 하느냐는 문제의 성격에 달려 있어서 사안에 따라 다르게 나타난다.

오차항 u_i는 여러 가지 이유로 분석모형에 포함할 수 없었던 모든 변수들에 의해 나타나는 포괄적인 값이다. 그렇지만 그러한 변수들이 종속변수에 미치는 평균적인 영향은 무시할 만하다고 가정한다.

변수 Y의 특성

일반적으로 Y는 무작위 변수라고 가정한다. 이 변수는 네 가지 경우로 비율척도(ratio scale), 구간척도(interval scale), 순위척도(ordinal scale), 명목척도(nominal scale)로 나뉜다.

- 비율척도 : 비율척도는 세 가지 성질을 내포하고 있다. (1) 두 변수의 비율, (2) 두 변수 간의 차이, (3) 순위. 비율척도는 예로 Y가 2개의 값으로 Y_1과 Y_2를 취할 경우, $Y_2 \leq Y_1$ 또는 $Y_2 \geq Y_1$와 같은 비교 또는 순위로서, 두 변수의 비율인 Y_1/Y_2, 두 변수 간의 차이인 $Y_2 - Y_1$으로 나타내도 의미가 있는 수치이다. 대부분의 경제변수는 이 범주에 해당한다. 그래서 올해 GDP가 작년 GDP보다 큰지 또는 작은지, 또는 작년 GDP 대비 올해 GDP의 비율이 1보다 큰지 작은지에 관하여 말할 수 있다.
- 구간척도 : 구간척도 변수는 비율척도의 첫 번째 성질을 만족시키는 못하는 변수이다. 예를 들면, 기간의 차이로 2007년에서 2000년을 뺀 값은 의미가 있지만, 비율인 2007/2000

---

2 무조건부 기댓값, 즉 Y_i의 평균값은 $E(Y)$로 나타낸다. 그러나 조건부로 주어진 X값, 즉 조건부 기댓값은 $E(Y|X)$로 나타낸다.

은 의미가 없다.

- 순위척도 : 이 변수는 비율척도의 순위라는 성격은 만족시키지만, 다른 두 가지 성질은 만족시키지 못한다. 예로서, 성적 평가 시스템에서 A, B, C학점, 또는 소득계층 분류로서 저소득층, 중간소득층, 고소득층은 비율척도의 순위라는 성질은 만족시키지만, 수량변수로서 A를 B로 나누는 것은 의미가 없다.

- 명목척도 : 이러한 범주의 변수는 비율척도변수의 어떠한 성질도 가지고 있지 않다. 예를 들어, 성별, 결혼 여부, 종교 등은 명목척도이다. 이와 같은 변수는 일반적으로 더미변수(dummy variable) 또는 범주변수(categorical variable)라고 부른다. 이러한 변수는 0과 1로, 1은 어떠한 속성이 존재하는 것으로, 0은 어떠한 속성이 결여된 것으로 수치로 나타낸다. 그래서 남성의 경우는 1로, 여성의 경우는 0으로, 또는 그 반대로 명목수치를 수치화할 수 있다.

대부분의 경제변수를 비율척도 또는 구간척도로 측정할 수 있지만, 순위척도와 명목척도는 변수를 고려할 상황도 있다. 이 경우 표준 LRM을 넘어선 특별한 계량경제학적 기술을 필요로 한다. 제3부에서 이러한 특별한 계량경제학적 기술을 설명하는 예를 활용하여 다룰 것이다.

변수 X(설명변수)의 특성

대부분의 적용 예를 살펴보면 설명변수는 비율척도 또는 구간척도로 측정되지만, 설명변수는 바로 전에 다룬 척도변수로 측정될 수 있다. 앞으로 간단히 살펴볼 표준화된, 즉 고전적 선형회귀모형(classical linear regression model, CLRM)에서 "설명변수는 무작위 변수(random variable)가 아니다."라고 가정한다. 결과적으로 회귀분석은 조건부적인 것으로, 즉 주어진 설명변수에서 나타나는 조건부적 확률이다.

변수 Y와 같이 설명변수도 무작위 변수라고 가정을 완화할 수 있지만, 이 경우 결과를 해석하는 데 있어서 주의를 기울일 필요가 있다. 제7장에서 이에 대하여 설명하고 제19장에서 좀 더 자세히 다룰 것이다.

확률오차항(u)의 특성

확률오차항(stochastic error term, 오차항의 u)은 실제로 수량화할 수 없는 모든 변수를 포함한 포괄적인 성격의 항이다. 이는 이용 가능한 자료의 부족, 자료측정 오차, 인간행동에 내재되어 있는 본질적인 무작위성(ramdonness)으로 인해 모형 내에 포함할 수 없는 모든 변수를 의미한다. 교란항(random term, u)이 어떠한 형태를 하든지 관계없이, 오차항이 종속변수(regressand)에 미치는 **평균적인 영향력은 상당히 미미**하다고 가정한다. 그렇지만 이 현상에 대하여 짧게나마 좀 더 다룰 것이다.

회귀계수(B)의 특성

CLRM에서 회귀계수(regression coefficient)의 정확한 값은 모르지만, 회귀계수는 고정된 숫자이지 무작위로 나타나는 숫자가 아니라고 가정한다. 회귀분석의 목적은 표본자료를 활용하여 회귀계수를 추정하는 것이다. 베이지언(bayesian) 통계학으로 알려진 통계학의 분야에서는 이 회귀 계수를 무작위 수치로 간주한다. 이 책에서는 선형회귀분석에서 베이지언 접근법을 다루지 않을 것이다.[3]

선형회귀의 의미

선형회귀모형에서 '선형(linear)'이라는 것은 회귀계수(B) 간의 선형성(linearity in the regression coefficients)을 의미하지, 변수 Y와 X 간의 선형성(linearity in the Y and X variables)을 의미하는 것은 아니다. 예를 들면, 변수 Y와 X의 관계가 로그함수(예 : X_2), 또는 역함수($1/X_3$) 또는 멱함수(예 : X_2^3)일 수 있다. 여기서 ln은 자연대수로 밑수가 e이다.[4]

회귀계수 B의 선형성이라는 것은 회귀계수가 멱함수(예 : B_2^2)로 증가하지 않지만, 다른 계수로 나누거나(예 : B_2/B_3), ln B_4와 같이 변형된다는 것을 의미한다. 그렇지만 회귀계수가 비선형인 경우를 다루는 경우도 있다.[5]

1.2 자료의 특성과 소스

회귀분석을 하기 위해서는 자료를 필요로 한다. 일반적으로 분석 가능한 자료는 다음 세 가지 형태가 있다. (1) 시계열 자료(time series data), (2) 횡단면 자료(cross-sectional data), (3) 시계열 성격과 횡단면 성격을 지닌 통합자료(pooled data) 또는 패널자료(특별한 형태의 통합된 자료)가 그것이다.

시계열 자료

시계열 자료는 **일별 자료**(예 : 주식가격, 날씨보고서), **주별 자료**(예 : 통화공급량), **월별 자료**(예 : 실업률, 소비자물가지수), **분기별 자료**(예 : GDP), **연별 자료**(예 : 정부예산액), 5년마다 수집되는 자료(quinquenially)(예 : 제조업 실사지수), 또는 10년마다 수집되는 자료(예 : 인구수조사)와 같이 각각 다른 시점에서 관측된 자료이다. 때때로 자료는 분기별 또는 1년마다 수집된다(예 : GDP). 때로는 높은 빈도로 자료가 극단적으로 짧은 시간에 발생한다. 예로서, 주식시장 또는 외환시장의 순간적인 거래에서 발생하는 자료의 빈도수는 매우 높다.

---

3 Gary Koop, *Bayesian Econometrics*, John Wiley & Sons, Chichester, UK, 2003을 참조하라.

4 대조적으로 밑수가 10인 경우를 상용로그라 한다. 상용로그와 자연대수 사이에는 $\ln_e X = 2.3026 \log_{10} X.$로 일정한 함수관계가 성립한다.

5 이것은 고급수학을 필요로 하는 전문화된 주제이기에 이 책에서 다루지 않을 것이다. 이해하기 쉬운 책을 원하는 독자들은 Gujarati/Porter, *op cit.*, Chapter 14를 참조하라.

시계열 자료에서 연속적인 자료는 서로 연계될 수 있기 때문에, 그러한 자료는 시계열 자료 연계된 분석에 있어서 문제점, 특히 자기상관(autocorrelation)의 문제를 초래한다. 제6장에서 적절한 예제로 이 문제를 다룰 것이다.

시계열 자료는 또 다른 문제, 즉 안정적이지 못할 수 있다. 느슨하게 말하면, 자료의 평균 및 분산이 시간이 흐름에 따라 체계적으로 변화하지 않는다면, 일련의 시계열 자료 집합은 안정적이다. 제13장에서 안정적이라는 불안정 시계열 자료의 특성을 살펴보고, 이러한 후자에 의해 발생하는 특정 추정문제를 보여준다.

시계열 자료를 다룰 때, 시간은 관측치의 하첨자 t(예 : Y_t, X_t)로 나타낼 것이다.

횡단면 자료

횡단면 자료는 같은 시간대에 수집된 하나 또는 그 이상의 변수이다. 그 예로 인구통계국이 시행하는 인구센서스, 여러 투표조사기관이 시행하는 설문조사, 몇몇 장소에서 특정시간대의 온도 등을 수 있다.

시계열 자료와 유사하게, 횡단면 자료는 특별한 문제, 특히 이질성(heterogeneity)의 문제를 가지고 있다. 예로서, 특정 시점에 특정 산업의 몇몇 기업의 임금을 수집할 경우 소기업, 중견기업, 대기업이 각각의 특징을 지니고 있기 때문에 이질성이 나타날 수 있다. 이질적인 크기 (size) 또는 규모(scale)로 인한 효과를 어떻게 다룰 것인지에 대해서는 제5장에서 배울 것이다.

횡단면 자료는 하첨자 i(예 : Y_i, X_i)로 나타낸다.

패널(panel), 종단(longitudinal) 또는 마이크로-패널(micro-panel) 자료

패널자료는 횡단면 자료와 시계열 자료의 특성을 동시에 가지고 있다. 예를 들어, 생산함수를 추정하기 위하여 시간의 흐름에 따라 몇몇 기업의 자료(횡단면 자료)를 가지고 있어야 한다. 패널자료는 회귀분석에 있어서 해결해야 할 몇 가지 문제를 가지고 있다. 제17장에서 회귀분석모형의 예를 보일 것이다.

패널자료는 2개의 하첨자 it(예 : Y_{it}, X_{it})로 나타낼 것이다.

자료의 원천

성공적인 회귀분석은 자료의 수집 가능성에 달려 있다. 정부당국(예 : 재무부), 국제기구(예 : 국제통화기금 또는 세계은행), 민간조직(예 : Standard & Poor), 개인기업 또는 사기업 등이 자료를 수집할 수 있다.

최근에 대부분의 자료의 원천은 인터넷이다. '구글(Google)'을 활용할 수 있으며, 그곳에서 많은 자료를 검색할 수 있다는 것은 놀라운 일이다.

자료의 질

몇몇 웹사이트에서 자료를 검색할 수 있다고 해서 검색한 자료가 모두 좋은 자료라고 할 수는 없다. 우선 자료를 수집한 기관의 질을 주의 깊게 살펴보아야 한다. 많은 경우, 자료는 측정 오류, 누락 오류, 반올림 오류 등을 포함하고 있다. 때때로 자료가 단지 상위수준에서 합계된 상태로 구할 수밖에 없는 경우, 그 자료는 총계수치로서 포함되어 있는 개별적인 성질에 대하여 정보를 제공하지 않는다. 연구자들은 연구결과만큼 자료의 질도 중요하다는 것을 명심해야 한다.

안타깝게도, 개인연구자들은 새로운 풍부한 자료를 입수할 수 없고, 차선적인 자료의 원천에 의존해야 한다. 그러므로 신뢰할 만한 자료를 구하기 위하여 많은 노력을 기울여야 한다.

1.3 선형회귀모형의 추정

자료를 수집한 이후에 다루어야 할 주요한 현안은 식 (1.1)에서 주어진 LRM을 추정하는 방법이다. 우선 일련의 노동자의 임금함수를 추정하는 경우를 생각해 보자. 시간당 임금(Y)의 결정요인을 설명하기 위하여 성별, 인종, 노동조합의 가입 여부, 교육수준, 근무경험, 그리고 다른 요인변수 자료, 즉 설명변수 X를 수집해야 한다. 우선 무작위로 1,000명의 노동자를 추출하였다고 가정하자. 그러면 어떻게 추정식 (1.1)을 구할 수 있을까? 이에 대한 해결방법은 다음과 같다.

통상최소제곱법(OLS)

일반적으로 회귀계수를 추정하는 방법은 통상최소제곱법(ordinary least squares, OLS)이다.[6] 이 분석방법을 설명하기 위하여 식 (1.1)을 다음과 같이 쓸 수 있다.

$$u_i = Y_i - (B_1 + B_2 X_{2i} + B_3 X_{3i} + \cdots + B_k X_{ki}) \tag{1.3}$$
$$= Y_i - BX$$

식 (1.3)에서 오차항(u_i)은 실제값(Y)과 회귀모형으로 구한 추정치($\hat{Y}$)[7] 간의 차이이다.

회귀계수 B를 구하는 한 가지 방법은 오차항(u_i)의 합(Σu_i)을 가능한한 최소화하는 것일 것이다. 그러나 오차항의 합이 0이 된다. 그러한 이론적이고 실질적인 이유로, OLS는 오차항의 합을 최소화하는 것이 아니라, 다음과 같이 각 오차항의 제곱합을 최소화하는 분석기법이다.

$$\sum u_i^2 = \sum (Y_i - B_1 - B_2 X_{2i} - B_3 X_{3i} - \cdots - B_k X_{ki})^2 \tag{1.4}$$

여기서 합계는 모든 관측치를 대상으로 하여 구한다. 여기서 Σu_i^2을 오차항의 제곱합(error sum of squares, ESS)이라고 부른다.

식 (1.4)에서 Y_i와 X 값을 표본추출한 값은 알고 있지만, B 값은 미지수이다. 그러므로 오차

---

6 OLS는 일반최소제곱법(generalized least squares method, GLS)의 특수한 형태이다. OLS는 흥미를 끄는 성질을 가지고 있으며, 앞으로 구체적으로 다룰 것이다. 일반적으로 적용할 수 있는 OLS의 대안으로 최우법(method of maximum likelihood)이 있으며, 이는 본 장의 부록에서 간단히 언급할 것이다.

7 원저자는 실제값 Y, 추정값 Y으로 기술하고 있으나, 쉽게 구분하기 위하여 역자는 실제값은 Y로, 추정치는 $\hat{Y}$로 나타낼 것이다.(역주)

항의 제곱합(ESS)을 최소화하기 위해서 가능한 ESS를 최소화하는 계수 B의 값을 찾아야 한다. 여기서 명백하게 ESS는 계수 B 값의 함수라는 것이다.

실제로 ESS를 최소화하기 위해서는 미분을 이해해야 한다. 우선 ESS를 각각의 계수 B로 (편)미분을 해야 하고, 각각의 계수로 편미분한 방정식을 0으로 하여 k의 회귀계수를 구하기 위하여 k개의 연립방정식을 풀어야 한다.[8] k개의 설명변수를 포함한 식을 가지고 k개의 편미분한 함수를 동시에 풀 것이다. 일상적으로 컴퓨터 통계패키지로 이 식을 풀 수 있기 때문에, 여기서는 이 방정식의 해를 구하지 않을 것이다.[9]

계수 B의 추정치는 소문자 b로 나타내면, 추정회귀식은 식 (1.5)와 같이 쓸 수 있다.

$$Y_i = b_1 + b_2 X_{2i} + b_3 X_{3i} + \cdots + b_k X_{ki} + e_i \tag{1.5}$$

모회귀모형(population regression model) 식 (1.1)과 상응한 것으로, 식 (1.5)를 표본회귀모형 (sample regression model)이라고 부른다.

추정회귀식을 식 (1.6)으로 나타낼 수 있다.

$$\hat{Y}_i = b_1 + b_2 X_{2i} + b_3 X_{3i} + \cdots + b_k X_{ki} = \boldsymbol{bX} \tag{1.6}$$

식 (1.5)를 (1.7)과 같이 쓸 수 있다.

$$Y_i = \hat{Y}_i + e_i = \boldsymbol{bX} + e_i \tag{1.7}$$

여기서 $\hat{Y}_i$는 $\boldsymbol{BX}$의 추정량이다. $\boldsymbol{BX}$(예 : $E(Y|X)$)를 모집단 회귀함수(population regression function, PRE)로 해석하는 것처럼 bX를 표본회귀함수(sample regression function, SRF)로 해석할 수 있다.

여기서 계수 b를 계수 B의 추정량(esimator)이라고 하며, e_i를 잔차(residual), 즉 오차항 u_i의 추정량이라고 한다. 추정량이라는 것은 회귀모수의 값을 구하는 방법을 보여주는 규칙 또는 수식을 의미한다. 표본을 활용하여 추정량으로 구한 값(value)을 추정치(estimate)라고 한다. 추정량, 즉 b의 값들은 추출한 표본에 따라 값이 변하는 무작위 변수라는 것을 주목하자. 또한 모집단 회귀모수(regression parameter), 즉 모수(parameters) B의 구체적인 값은 알 수 없지만, 확정된(고정된) 변수이다. 따라서 우리는 표본을 근거로 하여 가장 최적의 추론을 얻기 위하여 노력해야 한다.

모집단 회귀분석과 표본 회귀분석의 차이를 구별하는 것은 매우 중요하다. 왜냐하면 대부분 분석에서 비용 및 여러 가지 이유로 전체 모집단을 대상으로 분석할 수 없기 때문이다. 예

---

8 미분을 알고 있는 독자들은 몇 개의 변수를 포함하는 함수의 최소화 또는 극대화 값을 구하려면, 1계 조건이 함수를 각각의 설명변수로 편미분한 값이 0과 같아야 한다는 것을 되새겨 보자.

9 수학적으로 관심이 있는 독자는 Gujarati/Porter, *op cit.*, Chapter 2를 참조하라.

로 미국의 대통령선거에 있어서 무작위 표본에 근거한 투표분석은, 예를 들어 1,000명의 표본으로 예측한 투표상황이 실제 투표상황에 근사하다는 것은 대단한 일이다.

회귀분석에 있어서 현실적으로 모집단의 회귀함수를 관측하기 어렵기 때문에, 우리의 목표는 표본을 통한 회귀함수에 근거하여 모집단의 회귀함수를 추론하는 데 있다. 궁극적인 목표가 B의 값을 구하는 것이기 때문에 그러한 추론은 매우 중요하다. 따라서 우리는 이론을 진전시킬 필요가 있다. 이러한 이론을 토대로 고전적 선형회귀모형(CLRM)에 관하여 살펴보자.

1.4 고전적 선형회귀모형(CLRM)

CLRM에 관한 가정은 다음과 같다.

가정 1 변수 Y와 X의 관계는 선형이거나 선형이 아닐 수 있지만, 식 (1.1)에서 보는 바와 같이 회귀모형은 모수의 **선형결합**을 가정한다.

가정 2 반복 추출과정에서 설명변수의 값이 고정되어 있다는 의미에서 설명변수는 고정된 값, 즉 비확률적(nonstochastic, 확정적) 값이라고 가정한다. 이 가정은 모든 경제 자료분석에는 적절하지 못할 수 있다. 이에 관한 내용은 제7장과 제19장에서 소개하겠지만, X와 u가 독립적으로 분포된다면, 아래에 논의된 고전적 최소제곱법의 가정에 근거를 둔 결과들은, 분석할 내용이 표본으로부터 추출된 특정한 X에 대한 조건부 기댓값이라면 유효하다. 어쨌든 X와 u가 상관관계가 없으면, 고전적 최소제곱법의 가정은 (예를 들면 대표본에서) 점근적으로 유효하다.[10]

가정 3 X 변수들의 값이 주어졌을 때, 오차항의 기댓값, 즉 평균은 0이다. 즉,[11]

$$E(u_i \,|\, X) = 0 \tag{1.8}$$

위 식은 식을 간단히 표현한 것으로, 여기서 X(X의 굵은 글씨)는 회귀모형식의 모든 X를 나타낸다. 한마디로 말하면, X의 값이 주어져 있는 상황에서 오차항의 조건부 기댓값(conditional expectation)은 0이다. 오차항은 본질적으로 랜덤한 요인들의 영향을 나타내는 것이므로, 오차항의 평균이 0이라 가정하는 것이 타당하다.

이러한 주요한 가정의 결과로서, 식 (1.2)는 다음과 같이 나타낼 수 있다.

$$\begin{aligned} E(Y_i \,|\, X) &= BX + E(u_i \,|\, X) \\ &= BX \end{aligned} \tag{1.9}$$

앞의 식은 X 값이 주어진 조건하에서 Y_i의 **평균값**, 즉 평균치를 나타낸다. 또한 식 (1.9)는 앞

---

10 주의 : 독립성(independence)이라는 것은 상관관계가 없다는 것을 의미하지만, 상관관계가 없다는 것이 반드시 독립성을 의미하는 것은 아니다.

11 u_i 다음에 나오는 수직선(|)은 주어진(확정적인) X값를 가지고 분석하는 조건부 분석이라는 것을 나타낸다.

서 언급한 모집단 회귀함수(population (mean) regression function, PRF)이다. 회귀분석에서 주요한 목적은 PRF를 추정하는 것이다. 변수 X가 1개라면, PRF를 (모집단)의 회귀선으로서 상상할 수 있을 것이다. 또한 변수 X가 여러 개 있다면, PRF가 다차원 공간의 그래프가 될 것이다. PRF의 추정치, 즉 식 (1.9)의 표본추정량은 $\hat{Y}_i = bx$이다. 따라서 $\hat{Y}_i = bx$는 하나의 $E(Y_i|X)$의 추정량이다.

가정 4 변수 X가 주어진 경우, 각 u_i의 분산은 상수(constant), 즉 동분산(homoscedastic, home는 '같다'는 것을 의미하며, scedastic는 '분산'을 의미한다)이라고 가정한다. 따라서

$$\text{var}(u_i \mid X) = \sigma^2 \tag{1.10}$$

주 : σ^2의 하첨자는 없다.

가정 5 두 오차항 간의 상관관계가 없다고 가정한다. 따라서 자기상관(autocorrelation)이 없다. 기호로 나타내면 다음과 같다.

$$\text{cov}(u_i, u_j \mid X) = 0 \quad i \neq j \tag{1.11}$$

여기서 cov는 공분산(covariance)을 나타내고, i와 j는 서로 다른 오차항을 나타낸다. 물론 i와 j가 같다면, 식 (1.11)은 식 (1.10)에서 주어진 u_i의 분산을 나타낸다.

가정 6 변수 X 간에는 완전한 선형관계(perfect linear relationship)가 없다. 이것은 다중공선성(multicollinearity)이 없다는 것을 가정한 것이다. 예를 들면, $X_5 = 2X_3 + 4X_4$와 같은 설명변수의 관계는 배제된다는 것을 의미한다.

가정 7 회귀모형은 올바르게 설정되어 있다. 다시 말하면, 실증분석에 사용되는 회귀모형에서 설정의 편의(specification bias) 또는 모형설정 오류(specification error)가 없다는 것이다. 이는 암묵적으로 관측치의 수(n)가 모수(parameter)의 수보다 많아야 한다는 것을 의미한다.

비록 CLRM의 일부는 아니지만, 오차항은 평균이 0이고 분산이 상수 σ^2인 정규분포(normal distribution)를 따른다고 가정한다. 기호로 나타내면 다음과 같다.

가정 8 $$u_i \sim N(0, \sigma^2) \tag{1.12}$$

가정 1~7을 근거로 통상최소제곱법(OLS)은 가정 8을 나타낼 수 있다. OLS는 실제로 자주 사용되고 있으며 몇 가지 바람직한 통계적인 속성을 지닌 PRF의 모수의 추정량이다.

1. OLS로 구한 추정량은 선형이다. 즉, 추정치는 종속변수 Y에 대한 선형함수이다. 선형추정량은 이해하기도 쉬우며 비선형 추정량에 비하여 다루기도 쉽다.

2. 그 추정량은 불편추정량(unbiased)이며, OLS의 반복적인 적용으로 구한 추정량은 평균적으

로 실제값에 근사한다.

3. 여러 종류의 선형추정량 중에서, OLS의 추정량이 가장 작은 분산값을 가진다. 결과적으로, 실제 모수값은 불확실성을 최소화하며 추정된다. 이러한 최소분산을 갖는 불편추정량을 효율적 추정량(efficient estimator)이라고 한다.

위 가정하에서, OLS 추정법에 의한 추정치는 BLUE(best linear unbiased estimators)이다. 이는 잘 알려진 가우스-마르코프 정리(Gauss-Markov theorem)의 핵심 내용이다. 이 이론은 최소제곱법에 대한 이론적인 적합성을 제공해 준다.

부가적인 가정 8에 의하면, OLS에 의한 추정량은 정규분포를 하고 있다는 것을 보여준다. 결과적으로, 모집단의 계수의 실제값을 추론할 수 있으며 통계적인 추론에 대하여 검정(test)할 수 있다. OLS에 의한 추정량은 모든 불편추정량 중에서 최선불편추정량(best unbiased estimators, BUE)이다. 정규분포의 가정과 더불어, CLRM은 통상적인 고전적 선형회귀모형(normal classical linear regression model, NCLRM)이다.

좀 더 진행하기에 앞서 몇 가지 의문점이 발생한다. 과연 이러한 가정들은 현실적일까? 만약 이러한 가정 중 몇 가지가 충족되지 못하면 어떤 일이 발생할까? 왜 단지 선형추정량에 국한하는 것일까? 모든 이러한 의문들이 앞으로 해결될 것이다(제2부 참조). 그러나 어떤 영역의 조사를 시작함에 있어서 기본적인 분석의 틀을 필요로 한다. CLRM이 이러한 기본적인 분석의 틀을 보여준다.

1.5 OLS 추정량의 분산과 표준오차

앞서 기술한 바와 같이 OLS 추정량, 즉 b의 값들은 표본에 따라 값이 다르기 때문에 무작위 변수이다. 그러므로 이러한 변수의 변동성을 측정할 필요가 있다. 통계학에서 이러한 무작위 변수의 변동성은 분산(variance, σ^2), 또는 분산의 제곱근인 표준편차(standard deviation, σ)로 측정한다. 회귀분석에서는 추정량의 표준편차를 표준오차(standard error)라 부르지만, 표준오차는 개념적으로 표준편차와 유사하다. LRM의 경우, 오차항(u_i)의 분산 추정치(σ^2)는 다음과 같이 구할 수 있다.

$$\hat{\sigma}^2 = \frac{\Sigma e_i^2}{n-k} \tag{1.13}$$

즉, 잔차제곱합(RSS)을 자유도(degree of freedom)라고 하는 $(n-k)$로 나눈 값이다. 여기서 n은 표본의 크기이며 k는 회귀분석에서 추정하는 모수의 수, 즉 추정치와 $(k-1)$개 기울기 값의 수이다. 여기서 $\hat{\sigma}$는 회귀선의 표준오차(standard error of the regression, SER), 즉 평균제곱근(root mean square)이라고 부른다. 이는 단순히 추정회귀선 주위의 표준편차를 의미하며, 추정된 회귀선의 '적합도(goodness of fit)'를 개략적으로 측정하는 데 사용된다(1.6절 참조).

모수(parameter) 위의 꺽쇠(^)는 모수의 추정치를 나타낸다.

회귀모형이 Y 값의 많은 변동(variation)을 잘 설명한다면, Y의 표준편차(S_Y)[12]가 SER보다 크다는 것을 기억하자. SER이 보다 클 경우, 설명변수 X가 Y에 영향을 미치지 않기 때문에 회귀분석을 할 필요가 없다. 물론 회귀모형에 포함된 설명변수 X가 Y의 평균($\overline{Y}$)이 설명할 수 없는 Y의 행태를 잘 설명하리라는 신념으로 회귀모형을 활용한다.

CLRM에 대한 가정이 충족되었다면, 추정계수 b의 표준오차 및 분산을 쉽게 유도할 수 있다. 그러나 앞으로 예제로 보여주겠지만, 통계패기지로 쉽게 결과를 보여주기 때문에 이러한 계산과정을 수식으로 나타내지 않겠다.

OLS 추정량의 확률분포

가정 8인 $u_i \sim N(0, \sigma^2)$을 되새겨 보면, 각 회귀계수의 OLS 추정량은 각 모수의 값과 일치하는 평균값과 분산(σ^2)은 각 설명변수와 관련되어 정규분포를 하고 있다는 것을 알 수 있다. 실제로 식 (1.13)으로 구한 추정량 $\hat{\sigma}^2$은 σ^2을 대체한다. 그러므로 통계적 추론(즉, 가설검정)을 하는 데 정규분포보다 t-확률분포(t probability distribution)를 사용한다. 그러나 표본의 크기가 커지면, t-분포는 표준정규분포에 근사해 간다는 것을 기억하자. OLS의 추정량이 표준정규분포를 한다는 것을 아는 것은 모수가 참인지를 추론하거나 신뢰구간(confidence interval)을 정하는 데 유용하다. 어떻게 그렇게 되는지는 간단히 소개할 것이다.

1.6 모회귀계수의 진위에 대한 가설검정

모회귀계수 B_k의 값이 '0'이라는 가설을 검정하고자 한다고 하자. 이 가설을 검정하기 위하여 t-검정통계량을 사용한다.[13]

$$t = \frac{b_k}{se(b_k)}$$

여기서 $se(b_k)$는 b_k의 표준오차이다. t값의 자유도는 $n - k$이다. t-검정통계량은 자유도와 연관되어 있다는 것을 기억하자. k개의 변수를 갖는 회귀분석에서 자유도(degree of freedom)는 관측치의 수에서 추정계수의 수를 뺀 값이다.

일단 t-검정통계량이 계산되면 t-통계표를 활용하여 특정 t값을 취할 확률을 구할 수 있다. 계산된 값을 취할 확률이 작아서 5% 미만이라고 한다면, $B_k = 0$이라는 귀무가설을 기각할 수 있다. 추정된 t값이 통계적으로 유의한(statistically significant) 경우에 B_k 값이 0이 아닌 값을

---

12 Y의 표본분산은 $S_Y^2 = \Sigma(Y_i - \overline{Y})^2/(n-1)$로 정의되고, 여기서 $\overline{Y}$는 표본평균이다. 분산의 제곱근은 Y의 표준편차, 즉 S_Y이다.

13 σ^2값을 알면, 표준정규분포를 활용하여 가설검정을 할 수 있다. 추정량($\hat{\sigma}^2$)의 정확한 오차의 분산을 추정할 수 있으면, 통계이론으로 보면 t-분포를 활용해야 한다.

갖는다.

통상적인 유의수준은 10%, 5%, 1%이다. 이 값을 유의수준(levels of significance)이라고 하는데, 일반적으로 그리스어 α 또는 제I종 오류라고 한다. 따라서 α는 t-검정의 유의수준(t tests of significance)을 의미한다.

통계패키지가 필요로 하는 계산된 결과값을 출력하기 때문에 손으로 이러한 계산을 할 필요가 없다. 이러한 소프트웨어는 실제로 t-추정치를 구해줄 뿐만 아니라, 확률(p값), 즉 정확한 유의수준(exact level of significance)의 값을 제공해 준다. 특정 p값이 계산되면, 통계표를 찾아 값을 구할 필요가 없다. 실제로 p값이 낮으면, 추정된 계수가 통계적으로 유의함을 의미한다.[14] 이것은 여타의 다른 변수는 변하지 않는다고 할 때, 고려 중인 특정 변수가 통계적으로 유의하게 종속변수에 영향을 미치고 있다는 것을 의미한다.

몇몇 소프트웨어 패키지 예로 Excel과 Stata는 개별적인 회귀계수에 대한 95% 신뢰구간(confidence interval)을 계산해 준다. 그러한 신뢰구간은 실제 모수를 포함할 95%의 범위를 보여준다. 95%(또는 유사한 값)의 신뢰계수(confidence coefficient)는 주로 1에서 유의수준인 α값을 뺀 값으로 CC = $100(1 - \alpha)$로 나타낸다.

어떤 모회귀계수 B_k에 대한 $(1 - \alpha)$ 신뢰구간은 다음과 같이 나타낼 수 있다.

$$\Pr\left[b_k \pm t_{\alpha/2}\,se(b_k)\right] = (1-\alpha) \tag{1.14}$$

여기서 Pr은 확률을 나타내고, $t_{\alpha/2}$는 적절한 자유도를 가진 $\alpha/2$의 유의수준을 t-분포표로부터 구한 t값을 나타내며, $se(b_k)$는 b_k의 표준오차(standard error)를 나타낸다. 다시 말하면 실제 B_k의 $(1 - \alpha)$ 신뢰구간을 구하려면, b_k의 표준오차에 $t_{\alpha/2}$ 값을 곱한 값을 b_k에서 빼거나 더하면 된다. $[b_k - t_{\alpha/2}\,se(b_k)]$를 신뢰구간의 하한값(lower limit)이라고 하고, $[b_k + t_{\alpha/2}\,se(b_k)]$를 신뢰구간의 상한값(upper limit)이라고 한다. 이를 양측-신뢰구간이라고 한다.

따라서 신뢰구간은 주의 깊게 해석할 필요가 있다. 특히 다음 사항에 유의하자.

1. 식 (1.14)의 신뢰구간은 양극값 사이에 실제 B_k 값이 있을 가능성이 $(1 - \alpha)$라는 것을 의미하지는 않는다. B_k의 실제값이 무엇인지 모르기는 하지만, B_k가 상수라고 가정한다.
2. 식 (1.14)의 신뢰구간은 무작위로 나타나는 구간이다. 즉, 그 구간은 표본에 따라 달라지는 b_k를 기반으로 하기 때문에 무작위적이다.
3. 신뢰구간이 무작위로 나타나기 때문에 식 (1.14)에서처럼 확률이라는 것은 반복적으로 표본추출을 한다는 장기적 관점에서 이해해야 한다. 만약 반복적인 표본추출을 하는 과정에서 수많은 추출과정에서 식 (1.14)의 $(1 - \alpha)$의 신뢰구간을 구한다면, 평균적으로 그러한 신뢰구간은 $(1 - \alpha)$ 확률 범위 내에서 실제 B_k를 포함할 것이다. 따라서 단일표본을 기반

---

[14] 몇몇 연구자들은 α값을 선정하여, p값이 선정한 α값보다 작으면, 귀무가설을 기각한다.

으로 하여 구한 어떠한 신뢰구간은 실제 B_k를 포함하거나 포함하지 않을 수 있다.

4. 앞서 언급한 바와 같이, 식 (1.14)에서 구간은 무작위적이다. 그러나 일단 특정한 표본을 취하고 특정한 값을 구하면, 이 값을 근거로 한 구간은 무작위이지 않고 확정적이다. 그래서 실제 모수값을 포함할 확정적 구간의 확률은 $(1 - \alpha)$라고 할 수 있다. 이 경우에 는 구간에 내에 존재할 수 있고 아닐 수도 있다. 그러므로 가능성은 1 또는 0이다.

1.8절에서 수치적인 예를 들어 위의 내용을 설명할 것이다.

식 (1.1)의 기울기를 나타내는 모든 계수가 동시에 0이라는 가설을 검정하려고 한다고 하자. 이는 회귀모형의 모든 설명변수가 종속변수에 대한 영향력이 전혀 없다는 것을 의미한다. 요약하면, 모형은 종속변수의 행태를 설명하는 데 전혀 도움이 되지 않는다. 문헌에 따르면 이것은 회귀선의 전체 유의성(overall significance of the regression)에 관한 검정으로 알려져 있다. 이 가설은 F-검정통계량으로 검정한다. 식으로 F-검정통계량을 다음과 같이 정의한다.

$$F = \frac{\text{ESS} / \text{d}f_1}{\text{RSS} / \text{d}f_2} = \frac{\text{Mean ESS}}{\text{Mean RSS}} \tag{1.15}$$

여기서 ESS는 회귀모형에 의해 설명되는 종속변수의 Y의 변이(variation)의 일부분이며, RSS는 회귀모형에 의해 설명되지 않는 Y의 변이의 일부분이다. 이러한 변이의 합을 Y의 총제곱합(total sum of squares, TSS)이라고 부른다.

식 (1.15)에서 보는 것처럼, F-검정통계량의 하나는 분모에 대한 자유도, 다른 하나는 분자에 대한 자유도로 두 가지 자유도를 갖는다. 분모의 $\text{d}f_2$는 항상 $(n - k)$, 즉 관측치의 수에서 절편을 포함한 추정계수의 수를 차감한 값이다. 분자의 $\text{d}f_1$은 항상 $(k - 1)$, 상수항을 제외한 회귀모형에 포함된 총 설명변수의 수, 즉 추정하는 기울기의 수이다.

F-검정통계치를 F-분포표에서 구한 F값과 비교하여 유의성을 검정할 수 있다. 만약 F-검정통계치가 선택한 유의수준 α에서의 임계값, 즉 벤치마크할 F값보다 크다면, 귀무가설을 기각하며, 적어도 1개의 설명변수는 통계적으로 유의하다고 할 수 있다. t-검정통계량의 p값처럼, 대부분의 컴퓨터 패키지는 F-검정통계량의 p값을 제공해 준다. 모든 이러한 정보는 회귀분석 결과와 수반되는 분산분석표(analysis of variance, AOV)에서 찾아낼 수 있다. 이는 예제를 통하여 간단하게 나타낼 것이다.

t-검정과 F-검정의 활용이 가정 8에서 언급한 바와 같이 오차항 u_i가 정규분포라는 가정에 기초하고 있다는 것에 매우 주의해야 한다. 만약 이러한 가정이 지켜지지 못하면, t-검정 및 F-검정은 소표본의 경우에 무효하다. 비록 표본이 충분하게 많은(기술적으로 무한대) 경우에 이러한 검정을 할지라도, 제7장에서 다루겠지만 '모형설정 오류(specification error)'라는 문제를 발생시킨다.

1.7 R^2 : 추정회귀식의 적합도 검정

R^2으로 나타내는 결정계수(coefficient of determination)는 전반적으로 추정회귀선(즉, 1개 이상의 설명변수가 관련된 면)의 전반적인 적합도의 측정수단이다. 즉, 결정계수는 종속변수 Y의 총제곱합(TSS) 중에서 설명변수에 의해 설명되는 종속변수 Y의 총변동(ESS) 비율을 나타낸다. R^2을 어떻게 계산하는지 알아보기 위하여 다음을 정의하자.

총제곱합(Total Sum of Squares, TSS) $= \Sigma y_i^2 = \Sigma(Y_i - \overline{Y})^2$
설명된 제곱합(Explained Sum of Squares, ESS) $= \Sigma(\hat{Y}_i - \overline{Y})^2$
잔차제곱합(Residual Sum of Squares, RSS) $= \Sigma e_i^2$

위 식은 다음을 보여준다.

$$\Sigma y_i^2 = \Sigma \hat{y}_i^2 + \Sigma e_i^2 \qquad (1.16)^{[15]}$$

이 식은 Y의 표본평균($\overline{Y}$와 같음)에 대한 실제 Y의 변동의 총제곱합(TSS)이 Y의 표본평균에 대한 추정치 $\hat{Y}$의 변동의 제곱합(ESS)과 잔차제곱합(RSS)의 합계와 동일하다는 것을 보여준다. 다시 말하면,

$$\text{TSS} = \text{ESS} + \text{RSS} \qquad (1.17)$$

를 의미한다. 이제 R^2은 다음과 같이 정의한다.

$$R^2 = \frac{\text{ESS}}{\text{TSS}} \qquad (1.18)$$

그래서 결정계수는 단순히 총제곱합(TSS) 중에서 회귀모형에 의해 설명된 제곱합(ESS)이 차지하는 비율이다.

그러므로 모형에 절편이 있는 경우, R^2은 0과 1 사이의 값을 가진다. 그 값이 1에 가까워질수록 회귀모형의 설명력은 높아지지만, 0에 가까워질수록 회귀모형의 설명력은 떨어진다. 회귀분석의 목적 중 하나는 설명변수의 도움으로 가능한 종속변수의 많은 변화를 설명하고자 하는 것이다.

R^2을 다음과 같이 다르게 정의할 수 있다.

$$R^2 = 1 - \frac{\text{RSS}}{\text{TSS}} \qquad (1.19)^{[16]}$$

R^2의 단점은 설명변수의 수가 증가함에 따라 값이 증가하는 함수라는 것이다. 즉, 회귀분석

---

[15] 힌트 : $y_i = \hat{y}_i + e_i$로 시작하여 양변에 각각 제곱합을 취하고, OLS의 결과로서 $\Sigma \hat{y}_i e_i = 0$이라는 것을 되새겨 보자.

[16] TSS $=$ ESS $+$ RSS, 그러므로 $1 =$ ESS/TSS $+$ RSS/TSS. 즉, $1 = R^2 -$ RSS/TSS. 이 방정식을 정리하면 식 (1.19)를 얻는다.

모형에 하나의 변수를 더 추가하면, R^2의 값이 증가한다. 따라서 몇몇 연구자들은 R^2이 높으면 좋은 모형임을 의미하므로 R^2의 값을 '극대화하고자 하는' 게임에 열중한다.

이러한 유혹을 회피하기 위하여, 반드시 회귀분석모형에서 설명변수의 수를 고려해야 한다. 설명변수의 수를 고려하여 $\bar{R}^2$를 조정된(adjusted) R^2이라고 부르며, (조정되지 않는) R^2으로 계산하며 식은 다음과 같다.

$$\bar{R}^2 = 1 - (1 - R^2)\frac{n-1}{n-k}$$

(1.20)

'조정된'이라는 용어는 회귀분석모형 내 설명변수의 수(k)에 달려 있는 자유도를 고려하였다는 의미이다.

$\bar{R}^2$의 두 가지 특징을 살펴보자.

1. 만약 $k > 1$이면, $\bar{R}^2 < R^2$이다. 즉, 회귀모형의 설명변수의 수가 증가함에 따라, 조정된 R^2 값은 조정되지 않은 R^2보다 작아진다. 그래서 $\bar{R}^2$는 설명변수가 증가함에 따라 일종의 '벌점(penalty)'이 부과된다.

2. 조정되지 않는 R^2은 항상 양(+)의 값을 갖지만, 조정된 R^2은 때때로 음(−)의 값일 수 있다.

조정된 R^2은 종종 동일한 종속변수인 2개 또는 그 이상의 회귀모형을 비교하는 데 사용된다. 물론 회귀모형을 비교하는 다른 측정수단은 제7장에서 논의할 것이다.

CLRM을 이해하기 위해 배경지식을 전반적으로 살펴보았으므로, 이제 위에서 논의한 것을 다양한 관점에서 설명하는 명확한 예제를 살펴볼 것이다. 이 예제는 다변량회귀분석의 기본적인 모형이다.

1.8 예제를 통한 설명 : 시간당 임금함수

미국 통계국(U.S. Census Bureau)에서 시행되고 있는 전수인구조사(Current Population Survey, CPS)는 주기적으로 다양한 주제에 관한 다양한 설문조사가 시행되고 있다. 이 예제에서 1995년 3월 1,289명의 사람을 대상으로 시행된 인터뷰 횡단면 표본자료를 활용하여 시간당 임금(단위 : 달러) 결정요인을 조사할 것이다.[17] 1,289명의 자료는 상당히 큰 모집단으로부터 추출한 표본이라는 것을 기억하자.

분석에 사용된 변수에 대한 정의는 다음과 같다.

WAGE : 종속변수로 시간당 임금(단위 : 달러)

설명변수는 다음과 같다.

---

17 이 자료는 미국 통계국에서 조사한 전수인구조사를 활용하였다. 또한 자료는 Paul A. Ruud의 책(*An Introduction to Classical Econometric Theory*, Oxford University Press, New York, 2000)에도 나타난다.

FEMALE : 성별(1은 여성, 0은 남성)

NONWHITE : 인종(1은 백인이 아닌 노동자, 0은 백인 노동자)

UNION : 노조 가입 여부(1은 노조원, 0은 비노조원)

EDUCATION : 교육기간(교육을 받은 연수)

EXPER : 잠재적 직장경력(연령−교육기간−6, 여기서 학교교육은 6세부터 시작되었다고 가정한다.)

많은 다른 설명변수가 회귀모형에 추가될 수 있지만, 전형적인 다중회귀모형을 설명하기 위하여 위 변수를 계속해서 사용할 것이다.

임금, 교육, 직장경력은 비율척도변수이며, 여성, 인종, 노조 가입 여부는 명목척도변수인 더미변수로서 코드로 나타냈다는 것을 주지하자. 표 1.1에서 주어진 자료는 도우미 웹사이트에서 찾을 수 있다. 회귀분석에서 더미변수의 역할을 제3장에서 자세히 다룰 것이다.

이 책에서 회귀모형을 추정하기 위하여 Eviews와 Stata 통계소프트웨어 패키지를 사용할 것이다. 주어진 자료에 대하여 유사한 결과를 가져오지만, 각 통계소프트웨어 패키지가 내놓는 결과는 차이가 있다. 독자들이 익숙하게 하기 위하여, 이 장에서는 두 패키지에 의한 결과를 보여줄 것이다. 이 장 이후에는 두 통계패키지 중 하나 또는 둘 다 사용할 것이지만, 대부분 쉽게 접할 수 있기 때문에 Eviews를 사용할 것이다.[18]

Eviews 6을 사용하여 회귀분석하면, 표 1.2와 같은 결과를 얻을 수 있다.

표 1.2 임금에 관한 회귀분석

Dependent Variable: WAGE
Method: Least Squares
Sample: 1 1289
Included Observations: 1289

	Coefficient	Std. Error	t-Statistic	Prob.
C	−7.183338	1.015788	−7.071691	0.0000
FEMALE	−3.074875	0.364616	−8.433184	0.0000
NONWHITE	−1.565313	0.509188	−3.074139	0.0022
UNION	1.095976	0.506078	2.165626	0.0305
EDUCATION	1.370301	0.065904	20.79231	0.0000
EXPER	0.166607	0.016048	10.38205	0.0000

R-squared	0.323339	Mean dependent var	12.36585
Adjusted R-squared	0.320702	S.D. dependent var	7.896350
S.E. of regression	6.508137	Akaike info criterion	6.588627
Sum squared resid	54342.54	Schwarz criterion	6.612653
Log likelihood	−4240.370	Durbin–Watson stat	1.897513
F-statistic	122.6149	Prob(F-statistic)	0.000000

---

[18] 엑셀도 다중회귀분석을 할 수 있으나, 다른 두 통계패키지처럼 확장성이 부족하다.

위 형태는 Eviews의 전형적인 결과물이다. 표의 첫 번째 부분은 종속변수의 이름, 추정방법(최소제곱법, least squares), 관측치의 수, 그리고 분석에 포함된 표본의 범위를 보여준다. 때때로 표본 전체를 사용하지 않을 것이며, 이때 몇몇 관측치는 유보(留保)할 것인데, 이러한 관측치를 유보관측치(holdover observations)라고 부른다.

표의 두 번째 부분은 설명변수의 이름, 추정계수, 추정계수의 표준오차, 각 추정계수에 대한 t-검정통계치(단순히 추정계수를 추정계수의 표준오차[19]로 나눈 값), p값(t-검정통계치에 대한 정확한 유의수준)을 보여준다. 각 계수에 대한 귀무가설은 계수(대문자 B)가 0, 즉 다른 여타 설명변수의 변화가 없다면, 추정한 특정 설명변수가 종속변수에 영향을 주지 않는다는 것이다.

p값이 작을수록 귀무가설이 옳지 않다는 증거가 강한 것이다. 예를 들어 **직장경력변수**(Exper)에 관하여 살펴보자. 추정계수의 값은 대략 0.17이며 t-검정통계치는 10.38이다. 만약 귀무가설이 PRF에 있는 '이 변수의 계수의 값이 0이다'라면, t-검정통계치를 가질 p값을 보아 바로 기각한다. 만약 그렇지 않고 p값이 매우 높으면, 이 변수의 계수의 값은 0이라는 가설을 기각하지 못한다. 이러한 상황에서 직장경력변수의 계수의 값은 통계적으로 매우 유의하며, 결과적으로 추정계수의 값은 0이 아니라는 것이 상당히 유의하다고 한다. 다시 말하면 직장경력은 다른 변수를 고려하더라도 시간당 임금의 주요 결정요인이라고 말할 수 있으며, 이는 놀랄 만한 발견은 아니다.

5%의 p값을 취한다면, 표 1.2는 각 추정계수가 통계적으로 유의하게 0이 아니며, 시간당 임금의 주요한 결정요인이라는 것을 보여준다.

표 1.2의 세 번째 부분은 기술통계치를 보여준다. $R^2 \approx 0.32$는 5개의 설명변수가 시간당 임금변동을 32% 정도 설명한다는 것을 의미한다. R^2이 낮아 보이지만, 종속변수와 설명변수가 다양한 값을 가지는 1,289개의 관측치를 다룬다는 것을 기억하자. 여러 분석에도 불구하고 R^2은 전형적으로 낮으며, 개별적인 수준에서 분석을 할 때도 종종 값이 낮다. 이 부분은 조정된 R^2(Adjusted R-squared)의 값을 제공하며, 앞서 살펴본 바와 같이 조정되지 않는 R^2의 값보다 낮다. 다른 임금모형과 현재 임금분석 모형을 비교할 수 없기 때문에 조정된 R^2의 값은 그다지 중요하지 않다.

임금회귀모형에서 '모든 기울기 계수가 동시에 0이다'라는 귀무가설을 검정하고자 한다면, 앞서 논의한 F-검정을 활용해야 한다. 현재 예제에서 F값은 약 123이다. 추정된 F값에 대한 p값이 매우 낮기 때문에 귀무가설이 기각될 수 있다. 예제에서 p값이 실제로 0이므로 전체적으로 모든 설명변수가 종속변수, 즉 시간당 임금에 전혀 영향을 주지 못한다는 귀무가설을 강

---

19 암묵적인 귀무가설은 실제모수에 대한 계수의 값이 0이라는 것이다. 그러므로 $t = (b_k - B_k)/se(b_2)$인 t값을 B_k가 0이라면 $t = b_k/se(b_k)$로 줄일 수 있다. 그러나 위 비례식에 B_k에 대입함으로써 다른 가설을 검정할 수 있다.

하게 기각할 수 있다.

이 표는 몇 가지 통계치로 대안될 모형 중에서 선택을 할 때 사용하는 아카이케와 슈바르츠(Akaike and Schwarz)의 임계값, 오차항 간의 상관관계를 측정하는 더빈-왓슨(Durbin-Watson) 통계치, ML법(이 장의 부록 참조)을 사용할 경우에 유용하게 있을 법한 로그 통계치(log likelihood statistic)를 보여준다. 진행하면서 이러한 통계치의 활용방법에 관하여 논의할 것이다.[20]

Eviews는 보여주지 않지만, 다른 통계소프트웨어 패키지는 분산분석표[Analysis of Variance (AOV) table]를 보여준다. 그렇지만 표 1.2의 세 번째 부분에서 쉽게 이 정보를 유도해 낼 수 있다. Stata는 추정계수, 표준오차, 앞서 언급한 정보뿐만 아니라 AOV 테이블을 보여준다(표 1.4 참조). 또한 Stata는 표 1.3에서 보여주는 바와 같이 95% 신뢰수준의 각 추정계수의 신뢰구간을 보여주고 있다.

표 1.3 임금함수의 Stata 분석 결과물

w	Coef.	Std. Err.	t	P>|t|	[95% Conf. Interval]	
female	−3.074875	.3646162	−8.43	0.000	−3.790185	−2.359566
nonwhite	−1.565313	.5091875	−3.07	0.002	−2.564245	−.5663817
union	1.095976	.5060781	2.17	0.031	.1031443	2.088807
education	1.370301	.0659042	20.79	0.000	1.241009	1.499593
experience	.1666065	.0160476	10.38	0.000	.1351242	.1980889
_cons	−7.183338	1.015788	−7.07	0.000	−9.176126	−5.190551

주 : t값은 양수이거나 음수일 수 있기 때문에 t의 절댓값으로 $|t|$를 보여준다.

표 1.4 AOV 표

Source	SS	df	MS
Model	25967.2805	5	5193.45611
Residual	54342.5442	1283	42.3558411
Total	80309.8247	1288	62.3523484

Number of obs = 1289
F(5, 1283) = 122.61
Prob > F = 0.0000
R-squared = 0.3233
Adj R-squared = 0.3207
Root MSE = 6.5081

20 Eviews는 아카이케-슈바르츠 정보 기준(Akaike and Schwarz information criteria) 사이에 위치하는 한나-퀸 정보 기준(Hannan-Quinn information criterion)과 슈바르츠 정보 기준(Schwarz information criteria)을 제공해 준다.

보는 바와 같이, 회귀계수 추정치는 Eviews나 Stata의 차이가 거의 없다. Stata의 독특한 특징은 식 (1.14)로부터 계산된 각 회귀계수의 신뢰구간(confidence interval)을 제공하는 것이다. 예제에서 학업기간 변수를 살펴보자. 실제 학업기간 변수에 대한 계수의 값이 1.3703이지만, 95% 신뢰구간은 1.2410에서 1.4995까지이다. 그러므로 여타의 조건이 일정하다면, 학업기간이 1년 증가하면, 시간당 임금은 1.24달러에서 1.49달러까지 증가한다는 것을 95% 신뢰수준에서 말할 수 있다.

그래서 만약 실제 학업기간 변수의 계수의 값이 앞서 언급한 바와 같이 1.43이라면, 이 신뢰구간이 고정되어 있기 때문에 1.43이 이 구간 내에 있다고 확언할 수 없다. 그러므로 1.43은 이 구간 내에 존재하거나 존재하지 않을 수 있다. 확언할 수 있는 것은 반복적인 표본추출로 식 (1.14)와 같은 방법으로 신뢰구간을 설정해 간다면, 신뢰구간이 실제 모회귀계수인 B_k를 포함할 수 있다고 추론할 수 있다. 물론 매번 5% 정도는 틀릴 수 있다.

절편에 대한 해석

표 1.2에서 보여준 임금회귀식에서 절편값은 약 −7.1833이다. 문자 그대로 해석하면, 회귀 추정식의 모든 설명변수의 값이 0이라고 한다면, 시간당 평균임금이 −7.1833달러라는 것을 의미한다. 물론 현재 예제는 경제적으로 이치에 맞지 않다. 비록 몇몇 경우에 부(−)의 기호의 절편값은 어떠한 의미를 가질 수 있지만, 대부분의 경우 그것은 실용적인 의미가 없다. 더불어 모든 설명변수의 값이 0이 된다는 것은 비현실적이며, 이 예에서도 모든 설명변수의 값이 0이 되는 경우는 없을 것이다.

설령 그렇다 하더라도 절편을 포함하는 표준선형회귀모형의 경우에도 흔한 일이지만, 회귀식의 절편이 없을 경우에는 오차항의 합, 즉 Σe_i이 0이 아닐 수 있기 때문에 회귀모형에서 절편을 포함시키는 것은 매우 중요하다. 이 주제에 관하여 2.10절 원점을 통과하는 회귀식에서 자세히 다룰 것이다.

설명변수의 값이 1단위 변화할 때 평균임금에 미치는 영향

여성변수의 계수 −3.07은 다른 여타의 변수가 일정하다면 여성의 시간당 평균임금은 남성의 시간당 평균임금에 비하여 약 3달러 낮다는 것을 의미한다. 유사하게 여타의 조건이 일정하다면, 유색인종의 시간당 평균임금은 백인의 시간당 평균임금에 비하여 약 1.56달러 낮다. 학업기간에 관한 계수는 다른 여타의 조건이 일정하다면 학업기간이 1년 증가할 때마다 시간당 임금이 약 1.37달러씩 높아진다는 것을 보여준다. 유사하게 여타의 조건이 일정할 때, 직장경력년수가 1년씩 증가하면 시간당 평균임금은 약 17센트씩 증가한다.

전반적인 회귀분석의 신뢰도 검정

'모든 기울기 계수가 동시에 0'(즉, 모든 설명변수가 시간당 임금에 전혀 영향을 미치지 못한다)이라는 귀무가설을 검정하기 위하여, Stata를 사용하여 표 1.4를 구하였다.

AOV는 총제곱합(total sum of squares, TSS)의 항목별 내역을 두 가지 요소로 나누어 보여준다. 그중 하나는 모형에 의해 설명된 제곱합(explained sum of squares, ESS) 부분, 즉 선택된 회귀모형에 의해 설명되는 제곱합과, 다른 하나는 회귀모형에 의해 설명되지 못하는 이전에 설명한 용어인 잔차제곱합(residual sum of squares, RSS)이다.

이 각 제곱의 합은 자유도와 연계되어 있다. TSS는 동일한 표본에서 종속변수 Y의 평균값을 계산하는 과정에서 1개의 자유도를 잃게 되어 $(n-1)$의 자유도를 갖는다. ESS는 절편을 제외한 설명변수의 수인 $(k-1)$의 자유도를 가지며, RSS는 총관측치의 수에서 (절편을 포함한) 추정계수의 수를 뺀 $(n-k)$의 자유도를 갖는다.

이제 ESS를 $(k-1)$로, RSS를 $(n-k)$로 나누면, ESS와 RSS의 제곱합의 평균(mean sums of squares, MS)을 얻는다. 그리고 두 MS의 비율을 구하면 F값을 얻는다. '모든 기울기 값이 동시에 0이다'라는 귀무가설 하에서 오차항 u_i가 정규분포라고 가정하면, F-검정통계량은 분자 자유도가 $(k-1)$이고, 분모 자유도가 $(n-k)$인 F-분포를 따른다.

이 예에서 F값은 대략 123으로 Eviews에서 얻는 결과와 유사하다. 이 표에서 보여주는 바와 같이, 계산된 F값 이상이 될 확률이 실제적으로 0이므로 귀무가설이 기각될 수 있다는 것을 의미한다. 이는 적어도 1개의 설명변수는 통계적으로 유의하게 0이 아니라는 것이다.

만약 AOV를 구할 수 없으며, '모든 기울기 값이 동시에 0이다'라는, 즉 $B_2 = B_3 = \cdots = B_k = 0$이라는 귀무가설을 F와 R^2의 검정관계를 활용하여 다음 식으로 검정할 수 있다.

$$F = \frac{R^2 / (k-1)}{(1-R^2)/(n-k)} \tag{1.21}[21]$$

R^2의 값은 대부분의 소프트웨어에서 계산하여 주기 때문에 귀무가설을 검정하기 위하여 위 식 (1.20)을 사용하는 것은 용이하다. 예제에서 계산된 R^2값은 0.3233이다. 이 값을 활용하면 다음의 값을 얻을 수 있다.

$$F = \frac{0.3233 / 5}{(1-0.3233)/1283} \approx 122.60 \tag{1.22}$$

이 값은 대략 Stata 분산분석표와 유사하다.

모든 설명변수가 종속변수에 전혀 영향을 미치지 못한다는 것을 검정할 때만 식 (1.18)을 사용한다는 것을 강조한다.

앞서 언급한 바와 같이, R^2은 종속변수의 변동에 대한 회귀모형에서 설명변수에 의해 설명되는 비율이다. 이것은 분산분석표로부터 TSS에 대한 ESS의 비율($=25967.2805/80309.8247$)이 $R^2(=0.3233)$과 같다는 것으로 증명할 수 있다.

---

21 증명하는 방법은 Gujarati/Porter, *op cit.*, p. 241을 참조하라.

1.9 예측

때때로 우리는 예측 목적으로 추정된 회귀모형을 사용하곤 한다. 표 1.2에서 분석한 임금추정모형으로 되돌아가 보자. 변수 X에 관하여 예상되는 임금소득자에 관한 정보가 주어졌다고 가정하자. 표에서 구한 회귀계수와 한 임금소득자의 정보가 주어졌다면, 그 사람에 대한 예상(평균)임금을 쉽게 계산해 낼 수 있다. 그러한 예상되는 임금소득자가 표 1.2의 회귀식으로 추정한 임금을 실제로 받는지 못하는지는 정확하게 알 수는 없다. 그렇지만 주어진(X) 특성을 지닌 한 개인이 그러한 소득을 받을 수 있다고 말할 수는 있다. 이것이 예측의 중요한 점이다.

예측은 일반적으로 시계열 분석이라는 측면에서 일반적으로 사용된다. 제16장에서 실례가 되는 예제로 이러한 주제를 보다 더 충실하게 다룰 것이다.

1.10 예문 보기

CLRM의 기본적인 내용을 소개했으므로 여기서 어디로 진전해야 할까? 그에 대한 답은 다음과 같다.

표 1.2에서 표시된 임금회귀모형은 CLRM의 가정을 기반으로 하고 있다. 자연스럽게 "추정모형이 CLRM의 가정을 충족하는지 어떻게 알 수 있을까?"라는 문제가 자연스럽게 발생한다. 다음의 의문에 대한 해결방법을 알 필요가 있다.

1. 표 1.2에서 표시된 임금모형은 모수뿐만 아니라 변수 간에도 선형이다. 예로 임금변수가 로그 형태를 취할 수 있을까? 학업기간 및 직업경력에 대한 변수도 또한 로그 형태를 취할 수 있을까? 임금이 영원히 직업경력에 따라 선형으로 증가하리라고 볼 수 없기 때문에, 추가적인 설명변수로 직업경력의 제곱을 취한 변수를 포함할 수 있지 않을까? 모든 이러한 의문은 회귀분석모형의 함수형태(functional form)와 관련되어 있다. 이러한 주제는 제2장에서 다룰 것이다.

2. 설명변수 몇몇은 수량변수이며, 몇몇은 '더미변수'라는 질적 변수 또는 명목변수인 경우를 상정해 보자. 더미변수를 다루는 데 특별한 문제는 없는가? 어떻게 주어진 상황에서 수량변수와 더미변수 간의 상호관계를 다룰 수 있을까? 임금모형은 세 가지 더미변수인 여성(성별), 유색인(인종), 그리고 노조(노조원,비노조원) 변수를 포함하고 있다. 여성 노조원이 여성 비노조원보다 임금이 많을까? 제3장에서 이 문제와 질적설명변수(qualitative regressors)의 다른 측면들을 다룰 것이다.

3. 회귀분석모형에서 몇 개의 설명변수를 포함한다면, 어떻게 설명변수 간의 다중공선성의 문제가 없다는 것을 알 수 있을까? 이러한 문제가 발생한다면, 그 결과는 어떻게 나타날까? 그리고 그 문제를 어떻게 해결할 것인가? 이 문제는 제4장에서 다룰 것이다.

4. 횡단면 자료에 있어서 오차항의 분산이 동분산이라기보다 이분산(heteroscedastic)일 수

있다. 어떻게 그러한 것을 알아낼 수 있을까? 그리고 이분산일 경우 결과는 어떻게 나타 날까? OLS 추정량은 여전히 BLUE일까? 어떻게 이분산을 바로잡을 수 있을까? 제5장에서 이러한 문제의 해를 찾을 것이다.

5. 시계열 자료에서 오차항은 자기상관이 전혀 없다는 가정이 충족되지 못할 수 있다. 어떻게 이러한 현상을 알 수 있을까? 자기상관의 결과는 무엇일까? 어떻게 자기상관의 문제를 바로잡을 수 있을까? 제6장에서 이러한 문제에 대한 해를 찾을 것이다.

6. CLRM의 가정 중 하나는 회귀모형 내에 CLRM 관련 변수를 모두 포함했으며, 회귀모형 내에 불필요하게 추가된 변수는 전혀 없으며, 오차항의 확률분포는 올바르게 모형이 설정되어, 설명변수와 종속변수의 측정오류가 전혀 없다는 측면에서, 실증분석에서 사용된 실증모형은 '올바르게 설정된다(correctly specified)'는 것이다. 명백하게 이것은 다루기 어려운 문제이다. 설령 좋은 응용프로그램으로 그러한 내용을 조사한다 할지라도, 이러한 상황으로 인해 발생한 결과를 조사하는 것은 중요하다. 제7장에서 분석모형의 설정에 관한 문제를 논의할 것이다. 또한 이 장에서 CLRM에서 가정한 것처럼 고정된 설명변수가 아니라 확률적인 설명변수의 경우를 간단히 논할 것이다. 제19장에서 이 주제를 확장하여 논할 것이다. 또한 연립방정식 모형 및 동태적 회귀모형이라는 주제에 관하여 논할 것이다.

7. 종속변수가 비율 또는 구간척도 변수가 아니라, 명목척도로 1과 0의 값을 취하는 경우를 가정하면, 이와 같은 회귀모형을 추정하기 위하여 여전히 통상적인 OLS 분석방법을 적용할 수 있을까? 그렇지 않다면, 대안은 무엇일까? 이러한 의문점에 대한 해결방법을 제8장에서 구할 수 있으며, 여기에서 명목종속변수를 다룰 수 있는 로짓 모형(logit model)과 프로빗 모형(probit model)을 다룰 것이다.

8. 제9장에서는 로짓 및 프로빗 모형을 다범주 명목척도 변수로 확장할 것이다. 여기서 종속변수는 2개 이상의 명목척도 변수이다. 예를 들어 일하러 가는 이동수단을 고려해 보자. 자가용, 공공버스, 또는 기차와 같은 세 가지 이동수단을 고려해 보자. 이러한 선택안 중에서 무엇을 선택할 것인가? 다항조건부 로짓(multinomial conditional logit) 또는 다항명목 프로빗 모형(multinomial probit model)을 제9장에서 논의하며 어떻게 다중범주 명목척도를 다룰지 보여줄 것이다.

9. 명목척도 변수를 수량화할 수 없는 경우에도, 명목척도 변수를 순위를 매기거나 서열을 정할 수 있다. 제10장에서 논의할 정렬된 로짓 모형(ordered logit model)과 정렬된 프로빗 모형(ordered logit model)은 서열화되거나 순위화된 모형을 추정하는 방법을 보일 것이다.

10. 때로는 연구하는 문제설정 때문에 종속변수가 취할 수 있는 값이 제한된다. 1년에 5만 달러 이하의 소득인 가구의 주거비 지출에 대한 연구를 수행한다고 가정하자. 명백하게 이 연구에서는 주거비 지출액이 소득한계를 넘는 가구는 배제한다. 제11장에서 이러한 검열

되고 단절된 모형설정방법(censored sample and truncated sample modeling)을 논의하여 어떻게 그러한 현상을 모형화하는지 보일 것이다.

11. 때때로 예로 의사방문 환자의 수, 기업이 받은 특허의 수, 15분 간격으로 출구를 통과하는 고객의 수 등의 계수형 자료(count type)를 만나곤 한다. 이러한 계수형 자료를 모형화하기 위하여 포아송 확률분포(Poisson probability distribution, PPD)가 사용된다. 암묵적으로 PPD라는 가정이 항상 충족될 수 없기 때문에, 대안적 모형으로 음이항분포(negative binomial distribution, NBD)를 사용한다. 이 주제는 제12장에서 다룰 것이다.

12. 시계열자료에서 CLRM의 기초가 되는 가정은 시계열 자료가 안정적(stationary)이라는 것이다. 이러한 경우가 아니라면, 통상적인 OLS 방법론은 적용 가능한가? 대안은 무엇일까? 제13장에서 논의할 것이다.

13. 하나 또는 그 이상의 불안정적(nonstationary) 시계열 자료를 회귀분석할 경우 소위 허구적 또는 비논리적 회귀현상을 초래할 수 있다. 그렇지만 장기으로 변수 간에 안정적 관계가 있으면, 즉 변수들이 공적분(cointegrated)된다면, 허구적 회귀를 우려할 필요는 없다. 제14장에서 이러한 허구적 회귀를 찾아보고, 변수가 공적분되지 않으면 어떠한 현상이 나타나는지 보일 것이다.

14. 비록 일반적으로 이분산이 횡단면 자료에 관련되어 있을지라도, 그것은 재무시계열 자료에서 관측되는 소위 변동성(volatility)의 군집화 현상(clustering phenomenon)이 시계열자료에서도 나타날 수 있다. 제15장에서 **ARCH** 및 **GARCH** 모형으로 변동성의 군집화 현상을 어떻게 모형화할 것인지를 소개할 것이다.

15. 예측은 시계열 계량경제학에서 특화된 분야이다. 제16장에서 경제전망에 관한 주제를 두 가지 탁월한 예측방법인 **ARIMA**(autoregressive integrated moving average)와 **VAR**(vector autoregression)뿐만 아니라 LRM의 활용에 관하여 논의할 것이다.

16. 다음 장에서 논의한 분석 모형은 횡단면 자료 또는 시계열 자료를 다루었다. 제17장은 횡단면 자료와 시계열 자료를 조합한 모형을 다룰 것이다. 이러한 모형은 패널자료 회귀모형(panel data regression model)으로 알려져 있다. 이 장에서 어떻게 이러한 모형을 예측하고 해석할지 소개할 것이다.

17. 제18장에서 기간 또는 생존분석(duration or survival analysis)이라는 주제를 다룰 것이다. 혼인기간, 파업기간, 질병기간, 실업기간은 몇 가지 기간자료의 예이다.

18. 제19장에서 마지막 장으로 학술논문에서 주목받고 있는 주제, 즉 도구변수(instrumental variable, IV)를 이용한 분석방법을 논의할 것이다. 이 책의 대부분은 비확률적, 즉 고정된 설명변수의 경우에 심혈을 기울였으나, 확률적 또는 무작위적 설명변수를 다뤄야 할 시점이 되었다. 확률적 설명변수가 오차항과 상관관계가 있다면, OLS 추정량은 편의되어 있을 뿐만 아니라 불일치하다. 즉, 편의현상이 표본이 크다 할지라도 감소하지 않는다. 도구

변수의 기본적인 원리는 확률적 변수를, 확률변수와 관련되어 있지만 오차항과는 상관관계 없는 도구변수(단순히 도구)라고 부르는 다른 설명변수로 대치하는 것이다. 결과적으로 회귀모수의 일관성이 있는 추정량을 얻을 수 있다. 이 장에서 어떻게 이러한 것을 달성할 수 있을지 보일 것이다.

19. 제20장에서 분위회귀모형(quantile regression model, QRM)에 관하여 이 개정판에 새롭게 추가되었다. QRM은 전통적 선형회귀모형과 같이, 단지 조건부 평균보다는 한 변수의 조건부분포에 대한 자세한 특징에 대하여 조사할 것이다. 몇몇 상황에서는 특이한 관측값에 덜 민감한, 중위수 회귀모형을 추정하는 데 적절하다.

더 나아가 우리는 자료를 몇 개의 그룹으로, 예를 들면 4분위로(4개의 그룹으로), 10분위로(10개의 그룹으로) 또는 100분위로(100개의 그룹으로) 나눌 수 있다. 다양한 표본분위를 조사함으로써, 종속변수(종속변수)의 평균값이 표본분위에 따라 달라지는지 여부를 알 수 있다. 만약 사례가 이와 같다면, 표본의 모든 관측치를 단지 하나의 회귀식으로 추정하면 종속변수와 설명변수의 실제 관계의 본질을 왜곡시킬 수 있다.

20. 이 개정판에는 21장을 새롭게 추가하였다. 여기서 변동성 회귀모형(mutilvatiate regression model)을 논의하였다. MRM은 몇 가지 적용사례에서 찾을 수 있다. MRM에서는 몇 개의 종속변수가, 즉 종속변수가 있으며, 모두 동일한 설명변수를 가진다. 예를 들어 미국의 SAT(scholastic aptitude test)는 어휘, 몇 가지 사회경제적 변수에 관한 수학적 문제에 대한 역량을 평가한다. 원칙적으로 SAT의 어휘적 부분과 수학적 부분에 대하여 각각 분리한 OLS 회귀식을 추정할 수 있다. 그러나 그것은 학생들의 어휘점수와 수학점수 간에 상관관계가 존재할 수 있다는 것을 간과하고 있다. MRM는 그러한 상관관계를 고려하여, 두 점수를 결합하여 추정한다.

MRMS는 SUR모형(seemingly unrelated regression)의 특수한 경우이다. 예를 들어 GM 사, 포드 사, 크라이슬러 사의 자본지출액 결정을 독립적으로 할지라도, 실제는 이러한 기업은 동일한 규정과 자본시장 환경 하에서 운영되기 때문에 독립적이지 않다. 그러므로 세 기업의 지출(회귀)함수를 수립할 때는 위 상황이 고려되어야 한다. 이 장에서는 MRM이 그러한 문제를 다루는지를 보여줄 것이다.

이 책의 부록에서 구제적인 예로 이러한 모든 주제를 다룰 것이다. 논의된 주제로는 아무리 해도 계량경제학의 모든 기술을 다 보여줄 수는 없다. 왜냐하면 그 계량경제학적 기술은 진보하고 있기 때문이다. 그러나 필자는 이 책에서 논의한 주제 및 예제가 초급 학생과 연구자들에게 일반적으로 광범위하게 사용되는 계량경제학적 기술을 접하게 하고자 한다. 더 나아가 필자는 이 책에서 논의된 예제가 독자들의 고급계량경제학적 기술에 대한 욕구를 돋우기를 희망한다.

연습문제

....

1.1 표 1.2에서 주어진 회귀분석의 결과를 참고하라.

(a) 학업기간 변수의 실제 또는 모회귀계수의 값이 1이라는 가설을 검정하고자 하는 경우를 가정하라. 어떻게 이러한 가설을 검정할 수 있을까? 필요로 하는 과정을 밝혀라.

(b) 실제 노동조합(union)에 대한 모회귀계수가 1이라는 귀무가설을 기각할 것인가, 아니면 왜 채택할 것인가?

(c) 성별, 인종, 노조 가입 상태 등의 명목변수에 로그를 취할 수 있는가? 왜 가능한가, 아니면 왜 불가능한가?

(d) 회귀분석모형에서 어떤 다른 변수가 누락되었는가?

(e) 백인 노동자와 유색인 노동자, 남성 노동자와 여성 노동자, 노조원과 비노조원을 분리하여 임금에 관하여 회귀분석할 수 있는가? 그리고 어떻게 비교할 것인가?

(f) 일부 미국의 주에서는 일할 권리법(right-to-work law)(즉, 노동조합원이 강제조항이 아닌 경우)이 있고 일부 주에서는 그러한 법이 없다. 일할 권리법이 있는 경우 더미변수의 값을 1로 취하고, 아닌 경우 더미변수의 값을 0으로 취하는 것이 가치가 있을까? 사전에 이러한 변수가 모형에 포함되지 않는다면, 어떠한 것을 예상할 수 있을까?

(g) 위 모형에 설명변수로 노동자의 나이를 추가할 수 있을까? 왜 추가해야 하는가, 그렇지 않으면 왜 추가해서는 안 되는가?

1.2 표 1.5(도우미 웹사이트에서 자료를 구할 수 있다)는 1970년 후반 보스턴 동부지역의 3~19세의 654명의 청년에 관하여 다음과 같은 변수[22]를 보여주고 있다.

fev = (단위가 리터로) 연속 측정치

smoke = 흡연자는 1로, 비흡연자는 0으로 코딩됨

age = 단위가 연임

ht = 키높이로 단위는 인치임

sex = 여성은 0으로, 남성은 1로 코딩됨

fev는 인위적인 호흡량, 즉 깊이 숨을 들이쉬고 후에 내뿜는 공기의 양으로, 중요한 폐기능의 측정치를 나타낸다. 이 연습문제의 목적은 연령, 키높이, 체중, 그리고 흡연습관이 폐기능에 미치는 영향을 찾아내는 것이다.

(a) 이러한 목적에 적합한 회귀모형을 수립하라.

(b) 분석에 앞서 각 회귀변수가 fev에 미치는 효과는 무엇일까? 회귀분석의 결과가 사전

---

22 이 자료의 출처는 American Statistical Association's Dtat Archives이며, 친절하게도 Michael J. Khan이 자료를 필자에게 제공하였다.

적인 예측을 입증하는가?

(c) 설명변수 중에 어떤 것이 5% 유의수준에서 각각 통계적으로 유의미한가? 추정된 p값은 각각 얼마인가?

(d) 추정된 p값이 5%의 값보다 크다면, 관련된 회귀계수가 실제로 중요하지 않다는 것을 의미하는가?

(e) 당신은 나이와 키높이가 상관관계가 있다고 예상하는가? 만약 그렇다면, 당신의 모형이 다중공선성의 문제를 예견할 수 있지 않은가? 이 문제에 대하여 무엇을 할 수 있을지 아이디어는 있는가? 필요한 계산과정을 보여라. 만약 답이 없다면 제4장에서 다중공선선을 깊게 다룰 예정이기 때문에 낙심하지 마시기 바랍니다.

(f) 독자들은 모든 (기울기) 계수가 통계적으로 유의미하지 않다는 가설을 기각할 수 있는가? 어떠한 검정방법이 유용할까? 필요한 계산과정을 보여라.

(g) 분산분석(analysis of variance) 표를 만들어 보라. 그 표가 의미하는 바는 무엇인가?

(h) 회귀모형의 R^2값은 얼마인가? 그 수치를 어떻게 해석할 것인가?

(i) 조정된-R^2값을 계산하라? 이 값과 (h)의 R^2값을 어떻게 비교할 것인가?

(j) 이 예제로부터 흡연이 fev에 나쁘다는 결론을 내릴 수 있는가? 설명하라.

1.3 다음 이변량 모형을 상정해 보자.

$$Y_i = B_1 + B_2 X_i + u_i$$

이 모형의 OLS 추정량이 다음과 같음을 밝혀라.

$$b_2 = \frac{\sum x_i y_i}{\sum x_i^2}$$

$$b_1 = \overline{Y} - b_2 \overline{X}$$

$$\hat{\sigma}^2 = \frac{\sum e_i^2}{n-2}$$

여기서 $x_i = (X_i - \overline{X})$, $y_i = (Y_i - \overline{Y})$, $e_i = (Y_i - b_1 - b_2 X_i)$이다.

1.4 다음 회귀모형을 상정해 보자.

$$y_i = B_1 + B_2 x_i + u_i$$

여기서 x_i와 y_i는 연습문제 1.3에서 정의한 것과 같다. 이 경우 b_1이 0임을 보여라. 연습문제 1.3의 모형보다 현재 모형이 우월한 것은 무엇인가?

1.5 설명변수 간의 상호작용. 표 1.3에서 주어진 임금회귀모형을 상정해 보자. 교육, 경력, 두 변수의 곱을 그 모형에 추가하는 것을 가정해 보자. 상호작용변수(interaction variable)라고 할 수 있는 그러한 변수를 포함하는 이면의 논리는 무엇인가? 이 변수를 추가하여 표 1.3의 모형으로 다시 추정하고 그 결과물을 해석하라.

부록

최우법(ML)

앞서 언급한 바와 같이, OLS의 대안이 최우법(method of maximum likelihood, ML)이다. 이 방법은 특별한 예로 로짓, 프로빗, 다항 로짓, 다항 프로빗 모형 같은 비선형회귀모형 추정에 매우 유용하다. 이러한 모형을 논의하는 장에서도 ML법을 보게 될 것이다.

ML을 설명하기 앞서, OLS와 ML의 차이를 언급하는 것이 중요하다. 회귀분석 측면에서 OLS는 오차항 u_i의 추정치가 0이고, 유한한 분산을 가지고 있다고 가정한다. 그렇지만 오차항의 확률분포에 관해서는 어떠한 가정도 하지 않는다. 다른 한편 ML에서는 오차항이 특정한 확률분포를 하고 있다. 고전적인 통상회귀식에서는 오차항이 평균이 0이며, 일정한 분산(예로 동분산)을 갖는 정규분포를 따른다고 가정하고 있다. 이러한 가정하에서 회귀모수의 추정량에 대한 표본분산을 유도해 내고, 가설검정을 수행할 수 있다.

흥미롭게도 아래에 보여주는 바와 같이, 오차항에 대한 정규분포 가정하에서 회귀계수에 대한 ML과 OLS의 추정량은 동일하지만, 오차항의 분산(σ^2)의 추정량은 다르다. 그렇지만 대 표본의 경우 그 차이는 미미하다.

다음 대수식을 최소화하기 위하여, 두 변수 회귀모형을 고려해 보자.

$$Y_i = B_1 + B_2 X_i + u_i \tag{1}$$

여기서

$$u_i \sim IIDN(0, \sigma^2) \tag{2}$$

이다. 즉, 오차항의 평균이 0이고 분산이 일정한 정규분포로 각각 독립적이고 동일하게 분포되어 있다.

B_1과 B_2는 상수이며, X는 반복적인 표본추출에 있어서도 일정하다고 가정했기 때문에 식 (2)는 다음과 같음을 의미한다.

$$Y_i \sim IIDN(B_1 + B_2 X_i, \sigma^2) \tag{3}[23]$$

즉, Y_i는 안정적인 모수인 정규분포로서 독립적이고 동일하게 분포되어 있다.

$$f(Y_i) = \frac{1}{\sigma\sqrt{2\pi}} \exp\left[-\frac{1}{2\sigma^2}(Y_i - B_1 - B_2 X_i)^2 \right] \tag{4}$$

---

[23] 초급통계학에서 평균이 μ이고 분산이 σ^2인 무작위적인 명목변수 X의 확률밀도함수는 다음과 같음을 기억하자.

$$f(X) = \frac{1}{\sigma\sqrt{2\pi}} \exp\left[-\frac{1}{2\sigma^2}(X - \mu)^2 \right], \quad -\infty < X < \infty, \ \sigma^2 > 0.$$

위 식은 식 (3)에서 구한 평균과 분산을 갖는 Y_i의 정규분포 확률밀도함수이다. 여기서 exp는 밑수를 자연대수로, 중괄호 안에 있는 식의 멱승만큼 증가하는 e를 의미한다.

Y_i는 식 (4)처럼 분산되어 있기 때문에, 관측치 Y의 결합밀도 함수(예 : 결합확률)는 각 Y_i의 n회 곱으로 나타낼 수 있다. 그 결과는 다음과 같다.

$$f(Y_1, Y_2, ..., Y_n) = \frac{1}{\sigma^n (\sqrt{2\pi})^n} \exp\left[-\frac{1}{2} \sum \frac{(Y_i - B_1 - B_2 X_i)^2}{\sigma^2}\right] \tag{5}$$

만약 Y_1, Y_2, ..., Y_n이 알려져 있지만 B_1, B_2, σ^2을 모른다면, 식 (5)를 우도함수(likelihood function, LF)라고 부른다.

최우법은 이름에서 알 수 있듯이 표본 Y를 관측할 가능성을 극대화하는 방법으로 알 수 없는 모수(parameter)를 추정하는 것으로 이루어졌다. 양변에 로그를 취하면 최댓값을 찾는 것은 쉽다.

$$\ln LF(B_1, B_2, \sigma^2) = -\frac{n}{2}\ln \sigma^2 - \frac{n}{2}\ln(2\pi) - \frac{1}{2}\sum \frac{(Y_i - B_1 - B_2 X_i)^2}{\sigma^2} \tag{6}$$

식 (6)에서 마지막 항은 음수이기 때문에, 식 (6)을 극대화하기 위해서는 마지막 항을 최소화해야 한다. σ^2을 제외하면 이 항은 단지 OLS의 오차항의 제곱합에 해당한다. 마지막 항을 절편과 기울기 계수로 각각 미분하면, 본문에서 논의하였던 최소제곱법과 유사한 B_1, B_2의 추정량을 구할 수 있다.

그렇지만 σ^2의 추정량에는 차이가 있다. 그 추정량은 다음과 같다.

$$\hat{\sigma}^2_{ML} = \frac{\sum e_i^2}{n} \tag{7}$$

반면에 OLS 추정량은 다음과 같다.

$$\hat{\sigma}^2 = \frac{\sum e_i^2}{n-k} \tag{8}$$

다시 말하면 알 수 없는 분산에 대한 ML 추정량은 자유도로 바로잡지 않는다. 반면에 OLS 추정량은 자유도로 바로잡아야 한다. 그렇지만 대규모의 표본에서 두 가지 방식에 의한 추정량이 거의 유사해진다. 그렇지만 소규모 표본에서의 ML 추정량은 실제 오차분산에 대비하여 편의되어 있다.

표 1.2에서 주어진 임금회귀모형의 결과를 살펴보면, LF값이 −4240.37이라는 것을 알 수 있다. 이것은 로그 우도함수를 극대화하는 값이다. 이 값에 역(逆)로그를 취하면, 이 값이 0에 근사하는 것을 알 수 있다. 또한 이 표에서 회귀계수의 값은 오차항이 정규분포라는 가정하에서 ML 추정량이라는 것을 주목하자.

그래서 실제적인 목적으로 오차항이 정규분포라고 가정하였기 때문에, OLS 회귀계수 추정치와 ML 회귀계수 추정치는 유사하다. 그러한 이유로, 응용에 있어서 실제로 오차항이 정규분포인지를 알아내는 것은 중요하다. 이 주제에 대하여 제7장에서 다룰 것이다.

ML 추정량은 바람직한 대규모 추정량의 특성을 가지고 있다. (1) 비대칭적으로 편의되어 있지 않다. (2) 일치성을 가지고 있다. (3) 점근적인 효율성이 있다. 즉, 대표본의 경우 모든 일치 추정량 중에서 ML 추정량의 분산값이 가장 작다. (4) 점근적으로 정규분포화된다.

불편추정량과 일치추정량 간의 차이에서 나타나는 특징을 기억하자. 불변성은 반복추출 과정에서 나타나는 특징이다. 표본의 크기를 일정하게 유지한 채 몇 개의 표본을 뽑고, 그 표본으로부터 미지의 모수 추정치를 구한다. 만약 이러한 추정치의 평균이 모수의 실제값과 같다면, 그러한 추정량(또는 그러한 추정방법)은 불편추정량(unbiased estimator)이 된다.

표본의 크기가 커지면 커짐에 따라 추정량을 모수의 실제값에 근사하게 되면 추정량은 일치성(consistent)이 있다고 한다.

앞서 언급한 바와 같이, OLS 분석에서 R^2을 추정회귀선의 적합성을 측정하는 수단으로 활용하였다. ML의 분석에서 동일한 의미의 R^2은 의사(擬似) R^2(pseudo R^2)으로 다음과 같이 정의한다.[24]

$$\text{pseudo-}R^2 = 1 - \frac{lf\text{L}}{lf\text{L}_0} \tag{9}$$

여기서 $lf\text{L}$은 분석하고 있는 모형의 로그 최우값이며, $lf\text{L}_0$는 특정 설명변수가 없는(즉, 절편을 제외한) 로그 최우값이다. 그래서 절댓값으로 보면 $lf\text{L}$의 비중은 $lf\text{L}_0$보다 작다.

최우법은 결합확률을 나타내고 있으므로, 의사(擬似) R^2은 0과 1 사이의 값이다. 따라서 예제에서처럼 $lf\text{L}$의 값은 음수이어야 한다.

OLS 분석에서 F-검정으로 전반적인 회귀모형의 신뢰도를 검정하였다. ML에서는 유사한 분석을 우도비통계치(likelihood ratio statistic) λ를 사용한다.

λ는 다음과 같이 정의된다.

$$\lambda = 2(lf\text{L} - lf\text{L}_0) \tag{10}$$

모든 설명변수의 계수가 0이라는 귀무가설 하에서 검정통계량은 자유도가 $(k-1)$인 χ^2(카이제곱) 분포를 하고 있다. 여기서 $(k-1)$은 설명변수의 수이다. 다른 유의성 검정처럼, 계산된 χ^2값이 주어진 유의수준에서 임계값보다 크다면, 귀무가설은 기각된다.

---

24 이후 논의는 Christopher Dougherty의 책(*Introduction to Econometrics*, 3rd edn, Oxford University Press, Oxford, 2007, pp. 320-1)을 따르고 있다.

2 회귀모형의 함수 형태

이 책의 주요 관심사는 변수들에 대해서는 선형일 수도 아닐 수도 있지만 모수들에 대해서는 선형인 모형, 즉 선형회귀모형임을 기억할 것이다. 이 장에서는 변수들에 대해서는 비선형이지만 모수들에 대해서는 선형인 몇 가지 모형을 살펴볼 것이다. 실제로 회귀분석에서 종종 사용되는 다음의 모형을 살펴보자.

1. 로그−로그(log-linear) 모형 : 설명변수 및 종속변수 모두 로그 형태인 더블−로그(double-log model) 회귀분석모형
2. 로그−선형(log-lin) 모형 : 종속변수는 로그 형태이고, 설명변수는 로그 형태이거나 선형 형태인 회귀분석모형
3. 선형−로그(lin-log) 모형 : 종속변수는 선형이고, 1개 또는 그 이상의 설명변수가 로그 형태인 회귀분석모형
4. 역수 형태 모형 : 설명변수가 역수 형태인 회귀분석모형
5. 표준화된 회귀분석모형

몇 가지 예제를 활용하여 위 모형을 설명할 것이다.

2.1 로그−로그 모형, 더블로그 모형 또는 상수탄력성 모형

다음 식[1]과 같은 유명한 콥−더글라스(Cobb-Douglas, CD) 생산함수를 고려해 보자.

$$Q_i = B_1 L_i^{B_2} K_i^{B_3} \tag{2.1}$$

여기서 Q = 생산량, L = 노동투입량, K = 자본, B_1은 상수항이다.

이 모형은 모수가 비선형이다. 현 상태 그대로 이 식을 추정하기 위해서는 비선형모형 추정 방법을 필요로 한다. 그렇지만 이 함수에 로그를 취하면 다음과 같은 선형 형태로 변환할 수 있다.

---

1 콥−더글라스 생산함수의 역사와 구체적인 내용은 미시경제학 책을 참조하라.

$$\ln Q_i = \ln B_1 + B_2 \ln L_i + B_3 \ln K_i \tag{2.2}$$

여기서 ln는 자연대수를 의미한다.

$\ln B_1 = A$라고 쓰면, 식 (2.2)는 다음과 같이 쓸 수 있다.

$$\ln Q_i = A + B_2 \ln L_i + B_3 \ln K_i \tag{2.3}$$

변수 Q, L, 그리고 K^2의 관계는 비선형이지만, 식 (2.3)에서 모수 A, B_2, B_3은 선형이다.
식 (2.3)에 u_i를 추가하면 다음 LRM을 구할 수 있다.

$$\ln Q_i = A + B_2 \ln L_i + B_3 \ln K_i + u_i \tag{2.4}$$

위 모형에서 설명변수 및 종속변수 모두 로그 형태이기 때문에, 식 (2.4)는 로그-로그, 더블로그, 로그화된 선형, 또는 상수탄력성 모형으로 알려져 있다.

로그-로그 모형의 특징은 기울기 계수가 탄력성[3]으로 해석된다는 것이다. 특히 B_2는 다른 모든 변수(여기서는 자본, 즉 K)가 일정하다면, 노동투입량에 대한 산출량의 (부분) 탄력성이다. 즉, 여타의 조건이 일정할 때, 노동투입량 1단위의 변화율에 대한 산출량의 변화율을 보여준다.[4] 유사하게 다른 여타의 변수가 일정할 때, B_3는 자본투입물에 대한 산출물의 (부분) 탄력성을 보여준다. 이러한 탄력성은 관측치 범위 전반에 걸쳐 일정하기 때문에, 더블로그 모형은 상수탄력성 모형(constat elasticity model)으로 알려져 있다.

탄력성의 장점은 탄력성이 모두 순수한 숫자로, 즉 탄력성은 변화율의 비율이기 때문에 달러, 노동자수, 자본량과 같은 측정단위 문제를 피할 수 있다.

또 다른 CD함수의 흥미로운 특성은 편미분 계수들의 합($B_2 + B_3$)이 규모에 대한 수익(returns to scale), 즉 투입물의 비율 변화에 따른 산출량의 변화에 관한 정보를 제공한다는 것이다. 만약 그 합이 1이면, 투입물이 2배가 되면 산출물이 2배가 되고, 투입물이 3배가 되면 산출물도 3배가 된다는 규모에 대한 수익불변(constant returns to scale)이 존재한다. 그리고 만약 그 합이 1보다 작으면, 투입물이 2배가 되면 산출물은 2배 미만이 되는 규모에 대한 수익체감(decreasing returns to scale)이 존재한다. 마지막으로 그 합이 1보다 크면, 투입물을 2배로 증가시키면 산출물이 2배 초과하여 나타나는 규모에 대한 수익체증(increasing returns to scale)이 나타난다.

---

2 $A = \ln B_1$을 주목하자. 그러면 $B_1 = \log(A)$의 역로그이다. 이것은 비선형이다. 그러나 대부분의 응용에서 절편은 어떤 실용적인 해석이 가능하지 않다.

3 탄력성은 단순히 한 변수의 변화율을 다른 변수의 변화율로 나눈 값이다. 예로서, 만약 Q가 수량이고 P가 가격이라면, 수량의 변화율을 가격의 변화율로 나눈 값은 가격탄력성이라고 한다.

4 즉, $B_2 = \dfrac{\partial \ln Q}{\partial \ln L} = \dfrac{\partial Q / Q}{\partial L / L} = \dfrac{\partial Q}{\partial L} \cdot \dfrac{L}{Q}$이며, 여기서 ∂ 기호는 편미분을 했다는 것을 나타낸다.

표 2.2 미국의 콥−더글라스 함수(2005년)

Dependent Variable: LOUTPUT
Method: Least Squares
Sample: 1 51
Included Observations: 51

	Coefficient	Std. Error	t-Statistic	Prob.
C	3.887600	0.396228	9.811514	0.0000
lnLABOR	0.468332	0.098926	4.734170	0.0000
lnCAPITAL	0.521279	0.096887	5.380274	0.0000

R-squared	0.964175	Mean dependent var	16.94139
Adjusted R-squared	0.962683	S.D. dependent var	1.380870
S.E. of regression	0.266752	Akaike info criterion	0.252028
Sum squared resid	3.415520	Schwarz criterion	0.365665
Log likelihood	−3.426721	Durbin−Watson stat	1.946387
F-statistic	645.9311	Prob(F-statistic)	0.000000

Note: L stands for the log of.

사례를 소개하기에 앞서, 여타의 조건이 일정할 때 몇 개의 변수를 내재한 로그−로그 모형을 언급할 필요가 있다. 여기서 각각 설명변수의 기울기 계수는 한 변수의 변화에 따른 종속변수의(부분) 탄력성을 보여준다.

미국의 콥−더글라스 생산함수

CD함수를 설명하기 위해, **표 2.1** 자료를 산출물 자료(부가가치, 단위 천 달러), 노동투입량(노동시간, 단위 천 시간), 그리고 제조업 부문의 자본투입량(자본지출액, 천 달러)으로 나타내었다. 자료는 2005년 워싱턴 DC와 50개 주의 횡단면 자료이다. 자료는 도우미 웹사이트에서 찾을 수 있다.

OLS의 회귀분석 결과는 표 2.2에 표시되어 있다.

결과 해석

첫째, 모든 회귀계수(예 : 탄력성)는 *p*값이 매우 낮기 때문에, 각각 통계적으로 유의하다는 것을 주목하자. 둘째, *F*-검정통계량을 근거로 하여 보면 *p*값이 매우 낮기 때문에, 종합적으로 두 투입 요소인 노동투입량과 자본투입량은 통계적으로 상당히 유의하다. 그리고 R^2값이 0.96으로 매우 높으며, 이질적 특성이 있는 횡단면 자료에서는 특이한 경우이다. 아카이케-슈바르츠 정보 기준은 R^2의 대안으로 앞으로 좀 더 논의할 것이다. Eviews가 개략적으로 제공하는 더빈-왓슨 검정통계량은 제7장에서 소개할 내용으로 때로는 모형설정 오류를 평가하는 지표이기는 하지만 횡단면 자료에서는 항상 유용한 것은 아니다.

lnLABOR의 계수 약 0.47은 만약 자본을 일정하게 유지하고 노동투입량을 1% 올리면, 평균적으로 산출량이 약 0.47% 증가한다는 것을 의미한다. 유사하게 노동투입량을 일정하게 유지한 채, 자본투입량을 1% 올리면 산출물이 평균적으로 약 0.52% 증가한다. 비교해서 말하면 자본투입의 산출물 증가에 대한 기여율이 노동투입의 산출물 증가에 대한 기여율보다 상대적으로 높다.

기울기의 합은 약 0.9896이며, 이 값은 1에 근사한다. 이것은 2005년 미국의 콥–더글라스 생산함수는 규모에 대한 수익불변이 특징이다.[5]

부가적으로, 식 (2.1)에 주어진 생산함수로 되돌아가고자 한다면 다음과 같다.

$$Q_i = 48.79 L^{0.47} K^{0.51} \qquad (2.5)$$

주 : 48.79는 로그값 3.8876의 역수이다.[6]

회귀분석 결과의 평가

일반적인 통계기준에 의해 판단하면, 표 2.2에서 주어진 콥–더글라스 생산함수의 분석 결과는 인상적이지만 이분산 위반 여부를 확인해야 한다. 왜냐하면 이 '표본'이 다양한 제조업 부문과 더불어 다양한 주(洲)의 자료로 구성되어 있기 때문이다. 즉, 각 주마다 모수 밀도 및 실제 그 크기가 다양하기 때문이다. 제5장에서 이분산의 문제를 갖고 있는지 알아보고자 콥–더글라스 생산함수를 다시 살펴볼 것이다.

제7장에서 모형설정 오류를 오차항이 정규분포를 하고 있는지를 여부를 통해 확인할 것이다. 그 이유는 t-검정과 F-검정이 특히 소표본일 경우 정규성의 가정에 민감하게 반응하기 때문이다. 이 장에서 예로 활용된 콥–더글라스 함수의 모형 설정에 어떠한 문제가 있는지는 살펴볼 것이다.

만약 콥–더글라스의 로그–로그 생산함수가 일반적이지만, 비교분석을 하기 위하여 선형함수의 결과를 다음과 같이 보여줄 수 있다.

$$\text{Output}_i = A_1 + A_2 \text{Labor}_i + A_3 \text{Capital}_i + u_i \qquad (2.6)$$

이 회귀선의 결과를 표 2.3에 제시하였다.

이 회귀분석에서 노동계수 및 자본계수는 상당히 유의하다. 만약 자본이 일정하다면, 노동투입물이 1단위 증가할 때, 평균적으로 산출물은 약 48단위 증가한다. 만약 여타의 조건이 일정하다면, 자본이 1단위 증가할 때 산출량은 약 10단위 증가한다. 즉, 로그–로그 생산함수에서 기울기 계수에 대한 해석과 선형생산함수의 기울기 계수에 대한 해석은 차이가 있다.

선형모형 또는 로그–로그 모형 중 어떠한 것이 좋은가? 불행하게도 두 모형의 종속변수가

---

5 여기서 전반적으로 미국의 생산함수가 의미가 있는지 없는지에 관하여 논의하지 않을 것이다. 여기서는 더블로그 모형을 설명하는 것이 목적이기 때문이다.

6 $A = \ln B_1$이므로 $B_1 = e^A$, 즉 $2.718281828^{3.887605} = 48.79388512$라는 것을 기억하자.

표 2.3 선형생산함수

	Coefficient	Std. Error	t-Statistic	Prob.
C	233621.5	1250364.	0.186843	0.8526
LABOR	47.98736	7.058245	6.798766	0.0000
CAPITAL	9.951890	0.978116	10.17455	0.0000

R-squared	0.981065	Mean dependent var	43217548
Adjusted R-squared	0.980276	S.D. dependent var	44863661
S.E. of regression	6300694.	Akaike info criterion	34.20724
Sum squared resid	1.91E+15	Schwarz criterion	34.32088
Log likelihood	−869.2846	Durbin–Watson stat	1.684519
F-statistic	1243.514	Prob(F-statistic)	0.000000

다르기 때문에 두 모형을 직접적으로 비교할 수 없다. 또한 두 모형을 비교하기 위해서는 두 모형의 종속변수가 반드시 같아야 하기 때문에, 이 경우는 두 모형의 R^2을 비교할 수 없다. 2.8절에서 선형모형과 로그–로그 모형을 비교하는 방법을 설명할 것이다.

2.2 선형 제약조건들의 유효성 검정

로그–로그 콥–더글라스 생산함수가 산출량을 적절하게 예측한다면, 산출–노동탄력성과 산출–자본탄력성의 합이 0.9896으로 거의 1에 가깝다는 것을 보여준다. 이것은 규모에 대한 생산불변이 존재하는 것을 보여준다. 어떻게 이것을 명백하게 보여줄 것인가?

만약 $B_2 + B_3 = 1$이 선형제약(linear restriction)의 예라면, '규모에 대한 수익불변'에 대한 하나의 검정방법은 이러한 제약을 회귀식의 추정과정에 통합하는 것이다. 통합한 추정과정을 보여주기 위하여, 위 식을 다음과 같이 쓸 수 있다.

$$B_2 = 1 - B_3 \tag{2.7}[7]$$

결과적으로 로그–로그 콥–더글라스 생산함수를 다음과 같이 쓸 수 있다.

$$\ln Q_i = A + (1 - B_3)\ln L_i + B_3 \ln K_i + u_i \tag{2.8}$$

이 항을 결합하여, 식 (2.8)을 다음과 같이 쓸 수 있다.

$$\ln Q_i - \ln L_i = A + B_3 (\ln K_i - \ln L_i) + u_i \tag{2.9}$$

---

7 또한 선형제약을 $B_3 = 1 - B_2$로 쓸 수 있다.

표 2.4 선형제약이 있는 콥–더글라스 생산함수

```
Dependent Variable: LOG(OUTPUT/LABOR)
Method: Least Squares
Sample: 1 51
Included Observations: 51
```

Variable	Coefficient	Std. Error	t-Statistic	Prob.
C	3.756242	0.185368	20.26372	0.0000
LOG(CAPITAL/LABOR)	0.523756	0.095812	5.466486	0.0000

R-squared	0.378823	Mean dependent var	4.749135
Adjusted R-squared	0.366146	S.D. dependent var	0.332104
S.E. of regression	0.264405	Akaike info criterion	0.215754
Sum squared resid	3.425582	Schwarz criterion	0.291512
Log likelihood	–3.501732	Prob(F-statistic)	0.000002
F-statistic	29.88247	Durbin–Watson stat	1.93684

로그의 성질을 이용하여, 위 식을 다음과 같이 쓸 수 있다.[8]

$$\ln\left(\frac{Q_i}{L_i}\right) = A + B_3 \ln\left(\frac{K_i}{L_i}\right) + u_i \tag{2.10}$$

여기서 Q_i/L_i는 산출–노동비율, 즉 노동생산성이며, K_i/L_i는 자본–노동비율이며, 경제발전율과 경제성장률 분석에 있어서 '중요한' 두 투입요소 간의 비율이다.

다른 말로 식 (2.10)은 노동생산성이 자본–노동비율의 함수라는 것을 말해 주고 있다. 이러한 명백한 이유로 식 (2.10)를 제약(制約)이 있는 회귀식(restricted regression, RS), 초기 수식 (2.4)를 제약이 없는 회귀식(unrestricted regression, URS)이라고 한다.

일단 OLS로 식 (2.10)을 추정하면, 선형회귀식의 제약이 $B_2 + B_3 = 1$이기 때문에 B_2 값을 쉽게 구한 것처럼 B_3 값을 쉽게 구할 수 있다. 만약 선형제약이 유효한지 어떻게 확인할 것인가? 이 의문에 답하기 위하여 우선 식 (2.10)에 근거로 하여 회귀추정 결과를 표 2.4에 나타내었다.

그 결과는 만약 노동–자본비율이 1% 상승하면, 노동생산성은 약 0.5% 증가한다. 다시 말하면 노동–자본비율에 대한 노동생산성의 탄력성이 0.5이고, 이 탄력성계수에 대한 신뢰수준은 매우 높다. 두 모형의 종속변수가 다르기 때문에 약 0.38의 R^2을 표 2.2의 R^2과 직접 비교할 수 없다는 것을 유의하자.

선형회귀식의 유효성을 검정하기 위하여 우선 다음을 정의한다.

RSS_R : 제약이 있는 회귀식 (2.10)에서 구한 잔차제곱합(residual sum of squares)

---

8 $\ln XY = \ln X + \ln Y$, $\ln(X/Y) = \ln X - \ln Y$, $\ln X^k = k \ln X$(여기서 k는 상수이다)를 주의하고, 더불어 $\ln(X + Y) \neq \ln X + \ln Y$를 주의하자.

RSS_{UR} : 제약이 없는 회귀식 (2.4)에서 구한 잔차체곱합

m : 선형제약식의 수(현재 예제에서는 1개이다.)

k : 제약이 있는 회귀식의 모수의 수(현재 예제에서는 3개이다.)

n : 관측치의 수(현재 예제에서는 51개이다.)

이제 선형제약의 유효성을 검정하기 위하여, 제1장에서 사용한 F-검정통계량을 변형하여 활용하였다.[9]

$$F = \frac{(RSS_R - RSS_{UR})/m}{RSS_{UR}/(n-k)} \sim F_{m,(n-k)} \tag{2.11}$$

F-검정통계량은 F 분포를 따르며, m과 $(n-k)$는 분자와 분모의 자유도이다. 여기서 RSS_R은 RSS_{UR}보다 항상 크고, 따라서 F 비율은 항상 양의 값이다.

계산된 F-검정통계량이 주어진 유의수준과 적절한 자유도에서의 F-임계값을 초과하면, 귀무가설을 기각한다. 그렇지 않다면 귀무가설을 기각하지 않는다.

표 2.2에서 $RSS_{UR} = 3.4155$를 구하고 표 2.4에서 $RSS_R = 3.4255$를 구한다. $m = 1$, $n = 51$ 임을 알고 있으므로, 이 값을 식 (2.11)에 대입하면 추정된 F값이 0.142라는 것을 알 수 있다. 분자의 자유도가 1이고 분모의 자유도가 48인 상황에서 F값은 유의하지 못한다. 실제로 (정확한 유의 수준에서) F값에서 구한 p값은 약 0.29이다. 따라서 추정된 표 2.2의 콥−더글라스 생산함수에서 이 생산함수가 적어도 규모에 대한 수익불변이라고 결론 내릴 수 있다. 그러므로 식 (2.10)에서의 생산함수를 사용하는 데 전혀 문제가 없다. 그러나 위에서 강조한 F-검정 과정은 단지 선형제약에서만 유효하며, 예로 $B_2 B_3 = 1$과 같은 비선형제약의 검정에는 유효하지 못하다.

2.3 로그−선형 모형 또는 성장 모형

경제학자, 정부부문, 기업부문, 그리고 정책입안자의 가장 관심 있는 주제를 몇 가지 언급하면 GDP, 통화공급량, 인구수, 고용량, 생산성과 이자율 같은 주요 경제변수의 성장률이다.

경제변수의 성장률을 측정할 수 있는 방법을 알기 위하여 다음과 같이 계산한다. 구체적으로, 1960년에서 2007년까지 실질경제성장률(즉, 물가지수로 조정한 GDP의 성장률)을 측정하고자 한다고 가정하자. 이러한 목적 하에 다음과 같은 모형을 활용하고자 한다.

$$RGDP_t = RGDP_{1960}(1 + r)^t \tag{2.12}$$

여기서 $RGDP$는 실질GDP, r은 성장률, 그리고 t는 주기적으로 측정되는 시간을 나타낸다.

식 (2.12)는 기초재무에 있어서 복리공식으로 알려져 있다. 식 (2.12)의 양변에 로그를 취하

---

9 구체적인 내용은 Gujarati/Porter, *op cit.*, pp. 243-6을 참조하라.

면, 다음을 구할 수 있다.

$$\ln RGDP_t = \ln RGDP_{1960} + t \ln(1 + r) \tag{2.13}$$

이제 $B_1 = \ln RGDP_{1960}$이고 $B_2 = \ln(1 + r)$이라고 한다면, 식 (2.13)을 다음과 같이 쓸 수 있다.

$$\ln RGDP_t = B_1 + B_2 t \tag{2.14}$$

식 (2.14)에 오차항 u_t를 추가하면, 다음과 같은 회귀식[10]을 얻는다.

$$\ln RGDP_t = B_1 + B_2 t + u_t \tag{2.15}$$

방정식 (2.15)은 다른 회귀식과 유사하다. 단지 여기서 차이점은 설명변수가 '시간(t)'이며, 값은 1, 2, ..., 47이다.

한 변수(여기서는 종속변수)는 로그 형태이고 설명변수(여기서는 시간)는 선형의 형태이기 때문에, 회귀모형식 (2.15)를 반-로그 모형(semilog model)이라고 부른다. 기술상의 이유로 식 (2.15)를 로그-선형 모형(log-lin model)이라고 부를 수 있다.

식 (2.15)는 일반적인 OLS 분석방법으로 추정하였다. 그러나 이 결과를 나타내기 전에, 식 (2.14)의 기울기 계수 B_2는 설명변수의 절대변화에 따른 종속변수의 상대변화를 측정할 수 있다는 것에 주목하자. 즉,

$$B_2 = \frac{\text{종속변수의 상대변화량}}{\text{설명변수의 절대변화량}} \tag{2.16}[11]$$

실제로 B_2에 100을 곱하면 변화율, 즉 성장률을 계산할 수 있다. B_2에 100을 곱하는 것은 또한 설명변수의 변화에 따른 종속변수의 반-탄력성(semi-elasticity)으로 알려져 있다.

회귀분석 결과

1960년부터 2007년까지의 미국에 대한 실질GDP의 자료를 사용하여 표 2.6의 결과를 얻을 수 있으며, 이 자료를 포함하고 있는 **표 2.5**는 도우미 웹사이트에서 구할 수 있다.

결과 해석

위 결과는 1960년에서 2007년에 걸친 미국의 실질GDP(RGDP)가 연 3.15% 상승하였다는 것을 보여준다. 이 성장률을 통계적으로 유의하며, 추정된 t값은 90.82로 상당히 유의하다.

절편의 의미는 무엇인가? 절편인 7.8756의 역대수(anti-log)를 취하면 2632.27을 구할 수 있다. 이 값은 실질GDP의 초기값으로 1960년도 실질GDP이다. 1960년 실질GDP의 실제값

---

10 복리이자율 공식이 정확하게 유지되지 못할 가능성을 고려하기 위하여 오차항을 추가한다.

11 미분을 할 수 있는 독자들은 식 (2.14)를 t로 미분하면, $d(\ln RGDP)/dt = B_2$를 쉽게 구할 수 있다. $d(\ln RGDP)/dt = (1/RGDP)(dRGDP)/dt$로써 이 식은 $RGDP$의 상대적 변화율이다.

표 2.6 미국의 실질GDP 성장률(1960~2007년)

Dependent Variable: LRGDP
Method: Least Squares
Sample: 1960 2007
Included Observations: 48

	Coefficient	Std. Error	t-Statistic	Prob.
C	7.875662	0.009759	807.0072	0.0000
TIME	0.031490	0.000347	90.81657	0.0000

R-squared	0.994454	Mean dependent var	8.647156
Adjusted R-squared	0.994333	S.D. dependent var	0.442081
S.E. of regression	0.033280	Akaike info criterion	−3.926969
Sum squared resid	0.050947	Schwarz criterion	−3.849003
Log likelihood	96.24727	Durbin–Watson stat	0.347740
F-statistic	8247.650	Prob(F-statistic)	0.000000

은 약 2조 5,018억 달러였다.

그림 2.1은 실질GDP와 회귀식에 의한 추정치를 시간의 변화에 따라 그린 산포도를 보여준다.

기술적인 참조 : 계수값 B_2는 시간의 변화에 따른 (한 시점의) 순간성장률(instantaneous rate of growth)을 보여주는 것이지 (시간의 변화에 따른) 연평균성장률(compound rate of growth, r)을 보여주는 것은 아니다. 그러나 후자가 단지 $B_2 = \ln(1 + r)$이므로 계산하기에 용이하다. 그러므로 r = 역대수$(B_2) - 1$이다. 여기서 역대수$(B_2) = 1.03199$이다. 그러므로 연평균성장률은 0.03199 또는 대략 3.2%이다. 이 값은 순간성장률 3.1%보다 약간 크다. 이러한 차이는 복리(연평균)로 인하여 나타난다.

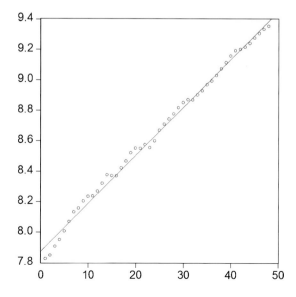

그림 2.1 실질GDP의 로그값(1960~2007년)

선형추세모형

성장모형식 (2.14)를 대신하여 다음과 같은 모형을 추정하고자 한다.

$$RGDP_t = A_1 + A_2 time + u_t \qquad (2.17)$$

위 모형은 선형추세모형(linear trend model)으로 알려져 있으며, 시간변수는 추세변수(trend variable)로 알려져 있다. 위 모형의 기울기 A_2는 1단위 시간의 변화에 따른 RGDP의 절대적 (상대적 %가 아님) 변화를 보여준다. 만약 A_2가 정수이면, RGDP는 상향 추세(upward trend)이며, 그 값이 음수이면 RGDP, 즉 종속변수는 하향 추세(downward trend)이다.

표 2.5의 주어진 자료를 활용하여, 표 2.7의 결과를 구했다.

이 결과는 1960년에서 2007년까지 미국 전반에 걸쳐 실질GDP가 매년 약 1,870억 달러씩 증가하였으며, 상향 추세를 보이고 있다. 이것은 대단한 발견도 아니다.

식 (2.15)의 성장모형과 식 (2.17)의 추세성장모형 간의 선택은 개별연구자에게 달려 있다. 그렇지만 지역 간 또는 국가 간 RGDP의 비교를 하고자 할 경우, 매우 적절한 것은 상대적 성장률이 될 것이다. 로그-로그 모형의 종속변수와 선형추세모형의 종속변수는 동일하지 않기 때문에, 모형의 선택에 있어서 두 경우의 R^2을 비교하는 것은 적절하지 않다는 것을 주의하자. 이에 대해서는 2.7절에서 좀 더 다룰 것이다.

시계열 자료를 다루고 있기 때문에, 오차항 간의 자기상관이 있는지를 측정수단으로 하는 더빈-왓슨 통계량이 매우 중요하다. 제6장에서 자기상관에 관련하여 이 통계량을 해석하는 방법을 알아볼 것이다. 여기서는 자기상관이 없으면 더빈-왓슨 통계값이 2 근사값[12]이며, 그 값이 0에 근사하면, 자기상관이 있다는 것을 알려 준다는 정도로 만족하자.

표 2.7 실질GDP 추세(1960~2007년)

Dependent Variable: RGDP
Method: Least Squares
Sample: 1960 2007
Included Observations: 48

	Coefficient	Std. Error	t-Statistic	Prob.
C	1664.218	131.9990	12.60781	0.0000
TIME	186.9939	4.689886	39.87174	0.0000

R-squared	0.971878	Mean dependent var	6245.569
Adjusted R-squared	0.971267	S.D. dependent var	2655.520
S.E. of regression	450.1314	Akaike info criterion	15.09773
Sum squared resid	9320440.	Schwarz criterion	15.17570
Log likelihood	−360.3455	Durbin–Watson stat	0.069409
F-statistic	1589.756	Prob(F-statistic)	0.000000

---

12 제6장에서 소개할 예정으로, 이 통계량은 몇 가지 가정을 기반으로 하고 있다.

2.4 선형-로그 모형

로그-선형 모형에서, 설명변수가 1단위 변화할 때 종속변수의 증가율에 관심이 있었다. 설명변수의 1%변화에 따른, 종속변수의 절대변화량을 측정하는 방법은 무엇일까? 이것이 분석의 목적이라면, 다음 모형을 추정할 수 있다.

$$Y_i = B_1 + B_2 \ln X_i + u_i \tag{2.18}$$

여기서 종속변수는 선형 형태이고 설명변수는 로그 형태이므로 선형-로그 모형(lin-log model)이라고 말한다.

이 모형에서 기울기 계수 B_2는 무엇을 말해 주는가? 아는 바와 같이, 기울기 계수는 설명변수의 1단위 변화량에 대한 Y의 변화량을 나타낸다. 그러므로 다음과 같다.

$$B_2 = \frac{Y의\ 절대변화량}{\ln X의\ 변화량} = \frac{Y의\ 절대변화량}{X의\ 상대변화량} \tag{2.19}$$

숫자의 로그 형태의 변화를 상대적 변화량으로, 즉 이 값에 100을 곱하면 변화율이라는 것을 기억하자.

Δ는 조그마한 변화를 나타내므로, 식 (2.19)는 다음과 같이 쓸 수 있다.

$$B_2 = \frac{\Delta Y}{\Delta X / X} \tag{2.20}$$

즉,

$$\Delta Y = B_2(\Delta X / X) \tag{2.21}$$

식 (2.21)은 Y의 절대변화량(ΔY)은 기울기의 값(B_2)에 X의 상대변화량($\Delta X|X$)을 곱한 값이다. 따라서 ($\Delta X|X$)가 0.01(1%) 변화하면, Y의 절대변화량은 $0.01 \times B_2$이다. 만약 $B_2 = 200$이라면, Y의 절대변화량은 $(0.01) \times (200) = 2$이다.

그리고 식 (2.18)과 같은 방정식을 추정할 때, 추정된 기울기 계수에 0.01을 곱하는 것, 즉 계수의 값을 100으로 나눈 값이라는 것을 잊어서는 안 된다. 이러한 절차를 따르지 않으면, 얻은 결과로부터 잘못된 결론을 도출할 수 있다.

선형-로그 모형은 독일의 통계학자 엥겔(Ernst Engel, 1821~1896)의 이름을 딴 엥겔지출함수(Engel expenditure functions)에 사용된다. 엥겔은 "총지출이 기하학적 비율로 증가함에도 불구하고, 음식료 지출액은 산술적으로 증가한다."고 상정(想定)하였다.[13] 다시 말하면 총지출에서 음식료비가 차지하는 몫은 총지출이 증가함에 따라 감소한다는 것이다.

위 내용을 회귀분석으로 밝히기 위한 **표 2.8**은 1995년 미국 869 가계를 대상으로 총지출에서 음식료 및 비알코올 음료지출이 차지하는 비율(Expfood, 단위 : %)과 총가계지출(Expend,

---

13 H. Working(1943) Statistical laws of family expenditure, *Journal of the American Statistical Association*, vol. 38, pp. 43-56을 인용하자.

표 2.9 음식료지출에 관한 선형-로그 모형

Dependent Variable: SFDHO
Method: Least Squares
Sample: 1 869
Included Observations: 869

	Coefficient	Std. Error	t-Statistic	Prob.
C	0.930387	0.036367	25.58359	0.0000
LOG(EXPEND)	−0.077737	0.003591	−21.64822	0.0000

R-squared	0.350876	Mean dependent var	0.144736
Adjusted R-squared	0.350127	S.D. dependent var	0.085283
S.E. of regression	0.068750	Akaike info criterion	−2.514368
Sum squared resid	4.097984	Schwarz criterion	−2.503396
Log likelihood	1094.493	Durbin−Watson stat	1.968386
F-statistic	468.6456	Prob(F-statistic)	0.000000

주 : SFDHO = 음식료와 비알코올 음료가 총지출에서 차지하는 비중, Expend = 총가계지출

단위 : 달러)의 관계를 보여주고 있다.[14] 이 표는 도우미 웹사이트에서 찾아볼 수 있다.

총지출액에서 음식료비(SFDHO)가 차지하는 비중에 관한 회귀분석 결과는 그림 2.9이다.

모든 추정계수는 각각 통계적으로 상당히 유의하다. 약 −0.08인 기울기 계수의 의미를 해석하면, 만약 총지출이 평균적으로 1% 증가하면, 음식 및 비알코올 음료에 지출하는 몫은 약 0.0008 단위 감소하며, 이 분석 결과는 '엥겔의 가설'을 지지하고 있다. 이것은 그림 2.2를 보

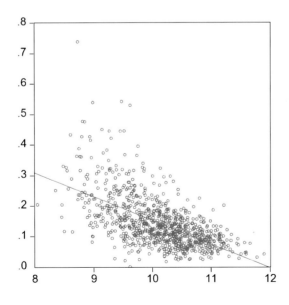

그림 2.2 음식료지출 비중(SFDHO)과 총지출액의 로그값[log (Expend)]

14 이 자료는 미국 노동부 통계국에서 분기별로 인터뷰한 5,000가구에서 무작위 추출한 것이다. 그리고 이 자료는 Christopher Dougherty의 책(*Introduction to Econometrics*, 3rd edn., Oxford University Press, 2007)에서 다루었다.

면 더욱 명확하게 알 수 있다(주 : 기울기를 100으로 나누는 것을 잊지 말아야 한다). 대안으로, 기울기 계수를 다음과 같이 해석할 수 있다. 만약 총지출이 100% 증가하면, 평균적으로 지출에서 음식 및 비알코올 음료가 차지하는 몫이 약 0.08 단위씩 감소한다.

선형-로그 모형을 추정하였지만, 그림 2.2는 SFDHO와 log (EXPEND) 간의 관계가 비선형이라는 것을 보여주고 있다. 변수 간의 비선형관계를 잡아내는 방법으로는 이제 논의할 역비례관계모형 또는 다중회귀모형이 있다.

2.5 역수형 모형

때로는 종속변수와 설명변수의 관계가 역비례 또는 역수형(reciprocal)으로, 다음 회귀식과 같은 상황을 접할 수 있다.

$$Y_i = B_1 + B_2\left(\frac{1}{X_i}\right) + u_i \tag{2.22}$$

X가 모형에 역수로, 즉 역비례형으로 들어가 있기 때문에 위 모형은 X에 대하여 보면 비선형이다. 그러나 모수 B 값은 선형이기 때문에, 위 모형은 선형회귀모형(linear regression model, LRM)이 된다.

위 모형의 특성은 다음과 같다. X가 무한히 증가함에 따라, $B_2(1/X_i)$ 항이 0에 근사(주 : B_2는 상수)하므로, Y는 점차적으로 점근값 B_1에 근사한다. 식 (2.22)의 기울기는 다음과 같다.

$$\frac{dY_i}{dX_i} = -B_2\left(\frac{1}{X_i^2}\right)$$

그러므로 만약 B_2가 양의 값이면 기울기는 음의 값이고, B_2가 음의 값이면 기울기는 양의 값이다.

예제 : 음식료지출 재음미

앞 절에서 총지출 대비 음식료지출 비중에 관한 선형-로그 모형을 예측하였다. 역비례 모형을 통일한 자료로 예측할 수 있는지 다음을 살펴보자. 그래서 다음 식(표 2.10)을 추정한다.

$$SFDHO = B_1 + B_2\left(\frac{1}{Expend_i}\right) + u_i \tag{2.23}$$

결과 해석

두 회귀계수는 p값이 실제로 0이므로, 통계적으로 상당히 유의하다. 절편은 약 0.08로 만약 총지출이 무한대로 증가하면, 총지출에서 음식료와 비알코올 음료지출이 차지하는 비중은 결국 8%에 근사한다는 것을 의미한다. 기울기 B_2는 양의 값으로, 결국 총지출 대비 SFDHO의

표 2.10 음식료지출에 관한 역비례 모형

Dependent Variable: SFDHO
Method: Least Squares
Sample: 1 869
Included Observations: 869

	Coefficient	Std. Error	t-Statistic	Prob.
C	0.077263	0.004012	19.25950	0.0000
1/EXPEND	1331.338	63.95713	20.81610	0.0000

R-squared	0.333236	Mean dependent var	0.144736
Adjusted R-squared	0.332467	S.D. dependent var	0.085283
S.E. of regression	0.069678	Akaike info criterion	−2.487556
Sum squared resid	4.209346	Schwarz criterion	−2.476584
Log likelihood	1082.843	Durbin–Watson stat	1.997990
F-statistic	433.3100	Prob(F-statistic)	0.000000

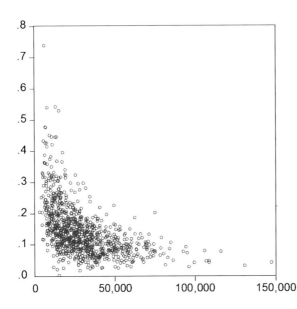

그림 2.3 총지출(EXPEND)과 총지출에서 음식료비가 차지하는 비중(SFDHO)

변화율은 음의 값으로 없어질 것이고, 이는 그림 2.3에서 명확하게 알 수 있다.

그림 2.2와 2.3을 비교하면, 외견상으로 유사하다는 것을 알 수 있을 것이다. 실질적으로 선형-로그 모형과 역비례 모형 중 어느 것이 좋을까?

실증분석에서 가장 적절한 모형 선택에 관한 문제는 흔히 발생한다. 두 모형이 논리적으로 잘 예측을 하고 있기 때문에 두 모형 중 하나를 선정하는 문제는 어렵다. R^2을 근거로 판단하면, 선형-로그 모형이 조금 좋은 값을 보이지만, 두 R^2값의 차이는 매우 작다. 우연히 두 모형의 종속변수가 같기 때문에 R^2을 비교할 수 있다는 것을 주목하자.

2.6 다중회귀모형

추세변수인 시간에 관한 GDP(RGDP)로 회귀분석한 식 (2.17)에서 분석한 선형추세모형을 다시 논의하자. 이제 다음의 모형으로 살펴보자.

$$RGDP_t = A_1 + A_2time + A_3time^2 + u_t \qquad (2.24)$$

식 (2.24)는 제곱형 함수, 보다 일반적으로 시간(time) 변수의 2차 다항식(second-degree polynomial)의 예제이다. 만약 $time^3$을 모형에 추가하면, 3차 다항식이 된다. 즉, 설명변수의 지수는 다항식의 차수(次數)를 나타낸다.

식 (2.24)에서 나타낸 첫 번째 요점은 비록 시간이라는 변수가 제곱 형태뿐만 아니라 선형의 형태라 하더라도 LRM, 즉 모수가 선형이라는 것이다. 두 번째 요점은 변수 $time$, $time^2$은 함수적으로 상당히 연관되어 있다는 것이다. 설명변수들 간의 선형관계가 확실히 존재하지 않는다는 CLRM의 가정 중 하나를 위반하는 공선성(collinearity)의 문제를 일으키는가? 아니다. 왜냐하면 $time^2$은 시간의 비선형 함수이기 때문이다.

RGDP를 사용하여 표 2.11의 결과를 구하였다.

첫째, 고전적 모형의 통상적인 가정을 유지하고 있다는 것을 가정하고 있으므로 모든 추정 계수는 통계적으로 유의하다. 그렇다면 이러한 결과를 어떻게 해석할 수 있을까? 식 (2.17)은 단순한 시간(time)을 설명변수로 사용하여 시간의 계수값은 186.99이었다. 따라서 RGDP는 1년에 1,869억 9천 달러씩 증가한다는 것을 의미한다.

그러나 $time$ 및 $time^2$의 계수가 양(+)의 값이기 때문에, 제곱모형(quadratic model)의 RGDP는 체증할 것이다. 이것을 다르게 보면, 식 (2.24)에서 주어진 제곱모형에서 RGDP의

표 2.11 미국 GDP에 관한 다중회귀모형(1960~2007년)

Dependent Variable: RGDP
Method: Least Squares
Sample: 1960 2007
Included Observations: 48

	Coefficient	Std. Error	t-Statistic	Prob.
C	2651.381	69.49085	38.15439	0.0000
TIME	68.53436	6.542115	10.47587	0.0000
TIME^2	2.417542	0.129443	18.67647	0.0000

R-squared	0.996787	Mean dependent var	6245.569
Adjusted R-squared	0.996644	S.D. dependent var	2655.520
S.E. of regression	153.8419	Akaike info criterion	12.97019
Sum squared resid	1065030.	Schwarz criterion	13.08714
Log likelihood	–308.2845	Durbin–Watson stat	0.462850
F-statistic	6979.430	Prob(F-statistic)	0.000000

증가율은 다음과 같이 쓸 수 있다.

$$\frac{\mathrm{d}RGDP}{\mathrm{d}time} = A_2 + 2A_3 time \qquad (2.25)$$

A_2와 A_3의 값이 양(+)의 값이기 때문에 식 (2.25)의 값도 양(+)의 값이다.

주 : 이 식의 좌변은 RGRP를 $time$으로 미분한 것이다. 표 2.11을 활용하면, 다음을 구할 수 있다.

$$\begin{aligned}\frac{\mathrm{d}RGDP}{\mathrm{d}t} &= 68.53 + 2(2.42)\,time \\ &= 68.53 + 4.84\,time\end{aligned} \qquad (2.26)$$

식 (2.26)에서 보는 바와 같이, RGDP의 변화율은, 변화율로 측정되는 시간에 의존한다. 이 식은 선형추세모형[식 (2.17)]과 매우 대조적이다. 식 (2.11)에서는 매년 약 1,870억 달러씩 일정하게 증가하고 있음을 보여주었다.[15]

제곱 추세변수를 가진 로그-선형 모형

식 (2.24)를 추정하는 대신에 다음의 모형을 추정한다고 가정하자.

$$\ln RGDP_t = B_1 + B_2 t + B_3 t^2 + u_t \qquad (2.27)$$

위 회귀모형의 분석 결과를 표 2.12에서 보여준다.

표 2.12 미국 GDP 로그-값의 다항식 모형(1960~2007년)

Dependent Variable: LRGDP
Method: Least Squares
Sample: 1960 2007
Included Observations: 48

	Coefficient	Std. Error	t-Statistic	Prob.
C	7.833480	0.012753	614.2239	0.0000
TIME	0.036551	0.001201	30.44292	0.0000
TIME^2	−0.000103	2.38E−05	−4.348497	0.0001

R-squared	0.996095	Mean dependent var	8.647157
Adjusted R-squared	0.995921	S.D. dependent var	0.442081
S.E. of regression	0.028234	Akaike info criterion	−4.236106
Sum squared resid	0.035873	Schwarz criterion	−4.119156
Log likelihood	104.6665	Durbin–Watson stat	0.471705
F-statistic	5738.826	Prob(F-statistic)	0.000000

---

[15] 만약 식 (2.24)를 시간(time)에 대하여 2계 미분을 하면, 4.84의 값을 구할 수 있다. 그래서 변화율의 변화율은 시간의 흐름에 따라 일정하다. (2계 미분한 양의 값은 RGDP가 체증한다는 것을 의미한다.)

표 2.11에서는 추세와 추세제곱의 계수가 양(+)의 값을 갖는 반면에, 표 2.12에서는 추세 계수는 양의 값이지만, 추세제곱의 계수는 음(−)의 값이다. 이는 RGDP의 성장률이 양(+)이라 할지라도 증가율을 점차 감소한다는 것을 의미한다. 이를 정확히 알기 위하여 식 (2.27)을 시간으로 미분하면, (오차항을 통제한 이후에) 다음 식을 얻을 수 있다.

$$\frac{\mathrm{d}\ln RGDP}{\mathrm{d}t} = B_2 + 2B_3 t \tag{2.28}[16]$$

즉,

$$\frac{1}{RGDP}\frac{\mathrm{d}RGDP}{\mathrm{d}t} = B_2 + 2B_3 t \tag{2.29}$$

이다. 그러나 이 식의 좌변은 RGDP의 성장률이다.

$$RGDP의\ 성장률 = B_2 + 2B_3 t \tag{2.30}$$
$$= 0.0365 - 0.0002t$$

식 (2.30)에서 보여주는 바와 같이, RGDP의 성장률은 1단위의 시간변화에 따라 0.0002 비율씩 감소한다.

식 (2.24)에서 우리는 RGDP의 변화율(the rate of change)을 측정하였지만, 식 (2.27)에서는 RGDP의 성장률(rate of growth)을 측정하였다. 식 (2.30)과 (2.24)에는 측정단위의 차이가 있다.

2.7 함수 형태의 선택

실증연구를 함에 있어서 주어진 상황에서 회귀모형의 적절한 함수 형태를 선택하는 것은 실질적인 문제이다. 두 변수 회귀모형에서는 설명변수와 종속변수를 그림으로 그려 보고, 눈으로 함수의 형태를 결정할 수 있기 때문에 회귀모형의 함수 형태를 선택하는 데 거의 어려움이 없다. 그러나 다중회귀모형의 경우에 있어서, 그것을 다차원 공간의 그림으로 나타내기 어렵기 때문에 회귀모형의 함수 형태를 선정하기 어렵다.

그러므로 실제로 이 장에서 논의한 모형의 특성을 알 필요가 있다. 이러한 특성을 알 수 있는 한 가지 방법은 다양한 모형의 기울기와 탄력성을 고려하는 것으로, 표 2.13에 요약하였다.

---

[16] $\mathrm{d}\ln Y/\mathrm{d}X = (1/Y)\mathrm{d}Y/\mathrm{d}X$는 Y의 상대적 변화율이라는 것을 상기하자. 만약 그 값에 100을 곱하면, 그것은 Y 변화의 백분율, 즉 Y의 성장률이 된다. 기억해야 할 점은 로그의 변화율은 상대적 변화율이라는 것이다.

표 2.13 함수 형태의 요약

Model	Form	Slope $\left(\dfrac{\mathrm{d}Y}{\mathrm{d}X}\right)$	Elasticity $\left(\dfrac{\mathrm{d}Y}{\mathrm{d}X}\right) \cdot \dfrac{X}{Y}$
Linear	$Y = B_1 + B_2 X$	B_2	$B_2\left(\dfrac{X}{Y}\right)^*$
Log-linear	$\ln Y = B_1 + B_2 \ln X$	$B_2\left(\dfrac{Y}{X}\right)$	B_2
Log-lin	$\ln Y = B_1 + B_2 X$	$B_2(Y)$	$B_2(X)^*$
Lin-log	$Y = B_1 + B_2 \ln X$	$B_2\left(\dfrac{1}{X}\right)$	$B_2\left(\dfrac{1}{Y}\right)^*$
Reciprocal	$Y = B_1 + B_2\left(\dfrac{1}{X}\right)$	$-B_2\left(\dfrac{1}{X^2}\right)$	$-B_2\left(\dfrac{1}{XY}\right)^*$

주 : 상첨자 '*'는 탄력성 계수를 나타내는 변수로 X와 Y의 값에 따라 변화한다. 만약 X와 Y가 구체적으로 정해지지 않으면, 탄력성은 X와 Y의 평균, 즉 $\overline{X}$와 $\overline{Y}$의 값으로 계산한다.

만약 1개 이상의 설명변수가 있는 모형이 있다면, 모형 내 다른 변수가 일정하다고 할 때 한 변수의 변화에 따른 부분 기울기(편미분 기울기)와 부분 탄력성(편탄력성 계수)을 구할 수 있다.[17]

2.8 선형모형과 로그-로그 모형의 비교

이 연구에서 마주친 문제는 선형모형과 로그-로그 모형[18] 중 하나의 선택에 관한 것이었다. 이제 미국경제의 생산함수에 관하여 논의해 보자. 식 (2.4)는 로그-로그 콥-더글라스 생산함수의 예이고, 반면에 식 (2.6)은 선형생산함수의 예이다. 표 2.1에 주어진 자료에는 어떤 회귀모형이 좋을까? 표 2.3 및 2.4에서 각 모형의 추정결과를 보여주었다.

이들 두 회귀분석의 결과를 살펴보면, 두 모형은 자료를 잘 추정하고 있다. 그러나 종속변수가 다르기 때문에 직접적으로 두 모형을 비교할 수 없다. 그러나 종속변수를 단순히 변환하면 비교가 가능하다. 다음의 순서대로 진행한다.

1단계 : 종속변수의 기하평균(geometric mean, GM)을 구한다. 그것을 Q^*[19]라고 칭하자.

---

[17] 예를 들어, $Y = B_1 + B_2 X + B_3 X^2$과 같은 모형의 경우, 기울기 계수는 $\mathrm{d}Y/\mathrm{d}X = B_2 + 2B_3 X$이고 탄력성 계수는 $(\mathrm{d}Y/\mathrm{d}X)(X/Y) = (B_2 + 2B_3 X)(X/Y)$이며, 이 탄력성의 값은 X와 Y의 값에 달려 있다.

[18] 로그-선형 회귀모형에서 종속변수는 로그 형태이지만, 설명변수는 로그 형태이거나 선형 형태일 수 있다.

[19] Y_1과 Y_2의 기하평균은 $(Y_1 Y_2)^{1/2}$이고, Y_1, Y_2, Y_3의 기하평균은 $(Y_1 Y_2 Y_3)^{1/3}$이다.

표 **2.1**에서의 자료를 활용하면, 생산량 변수의 기하평균은 $e^{16.94139} = 22842628$ 이다.

2단계 : Q_i를 Q^*로 나누어 $(Q_i/Q^*) = \widetilde{Q}_i$를 구한다.

3단계 : 종속변수 Q_i를 $\widetilde{Q}_i$로 대체하여(즉, 종속변수로 $\ln \widetilde{Q}_i$를 사용하여) 식 (2.4)를 추정한다.

4단계 : Q_i 대신에 종속변수 $\widetilde{Q}_i$를 사용하여 식 (2.6)을 추정한다.

그 이후에 변환된 종속변수로 비교가 가능해진다. 변형된 식으로 회귀모형을 추정하고, 잔차제곱합(RSS)(로그−로그 모형에서 구한 잔차제곱합을 RSS_1이라고, 선형회귀모형에서 구한 잔차제곱합을 RSS_2라고 칭하자)을 구한 이후에, RSS의 값이 가장 낮은 회귀모형을 선정한다.

	RSS
로그−로그 모형	3.4155(표 2.13.1 참조)
선형모형	3.6519(표 2.13.2 참조)

두 회귀모형의 RSS 값은 유사하지만, 로그−로그 모형의 RSS가 선형모형의 RSS보다 낮기 때문에 로그−선형 모형보다 로그−로그 모형을 선택한다. 그러나 보다 정형화된 검정방법이 활용 가능하다.

귀무가설이 '두 모형이 동일하게 자료를 잘 추정한다'라면, 다음과 같이 검정통계량을 구할 수 있다.[20]

표 2.13.1 $\widetilde{Q}$를 활용한 로그−로그 회귀모형

Dependent Variable: LOG(OUTPUT/22842628)
Method: Least Squares
Date: 07/30/13   Time: 13:55
Sample: 1 51
Included observations: 51

Variable	Coefficient	Std. Error	t-Statistic	Prob.
C	− 13.056540	0.396228	− 32.952060	0.000000
LOG(LABOR)	0.468332	0.098926	4.734170	0.000000
LOG(CAPITAL)	0.521279	0.096887	5.380274	0.000000

R-squared	0.964175	Mean dependent var	− 0.00275
Adjusted R-squared	0.962683	S.D. dependent var	1.38087
S.E. of regression	0.266752	Akaike info criterion	0.252028
Sum squared resid	**3.41552**	Schwarz criterion	0.365665
Log likelihood	− 3.426721	Hannan−Quinn criter.	0.295452
F-statistic	645.9311	Durbin−Watson stat	1.946387
Prob(F-statistic)	0.000000		

---

20 *Introduction to Econometrics*(Gary Koop, John Wiley & Sons Ltd, England, 2008, pp. 114-15)를 참조하라.

표 2.13.2 $\bar{Q}$를 활용한 선형회귀모형

Dependent Variable: OUTPUT/22842628
Method: Least Squares
Date: 07/30/13   Time: 11:41
Sample: 1 51
Included observations: 51

Variable	Coefficient	Std. Error	t-Statistic	Prob.
C	0.010227	0.054738	0.186843	0.852600
LABOR	2.10E-06	3.09E-07	6.798766	0.000000
CAPITAL	4.36E-07	4.28E-08	10.17455	0.000000

R-squared	0.981065	Mean dependent var	1.891969
Adjusted R-squared	0.980276	S.D. dependent var	1.964032
S.E. of regression	0.275831	Akaike info criterion	0.318962
Sum squared resid	**3.651959**	Schwarz criterion	0.432599
Log likelihood	−5.133538	Hannan–Quinn criter.	0.362386
F-statistic	1243.514	Durbin–Watson stat	1.684519
Prob(F-statistic)	0.000000		

$$\lambda = \frac{n}{2}\ln\left(\frac{RSS_1}{RSS_2}\right) \sim \chi_1^2 = \frac{51}{2}\ln\left(\frac{3.651959}{3.41552}\right) \tag{2.31}$$

여기서 RSS_1은 선형모형의 RSS이고, RSS_2는 로그–로그 모형의 RSS이다. 계산된 λ(lambda) 자유도가 1인 χ^2의 임계값을 초과하면 귀무가설을 기각하고, 로그–로그 생산함수가 보다 좋은 모형이라고 결론 내릴 수 있다. 그렇지만 만약 계산된 λ 값이 임계값보다 작다면 귀무가설을 기각하지 못하고, 이 경우에 두 모형이 동일하게 자료를 잘 추정하고 있다.[21]

위 예제에서 λ = 1.706817을 구할 수 있다. 5% 유의수준에서 자유도가 1인 χ^2의 임계값은 3.841이다. 계산된 χ^2은 1.706817이고 χ^2의 임계값보다 낮기 때문에 귀무가설을 기각할 수 없다. 즉, 로그–로그 모형 및 선형 모형은 동등하게 잘 추정되었다.

로그–선형 모형으로 노동탄력성, 자본탄력성, 규모 모수에 대한 수익률의 관점에서 해석하기 쉽기 때문에, 실제로 위와 같은 모형을 선택할 수 있다.

2.9 표준변수로 회귀분석

논의한 여러 예제에서 설명변수의 측정단위와 종속변수의 측정단위를 동일하게 표시하는 것은 필요조건이 아니었다. 그래서 앞서 논의한 콥–더글라스 생산함수의 산출량, 노동투입량과 자본투입량은 각기 다른 측정단위를 사용하였다. 이것은 회귀계수를 해석하는 데 영향을 미

---

21 만약 $RSS_2 > RSS_1$이면, 식 (2.31)의 분자로 RSS_2를 대입하고, 분모로 RSS_1을 대입한다. 여기서 귀무가설은 '두 모형이 동일하게 잘 추정한다'는 것이다. 만약 이 귀무가설이 기각되면, 선형모형이 로그–로그 모형보다 바람직하다.

친다. 그 이유는 (부분적으로) 회귀계수의 크기가 변수의 측정단위에 의해 영향을 받기 때문이다.

그러나 이 문제는 모든 변수를 **표준화된 형태**(standardized form)로 전환하면 회피할 수 있다. 표준화된 형태의 값은 각 변수값의 평균으로부터의 편차를 각 변수의 표준편차로 각각 나누어서 구한다.

$$Y_i^* = \frac{Y_i - \overline{Y}}{S_Y}; \ \ X_i^* = \frac{X_i - \overline{X}}{S_X} \tag{2.32}$$

여기서 S_Y와 S_X는 표준편차, $\overline{Y}$와 $\overline{X}$는 Y와 X의 표본평균을 각각 나타낸다. Y_i^*와 X_i^*는 **표준변수**(standardized variable)라고 한다.

원자료의 평균값 및 표준편차값이 얼마이든 표준변수의 평균은 항상 0이고, 표준편차값은 항상 1이라는 것을 증명하는 것은 쉽다. 표준변수는 소위 순수숫자(pure number; 측정단위에 문제되지 않는)라는 것을 아는 것은 흥미로운 일이다. 표준변수로 이루어진 분자와 분모는 동일한 측정단위로 측정된다.

다음과 같은 추정식을 추론한다면,

$$Y_i^* = B_1^* + B_2^* X_i^* + u_i^* \tag{2.33}$$

모수 B^*의 추정계수 b_1^*은 0이라는 것을 알 것이다.[22]

별표가 표시된 계수는 베타계수(beta coefficient)[23] 또는 표준계수(standardized coefficient)라고 한다. 반면에 표준화되지 않은 계수는 비표준계수(unstandardized coefficient)라고 한다.

위 회귀식의 계수는 다음과 같이 해석한다. 첫째, 표준회귀계수가 1 표준편차 단위(unit)만큼 증가하면, 표준종속변수는 평균적으로 B_2^* 표준편차 단위만큼 증가한다. 기억해야 할 점은 통상적인 OLS 회귀분석과 다르게, 설명변수의 충격을 X와 Y의 초기 측정단위를 기준으로 하는 것이 아니라, 표준편차 단위로 측정한다는 것이다.

만약 설명변수가 1개 이상이더라도 모든 설명변수를 표준화할 수 있다는 것을 덧붙이고자 한다. 이를 설명하기 위하여, 앞서 다룬(표 2.3 참조) 미국의 선형생산함수로 되돌아가 산출물, 노동, 자본 변수를 표준화하여 선형생산함수를 재평가하자. 그 결과는 표 2.14와 같다.

예상한 바와 같이, 절편 항은 0이다. 두 표준변수는 각각 (표준화된) 산출물에 통계적으로 유의하게 영향을 주고 있다. 회귀계수 0.40은 만약 노동투입물이 1 표준편차 단위만큼 증가하고 여타의 조건은 일정하다면, 표준화된 산출물은 약 0.40 표준편차 단위만큼 증가하는 것으

---

22 $b_1^* = \overline{Y}^* - b_2^* \overline{X}^*$, 표준변수의 평균값은 0이므로, 그로 인하여 b_1^*는 0이 된다.

23 이 계수와 현대 포트폴리오 이론에서의 계수를 혼동해서는 안 된다. 현대 포트폴리오 이론에서 베타계수는 자산가격 변동성의 측정치이다.

표 2.14 표준변수를 활용한 선형생산함수

Dependent Variable: OUTPUTSTAR
Method: Least Squares
Sample: 1 51
Included Observations: 51

	Coefficient	Std. Error	t-Statistic	Prob.
C	2.52E−08	0.019666	1.28E−06	1.0000
LABORSTAR	0.402388	0.059185	6.798766	0.0000
CAPITALSTAR	0.602185	0.059185	10.17455	0.0000

R-squared	0.981065	Mean dependent var	5.24E-09
Adjusted R-squared	0.980276	S.D. dependent var	1.000000
S.E. of regression	0.140441	Akaike info criterion	−1.031037
Sum squared resid	0.946735	Schwarz criterion	−0.917400
Log likelihood	29.29145	Durbin−Watson stat	1.684519
F-statistic	1243.514	Prob(F-statistic)	0.000000

로 해석할 수 있다. 자본계수 0.60은 만약 자본이 1 표준편차 단위만큼 증가한다면, 평균적으로 표준산출량은 0.60 표준편차 단위만큼 증가한다고 해석할 수 있다.

베타계수는 때때로 설명변수의 상대적 중요성을 파악하기 위하여 사용된다. 한 측면에서, 표 2.14의 자본의 베타계수가 노동의 베타계수보다 중요하다고 볼 수 있다. 그렇지만 Richard Berk에 따르면, 베타계수는 각 설명변수의 상대적 중요성에 관한 좋은 판단지표는 아니다. 그는 "암묵적으로 표준화된 계수가 통일성을 기하는 과정에서 항들을 상호 간 비교할 수 없게 바꾼다."라고 기술하고 있다.[24]

또한 Kozlowski 등은 베타계수는 변수 간에 상관관계가 있을 때, 개별회귀 변수의 중요성을 판단하는 데 좋은 지표가 아니라고 주장한다.[25]

메시지는 하나의 비교를 목적으로 베타계수를 사용하는 데 신중해야 한다는 것이다.

그러나 우리가 표준화 또는 비표준화가 변수를 사용하든지 간에, t값, F값, R^2값이 동일하기 때문에, 통계적 추론에는 영향을 주지 않는다는 것을 유념하자.

2.10 원점을 통과하는 회귀식 : 절편이 0인 모형

대부분의 회귀모형은 상수항, 즉 절편을 포함하고 있지만 때때로 모형에 절편을 포함하지 않는 경우도 있다. 하나의 예가 포트폴리오 이론에서 잘 알려져 있는 자본-자산 모형(capital

---

24 Berk, R. A., *Regression Analysis: A Constructive Critique*, Sage Publications, California, 2004, p. 118.

25 Kozlowski, L. T., Mehta, N. Y., Sweeney, C. T., Schwartz, S. S., Vogler, G. P., Jarvis, M. J. and West, R. J. (1998) Filter ventilation and nicotine content of tobacco in cigarettes from Canada, *Tobacco Control*, 7, 369-75.

asset pricing model, CAPM)이다. 여기서 위험에 대한 프리미엄 식은 다음과 같이 나타낼 수 있다.

$$(ER_i - r_f) = \beta_i(ER_m - r_f) \tag{2.34}$$

여기서 ER_i = 주식 i에 대한 기대수익률; ER_m = S&P 500 종합주가지수나 다우존스주가지수로 대표되는 한 시장의 포트폴리오에 대한 기대수익률; r_f = 무위험수익률, 즉 90일 미국 재무부 채권수익률; β_i는 포트폴리오 다변화를 통해 제거할 수 없는 체계적 위험 척도인 베타계수를 나타낸다.

베타계수는 시장의 위험이 조정된 수익률의 변화에 따라 i번째의 증권의 위험이 조정되는 수익률의 변화의 정도를 측정한다.

1보다 큰 베타계수는 변동성이 큰 주식을 의미하며, 1보다 작은 베타계수는 방어적인 주식을 의미한다. 베타계수의 값이 1인 경우는 한 주식의 위험이 조정된 수익률이 시장에서의 위험이 조정된 수익률과 같이 일대일로 움직인다는 것을 의미한다.

추정이 목적이기 때문에, CAPM는 종종 다음과 같이 나타낸다.

$$R_i - r_f = \beta_i(R_m - r_f) + u_i \tag{2.35}$$

여기서 R_i와 R_m은 관측된 수익률이다. 식 (2.35)는 문헌에 따르면 시장모형(Market Model)으로 이론적인 CAPM에 상응하는 실증분석을 위한 CAPM으로 알려져 있다.

CAPM이 유효하다면, 회귀식 (2.35)에는 상수항이 없다는 것을 예상할 수 있다.

쉽게 설명하기 위해서 다음과 같다고 하자.

$Y_i = R_i - r_f$ = 무위험-수익률을 초과하는 i 주식의 수익률

$X_i = R_m - r_f$ = 무위험-수익률을 초과하는 시장수익률

이제 시장모형을 다음과 같이 나타낼 수 있다.

$$Y_i = B_2 X_i + u_i \tag{2.36}$$

OLS를 적용하면, 다음 식을 얻을 수 있다(연습문제 2.8 참조).

$$b_2 = \frac{\sum_{i=1}^{n} X_i Y_i}{\sum_{i=1}^{n} X_i^2} \tag{2.37}$$

$$var(b_2) = \frac{\sigma^2}{\sum_{i=1}^{n} X_i^2} \tag{2.38}$$

$$\hat{\sigma}^2 = \frac{\Sigma e_i^2}{n-1} \tag{2.39}$$

절편이 0인 모형의 주목할 만한 특징은 모든 항이 변수 자신의 평균으로부터 변수의 편차로 나타낼 수 없다는 측면에서 제곱의 합과 곱의 항은 원래의 항과 같다는 것이다. 이것은 절편 항을 갖는 OLS의 모형과는 상당한 대조가 되고 있다. 그 이유는 제곱의 합과 변수의 곱의 합 이 평균을 기준으로 조정되었기 때문이다. 즉, 사용된 변수가 각 변수의 평균으로부터 편차로 계산되었기 때문이다. 또한 식 (2.39)에서 오차항의 분산에 대한 추정치는 하나의 변수만 추 정되었기 때문에 $(n-1)$의 자유도를 갖는다는 사실을 주목하자.

식 (2.35)를 추정하기 위해서는 소프트웨어 패키지에서 상수항을 배제하는 명령을 사용해 야 한다.

예제 : 영국 주식시장의 CAPM

도우미 웹사이트에서 표 2.15에 관련된 자료를 구할 수 있다. 자료는 1980년에서 1999년까지 월별 자료로 영국의 종합시장지수에 있어서 초과수익률 $X_t(\%)$와 소비재부분의 104개 주식 인 덱스 초과수익률 $Y_t(\%)$로 총 240개의 관측치가 있다. 여기서 초과수익률은 위험이 없는 자산 과 대비한 초과수익에 대한 보수이다.[26]

Stata 12를 활용하면, 회귀식 (2.36)의 결과는 표 2.16과 같다. 이 결과는 베타의 추정계수 수가 상당히 유의하다는 것을 보여주고 있다. 그렇지만 절편이 없는 초기의 값은 절편이 있는 모형에서 구한 값과는 비교할 수 없다는 것에 주의하자. 그 이유는 절편이 없는 초기의 값은 절편이 있는 모형에서 구한 R^2값과는 비교할 수 없다. 초기 R^2이라고 하는 이유는 초기의 자 료(즉, 평균으로 교정되지 않은) 다변량 제곱의 합(sums of squares and cross-products)으로

표 2.16 절편을 포함하지 않은 영국의 증권시장 모형

regress y x, noconstant							
Source	SS	df	MS		Number of obs	=	240
					F(1, 239)	=	241.24
Model	7427.63434	1	7427.63434		Prob > F	=	0.0000
Residual	7358.57819	239	30.7890301		R-squared	=	0.5023
					Adj R-squared	=	0.5003
Total	14786.2125	240	61.6092189		Root MSE	=	5.5488

y	Coef.	Std. Err.	t	P>|t|	[95% Conf. Interval]	
x	1.155512	.0743956	15.53	0.000	1.008958	1.302067

---

[26] 이 원자료의 출처는 *Datastream* databank이고, 위 자료는 Heij, C., de Boer, P., Franses, P. H., Kloek, T., and van Dijk, H. K.의 책(*Econometric Methods with Applicat ions in Business and Economics*, Oxford University Press, Oxford, 2004, p. 751)에 의해 만들어졌다. 자료에 대한 자세한 내용은 이 책을 참조하라.

표 2.17 절편을 포함한 영국의 증권시장 모형

```
regress y x
```

Source	SS	df	MS			
				Number of obs	=	240
				F(1, 238)	=	241.34
Model	7414.37699	1	7414.37699	Prob > F	=	0.0000
Residual	7311.87732	238	30.7221736	R-squared	=	0.5035
				Adj R-squared	=	0.5014
Total	14726.2543	239	61.6161268	Root MSE	=	5.5428

y	Coef.	Std. Err.	t	P>|t|	[95% Conf. Interval]	
x	1.171128	.0753864	15.54	0.000	1.022619	1.319638
_cons	−.4474811	.3629428	−1.23	0.219	−1.162472	.2675095

부터 구했기 때문이다. 그러므로 R^2의 값을 가감하여 받아들여야 한다. 몇 소프트웨어는 원점을 통과하는 회귀분석을 할 경우에 R^2의 값을 알려주지 않는다.

비교하기 위하여, 통상적인 절편 값을 갖는 회귀모형의 분석 결과(표 2.17)를 첨부하였다.

이 모형에서 절편이 통계적으로 유의미하지 않기 때문에, 표 2.16의 분석 결과를 채택해야 하며, 그러므로 이는 식 (2.34)를 뒷받침한다.

절편이 있는 모형인가 아니면 절편이 없는 모형인가?

강력한 이론적 이유가 없는 한, 여러 가지 이유로 절편을 없애는 것은 좋은 생각이 아니다.[27] 첫째, 잔차의 합은 절편이 있는 모형에서는 항상 0이지만, 절편이 0일 경우 그렇지 않을 수 있다. 둘째, 절편이 있는 경우와 없는 경우의 R^2값은 비교할 수 없다. 그 이유는 절편이 있는 경우 R^2은 변동폭의 비율로, Y의 평균값 근처에 제곱의 합에 의해 측정되는 변동폭의 비율로 회귀선의 설명력을 나타낸다. 반면에 절편이 없는 경우 R^2값은 원점(예로 0 값) 근처에서 변동폭의 비율로 회귀선의 설명력을 나타낸다. 두 경우의 있어서 차이점은 식 (1.16)으로 쉽게 알 수 있다. 보다 자세한 두 경우의 R^2값의 관계에 관해 알고자 하면, 독자들은 핸(Hahn)의 논문을 참조하기 바랍니다.[28]

---

27 그렇지만, Henry Theil이 지적하는 바와 같이, 실제로 절편이 모형에 포함되지 않으면, 기울기 계수는 모형에 절편을 포함한 경우보다 클 것이다. 그의 책(*Introduction to Econometrics*, Prent ice-Hall, Englewood Cliffs, New Jersey, 1978, p.76)을 참조하라.

28 Hahn, G. J. (1979) Fitting regression models with no intercept term, *Journal of Quality Technology*, 9(2), 56-61.

2.11 적합성 측정

이전에 분석한 컴퓨터의 다양한 출력물을 살펴보면, 모형의 '적합도'의 측정수단을 살펴볼 수 있다. 즉, 회귀모형이 종속변수를 얼마나 잘 설명하고 있는지를 알 수 있다. 이러한 측정수단은 (1) 결정계수, R^2, (2) 통상적으로 $\overline{R}^2$로 표시되는 조정된 R^2, (3) 아카이케 정보 기준, (4) 슈바르츠 정보 기준이다.

1. 결정계수(R^2)의 측정

앞서 언급한 바와 같이, R^2은 설명변수에 의하여 설명되는 종속변수의 폭의 비율을 측정한다. R^2은 0에서 1까지의 값을 취하며, 0이면 설명력이 전혀 없음을, 1이면 완전히 설명하고 있음을 나타낸다. R^2은 일반적으로 이 범위 안에 놓여 있다. R^2의 값이 0에 근사할수록 적합도(설명력)는 악화되며, 1에 근사할수록 적합도는 개선된다. 설명변수를 모형에 더 많이 추가하면 일반적으로 R^2값이 증가하기 때문에 R^2과 같은 측정의 장점이 줄어든다. 그러한 이유는 R^2은 설명변수의 개수에 따라 증가하는 함수이기 때문이다.

R^2을 TSS에 대한 ESS의 비중이라고 정의하였지만, Y(종속변수)와 회귀식에 구한 예측치 $Y(=\hat{Y})$의 상관계수의 제곱으로 계산할 수 있다.

$$r^2 = \frac{(\Sigma y_i \hat{y}_i)^2}{\Sigma y_i^2 \Sigma \hat{y}_i^2} \tag{2.40}$$

여기서 $y_i = (Y_i - \overline{Y})$, $y_i = (\hat{Y}_i - \overline{Y})$이다.

2. 조정된 R^2

조정된 $R^2 (=\overline{R}^2)$을 이미 논의하였다. 조정된 R^2은 동일한 종속변수이지만, 설명변수의 수가 다른 2개 또는 그 이상의 회귀모형을 비교하는 데 사용되었다. 조정된 R^2은 일반적으로 조정되지 않은 R^2보다 작으며, 이는 일종에 설명변수를 더 추가함에 따른 벌점을 부과하는 것이라고 볼 수 있다.

3. 아카이케 정보 기준(AIC)

조정된 R^2과 유사하지만, AIC는 모형에 변수를 추가하면 보다 가혹한 벌점이 부가된다. 로그 형태로 AIC는 다음과 같이 정의된다.

$$\ln AIC = \frac{2k}{n} + \ln\left(\frac{RSS}{n}\right) \tag{2.41}$$

여기서 RSS은 잔차제곱합, $2k/n$는 벌점요소이다.

AIC 정보 기준은 2개 이상의 회귀모형을 비교하는 데 사용된다. AIC가 가장 낮은 모형은 통상적으로 선정된다. 또한 AIC 정보 기준은 회귀분석 모형에서 한편으로 표본 내에서 다른 한편으로 표본으로부터 예측한 분석의 성과를 평가하는 데 사용된다.

4. 슈바르츠 정보 기준(SIC)

슈바르츠 정보 기준은 AIC의 대안으로 로그 형태로 다음과 같이 나타낸다.

$$\ln \text{SIC} = \frac{k}{n}\ln n + \ln\left(\frac{RSS}{n}\right) \tag{2.42}$$

여기서 벌점요소는 $[(k/n)\ln n]$, AIC보다 가혹한 벌점이다. AIC처럼 SIC의 값이 낮으면 낮을수록, 모형은 더 좋아진다. 또한 AIC, SIC는 회귀분석 모형에서 표본 내, 표본으로부터 예측성과를 평가하는 데 사용된다.

별점요소를 추가하는 이론의 이면에는 오스캄의 면도날(Occam's razor)이 있다. 이 이론에 따르면, "불적절하다고 증명하기 전까지, 기술(記述)은 가능한 간결해야 한다." 이는 또한 간결성의 원칙(principle of parsimony)으로 알려져 있다.

이 원칙에 기초해서 보면, AIC와 SIC 중 어느 것이 좋은 판단 기준일까? 항상은 아니지만 대부분 두 판단기준에 의하면 동일한 모형을 선정한다. 이론적 토대로 보면 AIC를 더 선호하고 실제적으로 더욱 인색하게 모형을 선정하고자 할 경우는 SIC를 활용하고, 다른 경우에는 동일하다.[29] Eviews의 경우 이러한 판단기준을 모두 보여준다.

표 2.7의 선형추세모형과 표 2.12의 추세제곱모형을 비교하면, 선형추세모형의 아카이케 값이 15.0, 그리고 추세제곱모형의 아카이케 값은 −4.23이라는 것을 알 수 있다. 따라서 여기서는 추세제곱모형을 선택한다. 슈바르츠 정보 기준으로 보면, 선형추세모형의 그 값은 15.17이고 추세제곱모형은 −4.12이다. 슈바르츠 기준으로 본 경우에도 후자를 선택한다. 그렇지만 추세제곱모형의 아카이케 값 −4.23은 슈바르츠 값 −4.12보다 상당히 작으며, 아카이케 값이 모형 선택에 있어 약간 우세하다.

LRM에 있어서 이러한 임계값이 다음과 같이 F-검정과 연계되어 있다는 것을 살펴볼 만하다. "표본의 크기(n)가 상당히 크면, AIC 값은 F-검정통계량 2에 상응하고, SIC 값은 F-검정통계량은 $\log(n)$에 상응한다."[30]

최우법(ML)으로 추정한 비선형 모수가 포함된 회귀모형을 다룰 경우, 적합성은 제1장의 부록에서 ML 방법에 대한 논의할 때 설명한 최우추정값(λ)으로 추정한다. 제3부에서 LR(likelihood ratio) 통계량을 사용하는 모형을 논의할 것이다.

---

29 다양한 모형 선택에 있어서 상대적인 장점에 관한 논의에 대해서는 Francis X. Diebold, *Elements of Forecasting*, 3rd edn, Thomson/South-Western Publishers, 2004, pp. 87–90을 참조하라.

30 Christiaan Heij, Paul de Boer, Philip Hans Franses, Teun Kloek, and Herman K. van Dijk, *Econometrics Methods with Applications in Business and Economics*, Oxford University Press, Oxford, UK, 2004, p. 280을 참조하라.

2.12 요약과 결론

이 장에서 선형회귀모형, 즉 모수가 선형 또는 적절한 전환으로 선형으로 만들 수 있는 모형을 살펴보았다. 각 모형은 특정한 상황에 유용하다. 몇 가지 응용에 있어서 한 모형 이상이 자료의 분석에 적합할 수 있다. 기울기 계수와 탄력성 계수 측면에서, 각 회귀모형의 독특한 특성을 살펴보았다.

R^2을 기반으로 하여 2개 이상의 모형을 비교할 때, 모형의 종속변수는 반드시 동일해야 한다는 것을 강조한다. 특히 선형과 비선형모형의 선택에 관하여 연구에 통상적으로 활용되는 두 모형을 활용하여 논의하였다.

예제로 두세 개의 변수를 포함한 다양한 모형을 논의하였지만, 어떠한 설명변수와 관련된 회귀모형이든 쉽게 확장할 수 있다.[31] 몇몇 설명변수는 선형인 모형 그리고 몇몇 설명변수는 로그–로그인 모형이었다.

표준변수는 평균이 0이고 표준편차가 1이기 때문에, 표준변수를 활용하면 종속변수에 대한 설명변수의 상대적인 영향력을 쉽게 비교할 수 있다. 회귀계수의 예상되는 부호로, 각 회귀계수의 통계적 유의성은 t값으로, 둘 또는 그 이상의 변수의 결합유의성에 관심이 있을 경우 F값으로 회귀모형을 평가할 수 있다. 또한 회귀모형의 전반적인 적합성은 R^2로 판단할 수 있다. 둘 또는 그 이상의 회귀모형을 비교하고자 할 경우, 조정된 R^2 또는 알카이케 또는 슈바르츠의 정보 기준으로 활용할 수 있다.

또한 이 장에서 회귀모형을 추정할 때 선형제약조건을 포함하는 방법을 다루었다. 이러한 제약조건은 주로 경제이론에 의하여 제기된다.

마지막으로 원점을 통과하는 회귀분석도 논의하였다. 그러한 회귀분석은 몇몇의 경우에는 유용하지만, 일반적으로 회귀분석 모형에서 절편을 제외하는 것을 피해야 한다.

연습문제

2.1 초월생산함수(transcendental production function, TPF)로 알려진 다음 생산함수를 고려하여 답하라.

$$Q_i = B_1 L_i^{B_2} K_i^{B_3} e^{B_4 L_i + B_5 K_i}$$

여기서 Q, L, K는 각각 산출량, 노동량, 자본량을 나타낸다.

(a) 어떻게 생산함수를 선형으로 만들 것인가? (힌트 : 로그)

(b) TPF의 다양한 계수를 어떻게 해석할 것인가?

---

31 다변량 분석에는 행렬대수학의 사용이 필요하다.

(c) **표 2.1**의 자료를 활용하여 TPF의 모수를 추정하라.

(d) $B_4 = B_5 = 0$이라는 귀무가설을 검정하고자 한다. 어떻게 이 가설을 검정할 것인가? 필요로 하는 계산과정을 밝혀라. (힌트 : 제약 하의 최소제곱법).

(e) 위 모형에서 어떻게 산출–노동탄력성과 산출–자본탄력성을 계산할 것인가? 그리고 두 탄력성은 상수인가 혹은 변수인가?

2.2 표 2.3에서 주어진 선형생산함수를 활용하여 어떻게 산출량–노동량과 산출–자본탄력성을 구할 것인가?

2.3 표 2.8에 주어진 음식료 지출자료로 다음의 모형이 자료를 잘 예측하는지 보여라.

$$\text{SFDHO}_i = B_1 + B_2 \, \text{Expend}_i + B_3 \, \text{Expend}_i^2$$

그리고 책에서 논의한 모형과 비교하라.

2.4 로그–로그 콥–더글라스 생산함수의 변수를 표준화하고 표준변수를 활용하여 회귀모형을 추정하는 것이 필요한가? 적절한지 그 여부를 밝혀라. 필요한 계산과정과 그 의미를 보여라.

2.5 결정계수 R^2은 실제 Y와 회귀모형으로 추정한 $Y(=\hat{Y}_i)$의 상관관계수의 제곱으로 구할 수 있는지 보여라. 여기서 Y는 종속변수이다. X와 Y의 상관계수는 다음과 같다.

$$r = \frac{\sum y_i x_i}{\sqrt{\sum x_i^2 \sum y_i^2}}$$

여기서 $y_i = Y_i - \overline{Y}$, $x_i = X_i - \overline{X}$이다. 또한 Y_i의 평균과 $\hat{Y}$의 평균은 $\overline{Y}$로 동일하다.

2.6 1997년 83개 국가의 1인당 GDP를 나타내는 횡단면 자료와 1998년 부패지수[32]를 활용하여 답하라.

(a) 노동자 1인당 GDP와 부패지수를 그래프로 나타내 보라.

(b) 이 그림을 근거로 부패지수와 노동자 1인당 GDP의 적절한 관계모형은 무엇인가?

(c) 분석 결과를 보여라.

(d) 부패와 노동자 1인당 GDP와 정(正)의 관계가 성립하는가? 그렇다면 어떻게 이 결과를 합리화할 것인가?

2.7 도우미 웹사이트 **표 2.19**에서 64개 국가의 가임률(fertility) 및 연관된 자료를 제공하고

---

32 부패지수의 출처는 'http://www.transparency.org/new/pressrelease/1998_corruption_perceptions_index' 이고, 1998년 부패지수의 평가기관은 국제투명성 기구(Transparency International)이다. 국제투명지수 (Transparency International's Corruption Perceptions Index)는 전 세계에 걸쳐 지역별, 국가별 공공부문의 부패에 대한 인식수준의 측정치이다. 1998의 지표는 각국을 0(매우 부패한 국가)에서 10(매우 깨끗한 국가)까지 점수로 한다. 출처 : 노동자 1인당 GDP의 출처는 'http://www.worldbank.org/research/growth/ (for per worker GDP)'이다.

있다.[33] 이 장에서 논의한 다양한 함수 형태와 적합도를 고려하여, 유아사망률을 설명하기 위한 적절한 모형을 개발하라.

2.8   식 (2.37), 식 (2.38), 식 (2.39)를 증명하라. (힌트 : $\sum u_i^2 = \sum (Y_i - B_2 X)^2$의 최소화)

2.9   어떠한 설명변수도 없는 다음을 상정해 보라.

$$Y_i = B_1 + u_i$$

어떻게 B_1의 추정치를 구할 수 있을까? 추정치의 의미는 무엇인가? 추정치는 타당한가?

---

33 출처 : Mukkherjee, C., White, H., and Whyte, M., *Econometrics and Data Analysis for Developing Countries*, Routledge, London, 1998, p. 456. 이 자료는 World Development Indicators(World Bank 발행)에서 구할 수 있다.

3 질적 설명변수를 포함한 회귀모형[1]

I

앞서 논의한 대부분의 선형회귀모형은 질적 종속변수와 양적 설명변수와 관련되어 있었다. 계속해서 종속변수는 양적변수를 가정하겠지만, 설명변수가 양적변수뿐만 아니라 질적변수인 회귀모형을 고찰할 것이다. 종속변수도 본질적으로 질적변수인 경우는 제8장에서 검토할 것이다.[1]

회귀분석에서 종종 변수가 성별, 인종, 피부색, 종교, 국적, 지리적 위치, 정당 가입 여부, 정치적 격변과 같은 본질적으로 질적인 경우를 접하게 된다. 예를 들어 질적변수가 임금의 결정에 중요한 역할을 하고 있기 때문에, 앞서 제1장에서 언급한 임금회귀모형에 성별, 노조 가입 여부, 소수인종을 설명변수로 포함하였다.

이러한 질적변수는 본질적으로 특정한 값이 정해져 있지 않는 명목척도(nominal scale variable)이다. 그러나 특정 속성을 갖고 있으면 1, 아니면 0의 값을 갖는 소위 더미변수(dummy variable)를 만들어서 질적 척도변수를 '수치화'할 수 있다. 나온 김에 더미변수는 지표변수(indicator variable), 범주변수(categorical variable), 질적변수(qualitative variable)라고도 한다는 것에 주목하자.

이 장에서는 더미변수가 고전적 선형회귀모형 분석의 틀에서 다루는 방법을 보일 것이다. 앞으로 분석을 수월하게 하기 위하여 더미변수는 대문자 D로 나타낼 것이다.

기초를 다지기 위하여 보다 구체적인 예를 분석하자.

3.1 임금함수 재조명

제1장에서 CPS(Current Population Survey)에서 구한 1,289명의 횡단면 자료를 기반으로 시간당 임금결정요인에 관하여 살펴보았다. 회귀분석에 사용된 변수 및 회귀분석의 결과는 표 1.2에 제시되었다.

회귀분석의 더미변수의 역할을 강조하기 위하여 임금함수를 다음과 같이 나타낸다.

---

1 자세한 내용은 Gujarati/Porter, *op cit*., Chapter 9를 참조하라.

표 3.1 임금결정모형

Dependent Variable: WAGE
Method: Least Squares
Sample: 1 1289
Included Observations: 1289

	Coefficient	Std. Error	t-Statistic	Prob.
C	−7.183338	1.015788	−7.071691	0.0000
FEMALE	−3.074875	0.364616	−8.433184	0.0000
NONWHITE	−1.565313	0.509188	−3.074139	0.0022
UNION	1.095976	0.506078	2.165626	0.0305
EDUCATION	1.370301	0.065904	20.79231	0.0000
EXPER	0.166607	0.016048	10.38205	0.0000

R-squared	0.323339	Mean dependent var	12.36585
Adjusted R-squared	0.320702	S.D. dependent var	7.896350
S.E. of regression	6.508137	Akaike info criterion	6.588627
Sum squared resid	54342.54	Schwarz criterion	6.612653
Log likelihood	−4240.370	Durbin−Watson stat	1.897513
F-statistic	122.6149	Prob(F-statistic)	0.000000

$$Wage_i = B_1 + B_2D_{2i} + B_3D_{3i} + B_4D_{4i} + B_5Educ_i + B_6Exper_i + u_i \qquad (3.1)$$

여기서 여성인 경우 $D_{2i} = 1$로, 남성인 경우 $D_{2i} = 0$으로, 유색인종은 $D_{3i} = 1$로, 백인의 경우 $D_{3i} = 0$으로, 노조원인 경우 $D_{4i} = 1$로, 비노조원인 경우 $D_{4i} = 0$으로 나타내며, 모든 D는 더미변수를 나타낸다.

분석의 편의를 위하여 표 1.2를 재활용하고, 식 (3.1)에서 주어진 기호를 사용한다(표 3.1 참조).

더미변수를 해석하기에 앞서, 이러한 여러 변수를 순서로 몇 가지 일반적인 설명을 하고자 한다.

첫째, 모형 내에 절편을 포함하고 질적변수가 m개 범주이면, 단지 $(m-1)$개의 더미변수를 도입한다. 예로서, 성별은 두 가지 범주이므로 단지 성별에 관하여 1개의 더미변수를 포함한다. 그 이유는 여성이 1의 값을 취하면, 그 사실로 인하여 남성은 0의 값을 가진다는 것이기 때문이다. 물론 속성이 두 가지 범주이면, 그 범주가 1의 값을 취하든 0의 값을 취하든 중요하지 않다.

만약 예를 들어 정당 가입을 민주당, 공화당, 기타 독립정당 중에서 가입하는 경우를 고려하면, 3개의 정당을 나타내는 데 기껏해야 2개의 더미변수를 취할 수 있다. 만약 이러한 규칙을 따르지 않는다면, 소위 더미변수함정(dummy variable trap), 즉 완벽한 공선성(perfect collinearity)에 빠지게 된다. 그래서 만약 3개의 정당에 대한 3개의 더미변수와 1개의 공통절편을 취하면, 3개의 더미변수의 합이 1이 될 수 있으며, 이 경우 절편의 값이 1과 같아질 수

있어 완전한 공선성을 초래할 수 있다.[2]

둘째, 만약 질적변수가 m개 범주로 분류된다면, 모형 내에 절편을 포함하지 않는다고 한다면, m개 더미변수를 포함하려 할 것이다. 이 경우는 더미변수함정에 빠지지 않는다.

셋째, 0의 값을 갖는 범주는 참조군(reference), 벤치마킹 대상(benchmark) 또는 대조군 (comparison category)이라고 한다. 모든 이러한 비교는 예제에서 보여주겠지만 참조범주와 관련되어 있다.

넷째, 여러 더미변수가 있다면, 우리는 참조군(reference category)의 의미를 파악해야 한다. 그렇지 않으면 회귀분석한 결과물을 해석하기 어렵다.

다섯째, 때때로 상호더미(interactive dummy)를 고려할 것이다. 이에 대해서는 간단히 설명할 것이다.

여섯째, 더미변수의 값은 1과 0을 취하므로 로그를 취할 수 없다. 즉, 더미변수를 로그 형태[3]로 회귀모형에 추가할 수 없다.

일곱째, 표본의 크기가 작으면, 많은 더미변수를 포함할 수 없다. 각 더미계수는 1개의 자유도를 감소시키는 비용을 지불해야 한다.

더미변수의 해석

표 3.1의 임금함수로 되돌아가서, 여성의 더미계수 -3.0748을 해석해 보자. 물론 다른 여타의 변수가 일정하다면, 여성 노동자의 평균임금이 참조범주인 남성 노동자들의 평균임금에 비하여 시간당 3.07달러 낮다는 것을 의미한다. 유사하게 노조에 가입한 노동자의 시간당 임금은 역시 참조범주인 비노조 노동자의 1시간당 평균임금에 비하여 약 1.10달러 높다. 마찬가지로 유색인 노동자의 1시간당 임금은 참조범주인 백인 노동자에 비하여 1.57달러 낮다.

모든 더미변수는 통계적으로 p값이 사실상 0이므로 통계적으로 매우 유의하다는 것에 주목하자. 이러한 더미변수를 절편격차변수(differential intercept dummies)라고 한다. 왜냐하면 이 절편격차변수는 대조군과 비교하여 1의 값을 갖는 범주의 절편 격차를 보여주기 때문이다.

그렇다면 공통절편 -7.18은 무엇을 의미하는가? 공통절편은 백인, 비노조원, 남성 노동자의 시간당 예상임금이다. 즉, 공통절편 값은 모든 더미의 값이 0인 범주의 시간당 예상임금이다. 물론 이것은 절편항에 대한 기계적 해석이다.[4] 앞서 살펴본 몇몇의 경우처럼, 음의 절편은 종종 경제적으로 중요한 의미가 없다.

수량설명변수에 대한 해석은 간단하다. 예를 들어, 교육(학업기간)에 관한 계수 1.37은 여

---

2 회귀모형에 1개의 절편을 포함하는 것은 모형 내에 항상 1인 값을 갖는 설명변수를 포함하는 것과 동일하다는 것에 유념하자.

3 그렇지만 1과 0 대신에 더미변수 값으로 10과 1을 취하면 로그를 취할 수 있다.

4 기본적으로 회귀선(또는 회귀면)이 종속변수를 나타내는 Y축을 관통하는 것을 보여준다.

타의 조건이 일정하다면, 학업기간이 1년 증가할 때마다 1시간당 임금은 약 1.37달러씩 증가
한다는 것을 의미한다. 유사하게 경력이 1년 증가할 때마다 여타의 조건이 일정할 때, 1시간당
임금이 약 0.17달러씩 증가한다.

3.2 임금함수의 세분할

여성의 평균임금은 남성의 동료에 비하여 낮으며, 유색인 노동자의 평균임금은 백인 노동자
의 평균임금보다 낮다는 것을 발견하였다. 유색인 여성 노동자의 평균임금은 여성 노동자의
평균임금 또는 유색인 노동자의 평균임금과 차이가 나는가? 논점을 이 경우에 맞추면, 유색
인 여성 노동자에 대한 임금차별의 가능성에 대하여 중요한 것을 말할 수 있을까?

이것을 구체적으로 살펴보기 위하여, 임금함수에 여성 더미변수와 유색인 더미변수의 곱을
추가하여 다시 추정하였다. 그와 같은 곱은 두 질적변수의 상호작용을 보여주기 때문에 상호
더미라고 한다. 상호더미를 추가하여 표 3.2의 결과를 구한다.

상호더미(D2 × D3)의 계수는 약 1.10이지만, p값이 약 28%로 통계적으로 유의하지 않
았다.

그러나 이 값을 어떻게 해석할 것인가? 여타의 조건이 일정하다면, 여성 노동자는 평균임
금이 3.24달러 낮으며, 유색인 노동자는 평균적으로 2.16달러 낮으며, 유색인 여성 노동자는
약 4.30달러(= −3.24 − 2.16 + 1.10) 낮다. 다시 말하면 참조범주와 비교하여, 유색인 여성

표 3.2 더미변수의 상호작용에 관한 임금함수

Dependent Variable: WAGE
Method: Least Squares
Sample: 1 1289
Included Observations: 1289

	Coefficient	Std. Error	t-Statistic	Prob.
C	−7.088725	1.019482	−6.953264	0.0000
D2(Gender)	−3.240148	0.395328	−8.196106	0.0000
D3(Race)	−2.158525	0.748426	−2.884087	0.0040
D4(Union)	1.115044	0.506352	2.202113	0.0278
EDUC	1.370113	0.065900	20.79076	0.0000
EXPERI	0.165856	0.016061	10.32631	0.0000
D2*D3(GenderRace)	1.095371	1.012897	1.081424	0.2797

R-squared	0.323955	Mean dependent var	12.36585
Adjusted R-squared	0.320791	S.D. dependent var	7.896350
S.E. of regression	6.507707	Akaike info criterion	6.589267
Sum squared resid	54293.02	Schwarz criterion	6.617298
Log likelihood	−4239.783	Durbin–Watson stat	1.898911
F-statistic	102.3875	Prob(F-statistic)	0.000000

노동자는 평균적으로 여성 노동자 또는 단지 유색인 노동자보다 평균적으로 낮다.

여성 노조원 또는 유색인 노조원의 임금이 참조대조군과 차이가 있는지는 독자에게 맡긴다. 여성변수와 노동조합의 더미, 여성과 경력의 더미, 유색인과 노동조합의 더미, 유색인 더미변수와 경력 더미변수 등의 상호작용을 확인할 수 있다.

3.3 다른 형태의 임금함수

암묵적으로 양적 설명변수의 기울기 계수, 학업년수, 그리고 경력년수가 남성과 여성 간, 백인 노동소득자와 유색인 노동자 간에 유사하다고 가정하였다. 예를 들어, 이러한 가정은 학업기간이 1년 증가할 때마다 또는 경력이 1년 증가할 때마다, 남성 노동자나 여성 노동자 관계없이 모두 1시간당 임금이 동일하게 증가하다는 것을 의미한다. 물론 이것은 하나의 가정이다. 그러나 더미변수를 활용하여 이러한 가정을 명확하게 검증할 수 있다.

임금함수를 다음과 같이 나타내고자 한다.

표 3.3 절편격차 더미와 기울기격차 더미를 포함한 임금함수

Dependent Variable: W
Method: Least Squares
Sample: 1 1289
Included Observations: 1289

	Coefficient	Std. Error	t-Statistic	Prob.
C	−11.09129	1.421846	−7.800623	0.0000
D2	3.174158	1.966465	1.614144	0.1067
D3	2.909129	2.780066	1.046424	0.2956
D4	4.454212	2.973494	1.497972	0.1344
ED	1.587125	0.093819	16.91682	0.0000
EX	0.220912	0.025107	8.798919	0.0000
D2*ED	−0.336888	0.131993	−2.552314	0.0108
D2*EX	−0.096125	0.031813	−3.021530	0.0026
D3*ED	−0.321855	0.195348	−1.647595	0.0997
D3*EX	−0.022041	0.044376	−0.496700	0.6195
D4*ED	−0.198323	0.191373	−1.036318	0.3003
D4*EX	−0.033454	0.046054	−0.726410	0.4677

R-squared	0.332811	Mean dependent var	12.36585
Adjusted R-squared	0.327064	S.D. dependent var	7.896350
S.E. of regression	6.477589	Akaike info criterion	6.583840
Sum squared resid	53581.84	Schwarz criterion	6.631892
Log likelihood	−4231.285	Durbin–Watson stat	1.893519
F-statistic	57.90909	Prob(F-statistic)	0.000000

주 : The symbol * denotes multiplication.

표 3.4 축약형 임금함수

Dependent Variable: W
Method: Least Squares
Sample: 1 1289
Included Observations: 1289

	Coefficient	Std. Error	t-Statistic	Prob.
C	−10.64520	1.371801	−7.760020	0.0000
FE	3.257472	1.959253	1.662609	0.0966
NW	2.626952	2.417874	1.086472	0.2775
UN	1.078513	0.505398	2.133988	0.0330
ED	1.565800	0.091813	17.05422	0.0000
EXPER	0.212623	0.022769	9.338102	0.0000
FE*ED	−0.346947	0.131487	−2.638639	0.0084
FE*EXPER	−0.094908	0.031558	−3.007409	0.0027
NW*ED	−0.329365	0.186628	−1.764817	0.0778

R-squared	0.331998	Mean dependent var	12.36585
Adjusted R-squared	0.327823	S.D. dependent var	7.896350
S.E. of regression	6.473933	Akaike info criterion	6.580402
Sum squared resid	53647.11	Schwarz criterion	6.616442
Log likelihood	−4232.069	Durbin−Watson stat	1.889308
F-statistic	79.52030	Prob(F-statistic)	0.000000

$$Wage_i = B_1 + B_2 D_{2i} + B_3 D_{3i} + B_4 D_{4i} + B_5 Educ_i$$
$$+ B_6 Exper_i + B_7(D_{2i}Educ_i) + B_8(D_{3i}Educ_i)$$
$$+ B_9(D_{4i}Educ_i) + B_{10}(D_{2i}Exper_i) + B_{11}(D_{3i}Exper_i)$$
$$+ B_{12}(D_{4i}Exper_i) + u_i$$

(3.2)

식 (3.2)에서 B_2, B_3, B_4는 이전처럼 절편격차 더미계수(differential intercept dummies)이고 B_7에서 B_{11}는 기울기 격차 더미계수(differential slope dummies)이다. 예를 들어, B_7의 추정계수인 b_7이 통계적으로 유의하다면, 그것은 여성 노동자의 학업기간이 1년 증가할 때 추가로 받는 평균적인 임금증가율은 백인 노동자인 대조군의 기울기 계수 B_5와는 다르다는 것을 의미한다. 다른 차분기울기 계수도 유사하게 해석할 수 있다.

표 3.3은 회귀식 (3.2)의 결과를 보여준다. 표 3.1과 3.2의 결과를 비교하면, 표 3.3의 결과의 차이가 두드러진다. 학업기간 및 경력에 대한 여성 노동자의 기울기 격차계수는 음(−)의 값이며 통계적으로 유의하다. 이는 여성 노동자의 임금수령액이 남성 노동자의 임금증가율에 비하여 학업기간 및 경력에 따라 상대적으로 낮다는 것을 의미한다. 유색인 노동자의 경우도 학업기간에 따른 임금상승률이 음(−)의 값이며, 백인 노동자보다 낮으며, 그 값이 10% 유의수준에서 유의하다. 다른 기울기 격차계수는 통계적으로 유의하지 않다.

좀 더 논의할 목적으로 기울기 격차계수인 D3*EX, D4*ED, D4*EX를 뺄 것이다. 표 3.4는 그 결과를 보여준다.

이 결과로부터 남성 노동자에 대한 임금함수, 여성 노동자에 대한 임금함수, 백인 노동자에 대한 임금함수, 비노조원의 임금함수는 다음과 같이 도출할 수 있다.

백인 남성 비노조원의 임금함수

$$\hat{Wage_i} = -10.6450 + 1.5658\,Educ_i + 0.2126\,Exper_i \tag{3.3}$$

백인 여성 비노조원의 임금함수

$$\begin{aligned} \hat{Wage_i} &= (-10.6450 + 3.2574) + (1.5658 - 0.3469)Educ_i \\ &\quad + (0.2126 - 0.0949)Exper_i \\ &= -7.3876 + 1.2189\,Educ_i + 0.1177\,Exper_i \end{aligned} \tag{3.4}$$

백인이 아닌 남성 비노조원의 임금함수

$$\begin{aligned} \hat{Wage_i} &= (-10.6450 - 2.6269^{[5]}) + (1.5658 - 0.3293)Educ_i \\ &\quad + 0.2126\,Exper_i \\ &= -10.6450 + 1.2365\,Educ_i + 0.2126\,Exper_i \end{aligned} \tag{3.5}$$

백인 남성 노조원의 임금함수

$$\begin{aligned} \hat{Wage_i} &= (-10.6450 + 1.0785) + 1.5658\,Educ_i + 0.2126\,Exper_i \\ &= 9.5665 + 1.5658\,Educ_i + 0.2126\,Exper_i \end{aligned} \tag{3.6}$$

물론 임금함수를 나타내는 다른 가능성은 존재한다.

예를 들어, 여성과 노조 그리고 학업기간(female×union×education)을 연계시키고자 한다면, 위 식은 노조에 가입한 교육을 받은 여성이 노조 가입 또는 교육년수에 따라 임금격차가 존재하는지를 보여준다. 그러나 너무 많은 더미변수를 추가하는 것은 경계해야 한다. 이는 더미변수를 추가하면 자유도가 빠르게 떨어지기 때문이다. 현재의 예제에서는 관측치가 1,289개이기 때문에 이러한 심각한 문제가 발생하지는 않는다.

3.4 임금회귀함수의 형태

노동경제학에서 종속변수를 임금 원자료 대신에 로그를 취한 값을 사용하는 것이 일반적이다. 왜냐하면 임금의 분포가 그림 3.1처럼 한쪽으로 매우 치우쳐 있기 때문이다.

임금률의 히스토그램을 보면 오른쪽으로 긴 꼬리를 하고 있으며 정규분포와 거리가 있음을 보여주고 있다. 어떤 변수가 정규분포를 하고 있으면, 그 왜도(skewness)계수(대칭도의 측

---

5 추정계수의 값이 27.75%의 유의수준에서 통계적으로 유의미하지 못하기 때문에 0으로 처리(역자주)

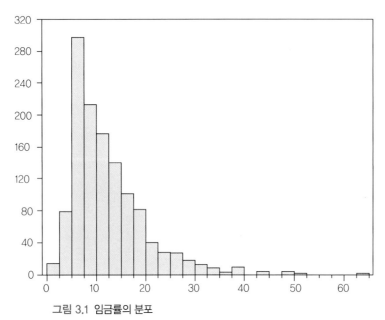

Series: W	
Sample 1 1289	
Observations 1289	
Mean	12.36585
Median	10.08000
Maximum	64.08000
Minimum	0.840000
Std. Dev.	7.896350
Skewness	1.848114
Kurtosis	7.836565
Jarque–Bera	1990.134
Probability	0.000000

그림 3.1 임금률의 분포

정지표)는 0이다. 그리고 첨도(kurtosis)(정규분포가 어느 정도 높거나 평탄한지를 측정하는 수단)는 3이다. 이러한 특성을 보여주는 통계치로 현재의 예제에서 왜도는 1.85이고, 첨도는 7.84로 이는 정규분포와 상당히 다르다. 왜도와 첨도를 기반으로 한 자크-베라(JB) 통계치(Jarque-Bera statistic)는 제7장에서 논의할 것이다. 정규분포를 따르는 변수라면, JB-검정통계량은 0에 가까운 값을 가질 것이다. 하지만 이 표에서 추정된 JB의 값은 약 1990으로 0에서 상당히 떨어져 있으며, 이런 값을 가질 확률은 사실상 0이다.[6]

다른 한편으로 임금률의 로그값의 분포는 그림 3.2에서 볼 수 있는 바와 같이 대칭적이고 정규분포이다.

이것이 종속변수로 임금률의 로그값을 사용하는 이유이다. 또한 일반적으로 로그-변환으로 이분산(異分散)의 문제를 약화시킬 수 있다.

임금의 로그값(log(wage), LW)으로 종속변수를 활용하면, 표 3.5는 식 (3.1)의 추정 결과를 보여준다. 이 표는 전체 계수(F-검정을 기반으로)뿐만 아니라 개별추정계수(t-검정을 기반으로)가 p값이 매우 낮기 때문에 통계적으로 상당히 유의하다는 것을 보여준다. 그러나 어떻게 이 계수를 해석할 것인가?

제2장에서 논의한 회귀함수 형태로 보면 표 3.5는 종속변수가 로그 형태인 반면, 설명변수는 선형의 형태인 반-로그 모형으로 추정하였다는 것을 상기하자. 아는 바와 같이, 학업기간과 경력과 같은 양적변수 측면에서 보면 그 계수는 반-탄력성, 즉 설명변수가 1단위 변화하였

---

6 어떤 변수가 정규분포를 하고 있다는 가정하에 자크-베라는 대표본(large samples)의 경우 자크-베라 통계치가 자유도가 2인 χ^2-분포를 따른다는 것을 보였다.

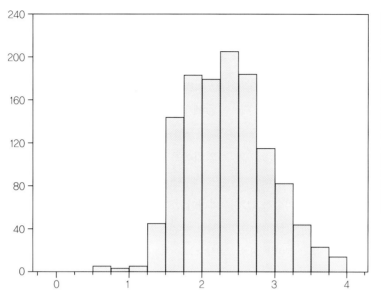

Series: LW	
Sample 1 1289	
Observations 1289	
Mean	2.342416
Median	2.310553
Maximum	4.160132
Minimum	−0.174353
Std. Dev.	0.586356
Skewness	0.013395
Kurtosis	3.226337
Jarque–Bera	2.789946
Probability	0.247840

그림 3.2 임금률의 로그값의 분포

표 3.5 반–로그 임금함수

Dependent Variable: LW
Method: Least Squares
Sample: 1 1289
Included Observations: 1289

	Coefficient	Std. Error	t-Statistic	Prob.
C	0.905504	0.074175	12.20768	0.0000
D2	−0.249154	0.026625	−9.357891	0.0000
D3	−0.133535	0.037182	−3.591399	0.0003
D4	0.180204	0.036955	4.876316	0.0000
EDUC	0.099870	0.004812	20.75244	0.0000
EXPER	0.012760	0.001172	10.88907	0.0000

R-squared	0.345650	Mean dependent var	2.342416
Adjusted R-squared	0.343100	S.D. dependent var	0.586356
S.E. of regression	0.475237	Akaike info criterion	1.354639
Sum squared resid	289.7663	Schwarz criterion	1.378666
Log likelihood	−867.0651	Durbin–Watson stat	1.942506
F-statistic	135.5452	Prob(F-statistic)	0.000000

을 때 종속변수의 상대적 변화량(또는 %)을 나타낸다. 그래서 학업기간 변수의 계수 0.0999
는 학업기간이 1년 증가할 경우 여타의 조건이 일정하면 평균임금은 약 9.99% 정도 증가한다
는 것을 의미한다. 유사하게 경력이 1년 증가할 때마다, 여타의 조건이 일정할 때 평균임금은
약 1.3%가 증가한다.

더미변수는 무엇을 의미하는가? 여성 더미변수의 −0.2492는 여성의 임금률이 남성의 임금률에 대비하여 24.92% 정도 낮다는 것으로 해석할 수 있다. 그러나 만약 올바르게 퍼센트 변화율을 구하고자 한다면, 더미변수의 계수의 (밑수를 e로 한) 역대수를 구하고, 그 값에서 1을 뺀 후 그 차이값에 100을 곱해야 한다.[7] 이러한 절차를 따르면 $e^{-0.2492} = 0.7794$가 된다. 여기서 1을 빼면서 −0.2206을 얻는다. 이 값에 100%를 곱하면 −22.06%가 된다. 이것은 모든 다른 변수가 일정하다면, 여성 노동자의 평균임금률이 남성 노동자의 평균임금률보다 대략 22.06%로 낮으며, 이것은 24.92%와 조금 차이가 난다.

그러므로 표 3.5에서 주어진 더미계수는 대략적인 백분율 변화로 해석할 수 있다. 정확한 % 변화율을 구하려면 앞서 기술한 절차를 따라야 한다.

표 3.1과 3.5에서 주어진 선형 및 로그−선형 회귀식의 결과는 두 경우 모두 설명변수의 계수가 비록 해석의 차이는 있지만 매우 유의하다는 것을 보여주고 있다. 그러나 유념해야 할 요점은 표 3.1에 주어진 $R^2(0.3233)$과 표 3.5에 주어진 $R^2(0.3457)$은 앞서 언급한 바와 같이 회귀식의 형태가 다르기 때문에 직접적으로 비교할 수 없다. 즉, 선형모형에서 R^2은 모든 설명변수가 설명한 종속변수의 변동비율을 측정하지만, 로그−선형 모델에서 R^2은 설명변수가 설명하는 종속변수의 로그값의 변동비율을 의미한다. 로그변수의 변동은 상대적 변동 또는 비율변동이라는 것을 다시 한 번 상기하자.

종속변수인 임금률에 로그를 취한 표 3.2, 3.3, 3.4의 반복적용은 독자에게 맡긴다.

3.5 구조변화에 있어서 더미변수의 활용

1959년에서 2007년까지 총 49년 동안 미국에 있어서 총민간투자(gross private investments, GPI)와 총개인저축(gross private savings, GPS)의 관계를 연구한다고 하자. 그렇게 하기 위하여 다음과 같은 투자함수를 살펴보자.

$$\text{GPI}_t = B_1 + B_2\text{GPS}_t + u_t, \qquad B_2 > 0 \qquad (3.7)$$

B_2는 한계투자성향(marginal propensity to invest, MPI), 즉 저축이 1달러가 추가적으로 증가함으로 인하여 증가하는 투자액이다. 표 3.6의 자료는 도우미 웹사이트를 참조하라.

미국은 1981년에서 1982년까지는 평화기의 심한 경기침체를, 2007년에서 2008년까지는 매우 심각한 침체기를 경험하였다. 식 (3.7)에서 가정한 투자와 저축 간의 관계는 그 당시 이후에 구조의 변화가 있을 법하다. 이 표로 투자−저축 간의 회귀분석을 1981년 이전과 이후를 다음과 같이 유도할 수 있다. 미국경제가 구조변동을 경험하였는지 확인하기 위하여 더미변수를 사용하여 구조변동을 밝힐 수 있다. 이에 앞서 회귀식의 결과(표 3.7)를 어떠한 구조변동도 고려하지 않고 살펴보자. 표 3.7은 회귀분석의 결과를 보여준다.

---

7 기술적인 논의는 Gujarati/Porter, *op cit.*, Chapter 9, p. 298을 참조하라.

표 3.7 GPS에 대한 GPI의 회귀선(1959~2007년)

Dependent Variable: GPI
Method: Least Squares
Sample: 1959 2007
Included Observations: 49

Variable	Coefficient	Std. Error	t-Statistic	Prob.
C	−78.72105	27.48474	−2.864173	0.0062
GPS	1.107395	0.029080	38.08109	0.0000

R-squared	0.968607	Mean dependent var		760.9061
Adjusted R-squared	0.967940	S.D. dependent var		641.5260
S.E. of regression	114.8681	Akaike info criterion		12.36541
Sum squared resid	620149.8	Schwarz criterion		12.44262
Log likelihood	−300.9524	Hannan–Quinn criter.		12.39470
F-statistic	1450.170	Durbin–Watson stat		0.372896
Prob(F-statistic)	0.000000			

이 분석의 결과는 MPI가 약 1.10이고, 만약 GPS가 1달러 증가하면 평균적으로 GPI는 약 1.10달러 증가한다는 것을 의미한다. 비록 다음 장에서 논의할 자기상관의 문제를 우려한다 할지라도 통계적으로 상당히 유의하다.

구조변동이 있다고 한다면, 투자함수를 다음과 같이 쓸 수 있다.

$$\text{GPI}_t = B_1 + B_2\text{GPS}_t + B_3\text{Recession81}_t + u_t \tag{3.8}$$

여기서 Recession81은 더미변수로 1981년 이후는 1, 1980년 이전은 0의 값을 갖는다. 인지 하겠지만, B_3는 절편격차더미이며, 1981년 이후 어느 정도 평균투자수준의 변화를 알려준다. 회귀분석 결과는 표 3.8에 제시되었다.

경기침체 더미계수는 통계적으로 약 −240.78로 통계적으로 유의미하며, 1981년을 전후로 통계적으로 명백한 변화가 있음을 보여준다. 실제로 그 값이 경기침체 이전보다 낮다. 다시 즉, (−83.48 − 420.78) = −324.26이다. 이것는 놀랄 만한 것은 아니다. 이는 1981년 전후로 GPI-GPS의 관계에 확실한 구조변화가 있었음을 보여준다.

절편뿐만 아니라 투자-저축 회귀선의 기울기가 변화했을 가능성이 높다. 이러한 가능성을 열어두면, 절편격차와 기울기 격차를 도입할 수 있다. 따라서 다음 모형을 추정하자.

$$\text{GPI}_t = B_1 + B_2\text{GPS}_t + B_3\text{Recession81}$$
$$+ B_4\text{GPS}^*\text{Recession81}_t + u_t \tag{3.9}$$

이 식에서 B_3은 절편격차를, B_4는 기울기 격차를 나타낸다. 어떻게 더미변수와 GPS가 상호작용을 하는지 알아보자.

회귀식의 결과는 표 3.9에 제시되어 있다. 표 3.9를 보면 절편격차 계수와 기울기 격차 계수는 통계적으로 유의미하는 것을 알 수 있다. 두 기간에 투자자-저축 관계에 뚜렷한 관계변화가 있어 보인다. 1981년 전후의 투자-저축 간 회귀분석을 표 3.9에서 유도해 낼 수 있다.

표 3.8 1981년 경기침체 더미변수를 포함한 GPS에 대한 GPI의 회귀식

Dependent Variable: GPI
Method: Least Squares
Sample: 1959 2007
Included Observations: 49

Variable	Coefficient	Std. Error	t-Statistic	Prob.
C	−83.48603	23.15913	−3.604887	0.0008
GPS	1.288672	0.047066	27.38038	0.0000
RECESSION81	−240.7879	53.39663	−4.509421	0.0000

R-squared	0.978231	Mean dependent var	760.9061	
Adjusted R-squared	0.977284	S.D. dependent var	641.5260	
S.E. of regression	96.68906	Akaike info criterion	12.04015	
Sum squared resid	430043.6	Schwarz criterion	12.15597	
Log likelihood	−291.9836	Hannan−Quinn criter.	12.08409	
F-statistic	1033.538	Durbin−Watson stat	0.683270	
Prob(F-statistic)	0.000000			

표 3.9 상호더미를 포함한 GPS에 대한 GPI의 회귀식

Dependent Variable: GPI
Method: Least Squares
Sample: 1959 2007
Included Observations: 49

Variable	Coefficient	Std. Error	t-Statistic	Prob.
C	−7.779872	38.44959	−0.202340	0.8406
GPS	0.951082	0.147450	6.450179	0.0000
RECESSION81	−357.4587	70.28630	−5.085752	0.0000
GPS*RECESSION81	0.371920	0.154766	2.403110	0.0204

R-squared	0.980707	Mean dependent var	760.9061	
Adjusted R-squared	0.979421	S.D. dependent var	641.5260	
S.E. of regression	92.03045	Akaike info criterion	11.96022	
Sum squared resid	381132.2	Schwarz criterion	12.11466	
Log likelihood	−289.0255	Hannan−Quinn criter.	12.01882	
F-statistic	762.4732	Durbin−Watson stat	0.697503	
Prob(F-statistic)	0.000000			

1980년 이전 투자−저축의 관계

$$G\hat{P}I_t = 0.951082 GPS_t$$

1981년 이후 투자−저축의 관계

$$G\hat{P}I_t = (−7.779871928[8] + 357.45867921) + (0.951081802825 + 0.371920130267)GPS_t$$
$$= 357.45867921 + 1.323001933 GPS_t$$

---

8 추정계수의 값이 84.06%의 유의수준에서 통계적으로 유의미하지 못하기 때문에 0으로 처리함. 그리고 Recession81의 값은 1980년 이전에는 0이고, 1981년 이후에는 1이다. (역자주)

이 예제는 더미변수를 주의하여 활용해야 한다는 것을 알 수 있다. 경제에 있어서 구조변동이 하나 이상이 있을 때 더미변수를 추가해야 한다. 예를 들어, 미국은 1973년 OPEC의 카르텔에 의해 취해진 오일 수출금지로 인해 1973년 이후 또 하나의 경기침체를 경험하였다. 이러한 사건을 반영하기 위하여 또 다른 더미변수를 포함할 수 있다. 이 같은 연습을 함에 있어서 한 가지 주의를 기울여야 하는 것은 대규모로 충분한 표본이 없는 경우에 너무 많은 더미변수를 포함하는 것은 자유도의 감소라는 희생을 치러야 한다. 그리고 자유도가 점점 감소함에 따라 통계적 추론의 신뢰가 더욱 감소한다. 이 예제는 회귀모형을 추정함에 있어 특히 시계열 자료로 구조 변동의 가능성을 다룰 경우, 주의하지 않고 기계적으로 추정하는 것에 경계해야 한다는 것을 일깨우고 있다.

3.6 계절자료에 있어서 더미변수의 활용

주별, 월별, 분기별 자료에 기반을 둔 많은 시계열 경제자료의 흥미로운 특징은 계절적 패턴(주기적인 움직임)을 보이고 있다는 것이다. 빈번하게 보게 되는 사례는 크리스마스 때의 판매량, 휴가 기간 가계의 화폐에 대한 수요, 여름철 동안 냉음료에 대한 수요, 추수감사절과 크리스마스와 같은 주요 공휴일 동안 항공기 여행에 대한 수요, 발렌타인데이 때 초콜릿에 대한 수요이다.

시계열 자료로부터 계절적 요인을 제거하는 과정을 계절요인제거(deseasonlization) 또는 계절 조정(seasonal adjustment)이라고 하며, 이러한 조정이 이루어진 후 시계열 자료를 계절요인이 제거된 또는 시계열이 조정된 자료(deseasonalized)라고 부른다.[9]

소비자물가지수, 생산자물가지수, 실업률, 신규주택착공건수, 산업생산지수와 같은 중요한 시계열 자료는 종종 계절조정하여 발표한다.

다양한 시계열 자료에서 계절요인을 제거하는 다양한 방법이 있지만, 단순하고 개략적이며 빠른 방법이 더미변수를 활용하는 것이다.[10]

적절한 사례를 통하여 이 분석방법을 설명할 것이다. 도우미 웹사이트[11]에서 **표 3.10**을 살펴보자.

---

9 시계열 자료는 계절적, 주기적, 추세적, 불규칙적인 요소의 네 가지를 내포하고 있다는 것에 주목할 필요가 있다.

10 자료를 구할 수 있는 다양한 분석방법은 Francis X. Diebold, *Elements of Forecasting*, 4th edn, South Western Publishing, 2007을 참조하라.

11 여기서 사용한 자료는 Christiaan Heij, Paul de Boer, Philip Hans Franses, Teun Kloek, Herman K. van Dijk, *Econometric Methods with Applications in Business and Economics*, Oxford University Press, 2004로부터 구하였다. 원자료는 G.M. Allenby, L. Jen, and R.P. Leone, Economic Trends and Being Trendy: The influence of Consumer Confidence on Retail Fashion Sales, *Journal of Business and Economic Statistics*, 1996, pp. 103-111이다.

의류 매출액은 계절적 요인에 민감하기 때문에, 많은 계절적 판매량의 변동을 예상할 수 있다. 고려할 모형은 다음과 같다.

$$Sales_t = A_1 + A_2 D_{2t} + A_3 D_{3t} + A_4 D_{4t} + u_t \tag{3.10}$$

여기서 2분기는 $D_2 = 1$, 3분기는 $D_3 = 1$, 4분기는 $D_4 = 1$이다. Sales는 1,000제곱피트 규모의 소매업소에서 실질판매량이다. 이후 위 모형을 확장하여 몇 가지 수량설명변수를 포함할 것이다.

1/4분기를 참조분기(reference quarter)로 간주하고 있다는 것에 주의하자. 그러면 A_2, A_3, A_4는 절편격차계수이다. 이는 2분기, 3분기, 4분기의 평균판매량이 1/4분기의 평균매출액과 어느 정도 차이가 있는지 보여주고 있다. 또한 각 분기의 매출액은 다른 계절의 매출액과 연계되었다고 가정하는 것을 주목하자.

식 (3.10)을 추정한 결과는 **표 3.10**에 제시되었다. 그리고 그 자료는 도우미 웹사이트에서 찾을 수 있다.

표 3.11은 회귀식 (3.10)의 분석 결과를 보여준다. 그 결과는 각 절편격차더미는 p값으로 살펴보면 통계적으로 상당히 유의하다. 예를 들어, D_2 절편은 2분기의 평균매출액이 1분기 또는 다른기 매출액보다 크며, 14.69229 단위만큼 크다. 2분기 실제 평균매출액은 (73.18343 + 14.69229) = 87.87572와 같다.

표 3.11에서 볼 수 있는 바와 같이, 패션의류 매출액은 4분기에 가장 높으며, 이는 크리스마스와 다른 연휴를 포함하고 있기 때문이며, 놀랄 만한 발견도 아니다.

매출액은 분기별로 다르기 때문에, 어떻게 계절변동분을 고려하여 시계열 매출액의 값을

표 3.11 식 (3.10)의 추정 결과

Dependent Variable: SALES
Method: Least Squares
Sample: 1986Q1 1992Q4
Included Observations: 28

	Coefficient	Std. Error	t-Statistic	Prob.
C	73.18343	3.977483	18.39943	0.0000
D2	14.69229	5.625010	2.611957	0.0153
D3	27.96471	5.625010	4.971496	0.0000
D4	57.11471	5.625010	10.15371	0.0000

R-squared	0.823488	Mean dependent var	98.12636
Adjusted R-squared	0.801424	S.D. dependent var	23.61535
S.E. of regression	10.52343	Akaike info criterion	7.676649
Sum squared resid	2657.822	Schwarz criterion	7.866964
Log likelihood	−103.4731	Durbin–Watson stat	1.024353
F-statistic	37.32278	Prob(F-statistic)	0.000000

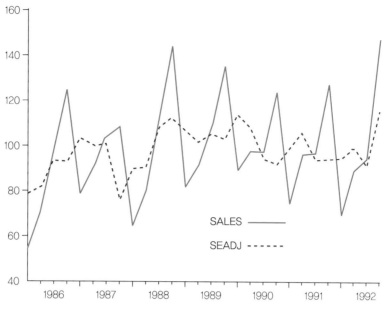

그림 3.3 실제 패션의류 매출액(SALES)과 계절조정된 패션의류 매출액(SEADJ)

구할까? 다시 말하면 어떻게 시계열 자료의 계절요인을 제거할까?

시계열 매출액에서 계절적 요인을 제거하기 위하여 다음과 같은 절차를 진행한다.

1. 추정된 모형식 (3.10)으로부터 예측매출액(SALESF)을 구한다.
2. 실제값(SALES)에서 예측매출액(SALESF)을 빼서 잔차(RESID)를 구한다.
3. 추정된 잔차에 매출액의 (표본)산술평균값 98.1236을 각각 더한다. 그 결과값은 계절요인이 제거된 매출액이다. 계산된 값은 표 3.12에 제시하였다.

그림 3.3은 실제 의류매출액과 계절조정된 의류매출액을 보여주고 있다. 이 그림에서 보는 바와 같이, 계절조정된 매출액이 원자료보다 상당히 유연하다. 계절적 요소가 계절조정된 자료에서는 제거되었지만, 계절조정된 자료에 있어서 위-아래로 움직임은 시계열 자료에 존재할 수 있는 주기적, 추세적, 그리고 불규칙적인 요소(연습문제 3.12 참조)를 포함하고 있다.

소매업자의 입장에서 계절적 요소를 알고 있는 것은 계절에 따른 재고량 관리계획에 활용할 수 있어서 중요하다. 또한 이것은 제조업자가 생산관리를 하는 데도 도움이 된다.

3.7 매출액 함수의 확장

매출액과 관련하여 처분가능소득(real personal disposable income, RPDI)과 소비자신뢰지수(consumer confidence index, CONF)에 관한 자료가 있다. 회귀식 (3.10)에 이러한 변수를 추가하면, 표 3.13을 구할 수 있다.

표 3.12 매출액, 예측액, 잔차, 그리고 계절조정된 매출액

obs	SALES	SALESF	RESID	SEADJ
1986Q1	53.71400	73.18343	−19.46943	78.65417
1986Q2	71.50100	87.87572	−16.37471	81.74889
1986Q3	96.37400	101.1481	−4.774143	93.34946
1986Q4	125.0410	130.2981	−5.257143	92.86646
1987Q1	78.61000	73.18343	5.426571	103.5502
1987Q2	89.60900	87.87572	1.733286	99.85689
1987Q3	104.0220	101.1481	2.873857	100.9975
1987Q4	108.5580	130.2981	−21.74014	76.38345
1988Q1	64.74100	73.18343	−8.442429	89.68118
1988Q2	80.05800	87.87572	−7.817714	90.30589
1988Q3	110.6710	101.1481	9.522857	107.6465
1988Q4	144.5870	130.2981	14.28886	112.4125
1989Q1	81.58900	73.18343	8.405571	106.5292
1989Q2	91.35400	87.87572	3.478286	101.6019
1989Q3	108.1330	101.1481	6.984857	105.1085
1989Q4	135.1750	130.2981	4.876857	103.0005
1990Q1	89.13400	73.18343	15.95057	114.0742
1990Q2	97.76500	87.87572	9.889286	108.0129
1990Q3	97.37400	101.1481	−3.774143	94.34946
1990Q4	124.0240	130.2981	−6.274143	91.84946
1991Q1	74.58900	73.18343	1.405571	99.52917
1991Q2	95.69200	87.87572	7.816286	105.9399
1991Q3	96.94200	101.1481	−4.206143	93.91746
1991Q4	126.8170	130.2981	−3.481143	94.64246
1992Q1	69.90700	73.18343	−3.276428	94.84717
1992Q2	89.15100	87.87572	1.275286	99.39889
1992Q3	94.52100	101.1481	−6.627143	91.49646
1992Q4	147.8850	130.2981	17.58686	115.7105

주 : 계절조정 매출액(SEADJ) = 잔차(residual) + 98.1236[매출액(sales)의 평균값]

중요한 요점은 모든 더미격차계수는 상당히 유의(이 경우 p값이 매우 낮다)하며, 각 분기별로 계절적 요인과 관련되어 있다. 수량설명변수도 유의하며, 사전에 예측했던 부호를 갖는다는 것을 의미한다는 것이다. 양쪽 모두 매출액에 양(+)의 영향을 미친다.

시계열 자료의 계절적 요인을 제거하는 절차를 따라 매출액 함수를 확장하면, 표 3.14가 보여주는 것과 같이 계절조정한 매출액 함수를 구할 수 있다. 그림 3.4는 그 결과를 그림으로 보여준다.

표 3.13 패션의류 매출액 확장 모형

Dependent Variable: SALES
Method: Least Squares
Sample: 1986Q1 1992Q4
Included Observations: 28

	Coefficient	Std. Error	t-Statistic	Prob.
C	−152.9293	52.59149	−2.907871	0.0082
RPDI	1.598903	0.370155	4.319548	0.0003
CONF	0.293910	0.084376	3.483346	0.0021
D2	15.04522	4.315377	3.486421	0.0021
D3	26.00247	4.325243	6.011795	0.0000
D4	60.87226	4.427437	13.74887	0.0000

R-squared	0.905375	Mean dependent var	98.12636
Adjusted R-squared	0.883869	S.D. dependent var	23.61535
S.E. of regression	8.047636	Akaike info criterion	7.196043
Sum squared resid	1424.818	Schwarz criterion	7.481516
Log likelihood	−94.74461	Durbin–Watson stat	1.315456
F-statistic	42.09923	Prob(F-statistic)	0.000000

예상한 바와 같이 계절조정된 매출액은 실제매출액보다 상당히 많이 완만하게 되었다.

기술적 참조사항 : 의류매출액 시계열 자료에서 계절성을 발견하였다. RPDI와 CONF에도 시계열성이 존재할 가능성은 있는가? 그렇다고 한다면, 두 시계열 자료에서 계절성을 어떻게 제거할 것인가? 흥미롭게도 매출액을 계절조정하기 위해 사용한 더미변수들이 다른 두 시계열도 계절조정해 준다. 이것이 통계학에서 잘 알려진 이론인 프리시-와그 정리(Frisch-Waugh Theorem)[12]이다(연습문제 3.9 참조). 그래서 회귀분석모형에 계절더미변수를 도입함으로써 모형에 사용되는 모든 시계열 변수를 계절조정한다. 다시 말하면 세 마리의 새(3개의 시계열 값)를 1개의 돌(일련의 더미변수)로 잡는다(계절요인을 제거한다).

표 3.13에서의 결과는 절편은 계절적 요소를 반영하며 분기별로 차이가 있지만, RPDI의 계수값과 CONF의 계수값은 지속적으로 일정하다는 것을 가정하고 있다. 그러나 다음과 같이 기울기 격차 더미변수를 도입함으로써 이러한 가정을 검정할 수 있다.

$$Sales_t = A_1 + A_2 D_{2t} + A_3 D_{3t} + A_4 D_{4t} + B_1 RPDI_t + B_2 CONF$$
$$+ B_3(D_2 * RPDI_t) + B_4(D_3 * RPDI_t) + B_5(D_4 * RPDI_t) \qquad (3.11)$$
$$+ B_6(D_2 * CONF_t) + B_7(D_3 * CONF_t) + B_8(D_4 * CONF_t) + u_t$$

12 "일반적으로 이 이론은 변수가 최소제곱법으로 사전에 조정하고, 연이어 잔차가 회귀분석에 사용된다면, 추정결과값은 조정되지 않는 자료를 사용하지만 명확하게 조정된 자료를 사용한 회귀분석의 결과값과 동일하다는 것을 보여준다." Adrian C. Darnell, *A Dictionary of Econometrics*, Edward Elgar, UK, 1997, p. 150.

표 3.14 실제 매출액, 예측매출액, 잔차, 그리고 계절조정된 매출액

SALES	FORECAST SALES	RESIDUALS	SADSALES
53.71400	65.90094	−12.18694	85.93666
71.50100	83.40868	−11.90768	86.21592
96.37400	91.90977	4.464227	102.5878
125.0410	122.7758	2.265227	100.3888
78.61000	66.77385	11.83615	109.9598
89.60900	78.80558	10.80342	108.9270
104.0220	95.25996	8.762036	106.8856
108.5580	122.1257	−13.56774	84.55586
64.74100	73.55222	−8.811222	89.31238
80.05800	86.16732	−6.109321	92.01428
110.6710	104.9276	5.743355	103.8670
144.5870	133.7971	10.78986	108.9135
81.58900	83.36707	−1.778069	96.34553
91.35400	92.49550	−1.141502	96.98210
108.1330	111.1844	−3.051364	95.07224
135.1750	140.9760	−5.801002	92.32260
89.13400	81.99727	7.136726	105.2603
97.76500	92.76732	4.997684	103.1213
97.37400	97.34940	0.024596	98.14819
124.0240	121.5858	2.438186	100.5618
74.58900	70.90284	3.686156	101.8098
95.69200	90.00940	5.682596	103.8062
96.94200	104.7525	−7.810495	90.31310
126.8170	127.3469	−0.529909	97.59369
69.90700	69.78981	0.117194	98.24079
89.15100	91.47620	−2.325197	95.79840
94.52100	102.6534	−8.132355	89.99124
147.8850	143.4796	4.405374	102.5290

주 : 계절조정된 매출액(SADSALES)=잔차(residual)+98.1236(평균매출액)

이 수식에서, B_3에서 B_8까지 기울기 격차계수는 2개의 수량회귀계수의 기울기가 분기에 따라 변화하는지를 알려준다. 그 결과는 표 3.15에서 보여준다.

기울기 격차계수가 통계적으로 유의하지 않기 때문에 RPDI와 CONF의 계수값은 계절에 따라 변화하지 않는다(표 3.15 참조). 또한 모든 계절더미도 유의하지 않기 때문에 이것은 패션의류 매출액의 계절적 변동이 없다는 것을 의미한다. 그러나 만약 회귀모형에서 기울기 격차계수를 제외한다면, 표 3.13에서 보는 바와 같이 모든 절편 (격차) 더미는 통계적으로 유의하다. 이는 패션 매출액에 계절적 요소가 있다는 것을 강하게 시사하고 있다.

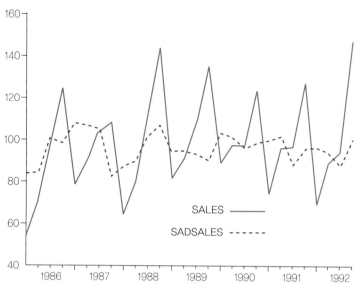

그림 3.4 실제 매출액(SALES)과 계절조정된 매출액(SADSALES)

표 3.15 절편격차더미와 기울기 격차더미를 포함한 패션의류 매출액

Dependent Variable: SALES
Method: Least Squares
Sample: 1986Q1 1992Q4
Included Observations: 28

	Coefficient	Std. Error	t-Statistic	Prob.
C	−191.5847	107.9813	−1.774239	0.0951
D2	196.7020	221.2632	0.888995	0.3872
D3	123.1388	163.4398	0.753420	0.4621
D4	50.96459	134.7884	0.378108	0.7103
RPDI	2.049795	0.799888	2.562601	0.0209
CONF	0.280938	0.156896	1.790602	0.0923
D2*RPDI	−1.110584	1.403951	−0.791042	0.4405
D3*RPDI	−1.218073	1.134186	−1.073963	0.2988
D4*RPDI	−0.049873	1.014161	−0.049176	0.9614
D2*CONF	−0.294815	0.381777	−0.772219	0.4512
D3*CONF	0.065237	0.259860	0.251046	0.8050
D4*CONF	0.057868	0.201070	0.287803	0.7772

R-squared	0.929307	Mean dependent var	98.12636
Adjusted R-squared	0.880706	S.D. dependent var	23.61535
S.E. of regression	8.156502	Akaike info criterion	7.333035
Sum squared resid	1064.456	Schwarz criterion	7.903980
Log likelihood	−90.66249	Hannan–Quinn criter.	7.507578
F-statistic	19.12102	Durbin–Watson stat	1.073710
Prob(F-statistic)	0.000000		

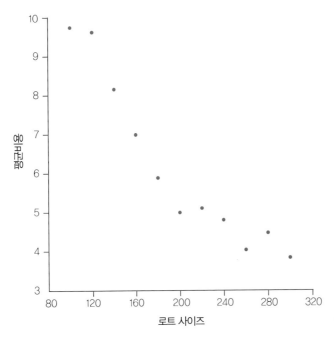

그림 3.5 평균비용과 로트 사이즈

이것은 기울기 격차계수가 모형에 포함되어서는 안 된다는 것을 의미한다. 그래서 표 3.13을 계속해서 살펴볼 것이다.

설령 그렇다 하더라도 기울기와 절편 모두에 격차가 존재할 가능성을 갖는 현상을 모형화할 때 고려해야 하기 때문에 표 3.15의 실습이 의미가 없는 것은 아니다. 단지 식 (3.11)과 같이 완전한 모형을 고려할 때 절편 또는 기울기 또는 이 모두에 격차가 존재하는지를 확인할 수 있었다.

3.8 직선 선형회귀식[13]

다양한 더미변수 사용법의 다양성을 설명하기 위하여, 그림 3.5를 상정해 보자. 그림 3.5는 단위당 평균비용(Y, \$)과 제조자의 생산물 로트 사이즈 관계를 보여준다.

평균생산비용은 로트 사이즈 200단위까지 빠르게 감소하고, 그 이후는 서서히 감소하는 것처럼 보인다. 로트 사이즈 200단위까지 하나의 직선과 그 이후로 또 하나의 직선을 보여준다. 2개의 선형회귀 직선은 하나의 옹이(knot), 즉 임계값(threshold value)이 현재의 예에서는 200에서 연결되어 있다.[14]

---

13 직선 회귀식은 **스플라인 함수**(spline functions)라고 알려진 일반적인 함수의 한 예이다. 스플라인 함수에 관해서는 Montgomery, D. C., Peck, E. A., and Vining, G. G., *Introduction to Linear Regression Analysis*, 4th edn, Wiley, New York, 2006, pp. 207 – 9를 참조하라.

14 이를 여러 개의 직선 선형회귀식, 즉 각 직선은 각각의 기울기를 가지고 있지만, 여러 개의 옹이에 연결되어 있는 선형회귀식까지 일반화할 수 있다.

로트 사이즈에 대한 평균비용에 관한 단일한 회귀분석을 수행할 경우, 두 변수 간의 실제적인 관계에 대한 왜곡된 사진을 갖는 것과 같다. 그렇지만 두 변수 간에 단절된 성질을 설명하기 위하여 더미변수를 사용할 수 있다. 그러한 목적을 위해서 다음의 모형을 상정해 보자.

$$Y_i = B_0 + B_1 X_i + B_2 (X_i - X^*) D_i + u_i \qquad (3.12)$$

여기서 Y는 평균비용을 나타내며, X는 로트 사이즈, 이미 알겠지만[15] X^*는 로트의 임계값(옹이값)을 나타낸다. 그리고 $X_i > X^*$이면, $D = 1$이고, $X_i < X^*$이면 $D = 0$이다.

오차항 u_i는 평균비용에 영향을 미칠 수 있는 다른 변수의 영향력을 나타낸다.

식 (3.12)로부터 다음과 같이 회귀선을 분리할 수 있다.

$$E(Y_i) = B_0 + B_1 X_i, \quad D_i = 0 \text{인 경우} \qquad (3.13)$$

$$E(Y_i) = (B_0 - B_2 X^*) + (B_1 + B_2) X_i, \quad D_i = 1 \text{인 경우} \qquad (3.14)$$

그래서 B_1은 옹이 이전에 회귀선의 기울기를 보여주고 $(B_1 + B_2)$는 옹이 이후의 기울기를 보여주며, B_2는 기울기 계수의 차이를 나타낸다. 만약 식 (3.12)에 있어서 B_2가 유의미하게 추정되면, 두 회귀직선은 2개의 다른 기울기를 갖는다고 결론 내릴 수 있다.

식 (3.12)의 직선회귀모형을 설명하기 위하여, 표 3.16의 자료를 상정해 보자.

실증분석 결과는 표 3.17과 같다.

모든 추정회계계수는 전체적(F값)으로 보든 개별적(t값을 기준)으로 보든 통계적으로 유의미하다. 그러므로 두 회귀선의 기울기 계수가 통계적으로 다르다는 것을 유지할 수 있다. 이 표를 근거로 임계값 200을 전후로 하여 개별회귀선을 유도할 수 있으며, 그 결과는 다음과 같다.

$$\text{평균비용} = 15.1164 - 0.0502 \times \text{로트 사이즈}, \quad \text{로트 사이즈} < 200 \text{인 경우} \qquad (3.15)$$

$$\text{평균비용} = (15.1164 - 0.0385 \times 200) + (-0.0502 + 0.0388) \times \text{로트 사이즈}$$

$$= 7.4164 - 0.0114 \times \text{로트 사이즈}, \quad \text{로트 사이즈} > 200 \text{인 경우} \qquad (3.16)$$

주의 : 식 (3.16)의 절편 값은 부분적으로 중요하지 않다.

표 3.16 로트 사이즈와 평균비용(AC, $)

Lot size	100	120	140	160	180	200	220	240	260	280	300
AC	9.73	9.61	8.15	6.98	5.87	4.98	5.09	4.79	4.02	4.46	3.82

출처 : Montgomery *et al.*, Exercise 7.11, p. 234

---

15 특이값을 사전에 알지 못하면, 스위칭 회귀분석방법을 사용하여 분석적으로 그 값을 찾을 수 있다. 이 주제에 관한 논의에 대해서는 Montgomery et al., *op cit.*를 참조하라.

표 3.17 평균비용과 로트 사이즈의 관계

Dependent Variable: AVGCOST
Method: Least Squares
Sample: 1 11
Included Observations: 11

Variable	Coefficient	Std. Error	t-Statistic	Prob.
C	15.11648	0.535383	28.23492	0.0000
LOTSIZE	−0.050199	0.003332	−15.06501	0.0000
Z*DUMY	0.038852	0.005946	6.534113	0.0002

R-squared	0.982938	Mean dependent var	6.136364
Adjusted R-squared	0.978673	S.D. dependent var	2.161417
S.E. of regression	0.315651	Akaike info criterion	0.758640
Sum squared resid	0.797083	Schwarz criterion	0.867157
Log likelihood	−1.172522	Hannan–Quinn criter.	0.690236
F-statistic	230.4410	Durbin–Watson stat	2.597435
Prob(F-statistic)	0.000000		

Note: In this table, Z represents (actual lot size − threshold lot size)

표 3.18 임계값을 무시하고 분석한 로트 사이즈와 평균비용의 관계

Dependent Variable: AVGCOST
Method: Least Squares
Sample: 1 11
Included Observations: 11

Variable	Coefficient	Std. Error	t-Statistic	Prob.
C	12.29091	0.749146	16.40655	0.0000
LOTSIZE	−0.030773	0.003571	−8.616397	0.0000

R-squared	0.891882	Mean dependent var	6.136364
Adjusted R-squared	0.879869	S.D. dependent var	2.161417
S.E. of regression	0.749146	Akaike info criterion	2.423201
Sum squared resid	5.050982	Schwarz criterion	2.495545
Log likelihood	−11.32760	Hannan–Quinn criter.	2.377598
F-statistic	74.24229	Durbin–Watson stat	0.663330
Prob(F-statistic)	0.000012		

이 분석 결과를 근거로 로트 사이즈가 200까지는 로트 사이즈당 비용이 5센트씩 감소하지만, 200를 초과하면, 평균비용이 1센트씩 감소한다고 결론 내릴 수 있다. 그림 3.5도 이를 입증하고 있다.

분석 결과는 로트 사이즈가 1단위 증가할 때 약 3센트씩 일정하게 감소하며, 이는 회귀식 (3.15), (3.16)과 상당히 다르다는 것을 보여주고 있다.

3.9 요약과 결론

질적 변수 또는 더미변수에 1과 0의 값을 취함으로써 질적 설명변수를 '수량화'하는 방법을 알 수 있었으며, 동시에 더미변수가 회귀분석에서 어떠한 역할을 하는지를 알 수 있었다.

질적 설명변수로 인하여 종속변수의 반응에 차이가 나타난다면, 그것은 절편의 차이 또는 기울기의 차이 또는 다양한 소그룹 변수들의 모두에 의해 초래된 차이를 반영한 것이다.

더미변수는 다양한 상황에 활용할 수 있다. 더미변수의 활용의 예로 (1) 2개 또는 3개의 회귀식의 비교, (2) 시간에 흐름에 따른 구조변동, (3) 계절요인을 제거한 시계열 자료를 들 수 있다.

더미변수는 회귀분석에 유용하게 쓰임에도 불구하고 주의하여 다루어야 한다. **첫째**, 회귀계수에 절편이 있을 경우, 더미변수의 수는 질적 차이를 구분하는 수보다 1개 적어야 한다. **둘째**, 물론 회귀모형에서 (공통)절편을 제외한다면, 더미변수 범주의 수만큼 많은 더미변수를 사용할 수 있다. **셋째**, 더미변수의 계수의 값은 항상 대조군, 즉 0의 값을 갖는 범주와 관련하여 해석해야 한다. **넷째**, 더미변수는 질적변수뿐만 아니라 양적변수와도 연계될 수 있다. **다섯째**, 회귀모형이 몇 가지 범주의 특성을 지닌 질적변수를 포함하고 있다면, 특히 표본의 수가 작을 경우 모든 조합에 사용된 더미변수의 도입으로 인하여 자유도(degree of freedom)가 많이 감소할 수 있다. **여섯째**, 미국 상무성에서 사용하는 X-12 방법과 같은 계절요인을 제거할 수 있는 방법도 있음을 명심하자.

연습문제

3.1 표 3.1에서 주어진 선형 임금회귀모형과 표 3.5에 주어진 반-로그 임금회귀모형을 비교할 것인가? 어떻게 두 표에 나타난 다양한 계수를 비교할 것인가?

3.2 표 3.4로 되돌아가 종속변수인 임금에 로그를 취하여 분석하고, 그 결과를 표 3.4에 나타난 결과와 비교하라.

3.3 성별, 인종, 노동 가입 여부에 대하여 더미변수를 취하고, 학업기간 및 경력년수에 로그를 취하고 임금에 로그를 취한 회귀분석을 가정하자. 이 회귀식의 기울기를 어떻게 해석할 것인가?

3.4 표 3.1과 3.5에서 임금회귀분석에 포함된 변수 이외에 어떠한 변수를 추가할 수 있을까?

3.5 임금소득자가 거주하고 있는 지역을 고려하고자 한다. 예를 들어, 미국의 각주를 동부, 남부, 서부, 북부로 나누고자 한다. 표 3.1과 3.5에서 주어진 모형을 어떻게 확장할 것인가?

3.6 더미변수를 1과 0으로 코딩하는 대신에 −1과 +1로 코딩한다고 가정하자. 회귀분석의 결과를 어떻게 해석할 것인가?

3.7 반-로그 임금함수에서 더미변수를 1과 0의 값을 사용하는 대신, 10과 1을 사용한다고 가정하자. 이 방법으로 분석한 결과는 어떻게 되겠는가?

3.8 표 3.10에 주어진 패션의류 자료로 돌아가자. 종속변수로 매출액의 로그값을 사용하여 표 3.11, 3.12, 3.13, 3.14, 3.15에 상응하는 결과를 구하고, 그 결과를 2개씩 비교하라.

3.9 매출액, RPDI, 그리고 CONF를 절편과 3개의 더미변수를 갖는 회귀분석을 하고, 이 회귀분석으로부터 잔차, 즉 S_1, S_2, S_3를 구하라. S_2에 대한 S_1, S_3(회귀분석의 절편이 없는)[16]를 회귀분석을 표 3.13에서 구한 RPDI와 CONF의 정확하게 같은지를 보이고, 프리시-와그 이론을 증명하라.

3.10 개인소비지출(personal consumption expenditure, PCE) 및 개인가처분소득(disposable personal income, DPI)에 관한 분기별 자료를 수집하고, 인플레이션을 고려하여 실질가치로 환산하고, 개인가처분소득에 대한 개인소비지출을 회귀분석하라. 만약 자료에 계절적 요소가 나타난다면, 어떻게 더미변수를 활용하여 계절적 요소를 제거할 것인가? 필요로 하는 계산과정을 보여라.

3.11 연습문제 3.10에 이어, 어떻게 PCE와 DPI 사이에 구조변동이 있는지 찾아낼 것인가? 필요로 하는 계산과정을 밝혀라.

3.12 책에서 논의한 패션매출액을 참조하자. 1, 2, 3, … 등을 취한 추세변수를 식 (3.10)에 추가하여 다시 추정하라. 그리고 그 결과를 표 3.11과 비교하라. 이러한 결과가 의미하는 바는 무엇인가?

3.13 앞의 연습문제를 계속하여 분석하자. 위 추정 결과 계절적 요인과 추세적 요인을 제거한 이후에 매출액을 추정하고, 책에서 논의한 분석내용과 당신의 분석 결과를 비교하라.

3.14 표 3.19의 자료를 활용하여 diabetes에 대한 ban과 sugar_sweet_cap이 당뇨병에 미치는 영향을 추정하라. 이와 관련된 자료는 도우미 웹사이트[17]에서 찾을 수 있다.

   diabetes : 지역별 당뇨병자 출현수

   ban : 유전자변형 상품에 대한 금지조항이 있는 경우 1, 아닐 경우 0

   sugar_sweet_cap : 1인당 설탕 및 감미료의 공급량(단위 : kg)

어떠한 변수를 모형에 포함할 수 있을까?

3.15 다이아몬드 원석 가격

   다이아몬드 원석의 가격은 다음 네 가지에 의해 결정된다.

---

16 OLS로 추정한 잔차의 평균은 항상 0이기 때문에, 회귀선에 절편이 있을 필요가 없다.

17 이 자료는 Rashad Kelly, I.의 표 4에서 구하였다(Obesity and diabetes : the roles that prices and policies play. *Advances in Health Economics and Health Services Research*, vol. 17, pp. 113-28, 2007).

Cs : 캐럿, 색상, 선명도, 절단면. 도우미 웹사이트 **표 3.20**에서 싱가포르에서 판매된 308개 다이아몬드에 관한 자료를 구할 수 있다.[18]

캐럿 : 캐럿(carat) 단위로 측정한 다이아몬드 원석의 무게

색상 : D, E, F, G, H, I로 분류한 다이아몬드 색상

다이아몬드의 투명도 : IF, VVS1, VVS2, VS1, 또는 VS2로 분류

인증 기관 : GIA, IGI 또는 HRD로 분류

가격 : 싱가포르 달러로 표시된 다이아몬드 가격

등급이 D에서 F까지 메겨진 다이아몬드는 드물기 때문에 매우 비싸고, 갖고 싶어 한다. 그러한 다이아몬드는 누구의 눈에나 좋아 보인다. G,H,I 등급의 다이아몬드는 다소 값어치가 떨어진다.[19]

다이아몬드의 투명도는 함유물과 불순물과 같은 독특한 특성의 존재를 말한다. 함유물은 내부의 흠결을 의미하고, 불순물은 표면의 흠결을 의미한다. 다이몬드의 등급을 평가하기 위하여 모든 흠결을 '불순물'이라고 한다.

F : 흠결이 없는 물건 : 내부 또는 외부에 흠결이 없다. 극히 드물다.

IF : 내부에 흠결이 흠결이 없음 : 내부에는 흠결이 없지만 표문에 있음. 매우 드물다.

VVS1–VVS2 : 매우 조금 흠결을 포함함(2등급), 숙련된 보석감정사에 의해서도 10배 확대된 상태에서도 내부의 불순물을 발견하기 어렵다.

SI1–SI2 : 불순물을 조금 포함하고 있다(2등급). 10배 확대된 상태에서 쉽게 불순물을 발견할 수 있다.

주의사항 : SI에서 F까지 등급을 평가하는 이유는 다이아몬드 등급이 다이아몬드 가치에 영향을 미치는 것이지, 확대된 다이아몬드 외형에 영향을 미치지는 않는다.

VVS와 VS등급을 받은 다이아몬드는 가격과 외형에서 최고의 선택이다.

인증서는 다이아몬드의 '청사진'이다. 그것은 절단면 그리고 질에 대한 세부사항뿐만 아니라 다이아몬드의 정확한 측정치와 무게를 말해 준다. 인증서는 개별 다이아몬드의 모든 특징을 지적한다. 인증서는 또한 다이아몬드의 신분증명서이고 가치 증명서로 통한다. 3개의 유명한 인증기관은 GIA(Gemological Institute of America), IGI(International Gemological Institute), HRD(Diamond High Council of Belgium)가 있다. 이 기관에 발생하는 인증서는 가치가 있다. 그 이유는 기관들이 다이아몬드 구매자에게 마음의 평화와 일종의 신용장을 제공하기 때문이다.

이러한 자료를 근거로 네 가지 Cs를 고려하여 다이아몬드의 가격 결정에 관한 적절한

---

[18] Singfat Chu(National University of Singapore)가 자료를 제공하였다. 초기 원자료는 'Singapore Business Times'(2월 18일, 2000)에서 볼 수 있으며, American Statistical Association의 자료보관소에 있다.

[19] 위의 정보는 'www.diamondmanufacturer.com/tutorial/certificate.htm.'를 근거로 하고 있다.

모형을 만들어라. 캐럿과 가격은 수량변수이며, 다른 변수는 질적변수라는 것에 유념하라. 더미변수의 함정을 피하기 위하여 마지막 두 변수를 적절하게 코드화하라.

3.16 도우미 웹사이트의 **표 3.21**은 체온(화씨), 심박동수(1분당 박동수), 성별(1 = 남성, 2 = 여성)에 관한 130명의 자료를 제공한다.[20]

(a) 심박동수와 성별에 따른 체온을 회귀분석하고 일반적인 회귀분석 결과는 제출하라.

(b) 어떻게 이 모델에서 더미변수를 해석할 것인가? 일반적인 0과 1로 코딩하는 것보다 이러한 방식으로 더미 코딩하는 것의 이점은 무엇인가?

3.17 코카콜라 1온스당 가격결정요인. 캐시 쉐이퍼라는 학생은 77개의 횡단면 자료로부터 다음과 같은 회귀식을 추정하였다.[21]

$$P_i = B_0 + B_1 D_{1i} + B_2 D_{2i} + B_3 D_{3i} + u_i$$

여기서 P_i 코카콜라 1온스당 가격을 나타낸다.

D_{1i} : 할인가게는 001, 체인점이면 010, 편의점이면 100이다.

D_{2i} : 브랜드가 있는 상품은 10, 브랜드가 없으면 01이다.

D_{3i} : 67.6온스(2리터) 병이면 0001, 28~33온스 병이면 0010, 16온스 병이면 0100, 12온스 캔이면 1000이다.

그 분석 결과는 다음과 같다.

$$\hat{P}_i = 0.143 - 0.00000 D_{1i} + 0.0090 D_{2i} + 0.00001 D_{3i}$$
$$t = \qquad (-0.3837) \qquad (8.3927) \qquad (5.8125) \quad R^2 = 0.6033$$

(a) 모형에 도입된 더미변수 도입방식에 대하여 언급하라.

(b) 어떻게 결과를 해석할 것인가? 더미설정에 대한 가설은 수용 가능한가?

(c) D_3 계수는 +이며, 통계적으로 유의미하다. 어떻게 이 결과를 합리화할 것인가?

3.18 도우미 웹사이트의 **표 3.22**는 미노동부에서 발간한 '1985 Current Survey of Population'에서 추출한 528명의 노동자 표본에 대한 자료로 다음과 같은 변수를 제공한다.

Ed = 교육년수

Region = 거주지가 남부이면 1, 이외 지역은 0

Nwnhisp = 백인이 아니고, 히스패닉이 아니면 1, 나머지는 0

His = 히스패닉이면 1, 아니면 0

---

20 원자료는 Shoemaker A. L.의 논문(What's normal? Body temperature, gender, and heart rate, *Journal of Statistical Education*, 4(2), 1996)에 실려 있다.

21 Schaefer, C., Price per ounce of cola beverage as a function of place of purchase, size of container, and branded or unbranded product. *Unpublished term paper*.

Gender = 여성이면 1, 남성이면 0

Mstatus = 기혼이면 1, 미혼이면 0

Exp = 노동시장에서 경력(단위 : 연)

Un = 노조원이면 1, 비노조원 0

Wagehrly = 시급(단위 : 달러)

(a) 결혼 여부, 거주지역에 따른 시급을 회귀분석하고, 통상적인 통계치를 구하고, 그 결과를 해석하라.

(b) 시급과 교육년수의 관계를 어떠한가? 필요한 회귀분석 결과를 보이고 해석하라.

(c) 교육년수, 성, 결혼 여부, 노조 가입 여부에 따른 시급을 회귀분석하고, 그 결과를 해석하라.

(d) His 변수를 포함하여 문제 (c)를 반복하라. 분석 결과는 어떠한 것을 보여주는가?

(e) 변수의 상호작용 변수(성별×교육년수)를 포함하여 문제 (c)를 반복해서 풀어 보라. 그리고 (c)에서 얻은 결과와 비교하라. 상호작용 변수의 계수가 의미하는 바는 무엇인가?

(f) 앞서 언급한 변수와 상호작용 변수를 포함하여 광범위한 임금회귀모형을 수립해 보라.

PART

II

회귀선 진단

4 | 회귀선 진단 I : 다중공선성

고전적 선형회귀모형(CLRM)의 가정 중 하나는 설명변수 간에 선형관계가 없다는 것이다. 만약 설명변수 간에 하나 이상의 선형관계가 있다면, 이를 다중공선성(multicollinearity) 또는 짧게 공선성(collinearity)이라고 한다. 그래서 분석의 시작부터 완전한 공선성(perfect collinearity)과 불완전한 공선성(imperfect collinearity)을 구분해야 한다.[1] 이를 설명하기 위하여, k개의 변수가 있는 회귀모형을 고려하자.

$$Y_i = B_1 + B_2 X_{2i} + \ldots + B_k X_{ki} + u_i \tag{4.1}$$

예를 들면, 만약 $X_{2i} + 3X_{3i} = 1$이라면, $X_{2i} = 1 - 3X_{3i}$이기 때문에 완전한 선형성이 존재하는 경우이다. 따라서 X_{2i}와 $3X_{3i}$가 동일한 회귀모형에 포함되면, 완전한 선형성, 즉 두 변수 간의 완전한 선형적 관계가 나타난다. 이와 같은 상황에서 회귀계수를 추정할 수 없으므로 단지 통계적 추론만을 하자.

다른 한편으로, $X_{2i} + 3X_{3i} + v_i = 1$(여기서 v_i는 교란항)이라면, $X_{2i} = 1 - 3X_{3i} - v_i$이기 때문에 불완전한 다중공선성이 존재한다. 그러므로 두 변수 간의 완전한 선형성이 존재하지 않는 경우는 오차항 v_i가 이러한 변수들 간의 완전한 선형성을 감쇄시키기 때문이다.

실제로 설명변수들 간의 완전한 선형관계는 희박하지만, 많은 적용에 있어서 설명변수 간에는 높은 공선성이 존재할 수 있다. 이러한 경우에는 바로 불완전 선형성(imperfect collinearity), 즉 준-선형성(near-collinearity)[2]이 존재한다.

---

1 2개 이상의 설명변수 간에 하나가 완전한 선형관계가 존재하면, 이를 공선성이라고 하지만, 하나 이상의 완벽한 선형관계가 있을 경우, 우리는 이를 다중공선성(multicollinearity)이라고 한다. 그렇지만 여기서는 공선성과 다중공선성을 구분하지 않고 사용할 것이다.

2 소비함수에 임금변수를 달러와 센트로 둘 다 도입할 경우, 달러는 100센트이기 때문에 이러한 도입은 완전한 공선성을 초래한다. 또 다른 예는 소위 더미변수함정(dummy variable trap)으로, 제3장에서 본 바와 같이 절편항과 모든 범주의 더미변수를 모두 포함할 경우 나타나는 결과이다. 구체적인 예로, 회귀분석에 있어서 몇몇 경제변수와 관련된 노동시간을 설명할 경우, 더미변수로 여성도 1, 남성도 1이라는 두 더미변수를 포함하고 절편항을 포함한다고 하자. 이 사례는 완전한 다중공선성을 초래한다. 물론 이 경우 절편을 제거하면 더미변수함정을 피할 수 있다. 실제로 절편항을 제외하고, 1개의 성별 더미변수, 즉 더미변수를 여성의 경우는 1 그리고 남성이 관련될 때는 0을 취하면 좋다.

4.1 완전한 다중공선성의 결과

1. OLS 추정량은 여전히 BLUE이다. 그러나 추정량은 큰 분산과 공분산을 갖게 되어 정확한 추정을 어렵게 된다.

2. 결과적으로 신뢰구간의 폭이 넓어진다. 그러므로 '귀무가설'(즉, 실제 모수의 값은 0이다)을 기각하지 않을 수 있다.

3. (1) 때문에, 1개 또는 그 이상의 계수가 통계적으로 유의하지 않는 경향이 있다.

4. 몇 개의 회귀계수가 통계적으로 무의미하여도, R^2의 값이 매우 높게 나올 수 있다.

5. OLS 추정량과 표준오차가 자료의 조그마한 변화에도 민감하게 반응한다(연습문제 4.6 참조).

6. 어떤 공선성이 있는 변수가 회귀모형에 추가되면, 회귀모형의 다른 변수의 계수의 값이 변할 수 있다.

요약하면, 설명변수 간에 선형성이 존재하면, 특히 공선성에 근접하면 통계적 추론이 불안정하게 된다. 만약 두 변수 간에 높은 선형성이 존재하면, 각 변수들의 독립적으로 종속변수에 미치는 영향을 분리하기 매우 어렵다. 이는 놀랄 만한 일이 아니다.

몇 가지 결론을 살펴보기 위하여, 설명변수 X_2, X_3와 종속변수 Y가 연계되어 3개의 변수를 갖는 회귀모형을 고려하자. 즉, 다음과 같은 모형을 살펴보자.

$$Y_i = B_1 + B_2 X_{2i} + B_3 X_{3i} + u_i \qquad (4.2)$$

OLS를 사용하면 OLS 추정량을 다음과 같이 나타낼 수 있다.[3]

$$b_2 = \frac{(\Sigma y_i x_{2i})(\Sigma x_{3i}^2) - (\Sigma y_i x_{3i})(\Sigma x_{2i} x_{3i})}{(\Sigma x_{2i}^2)(\Sigma x_{3i}^2) - (\Sigma x_{2i} x_{3i})^2} \qquad (4.3)$$

$$b_3 = \frac{(\Sigma y_i x_{3i})(\Sigma x_{2i}^2) - (\Sigma y_i x_{2i})(\Sigma x_{2i} x_{3i})}{(\Sigma x_{2i}^2)(\Sigma x_{3i}^2) - (\Sigma x_{2i} x_{3i})^2} \qquad (4.4)$$

$$b_1 = \overline{Y} - b_2 \overline{X}_2 - b_3 \overline{X}_3 \qquad (4.5)$$

여기서 각 변수는 평균값으로부터의 거리로 나타낸다. 즉, $y_i = Y_i - \overline{Y}$, $x_{2i} = X_{2i} - \overline{X}_2$, $X_{3i} - \overline{X}_3$ 이다.

한 변수의 이름을 다른 변수의 이름으로 대체할 수 있다는 의미에서, 두 변수의 계수에 대한 공식은 대칭적이라는 것에 유념하자.

따라서 다음과 같이 쓸 수 있다.

$$\text{var}(b_2) = \frac{\sigma^2}{\Sigma x_{2i}^2 (1 - r_{23}^2)} = \frac{\sigma^2}{\Sigma x_{2i}^2} \text{VIF} \qquad (4.6)$$

---

3 Gujarati/Porter, *op cit.*, pp. 193 – 4를 참조하라.

표 4.1 r_{23}의 증가가 OLS 추정량 b_2의 분산에 미치는 영향의 값

Value of r_{23}	VIF	Var(b_2)
0.0	1.00	$\sigma^2 / \Sigma x_{2i}^2 = K$
0.50	1.33	$1.33 \times K$
0.70	1.96	$1.96 \times K$
0.80	2.78	$2.78 \times K$
0.90	5.26	$5.26 \times K$
0.95	10.26	$10.26 \times K$
0.99	50.25	$50.25 \times K$
0.995	100.00	$100 \times K$
1.00	정의되지 않음	정의되지 않음

주 : b_3의 분산도 유사한 표로 나타낼 수 있다.

그리고

$$\text{var}(b_3) = \frac{\sigma^2}{\Sigma x_{3i}^2 (1 - r_{23}^2)} = \frac{\sigma^2}{\Sigma x_{3i}^2} \text{VIF} \qquad (4.7)$$

여기서

$$\text{VIF} = \frac{1}{1 - r_{23}^2} \qquad (4.8)$$

여기서 σ^2은 오차항(u_i)의 분산, r_{23}은 X_2와 X_3 간의 상관계수, VIF는 분산확대인자(variance-inflating factor)를 나타낸다. VIF는 공선성 때문에 커지는 OLS 추정량의 분산 정도의 크기를 나타낸다. 이에 대하여 알아보기 위하여 표 4.1을 살펴보자.

이 표에서 X_2와 X_3 간의 상관계수가 증가함에 따라 b_2는 비선형 형태로 급격하게 증가한다. 결과적으로 신뢰구간은 비례하여 넓어지고, 실제 B_2가 0이 아니라는 잘못된 결론을 내릴 수 있다.

VIF의 역수를 공차한계(tolerance, TOL)라고 하며, 다음과 같이 쓸 수 있다.

$$\text{TOL} = \frac{1}{\text{VIF}} \qquad (4.9)$$

$R_{23}^2 = 1$(완전한 공선성)일 경우, TOL은 0이다. 그리고 $R_{23}^2 = 0$(공선성이 없으면)이면, TOL이 1이다.

두 변수 회귀분석에서 주어진 VIF 공식은 k-변수 모형[절편항과 $(k-1)$개 설명변수]의 회귀모형에서 다음과 같이 일반화될 수 있다.

$$\text{var}(b_k) = \frac{\sigma^2}{\Sigma x_k^2} \left(\frac{1}{1 - R_k^2} \right) = \frac{\sigma^2}{\Sigma x_k^2} \text{VIF} \qquad (4.10)$$

표 4.2 소비자 10명의 지출, 소득 및 부에 관한 가상 자료

Expenditure ($)	Income ($)	Wealth ($)
70	80	810
65	100	1009
90	120	1273
95	140	1425
110	160	1633
115	180	1876
120	200	2052
140	220	2201
155	340	2435
150	260	2686

여기서 R_k^2는 회귀모형 중에서 모든 다른 설명변수 중 k개 설명변수만으로 분석한 R^2이며, $\Sigma x_k^2 = \Sigma(X_k - \overline{X_k})^2$은 X_k의 평균값 주위의 k번째 변수의 변이(variation)를 의미한다. 모형에서 k번째 설명변수의 다른 설명변수에 대한 회귀분석을 보조회귀분석(auxiliary regression)이라고 한다. 그래서 회귀모형에 10개의 설명변수가 존재하면, 보조회귀식은 10개가 될 것이다.

Stata와 Eviews와 같은 통계패키지는 VIF와 TOL 요인들을 계산해 준다. 그것들은 간단하게 보일 것이다.

다중공선성에 근사한 몇 가지 내용을 보여주기 위하여, 표 4.2에서 주어진 가상의 자료를 상정해 보자.

이 자료를 근거로 회귀분석한 결과는 표 4.3에서 보여준다.

이 표에서 첫 번째 회귀분석은 소득 및 부에 대한 지출액의 다중회귀분석이다. 보는 바와 같이 t값이 통계적으로 유의미하지 않기 때문에, 통계적으로 유의미한 기울기는 없다. 그러나 R^2값은 매우 높다. 이 것은 고전적인 심각한 선형성의 현상이다.

두 번째 회귀분석 결과를 보면, 소득이 단독으로 지출에 상당히 영향을 미치고 있으며, 동시에 t값이 매우 높으며, R^2도 매우 높다는 것을 알 수 있다.

단독으로 부(wealth)에 지출에 관한 세 번째 회귀분석 결과를 살펴보면, 부는 유의미하게 지출에 영향을 미치고 있으며, 동시에 t값 및 값도 매우 높다는 것을 알 수 있다.

네 번째 회귀식, 소득에 따른 부에 관한 회귀식을 살펴보면, 두 변수가 매우 밀접관 관련이 있음을 알 수 있다. 결과에 따라라 두 변수, 즉 소득 및 부를 지출 회귀식에 포함하면(첫 번째 회귀식 참조), 두 변수 모두 통계적으로 유의미하지 않다. 부가 소득의 거의 10배이기 때문에 놀랄 만한 일을 아니다. 부가 소득의 10배라고 한다면 완벽한 선형성을 가질 것이다.

이제 구체적인 예를 살펴보자.

표 4.3 회귀분석 결과(괄호 안은 *t*값임).

Dependent variable	Intercept	Income	Wealth	R^2
Expenditure	24.7747	0.9415	−0.0424	0.9635
	(3.6690)	(1.1442)	(−0.5261)	
Expenditure	24.4545	0.5091	−	0.9621
	(3.8128)	(14.2432)		
Expenditure	24.4410	−	0.0498	0.9567
	(3.5510)	−	(13.2900)	
Wealth	7.5454	10.1909	−	0.9979
	(0.2560)	(62.0405)		

4.2 예제 : 노동시장에서 기혼여성의 노동시간

다중공선성의 특징을 밝혀내기 위하여, 므로스(Mroz)[4]가 했던 실증연구논문에서 자료를 구한다. 도우미 웹사이트에서 **표 4.4**를 참조하라. 그는 몇 가지 사회-경제적 변수가 노동시장에서 기혼여성의 노동시간에 미치는 영향을 분석하였다. 1975년 753명의 기혼여성들의 횡단면 자료를 사용하였다. 325명의 기혼여성은 일을 하지 않아, 노동시간이 0이라는 것에 주목하자.

그가 사용한 변수는 다음과 같다.

HOURS : 1975년 노동시간(종속변수)

KIDSL6 : 6세 미만 자녀수

KIDS618 : 6~18세 자녀수

AGE : 여성의 연령

EDUC : 학업기간

WAGE: 예상임금

HHOURS : 남편의 노동시간

HWAGE : 남편의 연령

HEDUC : 남편의 학업기간

HWAGE : 1975년 남편의 시간당 임금

FAMINC : 1975년 가족소득

MTR : 여성에게 부과되는 연방정부 한계세율

MOTHEREDUC : 모친의 학업기간

---

4 T. A. Mroz, The sensitivity of an empirical model of married women's hours of work to economic and statistical assumptions, *Econometrica*, 1987, vol. 55, pp. 765-99를 참조하라.

표 4.5 여성의 노동시간에 관한 회귀분석

Dependent Variable: HOURS
Method: Least Squares
Sample (adjusted): 1 428
Included Observations: 428 after adjustments

	Coefficient	Std. Error	t-Statistic	Prob.
C	8595.360	1027.190	8.367842	0.0000
AGE	−14.30741	9.660582	−1.481009	0.1394
EDUC	−18.39847	19.34225	−0.951207	0.3421
EXPER	22.88057	4.777417	4.789319	0.0000
FAMINC	0.013887	0.006042	2.298543	0.0220
FATHEDUC	−7.471447	11.19227	−0.667554	0.5048
HUSAGE	−5.586215	8.938425	−0.624966	0.5323
HUSEDUC	−6.769256	13.98780	−0.483940	0.6287
HUSHRS	−0.473547	0.073274	−6.462701	0.0000
HUSWAGE	−141.7821	16.61801	−8.531837	0.0000
KIDSGE6	−24.50867	28.06160	−0.873388	0.3830
KIDSLT6	−191.5648	87.83198	−2.181038	0.0297
WAGE	−48.14963	10.41198	−4.624447	0.0000
MOTHEDUC	−1.837597	11.90008	−0.154419	0.8774
MTR	−6272.597	1085.438	−5.778864	0.0000
UNEM	−16.11532	10.63729	−1.514984	0.1305

R-squared	0.339159	Mean dependent var	1302.930
Adjusted R-squared	0.315100	S.D. dependent var	776.2744
S.E. of regression	642.4347	Akaike info criterion	15.80507
Sum squared resid	1.70E+08	Schwarz criterion	15.95682
Log likelihood	−3366.286	Durbin−Watson stat	2.072493
F-statistic	14.09655	Prob(F-statistic)	0.000000

Note: Prob. is the *p*-value of the *t* statistic.

FATHEREDUC : 부친의 학업기간

UNEMPLOYMENT : 거주지역의 실업률

EXPER : 직장경력

표 4.5의 회귀분석 결과를 구하면서 시작하고자 하자.

분석에 앞서 노동시간과 교육, 경력, 부친의 교육수준과 모친의 교육수준 간에는 양의 관계를, 노동시간과 연령, 남편의 나이, 남편의 노동시간, 남편의 임금, 한계세율, 실업률과 6세 미만 자녀 간에는 음의 관계를 예상할 수 있다. 대부분의 이러한 예상은 통계적 결과에 의해 드러났다. 그렇지만 계수의 실제값은 통계적으로 유의하지 않고, 아마도 이러한 변수 간에 선형성이 존재하여 표준오차는 높아지고, *t*값을 감소시켰다고 추정할 수 있다.

4.3 다중공선성의 탐지

자기상관(autocorrelation)과 이분산(heteroscedasticity)에 관한 장에서 알게 되겠지만, 다중공선성을 검정하는 유일한 방법은 없다. 다음과 같이 문헌에서 논의하는 검정방법은 몇 가지가 있다.

1. **높은 R^2값과 낮은 t값 신뢰도**   예를 들어, 0.34인 R^2의 값은 특별히 높지 않다. 그러나 소수의 다양한 관측치 횡단면 자료에서는 놀랄 만한 일이 아니다. 그렇지만 이는 몇 가지 설명변수 간에 다중공선성 때문에 t값이 거의 통계적으로 유의하지 않다.

2. **설명변수(explanatory variable) 또는 회귀자(regressor) 중에 두 변수 간의 높은 상관계수**   변수 Y와 X 간의 표본상관계수는 다음과 같다는 것을 되새겨 보자.

$$r_{XY} = \frac{\Sigma x_i y_i}{\sqrt{\Sigma x_i^2 \Sigma y_i^2}} \tag{4.11}$$

여기서 변수들은 평균으로부터 이탈되어 있는 크기로 정의된다(예 : $y_i = Y_i - \overline{Y}$). 위 모형에 15개의 설명변수가 있기 때문에, 105개 쌍의 상관계수[5]가 생긴다. 대부분의 상관계수는 상당히 높지는 않지만, 몇 개의 상관계수는 0.5를 초과한다. 예를 들어, 남편의 연령과 가족의 임금은 약 0.67이다. 그리고 모친의 학업기간과 부친의 학업기간 간의 상관계수는 약 0.55이고, 한계세율과 가족소득 간의 상관계수는 −0.88이다.

설명변수 간의 높은 상관계수는 공선성의 증표이다. 따라서 설명변수 간의 상관계수가 높은 변수는 분석에서 제외해야 한다. 단순하게, 두 변수 간 상관계수에 의존하여 판단하는 것은 좋은 습관이 아니다. 왜냐하면 두 변수 간의 상관계수를 구할 때, 모형 내의 다른 변수들이 일정하지 않기 때문이다.

3. **편상관계수**   다른 변수를 일정하게 유지하면서, 편상관계수(partial correlation coefficients)를 구해야 한다. 변수 X_1, X_2, X_3의 세 변수가 있다고 가정하자. 그러면 세 쌍의 상관계수 r_{12}, r_{13}, r_{23}과 세 쌍의 편상관계수 $r_{12.3}$, $r_{13.2}$, $r_{23.1}$을 구할 수 있다. 예를 들어, $r_{23.1}$은 다른 변수 X_1이 일정하다고 가정하면(편상관계수를 측정하는 관계는 연습문제 4.4를 참조하라), X_2와 X_3의 상관계수를 의미한다. X_2와 X_3의 상관계수(=r_{23})은 0.85로 매우 높아 선형관계가 존재할 가능성이 높다. 그러나 이 상관관계도 제3의 변수 X_1을 고려하지 못하였다. 만약 변수 X_1이 X_2와 X_3에 영향을 미친다면, 후자의 두 변수의 상관관계는 실제로 X_1이 두 변수에 미친 영향에 기인할 수 있다. 편상관계수 $r_{23.1}$은 X_1의 영향을 제거한 이후에 X_2와 X_3 간의 순수한 상관관계를 계산한 것이다. 즉, X_2와 X_3 간에 관측된 높은 상관계수 0.85가 0.35로 줄어들 가능성이 있다.

---

[5]   물론 Y와 X의 상관계수와 X와 Y의 상관계수가 같기 때문에, 모든 이러한 상관계수가 다를 수 없다.

표 4.6 계수에 대한 VIF와 TOL

Variable	VIF	TOL = 1/VIF
mtr	7.22	0.138598
age	5.76	0.173727
husage	5.22	0.191411
faminc	5.14	0.194388
huswage	3.64	0.274435
educ	2.02	0.494653
hushrs	1.89	0.529823
huseduc	1.86	0.536250
fatheduc	1.61	0.621540
motheduc	1.60	0.623696
exper	1.53	0.652549
kidsge6	1.41	0.708820
wage	1.23	0.813643
kidslt6	1.23	0.815686
unem	1.08	0.928387
Mean VIF	2.83	

그렇지만 부분적인 상관관계가 절대적으로 다중공선성의 지표라고 보장할 수는 없다. 지면을 절약하기 위하여 예제에 대한 편상관계수의 실제값을 싣지 않는다. Stata는 간단한 명령어로 일련의 그룹 변수 간의 편상관계수를 계산할 수 있다.

4. **보조회귀분석(Auxiliary regressions)** 모형 내에 포함되어 있는 설명변수 중 어떤 것끼리 높은 상관관계가 있는지 알아보기 위하여 각 설명변수와 나머지 설명변수 간의 회귀분석을 할 수 있으며, 앞서 언급한 보조회귀식을 구할 수 있다.

15개의 설명변수가 있기 때문에, 15개의 보조회귀식이 있을 것이다. 각 보조회귀식 전체를 제2장에서 논의한 F-검정에 의해 검정할 수 있다. 여기서 귀무가설은 '보조회귀식의 모든 회귀계수가 0이다'라는 것이다. 1개 또는 그 이상의 보조회귀식에 대한 이러한 귀무가설이 기각되면, 유의한 F-검정 값으로 이 회귀식이 모형 내 다른 변수와 공선성이 있다고 결론 내릴 수 있다. 물론 예제처럼 여러 개의 설명변수가 존재하면, 실제로 보조회귀식을 계산하는 것은 지루할 것이며, 특히 계산이 불가능할 경우 더욱 지루할 것이다.

5. **분산한계(variance inflation, VIF)인자와 공차한계(tolerance, TOL)인자** 예제에 대한 VIF와 TOL를 Stata 프로그램으로부터 구했으며 이를 표 4.6에 나타내었다. 문헌을 통해 발견한 경험에 비추어 보면, VIF값이 10을 초과하면, 이러한 현상이 나타나고, 만약 보조회귀식의 R_j^2이 0.90을 초과하면, j번째 설명변수는 매우 높은 선형성이 있다고 말한다. 물론 모든

경험의 법칙이 그렇듯 이는 주의 깊게 사용되어야 한다.

이 표는 몇몇 변수 간에는 VIF이 2를 초과함으로써 높은 수준의 선형성이 존재한다는 것을 보여주고 있다.

4.4 교정수단

문헌[6]에 의하면 몇 가지 주요한 교정수단(remedial measures)이 제안되어 있는데, 특정한 상황에 따라 어떠한 교정수단이 적절할지 논의할 필요가 있다. 공선성이 불완전하게 나타나면 OLS 추정량이 BLUE이기 때문에 할 수 있는 최선의 방책은 단순히 추정된 모형을 나타내는 것뿐이라는 것이다. 이것은 종종 단순히 공선성은 자료의 결핍문제[7]이기 때문이고, 많은 경우에 필요로 하는 자료에 대한 선택의 여지가 없기 때문이다.

그러나 때때로 분석모형에 포함되는 모든 변수가 중요하지 않다는 것을 확신하기 위하여, 선택한 회귀분석모형을 재고하는 것도 필요하다. 표 4.3에 주어진 회귀모형으로 되돌아가 보면, 부친의 교육수준과 모친의 교육수준이 상관관계가 있는 것으로 보이고, 순차적으로 이것은 딸의 교육은 또한 이러한 두 변수와 상관관계가 있다는 것을 의미한다. 또한 이것은 6세 이상의 자녀는 설명변수로 포함하는 것이 이치에 맞는 것인지도 의심할 수 있다. 또한 아내의 나이와 남편의 나이가 서로 상관관계가 있다. 그러므로 만약 이러한 변수를 모형에서 제외한다면, 선형성의 문제는 이전보다 심각하지 않을 수 있다.[8]

수정된 모형의 분석 결과가 표 4.7에 있다.

보는 바와 같이, 대부분의 변수는 통계적으로 10% 또는 그 이하 유의수준에서 유의하고, 실업률을 제외하고 경제적으로 의미가 있으며, 실업률도 11% 유의수준에서 보면 유의하다. 이 표에서 계수에 대한 VIF와 TOL 요인은 표 4.8에 주어졌다.

VIF의 평균은 떨어지지만, 여전히 수정모형에서 포함된 설명변수 간에 선형성은 여전히 심각하다. 표 4.5에 주어진 설명변수의 다양한 조합을 이용하여 어떤 모형이 선형성을 최소화하는지 알기 위해서 다양한 모형을 추정할 수 있다. 그러나 이러한 전략을 '자료 발굴(data mining)' 또는 '자료 찾기(data fishing)'라고 부르지만 권장할 만한 것은 아니다. 몇 개의 변수를 모형에 당연하게 포함해야 하는 회귀모형이 있다면, 회귀모형에 그 변수를 그대로 두는 것이 바람직하다. 몇몇 모형의 계수의 값이 통계적으로 의미가 없다고 하더라도 마찬가지다. 그

---

6 자세한 내용은 Gujarati/Porter, *op cit.*, pp. 342-6을 참조하라.

7 계량경제학자인 Arthur Goldberger는 이러한 현상을 '과소표본(micronumerosity)'의 문제라고 불렀다. 이 문제는 작은 표본의 크기 또는 설명변수의 값에서 다양성의 부족을 의미한다. 구체적인 내용은 *A Course in Econometrics*, Harvard University Press, Cambridge, MA, 1991, p. 249를 참조하라.

8 그러나 모형설정에 있어서 어느 한쪽으로 치우치는 것에 주의해야 한다. 선형성을 제거하기 위하여 변수를 배제해서는 안 된다. 비록 통계적으로 유의하지 않더라도 그 변수를 포함할 필요가 있다.

것이 가능하다면 새로운 자료 또는 다른 형태의 자료 집합을 수집하는 어려움은 거의 없을 것
이다.

표 4.7 여성의 노동시간에 대한 수정된 회귀분석

Dependent Variable: HOURS
Method: Least Squares
Sample (adjusted): 1 428
Included Observations: 428 after adjustments

	Coefficient	Std. Error	t-Statistic	Prob.
C	8484.523	987.5952	8.591094	0.0000
AGE	−17.72740	4.903114	−3.615540	0.0003
EDUC	−27.03403	15.79456	−1.711604	0.0877
EXPER	24.20345	4.653332	5.201315	0.0000
FAMINC	0.013781	0.005866	2.349213	0.0193
HUSHRS	−0.486474	0.070462	−6.904046	0.0000
HUSWAGE	−144.9734	15.88407	−9.126972	0.0000
KIDSLT6	−180.4415	86.36960	−2.089178	0.0373
WAGE	−47.43286	10.30926	−4.600995	0.0000
MTR	−6351.293	1029.837	−6.167278	0.0000
UNEM	−16.50367	10.55941	−1.562935	0.1188

R-squared	0.335786	Mean dependent var	1302.930
Adjusted R-squared	0.319858	S.D. dependent var	776.2744
S.E. of regression	640.1992	Akaike info criterion	15.78680
Sum squared resid	1.71E+08	Schwarz criterion	15.89112
Log likelihood	−3367.375	Durbin–Watson stat	2.078578
F-statistic	21.08098	Prob(F-statistic)	0.000000

표 4.8 표 4.7의 계수에 대한 VIF와 TOL

Variable	VIF	TOL =1/VIF
mtr	6.54	0.152898
faminc	4.88	0.204774
huswage	3.35	0.298295
hushrs	1.76	0.568969
age	1.49	0.669733
exper	1.46	0.683036
educ	1.36	0.736669
wage	1.21	0.824171
kidslt6	1.19	0.837681
unem	1.07	0.935587
Mean VIF	2.43	

4.5 주성분 분석 방법

주성분 분석(principal component analysis, PCA)이라고 알려진 통계적 분석방법으로 상호관계가 있는 변수를 직교(orthogonal)변수 또는 상호관계가 없는 변수(uncorrelated variables)로 전환할 수 있다.[9] 그래서 구한 직교변수를 주성분(principal component, PC)이라고 부른다. 이전의 표 4.5에서 주어진 여성의 노동시간으로 되돌아가면, 15개의 명변수가 있었다. 그리고 주성분 분석방법은 원칙적으로 모든 상호관련이 없는 PC_1, PC_2, ..., PC_{15}로 표시되는 15개의 주성분을 구한다. 이러한 주성분은 초기의 설명변수의 선형결합이다. 실제로는 15개의 주성분을 모두 사용하는 것은 아니다. 그 이유는 아래와 같이 몇 개의 주성분만으로 연구 중인 현상을 설명하는 데 충분하기 때문이다.

주성분 분석의 이면에 있는 기본적인 아이디어는 간단하다. 상호관계가 있는 변수를 그룹으로 만들어 소그룹으로 만드는 것이다. 그래서 소그룹에 속한 변수는 이러한 변수들과 함께 움직이는 '공통'요소가 된다. 이 공통요소는 기술, 능력, 지성, 도덕성 등일 수 있다. 구체적으로 나타내기 어려운 부분이 있지만 이러한 공통요소가 주성분이다. 다행히 이러한 공통요소, 즉 주성분은 초기의 설명변수의 수보다 적다.

주성분 분석은 초기의 변수 간의 상관계수행렬을 만드는 것으로부터 시작된다. 15×15 상관계수행렬이 너무 커서 여기에 싣지 않는다. 그러나 어떠한 통계패키지도 상관계수행렬을 제공한다. Minitab 15를 사용하여 구한 상관계수행렬로부터 다음의 주성분(표 4.9)을 구했다. 주성분을 추출하는 것은 수학과 관련되어 있지만 여기서는 논의하지 않을 것이다.

주성분 분석의 해석

표 4.7의 첫 줄은 15개의 주성분이 표시된다. 첫 번째 주성분 요소는 3.5448 분산(eigenvalue)의 값을 가지며 모든 설명변수의 전체 분산 중에 24%를 차지한다. PC_2는 두 번째 주성분으로 분산 2.8814이고, 모든 15개 설명변수의 전체 분산 중에 19%를 차지한다. 이 두 주성분이 전체 분산의 42%를 차지한다. 이러한 방식의 순서대로 6개 주성분의 누적된 비중은 모든 설명변수의 전체 분산의 74%를 차지한다. 그래서 15개의 주성분 중에 단기 6개 주성분이 양적으로 중요하게 보인다. 이는 Minitab 15(역자는 Eviews로 구함)로 구하였다.

이제 표 4.9 내의 두 번째 표를 보자. 각 PC에 대하여 소위 부담(loadings) 또는 점수(scores) 또는 비중(weights)을 보여준다. 즉, 각 원래의 설명변수가 PC에 기여하는 내용을 보여준다. PC_1을 보면, 교육, 가계소득, 부친의 교육, 모친의 교육, 남편의 교육, 남편의 임금 그리고 여성이 접하는 한계세율이 PC_1에 많은 부하(負荷)를 주고 있는 것을 알 수 있다. 그러나 PC_4을 보면, 남편의 노동시간이 PC_4에 많은 기여를 하고 있다.

---

9 문자 그대로 해석하면, '직교'라는 단어는 '교차한다', 즉 직각으로 놓여 있다는 것을 의미한다. 상관관계가 없는 변수들은 그 변수들이 한 축과 직각을 형성하고 있기 때문에 '직교되었다'라고 한다.

표 4.9 노동시간 예제의 주성분 분석

Eigenanalysis of the Correlation Matrix
428 cases used, 325 cases contain missing values

Eigenvalue	3.5448	2.8814	1.4598	1.2965	1.0400	0.8843	0.8259	0.6984
Proportion	0.236	0.192	0.097	0.086	0.069	0.059	0.055	0.047
Cumulative	0.236	0.428	0.526	0.612	0.682	0.740	0.796	0.842
Eigenvalue	0.6495	0.5874	0.4151	0.3469	0.1823	0.1046	0.0830	
Proportion	0.043	0.039	0.028	0.023	0.012	0.007	0.006	
Cumulative	0.885	0.925	0.952	0.975	0.987	0.994	1.000	

Variable	PC1	PC2	PC3	PC4	PC5	PC6
AGE	0.005	0.528	0.114	0.021	−0.089	0.075
EDUC	0.383	−0.073	0.278	−0.064	0.188	0.150
EXPER	−0.039	0.373	0.267	0.025	0.255	0.058
FAMINC	0.424	0.106	−0.314	0.179	−0.029	−0.026
FATHEDUC	0.266	−0.142	0.459	−0.081	−0.289	−0.142
HUSAGE	−0.008	0.513	0.106	0.021	−0.141	0.033
HUSEDUC	0.368	−0.091	0.129	0.015	0.069	0.230
HUSHRS	0.053	−0.129	0.099	0.718	0.049	0.461
HUSWAGE	0.382	0.093	−0.373	−0.240	−0.141	−0.185
KIDSGE6	−0.057	−0.320	−0.309	0.062	−0.292	0.101
KIDSLT6	0.014	−0.276	0.018	−0.278	0.515	0.163
WAGE	0.232	0.052	−0.031	−0.054	0.526	−0.219
MOTHEDUC	0.224	−0.214	0.450	−0.031	−0.299	−0.238
MTR	−0.451	−0.127	0.228	−0.197	0.018	−0.003
UNEM	0.086	0.071	−0.039	−0.508	−0.208	0.711

비록 수학적으로 정교하지만, PC에 대한 해석은 주관적이다. 예를 들어, 교육변수가 PC에 많은 부하를 주고 있기 때문에, PC_1를 전반적인 교육수준을 대표하는 것으로 해석할 수 있다.

일단 주성분이 추출되면, 초기의 종속변수(노동시간)에 원래의 설명변수 대신에 주성분으로 회귀분석을 할 수 있다. 이를 설명하기 위하여 여섯 가지 주성분이 매우 중요하기 때문에, 단지 6개의 주성분만을 사용한다. 6개의 주성분에 대하여 시간으로 회귀분석한 결과를 표 4.10에 나타내었다(원서는 Minitab 15로 구하였으나, 역자는 Eviews를 활용하여 구함).

표 4.10의 결과를 살펴보면 PC2와 PC4가 여성의 노동시간을 잘 설명하는 것으로 보인다. 물론 주성분을 어떻게 해석해야 할지 모르는 것이 난제이다. 그렇지만 주성분 분석방법은 상관관계가 있는 설명변수의 수를 줄여, 상관관계가 없는 소수의 성분들로 줄이는 유용한 방법이다. 결과적으로 공선성의 문제에 직면하지 않는다. 공짜 식사와 같은 것은 없기 때문에, PC를 실제 응용을 할 때 어떻게 해석해야 할지 모르기 때문에 그만큼 비용을 지불해야 한다. 다

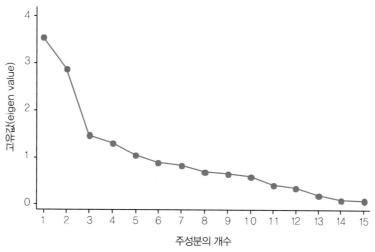

그림 4.1 주성분에 대한 단위근(eigen value, variances)

표 4.10 주성분 회귀분석

Hours = 1303 − 1.5 C23 + 84.0 C24 + 18.6 C25 + 106 C26 + 4.8 C27 − 56.4 C28
428 cases used, 325 cases contain missing values*

Predictor	Coef	SE	Coef t	P(P value)
Constant	1302.93	36.57	35.63	0.000
PC1	−1.49	19.45	−0.08	0.939
PC2	84.04	21.57	3.90	0.000
PC3	18.62	30.30	0.61	0.539
PC4	105.74	32.16	3.29	0.001
PC5	4.79	35.90	0.13	0.894
PC6	−56.36	38.94	−1.45	0.149

S^{**} = 756.605 R-Sq = 6.3% R-Sq(adj) = 5.0%

주 : 325명의 기혼여성은 일을 하지 않는다.

** 여기서 회귀선의 표준오차는 $\hat{\sigma}$이다.

주 : 첫 번째 열은 설명변수의 이름을 의미한다. 세 번째 열은 추정오차, 네 번째 열은 추정 t값을, 마지막 열은 p값(정확한 유의수준)을 나타낸다.

소간 경제적 변수로서 주성분에서 의미를 찾는다면, 주성분 분석은 다중공선성을 찾아내는 데 매우 유용하다는 것이며, 다중공선성에 대한 하나의 해결책을 제시한다는 것이다.

이러한 부분을 다루는 김에 이러한 상관관계가 있는 변수를 다루는 또 하나의 방법으로 능형회귀(ridge regression)가 있다는 것을 언급하고자 한다. 추정량(estimator)이 편의를 갖는 능형회귀 방법으로 계산되지만, OLS의 추정량보다 MSE(mean squared error)가 적다는 것

이다.[10] 이 능형분석에 대한 논의는 이 책의 범위는 벗어난다.[11]

4.6 요약 및 결론

이 장에서는 실증연구에서 통상적으로 직면하는 다중공선성의 문제를, 특히 몇 개 설명변수 간에 공선성이 존재하는 실증사례를 중심으로 다루었다. 공선성이 완벽하게 나타나지 않는 한, CLRM의 여타 가정이 충족되는 고전적 선형분석의 틀 내에서 분석이 가능하다.

공선성이 완벽하지는 않지만 높으면 몇 가지 결과가 발생한다. OLS 추정량은 여전히 BLUE이지만, 1~2개의 회귀계수의 표준오차가 계수의 값보다 상대적으로 커져 t값을 낮게 만든다. 그러므로 이러한 계수가 0이라고 (잘못된) 결론을 내릴 수 있다. 또한 표본의 수가 작으면, 회귀계수는 자료의 조그마한 변화에도 민감할 수 있다(연습문제 4.6 참조).

선형성을 탐지하기 위한 진단방법은 여러 가지가 있지만, 만족할 만한 결과를 가져온다고 보장하지 못한다. 그것은 기본적으로 일련의 시행착오의 과정이다.

선형성을 접하게 되면 매우 빈번하게 자료를 통제할 수 없으므로 조언은 아무것도 하지 않는 것이다. 그러므로 모형에 변수를 주의 깊게 선정하여 포함하는 것이 중요하다. 예제에서 보는 바와 같이, 회귀모형에 포함하지 않아도 되는 변수를 배제함으로써 회귀모형을 정교하게 하고, 주어진 상황에 적절한 변수를 빼지 않는다면 공선성을 완화할 수 있다. 그렇지만 공선성을 완화하는 과정에서 모형설정의 문제를 범할 수 있다. 이 문제는 제7장에서 논의할 것이다. 따라서 회귀모형을 추정하기에 앞서 회귀모형을 신중하게 고려해야 한다.

하나의 주의사항이 있다. 모형 내에 다중공선성이 존재하지만, 회귀분석의 목표가 예측에 있다면, 표본 내에서 선형관계가 예측기간 동안 일정하게 유지만 된다면, 다중공선성은 매우 나쁜 것만은 아니다.

결국 주성분 분석(principal components analysis)이라 부르는 통계적 기법이 준(準)-선형성의 문제를 '해결'할 것이다. 그러나 주성분 분석에서 서로 대각이 되도록 하는 방법은 인위적인 변수를 만드는 것이다. 이러한 인위적인 변수, 즉 주성분은 초기 X 설명변수로부터 추출한다. 사례를 활용하여 PC를 계산하고 해석하는 방법을 소개하였다.

위 모형의 장점은 일반적으로 주성분(PC)의 수가 초기 원시자료의 수보다 작다는 것이다. 그러나 주성분 분석의 실제적인 단점은, 주성분들이 각기 다른 측정단위로 측정되는 초기변수의 (가중된) 조합이기 때문에, 주로 주성분이 눈에 보이는 경제적 의미를 찾기 어렵다는 것이다. 그러므로 주성분을 해석하는 것이 어렵다. 그것이 주성분 분석이 심리연구 및 교육연구에 사용되지만, 경제연구에 많이 사용되지 않는 이유이다.

---

10 추정량의 MSE, 즉 λ의 $\hat{\lambda}$는 추정량을 추정하는 과정에 발생한 편의의 제곱에 분산을 더한 값과 같다.

11 독자에게 편하게 논의된 내용은 Samprit Chatterjee and Ali S. Hadi, *Regression Analysis by Example*, 4th edn, John Wiley & Sons, New York, 2006, pp. 266-75를 참조하라.

연습문제

4.1 이 장에서 논의한 노동시간 예제로, 표 4.5에서 사용된 변수들의 상관계수를 구하라. Eviews, Stata 그리고 몇 개의 다른 프로그램에서 상대적으로 쉽게 상관계수를 구할 수 있다. 어떤 변수가 높은 상관관계가 있는지 밝혀라.

4.2 다음의 문장에 동의하는가? 왜 동의하는가? '단순히 변수 간의 상관계수는 공선성이 존재하는 충분조건이지 필요조건은 아니다.'

4.3 연습문제 4.1에 이어 표 4.5에 포함된 변수 간에 편상관계수 Stata 또는 다른 보유하고 있는 소프트웨어를 사용하여 구하라. 편상관계수를 기반으로 보면, 어떠한 변수끼리 높은 상관관계를 보이는가?

4.4 Y와 설명변수 X_2와 X_3 3개의 변수 모형에서, 3개의 편상관계수를 구할 수 있다. 예를 들어, X_3을 일정하게 유지하면서 구한 Y와 X_2의 상관관계는 $r_{12.3}$으로 표시하며 다음과 같다.

$$r_{12.3} = \frac{r_{12} - r_{13}r_{23}}{\sqrt{(1-r_{13}^2)(1-r_{23}^2)}}$$

여기서 첨자 1, 2, 3은 각각 변수 Y, X_2, X_3를 나타내며, r_{12}, r_{13}, r_{23}은 단순히 변수 간 상관계수이다.

(a) 언제 $r_{12.3}$과 r_2이 같아지는가? 그것이 의미하는 바는 무엇인가?

(b) $r_{12.3}$는 r_{12}를 초과하는가, 아니면 r_{12} 미만인지를 설명하라.

4.5 이 장에서 사용한 15개의 보조회귀식을 구하고, 어떠한 설명변수가 나머지 설명변수와 매우 높은 상관관계가 있는지 결정하라.

4.6 두 집합을 다음 표를 통해 살펴보자.

표 1				표 2		
Y	X_2	X_3		Y	X_2	X_3
1	2	4		1	2	4
2	0	2		2	0	2
3	4	12		3	4	0
4	6	0		4	6	12
5	8	16		5	8	16

두 표의 유일한 차이는 X_3의 세 번째 값이 서로 바뀐 것뿐이다.

(a) 두 표의 Y, X_2, X_3를 회귀분석하여, 통상적인 OLS 결과값을 구하라.

(b) 두 회귀분석에서 발견되는 차이점은 무엇인가? 그리고 무엇이 이러한 차이를 가져오는가?

4.7 다음 자료는 25개의 시설물로 구성되어 있는 미해군 장교막사를 운영하는 데 필요로 하는 노동시간을 나타내고 있다. 변수는 다음이 같이 나타낼 수 있으며, 자료는 **표 4.11**[12]에 주어졌다. 그 자료는 도우미 웹사이트에서 구할 수 있다.

Y : 기관을 운영하는 데 필요로 하는 월별 1인당 노동시간
X1 : 1일 평균 입주 막사의 수
X2 : 월별 평균 입주자 수
X3 : 주당 서비스 데스크 운영시간
X4 : 공동 사용공간(단위 : 1피트제곱)
X5 : 별관의 수
X6 : 운용가능 침대수
X7 : 객실 수

질문

설명변수 또는 설명변수로 이루어진 소집합은 선형적인가? 어떻게 이를 감지할 것인가? 필요로 하는 계산과정을 보여라.

선택사항 : 위의 자료를 사용하여, 주요인분석을 하라.

4.8 연습문제 4.6에 관한 것이다. 우선 X_3에 대한 Y의 회귀분석을 하고, 이 회귀분석으로부터 잔차, 즉 e_{1i}를 구하라. 그리고 X_3에 대한 Y의 회귀분석을 하고, 이 회귀식으로부터 잔차, 즉 e_{2i}를 구하라. 이제 e_{2i}에 대한 e_{1i}의 회귀분석을 한다. 이 회귀식은 식 (4.2)에 주어진 부분회귀식계수를 보여준다. 이 실습은 무엇을 보여주는가? 그리고 어떻게 잔차 e_{1i}와 e_{2i}를 나타낼 것인가?

4.9 도우미 웹사이트의 **표 4.12**는 환자 20명의 혈압(bp), 나이(age, 연), 체중(weight, kg), 체면적(bsa, 제곱미터), 고혈압기간(dur, 연), 맥박(pulse, 회/분), 그리고 스트레스지수 (stress)가 주어져 있다.

(a) 나이, 체중, 체면적, 고협압(병력)기간, 맥박 및 스트레스와 혈압과의 관련된 선형회귀분석을 하고, 기본통계량을 구하라.

(b) 설명변수 간의 선형성이 의심되는가? 어떻게 그것을 알 수 있는가?

(c) 상관계수행렬을 구하고, BP와 높은 상관관계가 있는 요인을 정하라. 이 질문에 답을 하기 위하여 VIF를 고려할 수 있다.

(d) 보조회귀식을 추정하고, 초기 BP 회귀식에서 어떤 변수를 빼야 할지를 정하라.

(e) **클라인의 경험의 법칙**에 따르면, 모든 설명변수에 대한 종속변수에 관한 회귀식에서 얻은 전체적인 R^2보다 보조회귀식에서 얻은 R^2값이 크다면 다중공선성이 문제

---

12 출처 : R. J. Freund and R. C. Littell (1991) *SAS System for Regression*. SAS Institute Inc.

점이 될 수 있다는 것이다.[13] (d)에서 구한 방법과 여기서 구한 방법의 추이는 무엇인가?

(f) (d)의 결과에 근거하여, 초기의 bp회귀식에서 하나 또는 그 이상의 변수를 빼도록 하라. 그 결과를 보여라. 다중공선성을 줄이는 데 성공하였는가?

(g) 비록 표본자료가 적지만, 자료에 대한 주요인 회귀식을 추정하고 해석하라.

4.10 k개의 변수가 있는 회귀모형의 경우에, 식 (4.10)에 주어진 k번째($k = 2, 3, \ldots, K$) 부분 회귀계수의 분산을 다음과 같이 쓸 수 있다.

$$\text{var}(b_k) = \frac{1}{n-k} \frac{\sigma_y^2}{\sigma_k^2} \left(\frac{1-R^2}{1-R_k^2} \right)$$

여기서 σ_y^2는 Y의 분산이며, σ_k^2는 k번째 설명변수의 분산이고, R_k^2는 X_k의 나머지 설명변수에 대한 회귀분석에서 구한 결정계수이고, R^2는 모든 설명변수에 대한 결정계수이다.

(a) 여타의 조건이 일정하다면, σ_k^2이 증가하면, $\text{var}(b_k)$에 어떻게 되는가? 다중공선성에 대한 함축적 의미는 무엇인가?

(b) 선형성이 완벽하게 나타나면, 앞선 공식은 어떻게 되는가?

(c) 다음 진술을 평가하라 : R^2이 증가함에 따라 b_k의 분산은 감소하며, 따라서 R_k^2의 증가의 효과는 R^2의 감소에 의하여 상쇄될 수 있다.

4.11 롱리 자료[14]는 몇몇 컴퓨터에서 최소자승법 추정치의 계산정확도를 평가하기 위하여 수집된 유명한 자료이다. 자료는 (심각한) 다중공선성, 특이치(제7장에서 논의할 예정), 그리고 분석에서 한두 개의 관측치를 누락한 회귀분석 결과의 민감도를 설명하기 위하여 사용되었다. 이 자료는 1947년에서 1961년까지의 자료이다. 변수의 정의는 다음과 같다.

Y = 취업자의 수(단위 : 천 명)

X_1 = GNP 잠재물가디플레이터

X_2 = GNP(단위 : 백만 달러)

X_3 = 실업자수(단위 : 천 명)

X_4 = 군인수(단위 : 천 명)

X_5 = 16세 이상 비제도권 인구수

X_6 = 연도로 1947년은 1, 1948년 2, 1961년 15까지를 나타낸다.

---

13 Klein, L. R., *An Introduction to Econometrics*, Prentice-Hall, Englewood Cliffs, New Jersey, 1962, p. 101. Professor Klein won the Noble Prize in Economics in 1980.

14 Longley, J. (1967) An appraisal of least-squares programs from the point of view of the user. *Journal of the American Statistical Association*, 62, 819-41.

표 4.13 자료는 관련 웹사이트에 있다.

(a) 모든 변수 간의 순서쌍 그림(분포도)를 만들어라. 이러한 분포도들이 다중공선성의 특성에 관해 보여주는 것은 무엇인가?

(b) 상관계수행렬을 만들어라. 종속변수(Y)는 포함하지 않고, 어떤 변수가 각각 밀접한 관련이 있어 보이는가?

(c) 하나 이상의 X변수를 활용하여 취업자의 수를 예측하기 위한 다중회귀식을 개발하라.

(d) 자료에 특이치는 있는가? 만약 있다면 (c)의 결과에 나타내어라. 특이치를 제외하고 분석한 결과와 (c)의 결과를 비교하라.

(e) 이 연습문제로부터 얻은 결론은 무엇인가?

5 | 회귀선 진단 II : 이분산

횡단면 자료에서 흔히 접하는 문제 중 하나는 오차항의 이분산(hetero-scedasticity)이다. 이분산에는 여러 원인이 있다. 자료에 이상(異狀) 내용이 존재하거나 회귀모형의 부정확한 함수식, 또는 자료의 잘못된 변형, 또는 다른 척도(예로 높은 소득의 가구와 낮은 소득의 가구를 혼합한 경우)를 갖는 관측자료의 혼재 등이 원인이다.

5.1 이분산[1]으로 인한 결과

고전적 선형회귀모형(CLRM)은 회귀모형에서 오차항(u_i)이 σ^2으로 표시되는 동분산(homoscedasticity, 동일한 분산)이라고 가정하고 있다. 예를 들어, 소득과 관련된 소비함수를 연구하는 경우에 저소득 가구와 고소득 가구가 평균소비지출액이 다름에도 불구하고 교란항의 분산이 동일하다고 암묵적으로 가정하고 있다.

그렇지만 동분산, 즉 동일한 분산(equal variance)의 가정이 충족되지 않는 경우에 이분산, 즉 σ_i^2(하첨자 i에 주의)으로 표시되는 이분산의 문제가 생긴다. 그래서 저소득 가구에 비교하여, 고소득 가구는 높은 평균소비지출 수준뿐만 아니라 소비지출의 분산이 높다. 결과적으로 가구소득에 관련된 소비지출에 관한 회귀분석에서 이분산을 접할 수 있다.

이분산은 다음과 같은 결과를 초래한다.

1. 이분산은 OLS 추정량의 일치성(consistency) 및 불편성(unbiasedness)의 특성을 바꾸지 않는다.
2. 그러나 OLS 추정량은 더 이상 최소분산 또는 효율적 분산이 아니다. 즉, 그 추정량은 최소선형불편추정량(linear unbiased estimators)이 아니다. 다시 말하면 그 추정량은 단순히 선형불편추정량이다.
3. 결과적으로, CLRM의 기본 가정하의 t-검정 및 F-검정은 신뢰할 수 없으며, 추정회귀계수에 대한 통계적 유의수준에 관한 잘못된 결론에 이르게 한다.

---

1 구체적인 내용은 Gujarati/Porter text, *op cit.*, Chapter 11을 참조하라.

4. 이분산이 존재하는 경우, 가중된 최소제곱법(weighted least squares, WLS)으로 BLUE 추정량을 구한다.

이러한 결과가 초래되기 때문에, 일반적으로 횡단면 자료에서 발견되는 이분산을 검정하는 것은 매우 중요하다. 이러한 분석에 앞서 구체적인 사례를 살펴보자.

5.2 미국의 낙태

미국의 50개 주에서 낙태를 하게 되는 요인을 무엇일까? 낙태에 관한 연구를 하기 위하여, **표 5.1**에 보여준 자료를 도우미 웹사이트[2]에서 찾을 수 있다.

이 분석에서 사용된 변수는 다음과 같다.

STATE : 미국의 50개 주

ABR : 낙태율, 1992년 15~44세 여성 1천 명당 낙태자 수

RELIGION : 각 주의 가톨릭 신자, 남부 침례교자, 복음주의자, 몰몬교도의 비중

PRICE : 국부마취로 낙태 후 10주간 비의료기관에서 부과하는 평균비용(1992년 시행된 낙태 횟수로 가중됨)

LAWS : 주(洲)에 미성년에 대한 낙태금지법안이 있으면 1, 아니면 0

FUNDS : 최적의 환경 하에 낙태비용 지불에 사용 가능한 주당국의 기금이 있는 경우 1, 아닌 경우 0

EDUC : 고등학교 학위(또는 동등의 학위)를 갖고 있는 25세 이상 인구수의 비율(1990년)

INCOME : 1992년 1인당 가처분소득

PICKET : 환자와 실질적인 접촉 또는 환자거부로 공식적인 낙태반대 시위경험이 있는 응답자의 비율

회귀모형

다음의 선형회귀모형을 고려하면서 시작하고자 한다.

$$ABR_i = B_1 + B_2 Rel_i + B_3 Price_i + B_4 Laws_i + B_5 Funds_i$$
$$+ B_6 Educ_i + B_7 Income_i + B_8 Picket_i + u_i \tag{5.1}$$
$$i = 1, 2, \ldots, 50$$

선험적으로, 낙태율(ABR)은 종교(RELIGION), 비용(PRICE), 낙태금지법안(LAWS), 낙태반대시위(PICKET), 교육수준(EDUC)에 대해서는 음(−)의 관계를, 소득과 주당국의 기금(FUNDS)에 대해서는 양(+)의 관계를 예상하였다. 물론 현재의 경우에 이러한 가설이 유효

---

2 자료는 Leo H. Kahane and were used in Kahane, L. H. (2000) Anti-abortion activities and the market for abortion services: protest as a disincentive, *American Journal of Economics and Sociology*, 59(3), 463–85 에서 구하였다.

표 5.2 OLS를 이용한 낙태율 추정

Dependent Variable: ABORTION
Method: Least Squares
Sample: 1 50
Included Observations: 50

	Coefficient	Std. Error	t-Statistic	Prob.
C	14.28396	15.07763	0.947361	0.3489
RELIGION	0.020071	0.086381	0.232355	0.8174
PRICE	−0.042363	0.022223	−1.906255	0.0635
LAWS	−0.873102	2.376566	−0.367380	0.7152
FUNDS	2.820003	2.783475	1.013123	0.3168
EDUC	−0.287255	0.199555	−1.439483	0.1574
INCOME	0.002401	0.000455	5.274041	0.0000
PICKET	−0.116871	0.042180	−2.770782	0.0083

R-squared	0.577426	Mean dependent var	20.57800
Adjusted R-squared	0.506997	S.D. dependent var	10.05863
S.E. of regression	7.062581	Akaike info criterion	6.893145
Sum squared resid	2094.962	Schwarz criterion	7.199069
Log likelihood	−164.3286	Durbin–Watson stat	2.159124
F-statistic	8.198706	Prob(F-statistic)	0.000003

한지에 관하여 확인하기 위하여 사후적으로 회귀분석을 할 것이다.

Eviews 6을 사용하여 **표 5.2**를 구하였으며, 이는 Eviews의 일반적인 출력 형식이다.

위 결과가 보여주는 바와 같이, t-검정통계량을 근거로 판단하면, 비용(PRICE), 임금, 시위가 10% 유의수준 이하에서 통계적으로 유의하며, 반면에 다른 변수(법률과 교육)는 부호는 바르게 나오지만 통계적으로 유의하지 않다. 그러나 이분성이 내재되어 있다면, 추정치의 t값은 통계적으로 신뢰하기 어렵다.

R^2값은 이 회귀모형이 낙태율의 58%를 설명하고 있다는 것을 보여준다. 모든 기울기 계수가 0이라는 가설을 검증하는 F-검정통계치 값은 8.199로 매우 높으며, 동시에 p값이 실질적으로 0이므로 상당한 신뢰수준에서 귀무가설을 기각한다. 다시 이분산이 존재하면, F-검정통계치는 신뢰할 만한 것이 아님을 기억하자.

F-검정이 유의하다고 하여, 개별 설명변수가 통계적으로 유의하다는 것은 아니다. 반면에 t-검정통계치는 단지 개별 설명변수가 통계적으로 유의한지를 보여준다.

회귀분석 결과에 대한 분석

앞서 언급한 바와 같이, 횡단면 자료에서 흔히 직면하는 문제는 이분산의 문제이다. 예제에서 각 주(州)의 다양성으로 인하여 이분산이 예상된다.

이분산을 단순히 검정하는 것으로, 표 5.2의 추정회귀식에서 구한 잔차제곱(squared residuals,

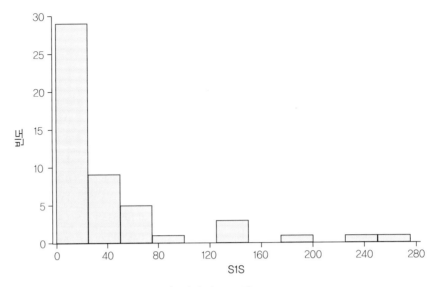

그림 5.1 식 (5.1)의 추정식으로 구한 잔차제곱(S1S)의 히스토그램

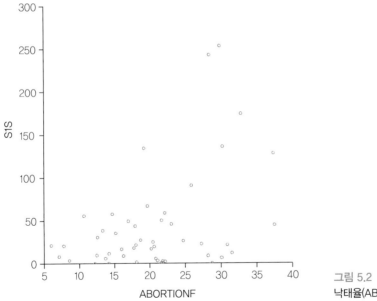

그림 5.2 잔차제곱(S1S)과 추정 낙태율(ABORTIONF)

S1S)의 히스토그램을 그려보는 것이다(그림 5.1 참조).

근원적인 오차항제곱(squared error terms)의 대리변수인 잔차제곱이 동분산[3]이라는 것을 보여주지 못한다는 것은 명확하다.

회귀모형(그림 5.2)으로부터 얻은 추정낙태율에 대한 잔차제곱(S1S)을 그래프로 나타내면,

---

3 OLS 오차항 분산의 추정량은 잔차제곱합을 자유도로 나눈 $\hat{\sigma}^2 = \Sigma e_i^2/(n-k)$라는 것을 되새겨 보자.

이 분산을 약하나마 감지할 수 있다.

  주 : ABORTIONF는 회귀모형식 (5.1)로부터 구한 추정낙태율이다.

  추정낙태율과 잔차제곱 간의 체계적인 관계(systematic relationship)가 있다. 이는 이분산을 전형적인 함수 형태로 검정할 수 있다[식 (5.3) 참조].

5.3 이분산의 탐지

앞 절에서 언급한 그래프를 이용한 접근방법 이외에 통상적으로 활용하는 두 가지 이분산을 검정하는 방법, 즉 브리쉬–페이건(Breusch-Pagan) 검정과 화이트 검정(White tests)[4]이 있다.

브리쉬–페이건(BP) 검정

다음 단계별로 검정하였다.

1. **표 5.1**에서처럼, OLS 추정방법으로 회귀식을 추정하고, 추정된 회귀식으로부터 OLS 잔차제곱(e_i^2)을 구한다.

2. 모형에 포함한 k개 설명변수에 대한 e_i^2 회귀식을 추정한다. 여기서 아이디어는 잔차제곱 (실제 오차항 제곱에 대한 대리변수)이 1개 또는 2개 이상의 변수와 연관되어 있는지를 살펴보는 것이다.[5] 몇 가지 오차분산을 갖고 있는 다른 설명변수를 선택할 수 있다. 다음 회귀식을 추정한다.

$$e_i^2 = A_1 + A_2 Rel_i + A_3 Price_i + A_4 Laws_i + A_5 Funds_i + A_6 Educ_i$$
$$+ A_7 Income_i + A_8 Picket_i + v_i \tag{5.2}$$

여기서 v_i는 오차항이다.

  회귀식 (5.2)의 R^2을 구하고, 이를 R_{aux}^2라고 부른다. 식 (5.2)는 주회귀식 (5.1)의 보조회귀식이기 때문에, 여기서 aux는 보조(auxiliary)라는 것을 나타낸다. 식 (5.2) 이면의 아이디어는 오차제곱이 하나 또는 그 이상의 설명변수와 연계되었는지를 찾아내는 것이다. 연계되어 있다면 자료 내에 이분산이 존재할 수 있다.

3. 여기서 귀무가설은 '오차항의 분산이 동분산'이라는 것이다. 즉, 식 (5.2)의 모든 기울기 계수가 동시에 0이라는 것이다.[6] 이 가정을 검정하기 위하여, 이 회귀분석에서 분자의 자유도 $(k - 1)$과 분모의 자유도 $(n - k)$인 F-검정통계량을 사용한다.

  표 5.3의 결과에서 보여주는 바와 같이, F-검정통계량(분자의 자유도는 7, 분모의 자유도는 42이다)은 p값이 약 2%이므로 매우 유의하다. 따라서 귀무가설을 기각할 수 있다.

---

4 다른 구체적인 검정방법은 Gujarati/Porter text, *op cit.*, Chapter 11에서 찾을 수 있다.

5 비록 e_i^2는 u_i^2와 유사하지 않더라도, 표본의 크기가 크면 전자는 좋은 대리변수이다.

6 그러한 경우에, 상수항 A_1은 오차항의 분산은 일정하거나 동분산이라는 것을 의미한다.

표 5.3 이분산에 대한 브리쉬–페이건 검정

Heteroskedasticity Test: Breusch–Pagan–Godfrey

F-statistic	2.823820	Prob. F(7,42)	0.0167
Obs*R-squared	16.00112	Prob. Chi-Square(7)	0.0251
Scaled explained SS	10.57563	Prob. Chi-Square(7)	0.1582

Test Equation:
Dependent Variable: RESID^2
Method: Least Squares
Sample: 1 50
Included Observations: 50

	Coefficient	Std. Error	t-Statistic	Prob.
C	16.68558	110.1532	0.151476	0.8803
RELIGION	−0.134865	0.631073	−0.213707	0.8318
PRICE	0.286153	0.162357	1.762492	0.0853
LAWS	−8.566472	17.36257	−0.493387	0.6243
FUNDS	24.30981	20.33533	1.195447	0.2386
EDUC	−1.590385	1.457893	−1.090879	0.2815
INCOME	0.004710	0.003325	1.416266	0.1641
PICKET	−0.576745	0.308155	−1.871606	0.0682

R-squared	0.320022	Mean dependent var	41.89925
Adjusted R-squared	0.206693	S.D. dependent var	57.93043
S.E. of regression	51.59736	Akaike info criterion	10.87046
Sum squared resid	111816.1	Schwarz criterion	11.17639
Log likelihood	−263.7616	Durbin–Watson stat	2.060808
F-statistic	2.823820	Prob(F-statistic)	0.016662

4. 대안으로, χ^2-검정통계치를 사용할 수 있다. 동분산이라는 귀무가설 하에서, R^2_{aux}(2단계에서 계산됨)와 관측치 수의 곱은, 자유도가 회귀모형의 설명변수의 수와 같은 χ^2-분포를 따른다. 만약 계산된 χ^2값에 대한 p값이 매우 낮으면, '오차항이 동분산'이라는 귀무가설을 기각한다.[7] 표 5.3의 결과에서 보여주는 바와 같이, 관측된 χ^2값($=nR^2_{aux}$)은 대략 $16(n \times R^2)$으로 매우 낮은 p값을 갖는다. 따라서 위 결과는 동분산이라는 귀무가설을 기각할 수 있다는 것을 보여준다. 다르게 보면, 표 5.2의 회귀식은 이분산의 문제를 내포하고 있다.

   매우 주의 : 이 검정은 대표본에 대한 검정으로, 소표본에 대한 검정에는 적절하지 못하다.[8]

---

7 F-통계량과 χ^2-통계량의 관계를 되새겨 보자. n이 0에 근사해감에 따라($n \rightarrow 0$) $mF_{m,n} = \chi^2_m$이다. 즉, 분모의 자유도가 커지고, F값에 분자의 자유도를 곱한 값은 분자의 자유도를 갖는 χ^2값에 근사하게 된다. 여기서 m과 n은 각각 분자의 자유도와 분모의 자유도를 나타낸다.

8 사용된 자료가 모든 미국의 주에 대해 조사하였으므로 무작위 추출이 아니고, 실제로 전체 모집단이라고 주장할 수 있다. 그러나 낙태율에 대한 자료가 단지 1년 동안의 자료라는 것을 명심하자. 이 비율은 연도별로 변동이 있을 가능성이 매우 높다. 따라서 이 자료를 모든 각 연도마다 측정 가능한 낙태율 중에 1개 연도의 표본으로 간주할 수 있다.

요약하면, 이 낙태율에 관한 회귀식은 이분산의 문제를 안고 있다.

예제로 되돌아가 표 5.3에 보여진 결과를 구하자.

이분산에 대한 화이트 검정

BP 검정의 핵심내용을 진전하여, 7개의 설명변수, 이러한 설명변수의 제곱, 그리고 각 설명변수 간의 곱의 항, 총 33개의 계수에 대한 잔차제곱을 회귀분석한다.

BP 검정처럼, 이 회귀식으로부터 R^2을 구하고 그 값에 관측치의 수를 곱한다. 귀무가설이 '오차항이 동분산이다'라고 하면, 이 값은 추정계수의 수와 같은 자유도를 갖는 χ^2-분포를 따른다. 이 화이트 검정은 BP 검정에 비하여 대중적이며 보다 유연하다.

현재의 예제에 보조회귀식에 제곱한 설명변수와 설명변수 간에 곱을 한 항을 포함하지 않을 경우 자유도가 7인 χ^2-분포를 따르며, $nR^2 = 15.7812$이다. 이러한 χ^2값보다 큰 값이 나타날 가능성은 약 0.03으로 매우 낮은 값이다. 이는 '오차항이 동분산'이라는 귀무가설을 기각할 수 있다는 것을 시사한다.

만약 설명변수의 제곱항과 설명변수 간의 곱을 보조회귀식에 포함하면, $nR^2 = 32.1022$이며, 이는 자유도가 33[9]인 χ^2값이다. 그리고 그 χ^2-분포를 취할 가능성은 약 0.51이다. 이 경우 귀무가설을 기각한다.

이 연습문제가 보여주는 바와 같이, 화이트 χ^2-검정은 설명변수의 제곱항 또는 설명변수 간의 곱 항을 보조회귀식에 포함시키는지 여부에 따라 민감하게 반응한다.[10] 화이트 검정은 대표본에 적절한 것임을 기억하자. 그러므로 설명변수나 설명변수의 제곱값, 그리고 설명변수 간의 곱 항을 추가하면 33개의 자유도가 줄어들어, 이 예제의 경우 보조회귀식의 결과는 매우 민감하게 반응한다.

그래서 이러한 많은 자유도의 손실을 피하기 위하여, 화이트 검정은 잔차제곱을 종속변수의 추정값과 추정종속변수의 제곱값으로 회귀분석하는 것이다.[11] 즉, 다음 식을 회귀분석한다.

$$e_i^2 = \alpha_1 + \alpha_2 Abortionf + \alpha_3 Abortionf^2 + v_i \tag{5.3}$$

여기서 $Abortionf$는 식 (5.1)의 회귀식으로 추정한 낙태율이다. 추정한 낙태율은 식 (5.1) 모형에 포함된 설명변수의 선형함수이기 때문에, 그러한 측면에서 간접적으로 초기의 설명변수 및 그 설명변수의 제곱값을 추정식 (5.3)에 포함하며, 이는 초기의 화이트 검정의 아이디어이

---

9 7개의 설명변수와 5개의 설명변수의 제곱값과 각 설명변수의 곱과 다른 설명변수를 갖고 있기 때문이다. 그러나 0과 1의 값을 갖는 더미변수의 제곱을 추가하지 않았다는 점을 주의하자. 또한 종교와 소득의 곱과 소득과 종교의 곱은 동일하다. 그래서 두 번 계산하는 것을 피해야 한다는 것을 주의하자.

10 이것은 화이트 검정이 (통계적으로) 약한 검정력을 가진 이유이다. (통계적인) 검정력이란 귀무가설이 거짓일 때, 귀무가설을 기각할 확률이다.

11 Jeffrey M. Wooldridge, *Introductory Econometrics : A Modern Approach*, 4th edn, South-Western Publishing, 2009, p. 275를 참조하라.

역자주 화이트 검정(설명변수의 제곱 및 설명변수 간의 곱을 포함하여 추정한 식)

Date: 02/19/13   Time: 20:07
Sample: 1 50
Included observations: 50
Collinear test regressors dropped from specification

Variable	Coefficient	Std. Error	t-Statistic	Prob.
C	406.338	3370.544	0.120556	0.9055
RELIGION^2	−0.04392	0.14245	−0.308338	0.7618
RELIGION*PRICE	0.037087	0.057066	0.649904	0.525
RELIGION*LAWS	0.123795	4.820159	0.025683	0.9798
RELIGION*FUNDS	5.197267	10.94371	0.474909	0.6413
RELIGION*EDUC	−0.05238	0.317205	−0.165131	0.8709
RELIGION*INCOME	0.000192	0.000692	0.277901	0.7846
RELIGION*PICKET	−0.01305	0.074687	−0.174728	0.8635
RELIGION	−7.09575	26.16119	−0.271232	0.7897
PRICE^2	0.003879	0.009101	0.426209	0.6756
PRICE*LAWS	−0.0994	0.868265	−0.114481	0.9103
PRICE*FUNDS	−1.06678	1.611356	−0.66204	0.5174
PRICE*EDUC	−0.01999	0.081638	−0.244912	0.8096
PRICE*INCOME	0.00019	0.000204	0.929221	0.3666
PRICE*PICKET	−0.0077	0.014472	−0.531837	0.6021
PRICE	−5.07768	10.33391	−0.491361	0.6298
LAWS^2	−77.4109	613.9711	−0.126082	0.9012
LAWS*FUNDS	63.38999	228.4065	0.277532	0.7849
LAWS*EDUC	3.630452	8.977556	0.404392	0.6913
LAWS*INCOME	−0.01147	0.027598	−0.415576	0.6832
LAWS*PICKET	0.946462	1.482258	0.638527	0.5322
FUNDS^2	1377.744	979.917	1.40598	0.1789
FUNDS*EDUC	−11.8197	8.392636	−1.408342	0.1782
FUNDS*INCOME	−0.00596	0.036982	−0.161164	0.874
FUNDS*PICKET	−4.14426	4.742819	−0.873796	0.3952
EDUC^2	0.425291	0.786367	0.54083	0.5961
EDUC*INCOME	−0.00223	0.003349	−0.665797	0.515
EDUC*PICKET	−0.04068	0.180272	−0.225668	0.8243
EDUC	−12.7808	84.08305	−0.152002	0.8811
INCOME^2	1.69E−06	3.86E−06	0.437453	0.6676
INCOME*PICKET	−0.00032	0.000509	−0.625342	0.5406
INCOME	0.065068	0.178599	0.364325	0.7204
PICKET^2	−0.01582	0.020299	−0.779215	0.4472
PICKET	12.37004	12.34208	1.002266	0.3311

R-squared	0.642045	Mean dependent var	41.89925	
Adjusted R-squared	−0.09624	S.D. dependent var	57.93043	
S.E. of regression	60.65395	Akaike info criterion	11.26881	
Sum squared resid	58862.43	Schwarz criterion	12.56899	
Log likelihood	−247.72	Hannan-Quinn criter.	11.76393	
F-statistic	0.869647	Durbin-Watson stat	1.965988	
Prob(F-statistic)	0.645547			

다. 그러나 식 (5.3)에 포함된 설명변수 간의 곱을 포함할 여지가 없다. 그래서 초기의 화이트 검정에서 설명변수 간의 곱 항을 제거한다. 그러므로 간소화된 화이트 검정은 몇 개의 자유도를 절약한다.

이 회귀분석의 결과를 표 5.4에 제시하였다. 흥미로운 것은 F-검정은 유의하지만, t-검

표 5.4 간소화된 화이트 검정

Dependent Variable: RES^2
Method: Least Squares
Sample: 1 50
Included Observations: 50
White Heteroskedasticity-Consistent Standard Errors & Covariance

	Coefficient	Std. Error	t-Statistic	Prob.
C	20.20241	27.09320	0.745663	0.4596
ABORTIONF	−1.455268	3.121734	−0.466173	0.6432
ABORTIONF^2	0.107432	0.081634	1.316014	0.1946

R-squared	0.193083	Mean dependent var	41.89925
Adjusted R-squared	0.158746	S.D. dependent var	57.93043
S.E. of regression	53.13374	Akaike info criterion	10.84163
Sum squared resid	132690.1	Schwarz criterion	10.95635
Log likelihood	−268.0406	Durbin–Watson stat	1.975605
F-statistic	5.623182	Prob(F-statistic)	0.006464

정으로 살펴본 두 기울기 계수는 각각 통계적으로 유의하지 않다는 것이다. 우연하게도 ABORTIONF 제곱항을 식 (5.3)에 제외하고 추정하면, ABORTIONF 항이 통계적으로 유의한 것을 알게 될 것이다.[12]

이분산에 대한 BP 검정 또는 화이트 검정을, 아니면 다른 검정을 사용할 것인지, 이러한 검정이 단지 특별한 경우 오차항의 분산이 이분산인지를 알려준다는 것을 주의해야 한다. 이러한 검정이 이분산을 접하게 되면, 어떠한 검정을 수행해야 할지 보여주지는 않는다.

5.4 치료방법

이분산이 있다는 것을 알게 되면, 이를 치유할 방법을 알 필요가 있다. 여기서 문제는 실제 이분산(σ_i^2)을 거의 관측할 수 없기 때문에, 이분산 값을 알 수 없다는 것이다. 만약 이분산 값을 관측할 수 있다면, 각 관측치를 이분산 값(σ_i)으로 나누어 BLUE 추정량을 구하고, 회귀모형을 변형하여 OLS 방법으로 회귀분석할 수 있다. 이 추정방법은 가중된 최소제곱법(WLS)으로 알려져 있다.[13] 불행하게도 실제 σ_i^2은 거의 알려져 있지 않다. 그러면 해결책은 무엇인가?

실제로 앞서 변형된 모형에서 오차항의 분산이 동분산이 될 수 있게 했던 방법과 같이, σ_i^2의 값과 초기의 회귀모형을 변환할 수 있을 것이다. 실제로 사용되는 몇 가지 변형된 형태는 다음과 같다.[14]

---

[12] ABORTIONF의 계수값이 3.1801이며 t값은 3.20으로, 0.002 유의수준에서 유의하다.

[13] 각 관측치가 (즉, 가중값) σ_i로 나누면, σ_i 값이 큰 관측치가 이 낮은 관측치보다 상당히 많이 줄어든다.

[14] Gujarati/Porter, *op cit.*, pp. 392-5를 참조하라.

1. 실제 오차분산이 하나의 설명변수의 제곱에 대해 비례한다면, 식 (5.1)을 그 변수로 양변을 나눌 수 있으며, 변형된 회귀식을 구할 수 있다. 식 (5.1)에서 오차항의 분산이 소득의 제곱과 비례한다고 가정하자. 그러므로 식 (5.1)을 소득변수로 양변을 나눈 후, 회귀식을 추정한다. 그러면 BP 검정과 화이트 검정 같은 이분산 검정을 위한 회귀식을 구할 수 있다. 이러한 검정이 이분산에 대한 증거가 없다면, 변형된 오차항이 동분산이라고 추측할 수 있다.

2. 실제 오차항이 하나의 설명변수와 비례한다면, 소위 제곱변형(square transformation), 즉 양변을 그 설명변수의 제곱근으로 나눈다. 그 이후에 변형된 회귀식으로 회귀분석을 할 수 있고, 이 회귀식으로 이분산을 검정하기 용이하다. 이러한 검정이 만족스러우면 이 회귀식을 이용할 수 있다.

   이러한 절차를 응용하는 데 실제적인 문제가 있다. **첫째**, 몇 개의 설명변수가 있다면 회귀모형을 변형하기 위하여 어떠한 설명변수를 선택할 것인가? 시행착오를 하면서 진행한다고 하더라도 시간만 낭비할 수 있다. **둘째**, 선택된 설명변수의 값의 일부가 0이라고 한다면, 그래서 양변을 0으로 나누면 명백하게 계산 불능의 문제가 발생한다. 이 설명변수 선택의 문제는 추정된 Y값(즉, $\hat{Y}_i$)을 사용함으로써 해결할 수 있다. 여기서 모형 내의 모든 설명변수는 가중평균된 설명변수가 되며, 모든 설명변수에 대한 가중치는 b이다. 이러한 변환방법은 다소 임의적인 것이라 할 수 있다. 그러나 오차항의 분산이 무엇인지 추정할 뿐이기 때문에, 이에 관해서 할 수 있는 일이 그리 많지 않다. 우리가 바라는 바는 이러한 추정이 합리적으로 적합한 것이기를 바랄 뿐이다.

   이러한 변형을 설명하는 것은 시간과 공간을 소비하는 일이 될 것이다. 그렇지만 이러한 변형 중의 하나를 설명하고자 한다. 식 (5.1)을 식 (5.1)에서 구한 낙태율의 추정치로 나눈다면, 표 5.5와 같은 결과를 구할 수 있다.

   이 회귀식으로 브리쉬-페이건 검정과 화이트 검정을 시행하였다. 그러나 두 검정 결과는 이분산의 문제가 여전히 존재한다는 것을 보여준다.[15]

   이분산을 제거하기 위하여 식을 변형할 수 있다. 표 5.5의 결과식의 양변에 ABORTIONF를 곱하면 초기 회귀식으로 되돌아 갈 수 있다.

3. 로그 변환 : 때때로 회귀식 (5.1)을 추정하는 대신에, 종속변수에 로그를 취하여 기존 설명변수에 대하여 회귀분석을 할 수 있으며, 이는 선형 또는 로그 형태가 될 수 있다. 이러한 이유로 인하여, 로그 형태의 변형은 관측된 변수값의 크기를 축소시킨다. 그로 인하여 두 값 간의 10배 차이를 2배 차이로 축소한다. 예를 들면, 숫자 80은 8 곱하기 10이다. 그러나 $\ln(80) = 4.3280$은 $\ln(8) = 2.0794$와 2배 차이가 난다.

   로그를 취할 때 하나의 제한사항은 양수만 로그를 취할 수 있다.

---

15 여백을 절약하기 위하여, 자세한 결과는 제시하지 않았다. 독자들은 스스로 **표 5.1**에 주어진 자료를 활용하여 검정을 할 수 있다.

표 5.5 식 (5.1)의 변형모형

Dependent Variable: ABORTION/ABORTIONF
Method: Least Squares
Sample: 1 50
Included Observations: 50

	Coefficient	Std. Error	t-Statistic	Prob.
1/ABORTIONF	12.81786	11.22852	1.141545	0.2601
RELIGION/ABORTIONF	0.066088	0.068468	0.965239	0.3400
PRICE/ABORTIONF	−0.051468	0.017507	−2.939842	0.0053
LAWS/ABORTIONF	−1.371437	1.819336	−0.753812	0.4552
FUNDS/ABORTIONF	2.726181	3.185173	0.855897	0.3969
EDUC/ABORTIONF	−0.228903	0.147545	−1.551408	0.1283
INCOME/ABORTIONF	0.002220	0.000481	4.616486	0.0000
PICKET/ABORTIONF	−0.082498	0.031247	−2.640211	0.0116

R-squared	0.074143	Mean dependent var	1.011673
Adjusted R-squared	−0.080166	S.D. dependent var	0.334257
S.E. of regression	0.347396	Akaike info criterion	0.868945
Sum squared resid	5.068735	Schwarz criterion	1.174869
Log likelihood	−13.72363	Durbin−Watson stat	2.074123

주 : Abortionf is the abortion rate forecast from Eq. (5.1)

식 (5.1)에 포함된 변수들에 관하여 낙태율의 로그값으로 회귀분석을 하면, 표 5.6의 결과를 구할 수 있다.

질적인 면에서 보면, 이러한 결과는 price, income, picket 변수가 통계적으로 유의하다는 측면에서 볼 때 표 5.1의 결과와 유사하다. 다양한 기울기 계수는 반−탄력성(semi-elasticity), 즉 설명변수 1단위 변화에 대하여 낙태율의 상대적 변화를 나타낸다.[16] 그래서 비용(PRICE)계수 −0.003은, 만약 비용(PRICE)이 1달러 상승하면, 낙태율의 상대적 변화율은 −0.003, 즉 약 −0.3%만큼 감소한다는 것을 의미한다.[17]

이 회귀식으로 브리쉬−페이건 검정과 화이트 검정(제곱항과 설명변수 간 곱한 항을 제외하고 분석), 이 회귀식은 이분산으로 인하여 문제가 없는 것으로 볼 수 있다. 다시 이 결과는 주의하여 받아들여야 한다. 왜냐하면 '표본'이 51개로 대표본이 아니기 때문이다.

이러한 결론은 이분산 검정의 중요성을 강조하고 있다. 그렇지만 이러한 검정에 의해 이분산이 있다고 할지라도, 본질적으로 이분산의 문제가 아니라 모형설정의 오류일 수 있기 때문이다. 이 주제는 제7장에서 자세하게 논의할 것이다.

---

16 이전에 논의한 반−로그 모형을 되새겨 보자.

17 그러나 이전 장에서 반−로그 회귀식에서 더미변수를 해석할 때 주의할 내용을 되새겨 보자.

표 5.6 낙태율의 로그형 회귀분석

Dependent Variable: LABORTION
Method: Least Squares
Sample: 1 50
Included Observations: 50

	Coefficient	Std. Error	t-Statistic	Prob.
C	2.833265	0.755263	3.751362	0.0005
RELIGION	0.000458	0.004327	0.105742	0.9163
PRICE	−0.003112	0.001113	−2.795662	0.0078
LAWS	−0.012884	0.119046	−0.108226	0.9143
FUNDS	0.087688	0.139429	0.628907	0.5328
EDUC	−0.014488	0.009996	−1.449417	0.1546
INCOME	0.000126	2.28E−05	5.546995	0.0000
PICKET	−0.006515	0.002113	−3.083638	0.0036

R-squared	0.589180	Mean dependent var	2.904263
Adjusted R-squared	0.520710	S.D. dependent var	0.511010
S.E. of regression	0.353776	Akaike info criterion	0.905342
Sum squared resid	5.256618	Schwarz criterion	1.211266
Log likelihood	−14.63355	Durbin–Watson stat	1.929785
F-statistic	8.604924	Prob(F-statistic)	0.000002

주 : Labortion = log of abortion

화이트의 이분산이 내재된 표준오차 또는 강건한 표준오차[18]

표본의 크기가 크다면, 이분산–수정 표준오차를 구하기 위하여 화이트 검정을 추천한다. 문헌에 의하면, 이는 강건한 표준오차(robust standard errors)로 알려져 있다. 화이트를 구하기 위한 프로그램은 소프트웨어 패키지 내에 포함되어 있다. 이러한 절차가 표 5.2의 회귀계수의 값을 바꾸지는 않지만, 이분산을 허용하기 위하여 표준오차를 수정한다. Eviews를 사용하면, 표 5.7의 결과를 얻는다. 우리는 구조에 대하여 제약, 즉 이분산 제약을 부과하지 않기 때문에 화이트의 절차는 신뢰할 만하지만, 본질적으로 실증적인 것을 덧붙일 필요가 있다.

강건한 표준오차의 기술적 측면

실제로 우리는 이분산성의 구조를 일반적으로 모른다. 그것은 어떠한 이분산성이 없더라도 강건한 표준오차를 사용하는 것이 바람직하다. 왜냐하면 이 경우에는 강건한 표준오차가 편리한 형태의 OLS 표준오차가 될 것이기 때문이다. 즉, 강건한 표준오차는 심지어 동분산의 경우에도 적절할 수 있다. 그렇지만 화이트–허버 방법을 적용하기 위해서는 적절하게 많은 표본이 필요하다는 것을 기억하자.

---

18 자세한 내용은 Gujarati/Porter, *op cit.*, p. 391을 참조하라.

표 5.7 낙태율 회귀분석(강건한 표준오차를 고려)

Dependent Variable: ABORTION RATE
Method: Least Squares
Sample: 1 50
Included Observations: 50
White Heteroskedasticity-Consistent Standard Errors & Covariance

	Coefficient	Std. Error	t-Statistic	Prob.
C	14.28396	14.90146	0.958561	0.3433
RELIGION	0.020071	0.083861	0.239335	0.8120
PRICE	−0.042363	0.025944	−1.632868	0.1100
LAWS	−0.873102	1.795849	−0.486178	0.6294
FUNDS	2.820003	3.088579	0.913042	0.3664
EDUC	−0.287255	0.176628	−1.626329	0.1114
INCOME	0.002401	0.000510	4.705512	0.0000
PICKET	−0.116871	0.040420	−2.891415	0.0060

R-squared	0.577426	Mean dependent var	20.57800
Adjusted R-squared	0.506997	S.D. dependent var	10.05863
S.E. of regression	7.062581	Akaike info criterion	6.893145
Sum squared resid	2094.962	Schwarz criterion	7.199069
Log likelihood	−164.3286	Durbin−Watson stat	2.159124
F-statistic	8.198706	Prob(F-statistic)	0.000003
Wald F-statistic	8.198706	Prob(Wald F-statistic)	0.000001

이분산–강건한 t 통계량(heteroscedasticity-robust t statistic)은 계수의 값이 0이라는 귀무가설 하에서 계수의 값은 강건한 표준오차로 나누어 구한다. 이것은 통상정인 OLS의 통계 절차와 유사하다.

그렇지만 심지어 대규모 표본이더라도 이분산인 경우 하나 또는 모든 계수가 동시에 0이라는 종합가설검정을 하기에 편리한 F-검정통계량은 적용할 수 있다. 이러한 검정통계치 이면에 수학은 이 책의 범위를 넘기 때문에 검토하지 않을 것이다. 이분산–강건한 왈드 통계량(heteroscedasticity-robust Wald statistic)은 q 자유도를 갖는 χ-분포와 같은 비대칭분포이다. 여기서 q는 귀무가설에 의해 부과된 제약식의 수이다. 그래서 여기서는 5개의 설명변수가 있지만, 3개의 계수가 0이라는 가정을 검정하기 때문에 q는 3이다.

이분산-강건한 왈드 통계량을 q(제약식의 수)로 나눔으로써 그 값을 각 분자의 자유도가 q이고 분모의 자유도가 $(n-k)$인 F-검정통계치로 전환할 수 있다는 것은 흥미 있는 일이다. 몇몇 소프트웨어 패키지는 이러한 조정을 한다.

이분산–강건한 표준오차 조정 과정을 예제에 적용하면 표 5.7의 결과는 얻는다. 이 결과를 표 5.2와 비교하면, 앞서 지적한 바와 같이 회귀계수는 동일하다는 것을 알 수 있다. 그렇지만 표준오차는 변하였다. price 계수의 통계적 유의도는 이전보다 떨어졌다. 그러나 income

역자주 **표 1.2의 임금함수에 대한 BP 검정**

```
Heteroskedasticity Test: Breusch-Pagan-Godfrey
F-statistic              11.50785        0.0000      Prob. F(5,1283)
n×R²                     55.32705        0.0000      Prob. Chi-Square(5)
Scaled explained SS     254.9588         0.0000      Prob. Chi-Square(5)
Test Equation:

Dependent Variable: e²ᵢ
Method: Least Squares
Date: 02/22/13   Time: 08:13
Sample: 1 1289
Included observations: 1289
```

Variable	Coefficient	Std. Error	t-Statistic	Prob.
C	− 73.33774	19.68011	− 3.72649	0.0002
FEMALE	− 9.700656	7.06416	− 1.373221	0.1699
NONWHITE	− 12.66831	9.86512	− 1.284151	0.1993
UNION	− 27.20992	9.804876	− 2.775141	0.0056
EDUCATION	7.962364	1.276844	6.235973	0.0000
EXPER	1.166491	0.310909	3.751869	0.0002

```
R-squared               0.042922      Mean dependent var     42.15868
Adjusted R-squared      0.039193      S.D. dependent var    128.6362
S.E. of regression    126.0902        Akaike info criterion  12.51652
Sum squared resid   20398073          Schwarz criterion      12.54054
Log likelihood       -8060.894        Hannan-Quinn criter.   12.52553
F-statistic             11.50785      Durbin-Watson stat      1.934464
Prob(F-statistic)       0.0000
```

및 picket 계수는 이전과 유사한 유의수준이다. 표에 보이는 t값은 이분산−강건한 t값이다.

표 5.7의 특징은 2개의 F값이 주어졌다. 그 하나는 전통적인 F값이고, 다른 하나는 왈드 t값이다. 두 통계치의 p값, 유의수준은 상당히 다르지는 않다.

전반적인 결론은 다음과 같다. 하나 또는 그 이상의 개별회귀계수는 통계적으로 유의하지 않지만 이분산−강건한 표준오차를 허용한다면, 전반적인 낙태율 모형은 통계적으로 유의하다.

그러나 이분산−강건한 표준오차 분석방방법은 대표본의 경우 유의하지만, 현재 예제의 경우는 그렇지 못하다는 것을 기억하자. 우선 제1장에서 고려한 임금함수, 제4장에서 고려한 시간당 임금함수를 다시 살펴보자. 두 경우에 표본의 수는 상당히 대표본이다.

이 결과를 표 5.2의 결과와 비교하면, 몇 가지 변화가 있다는 것을 알 수 있다. 변수 price와 변수 picket은 유의도가 유사한 수준이지만, 변수 price는 이전보다 유의도가 떨어졌다. 그러나 추정회귀계수의 값은 두 표에서 유사한 동일하다.

화이트 추정과정은 대표본에 유의하며, 현재의 예제는 유의하지 않지 않다는 것을 기억하자. 먼저 제1장에서 살펴보았던 임금함수와 제4장에서 논의한 노동시간함수를 다시 보자. 두 경우에서 있어서 표본의 수는 상당히 많다.

역자주 표 1.2의 임금함수에 대한 화이트 검정(설명변수 간의 곱을 제외)

```
Heteroskedasticity Test: White
F-statistic                13.17407      Prob. F(5,1283)        0.0000
n×R²                       62.94665      Prob. Chi-Square(5)    0.0000
Scaled explained SS        290.0715      Prob. Chi-Square(5)    0.0000
Test Equation:

Dependent Variable: e²ᵢ
Method: Least Squares
Date: 02/22/13   Time: 10:25
Sample: 1 1289
Included observations: 1289
```

Variable	Coefficient	Std. Error	t-Statistic	Prob.
C	− 20.66434	11.51043	− 1.795271	0.0728
FEMALE^2	− 9.410392	7.043846	− 1.335974	0.1818
NONWHITE^2	− 12.32722	9.830704	− 1.253951	0.2101
UNION^2	− 26.09452	9.748621	− 2.67674	0.0075
EDUCATION^2	0.340092	0.04856	7.003558	0.0000
EXPER^2	0.024706	0.007048	3.505314	0.0005

```
R-squared            0.048834    Mean dependent var    42.15868
Adjusted R-squared   0.045127    S.D. dependent var    128.6362
S.E. of regression   125.7002    Akaike info criterion 12.51032
Sum squared resid    20272087    Schwarz criterion     12.53435
Log likelihood       − 8056.901  Hannan-Quinn criter.  12.51934
F-statistic          13.17407    Durbin-Watson stat    1.93323
```

임금함수 재검토

표 1.2에서 1,289명의 노동자를 대상으로 한 임금함수를 나타내었다. 이 표에서 사용한 자료는 횡단면 자료이기 때문에, 회귀분석의 결과는 이분산을 내재할 가능성이 매우 높다. 이러한 경우에 해당하는지를 알아보기 위하여, BP-검정과 화이트-검정을 했으며, 그 결과는 다음과 같다.

BP-검정 표 1.2의 모형에서 구한 오차항의 제곱은 임금을 포함한 변수에 대하여 회귀분석을 하였을 때, R^2의 값으로 0.0429를 구하였다. 이 값에 관측치 수, 1,289를 곱하면, R^2값은 대략 55.3이 된다. 임금함수의 설명변수 개수, 즉 자유도가 5임으로 그 R^2값 이상일 가능성이 실질적으로 0이기 때문에, 표 1.2의 임금함수는 이분산을 내포해 상당히 불안정하다는 것을 보여준다(표 5.8 참조).

화이트의 이분산 검정 BP-검정이 신뢰할 만한지는 알아보기 위하여, 설명변수 간의 곱의 항을 제외한 화이트-검정을 시행하였다. 그 결과는 다음과 같다. 설명변수 간의 곱의 항을 제외하면, $nR^2 = 62.9466$이고, 이는 자유도가 5인 R^2-분포를 따른다. R^2값이 그 값 이상일 가능성이 실질적으로 0이기 때문에, 임금함수가 실제로 이분산을 갖고 있다고 확신할 수 있다

역자주 표 1.2의 임금함수에 대한 화이트 검정(설명변수의 제곱 및 설명변수 간의 곱을 포함)

F-statistic   4.909722   Prob. F(17,1271)   0.0000
$n \times R^2$ 79.43116   Prob. Chi-Square(17)   0.0000
Scaled explained SS   366.0357   Prob. Chi-Square(17)   0.0000
Test Equation:

Dependent Variable: e^2
Method: Least Squares
Date: 02/22/13   Time: 10:38
Sample: 1 1289
Included observations: 1289
Collinear test regressors dropped from specification

Variable	Coefficient	Std. Error	t-Statistic	Prob.
C	−9.516257	72.3755	−0.131485	0.8954
FEMALE^2	47.82477	39.11255	1.222747	0.2217
FEMALE*NONWHITE	−10.91995	20.12681	−0.542557	0.5875
FEMALE*UNION	5.784504	20.06956	0.288223	0.7732
FEMALE*EDUCATION	−2.892062	2.604724	−1.110314	0.2671
FEMALE*EXPER	−0.879162	0.626413	−1.403486	0.1607
NONWHITE^2	23.83438	55.39159	0.430289	0.6671
NONWHITE*UNION	17.8228	25.22935	0.706431	0.4800
NONWHITE*EDUCATION	−1.720755	3.817982	−0.450698	0.6523
NONWHITE*EXPER	−0.712302	0.890047	−0.800298	0.4237
UNION^2	109.0124	60.61078	1.798565	0.0723
UNION*EDUCATION	−8.713524	3.859615	−2.257614	0.0241
UNION*EXPER	−1.171633	0.907983	−1.290368	0.1972
EDUCATION^2	0.728258	0.242222	3.006573	0.0027
EDUCATION*EXPER	−0.000778	0.126032	−0.006175	0.9951
EDUCATION	−8.028682	8.251825	−0.972958	0.3308
EXPER^2	−0.009687	0.025581	−0.378682	0.7050
EXPER	2.146793	2.237472	0.959472	0.3375

R-squared	0.061622	Mean dependent var	42.15868
Adjusted R-squared	0.049071	S.D. dependent var	128.6362
S.E. of regression	125.4403	Akaike info criterion	12.5154
Sum squared resid	19999525	Schwarz criterion	12.58748
Log likelihood	−8048.177	Hannan–Quinn criter.	12.54246
F-statistic	4.909722	Durbin–Watson stat	1.942812
Prob(F-statistic)	0.0000		

(표 5.9 참조). 여기에 설명변수의 제곱값을 설명변수로 추가하면, $nR^2 = 79.4311$을 구한다. 이 값은 자유도가 17(5개의 설명변수, 2개의 설명변수 제곱항, 10개의 설명변수 간의 곱)의 χ^2-분포를 따른다. χ^2값이 79.4311 이상일 가능성은 실제로 0이다.

요약하면 표 1.2에서의 임금함수는 이분산을 갖고 있다.

표 1.2의 임금함수를 하나 이상의 설명변수로 임금함수를 나누어 변형하는 대신에, 단순히 화이트의 강건한 표준오차(White's robust standard errors)를 구함으로써 이분산의 문제를 바

표 5.8 이분산이 수정된 임금함수

Dependent Variable: W
Method: Least Squares
Sample: 1 1289
Included Observations: 1289
White Heteroskedasticity-Consistent Standard Errors & Covariance

	Coefficient	Std. Error	t-Statistic	Prob.
C	−7.183338	1.090064	−6.589834	0.0000
FEMALE	−3.074875	0.364256	−8.441521	0.0000
NONWHITE	−1.565313	0.397626	−3.936647	0.0001
UNION	1.095976	0.425802	2.573908	0.0102
EDUC	1.370301	0.083485	16.41372	0.0000
EXPER	0.166607	0.016049	10.38134	0.0000

R-squared	0.323339	Mean dependent var	12.36585
Adjusted R-squared	0.320702	S.D. dependent var	7.896350
S.E. of regression	6.508137	Akaike info criterion	6.588627
Sum squared resid	54342.54	Schwarz criterion	6.612653
Log likelihood	−4240.370	Durbin−Watson stat	1.897513
F-statistic	122.6149	Prob(F-statistic)	0.000000
Wald F-statistic	100.8747	Prob(Wald F-statistic)	0.000000

로 잡을 수 있다. 그 결과는 표 5.8에 제시하였다.

이 결과를 표 1.2에서 구한 결과와 비교하면, 설명변수가 동일한 것을 알 수 있다. 그러나 표준오차는 변하였고, 따라서 t값도 변하였다.

노동시간에 관한 함수 재검토

표 4.4에 표시된 753명의 기혼여성의 노동시간에 대한 분석 결과를 살펴보자. 이 결과는 이분산의 문제를 바로잡지 못하고 있다. 설명변수의 제곱과 설명변수 간의 곱을 새로운 설명변수로 포함하거나 배제하여 BP 검정과 화이트 검정으로 판단한 결과, 표 4.4의 노동시간함수는 상당한 이분산의 문제를 내포하고 있다.[19]

표본의 크기가 상당히 크므로 화이트의 절차에 따라 이분산을 수정한 표준오차를 구할 수 있다. 그 결과는 표 5.9와 같다.

이 결과를 표 4.4와 비교하면, 추정된 표준오차와 t값의 변화가 조금 있는 것을 알 수 있다. 가족소득(FAMINC)과 6세 미만 자녀(KIDSLT6)의 경우 이전보다 신뢰도가 떨어졌지만, 반면에 실업률(UNEM)의 경우 신뢰도가 조금 개선되었다.

---

19 BP 검정을 하면 $nR^2 = 38.76$으로, 자유도가 10인 χ^2-분포이다. χ^2값 이상이 될 가능성은 0이다. 설명변수의 제곱과 설명변수 간의 곱의 항을 제외한 화이트 검정을 하면 $nR^2 = 40.19$로, 이 모든 항을 포함하는 경우에는 $nR^2 = 120.23$으로, 양쪽 모두 χ^2값 이상이 될 가능성은 0이다.

표 5.9 이분산을 수정한 노동시간함수

Dependent Variable: HOURS
Method: Least Squares
Sample (adjusted): 1 428
Included Observations: 428 after adjustments
White Heteroskedasticity-Consistent Standard Errors & Covariance

	Coefficient	Std. Error	t-Statistic	Prob.
C	8484.523	1154.479	7.349222	0.0000
AGE	−17.72740	5.263072	−3.368262	0.0008
EDUC	−27.03403	15.70405	−1.721468	0.0859
EXPER	24.20345	4.953720	4.885914	0.0000
FAMINC	0.013781	0.007898	1.744916	0.0817
HUSHRS	−0.486474	0.073287	−6.637928	0.0000
HUSWAGE	−144.9734	17.58257	−8.245293	0.0000
KIDSLT6	−180.4415	105.0628	−1.717462	0.0866
WAGE	−47.43286	9.832834	−4.823925	0.0000
MTR	−6351.293	1206.585	−5.263859	0.0000
UNEM	−16.50367	9.632981	−1.713246	0.0874

R-squared	0.335786	Mean dependent var	1302.930
Adjusted R-squared	0.319858	S.D. dependent var	776.2744
S.E. of regression	640.1992	Akaike info criterion	15.78680
Sum squared resid	1.71E+08	Schwarz criterion	15.89112
Log likelihood	−3367.375	Durbin–Watson stat	2.078578
F-statistic	21.08098	Prob(F-statistic)	0.000000
Wald F-statistic	22.20242	Prob(Wald F-statistic)	0.000000

표본의 크기가 상당히 크고, 통상적 OLS로 분석할 때 이분산을 내재한 것으로 생각이 들면, 반드시 화이트의 이분산수정 표준오차를 구하는 것이 중요하다.

5.5 요약 및 결론

이 장에서는 일반적으로 횡단면 자료에서 나타나는 이분산, 즉 고전적 선형회귀모형의 가정 중 하나인 동분산 가정을 위배한 경우를 살펴보았다. 이분산이 OLS의 불편성 및 일치성의 가정을 파괴하지는 않지만 추정량은 비효율적이다. 그래서 OLS의 표준오차를 수정하지 않으면 그 통계적 추론의 신뢰도는 떨어진다.

이분산의 문제를 해결하기 전에 구체적인 응용과정에 어떠한 문제가 있는지를 살펴보아야 한다. 이러한 목적에서 초기의 모형에서 오차항의 제곱을 살펴보거나 통상적인 이분산을 브리쉬–페이건 검정과 화이트 검정을 활용해야 한다. 하나 이상의 검정 결과 이분산의 문제가 보이면, 이 문제를 치료하는 절차를 진행할 수 있다.

이분산(σ_i^2) 값을 알면 이분산의 문제를 해결할 수 있다. 이 경우에 σ_i로 나눔으로써 초기의 모형 (5.1)을 변환할 수 있고, 변환된 모형을 OLS 방법으로 추정할 수 있으며, 이는 BLUE인 추정량을 할 수 있다. 이러한 방법을 가중된 최소제곱법(WLS)이라고 한다. 그렇지만 불행하게도 설령 있다 하더라도 실제 오차 분산을 거의 알 수 없다. 그러므로 차선의 해결방법을 찾을 필요가 있다.

σ_i^2의 있을 법한 특성에 관하여 몇 가지 추론으로, 초기의 모형을 변형하고, 그 모형을 추정하고, 결과로 이분산성을 추론한다. 만약 이러한 검정에서 변환된 모형에 이분산성이 없으면, 추정된 변환된 모형을 기각할 수 없다. 그렇지만 변형된 모형에서 이분산성이 지속적으로 나타나면, 다른 변형모형을 찾아보고 위와 같은 방법을 반복할 수 있다.

그렇지만 표본이 충분히 크면, 이 경우 화이트에 의해 제시된 일련의 절차를 활용하여 이분산-수정 표준오차를 구할 수 있기 때문에 모든 이러한 노력을 피할 수 있다. 표준오차를 수정하는 것은 *강건한 표준오차*로 알려져 있다. 오늘날 몇몇 기관에서 생성되는 몇 개의 미시적 자료들이 있다. 이 자료는 이분산의 문제가 의심되는 회귀모형에서 강건한 표준오차를 활용할 수 있다.

연습문제

5.1 표 1.2의 임금 모형을 살펴보자. 종속변수에 로그를 취해 표 1.2와 같은 표를 반복해서 만들어라. 로그-임금함수가 이분산이 있는지에 대하여 이 장에서 논의한 다양한 진단방법을 적용해 보라. 만약 존재한다면 어떠한 수정방법이 있는가? 필요한 계산과정을 보여라.

5.2 표 4.2에 보인 노동시간 회귀모형에 대하여 살펴보자. 종속변수인 시간에 로그를 취하고 그 모형이 이분산이 존재하는지 밝혀라. 그리고 진단과정을 밝혀라. 어떻게 이분산의 문제를 해결할 것인가? 필요한 계산과정을 보여라.

5.3 다음의 말에 동의하는가? "이분산은 다른 모형을 버리는 하나의 이유가 결코 되지 못한다."[20]

5.4 경제학 교재를 참고하여 스피어만 상관계수(Park, Glejser, Spearman's rank correlation)와 골드펠트-퀀트의 이분산 검정(Goldfeld-Quandt tests of heteroscedasticity)을 공부하라. 각 장에서 논의한 낙태율, 임금률, 노동시간에 대하여 공부한 검정방법을 적용하라.

5.5 표 5.5를 참조하여 답하라. 오차항이 ABORTIONF의 제곱 대신에 임금(income)과 관련이 있다고 한다. 초기의 낙태율에 관한 함수에서 ABORTIONF 대신에 임금(income)

---

20 Mankiw, N. G. (1990) A quick refresher course in macroeconomics, *Journal of Economic Literature*, XXVIII(4), 1645-60.

을 활용해 변형하여 회귀분석하고, 그 결과를 표 5.5의 결과와 비교하라. 사전에 이분산의 존재로 인하여 다른 결론을 예상하는가? 그렇다면 왜 그렇게 생각하는가? 그렇지 않다면 왜 그렇게 생각하는가? 필요로 하는 계산과정을 밝혀라.

5.6 도우미 웹사이트에서 주어진 **표 5.10**은 106개국의 다음 변수의 자료를 제공하고 있다.[21]

GDPGR : 1960~1985년 한 국가의 노동자 1인당 평균성장률

GDP60vsUS : 1960년 미국의 1인당 소득 대비 한 국가의 1인당 소득비에 대한 자연로그값

NONEQINV : 1960~1985년 한 국가의 비장치재(non-equipment)에 대한 투자

EQUIPINV : 1960~1985년 국가의 장치재 투자

LFGR6085 : 1960~1985년 노동력 증가율

CONTINENT : 국가가 위치한 대륙

(a) 위에 열거된 하나 또는 그 이상의 변수를 사용하여 소득증가율을 설명하는 적절한 모형을 개발하고, 그 분석 결과를 설명하라.

(b) 자료는 횡단면 자료이기 때문에, 이분산일 수 있다. 이분산 여부를 알아보기 위하여 책에서 논의한 하나 이상의 검정을 사용하라.

(c) 이분산이 발견되면, 이 문제를 어떻게 치료할 것인가? 필요한 방법을 제시하라.

(d) 강건한 표준오차를 구하기 위하여 화이트–허버 방법을 사용하라.

(e) 통상적인 OLS 방법을 활용하여 얻은 결과와 (d)의 결과를 비교하라.

(f) De long과 Summer의 연구 목적은 경제성장에 효과적인 도구수단을 찾는 것이었다. 회귀분석 결과가 의미하는 바는 무엇인가?

5.7 도우미 웹사이트의 **표 5.11**은 1994년 미국 통계국의 제조업 설문자료에 포함된 455개 기업에 대한 다음의 자료를 제공하고 있다.[22]

shipments : 선적된 산출물의 가치(단위 : 천 달러)

materials : 생산에 사용된 재료의 가치(단위 : 천 달러)

newcap : 산업의 신규투자지출 (단위 : 천 달러)

inventory : 보유 재고의 가치(단위 : 천 달러)

managers : 고용된 관리직 노동자의 수

workers : 고용된 생산직 노동자의 수

---

21 원자료의 출처는 DeLong, J. B. and Summers, L. H. (1993) How strongly do developing countries benefit from equipment investment?, *Journal of Monetary Economics*, 32(3), 395 – 415이며, Michael P. Murray가 *Econometrics: A Modern Introduction. Pearson*, Addison-Wesley(2006)에서 다시 만들어졌다.

22 이 자료는 Schmidt, S. J., *Econometrics*, McGraw-Hill/Irwin, New York(2005)의 자료 디스크에서 구했다. 자료 사용을 허가한 Schmidt 교수에게 감사를 표한다.

(a) 표에 열거된 다른 변수들에 대한 shipment를 설명하기 위한 회귀모형을 개발하라. 몇 개의 함수모형을 시도할 수 있다. 예상되는 회귀계수의 부호는 무엇인가? 분석 결과는 이전의 예상을 확인해 주는가?

(b) 횡단면 자료이기 때문에, 이분산의 문제가 예상된다면, 본 장에서 논의한 하나 이상 의 분석방법을 적용하라.

(c) (b)의 예상이 사실이라면, 화이트–허버 방법론을 적용하여 다시 추정하고, 통상적인 OLS 추정 결과와 비교하라.

(d) 오차항의 분산이 변수 materials와 비례한다고 가정하자. 어떻게 원래의 회귀모형을 변환하면 이분산으로부터 자유로운 변화된 모형이 되겠는가? 어떻게 변화된 모형이 동분산인지 알 수 있겠는가? 이를 검정하기 위하여 어떠한 검정방법이 사용될 수 있 는가?

(e) OLS 회귀분석이 이분산 및 다중공선선으로 동시에 어려움이 있을 수 있다. OLS회 구모형이 다중공선성으로 문제가 되는지 여부를 어떻게 조사할 수 있을까? 필요로 하는 계산과정을 보이도록 하라. 만약 다중공선성이 발견된다면 문제를 해결하라.

6 | 회귀선 진단 III : 자기상관

자기상관은 시계열 자료를 이용하는 회귀분석에서 흔히 발생하는 문제이다. 고전적 선형 회귀모형은 오차항 u_t가 상관관계를 갖지 않는다는 가정을 하고 있다. 이는 t기 오차항이 $(t-1)$기 오차항뿐만 아니라 과거 시점의 모든 오차항들과 상관관계를 갖고 있지 않음을 의미한다. 그러나 이와 같은 가정과 달리 오차항들이 상관관계를 가질 경우, 다음과 같은 결과들이 발생한다.[1]

1. 자기상관이 존재하더라도 OLS 추정량(estimator)은 불편추정량이며 일치추정량이다.
2. 대표본에서 OLS 추정량은 정규분포를 따른다.
3. 그러나 OLS 추정량은 더 이상 효율적이지 않다. 다시 말해 OLS 추정량은 더 이상 BLUE 가 아니다. 대부분의 경우, OLS 추정량의 표준오차는 과소추정되므로 값이 증가하게 된다. 이에 따라 추정치는 실제보다 더 높은 통계적 유의성을 갖게 된다.
4. 그 결과, 표본숫자가 증가하더라도 이분산의 경우와 같이 가설검증 결과의 신뢰성이 의심 받게 된다. 따라서 자기상관이 존재할 경우, 통상적인 t-검정법 및 F-검정법의 결과는 유 효하지 않게 된다.

이와 같은 이유로 자기상관 문제가 존재할 경우, 우리는 이분산의 경우에서와 같이 추정량 이 BLUE가 되도록 자기상관 문제를 해결할 수 있는 새로운 추정방법을 찾아야 한다. 이제 이를 다음의 실증분석 예를 통하여 살펴보도록 하자.

6.1 미국 소비함수(1947~2000년)

도우미 웹사이트에 있는 **표 6.1**은 1947~2000년 기간 중 미국의 실질소비량(C), 실질가처분 소득(DPI), 실질재산(W) 및 실질이자율(R) 자료를 포함하고 있다. 여기서 '실질'이란 용어는 '물가상승분이 조정'되었음을 의미한다.[2]

---

1 이와 관련된 보다 자세한 내용은 Gujarati/Porter, *op cit.*, Chapter 12를 참조하라.
2 자료의 출처는 미상무성, 연방준비은행 및 *Economic Report of the President* 등과 같은 정부기관이다.

이제 다음의 회귀모형을 고려해 보자.

$$\ln C_t = B_1 + B_2 \ln DPI_t + B_3 \ln W_t + B_4 R_t + u_t \tag{6.1}$$

식 (6.1)은 실증분석에 이용된 자료가 시계열 자료임을 나타내기 위해 변수에 하첨자 t를 붙였으며, ln은 변수에 자연대수를 취했음을 의미한다.

이제 설명의 편의를 위해 식 (6.1)을 소비함수라 부르기로 한다. 식 (6.1)의 소비함수 추정에 이용된 설명변수들은 소비함수를 추정하는 데 공통으로 이용되는 변수이나, 연구자에 따라 이들 변수에 이용되는 자료는 다소 차이가 있을 수 있다. 그러나 소비함수를 추정함에 있어서 이 외의 설명변수를 추가로 원하는 독자는 거시경제학 교과서의 소비함수 관련 부분을 참조하기 바란다.

한편 식 (6.1)에서 C, DPI 및 W는 로그를 취하였으나, 실질이자율은 0보다 작은 값을 가질 수 있으므로 로그를 취하지 않았음에 주목하기 바란다. 식 (6.1)의 계수값이 갖는 경제적 의미를 살펴보면 다음과 같다. 먼저 B_2와 B_3는 각각 실질 가처분소득과 실질재산에 대한 소비지출의 탄력성을 의미하며, B_4는 실질이자율에 대한 소비지출의 반–탄력성을 나타낸다(제2장에서 살펴본 회귀모형의 함수 형태를 참조하라).[3] 추정에 앞서 사전에, 우리는 소득과 재산의 탄력성이 양의 부호를 가지며, 이자율의 반–탄력성은 음의 부호를 가질 것임을 예상할 수 있다.

회귀분석 결과

표 6.2는 위 추정식의 회귀분석 결과를 나타내고 있다.

추정 결과 평가

추정된 계수들의 부호는 기대한 바와 일치하는 것으로 나타나고 있다. 만약 고전적 선형회귀모형의 가정들이 성립할 경우, 모든 추정치들은 매우 작은 p값을 가지고 있으므로 '높은' 통계적 유의성을 갖는다 할 수 있다. 0.8로 나타난 B_2는 여타의 조건이 일정하다면 개인의 실질가처분소득이 1% 증가할 경우 실질소비지출은 0.8% 증가함을 의미한다. 또한 대략 0.2의 값을 갖는 것으로 추정된 B_3는 여타의 조건이 일정하다면 실질재산이 1% 증가할 경우, 실질소비지출은 0.2% 증가함을 의미한다. 마지막으로 실질이자율의 반–탄력성은 여타의 조건이 일정하다면 실질이자율의 1% 포인트(1%가 아니다) 증가가 실질소비지출을 0.26%가량 감소시킴을 의미한다.

추정 결과 나타난 R^2이 거의 1의 값을 갖고 있으나, 높은 R^2 및 기타 통계량들의 값은 위의 추정식이 소비함수를 훌륭히 설명하고 있음을 의미한다. 이와 같이 R^2이 거의 1의 값을 갖는 이유는 설명변수와 종속변수가 시간이 경과함에 따라 함께 증가하여 가성상관관계(spurious

---

3 소비함수의 추정에서 로그 및 반–로그 형태를 취할 경우, 계수값들은 탄력도 및 반–탄력도로 해석될 수 있으므로 로그 및 반–로그 형태를 취하는 것은 매우 공통적이다.

표 6.2 소비함수의 추정 결과

Dependent Variable: LOG(C)
Method: Least Squares
Sample: 1947 2000
Included Observations: 54

	Coefficient	Std. Error	t-Statistic	Prob.
C	−0.467711	0.042778	−10.93343	0.0000
L(DPI)	0.804873	0.017498	45.99836	0.0000
L(W)	0.201270	0.017593	11.44060	0.0000
R	−0.002689	0.000762	−3.529265	0.0009

R-squared	0.999560	Mean dependent var	7.826093
Adjusted R-squared	0.999533	S.D. dependent var	0.552368
S.E. of regression	0.011934	Akaike info criterion	−5.947703
Sum squared resid	0.007121	Schwarz criterion	−5.800371
Log likelihood	164.5880	Durbin−Watson stat	1.289219
F-statistic	37832.59	Prob(F-statistic)	0.000000

주 : L은 자연로그를 의미한다.

correlation)를 갖고 있을 가능성 때문이다. 이와 관련된 내용은 시계열 분석을 다루는 장(제 13장)에서 자세히 살펴볼 예정이며, 현재로서는 시계열 자료를 이용하는 회귀분석에서 발생하는 자기상관 문제를 해결할 수 있는 방안에 관해서만 살펴보고자 한다. 앞서 언급한 바와 같이, 만약 윗 식에서 오차항 간의 자기상관이 존재한다면, 추정된 표준오차와 t값을 신뢰하기 어렵게 된다. 따라서 표 6.1에 나타난 추정 결과를 받아들이기에 앞서 우리는 오차항의 자기상관 유무를 검증해야 한다.

6.2 자기상관 검정법

실제로 자기상관의 존재 여부는 다양한 검정법을 이용하여 검증할 수 있으나, 우리는 그래프 검정법, 더빈–왓슨 검정법, 그리고 브리쉬–고드프리(BG) 검정법과 같이 자기상관을 검정하는 데 주로 이용하고 있는 검정법들에 관해서만 살펴보고자 한다.[4]

그래프 검정법

실증분석에서 잔차항 그래프를 그려보는 것은 추정식이 OLS의 가정들을 충족하고 있는지를 판별할 수 있는 좋은 방법 중 하나이다. 이와 관련하여 어느 계량경제학자는 다음과 같은 점을 지적하였다. "시계열 분석을 수행하는 데 있어 잔차항의 그래프를 그려보지 않는 것은 스

---

4 자기상관의 존재 여부를 검증할 수 있는 다양한 검증방법들에 관해서는 Gujarati/Porter, *op cit.*, Chapter 12, pp. 429-40을 참조하라.

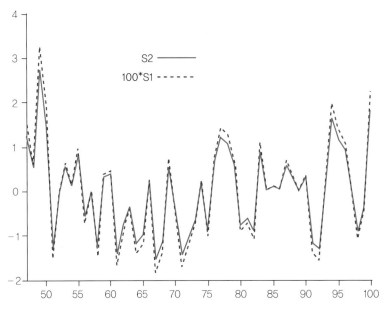

그림 6.1 잔차항(100배 확대)과 표준 잔차항

스로 오류에 빠지는 자명한 짓을 하고 있는 것이다. "[5]

예로서, 앞서 살펴본 이분산 분석에서, 우리는 잔차항이 보이는 일정한 패턴을 찾기 위해 종속변수의 추정치에 대비시켜 잔차제곱의 그림을 그려 보았다. 이는 이와 같은 그림을 통해 이분산이 발생하지 않도록 원래 회귀식을 어떠한 형태로 변환시켜야 할지에 관해 아이디어를 얻을 수 있음을 이미 지적하였다.

자기상관은 오차항들이 상관관계를 갖고 있음을 의미하므로, 이를 검정할 수 있는 가장 손쉬운 방법은 오차항 u_t의 값들을 시점별로 그려 보는 것이다. 그러나 실제로 우리는 오차항을 직접 관찰할 수 없고, 대신 회귀식을 통해 잔차항 e_t를 얻을 수 있다.

이들 잔차항은 오차항과 동일하지는 않으나 오차항의 일치추정치이다. 다시 말해 이들 잔차항은 표본크기가 증가함에 따라 진정한 오차항의 값으로 수렴해 가는 특성을 갖는 추정치라는 점이다. 앞의 실증분석에 이용된 54개의 관측치는 충분히 큰 규모의 표본크기는 아니지만, 이들 관측치들은 제2차 세계대전 후 대부분의 기간을 포함하고 있다. 또한 표본기간을 2009년까지 확장한다 하더라도 단지 9개의 표본수를 늘릴 수 있는 상황이므로 표본기간을 확장하는 데도 한계가 있다 할 수 있다.

이제 잔차항 e_t에 관한 그래프를 시점별로 그려 봄으로써 우리는 자기상관 여부를 시각적으로 판별할 수 있게 된다. 이를 위해 그림 6.1을 살펴보도록 하자.

그림 6.1은 식 (6.1)로부터 얻은 잔차항 S_1과 표준 잔차항(standardized residuals) S_2를 나타

---

5 Chris Chatfield, *The Analysis of Time Series: An Introduction*, 6th edn, Chapman and Hall, 2004, p. 6,

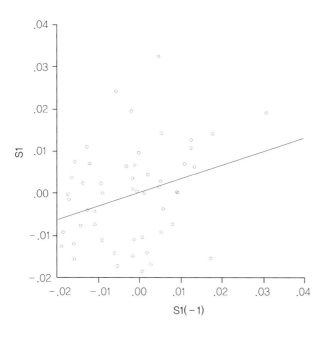

그림 6.2 현재 대 시차 오차항

내고 있다. 여기서 표준 잔차항이란 S_1을 추정식의 표준편차로 나누어 준 잔차항을 의미하며, 그림 6.1에서는 이들 두 잔차항 S_1과 S_2의 비교를 용이하게 하기 위해 S_1에 100을 곱하여 주었다.

그림 6.1에서 S_1과 S_2는 시소(see-saw) 형태를 보이고 있는데, 이와 같은 형태는 잔차항들이 서로 상관관계를 갖고 있음을 의미하는 것이다. 그러나 잔차항의 상관관계는 그림 6.2에서와 같이 $(t-1)$기의 잔차항들에 대해 t기의 잔차항들을 그려봄으로써 더욱 명확히 알 수 있다. 그림 6.2에 나타나 있는 회귀선은 잔차항들이 양의 상관관계를 갖고 있음을 보여주고 있다.

더빈-왓슨 d-검정[6]

자기상관 존재여부를 검증하는 데 가장 많이 이용되고 있는 검정법은 더빈과 왓슨이 개발한 검정법으로 더빈-왓슨 d-통계량(Durbin-Watson d statistic)으로 알려져 있다. 더빈-왓슨 d-통계량은 다음과 같이 정의된다.

$$d = \frac{\sum_{t=2}^{t=n}(e_t - e_{t-1})^2}{\sum_{t=1}^{t=n} e_t^2} \tag{6.2}$$

더빈-왓슨 d-통계량은 연속된 두 오차항의 차를 제곱한 항들의 합과 오차항을 제곱한 항들의 합 간의 비율로 정의된다. 따라서 더빗-왓슨 d-통계량은 연속된 두 오차항의 차를 구할 때 1개의 관측치를 잃게 되므로, 분자의 자유도가 $(n-1)$이 됨에 주목하기 바란다. 또한 d-통계

---

6 더빈-왓슨 d-검정법에 관한 보다 자세한 내용은 Gujarati/Porter, *op cit.*, Chapter 12를 참조하라.

량의 값은 항상 0과 4 사이의 값을 갖게 됨에도 유의해야 한다.[7]

앞의 실증분석 결과에서는 d–통계량의 값이 $1.2829 \approx 1.28$로 나타나고 있다. 이와 같은 값이 갖는 의미는 무엇일까?

d–통계량을 이용하여 자기상관 여부를 검정하는 방법을 살펴보기에 앞서, 먼저 d–통계량의 주요 가정들을 살펴보는 것은 매우 중요하다. 이들 가정은 다음과 같다.

1. 회귀식이 절편항을 포함한다.[8]
2. 설명변수들은 반복 표본추출과정에서 고정되어 있어야 한다.
3. 오차항 u_t는 다음과 같은 1계 자기회귀과정(first-order autoregrssive scheme, AR1)을 따라야 한다.

$$u_t = \rho u_{t-1} + v_t \qquad (6.3)$$

여기서 ρ는 자기상관계수(coefficient of autocorrelaion)를 나타내며, $-1 \leq \rho \leq 1$ 사이의 값을 갖는다. ρ는 1계 AR이라고도 하는데, 이는 t기의 오차항과 $(t-1)$기의 오차항을 연결시키는 역할을 하기 때문이다. 마지막으로 식 (6.3)에서 v_t는 확률적 오차항을 나타낸다.

4. 오차항 u_t는 정규분포를 따른다.
5. 설명변수들은 Y_{t-1}, Y_{t-2}, $\cdots$과 같은 종속변수의 시차변수들을 포함하지 않는다.

현실에서 이와 같은 가정들은 매우 제한적 가정이라 할 수 있다.

d–통계량의 확률값은 설명변수의 값에 복잡한 형태로 의존하므로 d–통계량의 정확한 확률분포를 도출하는 것은 어려운 작업이 된다. 또한 설명변수의 값은 표본에 의존하게 되므로 d–통계량의 표본 확률분포를 구할 수 있는 유일한 방법은 존재하지 않는다.

그러나 표본크기와 설명변수의 숫자에 기초하여 더빈과 왓슨은 2개의 극한값 d_L(하한극한) 및 d_U(상한극한)과 같이 d–통계량이 가질 수 있는 임계값을 설정하였다. 따라서 자기상관 여부의 판단은 d–통계량이 하한극한보다 작거나, 상한극한보다 크거나, 또는 두 극한 사이의 값을 갖는지에 따라 결정된다.

d–통계량을 이용하여 자기상관 여부를 결정하는 규칙은 다음과 같다.

1. $d < d_L$이면, 양의 자기상관에 관한 증거가 존재한다.
2. $d > d_U$이면, 양의 자기상관에 관한 증거가 존재하지 않는다.
3. $d_L < d < d_U$이면, 양의 자기상관에 관해 명확히 결론지을 수 없다.
4. $d_U < d < 4 - d_U$이면, 양 또는 음의 자기상관에 관한 증거가 존재하지 않는다.

---

[7] 이와 관련된 보다 자세한 내용은 Gujarati/Porter, *op cit.*, Chapter 12, pp. 435-6을 참조하라.

[8] 절편항이 없는 경우의 자기상관 여부를 검증하기 위해 Farebrother는 d–통계량을 수정하였다. 이에 관한 보다 자세한 내용은 Gujarati/Porter, *op cit.*, p. 434를 참조하라.

5. $4 - d_U < d < 4 - d_L$이면, 음의 자기상관에 관한 명확한 결론이 존재하지 않는다.

6. $4 - d_L < d < 4$이면, 음의 자기상관에 관한 증거가 존재한다.

앞서 언급한 바와 같이, d-통계량의 값은 0과 4 사이에 존재한다. 따라서 d-통계량의 값이 0의 값에 근접할수록 오차항이 양의 상관관계를 갖는다는 점을 의미하며, 4에 근접할수록 오차항이 음의 상관관계를 갖는다는 점을 나타낸다. 그러나 d-통계량의 값이 2에 근접한다면 양 또는 음의 1계 상관관계가 존재하지 않음을 의미한다.

더빈과 왓슨은 관측치 크기가 200까지 증가하는 경우와 설명변수의 숫자가 10까지 증가하는 경우들에 관해 5% 및 10% 유의수준에서 d-통계량이 가질 수 있는 하한극한 및 상한극한 값을 표로 제시하였다.

이제 앞에서 살펴본 소비함수의 회귀분석 결과에 더빈-왓슨 d-검정법을 적용할 경우, $n = 54$, X(설명변수 숫자) $= 3$이 되므로 5% 유의수준에서 d-통계량의 임계값($n = 55$를 적용)은 (1.452, 1.681)임을 알 수 있다. 그러나 회귀분석 결과로부터 얻은 d-통계량의 값은 1.28로 하한 및 상한 극한 사이에 위치하므로 오차항은 양의 상관관계를 갖고 있다고 결론지을 수 있다.

또한 1% 유의수준에서의 d-통계량의 값은 (1.284, 1.506)이므로, 이 경우에도 회귀분석에서 얻은 d-통계량 값이 하한극한보다 작은 값을 갖게 된다. 따라서 우리는 1% 유의수준에서도 오차항이 양의 1계 상관관계를 갖는다고 결론지을 수 있다.

브리쉬-고드프리(BG) 검정법[9]

브리쉬-고드프리는 더빈-왓슨의 d-검정법이 갖고 있는 제약적 가정들을 보다 일반화시킨 검정법을 제안하였다. 이들의 검정법에서는 더빈-왓슨 검정법과 달리 (1) 설명변수로 종속변수의 시차변수들이 허용되며, (2) 오차항의 1계 자기상관을 가정하기보다는 AR(2), AR(3), ⋯와 같이 고계의 자기상관을 가정할 수 있으며, (3) u_{t-1} 및 u_{t-2}와 같은 오차항의 이동 평균항이 설명변수로 포함될 수 있다.[10]

BG 검정법을 이해하기 위하여, 식 (6.1)의 오차항이 다음과 같은 구조를 갖고 있다고 가정하자.

$$u_t = \rho_1 u_{t-1} + \rho_2 u_{t-2} + \cdots + \rho_p u_{t-p} + v_t \tag{6.4}$$

식 (6.4)에서 v_t는 제1장에서 살펴본 고전적 선형회귀모형에서 가정된 오차항을 나타낸다.

식 (6.4)는 오차항이 AR(p) 자기회귀과정을 따르고 있음을 나타내며, 이는 t기의 오차항이

---

9 이와 관련된 보다 자세한 내용은 Gujarati/Porter, *op cit.*, pp. 438-40을 참조하라.

10 예로서, 2계 자기상관을 나타내는 AR(2)는 한 변수의 t기 값을 회귀분석함에 있어 자신의 $(t-1)$기 값과 $(t-2)$기 값을 설명변수로 이용함을 의미한다. 또한 1계 이동평균 MA(1)은 회귀분석에서 t기의 오차항과 $(t-1)$기의 오차항이 설명변수 됨을 의미한다. MA 과정에 대해서는 제16장에서 자세히 다룰 것이다.

자기시차변수를 설명변수로 포함하고 있음을 의미한다. 일반적으로 시계열 자료를 이용하는 실증분석에서 높은 차수의 자기회귀과정을 선택하는 것은 선호되지 않으므로 정확한 p를 결정하기 위해서는 다양한 시차를 적용시켜 반복적으로 식 (6.4)를 추정하는 과정을 거쳐야 한다.

BG 검정법의 귀무가설 H_0는 다음과 같다.

$$\rho_1 = \rho_2 = \ldots = \rho_p = 0 \tag{6.5}$$

식 (6.5)가 의미하는 바는 오차항이 어떤 차수의 자기회귀과정도 따르지 않는다는 것을 나타낸다.

실제로 우리는 오차항의 추정량인 잔차항 e_t만을 관찰할 수 있으므로, 다음과 같은 절차에 의해 BG 검정법을 수행해야 한다.

1. 식 (6.1)을 OLS로 추정한 후, 잔차항 e_t를 얻는다.

2. 식 (6.1)의 설명변수들과 식 (6.4)의 p차 자기시차변수들을 설명변수로 하여 잔차항 e_t를 추정한다. 다시 말해 다음과 같은 회귀식을 추정한다.

$$e_t = A_1 + A_2 \ln DPI_t + A_3 \ln W_t + A_4 R_t + C_1 e_{t-1}$$
$$+ C_2 e_{t-2} + \ldots + C_p e_{t-p} + v_t \tag{6.6}$$

회귀식 (6.6)의 보조회귀분석(auxiliary regression)으로부터 R^2을 얻는다.

3. BG는 표본크기가 클 경우(기술적으로 무한히 증가할 경우), 다음과 같은 통계량이 χ^2-분포를 따름을 증명하였다.

$$(n-p)R^2 \sim \chi_p^2 \tag{6.7}$$

다시 말해 대표본에서 통계량 $(n-p) \times R^2$은 자유도가 p인 χ^2-분포를 따르게 된다.

4. 식 (6.7)의 통계량 대신, 회귀식 (6.6)으로부터 얻는 F-통계량을 이용하여 귀무가설 식 (6.5)를 검정할 수도 있다. 이 경우 F-통계량은 분자 및 분모의 자유도가 각각 $(p, n-k-p)$를 갖게 되는데, 이때 k는 식 (6.1)의 설명변수 숫자(절편항 포함)를 나타낸다.

따라서 이와 같은 절차를 통해 얻은 χ^2-통계량이 특정 유의수준에서 갖는 임계치보다 클 경우, 오차항이 자기상관을 갖지 않는다는 귀무가설을 기각할 수 있게 된다. 이는 보조회귀식 (6.6)에 포함된 p개의 자기시차 항 중 적어도 하나 이상의 자기시차 항이 0이 아니라는 것을 의미하므로 오차항이 어떤 형태이든 자기상관을 갖고 있다는 것을 의미한다. 대부분의 통계 패키지들은 χ^2-통계량의 값을 제공하고 있으므로 유의수준을 임의로 결정할 필요가 없다.

한편 χ^2-통계량과 같이 F-통계량이 특정 유의수준에서 갖는 임계치보다 클 경우에도, 오차항이 자기상관을 갖지 않는다는 귀무가설을 기각할 수 있다. 이 경우 역시 임의로 유의수준을 결정하는 대신, 통계패키지가 제공하는 F-통계량의 p값을 이용하여 p값이 작을 경우 귀무가설을 기각할 수 있다.

이들 두 통계량을 이용하는 검정법은 두 통계량 간의 관계에서 알 수 있듯이 유사한 검정결과를 제공한다.[11]

이제 BG 검정법을 이용하여 자기상관 여부를 검정하기에 앞서, BG 검정법이 갖는 특징을 살펴보도록 하자.

1. BG 검정법은 오차항 u_t의 분산이 동분산이 되어야 함을 요구한다. 만약 이분산을 가질 경우, 화이트의 오차항과 같이 동분산 조건을 충족할 수 있는 변형된 오차항을 이용해야 한다.

2. 실제로 BG 검정법을 실행할 때 직면하는 어려움은 식 (6.4)에서 적정시차 p를 결정하는 문제이다. 이때 p의 결정은 시계열 자료의 형태에 의존하게 된다. 예로서, 우리가 월별 자료를 이용할 경우, 11개 시차항을 포함할 수 있을 것이며, 분기별 자료의 경우 3개의 시차항을, 연간 자료의 경우 1개의 시차항만으로도 충분할 수 있다. 물론 우리는 다양한 p를 선택한 후, 아카이케와 슈바르츠 정보 기준(제2장 참조)에 따라 p를 결정할 수도 있다. 이 경우 아카이케와 슈바르츠 정보 기준은 작은 값을 가질수록 보다 적합한 모형임을 의미하게 된다.

이와 같은 BG-검정법을 앞서 살펴본 소비함수에 적용시킨 결과는 표 6.3에 나타나 있다. 이 경우 추정에 이용된 자료가 연간 자료이므로 오직 1개의 시차변수만을 식 (6.6)의 보조회귀식에 포함시켰다.

표 6.3에 나타나 있는 바와 같이, χ^2-통계량과 F-통계량의 값이 매우 작은 값을 가지므로 오차항이 1계 자기상관을 갖는다고 결론지을 수 있다.

또한 1계 시차변수 외에 오차항의 2계 및 3계 시차변수들을 포함한 보조회귀식을 추정하여, 다음과 같은 BG(χ^2)값을 얻었다.

# 시차	χ^2	χ^2의 p값
2	6.447	0.038
3	6.657	0.0837

AR(1)과 AR(2)항 모두 통계적으로 유의한 것으로 나타나, AR(2)의 오차항 구조가 추정식에 더 적절한 것으로 나타나고 있다. 또한 1계, 2계, 3계 오차항의 시차변수들에 관해서는 다음과 같은 아카이케 정보통계량 값을 얻었다. -6.01, -6.00, -5.96. 따라서 아카이케 정보통계량의 최소값 기준에 따르면 AR(1)모형이 AR(2)모형에 비해 더 선호되고 있으나, -6.01

---

[11] 이들 두 통계량의 관계는 다음과 같다. 분모의 자유도(m)가 클 경우, 분자의 자유도(n)에 F-통계량 값을 곱하여 얻어지는 통계량은 F-통계량의 분자가 갖는 자유도와 일치하는 자유도를 갖는 χ^2-통계량으로 근사될 수 있다.

표 6.3 소비함수의 자기상관 여부에 관한 BG 검정법 결과

Breusch–Godfrey Serial Correlation LM Test:

F-statistic	5.345894	Prob. F(1,49)	0.0250
Obs*R-squared	5.311869	Prob. Chi-Square(1)	0.0212

Test Equation:
Dependent Variable: RESID (e_t)
Method: Least Squares
Sample: 1947 2000
Presample missing value lagged residuals set to zero.

	Coefficient	Std. Error	t-Statistic	Prob.
C	0.000739	0.041033	0.018016	0.9857
L(DPI)	−0.000259	0.016784	−0.015433	0.9877
L (w)	0.000131	0.016875	0.007775	0.9938
R	0.000181	0.000735	0.246196	0.8066
RESID(-1)	0.330367	0.142885	2.312119	0.0250

R-squared	0.098368	Mean dependent var	−7.07E−19
Adjusted R-squared	0.024765	S.D. dependent var	0.011591
S.E. of regression	0.011447	Akaike info criterion	−6.014218
Sum squared resid	0.006420	Schwarz criterion	−5.830053
Log likelihood	167.3839	Durbin–Watson stat	1.744810
F-statistic	1.336473	Prob(F-statistic)	0.269759

과 −6.00은 거의 차이가 없는 수준이므로 AR(2) 모형을 선택할 수 있다.[12]

　Stata에서는 회귀식을 수정한 후, **estat bgodfrey, lags (p)**라는 명령어를 입력할 수 있다. 여기서 p는 아카이케 혹은 유사한 정보 기준을 이용하여 시행착오를 거쳐 선택된 시차를 의미한다. 이외에도 F 혹은 C를 이용할 수도 있다.

더빈의 자기상관 대안 검증법

앞서 살펴본 더빈–왓슨 검증법의 한계점들 때문에 Stata를 포함한 여러 통계패키지 프로그램들은 더빈의 자기상관 대안 검증법(Durbin's alternative test of autocorrelation)으로 알려진 검증법을 제공하고 있다. 더빈의 자기상관 대안 검증법은 종속변수의 시차변수(들)이 설명변수로 포함되었을 경우, 자기상관을 검증할 수 있는 방법이다. 이 검증법에서는 귀무가설로 자기상관이 존재하지 않음을 설정하고, 대립가설로는 p계 자기상관이 존재함을 설정한 후, 이들 가설에 대한 정형화된 검증방식을 제공하고 있다.

　Stata의 경우, 회귀식 추정 후 명령어 **estat durbinalt, lags(p)**를 실행하면 된다. BG검증법과 같이 시차 p의 결정은 아카이케 혹은 이와 유사한 정보 기준을 이용하는 시행착오 과정을 통해 결정된다. 우리의 예에서, durbinalt 값은 다음과 같다.

---

12 −5.96은 −6.0보다 크고, −6.0은 −6.01보다 크다는 점을 주의하라.

# 시차	χ^2	χ^2의 p값
1	5.346	0.0208 (df, 1)
2	6.508	0.0386 (df, 2)
3	6.609	0.0855 (df, 3)

BG와 durbinalt 검증법은 거의 유사한 결과를 갖기 때문에, 실제 추정에서 이 두 검증법을 모두 수행할 필요는 없다.

6.3 자기상관 해결법

자기상관이 존재할 경우, OLS 추정량의 표준오차는 심각한 편의를 갖게 되므로 추정 결과에 대한 그릇된 추론 결과에 도달하게 된다. 따라서 이를 방지하기 위해서는 자기상관을 발견했을 경우, 그 심각성에 따라 이를 교정해 주어야 한다. 그러나 이 경우, 우리는 오차항 u_t를 직접 관찰할 수 없으므로 오차항의 자기상관 구조를 파악할 수 없다.

따라서 오차항의 자기상관 구조를 파악하기 위해서는 이분산의 경우에서와 같이 자기상관 구조를 추측하나, 원래 회귀식의 오차항이 자기상관 구조를 갖지 않도록 회귀식을 변형시켜야 한다. 이제 이를 위한 방법들을 살펴보도록 하자.

1계 차분변형법

식 (6.3)과 같이, 오차항이 1계 자기상관(AR(1)) 구조를 가질 경우, 식 (6.3)은 다음과 같이 표현될 수 있다.

$$u_t - \rho u_{t-1} = v_t \tag{6.8}$$

따라서 만약 ρ의 값을 알고 있다면 u_t에서 ρu_{t-1}을 빼줌으로써 v_t를 얻을 수 있게 되며, 이때 v_t는 OLS의 가정을 충족하게 된다. 따라서 원래 회귀식은 다음과 같은 형태로 변형될 수 있다.

$$
\begin{aligned}
\ln C_t - \rho \ln C_{t-1} = &\, B_1(1-\rho) + B_2(\ln DPI_t - \rho \ln DPI_{t-1}) \\
&+ B_3(\ln W_t - \rho \ln W_{t-1}) + B_4(R_t - \rho R_{t-1}) \\
&+ (u_t - \rho u_{t-1})
\end{aligned} \tag{6.9}
$$

식 (6.9)에서 마지막 항은 자기상관을 갖고 있지 않는 v_t를 의미하므로 이처럼 변형된 회귀식은 OLS에 의해 추정될 수 있다. 식 (6.9)에 나타나 있는 바와 같이, 원래 회귀식을 차분 형태로 변형하기 위해서는 $(t-1)$기 변수들에 ρ를 곱한 후, 이를 t기 변수들로부터 빼주면 된다. 이때 이와 같은 방식으로 변형된 회귀식으로부터 얻어지는 추정량은 BLUE가 된다.

그러나 차분을 통해 회귀식을 변형시킬 경우, 초기 관측치 1개를 잃게 됨에 주의하기 바란다. 따라서 표본크기가 충분히 클 경우에는 1개의 관측치를 잃는 것이 큰 문제가 되지 않으나, 표본크기가 작을 경우에는 추정량이 BLUE가 되지 않을 수도 있다. 그러나 이 경우, 첫

표 6.4 소비함수의 1계 차분변환 회귀식

Dependent Variable: D(LC)
Method: Least Squares
Sample (adjusted): 1948 2000
Included Observations: 53 after adjustments

	Coefficient	Std. Error	t-Statistic	Prob.
D(LDPI)	0.848988	0.051538	16.47313	0.0000
D(LW)	0.106360	0.036854	2.885941	0.0057
D(R)	0.000653	0.000826	0.790488	0.4330

R-squared	0.614163	Mean dependent var	0.035051
Adjusted R-squared	0.598730	S.D. dependent var	0.017576
S.E. of regression	0.011134	Akaike info criterion	−6.102765
Sum squared resid	0.006198	Schwarz criterion	−5.991239
Log likelihood	164.7233	Hannan−Quinn criter.	−6.059878
Durbin−Watson stat	2.026549		

주 : D stands for the first difference operator Δ and L stands for natural logarithm.

번째 관측치를 고려하며 원래 회귀식을 변형할 수 있는 패리스−윈스턴 변형이 있다.[13]

이제 실증분석에서 원래 회귀식을 식 (6.9)와 같이 변형하기 위해서는 ρ의 값을 추정해야 한다. 우리는 ρ의 범위가 $-1 \leq \rho \leq 1$ 사이에 있다는 것을 알고 있다. 따라서 회귀식을 식 (6.9) 의 차분 형태로 변환시키는 데 있어 −1과 1 사이에 존재하는 ρ의 어떤 값도 이용될 수 있다. 그러나 실수선 상에서는 무수히 많은 값이 존재하므로 이 중 어떤 값을 선택해야 할까?

현실 세계에서 시계열 자료들은 높은 자기상관관계를 보이고 있다. 따라서 이와 같은 사실 은 원래 회귀식을 차분 형태로 변환시키는 데 있어 $\rho = 1$의 값을 이용하는 것이 큰 무리가 없 음을 암시하는 것으로 해석할 수 있다. 따라서 $\rho = 1$을 가정할 경우, 식 (6.9)는 다음과 같이 표현된다.

$$\Delta \ln C_t = B_2 \Delta \ln DPI_t + B_3 \Delta \ln W_t + B_4 \Delta R_t + \nu_t \tag{6.10}$$

식 (6.10)에서 Δ는 1계 차분연산자로 $\Delta \ln C_t = \ln C_t - \ln C_t - 1$을 의미한다.

식 (6.10)은 1계 차분변형으로 불리는 반면, 식 (6.1)은 수준변수 회귀식으로 불린다.

식 (6.10)을 추정할 경우, 절편항이 포함되어 있지 않은 점에 유의하기 바란다. 대부분의 통 계 패키지들은 이와 같은 형태의 1계 차분변형 방법을 제공하고 있으며, Eviews를 이용하여 식 (6.10)을 추정한 결과는 표 6.4에 나타나 있다.

이제 **BG** 검정법을 이용하여 변형식의 오차항에 관한 자기상관 여부를 검정해 볼 경우, 식

---

13 우리는 패리스−윈스턴 변형법에 관해 자세한 내용을 다루지 않을 것이나, 대부분의 통계패키지에서 이 변형 방법이 제공되고 있다. 이와 관련된 보다 자세한 내용은 Gujarati/Porter, *op cit.*, pp. 442-3을 참조 하라.

(6.4)의 자기시차변수의 차수와 무관하게 자기상관을 갖지 않는다는 결과를 얻을 것이다.

표 6.4와 6.2에 나타나 있는 추정 결과를 비교해 보면, 두 추정 결과에서 얻은 소득에 대한 탄력성은 큰 차이를 보이지 않고 있으나, 재산가치에 대한 탄력성은 두 경우 모두에서 통계적 유의성을 가질지라도 차분 형태의 회귀식으로부터 얻은 탄력성이 수준변수 회귀식으로부터 얻은 탄력성의 절반 수준에 그치고 있음을 알 수 있다. 또한 차분 형태의 회귀식으로부터 얻은 이자율에 대한 소비지출의 반−탄력성은 거의 0의 값을 갖고 있을 뿐만 아니라, 부호 역시 경제이론과 상반되게 나타나고 있다. 이와 같은 결과는 수준변수를 차분변수로 변환시킬 때 이용된 ρ 값의 선택이 잘못되어 발생할 수 있다. 그러나 보다 근본적인 원인은 시계열 변수들의 안정성(stationarity)과 관련된 문제로 이에 관해서는 시계열 분석을 다루는 제13장에서 자세히 다룰 것이다.

한편 두 추정식은 서로 다른 종속변수를 갖고 있으므로 표 6.2와 6.4에 나타나 있는 결정계수 R^2을 직접적으로 서로 비교할 수 없음에 주의하라. 이는 앞서 언급한 바와 같이 2개 이상의 결정계수를 비교하기 위해서는 종속변수가 같아야 하기 때문이다.

일반적 변형방법

여러 개의 ρ 값을 이용하여 원래 회귀식을 차분 형태의 회귀식으로 변형하는 작업은 많은 시간과 노력을 요구하므로 이를 간편히 수행할 수 있는 방법에 관해 살펴보도록 하자. 예로서, 오차항이 1계 자기상관을 갖고 있다고 가정할 경우, 오차항의 추정량인 잔차항이 1계 자기상관을 갖는다고 가정한 후, 다음과 같은 회귀식을 추정할 수 있다. 이는 표본크기가 충분히 클 경우, 잔차항은 오차항의 일치추정량이 되기 때문이다.

$$e_t = \hat{\rho}e_{t-1} + \text{error} \tag{6.11}$$

식 (6.11)에서 $\hat{\rho}$은 식 (6.8)에 주어진 ρ의 추정량이다.

이제 식 (6.11)로부터 ρ의 값이 추정되면, 이 추정치를 이용하여 원래 회귀식을 식 (6.9)와 같은 차분 형태의 회귀식으로 변환할 수 있을 뿐만 아니라, 변환된 회귀식도 함께 추정할 수 있게 된다.

이와 같은 방식을 통해 추정된 추정량을 일반최소추정량[Feasible Generalized Least Square(FGLS) estimators]이라 부른다.

이제 이상의 방법을 우리가 살펴본 예에 적용시킬 경우, $\hat{\rho}$의 값은 0.3246으로 추정된다.

그러나 표본크기가 충분히 클 경우, ρ를 추정하는 대신에 $\hat{\rho}$의 값을 얻을 수 있는 또 다른 방법은 ρ와 더빈−왓슨 d−통계량 간의 다음 관계를 이용하는 것이다.

$$\rho \approx 1 - \frac{d}{2} \tag{6.12}$$

여기서 d−통계량은 수준변수를 이용한 회귀식에서 얻은 DW d−통계량을 나타낸다. 앞서 살펴본 예에서, d-통계량의 값은 1.2892였으므로 식 (6.12)를 적용하면 다음의 결과를 얻게 된다.

$$\hat{\rho} = 1 - \frac{1.2892}{2} = 0.3554$$

따라서 이 값을 이용하여 원래 회귀식을 차분 형태의 회귀식으로 변환시킬 수 있다.

이상의 논의에서 주목해야 하는 사실은 식 (6.11)과 (6.12)로부터 얻어지는 추정치는 거의 같은 수준의 값을 가지고 있으며, 이들 모두 ρ의 일치추정치라는 점이다. 이제 앞서 얻어진 $\hat{\rho}$의 값들 중 $\hat{\rho} = 0.3246$을 이용하여 차분 형태로 전환된 회귀식을 추정한 결과는 표 6.5에 나타나 있다.

이 경우 잔차항의 자기상관 여부를 BG 검정법을 이용하여 검정해 보도록 하자. 식 (6.6)에 1계 및 2계 시차변수를 포함시킬 경우, BG 통계량은 통계적 유의성이 없는 것으로 나타나 변환을 한 회귀식의 오차항이 자기상관관계를 갖고 있지 않음을 나타냈다. 또한 오직 1계 시차변수만을 포함시킬 경우에도 BG 통계량이 0.0094의 값을 가져 이 경우 p값은 92%로 나타났다.

표 6.5와 6.2에 주어진 추정 결과를 비교해 보면 추정치들의 표준오차가 큰 차이를 보이고 있음을 알 수 있다. 표 6.2에서 보여주는 추정 결과는 오차항의 자기상관 문제가 해결되지 않은 상태이나 표 6.5에서 보여주는 추정 결과는 오차항의 자기상관 문제가 해결된 추정치이다. 따라서 두 표에 나타나 있는 소득에 대한 탄력성 및 재산가치에 대한 탄력성은 서로 비슷한 값을 갖더라도 표준오차의 차이로 인해 t값도 서로 다르게 나타나고 있다.

다시 말해 표 6.5에 나타나 있는 추정치의 값이 더 작은 값을 갖고 있는데, 이는 앞서 언급한 바와 같이 오차항의 자기상관이 존재할 경우, OLS 표준오차가 과소추정됨을 의미하는 것이다.

표 6.5 소비함수의 차분변수 회귀식, $\hat{\rho} = 0.3246$

Method: Least Squares
Sample (adjusted): 1948 2000
Included Observations: 53 after adjustments

	Coefficient	Std. Error	t-Statistic	Prob.
C	−0.279768	0.033729	−8.294681	0.0000
LDPI−0.3246*LDPI(−1)	0.818700	0.021096	38.80871	0.0000
LW−0.3246*LW(−1)	0.183635	0.020986	8.750235	0.0000
R−0.3246*R(−1)	−1.84E−05	0.000969	−0.019017	0.9849

R-squared	0.999235	Mean dependent var	5.309128
Adjusted R-squared	0.999188	S.D. dependent var	0.365800
S.E. of regression	0.010423	Akaike info criterion	−6.217159
Sum squared resid	0.005323	Schwarz criterion	−6.068458
Log likelihood	168.7547	Hannan–Quinn criter.	−6.159976
F-statistic	21333.54	Durbin–Watson stat	1.448914
Prob(F-statistic)	0.000000		

차분 형태의 회귀식에서 이자율에 대한 반–탄력성은 경제이론과 부합하는 부호를 갖고 있으나, 통계적으로 유의하지 않게 나타나고 있다. 이는 앞서 언급한 바와 같이 변수들의 안정성과 관련된 문제일 가능성이 크다. 또한 두 표에서 R^2은 거의 비슷한 값을 갖고 있으나, 앞서 설명한 바와 같이 이 두 결정계수를 비교할 수 없다.

오차항이 1계 자기회귀과정을 따른다는 가정은 식 (6.4)에 나타나 있는 p계 자기회귀과정 (AR(p))의 특정한 경우에 불과하다. 예로서, 오차항이 2계 자기회귀가정을 따른다고 가정할 경우,

$$u_t = \rho_1 u_{t-1} + \rho_2 u_{t-2} + v_t \tag{6.13}$$

으로 표현될 수 있으며, 이때 v_t는

$$u_t - \rho_1 u_{t-1} - \rho_2 u_{t-2} = v_t \tag{6.14}$$

로 표현되며, OLS의 가정을 충족시키고 있다. 이 경우에도 $(t-1)$기 및 $(t-2)$기 변수들에 ρ_1과 ρ_2를 곱해 준 후, 이를 t기 변수들로부터 빼줌으로써 회귀식의 설명변수와 종속변수들을 차분 형태로 변환시킬 수 있다.

그러나 이와 같은 변형과정에서도 오차항을 직접 관찰할 수 없으므로 오차항의 추정량인 잔차항을 이용해야 한다. 대부분의 통계패키지는 이와 같은 변환과정을 제공하고 있으므로 이와 같은 변환을 직접 할 필요는 없다. 예로서, Eviews는 OLS 추정에 AR(1)과 AR(2) 명령어를 추가함으로써, 앞의 예에 대한 결과를 자동적으로 얻을 수 있는 기능을 제공하고 있다.

또한 오차항이 AR(p) 과정을 따른다고 가정할 경우에는 p를 결정하기 위해 아카이케 정보기준 및 이와 유사한 기준법들을 이용할 수 있다. 그러나 표본의 크기가 충분히 크지 않을 경우, 오차항의 자기시차를 추가하는 것은 자유도를 상실하게 하므로 너무 높은 차수의 자기시차 항을 포함시키는 것은 바람직하지 않다.

뉴이–웨스트 표준오차

오차항의 자기상관 구조를 결정하기 위해 지금까지 살펴본 방법들은 **시행착오**를 반복해야 하는 방법들로서 이들의 적용 및 성공 여부는 자료의 특성 및 표본크기에 의존한다.

그러나 표본크기가 충분히 크다면(기술적으로 무한히 증가한다면), 뉴이(Newey)와 웨스트(West)가 제시한 방법을 이용하여 OLS로부터 얻은 추정치의 표준오차를 교정할 수 있다. 이들 방식에 의해 교정되는 표준편차는 **HAC**(heteroscedasticity and autocorrelation consistent) 표준오차로 불린다.[14] 일반적으로 오차항에 자기상관이 존재할 경우, HAC 표준

---

[14] HAC 표준오차를 도출하기 위해서는 상당한 수준의 수학적 지식을 요구한다. 만약 독자들이 선형대수학에 충분한 지식을 갖고 있다면 William H. Green의 *Econometric Analysis*, 6th edn, Pearson/Prentice Hall, New Jersey, 2008, Chapter 19를 참조하라.

표 6.6 소비함수의 HAC 표준오차

Dependent Variable: LC
Method: Least Squares
Sample: 1947 2000
Included Observations: 54
Newey–West HAC Standard Errors & Covariance (lag truncation=3)

	Coefficient	Std. Error	t-Statistic	Prob.
C	−0.467714	0.043937	−10.64516	0.0000
LDPI	0.804871	0.017117	47.02132	0.0000
LW	0.201272	0.015447	13.02988	0.0000
R	−0.002689	0.000880	−3.056306	0.0036

R-squared	0.999560	Mean dependent var	7.826093
Adjusted R-squared	0.999533	S.D. dependent var	0.552368
S.E. of regression	0.011934	Akaike info criterion	−5.947707
Sum squared resid	0.007121	Schwarz criterion	−5.800374
Log likelihood	164.5881	Durbin–Watson stat	1.289237
F-statistic	37832.71	Prob(F-statistic)	0.000000

오차는 OLS 표준오차에 비해 더 큰 것으로 알려져 있다.

이제 앞서 살펴본 소비함수의 추정 결과에 HAC 표준오차를 적용시키는 절차를 살펴보기로 한다. 대부분의 통계패키지는 HAC 표준오차를 제공하고 있는데, 표 6.6은 Eviews를 이용하여 얻은 추정 결과를 나타내고 있다.

표 6.6과 6.2에 나타나 있는 추정 결과를 비교해 보면, 추정치의 표준오차가 큰 차이를 갖고 있지 않음을 알 수 있다. 이는 자기상관 검정법에 의해 나타난 자기상관의 존재가 추정 결과에 큰 영향을 미치지 않는다는 것을 의미하는 것이다. 이는 앞서 살펴본 바와 같이 오차항에서 발견된 자기상관계수가 0.32와 0.35 사이의 값을 갖고 있는 것으로 나타나 자기상관 수준이 매우 높지 않은 수준으로 나타났기 때문이다. 물론 이와 같은 결과는 우리가 다루고 있는 경우에만 한정된 것이므로 모든 경우에도 이와 같은 결과가 나타날 것이라 결론지을 수 없다.

두 경우 모두 표에 나타나 있는 추정치 및 관련 통계량의 값들이 동일하게 나타나고 있다. 다시 말해 HAC 표준오차 방법론은 표준오차 값에만 영향을 줄 뿐, 추정치의 t값 및 p값에는 영향을 주지 않는다. 이는 HAC 표준오차는 이분산 문제해결을 위한 화이트의 오차항과 같이 원래 회귀식의 계수 및 이와 관련된 통계량에는 영향을 미치지 않기 때문이다.

그러나 HAC 표준오차는 오직 대표본에서만 유효하다는 사실을 잊지 말아야 한다.[15]

---

[15] HAC 표준오차의 한계점들에 관한 내용들은 Jeffrey M. Wooldridge, *Introductory Econometrics*, 4th edn, South-Western, Ohio, 2009, pp. 428-31을 참조하라.

6.4 모형 평가

고전적 선형회귀모형의 중요한 가정 중 하나는 추정식이 정확히 설정되어 있어야 한다는 것이다. 그러나 추정식을 정확히 설정한다는 것은 매우 어려운 주문이라 할 수 있다. 따라서 회귀분석을 수행함에 있어 적절한 자료와 추정법에 관한 가이드를 얻기 위해 선행연구들을 참조한다.

그러나 선행연구들을 참조하는 경우에서도 정확한 모형을 설정하는 것은 매우 어려운 영역에 속하는 작업이 된다. 특히 이 장에서 다루고 있는 자기상관의 문제는 인간 행태의 관성, 모형설정오류(specification error), 거미집 현상(Coweb phenomenon), 자료합성(manipulation) 및 불안정성(nonstationary)과 같이 다양한 이유들로부터 발생할 수 있다.[16]

이를 구체적으로 살펴보기 위하여 모형설정 오류의 경우를 살펴보도록 하자. 이를 위하여 식 (6.1)을 다음과 같이 표기했다고 가정하자.

$$\ln C_t = A_1 + A_2 \ln DPI_t + A_3 \ln W_t + A_4 R_t + A_5 \ln C_{t-1} + u_t \qquad (6.15)$$

식 (6.1)과 (6.15)의 차이점은 식 (6.15)에는 소비의 1계 시차변수에 로그를 취한 값이 설명변수로 포함되었으며, 각 식의 계수가 갖는 차이를 구분하기 위해 B 대신 A를 이용했다는 점이다.

식 (6.15)는 종속변수의 시차변수가 설명변수로 이용되고 있으므로 자기회귀모형(auto-regressive model)이라 불린다. 이와 같이 소비지출의 시차변수를 설명변수로 포함시킨 이유

표 6.7 자기회귀모형을 가정한 소비함수

Dependent Variable: LC
Method: Least Squares
Sample (adjusted): 1948 2000
Included Observations: 53 after adjustments

	Coefficient	Std. Error	t-Statistic	Prob.
C	−0.316023	0.055667	−5.677048	0.0000
LINC	0.574832	0.069673	8.250418	0.0000
LW	0.150289	0.020838	7.212381	0.0000
R	−0.000675	0.000894	−0.755458	0.4537
LC(−1)	0.276562	0.080472	3.436754	0.0012

R-squared	0.999645	Mean dependent var	7.843870
Adjusted R-squared	0.999616	S.D. dependent var	0.541833
S.E. of regression	0.010619	Akaike info criterion	−6.162741
Sum squared resid	0.005413	Schwarz criterion	−5.976865
Log likelihood	168.3126	Durbin–Watson stat	1.395173
F-statistic	33833.55	Prob(F-statistic)	0.000000

---

[16] 이와 관련된 사항에 관해서는 Gujarati/Porter, *op cit.*, pp. 414-18을 참조하라.

는 과거 소비지출 수준이 현재의 소비지출에 미치는 영향을 살펴보기 위함이다. 따라서 과거의 소비지출이 현재의 소비지출에 영향을 미칠 경우, 이는 인간 행태의 관성적 요인을 보여주는 예라 할 수 있다.

표 6.7에 나타나 있는 바와 같이, 과거 소비지출 수준은 여타의 조건이 일정하다면 현재의 소비지출에 명백한 영향을 미치고 있다. 이는 소비행태의 관성적 특성에 기인하는 것이다. 표 6.2와 6.7에 나타나 있는 계수들의 추정치들은 서로 다른 것으로 보일 수 있으나, 실제로는 그렇지 않다. 이는 표 6.7에 나타나 있는 추정치들을 $(1 - 0.2765) = 0.7235$로 나누어 얻는 값들이 표 6.2에 나타나 있는 추정치들과 거의 비슷한 값을 갖기 때문이다.[17]

이제 식 (6.15)의 오차항들에 관한 자기상관 여부를 살펴보도록 하자. 이 경우 설명변수로 종속변수의 시차변수가 포함되어 있으므로 더빈–왓슨 검정법의 가정을 위반하고 있다. 따라서 이 경우 자기상관 존재 여부의 검증을 위해 더빈–왓슨의 d-통계량을 적용할 수 없다.

그러나 더빈은 이처럼 종속변수의 시차변수가 설명변수로 포함되어 있을 경우, 오차항이 1계 자기상관과정을 따른다는 가정하에 h-검정통계량을 개발하였다.[18]

h-검정통계량은 $\rho = 0$이라는 귀무가설 하에서 표본규모가 클 경우, 표준정규분포를 따르는 것으로 알려져 있다. 다시 말해 $h \sim N(0,1)$로 표현할 수 있다. 정규분포의 특성상, $|h| > 1.96$일 확률은 5%이나, 우리의 예에서 h-검정통계량은 대략 5.43으로 나타나고 있다. 따라서 이 경우, 우리는 자기상관이 존재하지 않는다는 귀무가설을 5% 수준에서 기각할 수 있으므로 식 (6.15)의 오차항에는 자기상관이 존재함을 알 수 있다.

한편 BG 검정법은 설명변수로 종속변수의 시차변수를 포함하는 것을 허용하고 있으므로 더빈의 h-검정법 대신에 BG 검정법을 이용할 수도 있다. 잔차항의 1계 및 2계 시차변수를 포함시킨 BG 검정법에서도 오차항의 자기상관이 존재함을 지적하고 있다: F-통계량의 p값은 0.09이며 χ^2의 검정통계량의 p값은 0.07로 나타나 있다(표 6.8).

따라서 이상의 결과로부터 식 (6.1)과 (6.15) 중 어느 식을 추정한다 하더라도 우리가 보유하고 있는 자료는 자기상관 문제를 갖고 있는 것으로 판단할 수 있다.

기술적 주의사항 식 (6.15)는 독립변수로 종속변수의 시차변수를 포함하고 있을 뿐만 아니라 오차항의 자기상관 문제도 있으므로, 이 식의 추정치는 편의추정치이며 불일치 추정치이다. 이를 해결할 수 있는 방법은 설명변수로 이용된 소비지출의 시차변수 대신에 종속변수와는 높은 상관관계를 갖고 있으나 오차항과는 상관관계를 갖지 않는 도구변수(instrumental variable, IV)를 이용하는 것이다(제19장 참조). 우리의 예에서는 소비지출의 시차변수 대신

---

17 장기적으로 소비지출에 큰 변동이 없을 경우, $LC_t = LC_{t-1}$이 성립한다. 따라서 $0.2765 \, LC_t$를 회귀식의 좌변으로 이항하면 $0.7235 \, LC_t$의 값을 얻게 된다. 따라서 회귀식의 양변을 0.7235로 나누어 주면 표 6.2에 나타나 있는 추정 결과와 유사한 값을 얻게 된다.

18 더빈의 h-검정통계량에 관한 보다 구체적인 내용은 Gujarati/Porter, *op cit.*, p. 465를 참조하라.

표 6.8 자기회귀모형을 가정한 소비함수의 BG 검정 결과

Breusch–Godfrey Serial Correlation LM Test:

F-statistic	2.544893	Prob. F(2,46)	0.0895
Obs*R-squared	5.280090	Prob. Chi-Square(2)	0.0714

Test Equation:
Dependent Variable: RESID
Method: Least Squares
Sample: 1948 2000
Included Observations: 53
Presample missing value lagged residuals set to zero.

	Coefficient	Std. Error	t-Statistic	Prob.
C	−0.024493	0.055055	−0.444876	0.6585
LINC	0.036462	0.070518	0.517061	0.6076
LW	0.009814	0.020666	0.474868	0.6371
R	−8.02E−06	0.000879	−0.009121	0.9928
LC(−1)	−0.045942	0.081647	−0.562685	0.5764
RESID(−1)	0.354304	0.159237	2.225013	0.0310
RESID(−2)	−0.136263	0.155198	−0.877992	0.3845

R-squared	0.099624	Mean dependent var	2.05E−16
Adjusted R-squared	−0.017816	S.D. dependent var	0.010202
S.E. of regression	0.010293	Akaike info criterion	−6.192213
Sum squared resid	0.004873	Schwarz criterion	−5.931986
Log likelihood	171.0936	Durbin–Watson stat	1.924355
F-statistic	0.848298	Prob(F-statistic)	0.539649

에 사용할 수 있는 적절한 도구변수로는 소득변수의 시차변수를 들 수 있다. 도구변수와 관련된 보다 자세한 내용은 제19장에서 다루게 될 것이다.

오차항에서 나타나는 자기상관 문제를 해결하기 위해서는 앞서 언급한 방법들을 이용할 수도 있으며, 뉴이–웨스트의 HAC 표준오차를 이용할 수도 있다. 표 6.9는 HAC 표준오차를 얻은 추정 결과를 나타내고 있다.

표 6.6과 6.9에 나타나 있는 추정 결과들을 비교해 보면, 표 6.6에 나타나 있는 표준오차값들이 명백히 과소추정되어 있음을 알 수 있다. 그러나 HAC 표준오차 방법론은 표본크기가 충분히 클 경우에만 유효함을 다시 한 번 기억하기 바란다.

식 (6.1)은 식 (6.15) 외의 다양한 형태로 다시 표기될 수 있다. 예로서, 종속변수의 시차변수를 설명변수로 포함시키는 방법 외에도 LDPI와 같은 설명변수의 시차변수를 설명변수에 포함시킬 수 있으며, 종속변수 및 설명변수의 시차변수 모두를 설명변수에 포함시킬 수 있다.[19]

---

19 이와 관련된 보다 자세한 내용은 Gujarati/Porter, *op cit.*, Chapter17을 참조하라.

표 6.9 자기회귀모형을 가정한 소비함수의 HAC 표준오차

Dependent Variable: LC
Method: Least Squares
Sample (adjusted): 1948 2000
Included Observations: 53 after adjustments
Newey–West HAC Standard Errors & Covariance (lag truncation = 3)

	Coefficient	Std. Error	t-Statistic	Prob.
C	−0.316023	0.069837	−4.525140	0.0000
LINC	0.574832	0.090557	6.347768	0.0000
LW	0.150289	0.021847	6.879011	0.0000
R	−0.000675	0.001157	−0.583479	0.5623
LC(−1)	0.276562	0.100655	2.747633	0.0084

R-squared	0.999645	Mean dependent var	7.843870
Adjusted R-squared	0.999616	S.D. dependent var	0.541833
S.E. of regression	0.010619	Akaike info criterion	−6.162741
Sum squared resid	0.005413	Schwarz criterion	−5.976865
Log likelihood	168.3126	Durbin–Watson stat	1.395173
F-statistic	33833.55	Prob(F-statistic)	0.000000

6.5 요약 및 결론

이 장에서는 자기상관 문제와 관련된 주제들을 살펴보았다. 대부분의 시계열 자료들은 자기상관 문제를 갖게 되는데, 이를 해결하기 위해 먼저 자기상관 문제의 본질과 자기상관이 존재할 경우 추정치에 미치는 효과들에 관해 살펴보았다. 또한 자기상관 여부를 검정할 수 있는 방법들과 이를 해결할 수 있는 방법들도 살펴보았다. 이 과정에서 오차항이 직접 관측될 수 없으므로 표본크기가 충분히 클 때, 이들 오차항의 추정량으로 이용되는 잔차항을 이용할 수 있음을 살펴보았다.

또한 잔차항을 이용하여 자기상관 여부를 검정할 수 있는 방법으로 그래프 분석 및 더빈–왓슨 검정법과 브리쉬–고드프리(BG) 검정법의 절차 및 이를 적용하는 방법들에 관해 살펴보았다. 또한 자기상관이 존재할 경우, 이의 해결을 위해 이들 검정법에 의해 확인된 자기상관 구조를 이용하여 원래 회귀식을 변형하는 방법도 살펴보았다. 그러나 모집단에 존재하는 진정한 자기상관 구조에 관해 알 수 없으므로 모집단에서 추출된 표본을 통하여 자기상관 구조를 파악해야 한다. 이 과정에서 1계 차분 및 p계 차분과 같은 다양한 자기회귀과정을 가정함으로써 모형을 변형시켜야 함도 논의하였다. 특히 이와 같은 과정은 많은 시행착오를 거쳐 가장 적합한 자기회귀구조를 파악해야 하는 과정임도 논의하였다.

특히 자기상관 구조에 관해 특별한 지식이 없더라도 표본의 크기가 충분히 클 경우에는 HAC 표준오차에 의해 일치성을 갖는 표준오차를 얻을 수 있음도 논의하였다. HAC 표준오차는 OLS에 의해 얻어지는 추정치의 값에는 영향을 주지 않고 단지 추정치의 표준오차만을

교정하는 방법이었다.

그러나 OLS에 의한 추정량은 자기상관의 존재 여부와 관계없이 일치성을 갖는 추정량이므로 이 장에서 살펴본 방법들은 표준오차를 정확하고 효율적으로 추정함으로써 추정치에 대한 그릇된 통계적 추론 결과에 도달하지 않도록 하는 방법들이었음을 유의해야 한다.

연습문제

6.1 회귀식 (6.1) 대신에 다음과 같은 선형 회귀식을 추정한다고 가정하자.

$$C_t = A_1 + A_2 DPI_t + A_3 W_t + A_4 R_t + u_t \tag{1}$$

(a) 식 (6.16)의 추정 결과와 표 6.2에 나타나 있는 추정 결과를 비교하라.

(b) 이 회귀모형의 계수들이 갖는 의미는 무엇인가? 이 회귀모형의 계수 A와 표 6.2에 나타나 있는 계수 B 사이의 관계는 무엇인가?

(c) 이 회귀모형은 자기상관 문제를 갖고 있는가? 자기상관 존재를 파악하기 위해 이용한 검정법에 관해 논하라. 그 검증법의 결과는 무엇이었는가?

(d) 이 회귀모형에서 자기상관 문제가 발견되었다면, 어떤 방법으로 자기상관 문제를 해결할 수 있는가? 이를 위해 모형을 변형시키는 방법을 보여라.

(e) 이 회귀모형에서 C에 대한 DPI, W, R의 탄력성은 어떻게 계산할 수 있는가? 이들 탄력성은 회귀식 (6.1)로부터 얻어지는 탄력성과 다른가? 만약 서로 차이가 있다면, 이를 어떻게 설명할 수 있는가?

6.2 식 (6.1)에 설명변수로 추세변수, t, $t = 1, 2, \cdots, 54$를 추가하여 이를 다시 추정하라.

(a) 새로운 추정 결과를 표 6.2의 추정 결과와 비교하라. 추정 결과에 차이가 있는가?

(b) 만약 추세변수의 계수 추정치가 통계적으로 유의하다면, 이는 무엇을 의미하는가?

(c) 추세변수를 포함한 모형에서도 자기상관 문제가 존재하는가? 존재한다면 필요한 변환 과정을 보여라.

6.3 식 (6.15)를 이용하여 연습문제 6.2의 내용을 반복한 후, 그 결과를 논하라.

6.4 식 (6.15)에서 LC(−1) 대신에 INC(−1)을 설명변수로 이용하여 모형을 추정한 후, 그 결과를 표 6.7에 나타나 있는 결과와 비교하라. 만약 차이가 있다면 이를 논하라. 이와 같이 설명변수를 교체하는 이유는 무엇인지 설명하라.

6.5 도우미 웹사이트에 수록된 **표 6.10**은 1973~2011년까지의 기간 중 다음 변수들에 대한 미국 자료를 포함하고 있다.

Hstart : 신규 주택 건설, 계절 조정된 월별자료(단위 : 천)

UN : 계절 조정된 민간 실업률(단위 : %)

M2 : 계절 조정된 M2 공급량(단위 : 10억 달러)

Mgrate : 신규 주택 모기지론 이자율(단위 : %)

Primerate : 은행의 프라임 레이트(단위 : %)

RGDP : 실질 GDP, 2005년 기준 달러(10억 달러), 계절 조정된 분기별 자료

주의 : 모든 자료 소스는 *Economic Report of President*, 2013이다.

주요 경제지표인 신규 주택 건설을 설명할 수 있는 추정모형을 설정한다고 가정하자.

ⓐ OLS를 이용하여 추정할 모형에 관해 논하라. 모형의 설정은 앞서 제2장에서 살펴본 다양한 함수 형태를 선택할 수 있을 것이다.

ⓑ 경제이론들은 설명변수들이 신규 주택 건설에 미치는 영향에 관해 무엇을 제시하고 있는가?

ⓒ 시계열 자료이므로 오차항에 자기상관이 존재한다고 기대할 수 있는가? 만약 자기상관의 존재를 기대한다면, 이 문제를 어떻게 해결할 수 있는가? 자기상관 여부를 검증할 수 있는 진단방법에 관해 설명하라.

ⓓ 추정식 모형에서 자기상관 문제가 해결됐을 때의 추정 결과를 나타내라.

ⓔ 자기상관문제 외에 다중공선성의 문제가 존재한다고 의심할 수 있는가? 만약 그렇다면, 어떻게 이 문제를 해결할 수 있는가? 이를 위해 필요한 연산과정을 나타내라.

7 | 회귀선 진단 Ⅳ : 모형설정 오류

고전적 선형회귀모형의 가정 중 하나는 분석에 이용되는 모형이 정확하게 설정되어 있다는 것이다. 그러나 '완벽한 모형을 설정'한다는 것은 불가능하므로 실제로 이를 요구하는 것은 매우 무리한 가정이라 할 것이다. 계량경제모형은 경제현상을 설명할 수 있는 이론, 직관 및 연구경험 등에 기초하여 특정 경제현상의 특징이 묘사될 수 있도록 구축된다. 그러나 이를 위해 모든 요인들을 모형에 포함시키려 할 경우, 모형 자체가 너무 커져 모형의 실용성이 크게 저하되는 결과를 초래하게 된다.

따라서 모형을 정확하게 설정한다는 것은 다음과 같은 기준을 고려하여 모형을 구축한다는 것을 의미한다.

1. 모형은 '핵심변수들(core variables)'을 누락시키지 않아야 한다.
2. 모형은 잉여변수들(superfluous variables)을 포함하고 있지 않아야 한다.
3. 모형의 함수 형태(functional form)가 적절히 선택되어야 한다.
4. 종속변수와 설명변수에 측정오차(errors of measurement)가 없어야 한다.
5. 만약 자료에 특이치(outliers)가 존재할 경우, 이를 고려해야 한다.
6. 오차항의 확률분포가 정확히 설정되어야 한다.
7. 설명변수가 확률적(stochastic)일 경우, 그 결과를 고려해야 한다.
8. 연립방정식 문제 : 연립방정식 편의(simultaneity bias)

이 장에서는 위의 기준들 중 하나 또는 그 이상이 성립하지 않을 경우에 초래되는 결과와 이를 발견할 수 있는 방법 및 해결책에 관해 살펴보고자 한다.

7.1 변수누락

모형을 설정함에 있어서 의도적으로 적합한 변수를 누락시키는 연구자는 없을 것이다. 그러나 연구자의 경제이론 및 선행연구 검토부족, 단순 부주의, 또는 적절한 자료의 부재 등의 이유로 인해 중요변수들이 종종 모형에서 누락되게 된다. 이와 같은 이유로 중요변수들이 누락되는 현상을 과소추정(underfitting)이라 부른다. 그러나 그 이유와 무관하게 '핵심변수들'이

모형에서 누락되면 다음과 같은 결과들이 발생한다.[1]

1. 누락변수들이 모형의 설명변수들과 상관관계를 가질 경우, 계수들은 편의를 가지며, 이와 같은 편의는 표본크기가 증가해도 사라지지 않는다. 다시 말해 모형설정 오류가 있는 모형의 계수 추정치는 편의를 가질 뿐만 아니라 불일치한 특성을 갖는다.

2. 심지어 잘못 배제된 변수들과 모형 내에 포함된 변수들 간에 상관관계가 없다고 할지라도 추정모형의 절편은 편의가 존재한다.

3. 교란항(오차항)의 분산 σ^2이 정확히 추정되지 못한다.

4. 모형설정 오류가 있는 모형에서 계수추정치의 분산은 편의를 갖는다. 그 결과 표준오차 추정치도 편의를 갖는다.

5. 결과적으로 통상적인 신뢰구간 및 가설검정 과정의 신뢰성이 저하되어 계수추정치에 대한 통계적 유의성에 관해 그릇된 결론을 얻게 된다.

6. 또한 모형설정 오류가 있는 모형을 이용한 예측치 또는 구간예측치 모두를 신뢰할 수 없게 된다.

앞서 살펴본 바와 같이, 누락변수의 존재는 매우 심각한 결과를 초래하므로 가급적 이와 같은 상황을 피하려 노력해야 한다. 그러나 누락변수의 발생은 정확히 표기된 모형이 무엇인지를 모르기 때문에 발생한다. 가령 누군가 우리에게 '정확히' 표기된 모형에 관해 이야기해 준다면, 우리는 쉽게 모형설정 오류를 갖고 있는 모형의 문제점을 지적한 후, 이들 두 모형의 결과들을 상호 비교할 수 있을 것이다. 그러나 이 경우에도 과연 누군가 우리에게 알려준 모형이 진정으로 '정확히 설정된' 모형이라 확신할 수 있을까? 결국 이 경우 우리는 초기에 직면한 문제에 다시 직면하게 된다. 따라서 '정확히 설정된' 모형을 찾는 것은 계량경제학의 가장 큰 목표라 할 수 있다.

그렇다면 정확히 설정된 모형을 찾기 위해서는 어떤 작업부터 시작해야 할 것인가? 이를 위해서 할 수 있는 최선의 작업은 모형을 설정함에 세심한 주의를 기울임과 동시에 선행연구에서 연구된 다양한 모형 후보군들의 추정 결과를 상호 비교하여 누락변수가 최대한 발생하지 않도록 노력하는 일이라 할 수 있다.

누락변수의 실증적 예 : 임금결정모형의 재고찰

제1장에서 1995년 전수인구조사(Current Population Survey, CPS)에 나타난 근로자 1,289명의 시간당 임금결정 분석모형을 살펴보았다. 표 7.1은 설명의 편의를 위하여 표 1.2의 추정결과를 다시 나타내고 있다.

이 회귀식은 시간당 임금결정을 결정하는 설명변수로 성별, 인종, 노동조합 가입 여부, 교육수준 및 경력수준만을 포함하고 있다. 그러나 우리는 여타의 조건이 일정하다면 경력수준이

[1] 이와 관련된 보다 자세한 내용은 Gujarati/Porter, *op cit.*, pp. 471-3을 참조하라.

표 7.1 시간당 임금률의 결정요인

Dependent Variable: WAGERATE
Method: Least Squares
Sample: 1 1289
Included Observations: 1289

	Coefficient	Std. Error	t-Statistic	Prob.
C	−7.183338	1.015788	−7.071691	0.0000
FEMALE	−3.074875	0.364616	−8.433184	0.0000
NONWHITE	−1.565313	0.509188	−3.074139	0.0022
UNION	1.095976	0.506078	2.165626	0.0305
EDUCATION	1.370301	0.065904	20.79231	0.0000
EXPERIENCE	0.166607	0.016048	10.38205	0.0000

R-squared	0.323339	Mean dependent var	12.36585
Adjusted R-squared	0.320702	S.D. dependent var	7.896350
S.E. of regression	6.508137	Akaike info criterion	6.588627
Sum squared resid	54342.54	Schwarz criterion	6.612653
Log likelihood	−4240.370	Hannan−Quinn criter.	6.597646
F-statistic	122.6149	Durbin−Watson stat	1.897513
Prob(F-statistic)	0.000000		

높을수록 임금도 증가하는 현상을 통상적으로 관찰할 수 있다. 따라서 이와 같은 경우, 우리는 경력수준 증가에 따른 임금 증가 속도에도 관심을 갖게 된다. 이제 이를 고려하기 위하여 표 7.1의 회귀모형에 경력수준의 제곱을 설명변수로 추가할 경우, 그 결과는 표 7.2에 주어져 있다.

표 7.2를 표 7.1과 비교해 보면, 표 7.2의 추가설명변수인 경력수준의 제곱이 통계적으로 매우 유의함을 알 수 있다(실제로 p값이 거의 0에 가깝다). 그러나 흥미로운 점은 설명변수 중 경력수준의 계수추정치는 양의 부호를 갖는 반면, 경력수준 제곱의 계수추정치는 음의 부호를 갖는다는 것이다. 이와 같은 추정 결과는 경력수준의 증가는 임금을 증가시키나, 경력수준이 증가할수록 임금증가율은 체증함을 나타내는 것이다.[2]

이제 변수누락이 추정 결과에 미치는 효과를 살펴보기 위하여, 표 7.1의 회귀모형은 임금결정을 설명함에 있어 경력수준의 제곱이라는 변수를 누락시킨 모형이라 가정하면 표 7.1에 있는 추정치들은 누락변수로 인한 편의를 갖게 된다. 표 7.2의 추정 결과는 모든 계수의 추정치들이 통계적 유의성을 갖고 있으나, 몇몇 추정치들은 표 7.1의 추정치와 상당한 괴리를 보이고 있다. 이와 같은 점은 앞서 설명한 바와 같이 표 7.1의 추정치들이 편의를 갖고 있다는 점을 확인시켜 주는 것이라 할 수 있다.

그러나 표 7.2에 있는 회귀모형은 경력수준과 성별 간의 **상호작용**(경력수준에 성별을 곱해

---

2 여타의 조건이 일정하다면 이 회귀식에서 임금에 대한 경력수준의 도함수를 구해 보면, $dWage/dExper$ $=0.4245-0.0124Exper$임을 알 수 있다. 이와 같은 결과는 경력수준이 1년 증가할 때마다 임금의 변화율이 0.0124만큼 감소함을 의미하는 것이다.

표 7.2 확장된 임금함수

Method: Least Squares
Sample: 1 1289
Included Observations: 1289

	Coefficient	Std. Error	t-Statistic	Prob.
C	−8.419035	1.035710	−8.128758	0.0000
FEMALE	−3.009360	0.361432	−8.326210	0.0000
NONWHITE	−1.536077	0.504448	−3.045066	0.0024
UNION	1.026979	0.501521	2.047728	0.0408
EDUCATION	1.323745	0.065937	20.07597	0.0000
EXPERIENCE	0.424463	0.053580	7.922076	0.0000
EXPERSQ	−0.006183	0.001227	−5.039494	0.0000

R-squared	0.336483	Mean dependent var	12.36585
Adjusted R-squared	0.333378	S.D. dependent var	7.896350
S.E. of regression	6.447128	Akaike info criterion	6.570562
Sum squared resid	53286.93	Schwarz criterion	6.598593
Log likelihood	−4227.728	Durbin–Watson stat	1.901169
F-statistic	108.3548	Prob(F-statistic)	0.000000

준 변수)이 임금에 미치는 효과를 고려함으로써 더욱 확장될 수 있으며, 그 결과는 표 7.3에 주어져 있다.

표 7.3의 추정 결과는 경력수준과 성별 간의 상호작용변수가 높은 통계적 유의성을 갖고 있음을 보여주고 있다. 이 변수의 계수추정치가 음의 부호를 갖고 있다는 점은 유사한 경력수준을 갖고 있는 남성과 여성 중 여성이 더 작은 수준의 임금을 받고 있다는 것을 의미한다. 물론 이와 같은 결과에 기초하여 임금결정과정에서 성적차별이 존재한다고 결론짓기에는 무리가 있으나, 지금의 추정 결과는 성적차별의 가능성을 제시하고 있다.

이제 표 7.1에 있는 회귀모형에 경력수준의 제곱과 경력수준과 성별 간의 상호작용변수를 추가함으로써 원래 회귀모형을 확장시켜 보자. 이와 같이 모형을 확장시키는 작업의 적합성은 F-검정법을 이용하여 공식적으로 결정될 수 있다. 이를 위하여 표 7.1의 회귀식을 제약 회귀모형(restricted model)이라 하고, 표 7.3에 나타나 있는 회귀모형을 비제약 회귀모형(unrestricted model)이라 하자. 또한 R_r^2과 R_{ur}^2을 각각 제약 회귀모형과 비제약 회귀모형의 R^2이라 한 후, 다음의 F-검정통계량을 고려해 보자.

$$F = \frac{(R_{ur}^2 - R_r^2)/m}{(1 - R_{ur}^2)/(n-k)} \qquad (7.1)^3$$

---

3 식 (7.1)의 통계량은 제약 회귀모형과 비제약 회귀모형의 종속변수가 같을 경우에만 유효하다. 이 경우 식 (7.1)의 F-통계량은 식 (2.11)의 F-검정통계량과 같게 된다. 그러나 두 모형의 종속변수가 같지 않을 경우에는 식 (2.11)의 F-통계량을 이용한 F-검정법을 이용해야 한다. 이를 위하여 식 (1.18)을 또한 참조하라.

표 7.3 재수정된 임금모형

Dependent Variable: W
Method: Least Squares
Sample: 1 1289
Included Observations: 1289

	Coefficient	Std. Error	t-Statistic	Prob.
C	−9.200668	1.072115	−8.581792	0.0000
FEMALE	−1.433980	0.680797	−2.106326	0.0354
NONWHITE	−1.481891	0.503577	−2.942730	0.0033
UNION	0.949027	0.501081	1.893958	0.0585
EDUC	1.318365	0.065801	20.03554	0.0000
EXPER	0.471974	0.056212	8.396344	0.0000
EXPERSQ	−0.006274	0.001224	−5.124559	0.0000
EXPER*FEMALE	−0.084151	0.030848	−2.727939	0.0065

R-squared	0.340315	Mean dependent var	12.36585
Adjusted R-squared	0.336711	S.D. dependent var	7.896350
S.E. of regression	6.430992	Akaike info criterion	6.566322
Sum squared resid	52979.16	Schwarz criterion	6.598357
Log likelihood	−4223.994	Durbin−Watson stat	1.892702
F-statistic	94.40528	Prob(F-statistic)	0.000000

여기서 m은 제약조건의 수(이 경우 제약 회귀모형은 2개의 설명변수를 배제시켰으므로 제약조건은 2가 된다)를 의미하며, n은 관측치의 개수, k는 비제약 모형의 설명변수 개수를 나타낸다($m = [(n-k) - (n-k-2) = 2]$).

식 (7.1)의 F-통계량은 분자와 분모의 자유도가 각각 m과 $(n-k)$인 F-분포를 따른다.

이제 표 7.1과 7.3에 나타난 추정 결과에 나타난 값들을 식 (7.1)에 대입하면, F-통계량의 값은 다음과 같다.

$$F = \frac{(0.3403 - 0.3233)/2}{(1 - 0.3403)/(1289 - 8)} \approx 16.67 \tag{7.2}$$

분자 및 분모의 자유도가 각각 2와 1,281인 식 (7.2)의 F-통계량은 매우 높은 통계적 유의성을 갖고 있으며, 이는 표 7.1의 회귀식에 2개의 설명변수를 추가하는 것이 임금결정요인을 설명하는 데 적합함을 의미하는 것이다. 따라서 이로부터 원래의 회귀식이 임금결정을 설명하는 데 필요한 설명변수 2개를 누락시킨 모형설정 오류를 범했다고 결론지을 수 있다.

이제 표 7.1에서부터 표 7.2와 7.3에 나타나 있는 추정 결과들을 다시 한 번 살펴보면, 몇몇 변수의 계수추정치들이 서로 차이를 보이고 있음을 알 수 있다. 이와 같은 점은 회귀식에서 적정변수를 누락시킬 경우, 모형설정 오류가 있는 모형의 추정치들은 편의가 있을 뿐만 아니라, 표본크기가 증가하더라도 이와 같은 편의가 사라지지 않는다는 점을 보여주는 것이다. 이는 임금결정과정 회귀식의 경우, 이미 충분한 표본크기를 갖고 있기 때문이다.

비록 2개의 설명변수가 추가된 회귀식의 R^2이 0.3403으로 원래 회귀식의 0.3233에 비해 상당히 큰 값을 갖고 있지 못하나, 추가된 2개의 설명변수는 F-검정법에서 알 수 있듯이 통계적 유의성을 가지면서 R^2을 다소 증가시키는 역할도 하고 있다.

7.2 누락변수 검정법

지금까지 누락변수로 인해 발생하는 문제점들에 관해 살펴보았다. 이제부터는 누락변수로 인해 발생하는 누락변수 편의(omission variable bias)를 발견할 수 있는 방법에 관해 살펴보도록 하자. 실제로 누락변수의 존재 여부를 검정할 수 있는 다양한 검정법들이 존재하고 있으나, 여기서 우리는 오직 램지(Ramsey)의 RESET 검정법과 라그랑지−승수 검정법[Lagrange multiplier(LM) test]만을 살펴보고자 한다.[4]

램지의 RESET 검정법

모형설정 오류를 검증하는 가장 일반적인 검정법은 램지의 RESET 검정법이다. 이 검정법의 검정절차를 설명하기 위하여 앞서 살펴본 임금결정모형을 고려해 보자. 이 예에서 표 7.2 및 7.3의 결과와 표 7.1의 결과를 비교함으로써 표 7.1의 회귀식이 모형설정 오류를 범했음을 알 수 있었다. 이제 RESET 검정법의 검정절차를 살펴보기 위하여 표 7.2와 7.3에 있는 추정 결과를 잠시 무시하고 표 7.1의 추정 결과만을 살펴보도록 하자.

이 과정에서 우리는 먼저 RESET 검정법의 검정절차를 설명하고, 각 검정절차와 관련된 논리적 근거를 설명하도록 하겠다.

1. 모형설정 오류가 있는 표 7.1의 회귀식으로부터 추정된 시간당 임금률을 $\hat{Wage}_i$라 하자.
2. 표 7.1의 회귀식에 $\hat{Wage}_i^2$, $\hat{Wage}_i^3$(가능하면 더 높은 차수의 멱을 갖는 추정된 시간당 임금률)를 설명변수로 추가하여 원래 회귀식을 재추정한다.
3. 표 7.1의 회귀식을 제약 회귀모형이라 하고, 2단계에서 추정된 회귀식을 비제약 회귀모형이라 한다.
4. 제약 회귀모형은 모형설정 오류를 갖고 있지 않다는 귀무가설을 식 (7.1)의 F-통계량을 이용하여 검정한다. 예에서, F-통계량은 분자의 자유도가 $2(m=2)$이고 분모의 자유도가 $1281((n-k)=(1289-8)=1281)$이다. 이때 분모의 자유도에 이용되는 비제약 회귀모형의 설명변수 개수가 절편항을 포함하여 추정계수의 수 8이라는 점에 주의하자.
5. 만약 4단계에서 얻어진 F-통계량이 통계적 유의성을 가질 경우 귀무가설을 기각한다. 다시 말해 이는 제약 회귀모형이 적합하지 않은 것을 의미한다. 그러나 F-통계량의 통계적 유의성이 없을 경우에는 원래 회귀모형을 기각할 수 없다.

RESET 검정법의 원리는 간단하다. 만일 원래 회귀식이 정확히 설정되어 있다면, 설명변수

---

4 이 외의 검정법들에 관한 내용은 Gujarati/Porter, *op cit.*, pp. 479-82를 참조하라.

표 7.4 임금모형의 RESET 검정 결과

Ramsey RESET Test:

F-statistic	20.12362	Prob. F(2,1281)	0.0000
Log likelihood ratio	39.87540	Prob. Chi-Square(2)	0.0000

Test Equation:
Dependent Variable: WAGE
Method: Least Squares
Sample: 1 1289
Included Observations: 1289

	Coefficient	Std. Error	t-Statistic	Prob.
C	4.412981	2.453617	1.798561	0.0723
FEMALE	−0.059017	0.797535	−0.073999	0.9410
NONWHITE	−0.195466	0.631646	−0.309454	0.7570
UNION	0.124108	0.564161	0.219987	0.8259
EDUCATION	0.080124	0.302395	0.264966	0.7911
EXPER	0.000969	0.042470	0.022809	0.9818
FITTED^2	0.044738	0.020767	2.154294	0.0314
FITTED^3	−0.000311	0.000601	−0.517110	0.6052

R-squared	0.343951	Mean dependent var	12.36585
Adjusted R-squared	0.340366	S.D. dependent var	7.896350
S.E. of regression	6.413247	Akaike info criterion	6.560795
Sum squared resid	52687.19	Schwarz criterion	6.592830
Log likelihood	−4220.433	Durbin−Watson stat	1.894263
F-statistic	95.94255	Prob(F-statistic)	0.000000

를 추가시켜서는 안 된다는 것이다. 그러나 만약 추가된 설명변수의 일부 또는 전부가 통계적 유의성을 갖는다면, 원래 회귀식이 모형설정 오류를 범하고 있음을 의미한다고 할 수 있다는 것이다.

표 7.4의 검정 결과는 Eviews 6에 의해 얻어진 결과로 F-통계량의 값이 20.12로 매우 높은 통계적 유의성을 갖고 있음을 나타내고 있다. 값이 실제로 0이다. 또한 표 7.4에 나타나 있는 바와 같이 추정된 임금률의 제곱의 계수추정치가 통계적 유의성을 갖고 있다.[5]

이처럼 RESET 검정법은 모형설정 오류를 검정하는 데 편리하나, 다음과 같은 두 가지 결점이 있다. 첫째, RESET 검정법은 검정대상 회귀식의 모형설정 오류 여부에 관한 정보는 제공할 수 있으나 검정대상 모형을 대체할 수 있는 대안모형에 관한 정보는 제공하지 못한다. **둘째**, 비제약 회귀모형에 설명변수로 추가되는 추정된 종속변수의 멱에 관해 어떤 가이드도 제공하지 못한다. 따라서 아카이케 또는 슈바르츠 정보 기준과 같이 적정 모형에 관한 정보를 이용하며 시행착오를 거듭하는 과정을 거쳐 멱의 적정 차수를 찾아야 한다.

---

5 표 7.4에서 주목해야 할 F-통계량은 이 표의 상단 Ramsey RESET Test라 적힌 부분에 있는 F-통계량의 값이다.

라그랑지 승수 검정법

앞서 살펴본 임금결정모형을 이용하여 라그랑지 승수 검정법의 검정절차를 살펴보도록 하자.

1. 표 7.1의 회귀식으로부터 잔차항 e_i를 구한다.

2. 만약 표 7.1의 회귀식이 옳게 표기되어 있다면, 이 잔차항은 경력수준의 제곱 $Exper^2$과 경력수준과 성별 간의 상호작용변수 $Exper \cdot Female$과 같이 회귀모형에서 누락된 설명변수와 상관관계를 갖고 있지 않아야 한다.

3. 이제 잔차항 e_i가 종속변수가 되고 원래 회귀식의 설명변수들과 누락변수들이 설명변수가 되는 새로운 회귀식을 설정한 후, 이를 보조회귀모형이라 하자.

4. 만약 표본크기가 충분히 클 경우, 표본크기 n과 보조회귀모형으로부터 얻어지는 R^2의 곱은 χ^2-분포를 따르며, 자유도는 원래 회귀식의 누락변수 숫자와 같은 것으로 알려져 있다. 따라서 우리의 경우에는 자유도는 2가 된다. 이상의 내용을 다음과 같이 나타낼 수 있다.

$$nR^2 \sim \chi^2_{(m)} \text{(점근적으로)} \tag{7.3}$$

여기서 m은 원래 회귀식에서 누락된 설명변수의 수를 의미한다.

5. 만약 χ^2-통계량의 값이 원하는 유의수준에서의 임계값을 초과하거나 p값이 충분히 작을 경우, 우리는 원래 회귀식(혹은 제약 모형)을 기각할 수 있다. 다시 말해 원래 회귀식이 모형

표 7.5 임금모형의 LM 검정 결과

Dependent Variable: S1
Method: Least Squares
Sample: 1 1289
Included Observations: 1289

	Coefficient	Std. Error	t-Statistic	Prob.
C	−2.017330	1.072115	−1.881636	0.0601
FE	1.640895	0.680797	2.410258	0.0161
NW	0.083422	0.503577	0.165659	0.8685
UN	−0.146949	0.501081	−0.293264	0.7694
ED	−0.051936	0.065801	−0.789287	0.4301
EX	0.305367	0.056212	5.432437	0.0000
EX^2	−0.006274	0.001224	−5.124559	0.0000
EX*FE	−0.084151	0.030848	−2.727939	0.0065

R-squared	0.025089	Mean dependent var	5.44E−09
Adjusted R-squared	0.019761	S.D. dependent var	6.495492
S.E. of regression	6.430992	Akaike info criterion	6.566322
Sum squared resid	52979.16	Schwarz criterion	6.598357
Log likelihood	−4223.994	Durbin−Watson stat	1.892702
F-statistic	4.709394	Prob(F statistic)	.0.000031

주 : S1($=e_i$), 표 7.1의 모형에서 잔차항

설정 오류를 범하고 있다는 것이다. 이제 표 7.5에 나타나 있는 임금결정모형의 추정 결과에 라그랑지 승수 검정법을 적용해 보도록 하자.

표 7.5의 추정 결과를 이용할 경우, χ^2-통계량은 다음과 같다.

$$nR^2 = (1289)(0.0251) \approx 32.35 \sim \chi_2^2 \tag{7.4}$$

자유도가 2인 χ^2-통계량의 값이 32.35 이상이 될 확률은 거의 0의 수준에 가까울 정도로 작다. 따라서 램지의 RESET 검정 결과와 같이 LM 검정법을 적용할 경우에도 표 7.1에 나타나 있는 원래 회귀모형은 모형설정 오류를 범했다고 결론지을 수 있다. 또한 현재 1,289개의 충분한 관측치 수를 갖고 있으므로 대표본에 기초하고 있는 LM 검정법의 결과가 통계적으로 유의하다고 결론지을 수 있다.

7.3 불필요한 설명변수의 포함

때때로 모형설정자는 R^2의 값을 높이기 위하여 설명변수를 추가하고 싶은 유혹에 빠진다. 이는 R^2의 값이 높을수록 훌륭한 모형이 된다는 그릇된 믿음에 기초하는데, 이처럼 불필요한 설명변수들을 회귀식에 추가하는 것을 과대추정(overfitting)이라 부른다. 그러나 분석대상을 설명하는 데 적절치 못한 변수를 추가시키는 것은 다음과 같은 결과를 초래하므로 추천되지 않는 분석방법이다.[6]

1. '부정확'하거나 과도추정된 회귀식의 OLS 추정량은 **불편추정량**이고 일치추정량이다.
2. 오차항의 분산 σ^2은 정확히 추정된다.
3. 신뢰구간 및 통상적 검증절차 결과도 여전히 유효하다.
4. 그러나 일반적으로 추정치들은 비효율적이다. 다시 말해 정확히 설정된 모형의 추정치들에 비해 큰 분산을 갖게 된다.

이상의 논의로부터 모형설정 오류는 과소추정과 과대추정이라는 두 가지 형태의 비대칭성을 갖고 있음을 알 수 있다. 과소추정의 경우, 추정치는 편의를 가질 뿐만 아니라 불일치함을 이미 살펴보았다. 또한 오차항의 분산이 정확히 추정되지 못해 통상적 가설검정 절차도 유효하지 못하였다. 그러나 과대추정의 경우에는 추정치가 불편성 및 일치성을 가지며 오차항의 분산도 정확히 추정되어 가설검정 절차도 유효하게 된다. 따라서 이 경우 발생하는 유일한 문제는 분산 및 표준오차의 추정치가 상대적으로 증가하여 계수추정치에 대한 추론이 다소 부정확해진다는 것이다.

일부 모형설정자들은 불필요한 설명변수들을 추가시키는 것이 변수를 누락시키는 것보다 더 좋다고 결론지을 수 있다(이와 같은 접근방식을 '키친 싱크 접근법(kitchen sink approach)'

---

6 이와 관련된 보다 자세한 내용은 Gujarati/Porter, *op cit.*, pp. 477-82를 참조하라.

표 7.6 나이에 대한 경력수준의 회귀식

Dependent Variable: EXPER
Method: Least Squares
Sample: 1 1289
Included Observations: 1289

	Coefficient	Std. Error	t-Statistic	Prob.
C	−18.56877	0.269951	−68.78564	0.0000
AGE	0.984808	0.006811	144.5984	0.0000

R-squared	0.942016	Mean dependent var	18.78976
Adjusted R-squared	0.941971	S.D. dependent var	11.66284
S.E. of regression	2.809491	Akaike info criterion	4.905434
Sum squared resid	10158.60	Schwarz criterion	4.913443
Log likelihood	−3159.552	Hannan–Quinn criter.	4.908440
F-statistic	20908.71	Prob(F-statistic)	0.000000

이라 부른다). 그러나 불필요한 설명변수를 추가시키는 것은 추정량의 효율성 및 자유도를 감소시킬 뿐만 아니라 부지불식 중 다중공선성 문제를 유발시킬 수도 있으므로, 이와 같은 모형설정 방식은 바람직하지 않다.

불필요한 변수추가의 예

이와 관련된 간략한 예로, 앞서 살펴본 표 7.1의 임금결정모형에 '근로자 연령'이라는 설명변수를 추가하는 경우를 고려해 보자. 그러나 이와 같은 회귀식에서는 근로자 연령과 경력수준이 거의 완전한 공선성(perfect collinearity)의 문제를 갖고 있으므로 실제로 추정을 할 수 없게 된다. 이들 두 변수 간에 다중공선성이 발생하는 이유는 근로자의 경력수준이 (근로자의 연령 − 교육기간 − 6)으로 정의되기 때문이다.[7] 이와 같은 점은 표 7.6에 나타나 있는 바와 같이 경력수준을 근로자 연령에 대해 회귀분석함으로써 입증될 수 있다.

실제로 이들 두 변수의 상관계수는 $0.9705(=\sqrt{0.942016})$로 매우 높은 상관관계가 있다.

이 예는 임금결정모형에 근로자의 연령과 경력수준을 설명변수로 포함시킬 수는 있으나 두 가지 모두를 포함시킬 수는 없음을 보여주는 것이다.

7.4 함수 형태의 설정오류

제2장에서 회귀식의 함수 형태 설정과 관련하여 콥−더글라스 생산함수의 회귀식 형태를 선형 혹은 로그−선형으로 선택하는 경우를 살펴보았다. 두 경우 모두에서 1995년 미국의 50개주 및 워싱턴 DC의 산출량(GDP), 노동투입량(노동시간), 그리고 자본스톡(자본지출) 자료가 이용되었다. 제2장에서 이미 서로 다른 함수 형태를 갖는 회귀식을 비교할 수 있는 일반적 방

---

7 교육을 시작하는 나이를 6세로 가정하였다.

표 7.7 로그 임금의 결정요인들

Dependent Variable: LOG(WAGE)
Method: Least Squares
Sample: 1 1289
Included Observations: 1289

	Coefficient	Std. Error	t-Statistic	Prob.
C	0.732446	0.077613	9.437130	0.0000
FEMALE	−0.148060	0.049285	−3.004179	0.0027
NONWHITE	−0.127302	0.036455	−3.492000	0.0005
UNION	0.168485	0.036275	4.644705	0.0000
EDUCATION	0.094792	0.004764	19.89963	0.0000
EXPER	0.041946	0.004069	10.30778	0.0000
EXPER^2	−0.000637	8.86E−05	−7.187309	0.0000
EXPER*FEMALE	−0.005043	0.002233	−2.258065	0.0241

R-squared	0.373017	Mean dependent var	2.342416
Adjusted R-squared	0.369591	S.D. dependent var	0.586356
S.E. of regression	0.465556	Akaike info criterion	1.315020
Sum squared resid	277.6474	Schwarz criterion	1.347055
Log likelihood	−839.5302	Durbin−Watson stat	1.926178
F-statistic	108.8741	Prob(F-statistic)	0.000000

법을 살펴보았으므로, 이 장에서는 이를 임금결정모형에 적용토록 하겠다.

노동경제학에서 연구자들은 종종 임금에 로그를 취한 변수를 종속변수로 이용한다. 이는 모집단의 임금분포 형태가 저임금에 비해 고임금을 받는 근로자수가 작게 분포되어 있는 비대칭성을 갖기 때문이다. 그러나 우리가 로그를 취할 경우, 임금분포는 일반 형태의 임금분포보다 대칭적이고 동분산을 갖게 된다(그림 3.1과 3.2 참조).

그렇다면 지금까지 살펴본 임금결정모형에서는 선형 형태와 로그−선형 형태 중 어떤 함수 형태를 취하는 것이 더 바람직하다고 할 수 있을 것인가? 표 7.3에서 선형 형태의 회귀식 추정 결과를 이미 살펴보았다. 반면에 표 7.7은 로그−선형 함수 형태의 회귀식 추정 결과를 나타내고 있다.

표 7.7의 t값과 p값에서 알 수 있는 바와 같이, 이 회귀식의 설명변수들은 모두 높은 통계적 유의성을 갖고 있다. 또한 F-통계량의 값은 109로 나타나 실제로 0에 가까운 p값을 갖고 있다. 따라서 이로부터 모든 설명변수의 계수들이 0의 값을 갖는다는 귀무가설 역시 기각할 수 있음을 알 수 있다.

그러나 두 모형의 종속변수가 서로 다른 형태를 취하고 있으므로 두 표에 나타나 있는 추정치의 해석방식은 다르게 된다. 예로서, 표 7.7의 0.0948로 추정된 계수값은 여타의 조건이 일정하다면 교육기간의 1년 증가는 시간당 평균임금률을 9.48% 증가시킴을 의미하는 것이다. (제2장에서 다루었던 반−로그 회귀모형의 해석방법을 상기하자.) 표 7.7에 나타나 있는 다른 계수들의 해석은 연습문제로 남기도록 하겠다.

그렇다면 표 7.3의 선형 회귀식과 표 7.7의 로그−선형 회귀식 중 어느 모형이 더 좋다고 할 수 있을 것인가?

먼저 선형 회귀식의 R^2값은 0.34로 나타난 반면, 로그−선형 회귀식의 R^2은 0.37의 값을 갖는 것으로 나타났다. 그러나 두 모형의 종속변수가 다른 형태를 취하고 있으므로, 우리는 R^2을 비교함으로써 모형의 우월함을 결정할 수 없다. 그렇다면 두 모형을 비교할 수 있는 방법은 무엇일까?

이제 제2장에서 언급한 모형 비교절차를 이용하여 두 모형을 비교하는 방법에 관해 살펴보도록 하겠다(설명의 편의를 위해 임금률은 간략히 W로 나타내기로 한다).

1. 임금률의 기하평균을 계산한다. 이 경우 10.406의 값을 얻는다.[8]
2. 임금을 기하평균으로 나눔으로써 $W_i^* = W_i/10.406$이라는 새로운 변수를 만든다.
3. 표 7.3의 회귀식에 있는 종속변수를 W_i 대신에 W_i^*로 바꾸어 추정한 후, 이 회귀식으로부터 얻는 잔차항의 제곱합을 RSS_1이라 한다.
4. 이제 표 7.3의 회귀식에 있는 종속변수를 W_i 대신에 W_i^*로 바꾸어 재추정한 후, 이 회귀식으로부터 얻는 잔차항의 제곱합을 RSS_2라 한다.
5. 마지막으로 다음의 검정통계량 값을 계산한다.

$$\lambda = \frac{n}{2}\ln\left(\frac{RSS_1}{RSS_2}\right) \sim \chi_1^2 \tag{7.5}$$

주 : 더 큰 RSS 값을 분자에 두어야 한다.

다시 말해 식 (7.5)의 통계량은 자유도가 1인 χ^2-분포를 따르게 된다. 따라서 식 (7.5)의 χ^2-통계량이 통계적 유의성을 갖는다면, 더 작은 RSS 값을 갖는 모형이 좋다고 결론지을 수 있다.

임금결정모형의 경우, $RSS_1 = 489.2574$이며 $RSS_2 = 277.6474$로 계산되어 식 (7.5)의 통계량 값은 다음과 같이 계산된다.

$$\frac{1289}{2}\ln\left(\frac{489.2574}{277.6474}\right) \approx 365.11 \tag{7.6}$$

자유도가 1인 식 (7.6)에 나타난 χ^2-통계량은 충분히 큰 값을 갖고 있으므로, 표 7.7의 로그−선형모형이 표 7.3에 나타난 선형모형에 비해 우월하다고 결론지을 수 있다.

따라서 이상의 논의로부터 표 7.3의 회귀식 형태는 모형설정 오류를 범하고 있다고 결론지을 수 있게 된다.

---

8 이 예에서 기하평균은 다음과 같이 계산된다. $\mathrm{GM} = (W_1 \cdot W_2 \cdot \cdots \cdot W_{1289})^{1/1,289} = e^{2.342416} \approx 10.406$

7.5 측정오류

고전적 선형회귀모형의 중요한 가정 중 하나는 모형이 정확히 표기되어야 한다는 것이다. 이와 같은 가정은 설명변수들과 종속변수로 정확한 값이 이용되어야 함을 함의하고 있는 것이다. 이는 이들 변수들의 값이 추측치가 아닐 뿐만 아니라, 외삽법 혹은 내삽법과 같은 근사식에 의해 측정된 값도 아니며, 반올림에 의한 기록오류가 있는 값도 아닌 정확한 값이라는 것을 의미한다.

그러나 이와 같은 가정은 현실에서 충족되기 어려운 매우 이상적 가정이라 할 수 있다. 그 이유는 자료수집과정에서 응답자의 무응답에 의해 발생하는 오류뿐만 아니라 자료기록과정에서 발생하는 기록오류, 자료 자체가 아예 존재하지 않는 경우 또는 순수한 실수 등과 같이 자료수집과정에서 다양한 종류의 오류들이 발생할 수 있기 때문이다. 그러나 원인과 상관없이 자료수집과정에서 발생하는 측정오차는 모형설정 오류에 의한 또 다른 편의를 유발시키게 되며, 특히 측정오차가 설명변수들에서 발생할 경우, 그 결과는 더욱 심각하게 나타난다.

종속변수의 측정오류

종속변수에 측정오류가 존재할 경우, 다음과 같은 결과들이 발생한다.[9]

1. OLS 추정량은 여전히 불편추정량이다.
2. OLS 추정량의 분산과 표준오차는 여전히 불편추정량이다.
3. 그러나 측정오류로 인해 분산 및 표준오차의 추정치는 측정오류가 존재하지 않는 경우에 비해 큰 값을 갖게 된다.

위 내용을 간략히 정리하면, 종속변수의 값에 측정오류가 존재할 경우 OLS에 의한 추정은 추정량의 특성에 큰 영향을 미치지는 못한다는 것이다.

독립변수의 측정오류

종속변수와 달리, 독립변수에 측정오류가 존재할 경우에는 OLS 추정량이 편의를 가질 뿐만 아니라 불일치 추정량이 되므로 그 문제가 심각해지게 된다.[10] 특히 측정오류가 오직 하나의 설명변수에서만 발생하더라도 다른 설명변수의 계수 추정치마저 편의를 가질 뿐만 아니라 불일치 추정치가 되게 한다. 또한 이와 같은 측정오류는 편의의 크기와 방향을 쉽게 판단하기 어렵게 한다.

우리는 간혹 측정오차를 가질 것으로 의심되는 도구 혹은 대용 변수(instrumental or proxy variables)를 설명변수로 이용한다. 그러나 이 경우 대용변수는 다음과 같은 두 가지 조건을

---

9 이와 관련된 보다 자세한 내용은 Gujarati/Porter, *op cit.*, pp. 482-3을 참조하라.

10 이와 관련된 보다 자세한 내용은 Gujarati/Porter, *op cit.*, pp. 483-6을 참조하라.

충족해야 한다—이들 대용변수는 원래 변수와 높은 상관관계를 가지면서 자체의 측정오차가 없어야 하며, 오차항과 상관관계가 없어야 한다. 그러나 현실적으로 이와 같은 요구조건을 만족시키는 대용변수를 찾는다는 것은 쉬운 작업이 아니다. 우리는 종종 대용변수를 찾는 것이 어려워 불평만을 늘어놓는 상황에 처하기도 한다. 그러나 이와 같은 대응방식이 좋은 해결책이 되지는 못한다. 따라서 실증분석에서 도구변수들이 광범위하게 이용되고 있는 점을 고려하여 제19장에서 이와 관련된 주요 주제들을 보다 자세히 살펴볼 것이다.[11]

측정오류와 관련하여 언급할 수 있는 최선의 내용은 자료수집과정에서 세심한 주의를 기울여 설명변수와 종속변수 모두에서 측정오류가 발생하지 않도록 노력해야 한다는 것이다.

7.6 특이치, 레버리지, 외압자료

제1장에서 선형회귀분석의 기본원리에 관해 살펴보았다. 이 과정에서 OLS 추정법은 모형의 계수를 추정할 때 잔차제곱합(RSS)을 최소화시키면서 표본의 모든 관측치들에 동일한 가중치를 부여한다는 점을 살펴보았다. 그러나 이와 같은 추정원리는 표본 관측치의 일부가 다른 관측치들과 다른 형태를 보일 때 문제를 유발시키게 된다. 이와 같은 관측치들은 특이치, 레버리지(leverage), 또는 외압자료(influence data)로 알려져 있다. 이 장에서는 이와 같은 관측치들이 구체적으로 무엇을 의미하며, 이들이 추정 결과에 어떤 영향을 미치며, 또한 이들 관측치들의 존재여부를 발견할 수 있는 방법에 관해 살펴보도록 하겠다.

- 특이치 : 회귀분석에서 특이치란 다른 관측치에 비해 큰 잔차항(e_i)을 갖는 관측치를 의미한다. 두 변수 회귀모형에서는 회귀선으로부터의 수직거리가 큰 관측치를 찾음으로써 잔차항이 큰 관측치를 발견할 수 있다. 이와 같은 특이치는 1개 이상 존재할 수 있음에 유의하기 바란다. 또한 잔차항은 양 또는 음의 부호를 가지므로 이와 같은 부호문제를 피하기 위해 거리 대신에 잔차항의 제곱을 고려할 수도 있다.
- 레버리지 : 특정 관측치가 대부분의 관측치 값에서 크게 벗어나 있는 경우, 이 관측치는 높은 레버리지 효과를 갖는다고 말한다. 이와 같은 관측치는 회귀선의 기울기를 변화시켜 회귀선을 이 관측치 방향으로 치우치게 할 수 있다.
- 외압자료 : 만약 레버리지 효과를 가질 수 있는 관측치가 실제로 회귀선의 방향을 이 관측치를 향해 치우치게 할 때, 이 관측치를 외압자료라 부른다. 만약 이와 같은 관측치를 표본에서 제거할 경우, 회귀선의 기울기가 심하게 변화하는 것을 볼 수 있다.

앞서 언급한 내용들의 구체적 예를 살펴보기 위해 표 7.8의 자료들을 고려해 보자. 표 7.8

---

11 이와 관련된 보다 높은 수준의 내용을 살펴보길 원하는 독자는 Joshua D. Angrist and Jörn-Steffen Pischke, *Mostly Harmless Econometrics: An Empiricist's Companion*, Princeton University Press, Princeton, NJ, 2009, Chapter 4를 참조하라.

표 7.8 11개국의 담배소비량과 폐암사망률

Country	Cigarettes per capita	Deaths rates
Australia	480	180
Canada	500	150
Denmark	380	170
Finland	1100	350
Great Britain	1100	460
Iceland	230	60
Netherlands	490	240
Norway	250	90
Sweden	300	110
Switzerland	510	250
USA	1300	200

표 7.9 폐암으로부터의 사망과 담배소비량 (모든 국가 포함)

Dependent Variable: DEATHRATE
Method: Least Squares
Sample: 1 11
Included Observations: 11

Variable	Coefficient	Std. Error	t-Statistic	Prob.
C	67.56087	49.06048	1.377093	0.2018
CIGCONS	0.228438	0.069761	3.274585	0.0096

R-squared	0.543678	Mean dependent var	205.4545
Adjusted R-squared	0.492975	S.D. dependent var	117.2488
S.E. of regression	83.48777	Akaike info criterion	11.85024
Sum squared resid	62731.86	Schwarz criterion	11.92259
Log likelihood	−63.17634	Hannan−Quinn criter.	11.80464
F-statistic	10.72290	Durbin−Watson stat	2.256437
Prob(F-statistic)	0.009612		

은 11개 국가의 1930년 담배 소비량과 1950년 폐암 사망률(100만 명당 사망자수)을 나타내고 있다.[12] 폐암 관련 증후군이 나타나기 까지의 잠복기 때문인지 두 자료의 측정기간이 다른 것으로 나타나고 있다. 미국 자료의 경우, 담배소비량은 가장 높게 나타나지만 사망률은 상대적으로 낮은 것으로 나타나 미국 자료는 특이치인 것으로 보인다. 미국 자료의 특이치 여부를 판단하기 위해 1인당 담배소비량과 폐암 사망률 간의 관계에 관해 미국 자료를 제외시킨 회

---

12 이와 관련된 사항은 Freedman, D., Pisani, R., Purves, R., and Adhikari, A., *Statistics*, 2nd edn, W.W. Norton Company, New York, 1991의 p. 141, 연습문제 set D를 참조하라.

표 7.10 폐암으로부터의 사망과 담배소비량 (미국 제외)

Dependent Variable: DEATHRATE
Method: Least Squares
Sample: 1 10
Included Observations: 10

Variable	Coefficient	Std. Error	t-Statistic	Prob.
C	9.139335	28.23314	0.323709	0.7545
CIGCONS	0.368653	0.046102	7.996450	0.0000

R-squared	0.888801	Mean dependent var	206.0000
Adjusted R-squared	0.874901	S.D. dependent var	123.5763
S.E. of regression	43.70807	Akaike info criterion	10.56980
Sum squared resid	15283.16	Schwarz criterion	10.63032
Log likelihood	−50.84900	Hannan–Quinn criter.	10.50341
F-statistic	63.94321	Durbin–Watson stat	3.009266
Prob(F-statistic)	0.000044		

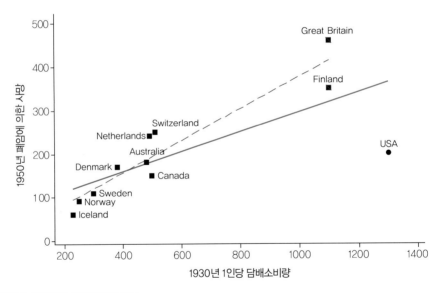

그림 7.1 특이치와 외압자료의 예시

귀식과 포함시킨 회귀식을 추정한다. 이 추정식에 대한 결과는 표 7.9에 나타나 있다.

구지 인과관계를 고려하지 않더라 표 7.9는 통계적으로 유의적인 두 변수 사이의 강한 양의 상관관계를 나타내고 있다.

미국 자료가 특이치인 것이 의심되므로 미국 자료를 제외시키고 재추정하였다. 그 결과는 표 7.10에 나타나 있다.

이 결과는 표 7.9의 결과와 매우 다르게 나타나고 있다. 계수 값, 계수 값의 표준오차, 그리고 결정계수(R^2) 값이 크게 다르며, 이러한 차이는 오직 1개의 관측치(미국 자료)에 기인한다.

이로부터 미국 자료는 단순한 특이치가 아니라 외압자료라는 점을 명백히 알 수 있다. 이와 같은 점은 자료들의 분포와 앞의 두 회귀식으로부터 얻은 회귀선들(미국 자료를 포함한 회귀선과 미국 자료를 배제시킨 회귀선)을 나타내고 있는 그림 7.1에서도 명백히 확인될 수 있다. 이 그림에서 미국 자료는 명백한 특이치임을 확인할 수 있다.

실제로 계량경제학 분야에서는 레버리지와 외압자료를 탐지할 수 있는 다양한 방법들이 존재하고 있으나, 이들 방법들은 복잡할 뿐 아니라 선형대수학적 연산을 필요로 한다.[13] 그러나 Stata는 표본 내 모든 개별 관측치들이 갖는 레버리지 효과를 계산할 수 있는 루틴을 제공하고 있다.

이 외에도 **축차적 최소제곱법**(recursive least squares) 및 **축차적 잔차항**(recursive residuals)과 같이 특이치 존재 여부를 탐지할 수 있는 방법들도 존재하나, 이에 대한 논의는 이 책의 범위를 벗어나므로 생략하도록 한다.[14]

이 장에서 특이치와 관련된 주제를 다루는 목적은 이들 특이치가 OLS 추정치에 영향을 크게 미칠 수 있으므로, 모형설정자들은 이들의 존재 여부에 대해 주의를 기울여야 한다는 점을 환기시키기 위함이다.

7.7 오차항의 확률분포

고전적 정규선형회귀모형(CNLRM)은 고전적 선형회귀모형의 오차항(u_i)이 정규분포를 따른다는 가정을 하는 모형이다.[15] 통계적 추론을 위하여 통상적으로 이용하는 t-검정법 및 F-검정법이 정규성 가정에 기초하고 있으므로, 오차항의 정규성 가정은 표본의 크기가 상대적으로 작을 경우 매우 중요한 역할을 한다.

따라서 오차항의 정규성 여부를 검정하는 작업 역시 중요하다고 할 수 있다. 실제로 오차항의 정규성 여부를 검정하는 방법은 다양하게 존재하고 있으나, 여기서는 현실적으로 가장 많이 이용되고 있는 검증법인 자크–베라(JB)의 정규성 검정법만을 살펴보도록 하겠다. JB 검정법은 **대표본**을 대상으로 하는 검정법이므로 관측치가 작은 표본을 대상으로 할 경우에는 적합하지 않을 수도 있다. JB 검정법의 통계량은 다음과 같이 정의된다.

$$JB = n\left[\frac{S^2}{6} + \frac{(K-3)^2}{24}\right] \sim \chi^2_2 \tag{7.7}$$

---

13 이와 관련된 사항은 Chatterjee, S. and Hadi, A. S., *Regression Analysis by Example*, 4th edn, Wiley, New Jersey, 2006, Chapter 4를 참조하라.

14 예로서, Chatterjee and Hadi, *op cit.*, pp. 103-8을 참조하라.

15 오차항을 관측할 수 없으므로 우리는 이의 추론에 잔차항을 이용하고 있으나, 정규성 가정은 표본 회귀분석으로부터 얻어지는 잔차항 e_i에 대한 가정이 아니고 모집단 회귀분석에 포함되어 있는 오차항 u_t에 관한 가정임을 주목하자.

여기서 n은 표본크기, S는 왜도, K는 첨도를 각각 의미한다.[16] 정규분포의 경우, $S = 0$이고 $K = 3$이므로, JB 통계량의 값은 0이 된다. 따라서 JB 통계량의 값이 0에 가까운 값을 가질수록 정규성 가정을 지지하는 결과라 할 수 있다. 물론 JB 통계량은 χ^2-분포를 따르므로 이에 대한 정확한 통계적 유의성(p값)도 구할 수 있다.

진정한 오차항을 관찰할 수 없으므로, JB 통계량을 계산하기 위해서는 잔차항 e_i를 오차항의 대용변수로 이용해야 한다. 이때 정규성 검정을 위한 귀무가설은 $S = 0$이고 $K = 3$이 되며, JB 통계량은 왜도가 0이고 첨도가 3이라는 2개의 제약조건을 갖고 있으므로 식 (7.7)에 나타나 있는 바와 같이 자유도가 2인 χ^2-분포를 따른다.

따라서 자료로부터 얻어진 JB 통계량이 특정 유의수준(예로서 5%)의 임계값보다 큰 값을 가질 경우, 오차항이 정규분포를 따른다는 귀무가설은 기각된다.

소표본에서의 자크-베라 검정법

앞서 언급한 바와 같이, JB 검정법은 대표본을 대상으로 하는 검정법이다. 따라서 소표본(small samples)에서 JB검정법을 적용할 경우, 크게 잘못된 결과를 얻을 수 있다. 이와 같은 점은 표 7.11의 결과들로부터 명백히 확인할 수 있다.

표 7.11에 나타난 수치들에서 알 수 있는 바와 같이, 표본수가 작아짐에 따라 식 (7.7)로부터 얻은 JB 통계량의 값은 진정한 (제1종 오류의 확률)값에서 크게 벗어날 수 있음을 알 수 있다. 예로서, 표본크기가 20이고 진정한 제1종 오류 확률이 0.05일 때, 계산된 JB 통계량은 15% 수준의 통계적 유의성을 갖는 것으로 나타나고 있다. 이는 오차항이 정규분포를 따른다는 가설을 기각하지 못하는 경우를 의미한다. 오직 표본크기가 100에 근접할수록 진정한 유의성 수준과 계산된 유의성 수준이 유사해짐을 알 수 있다. 따라서 여기서 이야기하고자 하는 바는 소표본에서 JB통계량의 통계적 유의성을 신뢰함에 있어 주의를 기울여야 한다는 것이다.

표 7.11 주어진 표본크기에서 다양한 유의수준과 동일한 p값

True α level	20	30	50	70	100
0.1	0.307	0.252	0.201	0.183	0.1560
0.05	0.1461	0.109	0.079	0.067	0.062
0.025	0.051	0.0303	0.020	0.016	0.0168
0.01	0.0064	0.0033	0.0015	0.0012	0.002

주 : 이 값들은 몬테 카를로 모의실험에 의해 얻어졌다.

---

16 확률변수의 평균으로부터의 2차 적률을 분산이라 하고, 왜도 및 첨도는 각각 평균으로부터의 3차 적률과 4차 적률을 의미한다. 왜도는 확률분포의 대칭도를 측정하며, 첨도는 확률분포의 높이 및 평평함을 측정한다.

임금결정모형의 JB 검정법 적용

표 7.3의 회귀식에 대한 JB 통계량의 값은 4,130으로 매우 큰 값을 가지므로, p값은 거의 0의 값을 갖게 된다. 또한 표 7.7의 로그–선형 모형 역시 JB 통계량의 값도 302로 나타나 이 경우도 p값은 거의 0의 값을 갖게 된다.[17] 특히 두 경우 모두 표본의 관측치 수가 1,289개로 충분히 큰 표본크기를 갖고 있으므로 JB 통계량의 결과를 신뢰할 수 있다.

따라서 JB 통계량 값에 기초할 때, 임금결정모형들의 오차항은 정규분포를 따른다고 결론지을 수 없다.

참고로 임금률 분포는 S의 값이 1.84이고 K의 값이 7.83(이 경우 JB 통계량의 값은 1900이다)으로 비정규 분포를 따르고 있다. 그러나 로그 임금률 분포는 S와 K의 값이 각각 0.1과 3.2로 나타나 정규분포를 따르고 있다(이 경우 JB 통계량 값은 2.8이다)(연습문제 7.8 참조).

비정규분포 오차항

만약 오차항 u_i가 정규분포를 따르지 않을 경우에도 OLS 추정량은 BLUE이다. 다시 말해 OLS 추정량은 불편추정량이고 선형 추정량들 중 가장 작은 분산을 갖는 추정량의 특성을 갖는다. 이는 OLS 추정량이 BLUE의 성격을 갖는다는 것을 증명하는 과정(가우스–마르코프 정리를 상기하자)에서 오차항의 정규성에 대한 가정이 요구되지 않았으므로 당연한 결과라 할 수 있다.

그렇다면 오차항이 정규분포를 따르지 않을 때 발생하는 문제는 무엇일까? 통상적 가설검정을 하기 위해서는 OLS 추정량에 대한 표본분포 또는 확률분포를 알아야 한다. 이는 t-검정법 및 F-검정법과 같은 통상적 통계량을 이용하기 위해서는 오차항의 확률분포가 정규분포를 따른다는 가정을 필요로 하기 때문이다. 따라서 오차항의 정규성 가정이 성립하지 않을 경우, 우리는 대표본 또는 점근적 표본이론(asymptotic sample theory)에 의존해야 한다.

이는 표본크기가 무한히 증가할 경우, 고전적 선형회귀모형의 가정에서(고전적 정규선형회귀모형이 아닌) OLS 추정량은 일치추정량(다시 말해 표본크기가 증가함에 따라 추정량은 모집단의 계수 값으로 수렴한다)일 뿐만 아니라 점근적으로 정규분포를 따른다는 것이다. 또한 흥미롭게도 지금까지 가설검정과정에 광범위하게 이용했던 t-검정법과 F-검정법 역시 대표본에서 근사적으로 유효하며, 표본크기가 무한히 증가함에 따라 이 근사는 더욱 정확해진다는 점이다.

따라서 선형 임금결정모형과 로그–선형 임금결정모형의 JB 통계량이 이들 두 모형의 오차항은 정규분포를 따르고 있지 않고 있음을 지적할지라도, 1,289개라는 충분한 크기의 표본크기를 고려할 때 가설검정과정에서 점근적 표본이론에 기초하여 t-검정법과 F-검정법을 이용할 수 있다.

---

[17] 표 7.3의 선형 임금회귀식에서는 S의 값이 대략 2이고 K의 값은 10.79로 나타났으며, 표 7.7의 로그 임금회귀식의 경우, S와 K의 값은 각각 −0.44와 5.19로 나타났다. 따라서 이 두 경우 모두 정규분포가 갖는 $S=0$과 $K=3$의 값과 상당한 괴리가 있음을 알 수 있다.

7.8 무작위 설명변수

제1장에서 살펴본 바와 같이, 고전적 선형회귀모형에서는 종속변수가 무작위(random)인 반면, 설명변수는 고정된(fixed) 것으로 가정하고 있다—이는 설명변수를 고정시킨 상태에서 종속변수의 무작위 표본을 추출한다는 것이다. 예로서, 소비지출과 소득 간의 관계에 관한 회귀분석에서 소득수준이 특정값에 고정된 것으로 가정한 후, 이들 주어진 소득수준에서 소비지출의 무작위 표본을 추출한다. 회귀분석을 하는 목적 중 하나는 고정된 개별소득수준에서의 평균소비지출을 예측하는 것이다. 따라서 개별소득수준과 평균소비지출액을 연결시킨다면 연결된 직선(또는 곡선)은 (표본) 회귀선(또는 곡선)이 되는 것이다.

설명변수가 고정되었다는 가정은 몇몇 경제상황에서는 유효할 수도 있으나, 이 가정이 대부분의 경제자료에 적용될 수 있는 가정이 되지는 못할 것이다. 다시 말해 Y(종속변수)와 X(설명변수들) 모두가 무작위 추출되었다는 가정을 해야 할 경우가 있으며, 이 경우가 바로 무작위 설명변수를 가정한 상황이라고 말할 수 있는 것이다. 그러나 이때 발생하는 질문은 고정된 설명변수를 가정한 상황에서의 추정방법들이 무작위 설명변수의 경우에도 그대로 적용될 수 있는지의 여부에 관한 것이다. 이 질문과 관련된 자세한 답변은 제19장에서 다루게 될 것이므로 여기서는 다음의 사항들만을 언급하고자 한다.

만약 무작위 설명변수가 오차항 u와 독립이라면, 회귀분석은 주어진 설명변수 값에서 조건부 기대치를 구하는 것이므로 제1장에서 살펴본 고전적 선형회귀모형에 관한 결론(가우스–마르코프 정리)들이 계속해서 성립한다. 한편 무작위 설명변수와 오차항이 상관관계를 갖고 있지 않을 경우에는 이들 결론들이 오직 표본수가 충분히 큰 경우에만 성립하게 된다.[18]

그러나 만약 위의 두 가지 조건이 모두 충족되지 못하면 어떻게 될까? 다시 말해 무작위 설명변수와 오차항 u가 상관관계를 가질 경우, 고정되어 있는 설명변수를 가정한 추정방법 및 결과들이 무작위 설명변수를 가정하는 경우에도 성립될 수 있을 것인가? 이 경우에는 앞서 살펴본 측정오류에서 언급한 바와 같이 도구변수를 이용하는 방법과 같은 다른 추정방법에 의존해야 한다. 그러나 설명변수와 오차항이 상관관계를 갖는 경우는 여러 상황에서 발생할 수 있으며 이에 대해서는 보다 자세한 설명을 요구하므로, 이와 관련된 내용들은 제19장에서 자세히 살펴보도록 하겠다. 지금 단계에서는 몇몇 상황에서는 적합한 도구변수를 찾을 수 있고 원래 설명변수 대신에 이들 도구변수를 이용함으로써 일치성을 갖는 추정치를 얻을 수 있다는 사실에 만족하도록 하자. 우리는 제19장에서 도구변수에 관해 보다 자세히 살펴볼 것이다.

---

18 확률변수 간의 독립은 확률변수 간에 상관관계가 존재하지 않음을 의미하나, 상관관계가 존재하지 않는다는 점이 반드시 확률변수 간의 독립을 의미하는 것은 아니라는 점을 상기하자.

7.9 연립방정식 문제

지금까지는 한 개의 종속변수 Y가 1개 이상의 설명변수 X를 갖고 있는 함수관계를 가정하고 있는 단일방정식 회귀모형만을 고려해 왔다. 이는 만약 Y와 X 사이에 인과관계가 존재한다면, 암묵적으로 그 인과관계가 X로부터 Y에게 있음을 가정한 것이다.

그러나 현실에서는 이와 같은 X와 Y 간의 일방적 인과관계가 성립하지 않는 경우들이 무수히 존재할 수 있다. 이는 X가 Y에 영향을 미치기도 하지만 Y도 X에 영향을 미치는 경우도 무수히 존재하기 때문이다. 다시 말해 Y와 X가 상호 피드백 관계를 가지며 영향을 미치는 경우들도 무수히 많이 존재한다는 것이다. 따라서 이와 같은 피드백 관계를 고려하기 위해서는 1개 이상의 회귀방정식이 필요한데, 계량경제학에서는 이처럼 여러 개의 회귀방정식을 포함하며 변수들 간의 피드백 관계를 고려할 수 있는 계량모형을 연립방정식 회귀모형(simultaneous equation regression model)이라 부른다.[19] 이제 연립방정식 회귀모형을 살펴보기에 앞서 이 모형에 포함되어 있는 개별 단일방정식을 OLS로 추정하는 것이 적합하지 않은 이유에 관해 간략히 살펴보고자 한다.

단순 케인지언 국민소득 결정모형

이제 모든 거시경제학 교과서에 소개되어 있는 케인지언 국민소득 결정모형을 고려해 보자. 이를 위해 Y와 X라는 변수 대신에 거시경제학의 표기법에 따라 소비지출을 C, 국민소득을 Y, 그리고 투자지출을 I로 표기하기로 한다.

$$\text{소비함수 :} \qquad C_t = B_1 + B_2 Y_t + u_t; \ 0 < B_2 < 1 \qquad (7.8)$$

$$\text{국민소득 항등식 :} \quad Y_t = C_t + I_t \qquad (7.9)$$

단순 케인지언 국민소득 결정모형은 해외부문과의 교역이 존재하지 않는 **폐쇄경제모형**을 가정하고 있다.[20]

연립방정식 계량모형을 이해하기 위해서는 다음의 용어와 관련된 개념을 파악해야 한다. 먼저 내생변수(endogenous variables)와 외생변수(exogenous variables)를 구별할 수 있어야 한다. 내생변수란 그 값이 모형 내에서 결정되는 변수를 의미하며, 외생변수는 그 값이 모형 내에서 결정되지 않는 변수를 의미한다. 위의 단순 케인지언 모형에서 내생변수는 C와 Y로

---

[19] 970년대와 1980년대 연립방정식 회귀모형은 계량경제학을 공부하는 학생들이 필수적으로 배워야 하는 주제였다. 그러나 이들 모형이 보이는 낮은 수준의 예측력으로 인하여 최근 들어 이들 모형을 이용하는 실증분석은 많지 않은 실정이다. 그 대신 자기회귀평균(Autoregressive Moving Average, ARMA) 및 벡터자기회귀모형(Vector Autoregressive Regression, VAR)과 같은 다방정식 회귀모형 등이 광범위하게 이용되고 있다. 그러나 연방준비은행, 미국 상무성 및 다수의 예측기관은 ARMA 및 VAR 모형과 함께 아직도 전통적 연립방정식 모형을 이용하고 있다.

[20] 물론 이와 같은 단순 케인지언 모형에 정부부문을 포함시킬 수 있을 뿐만 아니라, 대외부문과의 교역을 포함시켜 개방경제모형을 가정할 수 있다.

이들 변수들은 서로 상호의존적 관계를 갖고 있는 것으로 설정되어 있으며, I는 외생변수이다. 때때로 외생변수는 정부가 정하는 세율과 같이 그 값이 독립적으로 또는 고정된 값으로 주어지므로 사전 결정변수(predetermined variables)라고도 한다.[21]

두 번째로 우리는 구조방정식(structural equation), 또는 행태방정식(behavioral equation)과 항등식(identity)을 구분해야 한다. 구조방정식들은 가계부문과 같이 특정경제부문의 구조 또는 행태를 묘사한다. 위의 단순 케인지언 모형에서 소비함수는 소득수준 변화에 따른 가계부문의 소비지출 변화에 대한 행태를 묘사하고 있다. 한편 이와 같은 구조방정식이 포함하고 있는 계수들을 구조계수(structural coefficients)라 부른다. 이 모형에서 구조계수는 B_1과 B_2이다. 특히 구조계수 B_2는 한계소비성향(marginal propensity to consume, MPC)이라 한다—다시 말해 이 구조계수는 1달러 가치의 소득이 증가할 때 유발되는 추가적 소비지출액을 의미하며, 0과 1 사이의 값을 갖는다.

식 (7.9)와 같은 방정식을 항등식이라 하는데 정의식이라고도 한다. 우리의 예에서 항등식이 의미하는 바는 국민소득 수준은 소비지출과 투자지출의 합임을 정의하고 있다.

연립방정식 편의

이제 두 번째 방정식을 무시하고 식 (7.8)에 있는 소비함수만을 추정하려 한다고 가정해 보자. 이 경우 소비함수의 오차항 u는 소비자신뢰와 같이 쉽게 측정할 수 없는 변수들을 포함하고 있다고 가정하자. 또한 이때 소비자는 주가상승 또는 곧 단행될 조세감면 조치 등에 의해 미래 경기상황에 대하여 낙관적 기대를 하고 있다고 가정하자. 그러나 이와 같은 미래 경기상황에 대한 소비자신뢰의 상승은 오차항 u의 값을 증가시켜, 그 결과 소비지출 역시 증가할 것이다. 그러나 소비지출은 국민소득의 구성요소이므로 이와 같은 소비지출의 증가는 국민소득을 증가시킬 것이며, 이 같은 국민소득의 증가는 다시 소비지출을 증가시키고, 이에 따라 국민소득이 다시 증가하는 일련의 연쇄과정이 계속해서 반복될 것이다. 이와 같은 연쇄과정을 기호로 간략히 나타내면 $u \Rightarrow C \Rightarrow Y \Rightarrow C$로 표현할 수 있다. 이상의 예에서 알 수 있는 바와 같이, 소비와 국민소득은 상호 의존관계를 갖고 있다.

따라서 이와 같은 상호 의존관계를 무시하고 식 (7.8)만을 OLS로 추정하게 되면 계수 추정치는 편의(표본크기와 무관하게)를 가질 뿐만 아니라, (대표본에서도) 일치성을 갖지 못하게 된

---

21 연립방정식 계량모형에서 내생변수와 외생변수의 결정은 전적으로 모형설정자에 의해 이루어짐에 주목하기 바란다. 가령 날씨, 온도 및 허리케인과 지진 같은 천재지변 등과 같은 변수는 명백한 외생변수라 할 수 있다. 그러나 단순 케인지언 모형에서 투자를 이자율의 함수로 설정한다면, 이 경우 투자는 내생변수가 되며, 이자율은 외생변수가 된다. 그러나 통화공급에 의해 이자율이 결정되도록 또 다른 방정식을 설정한다면, 이 경우 이자율은 내생변수가 되고 통화공급이 외생변수가 된다. 이와 같이 단순 케인지언 모형은 쉽고 빠르게 확장될 수 있는 장점을 갖고 있다. 그러나 벡터자기회귀모형을 개발한 경제학자들은 전통적 연립방정식 모형에서 이처럼 자의적으로 변수들을 내생변수와 외생변수로 구분하는 방법론을 비판하였다. 이와 관련된 자세한 내용은 제16장에서 다루도록 한다.

다. 이는 소비함수에서 Y_t와 u_t가 상관관계를 갖고 있어, OLS의 가정인 오차항과 설명변수 간의 상관관계가 존재하지 않아야 한다는 가정을 위반하고 있기 때문이다. 이에 대한 증명은 이장의 부록에 수록되어 있으므로 관심 있는 독자들은 참조하기 바란다. 이와 같은 현상은 앞서 살펴본 무작위 설명변수와 오차항이 상관관계를 갖고 있는 경우와 유사한 경우라 할 수 있다.

그렇다면 바람직한 추정 결과를 얻기 위해서는 소비함수를 어떻게 추정해야 하는가? 계량경제학에는 이와 같은 문제를 해결할 수 있는 다양한 추정방법들이 존재하고 있다. 그러나 여기서는 이들 방법 중 오직 간접최소제곱법(indirect least squares, ILS)만을 살펴볼 것이다.

간접최소제곱법(ILS)

이제 식 (7.8)을 식 (7.9)에 대입한 후, Y_t에 대해 풀면 이들 두 식을 다음과 같은 하나의 식으로 표현할 수 있다.

$$Y_t = \frac{B_1}{1-B_2} + \frac{1}{1-B_2}I_t + \frac{1}{1-B_2}u_t$$
$$= A_1 + A_2 I_t + v_t \tag{7.10}$$

마찬가지로 식 (7.9)를 식 (7.8)에 대입한 후, C_t에 대해 풀면 다음과 같은 식을 얻게 된다.

$$C_t = \frac{B_1}{1-B_2} + \frac{B_2}{1-B_2}I_t + \frac{1}{1-B_2}u_t$$
$$= A_3 + A_4 I_t + v_t \tag{7.11}$$

이들 두 방정식은 내생변수를 외생변수 또는 사전결정변수들과 오차항만의 함수로 표현하고 있다.

계량경제학에서는 이와 같은 형태의 방정식을 축약형 방정식(reduced-form equations)이라 부르며, 축약방정식에 포함된 계수를 충격승수(impact multipliers)라고 부른다. 충격승수는 1달러 가치의 투자증가(또는 우변에 있는 기타 변수)가 소비지출 및 국민소득에 미치는 효과를 측정한다. 예로서, 투자가 1달러 증가했을 경우, 투자지출의 충격승수인 $B_2/(1-B_2)$가 갖는 의미를 고려해 보자. 식 (7.9)로부터 1달러의 투자지출 증가는 국민소득을 1달러 증가시킬 것이라는 것을 알 수 있다. 그러나 식 (7.8)로부터 이와 같은 1달러의 국민소득 증가는 B_2달러만큼의 소비지출을 증가시키며, 이는 다시 B_2달러만큼 국민소득을 증가시키고, 이는 다시 소비지출을 B_2^2 달러만큼 증가시키며, 이와 같은 소비지출 증가는 다시 국민소득을 B_2^2 달러만큼 증가시키는 연쇄작용을 발생시킬 것이다. 결과적으로 이와 같은 연쇄작용의 총효과로 인해 발생하는 소비지출의 증가분은 $B_2/(1-B_2)$가 된다.[22] 따라서 MPC를 의미하는 B_2가 0.7일 경우, 투자지출의 1달러 증가는 소비지출을 $0.7/0.3 = 2.33$달러만큼 증가시키는 것이다. 이와 같은

---

22 이는 무한등비급수의 합을 다음과 같이 구할 수 있기 때문이다. $B_2 + B_2^2 + B_2^3 + \cdots = B_2(1 + B_2 + B_2^2 + \cdots)$
$= B_2/(1-B_2)$. 여기서 $0 < B_2 < 1$임을 기억하기 바란다.

예로부터 소비지출에 미치는 투제곱수의 효과는 한계소비성향이 높을수록 커짐을 알 수 있다.

축약형 방정식에서는 외생변수인 투자지출 I와 오차항이 상관관계를 갖고 있지 않으므로 축약형 방정식을 OLS에 의해 추정할 수 있다. 그러나 이 경우 발생하는 문제는 추정된 축약형 방정식의 계수로부터 구조방정식 계수를 유일하게 찾을 수 있는지에 관한 것이다. 이와 같은 문제는 식별문제로 알려져 있다. 따라서 만약 축약방정식으로부터 소비함수 구조방정식의 계수를 유일하게 결정할 수 있을 경우 소비함수가 식별되었다라고 부른다. 식 (7.9)의 항등식은 모든 계수가 1의 값을 갖고 있으므로 이 식은 식별문제를 갖고 있지 않다.

이와 같이 축약형 방정식으로부터 구조방정식의 계수를 결정하는 과정은 간접최소제곱법(ILS)으로 알려져 있다. 이는 구조방정식의 계수를 추정함에 있어 먼저 축약방정식의 계수를 OLS로 추정한 후, 이로부터 간접적으로 구조방정식의 계수값을 결정하기 때문에 붙여진 이름이다. 실제로 한 방정식이 식별되지 않을 경우에는 OLS뿐만 아니라 그 외의 어떤 방법을 이용해도 구조방정식의 계수추정치를 구할 수 없다.

이제 소비함수의 구조방정식들은 다음의 관계들을 이용하여 식별할 수 있다.

$$B_1 = \frac{A_1}{A_2}, \quad B_2 = \frac{A_4}{A_2} \tag{7.12}$$

식 (7.12)의 관계에 의해 축약형 방정식의 계수로부터 소비함수의 구조방정식 계수가 갖는 값을 유일하게 결정할 수 있다. 그러나 이 관계식들에서 구조방정식의 계수들이 축약형 방정식 계수들의 비선형함수 형태로 나타남에 주목하기 바란다.

연립방정식 계량모형은 다수의 방정식을 포함하고 있으므로, 축약형 방정식의 계수들로부터 구조방정식의 계수들을 식별하는 작업은 매우 지루하고 힘든 작업이 된다. 특히 비간접최소제곱법은 하나의 방정식이라도 식별이 되지 않을 경우에는 무용지물이 되고 만다. 따라서 이 경우 2단계 최소제곱법(two-stage least squares, 2SLS)과 같은 추정방법에 의존해야 한다. 2단계 최소제곱법과 관련된 내용은 도구변수와 관련된 내용을 다루고 있는 제19장에서 살펴볼 것이다.

간접최소제곱법의 적용 예를 살펴보기 전, 간접최소제곱법에 의한 추정치는 일치추정량이라는 점을 기억하기 바란다. 다시 말해 표본크기가 무한히 증가할 경우, 간접최소제곱법에 의한 추정치는 진정한 모집단의 계수가 갖는 값으로 수렴한다는 것이다. 그러나 표본크기가 작거나 유한할 경우, 간접최소제곱법에 의한 추정량은 편의를 가질 것이다. 그러나 앞서 언급한 바와 같이 개별 방정식에 대한 OLS 추정량은 편의를 가질 뿐만 아니라 불일치 추정량이 됨을 기억해야 한다.

간접최소제곱법의 예 : 미국의 소비함수(1960~2009년)

앞의 단순 케인지언 모형에 간접최소제곱법을 적용시키는 방법을 살펴보기 위하여 1960~2009년 기간 중 미국의 소비지출(PCE), 투자지출(GDPI), 그리고 소득(Y)에 관한 자료를 이

표 7.13 투자지출(GDPI)에 대한 소비지출(PCE)의 축약형 방정식

Dependent Variable: PCE
Method: Least Squares
Sample: 1960 2009
Included Observations: 50

Variable	Coefficient	Std. Error	t-Statistic	Prob.
C	−109.9016	102.0025	−1.077440	0.2867
GDPI	4.450478	0.096194	46.26562	0.0000

R-squared	0.978067	Mean dependent var	3522.160
Adjusted R-squared	0.977610	S.D. dependent var	3077.678
S.E. of regression	460.5186	Akaike info criterion	15.14176
Sum squared resid	10179716	Schwarz criterion	15.21824
Log likelihood	−376.5440	Durbin−Watson stat	0.555608
F-statistic	2140.508	Prob(F-statistic)	0.000000

표 7.14 투자지출(GDPI)에 대한 소득의 축약형 방정식

Dependent Variable: INCOME
Method: Least Squares
Sample: 1960 2009
Included Observations: 50

Variable	Coefficient	Std. Error	t-Statistic	Prob.
C	−109.9016	102.0025	−1.077440	0.2867
GDPI	5.450478	0.096194	56.66127	0.0000

R-squared	0.985269	Mean dependent var	4338.266
Adjusted R-squared	0.984962	S.D. dependent var	3755.416
S.E. of regression	460.5186	Akaike info criterion	15.14176
Sum squared resid	10179716	Schwarz criterion	15.21824
Log likelihood	−376.5440	Durbin−Watson stat	0.555608
F-statistic	3210.500	Prob(F-statistic)	0.000000

용하였다. 이들 자료에서 투자지출(GDPI)과 소비지출(PCE)은 각각 국내 총 민간투자량과 개인소비지출을 의미하며, 2009년 자료는 잠정치 자료이다. 또한 이 자료들은 도우미 웹사이트에 있는 **표 7.12**에 수록되어 있다.

한편 단순 케인지언 국민소득 결정모형이 가정하고 있는 항등식을 충족시키기 위하여 본 실증분석에서 소득은 단순히 소비지출과 투자지출의 합으로 구성되어 있음에 주의하기 바란다. 표 7.13과 7.14는 각각 축약방정식 (7.10)과 (7.11)의 추정 결과를 나타내고 있다.

표 7.13의 추정 결과는 GDPI가 1달러 증가할 경우, 개인소비지출은 승수효과로 인하여 평균 4.45달러 증가함을 나타내고 있다.

한편 표 7.14의 추정 결과는 GDPI가 1달러 증가할 경우, 소득은 평균 5.45달러 증가함을 나타내고 있는데, 이 증가량은 소비지출 4.50달러와 투자지출 1달러의 합으로 항등식을 만족

표 7.15 소득에 대한 소비지출(PCE)의 OLS 추정 결과

Dependent Variable: PCE
Method: Least Squares
Sample: 1960 2009
Included Observations: 50

Variable	Coefficient	Std. Error	t-Statistic	Prob.
C	−31.88846	18.22720	−1.749498	0.0866
INCOME	0.819232	0.003190	256.7871	0.0000

R-squared	0.999273	Mean dependent var	3522.160
Adjusted R-squared	0.999257	S.D. dependent var	3077.678
S.E. of regression	83.86681	Akaike info criterion	11.73551
Sum squared resid	337614.8	Schwarz criterion	11.81200
Log likelihood	−291.3879	Hannan–Quinn criter.	11.76464
F-statistic	65939.59	Durbin–Watson stat	0.568044
Prob(F-statistic)	0.000000		

시키고 있다.

이제 앞의 추정 결과들과 식 (7.12)에 있는 축약형 방정식 계수와 구조방정식 계수 간의 관계를 이용하여 소비함수의 구조방정식 계수들을 추정할 수 있다. 이와 같은 절차를 거쳐 얻어진 식 (7.8)은 다음과 같이 나타낼 수 있으며, 독자들은 이와 같은 결과를 스스로 확인해 보기 바란다.

$$\hat{C}_t = -20.1636 + 0.8165Y_t \qquad (7.13)[23]$$

표 7.15에 나타나 있는 소비함수의 MPC에 대한 OLS 추정치와 ILS 추정치를 비교해 보면 서로 큰 차이를 보이지 않음을 알 수 있다. 물론 모든 경우에 있어서 ILS와 OLS의 추정 결과가 큰 차이를 보이지 않을 것이라는 보장은 없다. ILS의 이점은 OLS의 경우 연립방정식 편의를 무시하는 반면, ILS는 이를 고려한다는 점이다.

지금까지 매우 간단한 형태의 연립방정식 계량모형을 살펴보았다. 그러나 많은 개별 구조방정식을 포함하고 있는 연립방정식 계량모형의 경우, 모든 구조방정식의 계수들에 대한 식별여부를 판단하는 것은 그리 쉬운 작업이 아니다. 앞서 살펴본 바와 같이, ILS에서는 구조방정식 계수들의 식별 여부를 판별하기 위해 계수들 간의 관계식을 모두 파악해야 하므로 이를 복잡한 형태의 연립방정식 계량모형에 적용하기에는 다소 어려운 측면이 있다. 그러나 이 외에도 계수조건(order condition) 및 위수조건(rank condition)과 같은 식별방법들을 이용하여 구조방정식의 식별 여부를 보다 용이하게 판별할 수 있는 방법들도 있다. 그러나 이들 조건들을 구체적으로 모두 살펴보는 것은 이 책의 범위를 벗어나므로 이들 식별방법들을 자세히 다

---

23 구조방정식 계수들이 축약형 방정식 계수들의 비선형함수 형태로 표현되므로 단순한 방식을 통하여 구조방정식 계수들의 표준오차를 구하기 어렵다.

루지는 못한다. 그러나 위수조건에 관한 내용은 제19장에서 살펴볼 것이며, 이와 관련된 주제에 대해 보다 깊은 지식을 얻고 싶은 독자는 참고자료들을 참고하기 바란다.[24]

7.10 동태회귀모형

경제이론은 정태모형 또는 균형모형을 이용하여 경제현상을 설명한다. 가령 경제원론에 나오는 재화(혹은 서비스)의 수요곡선과 공급곡선이 교차하는 지점에서 결정되는 시장균형이란 개념은 이것의 좋은 예가 된다. 그러나 시장균형가격은 수요와 공급이 교차되어 즉각적으로 결정되기보다는 시행착오를 경험하면서 서서히 결정되기도 한다. 따라서 경제현상이 가질 수 있는 이 같은 동태적 측면을 간과할 경우, 우리는 모형설정 오류를 범하게 된다. 따라서 이 절에서는 경제현상이 가질 수 있는 이와 같은 동태적 특성을 고려할 수 있는 동태회귀모형 (dynamic regression model)의 개념을 살펴보도록 하겠다.

이를 위하여 민간의 소비행태를 설명하는 밀턴 프리드먼의 항상소득가설(permanent income hypothesis)을 고려해 보자.[25] 이 가설은 현재 발생하는 개인의 소비(지출)는 그의 항상소득(다시 말해 평생소득)에 의존한다는 것이다. 그렇다면 어떻게 항상소득 수준을 측정할 수 있을 것인가? 이를 위하여 프리드먼은 과거 16분기 소득의 가중평균 추정치를 항상소득의 개념으로 이용하였다. 다시 말해 Y가 소비지출을 나타내고 X가 소득수준일 경우, 프리드먼은 다음과 같은 형태의 회귀모형을 추정하였다.

$$Y_t = A + B_0 X_t + B_1 X_{t-1} + B_2 X_{t-2} + \cdots + B_{16} X_{t-16} + u_t \tag{7.14}$$

여기서 X_t는 현재(분기)의 소득수준을 의미하며, X_{t-1}은 전기(분기)의 소득수준을, X_{t-2}는 2기(분기)전 소득수준을 각각 의미한다. 한편 식 (7.14)에서 계수 B는 각 기간(분기)의 소득수준에 주어지는 가중치를 의미한다. 이제 식 (7.14)를 소비함수라 부를 것이며, 이 회귀식은 OLS의 가정들을 충족하고 있다고 가정하자.

계량경제학에서 식 (7.14)는 종속변수 Y가 설명변수 X의 현재 및 과거 시차변수들에 의해 영향을 받고 있으므로 분포시차모형(Distributed lag model, DLM)이라 부른다. 항상소득가설이 의미하는 바는 현실에서 쉽게 찾아볼 수 있다. 예로서, 올해 들어 우리가 받는 임금이 증가한 후 계속해서 이 수준으로 유지될 경우, 임금증가분을 즉각적으로 소비하기보다는 임금증가분을 분할하여 장기간에 걸쳐 소비에 반영시키려 할 것이다.

DLM 모형의 추정방법을 살펴보기에 앞서, 식 (7.14)의 계수들이 갖는 의미를 살펴보자. 식 (7.14)에서 계수 B0는 단기 또는 충격 승수(short-run or impact multiplier)라 부른다. 이

---

[24] 예로서, Gujarati/Porter, *op cit*. Chapter 18-20을 참조하라.

[25] Friedman, M., *A Theory of Consumption Function*, Princeton University Press, New Jersey, 1957을 참조하라.

는 B_0는 X가 1단위 증가할 때 동기간 중 발생하는 Y 평균값의 증가분을 나타내기 때문이다. 이제 X의 증가가 다음 기간 중에도 유지될 경우, 다음 기간까지 발생한 Y 평균값의 증가분은 $(B_0 + B_1)$이 되며, X의 증가가 그 다음 기간까지 유지될 경우, 이때까지 발생한 Y의 평균 증가분은 $(B_0 + B_1 + B_2)$가 된다. 이처럼 시차의 일부 기간에 대한 계수들의 부분합을 잠정승수 (interim multiplier) 또는 중간승수(intermediate multiplier)라 부른다. 마지막으로 우리가 고려하고 있는 최대 시차 k기간까지의 계수들의 합은 다음과 같이 표현될 수 있는데, 이를 장기승수(long-run multiplier) 또는 총승수(total multiplier)라 부른다.

$$\sum_0^k B_k = B_0 + B_1 + \cdots + B_k \tag{7.15}$$

따라서 장기승수는 (지속적인) 소득증가에 따른 평균소비지출의 총변화분을 나타내게 된다.

이제 다음과 같은 가상의 소비함수를 고려해 보자.

$$Y_t = 상수 + 0.4X_t + 0.2X_{t-1} + 0.15X_{t-2} + 0.1X_{t-3}$$

위 소비함수의 경우, 충격승수는 0.4, 잠정승수는 0.75이며, 총승수는 0.85라 할 수 있다. 이에 따라 만약 t년도에 소득이 1,000달러만큼 증가한 후 이 수준으로 유지될 경우, 소비자는 그해 중 400달러를, 그다음 해에 200달러를, 그리고 그다음 해에 150달러를 소비하여 총 750달러만큼 소비를 증가시킬 것이며 250달러를 저축하려 할 것이다.

식 (7.14)는 OLS에 의해 추정될 수 있다.[26] 그러나 다음과 같은 이유로 인하여 식 (7.14)를 OLS로 추정하는 것은 용의하지 않게 된다. 첫째, 사용할 설명변수의 적정시차를 어떻게 결정할 것인가? 둘째, 더 많은 시차변수를 설명변수로 이용할수록 통계적 추론을 위하여 요구되는 자유도는 상실되며, 이는 표본크기가 작을수록 통계적 추론의 신뢰성을 손상시킬 것이다. 셋째, 대부분의 시계열 자료에서는 연속적인 값들이 높은 상관관계를 갖는 특성을 갖고 있다. 이와 같은 특성은 다중공선성을 유발시켜 앞서 살펴본 바와 같이 계수의 부정확한 추정을 유발시키게 된다.

따라서 DLM 모형이 가질 수 있는 이러한 특성 때문에 계량경제학에서는 OLS 대신에 다른 추정방법들이 이용되고 있는데, 이들 방법 중 코익(Koyck) 분포시차모형으로 알려진 추정방법에 관해 살펴볼 것이다.[27]

---

26 이를 위해서는 설명변수(현재 및 시차변수)가 **약 외생적**(weakly exogenous)이어야 한다는 조건이 필요하다. 다시 말해 설명변수들과 오차항이 상관관계를 갖지 않아야 한다. 그러나 다른 경우에서는 설명변수가 **강 외생적**(strictly exogenous)이어야 한다는 보다 강한 조건들이 필요하기도 하다. 다시 말해 설명변수가 오차항의 과거, 현재 및 미래 항들과 독립이어야 한다는 조건이 요구된다.

27 이와 관련된 보다 자세한 내용은 Gujarati/Porter, Chapter 17을 참조하기 바라며, 이에 대한 보다 심화된 내용은 James H. Stock and Mark W. Watson (2011), *Introduction to Econometrics*, 3rd edn, Addison-Wesley, Boston, Chapter 15를 참조하기 바란다.

코익 분포시차모형[28]

코익 분포시차모형(Koyck distributed lag model)을 이해하기 위하여, 식 (7.14)를 다음과 같이 보다 일반적인 형태로 표현해 보자.

$$Y_t = A + B_0 X_t + B_1 X_{t-1} + B_2 X_{t-2} + \cdots + u_t \qquad (7.16)$$

식 (7.14)에서는 설명변수의 시차가 정의되어 있지 않으므로 무한 DLM(infinite DLM)이라 부른다. 다시 말해 설명변수인 시차변수의 최종 과거시점이 명시되지 않았다. 이에 반해 식 (7.14)와 같은 회귀식은 유한 DLM(finite DLM)이라 부른다. 식 (7.14)는 16개의 시차변수를 갖고 있다. 식 (7.16)에 나타나 있는 무한 DLM은 앞으로 살펴보게 되는 바와 같이 수리적 이점을 갖고 있다.

식 (7.16)을 추정하기 위하여, 코익은 기하확률분포를 이용하였다. 코익은 이를 위하여 식 (7.16)의 모든 B가 동일한 부호를 갖는다는 가정과 함께(이와 같은 부호가정은 소비함수 예에 적합하다), 모든 계수들이 다음과 같이 기하적으로 감소한다고 가정하였다.

$$B_k = B_0 \lambda^k, \ k = 0, 1, \ldots; \ 0 < \lambda < 1 \qquad (7.17)$$

식 (7.17)에서 λ는 체감률로 알려져 있으며, $(1-\lambda)$는 조정속도로 앞의 소비함수에서 새로운 소득수준에 소비지출이 얼마나 빠르게 조정되어 가는지를 나타낸다.

식 (7.17)에서 계수 B_k는 B_0를 제외하고 λ의 값에 의존하게 된다. λ의 값이 1에 가까울수록 B_k의 값은 서서히 감소하게 되며, 이는 먼 과거의 X 값들이 현재의 Y 값에도 일정한 영향력을 갖게 됨을 의미한다. 그러나 λ의 값이 0에 근접할수록 과거의 X 값들이 현재 Y 값에 미치는 영향력은 거의 사라지게 된다.

식 (7.17)에서 코익이 가정하고 있는 점은 계수 B의 값은 k가 증가함에 따라 점차 작은 값을 갖게 되므로(λ의 값이 1보다 작으므로) 먼 과거에 발생한 X의 변화가 Y에 미치는 효과도 점차 감소한다는 것이다. 식 (7.14)의 소비함수를 살펴보면, 개인의 소비는 과거 소득수준에 비하여 현재 소득수준에 더 많은 영향을 받을 것이므로 이와 같은 코익의 가정은 타당하다고 할 수 있다.

이제 이 가정이 무한 DLM 모형의 추정에 어떻게 이용되는지를 살펴보기 위하여 식 (7.17)을 이용하여 식 (7.16)을 다음과 같이 표현해 보자.

$$Y_t = A + B_0 X_t + B_0 \lambda X_{t-1} + B_0 \lambda^2 X_{t-2} + B_0 \lambda^3 X_{t-2} + \cdots + u_t \qquad (7.18)$$

그러나 식 (7.18)은 무한개의 계수들을 포함하고 있을 뿐만 아니라, 이들 계수들이 조정계

---

28 L.M. Koyck (1954), *Distributed Lags and Investment Analysis*, North Holland Publishing Company, Amsterdam.

수 λ와 비선형 형태로 결합되어 추정이 용이하지 않게 된다. 코익은 이와 같은 문제를 해결하기 위하여 다음과 같은 방식을 적용하였다. 즉, 그는 식 (7.18)을 Y_{t-1}에 대하여 다음과 같이 표현하였다.

$$Y_{t-1} = A + B_0 X_{t-1} + B_0 \lambda X_{t-2} + B_0 \lambda^2 X_{t-3} + \cdots + u_{t-1} \qquad (7.19)$$

그리고 식 (7.19)에 λ를 곱해 주어 다음의 표현을 얻었다.

$$\lambda Y_{t-1} = \lambda A + \lambda B_0 X_{t-1} + \lambda^2 B_0 X_{t-2} + \lambda^3 B_0 X_{t-3} + \cdots + \lambda u_{t-1} \qquad (7.20)$$

이제 식 (7.20)으로부터 식 (7.19)를 빼주면 다음을 얻게 된다.

$$Y_t - \lambda Y_{t-1} = A(1-\lambda) + B_0 X_t + (u_t - \lambda u_{t-1}) \qquad (7.21)$$

마지막으로 식 (7.21)을 정렬하여 코익은 다음과 같은 최종 회귀식을 얻었다.

$$Y_t = A(1-\lambda) + B_0 X_t + \lambda Y_{t-1} + v_t \qquad (7.22)$$

식 (7.22)에서 $v_t = u_t - \lambda u_{t-1}$.

흥미롭게도 식 (7.22)에는 종속변수의 시차변수가 포함되어 있다. 이와 같은 회귀모형은 설명변수들 중 종속변수의 시차변수가 포함되어 있으므로 자기회귀모형이라 부른다.

코익 변환의 가장 큰 이점은 식 (7.16)의 무한개의 계수를 추정하는 대신에 식 (7.22)에 있는 3개의 계수만을 추정할 수 있도록 회귀식을 크게 단순화시키는 데 있다. 그렇다면 식 (7.22)를 추정할 때 발생하는 문제는 없을까? 이에 대한 답을 하기 전에는 X의 1단위 변화가 Y의 평균값에 미치는 단기 및 장기 효과는 식 (7.22)를 통하여 쉽게 구해질 수 있다는 점을 주목하자. X의 단기효과는 계수 B_0로 주어지며, X의 변화가 지속될 때 발생하는 장기효과는 $B_0/(1-\lambda)$로 주어진다.[29] 그러나 λ는 0과 1 사이의 값을 가지므로 장기효과는 단기효과보다 크게 나타나며, 이는 변화된 소득수준에 맞추어 소비를 조정하는 데 일정 시간이 소요됨을 의미하는 것이다.

이와 같은 단순화 작업에도 불구하고 다음과 같은 이유들로 인하여 식 (7.22)를 추정하는 작업은 용이하지 않게 된다. 첫째, 오차항 u_t가 고전적 선형회귀모형의 가정들(평균이 0이고, 분산이 일정하며, 자기상관을 갖지 않음)을 충족시킬지라도 식 (7.22)의 v_t는 오차항들의 결합 형태이므로 고전적 선형회귀모형의 가정을 충족시키기 어려울 수 있기 때문이다. 실제로 오차항 u_t가 자기상관을 갖고 있다는 점이 증명될 수 있다. 둘째, 식 (7.22)에서 종속변수의 시차

---

29 장기에는 $Y^* = Y_t = Y_{t-1}$의 관계가 성립하므로 Y_{t-1}을 식 (7.22)의 좌측항으로 이항시키면 이와 같은 결과를 얻게 된다.

변수가 설명변수로 이용되고 있으나, 종속변수 Y_t는 고정되지 않은 확률적 성격을 갖는 변수이므로 Y_{t-1} 역시 무작위 설명변수가 된다. 무작위 설명변수에서 살펴본 바와 같이, OLS에서는 설명변수가 고정되어 있거나 무작위 설명변수일 경우 모두 이들 설명변수가 오차항과 독립적이라는 가정을 하고 있다. 따라서 이 경우에도 무작위 설명변수 Y_{t-1}은 오차항과 독립이라는 점을 입증해야 한다. 그러나 식 (7.22)에서 Y_{t-1}과 v_t는 상관관계를 갖고 있다.[30] 이 경우 OLS 추정량은 일치추정량의 성격도 갖지 못하게 된다. 셋째, 자기상관 부분에서 언급했듯이 식 (7.22)와 같이 설명변수로 종속변수의 시차변수가 이용되고 있을 경우, 비록 더빈이 제안한 h-검정통계량을 이용할 수 있으나, 오차항 v_t의 자기상관 여부를 검증하기 위하여 더빈–왓슨의 d-통계량을 이용할 수 없다. 이와 같은 이유들로 인하여 식 (7.22)의 코익 모형이 복잡한 모형의 단순화를 이루었으나 그 추정이 용이하지 않게 되는 것이다. 그렇다면 이들 문제들을 해결할 수 있는 방안은 무엇일까?

첫째, 오차항 v_t는 자기상관 문제를 갖고 있으므로 OLS에 의한 추정량이 일치추정량이라할지라도 추정량의 표준오차는 신뢰하기 어렵다. 그러나 이와 같은 문제는 자기상관 부분에서 살펴본 바와 같이 HAC 표준오차를 이용하여 해결할 수 있다.

그러나 더욱 심각한 문제는 시차변수 Y_{t-1}과 오차항 v_t 간의 상관관계에 관한 문제이다. 앞서 연립방정식 계량모형에서 살펴본 바와 같이, 이와 같은 경우에는 OLS 추정량이 일치추정량의 성격조차 갖지 못하게 된다. 따라서 이 문제를 해결할 수 있는 한 가지 방법은 Y_{t-1}과는 높은 상관관계를 가지나 오차항 v_t와 상관관계를 갖지 않는 **대용변수**를 찾는 것이다. 이와 같은 대용변수는 도구변수로 알려져 있으나 이들 변수를 찾는 것은 그리 쉬운 작업이 아니다.[31] 앞으로, 소비함수 예를 이용하여 소비지출 시차변수에 대한 도구변수를 찾아보는 방법에 관해 살펴보도록 하겠다.

구체적 실례

식 (7.22)를 추정하는 방법을 설명하기 위하여, 1960~2009년 기간 중 미국의 개인소비지출(*PCE*) 및 가처분소득(*DPI*) 자료를 이용하였다(모든 자료는 2005년 달러기준이다). (자료는 p.198의 부록에 수록되어 있다.)

먼저 식 (7.22)를 OLS에 의해 추정한 결과는 표 7.16에 나타나 있다. 그러나 이 경우 오차항이 자기상관 문제를 갖고 있으므로 OLS에 의한 추정치의 표준오차가 과소추정되어 있으므로 이 경우 표 7.17에 나타나 있는 바와 같이 뉴이–웨스트 표준오차를 구할 수 있다.

두 표에 나타나 있는 바와 같이, 계수들의 추정치는 서로 같은 값을 가지나(HAC 표준오차는 추정치를 변화시키지 않음을 상기하자), 표준오차의 추정치는 HAC 표준오차가 다소 높

---

30 이와 관련된 증명은 Gujarati/Porter, *op cit.*, p. 635를 참조하라.

31 제19장에서 도구변수를 이용한 추정방법에 관해 자세히 살펴볼 것이다.

표 7.16 회귀식 (7.22)의 OLS 추정 결과

Dependent Variable: PCE
Method: Least Squares
Sample (adjusted): 1961 2009
Included Observations: 49 after adjustments

Variable	Coefficient	Std. Error	t-Statistic	Prob.
C	−485.8849	197.5245	−2.459872	0.0177
DPI	0.432575	0.081641	5.298529	0.0000
PCE(−1)	0.559023	0.084317	6.630052	0.0000

R-squared	0.998251	Mean dependent var		19602.16
Adjusted R-squared	0.998175	S.D. dependent var		6299.838
S.E. of regression	269.1558	Akaike info criterion		14.08773
Sum squared resid	3332462	Schwarz criterion		14.20355
Log likelihood	−342.1493	Hannan−Quinn criter.		14.13167
F-statistic	13125.09	Durbin−Watson stat		0.708175
Prob(F-statistic)	0.000000			

표 7.17 강건한 표준오차를 갖는 추정 결과

Dependent Variable: PCE
Method: Least Squares
Sample (adjusted): 1961 2009
Included Observations: 49 after adjustments
HAC standard errors & covariance (Bartlett kernel, Newey−West fixed
bandwidth = 4.0000)

Variable	Coefficient	Std. Error	t-Statistic	Prob.
C	−485.8849	267.7614	−1.814619	0.0761
DPI	0.432575	0.098339	4.398823	0.0001
PCE(−1)	0.559023	0.102057	5.477587	0.0000

R-squared	0.998251	Mean dependent var		19602.16
Adjusted R-squared	0.998175	S.D. dependent var		6299.838
S.E. of regression	269.1558	Akaike info criterion		14.08773
Sum squared resid	3332462	Schwarz criterion		14.20355
Log likelihood	−342.1493	Hannan−Quinn criter.		14.13167
F-statistic	13125.09	Durbin−Watson stat		0.708175
Prob(F-statistic)	0.000000			

은 값을 갖고 있는 것으로 나타나고 있다. 그러나 이와 같은 방식으로 표준오차를 조정하더라도 낮은 p값과 t값은 모든 추정치가 여전히 통계적 유의성을 갖고 있음을 지적하고 있다. 이와 같은 결과는 오차항의 자기상관 문제가 우리의 예에서는 큰 문제를 발생시키지 않음을 나타내는 것이다.

일단 자기상관 문제가 추정 결과에 큰 영향을 미치지 않음을 인정하더라도, PCE의 시차변수와 오차항 간의 상관관계 가능성으로 유발될 수 있는 문제를 해결해야 한다. 추정 결과를 살펴보면, 가처분소득 증가에 따른 단기 한계소비성향(MPC)은 0.43인 것으로 나타난 반면, 장기 한계소비성향은 대략 0.98인 것으로 나타나고 있다.[32] 이는 소비자들이 *PDI*가 1달러 증가할 경우, 장기적으로 소비지출을 조정할 시간이 주어질 경우 평균적으로 소비지출을 거의 1달러 수준 증가시키나, 단기에는 오직 43센트만을 증가시킨다는 것을 의미한다.

예상한 바와 같이, λ의 추정치는 0.56으로 0과 1 사이의 값을 갖는 것으로 나타났다. 이는 *DPI*의 변화에 대하여 *PCE*의 조정속도가 빠르지도 느리지도 않음을 의미하는 것이다.

이제 *DPI*의 변화에 대한 *PCE*의 조정속도를 살펴보기 위하여 중위수 및 평균 시차기간에 관하여 살펴보도록 하자. 중위수 시차기간이란 *DPI*가 1단위 증가한 후 그 수준이 유지됨에 따라 발생한 *PCE*의 전체 변화량이 총 변화량의 절반 또는 50% 수준에 도달하는 기간을 의미한다. 평균 시차기간이란 계수 *B*를 가중치로 하여 얻은 회귀식에 포함된 시차변수의 가중평균을 의미한다.

코익 모형에서 중위값 시차기간 및 평균시차기간은 다음과 같이 표현된다.

$$중위값\ 시차 = -\frac{\log 2}{\log \lambda}$$

$$평균시차 = \frac{\lambda}{1-\lambda}$$

소비함수의 예에서 위 공식들에 λ 값으로 0.56을 대입할 경우, 중위값 및 평균시차 기간은 각각 1.19와 1.27로 나타난다. 이는 전자의 경우, *PCE* 평균값의 총변화 중 50%의 변화가 이루어지기 위해서는 대략 1.2년이 소요되어야 하며, 후자의 경우 평균시차는 대략 1.3년임을 나타내는 것이다.

앞서 언급한 바와 같이, *DPI*의 시차변수와 식 (7.22)의 오차항이 상관관계를 가질 가능성은 표 7.17의 추정 결과에 대한 신뢰성을 저하시키며, OLS에 의한 추정량은 일치추정량의 성격조차 갖지 못하는 결과를 갖는다. 따라서 이 문제를 해결하기 위하여 *PCE*의 시차항과 높은 상관관계를 갖고 있으나 식 (7.22)의 오차항과는 상관관계를 갖지 않는 대용변수를 찾아야 한다. 이 경우 *DPI*의 시차변수는 *PCE*의 시차변수와 높은 상관관계를 가질 뿐만 아니라, 가정에 의해 약 외생적 조건을 충족하므로 *DPI*의 시차변수를 *PCE* 시차변수의 대용변수로 이용할 수 있다.[33]

따라서 식 (7.22)를 추정하는 대신, 다음의 회귀식을 추정할 수 있다.

$$PCE_t = A + B_1 DPI_t + B_2 DPI_{t-1} + u_t \tag{7.23}$$

---

32 λ의 값이 대략 0.5590이므로 장기 한계소비성향은 다음과 같은 방법을 통하여 얻어진다. $0.4325/(1-\lambda)$ $= 0.4325/0.441$.

33 두 변수 간의 상관계수는 0.998로 계산되었다.

표 7.18 HAC 표준오차를 갖는 회귀식 (7.23)의 추정 결과

Dependent Variable: PCE
Method: Least Squares
Sample (adjusted): 1961 2009
Included Observations: 49 after adjustments
HAC standard errors & covariance (Bartlett kernel, Newey–West fixed bandwidth = 4.0000)

Variable	Coefficient	Std. Error	t-Statistic	Prob.
C	−1425.511	372.3686	−3.828224	0.0004
DPI	0.934361	0.175986	5.309287	0.0000
DPI(−1)	0.038213	0.177358	0.215455	0.8304

R-squared	0.996583	Mean dependent var	19602.16
Adjusted R-squared	0.996434	S.D. dependent var	6299.838
S.E. of regression	376.1941	Akaike info criterion	14.75736
Sum squared resid	6510013	Schwarz criterion	14.87318
Log likelihood	−358.5553	Hannan–Quinn criter.	14.80130
F-statistic	6707.481	Durbin–Watson stat	0.351356
Prob(F-statistic)	0.000000		

식 (7.23)은 유한차수를 갖는 DLM 모형으로 HAC 표준오차를 적용한 추정 결과는 표 7.18에 주어져 있다. 추정 결과를 살펴보면, DPI의 시차변수는 통계적 유의성을 갖지 못하는데, 이는 DPI_t와 DPI_{t-1}이 높은 상관관계를 갖고 있기 때문일 수 있다. 만약 추정 결과에 나타나 있는 이들 두 변수의 계수값을 더해 줄 경우, 그 결과는 0.9725로 OLS에 의해 얻어진 장기 한계소비성향과 유사한 값을 갖는 것으로 나타난다.

이상의 예에서 주의해야 할 점은 우리가 선택한 대용변수가 적합하지 않은 변수일 수도 있다는 점이다.[34] 그러나 앞서 언급한 바와 같이 적절한 대용변수를 찾는 작업은 쉬운 작업이 아님을 다시 한 번 주의해야 하며, 이와 관련된 내용은 제19장에서 자세히 다루게 될 것이다.

자기회귀시차분포

지금까지 우리는 자기회귀모형과 분포시차모형에 관해 살펴보았다. 그러나 우리는 이들 두 모형의 특징을 결합시킴으로써 자기회귀시차분포모형(autoregressive distributed lag model, ARDL)으로 알려진 것보다 일반적인 형태의 동태회귀모형을 구축할 수 있다.

제13장과 제16장에서 다루고 있는 바와 같이, 자기회귀시차분포모형은 여러 개의 종속변수와 설명변수를 포함할 수도 있으나, 설명의 편의를 위하여 한 개의 종속변수 Y와 1개의 설명변수 X만 포함하는 모형을 가정하도록 하자.

---

34 만약 우리가 소비자의 재산가치(W)에 관한 자료를 갖고 있다면, 이 변수의 시차변수 역시 PCE의 시차변수와 높은 상관관계를 가지므로 DPI의 시차변수 대신에 이를 대용변수로 이용할 수 있을 것이다. 그러나 소비자들의 재산가치에 관한 자료를 구하는 것은 쉬운 작업이 아니다.

$$Y_t = A_0 + A_1 Y_{t-1} + A_2 Y_{t-2} + \cdots + A_p Y_{t-p}$$
$$+ B_0 X_t + B_1 X_{t-1} + B_2 X_{t-2} + \cdots + B_q X_{t-q} + u_t \tag{7.24}$$

이 식은 다음과 같이 보다 간략히 표현될 수 있다.

$$Y_t = A_0 + \sum_{i=1}^{i=p} A_i Y_{t-i} + \sum_{i=0}^{i=q} B_i X_{t-i} + u_t \tag{7.25}$$

이 식에서 Y와 X의 시차항들은 자기회귀시차분포모형의 자기회귀 부분과 분포시차 부분을 각각 구성하고 있다. 식 (7.25)의 자기회귀시차분포모형은 p개의 자기회귀항과 q개의 분포시차항을 갖고 있으므로 모형으로 표현한다.

ARDL 모형이 갖는 장점은 Y 시차변수의 동태적 효과뿐만 아니라 X 시차변수의 동태적 효과까지 함께 반영할 수 있다는 점이다. 따라서 이들 두 변수의 시차변수를 충분히 포함시킴으로써 오차항의 자기상관을 제거할 수 있다. 이 경우 적정시차의 결정은 아카이케 정보 기준 및 유사 정보 기준 방법을 이용하여 결정할 수 있다. 특히 ARDL 모형은 변수의 미래값 예측뿐만 아니라 승수효과를 추정할 때도 자주 이용되고 있다.

이제 ARDL 모형의 추정 및 해석 방법과 독립변수, 설명변수 및 오차항이 갖는 특성을 살펴보기에 앞서 이들 모형이 실증분석에서 광범위하게 이용되고 있는 이유에 관하여 살펴보도록 하자.[35] ARDL 모형의 가장 고전적 예는 필립스 곡선의 추정이다. 비록 최근 들어 여러 형태로 수정되었으나 필립스는 과거 자료에 기초하여 인플레이션과 실업률 사이에 존재하는 역의 관계를 발견하였다.[36] 따라서 이 경우, 현재 인플레이션은 관성에 의해 과거 인플레이션뿐만 아니라, 현재와 과거의 실업률에 의해서도 영향을 받을 것이므로 이들 관계를 모두 고려하여 예측 및 정책효과를 분석하기 위해 적절한 ARDL 모형을 고려할 수 있다.[37] ARDL 모형의 또 다른 예를 살펴보기 위하여 상품 광고액과 판매량 간의 관계를 고려해 보자. 이 경우에는 이번 기 상품의 판매량은 상품의 과거 판매량뿐만 아니라 현재 및 과거에 지출된 광고액에도 영향을 받는 것으로 가정할 수 있을 것이다.

또한 앞서 소비함수 예에서도 현재의 소비지출이 과거의 소비지출뿐만 아니라 현재 및 과거의 소득수준에도 영향을 받는다고 가정할 수 있으며, 이 경우 필요한 적정시차는 아카이케 정보 기준과 같은 정보 기준법을 이용하여 실증적으로 적절히 결정할 수 있을 것이다.

---

[35] 이에 관한 보다 자세하고 고차원적인 내용을 원하는 독자는 Henry, D. F., *Dynamic Econometrics*, Oxford University Press, New York, 1995를 참조하라.

[36] 필립스 곡선의 변천사를 살펴보기 위해서는 Econometric society 호주회의에서 발표된 Gorden, R.J.(2008)의 'The history of Phillips curve: an American perspective'를 참조하라.

[37] 이에 대한 보다 구체적인 예는 Carter Hill, R., Griffiths W. E., and Lim, G. C., *Principles of Econometrics*, 3rd edn, Wiley, New York, 2011, pp. 367-9를 참조하라.

이제 설명을 최소화하기 위하여, 앞의 소비함수 모형이 모형을 따른다고 다음과 같이 가정하자.

$$Y_t = A_0 + A_1 Y_{t-1} + B_0 X_t + B_1 X_{t-1} + u_t, \ A_1 < 1 \qquad (7.26)^{[38]}$$

식 (7.26)에서 Y = PCE이며 X = DPI를 나타낸다. 이 식이 의미하고 있는 바는 현재의 개인소비지출은 전 기간의 개인소비지출뿐만 아니라 현재 및 전 기간의 소득수준에 영향을 받는다는 것이다.

식 (7.26)의 중요한 특성은 이 식이 PCE에 미치는 DPI의 동태적 효과에 관한 정보를 찾을 수 있게 해 준다는 점이다. 이때 DPI의 1단위 변화가 PCE에 미치는 즉각적 효과는 충격승수라 부르는데, 이는 계수 B_0에 의해 측정될 수 있다. 만약 DPI의 증가가 지속적으로 유지될 경우, 장기승수는 다음과 같이 주어짐을 알 수 있다.

$$장기승수 = \frac{B_0 + B_1}{1 - A_1} \qquad (7.27)$$

따라서 DPI가 1단위 증가한 후(가령 1달러 증가), 그 수준이 유지될 때 기대되는 PCE의 누적 증가분은 식 (7.27)의 장기승수에 의해 주어진다.[39] 다시 말해 DPI의 1단위 증가가 지속적으로 유지될 경우, 식 (7.27)은 PCE의 영구적 증가분을 나타내게 된다.

소비함수의 예에 ARDL(1,1) 모형을 적용하기 위하여, 다음과 같은 가정을 하였다. 첫째, 변수 Y와 X가 안정적(stationary)이라는 것이다.[40] 둘째, 식 (7.26)의 설명변수들의 값이 주어졌을 때, 또는 보다 일반적으로 식 (7.24)의 설명변수들의 값이 주어졌을 때 오차항의 기댓값은 0이라는 것이다. 셋째, 식 (7.24)의 오차항이 자기상관을 갖지 않을 경우, OLS에 의해 추정된 식 (7.24)의 계수들 또는 현재 우리가 고려하고 있는 식 (7.26)의 계수들은 일치추정량이 된다는 것이다. 그러나 오차항이 자기상관관계를 가질 경우, 식 (7.26)에 있는 Y의 시차항, 보다 일반적으로 식 (7.24)에 있는 Y의 시차항들은 오차항과 상관관계를 가질 것이다. 따라서 이 경우 OLS에 의한 추정량은 일치추정량이 되지 못하므로, 자기상관 부분에서 살펴본 여러 방법들을 이용하여 오차항의 자기상관 여부를 검증해야 한다. 마지막으로 설명변수 X가 최소한 약 외생적인 외생변수이어야 한다는 것이다. 이는 이들 설명변수가 오차항과 상관관계가 없어야 함을 가정하고 있는 것이다.

---

38 만일 $A_1 < 1$이라는 가정이 위반될 경우, Y는 발산하는 특성을 갖는다.

39 이에 대한 자세한 도출과정은 Verbeek, M., *A Guide to Modern Econometrics*, 3rd edn, Wiley, Chichester, UK, 2008, pp. 324-5를 참조하라.

40 일반적으로 시계열 자료가 안정적이라는 것은 평균과 분산이 시간변화와 무관하게 불변이며, 두 기간에 대한 변수의 공분산이 오직 두 기간의 시간거리에만 의존하는 경우이다. 이와 관련된 사항은 제13장에서 더욱 자세히 살펴볼 것이다.

표 7.19 회귀식 (7.26)의 OLS 추정치

Dependent Variable: PCE
Method: Least Squares
Sample (adjusted): 1961 2009
Included Observations: 49 after adjustments

Variable	Coefficient	Std. Error	t-Statistic	Prob.
C	−281.2019	161.0712	−1.745823	0.0877
DPI	0.824591	0.097977	8.416208	0.0000
PCE(−1)	0.805356	0.081229	9.914632	0.0000
DPI(−1)	−0.632942	0.118864	−5.324935	0.0000

R-squared	0.998927	Mean dependent var	19602.16	
Adjusted R-squared	0.998855	S.D. dependent var	6299.838	
S.E. of regression	213.1415	Akaike info criterion	13.63990	
Sum squared resid	2044318.	Schwarz criterion	13.79433	
Log likelihood	−330.1775	Hannan–Quinn criter.	13.69849	
F-statistic	13962.93	Durbin–Watson stat	1.841939	
Prob(F-statistic)	0.000000			

이제 표 7.19에 나타나 있는 식 (7.26)의 추정 결과를 살펴보도록 하자.

이 회귀식이 타당하다고 할 경우, 추정 결과는 DPI의 1단위 변화로 유발되는 PCE에 대한 **충격승수**는 대략 0.82로 나타남을 지적하고 있다. 또한 이와 같은 DPI의 1단위 증가가 지속적으로 유지될 경우 유발되는 장기승수는 0.9840으로 나타나고 있다.[41] 예상한 바와 같이, 장기승수가 단기승수에 비해 큰 값을 갖는 것으로 나타나고 있다. 따라서 DPI가 1달러 증가할 경우, PCE는 장기적으로 평균 98센트 증가한다고 생각할 수 있다.

이제 오차항의 자기상관 가능성이 존재하므로 HAC 표준오차를 얻기 위하여 식 (7.26)을 재추정할 경우, 그 추정 결과는 표 7.20과 같다. 표 7.20에 나타나 있는 바와 같이, HAC 표준오차가 크게 변화하지 않았다는 점은 우리의 예에서 오차항의 자기상관이 심각한 문제가 되지 않음을 의미하는 것이라 하겠다.

이제 독자들은 지금까지 살펴본 ARDL(1,1) 모형 대신에 동일한 자료를 이용하여 다양한 시차의 p와 q를 이용한 ARDL(p,q) 모형을 이용하여 소비함수를 추정하는 연습을 해 보기 바란다.

예측

이제 식 (7.26)을 이용하여 소비지출을 예측하는 방법에 관해 살펴보자. 현재 우리가 갖고 있는 표본의 마지막 연도가 2009년이므로 이보다 1년 후인 2010년의 PCE를 예측하려 한다고 가정해 보자. 즉, PCE_{2010}의 값을 예측하길 원하고 있다고 가정하자. 우리는 1년 후 식 (7.26)

---

41 장기승수 $= (B_0 + B_1)/(1 - A_1) = (0.8245 - 0.6329)/(1 - 0.8053) = 0.9840$(근사치)

표 7.20 HAC 표준오차를 갖는 회귀식 (7.26)의 OLS 추정치

Dependent Variable: PCE
Method: Least Squares
Sample (adjusted): 1961 2009
Included Observations: 49 after adjustments
HAC standard errors & covariance (Bartlett kernel, Newey–West fixed bandwidth = 4.0000)

Variable	Coefficient	Std. Error	t-Statistic	Prob.
C	−281.2019	117.3088	−2.397107	0.0207
PCE(−1)	0.805356	0.071968	11.19044	0.0000
DPI	0.824591	0.114989	7.171026	0.0000
DPI(−1)	−0.632942	0.119717	−5.286977	0.0000

R-squared	0.998927	Mean dependent var	19602.16	
Adjusted R-squared	0.998855	S.D. dependent var	6299.838	
S.E. of regression	213.1415	Akaike info criterion	13.63990	
Sum squared resid	2044318.	Schwarz criterion	13.79433	
Log likelihood	−330.1775	Hannan–Quinn criter.	13.69849	
F-statistic	13962.93	Durbin–Watson stat	1.841939	
Prob(F-statistic)	0.000000			

의 관계를 다음과 같은 형태로 표현할 수 있다.

$$PCE_{2010} = A_0 + A_1 Y_{2009} + B_0 X_{2010} + B_1 X_{2009} + u_{2010} \tag{7.28}$$

여기서 Y_{2009}와 X_{2009}의 값은 알려져 있으나 X_{2010}과 u_{2010}의 값은 알려져 있지 않다. 따라서 X_{2010}의 값을 추측하거나 제16장에서 다룰 예측방법들을 이용하여 그 예측치를 얻어야 한다. 마지막으로, u_{2010}의 값에 0을 대입한 후, 표 7.19에 나타나 있는 계수들의 추정치를 식 (7.28)에 대입함으로써 PCE_{2010}의 값을 예측할 수 있게 된다.

여러 기간에 대한 PCE의 값을 예측하는 과정도 앞서 살펴본 1년 후의 예측치를 구하는 과정과 유사하다. 독자들은 PCE의 1년 후 예측치 또는 그 이상 기간의 예측치를 직접 구해 보는 연습을 해 보기 바란다.

결론

지금까지 자기회귀모형, 분포시차모형, 그리고 자기회귀분포시차모형 등의 세 가지 동태회귀모형을 살펴보았다. 먼저 무한차수모형(DLM)을 고려했으나, 이 모형은 무한개의 계수를 추정해야 하므로 코익 변형법을 이용하여 이 모형을 자기회귀모형으로 변형시키는 방법에 관해 살펴보았다. 또한 1960년에서 2009년까지의 미국 실질개인소비지출 및 실질가처분소득 자료를 이용하여 모형을 추정하는 방법과 함께 주요 가정 및 추정 상의 문제점들도 살펴보았다.

또한 자기회귀모형과 분포시차모형을 결합시킨 자기회귀분포시차모형의 단순한 형태로 ARDL(1,1) 모형을 이용하여 설명변수의 값이 영구히 1단위 증가할 경우 어떻게 단기 및 장

기 승수를 구할 수 있는지도 살펴보았다. 또한 이 과정에서 우리는 이 모형의 기초 가정들과 함께 추정절차도 살펴보았으며, ARDL 모형을 이용하여 경제변수를 예측하는 방법도 간략히 살펴보았다.

동태회귀모형과 관련된 주제들은 매우 광범위할 뿐만 아니라 높은 수준의 수학적 지식을 요구하므로, 여기서 이들 주제들의 핵심적인 개념들을 간략히 살펴보는 데 만족하기로 한다. 따라서 이와 관련된 보다 높은 수준의 내용을 공부하기 원하는 독자들은 참고문헌을 참조하기 바란다.

7.11 요약 및 결론

이 장에서는 계량모형의 설정과 관련된 다양한 주제를 폭넓게 다루었다.

먼저 만약 계량모형을 설정함에 있어서 적정변수를 누락시킬 경우, OLS에 의해 추정된 계수 추정치와 표준오차는 편의를 가질 뿐만 아니라 일치추정량이 되지 못함을 살펴보았다. 또한 적정변수의 누락으로 인한 편의 여부를 탐지할 수 있는 방법으로 RESET 검정법과 라그랑지 승수 검정법을 살펴보았다.

반면 회귀식에 불필요한 설명변수가 추가되었을 경우, OLS 추정량은 여전히 BLUE의 성격을 갖고 있으나, 유일한 벌칙은 계수추정치의 표준오차가 증가하여 효율성을 상실한다는 점도 살펴보았다.

실제 계량분석에서 흔히 직면하는 문제는 회귀모형의 적절한 함수 형태를 설정하는 것이다. 특히 회귀모형의 함수 형태로 선형모형과 로그−선형 모형을 선택하는 문제를 자주 직면하게 된다. 따라서 이 장에서는 미국 50개 주와 워싱턴 DC의 콥−더글라스 생산함수 자료를 예로 이용하여 적정함수 형태를 선택하기 위하여 두 가지 형태의 계량모형을 비교하는 방법에 관해서도 살펴보았다.

측정오차는 실증분석에서 빈번하게 발생하는 문제로, 특히 2차 형태의 자료에 의존할 경우 자주 발생하게 된다. 이와 관련하여 설명변수에서 이와 같은 측정오차가 발생할 경우, OLS 추정량은 일치추정량조차 될 수 없을 뿐만 아니라, 이로 인한 심각한 추정오류가 발생할 수 있음도 확인하였다. 그러나 종속변수에서 측정오차가 발생할 경우, 그 추정 결과는 심각한 오류를 경험하지 않았으나 실제로 측정오차의 발생 여부를 발견하는 일은 쉽지 않음도 논의하였다. 또한 제19장에서 다룰 도구변수의 이용은 측정오차로 인하여 발생하는 문제를 해결할 수 있는 방법으로 자주 이용되는 방법임도 살펴보았다.

일반적으로 분석 대상인 모집단에 관한 통계적 추론을 위하여 표본자료를 이용한다. 그러나 '비정상적인 관측치' 또는 특이치를 포함하고 있는 표본자료는 잘못된 통계적 추론 결과를 초래하게 된다. 따라서 이와 같은 특이치에 대하여 각별한 주의를 기울여야 한다. 그러나 이들 특이치를 제거하기에 앞서, 어떤 이유로 이들 특이치가 표본에 포함되었는지에 관해서도 각별한 주의를 기울여야 한다. 때때로 이와 같은 특이치들은 자료를 기록하는 과정에서 발생하는 오류로부터 발생한다. 실제로 이와 같은 특이치들이 존재할 경우 발생하는 문제들을 11개 국가의 담배 소비량과 폐암 사망률의 자료를 이용하여 살펴보았다.

고전적 정규선형회귀모형의 가정 중 하나는 회귀모형의 오차항이 정규분포를 따른다는 것이나, 현실에서 이와 같은 가정은 항상 충족될 수 없다. 그러나 표본크기가 충분히 크고 고전적 선형회귀모형의 가정이 충족되는 한, 오차항이 정규분포를 따르지 않더라도 t-검정법과 F-검정법을 이용할 수 있다는 점을 살펴보았다.

마지막으로 연립방정식 모형의 개별방정식을 OLS로 추정할 경우 발생하는 연립방정식 편의문제를 살펴보았다. 이 경우 개별방정식에 OLS를 적용시킬 경우, 추정량은 편의추정량이 될 뿐만 아니라 불일치 추정량이 됨을 살펴보았다. 이와 같은 문제점을 해결하기 위해서는 간접최소제곱법(ILS)이나 2단계 최소제곱법(2SLS) 등을 이용해야 한다. 이와 관련하여 이 장에서는 실제 자료를 이용하여 단순 케인지언 국민소득 결정모형의 소비함수에 간접최소제곱법을 적용하여 추정하는 절차도 함께 살펴보았다.

연습문제

7.1 만약 특이치가 존재한다면, 앞서 본문에서 살펴본 임금결정모형 자료에서 특이치를 발견할 수 있는 방법에 관하여 논하라. 만약 특이치의 존재를 확인했다면, 추정 결과에 특이치들이 영향을 미칠 수 있는지 여부를 어떻게 결정할 수 있는가? 또한 이들 특이치 효과를 제거할 수 있는 방법에 관하여 논하라. 이를 위해 필요한 세부절차를 보여라.

7.2 본문에 있는 임금결정모형들에서 오차항의 이분산을 발견할 수 있는 방법에 관하여 논하라. 만약 이분산이 발견될 경우, 이를 어떻게 해결할 것인지 논하라.

7.3 이분산을 다룬 장에서 강건한 표준오차 또는 화이트의 이분산–교정 표준오차에 관하여 살펴보았다. 임금결정모형들에서 강건한 표준오차를 구하고, 이를 OLS의 표준오차와 비교하라.

7.4 본문에 있는 임금결정모형들에 추가할 수 있는 설명변수들은 무엇이 있는지 생각해 보라. 또한 이들 설명변수의 추가가 본문에 있는 모형을 어떻게 변화시키는지에 관해 논하라.

7.5 도우미 웹사이트 표 7.21에 있는 자료를 이용하여 흡연이 방광암, 신장암, 그리고 골수암에 미치는 효과를 찾아라. 이를 위하여 실증분석에 이용된 회귀식의 함수 형태 및 추정 결과를 보여라. 또한 암 종류에 미치는 흡연의 효과가 다를 경우, 이를 어떻게 찾을 수 있는지에 관하여 논하라. 만약 흡연의 효과가 차이를 갖는다면, 그 이유는 무엇인가?

7.6 앞의 연습문제 7.5에 이용된 자료 중 특이치가 존재하는가? 만약 존재한다면, 특이치들을 찾아라. 특이치들로 인해 발생하는 문제를 어떻게 해결할 수 있는가?

7.7 표 7.8의 자료는 암 종류별로 43개의 관측치가 있어 모든 암에 대하여 172개의 관측치로 구성되어 있다. 이제 다음의 회귀식을 추정하려 한다고 가정하자.

$$C_i = B_1 + B_2 Cig_i + B_3 Lung_i + B_4 Kidney_i + B_5 Leukemia_i + u_i$$

여기서 C = 암으로부터의 사망자 수, Cig = 흡연량(담배수), $Lung$ = 가변수, 폐암일 경우 = 1, 그 외 암인 경우 = 0, $Kidney$ = 가변수, 신장암일 경우 = 1, 그 외 암인 경우 = 0, $Leukemia$ = 가변수, 골수암 = 1, 그 외 암인 경우 = 0. 이제 방광암 사망자를 기준그룹으로 간주하자.

(a) 앞의 회귀모형을 추정한 후, 추정 결과를 나타내라.

(b) 앞의 회귀모형의 추정 결과에서 가변수의 계수추정치를 해석하라.

(c) 앞의 회귀모형에서 계수 B_1이 갖는 의미를 해석하라.

(d) 흡연량과 암 종류별 사망자 수 간의 관계를 개별적으로 추정하는 것에 비하여 앞의 회귀모형에서와 같이 가변수를 이용하는 회귀모형이 갖는 이점은 무엇인가?

주 : 43개의 관측치로 구성된 암 종류별 사망자 수와 흡연량 자료를 하나의 자료로 구축하라. 다시 말해 첫 번째 암 자료 다음에 두 번째, 세 번째, 네 번째 암 자료들을 연결시켜 총 172개의 관측치로 구성된 종속변수와 독립변수를 만들어라.

7.8 표 7.7에 나타나 있는 로그–임금결정 회귀모형의 오차항은 정규분포를 따르지 않는 반면, 로그를 취한 임금값은 정규분포를 따르는 것이 발견되었다. 이런 결과가 상호 모순적이라 할 수 있는가? 만약 그렇다면, 이런 차이를 유발시키는 원인은 무엇인가?

7.9 다음의 연립방정식 모형을 고려하자.

$$Y_{1t} = A_1 + A_2 Y_{2t} + A_3 X_{1t} + u_{1t} \tag{1}$$

$$Y_{2t} = B_1 + B_2 Y_{1t} + B_3 X_{2t} + u_{2t} \tag{2}$$

앞의 연립방정식 모형에서 Y, X 및 u는 각각 내생변수, 외생변수 및 오차항을 나타낸다.

(a) 축약형 방정식을 구하라.

(b) 위의 구조방정식 중 식별이 가능한 방정식은 무엇인가?

(c) 식별 가능한 방정식에서 구조방정식을 얻기 위하여 어떤 방법을 사용할 것인가?

(d) 위의 구조방정식에서 선험적으로 A_3의 값은 0인 것이 알려져 있다고 가정하자. 이와 같은 가정을 이용할 경우, 앞의 문제들의 결과는 달라지는가? 그 이유를 설명하라.

7.10 ARDL(1,1) 모형의 경우, 장기승수는 식 (7.27)로 주어진다. 이제 다음과 같은 단순한 형태의 회귀식을 추정한다고 가정해 보자.

$$PCE_t = C_1 + C_2 DPI_t + u_t$$

이 회귀방정식을 추정하고 C_2가 식 (7.27)에 주어진 장기승수와 같다는 것을 보여라. 또한 그 이유를 직관적으로 설명한 후, 수식을 이용하여 엄밀히 증명하라.

7.11 Mauldin과 Berelson의 연구로부터 잘 알려져 있는 자료들이 표 7.22에 주어져 있다.[42]

표 7.22는 1965년과 1975년 사이 라틴아메리카 20개 국가들의 **환경**(사회적 환경을 반영하는 지수), **노력**(가족계획 노력을 반영하는 지수), 그리고 **변화**(일반 출생률의 퍼센티지 감소) 등과 같은 변수들을 나타내고 있다.

(a) 변화와 환경 및 노력을 연관시킬 수 있는 적합한 모형을 설정하라.

(b) 표 7.22의 자료들은 횡단면자료이므로 이분산이 의심될 수 있다. 실제로 이분산 여부를 살펴보고, 이를 위해 이용된 검정법을 설명하라.

(c) 자료들에서 특이치의 존재가 의심되는가? 만약 그럴 경우, 특이치의 존재를 입증할 수 있는 엄밀한 검정법을 설명하라.

(d) (b)와 (c)에서 나타나는 문제점들을 고려할 경우, 초기 모형을 어떻게 재추정할 수 있는가? 재추정을 통해 얻은 주요 결과를 보여라.

표 7.22 라틴아메리카 20개국의 가족계획, 사회적 환경, 그리고 출생률 감소, 1965~1975년

Country	Change	Setting	Effort
Bolivia	1	46	0
Brazil	10	74	0
Chile	29	89	16
Colombia	25	77	16
Costa Rica	29	84	21
Cuba	40	89	15
Dominican Republic	21	68	14
Ecuador	0	70	6
El Salvador	13	60	13
Guatemala	4	55	9
Haiti	0	35	3
Honduras	7	51	7
Jamaica	21	87	23
Mexico	9	83	4
Nicaragua	7	68	0
Panama	22	84	19
Paraguay	6	74	3
Peru	2	73	0
Trinidad Tobago	29	84	
Venezuela	11	91	

42 Mauldin, P.W. and Berelson, B. (1978) Conditions of fertility decline in developing countries, 1965-75, *Studies in Family Planning*, 9, 89-147을 참조하라(John Wiley & Sons의 인증 하에 사용됨).

부록

소비함수의 통상최소제곱법 추정량이 갖는 불일치성

한계소비성향의 통상최소제곱법 추정량은 그 공식에 따라 다음과 같이 주어진다.

$$b_2 = \frac{\Sigma c_t y_t}{\Sigma y_t^2} = \frac{\Sigma C_t y_t}{\Sigma y_t^2} \tag{1}$$

식 (1)에서 c와 y는 평균으로부터의 편차를 의미한다. 다시 말해 예로서 $c_t = C_t - \overline{C}$이다.

이제 식 (7.8)을 식 (1)에 대입하면 다음의 관계를 얻는다.

$$b_2 = \frac{\Sigma(B_1 + B_2 Y_t + u_t) y_t}{\Sigma y_t^2}$$
$$= B_2 + \frac{\Sigma y_t u_t}{\Sigma y_t^2} \tag{2}$$

식 (2)를 얻기 위하여 $\Sigma y_t = 0$이라는 점과 $\Sigma Y_t y_t / y_t^2 = 1$이라는 점을 이용하였다.

이제 식 (2)에 기댓값을 취하면 다음의 관계를 얻게 된다.

$$E(b_2) = B_2 + E\left[\frac{\Sigma y_t u_t}{\Sigma y_t^2}\right] \tag{3}$$

기댓값 연산자 E는 선형 연산자의 성격을 갖고 있으므로 식 (3)의 두 번째 항과 같이 비선형 형태를 갖고 있는 항에 대해서는 기댓값을 취할 수 없다. 따라서 식 (3)으로부터 마지막 항의 값이 0이 아니라면 b_2는 편의추정치가 된다. 이제 표본크기가 증가함에 따라 이와 같은 편의가 사라질 것인지에 관해 살펴보자. 이를 위하여 추정량의 확률극한(*plim*, probability limit) 값이 모집단의 값과 같을 경우, 이 추정량을 일치추정량이라 부른다는 점을 기억하자. 따라서 식 (3)에 확률극한을 취하면 다음과 같이 된다.

$$plim(b_2) = plim(B_2) + plim\left[\frac{\Sigma y_t u_t / n}{\Sigma y_t^2 / n}\right]$$
$$= B_2 + \frac{plim(\Sigma y_t u_t / n)}{plim(\Sigma y_t^2 / n)} \tag{4}$$

식 (4)를 얻기 위하여 *plim* 연산자의 특성 중 상수값(B_2)의 *plim*은 상수값 자체가 되며, 분수의 *plim*에는 분자와 분모에 각각 *plim*을 취할 수 있다는 성질을 이용했다.

이제 표본크기 n이 무한히 커지게 되면, 다음과 같은 결과를 얻게 된다.

$$plim(b_2) = B_2 + \frac{1}{1 - B_2}\left(\frac{\sigma_u^2}{\sigma_y^2}\right) \tag{5}$$

식 (5)에서 σ_u^2와 σ_y^2는 각각 u와 Y의 (모집단) 분산을 각각 나타낸다.

식 (5)에서 B_2(MPC)는 0과 1 사이의 값을 가지며 2개의 분산값은 양의 값이므로 $plim(b_2)$는 항상 B_2보다 큰 값을 갖게 된다. 다시 말해 표본크기가 무한히 커지더라도 b_2는 B_2의 값을 과도추정(overestimate)하게 된다. 따라서 b_2는 편의추정치일 뿐만 아니라 불일치 추정치가 된다.

자료 부록

obs	PCE	DPI	obs	PCE	DPI
1960	9871.000	10865.00	1985	19037.00	21571.00
1961	9911.000	11052.00	1986	19630.00	22083.00
1962	10243.00	11413.00	1987	20055.00	22246.00
1963	10512.00	11672.00	1988	20675.00	22997.00
1964	10985.00	12342.00	1989	21060.00	23385.00
1965	11535.00	12939.00	1990	21249.00	23568.00
1966	12050.00	13465.00	1991	21000.00	23453.00
1967	12276.00	13904.00	1992	21430.00	23958.00
1968	12856.00	14392.00	1993	21904.00	24044.00
1969	13206.00	14706.00	1994	22466.00	24517.00
1970	13361.00	15158.00	1995	22803.00	24951.00
1971	13696.00	15644.00	1996	23325.00	25475.00
1972	14384.00	16228.00	1997	23899.00	26061.00
1973	14953.00	17166.00	1998	24861.00	27299.00
1974	14693.00	16878.00	1999	25923.00	27805.00
1975	14881.00	17091.00	2000	26939.00	28899.00
1976	15558.00	17600.00	2001	27385.00	29299.00
1977	16051.00	18025.00	2002	27841.00	29976.00
1978	16583.00	18670.00	2003	28357.00	30442.00
1979	16790.00	18897.00	2004	29072.00	31193.00
1980	16538.00	18863.00	2005	29771.00	31318.00
1981	16623.00	19173.00	2006	30341.00	32271.00
1982	16694.00	19406.00	2007	30838.00	32648.00
1983	17489.00	19868.00	2008	30479.00	32514.00
1984	18256.00	21105.00	2009	30042.00	32637.00

주 : 본 자료는 2005년 달러 기준이다.
출처 : 미국 상무성. 이 자료는 미국 연방준비은행 세인트루이스의 웹사이트에서도 찾을 수 있다.

PART

III

횡단면 자료를 가진 회귀모형

8 | 로짓 모형과 프로빗 모형

이번 장과 다음 4개 장에서는 일반화선형모형(generalized linear model, GLM)에 관해 살펴볼 것이다. 이번 개정판의 서문에서 언급한 바와 같이, GLM은 고전적 선형회귀모형을 일반화시킨 모형이다. 일반화선형모형은 종속변수의 평균이 회귀계수의 비선형 함수형태의 형태로 주어지고 종속변수가 정규분포를 따르지 않으며, 오차항의 분산이 이분산일 경우에 유용한 모형이다.

일반화선형모형이 갖는 두 가지 주요 특징은 링크(link)함수와 이항분포, 포아송분포, 감마분포, 그리고 역 정규분포(inverse Gaussian)와 같이 다양한 형태의 비정규분포를 따르는 오차항의 분포라 할 수 있다.

일반화선형모형에서 종속변수의 조건부평균은 회귀계수들의 선형함수로 표현될 수 없으나, 링크함수를 적절히 선택함으로써 비선형 형태의 조건부평균을 회귀계수들의 선형함수 형태로 변형시킬 수 있다. 이와 대조적으로 선형회귀모형은 식 (1.6)에서와 같이 종속변수의 조건부평균이 회귀계수들의 선형함수 형태로 표현되므로 선형회귀모형에서는 이와 같은 과정을 거치지 않는다.

이번 장과 다음 4개 장에서 우리는 종속변수의 조건부평균이 회귀계수들의 비선형함수 형태로 나타나는 회귀모형들에 도입되는 다양한 형태의 링크함수들을 살펴보게 될 것이다. 이제, 이들 회귀모형들 중 상대적으로 가장 단순한 형태인 로짓과 프로빗 모형부터 살펴보도록 하겠다.

8.1 실증적 예 : 흡연 또는 비흡연 선택

여기서 이용되는 자료는 미국 성인 남성 1,196명에 관한 자료로 도우미 웹사이트에 있는 **표 8.1**에 게시되어 있다.[1]

---

[1] 이 자료는 Mullahy, J. (1997) Instrumental variable estimation of count data models: applications to models of cigarette smoking behavior, *Review of Economics and Statistics*, 79(4), 586–93. © 1997 by the President and Fellows of Harvard College and the Massachusetts Institute of Technology의 자료들이다.

회귀분석에 이용되는 변수들은 다음과 같다.

Smoker = 1(흡연자) 또는 0(비흡연자)

Age = 나이(년)

Education = 학교 교육기간(년)

Income = 가구소득

Pcigs = 1979년 개별 주의 담배가격

8.2 선형확률모형(LPM)

종속변수인 흡연자는 명목변수이므로 흡연자의 경우 1의 값을 가지며 비흡연자의 경우는 0의 값을 갖는다. 이제 나이, 교육수준, 가구소득, 담배가격 등의 요인들이 흡연 여부에 미치는 영향을 살펴보기 위하여 OLS를 적용한다고 가정하자. 다시 말해 다음과 같은 회귀식을 추정하려 한다.

$$Y_i = B_1 + B_2 Age_i + B_3 Educ_i + B_4 Income_i$$
$$+ B_5 Pcigs + u_i \tag{8.1}$$

식 (8.1)은 다음과 같이 보다 간략히 표현할 수 있다.

$$Y_i = BX + u_i \tag{8.2}$$

식 (8.2)에서 BX는 식 (8.1)의 우측항에 해당한다.

식 (8.2)는 설명변수의 값이 주어졌을 때, 종속변수(흡연 여부)의 조건부 기댓값을 나타내며, 이는 해당 사건(즉, 흡연)이 발생할 조건부 확률로 해석될 수 있으므로 선형확률모형(linear prob-ability model, LPM)이라 부른다.[2]

표 8.2는 Eviews를 이용하여 식 (8.2)를 추정한 결과를 나타내고 있다.

추정 결과는 가구소득을 제외한 모든 변수들이 적어도 10% 수준에서 통계적 유의성을 갖고 있으며, 나이, 교육기간, 그리고 담배가격이 흡연선택에 부정적 효과를 미침을 나타내고 있다. 특히 F-통계량의 값은 12.00으로 이 수준에서 p값은 거의 0의 값을 갖고 있으므로, 모든 설명변수의 계수가 동시에 0이라는 귀무가설도 기각됨을 알 수 있다.

선형확률모형의 추정 결과는 다음과 같이 해석될 수 있다. 만약 여타의 조건이 일정하다면 흡연이 건강에 미치는 악영향으로 인하여 나이가 들면 들수록 담배를 피울 확률은 0.005만큼 감소한다. 또한 같은 이유로 인하여, 여타의 조건이 일정하다면 교육기간이 1년 증가할수록 흡연을 할 확률은 0.02만큼 감소하며, 담배가격이 1달러 증가할 경우, 흡연을 선택할 확률은 0.005만큼 감소하게 된다. R^2의 값은 0.038로 매우 낮아 보이지만 종속변수가 1 또는 0의 값

---

2 이는 만약 $P_i = \Pr(Y_i = 1)$이고 $(1 - P_i) = \Pr(Y_i = 0)$일 경우, Y_i의 기댓값은 $E_i(Y_i) = 1 \cdot P_i + 0 \cdot (1 - P_i) = P_i$이기 때문이다.

표 8.2 흡연 여부에 관한 LPM

Dependent Variable: SMOKER
Method: Least Squares
Sample: 1 1196
Included Observations: 1196

	Coefficient	Std. Error	t-Statistic	Prob.
C	1.123089	0.188356	5.962575	0.0000
AGE	−0.004726	0.000829	−5.700952	0.0000
EDUC	−0.020613	0.004616	−4.465272	0.0000
INCOME	1.03E−06	1.63E−06	0.628522	0.5298
PCIGS79	−0.005132	0.002852	−1.799076	0.0723

R-squared	0.038770	Mean dependent var	0.380435
Adjusted R-squared	0.035541	S.D. dependent var	0.485697
S.E. of regression	0.476988	Akaike info criterion	1.361519
Sum squared resid	270.9729	Schwarz criterion	1.382785
Log likelihood	−809.1885	Durbin−Watson stat	1.943548
F-statistic	12.00927	Prob(F-statistic)	0.000000

만을 갖는 명목변수인 점을 고려할 때 이 값에 너무 큰 의미를 부여할 필요는 없다.

이제 식 (8.2)에 나이에 가구소득을 곱해 주거나 교육기간에 가구소득을 곱해 주는 방식으로 설명변수들 간의 상호작용을 반영할 수 있는 변수들을 추가하거나, 각 설명변수들이 흡연을 선택할 확률에 미치는 비선형적 효과를 찾기 위하여 나이 및 교육기간의 제곱을 설명변수로 추가할 수 있다. 그러나 선형확률모형은 다음과 같은 특유의 한계점을 갖고 있어 더 이상의 작업을 수행하는 것은 큰 의미를 갖지 못한다.

첫째, 선형확률모형은 설명변수 값이 크든 작든 상관없이 흡연을 선택할 확률에 미치는 설명변수의 영향력이 선형관계를 갖고 있음을 가정하고 있다. 둘째, 확률은 0과 1 사이의 값을 가져야 하나, 선형확률모형으로부터 추정된 확률값은 이 구간의 값을 가진다는 보장이 없다. 이는 OLS는 확률이 0과 1 사이의 값을 가져야 한다는 제약조건을 고려하지 않기 때문이다. 셋째, 종속변수가 0과 1의 값을 가질 경우, 오차항이 정규분포를 따른다는 가정이 성립될 수 없다. 마지막으로 선형확률모형의 오차항은 이분산을 가지므로 통상적 통계적 추론이 성립하지 않는다.

이와 같은 이유들로 인하여, 이원 선택형 변수에 관한 실증분석을 수행할 때 선형확률모형 대신에 로짓과 프로빗 모형을 주로 이용하게 된다.

8.3 로짓 모형

앞서 살펴본 흡연 여부 결정에 관한 실증분석 예의 주요 목적은 주어진 설명변수 값에서 흡연을 선택할 확률을 추정하는 것이다. 이와 같은 확률함수를 선택함에 있어서, 다음의 두 가지 요구사항을 기억해야 한다. (1) 설명변수의 값 X_i가 변화하더라도 확률 추정치는 0과 1 사이에 존재해야 한다. 그리고 (2) P_i와 X_i의 관계는 비선형관계를 갖는다. 이는 'X_i의 값이 작아질수록 P_i는 느린 속도로 0으로 수렴해야 하며, X_i의 값이 증가할수록 P_i는 느린 속도로 1에 수렴해야 함을 의미하는 것'이다.[3] 로짓과 프로빗 모형은 모두 이들 두 조건을 모두 충족시키는 모형이다. 이제 이들 두 모형 중 프로빗 모형에 비하여 비교적 수학적 단순함을 갖고 있는 로짓 모형을 먼저 살펴볼 것이다.

이를 위하여 앞의 예에서 개인의 흡연 여부 결정은 관측 불가능한 효용지수(utility index) I_i^*에 의존하며, 효용지수는 나이, 가구소득, 담배가격과 같은 설명변수에 의존한다고 가정하자.[4] 이에 따라 효용지수와 설명변수들 간의 관계를 다음과 같이 표현할 수 있다.

$$I_i^* = BX + u_i \tag{8.3}$$

여기서 i는 i번째 개인을 의미하며, u는 오차항을, 그리고 BX는 식 (8.2)에서와 동일한 의미를 가진다.

그러나 관측 불가능한 효용지수와 개인의 흡연 여부 선택 간에는 어떠한 관계가 존재한다고 말할 수 있을까? 이를 위하여 다음의 관계를 가정하자.

$I_i^* \geq 0$일 때 $Y_i = 1$(흡연자)

$I_i^* < 0$일 때 $Y_i = 0$(비흡연자)

다시 말해 만약 어느 한 사람의 효용지수 I가 기준점 수준(threshold level)의 효용지수 I^*보다 클 경우에는 흡연을 선택하나, 작을 경우에는 흡연을 선택하지 않는다는 것이다. 그러나 이와 같은 가정에서 흡연의 폐해에 관한 많은 연구들이 존재하지만, 흡연이 건강에 미치는 영향에 관하여 아무런 가정도 하고 있지 않음을 주의하기 바란다.

이제 이 가정을 이용하여 흡연을 선택($Y = 1$)할 확률을 다음과 같이 표현할 수 있다.

$$\begin{aligned} \Pr(Y_i = 1) &= \Pr(I^* \geq 0) \\ &= \Pr[(BX + u_i) \geq 0] \\ &= \Pr(u_i \geq -BX) \end{aligned} \tag{8.4}$$

식 (8.4)의 확률은 Y_i의 확률분포에 의존하며, 이는 다시 오차항 u_i의 확률분포에 의존함을 알 수 있다.[5] 만약 이 확률분포가 0을 중심으로 대칭적이라고 하면, 식 (8.4)는 다음과 같이 표현될 수 있다.

$$\Pr(u_i \geq -BX) = \Pr(u_i \leq BX) \tag{8.5}$$

---

3 이에 대한 보다 자세한 설명은 Aldrich, J. H. and Nelson, F., *Linear Probability, Logit and Probit Models*, Sage Publications, 1984, p. 26을 참조하라.

4 효용지수는 또한 고유인자변수(latent variable)로 알려져 있다.

5 B는 고정되었거나 비확률적이며, X 값은 주어진 값이다. 따라서 Y_i의 변동은 u_i의 변동으로부터 발생한다.

그러므로 다음과 같이 된다.

$$P_i = \text{Pr}(Y_i = 1) = \text{Pr}(u_i \leq BX) \tag{8.6}$$

식 (8.6)으로부터 확률 P_i는 오차항 u_i가 갖는 확률분포에 의존하고 있음을 명백히 알 수 있다. 또한 식 (8.6)에서와 같이 한 확률변수가 특정값보다 작거나 같을 확률은 누적확률함수(cumulative distribution function, CDF)에 의하여 주어짐을 상기하기 바란다.[6]

로짓 모형은 u_i의 확률분포가 다음과 같은 로지스틱 확률분포를 따른다고 가정하는데, 이를 우리의 예에 적용할 경우 다음과 같이 표현할 수 있다.

$$P_i = \frac{1}{1 + e^{-Z_i}} \tag{8.7}$$

여기서 P_i는 $Y_i = 1$일 확률, 즉 흡연을 선택할 확률을 나타내며,

$$Z_i = BX + u_i \tag{8.8}$$

한편 흡연을 선택하지 않을 확률, 즉 $Y = 0$일 확률은 다음과 같이 주어진다.

$$1 - P_i = \frac{1}{1 + e^{Z_i}} \tag{8.9}$$

주 : 식 (8.7)과 (8.9)에서 Z_i의 부호가 서로 다름을 유의하자.

식 (8.7)로부터 Z_i는 $-\infty$에서 $+\infty$까지의 값을 취할 수 있으며, 이때 P_i는 0에서 1 사이의 값을 가질 뿐만 아니라 Z_i(즉, X_i)와 비선형관계를 가지므로 앞서 언급한 조건들을 충족시키고 있음을 알 수 있다.[7]

식 (8.7)에서는 P_i가 X뿐만 아니라 B에 대해서도 비선형관계를 갖고 있으므로 추정의 용이성을 위하여 X와 B에 대해 선형관계가 될 수 있도록 이 식을 변형하도록 하자. 이를 위하여 흡연을 선택할 확률과 선택하지 않을 확률 간의 비율을 얻기 위하여 식 (8.7)을 식 (8.9)로 나눌 경우, 다음과 같은 관계를 얻게 된다.

$$\frac{P_i}{1 - P_i} = \frac{1 + e^{Z_i}}{1 + e^{-Z_i}} = e^{Z_i} \tag{8.10}$$

식 (8.10)에서 $P_i / (1 - P_i)$를 흡연을 선택할 확률에 대한 odds 비율(odds ratio)이라 부르며, 이는 흡연을 선택할 확률과 선택하지 않을 확률 간의 비율을 의미한다.

---

6 통계학에서 배운 누적확률분포함수의 개념을 상기하자. 확률변수 X의 누적확률분포함수 $F(X)$는 다음과 같이 정의된다. $F(X) = \text{Pr}(X \leq x)$. 여기서 x는 확률변수 X가 취하는 특정값을 의미한다. 누적확률분포함수의 그래프는 S자를 길게 늘인 형태의 그래프를 갖고 있다.

7 P_i가 비선형적 관계를 유지하고 있는 이유는 가령 X가 소득수준일 경우, 소득수준이 증가함에 따라 한계보수체감의 법칙(law of diminishing returns)에 의해 흡연자들은 체감하는 비율로 증가할 것이다. 이와 같은 경우는 거의 모든 정상재(normal commodities)에 적용된다.

이제 식 (8.10)에 자연대수를 취할 경우, 다음과 같은 흥미로운 결과를 얻게 된다.

$$L_i = \ln\left(\frac{P_i}{1-P_i}\right) = Z_i = BX + u_i \tag{8.11}$$

식 (8.11)에 나타난 바와 같이, odds 비율에 로그를 취한 값은 X와 B에 대하여 선형관계를 갖게 된다. 이와 같이 odds 비율에 로그를 취한 값 L_i를 로짓(odds 비율의 로그값)이라 부르므로 식 (8.11)과 같은 회귀식을 로짓 모형(logit model)이라 부른다. 앞서 살펴본 선형확률모형은 P_i와 X_i가 선형관계를 유지하고 있음을 가정하고 있는 반면, 로짓 모형은 odds 비율의 로그값이 X_i와 선형관계를 유지하고 있다고 가정하고 있다. 식 (8.10)에 주어진 odds 비율은 회귀계수들의 비선형 함수 형태이지만, 로짓 링크함수 (L_i)는 odds 비율을 회귀계수들의 선형함수 형태로 전환시켜 줌으로써 모형의 추정을 훨씬 용이하게 해 주고 있는 점을 주목해야 한다. 제8장의 도입부에서 언급한 바와 같이, 적절한 링크함수를 선택함으로써 완전 비선형 회귀모형(intrinsic nonlinear regression model)의 추정작업을 용이하게 할 수 있다. 다음 장들에서 우리는 더 많은 링크함수들을 살펴보게 될 것이다.

이제 로짓 모형이 갖고 있는 특징을 살펴보면 다음과 같다.

1. P_i는 0과 1 사이의 값을 갖는 확률이므로 로짓 L_i는 $-\infty$에서 $+\infty$의 값을 갖는다. 따라서 로짓의 값은 한정된 범위 내에 있지 않다.

2. 비록 L_i는 X_i와 선형관계를 가지나, 확률 자체는 X_i와 선형관계를 갖고 있지 않다. 이와 같은 특성은 확률과 X_i 간의 선형관계를 가정하는 선형확률모형과 대비되는 특성이다.

3. 로짓 L_i가 양의 값을 가지면 설명변수 X_i의 값이 증가함에 따라 흡연을 선택할 가능성이 증가하는 것이며, 음의 값을 가질 경우는 그 가능성이 감소함을 의미하는 것이다.

4. 식 (8.11)의 로짓 모형은 다음과 같이 해석될 수 있다. 각 기울기 계수는 해당 설명변수의 값이 1단위 증가할 때 흡연을 선택할 확률에 대한 odds 비율의 로그값이 얼마 만큼 변화하는지를 나타낸다.

5. 일단 로짓 모형의 계수들이 추정되면, 식 (8.7)을 통하여 odds 비율이 아닌 흡연을 선택할 확률을 얻을 수 있다.

6. 선형확률모형에서 개별 계수들은 여타의 조건이 일정하다면 개별 설명변수의 1단위 변화가 담배를 피울 확률에 미치는 한계효과(marginal effect)를 나타낸다. 그러나 로짓 모형의 경우, 한계효과는 개별 설명변수의 변화뿐만 아니라 변화가 이루어진 설명변수 수준에서 측정된 확률수준에도 영향을 받게 된다. 그러나 이 경우 확률수준은 모형에 있는 모든 설명변수들의 값에 의존한다.[8] 그러나 Eviews와 Stata에서는 단순한 명령어를 통하여 이와 같

---

8   식 (8.7)에서 개별 설명변수 X_i에 대한 편미분을 취할 경우, $Z_i = BX$이므로 연쇄법칙에 의해 $\partial P_i/\partial X_i = \partial P_i/\partial Z_i \cdot \partial Z_i/\partial X_i$로 나타난다.

은 한계효과를 쉽게 구할 수 있다.

이제 로짓 모형의 계수들을 어떻게 추정할 수 있는지에 관하여 살펴보도록 하자.

로짓 모형의 추정

로짓 모형의 추정은 분석에 이용되는 자료의 형태에 의존한다. 이는 크게 두 가지 형태로 분류될 수 있다. 첫 번째 형태는 앞서 살펴본 개인의 흡연 여부와 관련된 자료와 같이 개별수준 혹은 미시적 형태의 자료이며, 두 번째 형태는 그룹차원의 자료이다. 먼저 개별수준 자료를 이용하여 추정하는 법을 살펴보도록 하자.

개별수준 자료

앞서 살펴본 흡연 여부 결정 회귀분석 예에는 1,196개의 개인별 자료가 이용되었다. 로짓 모형은 선형회귀모형이나, OLS에 의하여 추정될 수 없다. 그 이유를 살펴보기 위하여 다음의 사실을 주목하자. 즉, 이 모형에서 어느 한 사람이 흡연을 선택할 경우, $P_i = 1$이 되지만 흡연을 선택하지 않을 경우에는 $P_i = 0$이 된다. 따라서 이와 같은 값을 로짓 L_i에 직접 대입할 경우, 흡연을 선택할 경우의 로짓은 $L_i = \ln(1/0)$이 되며 흡연을 선택하지 않을 경우에는 $L_i = \ln(0/1)$로 표현된다. 그러나 이는 정의될 수 없는 표현들이므로 로짓 모형을 추정하기 위해서는 OLS 이외의 다른 추정방법에 의존해야 한다. 로짓 모형의 추정에 가장 광범위하게 이용되는 추정방법은 최우법(maximum likelihood, ML)이다. 우리는 이미 제1장에서 최우법에 관하여 간략히 살펴보았으나, 이와 관련한 보다 구체적인 내용은 참고문헌을 참조하기 바란다.[9] 최근 들어 대부분의 통계패키지들은 최우법을 제공하고 있다.

표 8.3은 앞의 흡연결정 여부에 관한 예를 Eviews에서 제공하고 있는 최우법을 이용하여 추정한 결과를 나타내고 있다.

이제 추정 결과를 살펴보도록 하자. 먼저 나이와 교육기간은 높은 통계적 유의성을 갖고 있을 뿐만 아니라 추정된 계수의 부호도 예상한 바와 일치하고 있다. 나이의 증가는 로짓을 감소시키고 있는데, 이는 연령이 증가할수록 건강에 대한 관심이 높아져 흡연을 선택하는 사람들이 감소하기 때문일 것이다. 반면에 교육기간의 증가는 로짓을 감소시키고 있는데 이는 높은 교육수준을 갖고 있는 사람일수록 흡연이 주는 폐해를 잘 알고 있기 때문일 것이다. 또한 담배가격은 일반적 기대와 일치하는 부호를 가지고 있으며 7% 수준의 통계적 유의수준을 보이고 있다. 다시 말해 여타의 조건이 일정하다면 담배가격이 높을수록 흡연을 선택할 확률은 감소하게 된다는 것이다. 그러나 가구소득의 경우는 흡연 여부의 결정에 통계적 유의성을 갖지 못하는 것으로 나타났는데, 이는 담배가격에 대한 가구소득의 지출의 비중이 높지 않기 때문인 것으로 보인다.

---

9 ML에 관해서는 Gujarati/Porter, *op cit.*을 참조하라.

추정된 계수들은 다음과 같이 해석될 수 있다. 예로서, 여타의 조건이 일정하다면 교육기간의 1년 증가는 로짓 평균값을 대략 0.09 감소시키며, 이는 흡연을 선택할 확률에 대한 odds 비율의 로그값을 0.09만큼 감소시키고 있음을 의미하는 것이다. 이와 마찬가지로 다른 계수들에 대한 해석도 유사하게 할 수 있을 것이다.

선형회귀모형에서 R^2는 추정된 모형의 적합도를 측정한다. R^2는 종속변의 변동 중 설명변수에 의해 설명되는 비율을 나타냄을 상기하기 바란다. R^2는 0과 1 사이의 값을 갖는다. 그러나 추정모형의 적합도를 나타내는 이와 같은 전통적 측정치는 종속변수가 0 혹은 1의 값을 가질 때는 큰 의미를 갖지 못한다. 따라서 R^2와 유사한 개념으로 의사 R^2라는 개념이 이용되고 있다. 이의 예로는 R^2_{MCF}로 불리는 McFadden의 R^2가 있다. R^2와 같이 R^2_{MCF}도 0과 1 사이의 값을 갖는데, 예에서 이 값은 0.0297로 나타나고 있다.

이와 함께 다음과 같이 정의되는 계수 R^2도 추정의 적합도를 판단하는 데 이용되는 개념이다.

$$\text{계수 } R^2 = \frac{\text{옳게 예측된 관측지수}}{\text{총관측치수}} \tag{8.12}$$

로짓 모형에서 종속변수는 0과 1의 값을 가지므로 모형을 통하여 예측된 관측치의 확률이 0.5보다 클 경우, 이 관측치를 1로 분류할 수 있으며, 0.5보다 작을 경우에는 0으로 분류할 수 있다. 그리고 이를 실제 자료와 비교하여 옳게 예측된 관측치 수를 구한 후, 식 (8.12)를 통하여 계수 R^2의 값을 구할 수 있다(연습문제 8.3 참조).

이원선택변수 회귀모형에서 R^2의 개념은 보조적 성격의 중요성을 가지고 있음을 강조하고 싶다. 대신 이들 모형에서 가장 중요한 점은 계수의 부호가 경제이론에 부합하는 결과를 갖고 있는지, 또는 계수의 추정 결과가 통계적 유의성을 갖고 있는지 여부라 할 수 있다. 표 8.3에 나타나 있는 추정 결과를 살펴보면 가구소득만을 제외한 모든 설명변수들은 최소 10% 유의수준에서 통계적 유의성을 갖고 있음을 확인할 수 있다. 또한 선형회귀모형에서 모든 계수가 동시에 0의 값을 갖는다는 귀무가설을 검정할 때, F-통계량과 유사한 변량으로 우도비통계치[Likelihood Ratio(LR) statistic]를 이용할 수 있다.[10] 이와 같은 귀무가설 하에서 우도비통계치는 자유도가 설명변수의 수와 같은 χ^2-분포를 따르게 된다. 따라서 우리의 예에서 우도비통계치는 자유도가 4인 χ^2-분포를 따른다.

표 8.3에서 나타난 우도비통계치의 값은 47.26으로 이때 p값은 거의 0의 값을 가지고 있으므로 귀무가설을 기각할 수 있다. 따라서 이 예에서 로짓 모형에 포함된 4개의 설명변수는 흡연 여부를 설명하는 데 중요한 요인들이라 결론지을 수 있다.

• 기술적 참조사항 : 표 8.3에는 2개의 로그 우도통계치(log likelihood statistic)가 나타나 있다—첫 번째는 무제약 모형 우도값(unrestricted likelihood)(= −770.84)이고 두 번째는 제

---

10 제1장에 있는 최우법 부록에서 우도비통계치를 이용하는 원인에 관하여 설명하였다.

표 8.3 흡연 여부에 관한 로짓 모형

Dependent Variable: SMOKER
Method: ML – Binary Logit (Quadratic hill climbing)
Sample: 1 1196
Included Observations: 1196
Convergence achieved after 3 iterations
QML (Huber/White) standard errors & covariance

	Coefficient	Std. Error	z-Statistic	Prob.
C	2.745077	0.821765	3.340462	0.0008
AGE	−0.020853	0.003613	−5.772382	0.0000
EDUC	−0.090973	0.020548	−4.427431	0.0000
INCOME	4.72E−06	7.27E−06	0.649033	0.5163
PCIGS79	−0.022319	0.012388	−1.801626	0.0716

McFadden R-squared	0.029748	Mean dependent var	0.380435
S.D. dependent var	0.485697	S.E. of regression	0.477407
Akaike info criterion	1.297393	Sum squared resid	271.4495
Schwarz criterion	1.318658	Log likelihood	−770.8409
LR statistic	47.26785	Restr. log likelihood	−794.4748
Prob(LR statistic)	0.000000	Avg. log likelihood	−0.644516
Obs with Dep=0	741	Total obs	1196
Obs with Dep=1	455		

약모형 우도값(restricted likelihood)(=−794.47)이다. 제약모형 우도값은 오직 절편항만을 포함하는 회귀식으로부터 얻어지는 우도값을 의미하며, 무제약모형 우도값은 절편항을 비롯하여 모든 설명변수가 포함되는 회귀식으로부터 얻어지는 우도값을 나타낸다. 따라서 제1장 부록에 있는 공식을 이용하여 표 8.3에 있는 우도비통계치(λ) 47.27을 얻을 수 있으며, 이와 같은 우도비 값에서 값은 거의 0의 값을 가지므로 매우 높은 통계적 유의성을 갖는다 할 수 있다.[11] 따라서 이와 같은 결과는 모든 설명변수를 포함하고 있는 무제약 모형이 흡연 여부를 결정짓는 데 적합한 모형임을 지적하는 것이라 할 수 있다.

확률계산

그러나 로짓 모형을 해석하는 이와 같은 방식은 우리가 일상에서 사용하는 언어와 다소 차이가 있다. 다시 말해 실제 우리가 알고 싶은 내용은 설명변수의 값이 주어졌을 때 흡연을 선택할 확률로 이는 식 (8.7)을 통하여 얻을 수 있다. 예로서, 표 8.1로부터 흡연자 #2를 택할 경우, 그에 대한 자료는 다음과 같다. 나이 = 28세, 교육기간 = 15년, 소득 = 12,500, 그리고 담배가격 = 60.0. 이제 설명변수에 이 값들을 대입하면 다음과 같은 확률을 얻게 된다.

---

[11] 제1장의 부록에서 설명했던 바와 같이, 설명변수들의 모든 계수들이 0이라는 귀무가설 하에서, 우도비 검정통계치는 절편항을 제외한 모든 설명변수의 수를 자유도로 갖는 χ^2-분포를 따른다. 따라서 예에서 자유도는 4가 된다.

$$P = \frac{1}{1 + e^{-(-0.4838)}} \approx 0.6164$$

다시 말해 앞서 언급한 특성을 가진 개인이 흡연을 선택할 확률은 약 62%라는 것이다. 실제로 우리가 갖고 있는 자료에서 이 사람은 흡연자로 나타나고 있다.

이제 나이, 교육기간, 소득, 그리고 담배가격(picgs79)이 각각 63, 10, 20,000, 그리고 60.8인 사람이 흡연자일 확률은 다음과 같다.

$$P = \frac{1}{1 + e^{-(-0.7412)}} \approx 0.4765$$

따라서 이 사람이 담배를 피울 확률은 47%로, 자료에서 이와 같은 특성을 갖고 있는 사람은 비흡연자로 나타난다.

표 8.1에는 개인에 관한 원자료와 함께 실제 흡연 여부도 함께 나타나 있다. 이제 위의 추정 결과로부터 한 변수가 흡연을 선택할 확률에 미치는 한계효과를 구하는 방법을 살펴보도록 하자. 이를 위하여 여타의 조건이 일정한 상황에서, 나이변화가 흡연을 선택할 확률에 미치는 한계효과 $\partial P_i / \partial Age_i$를 구하려 한다. 선형확률모형에서는 이와 같은 한계효과를 매우 쉽게 구할 수 있으나, 로짓 모형이나 프로빗 모형에서는 이를 구하는 것이 다소 복잡하다. 이는 이들 모형에서 흡연을 선택할 확률은 나이 1단위(1살) 증가로 인하여 유발되는 설명변수의 변화뿐만 아니라, 그 변화가 발생한 후의 확률수준에도 의존하기 때문이다. Eviews나 Stata와 같은 통계패키지를 이용하여 한계효과를 쉽게 구할 수 있으나, 한계효과를 정확히 이해하고 싶은 독자들은 참고문헌을 참조하기 바란다.[12]

한계효과의 계산

흡연을 선택할 확률에 미치는 개별 설명변수들의 한계효과 대신, 설명변수들의 평균값이 한 단위 증가할 경우의 한계효과를 계산할 것이다. Stata의 **margins**, 명령어를 이용하여 표 8.4의 결과를 얻을 수 있다.[13]

표 8.4에 나타나 있는 한계효과의 해석은 다음과 같다. 먼저 여타조건이 일정하다면, 나이의 평균값이 1년 증가할 경우, 흡연할 확률은 대략 0.005 감소한다. 이와 유사하게 여타조건이 일정하다면, 학교 교육기간의 평균값이 1년 증가할 경우, 흡연할 확률은 0.021 감소한다. 그러나 가구소득의 평균값이 한 단위 증가하는 것은 흡연할 확률에 통계적으로 유의한 효과를 갖지 못한다. 또한 담배가격 평균값의 한 단위 증가는 7% 유의수준에서 흡연할 확률을 0.005만큼 감소시킨다.

---

12 예로서, Gujarati/Porter, *op cit.*을 참조하라.

13 이와 관련된 보다 자세한 내용은 Stata 12 매뉴얼을 참조하기 바란다.

표 8.4 흡연확률에 미치는 설명변수들의 평균값 한 단위 변화의 효과

```
. margins, dydx(*) atmeans
Conditional marginal effects          Number of obs = 1196

 Model VCE    :   OIM
 Expression   :   Pr(smoker), predict()
 dy/dx w.r.t. :   age educ income pcigs79
 at           :   age       =   41.80686 (mean)
                  educ      =   12.22115 (mean)
                  income    =   19304.77 (mean)
                  pcigs79   =   60.98495 (mean)
```

	Delta-method					
	dy/dx	Std. Err.	z	P>|z|	[95% Conf. Interval]	
age	−.0048903	.0008736	−5.60	0.000	−.0066025	−.0031781
educ	−.0213341	.0048365	−4.41	0.000	−.0308134	−.0118548
income	1.11e−06	1.68e−06	0.66	0.510	−2.19e−06	4.40e−06
pcigs79	−.005234	.0029242	−1.79	0.073	−.0109653	.0004972

주 : dy/dx는 y를 x에 대해 미분한 도함수를 의미하며, x의 변화에 대한 y의 변화율을 나타낸다.

기술적 참조사항　이 예에서는 설명변수가 가변수와 같은 질적 변수(qualitative regressor)를 포함하고 있지 않다. 이제, 개인들에 대한 성별 정보가 표본에 포함되어 여자는 1, 남자는 0 (혹은 그 반대)의 값을 취한다고 가정하자. 이 경우, 성별은 0과 1의 이산적 값을 가지므로 성별에 따른 흡연확률의 변화율을 계산하는 것은 큰 의미를 갖지 못한다. 따라서 0(남성)에서 1(여성)로 변할 때의 의미 있는 한계효과는 주어진 설명변수들 값에서 여성 흡연자가 될 확률과 남성 흡연자가 될 확률의 차이를 계산하는 것이다. 혹은 설명변수들의 평균값이 주어졌을 때, 두 성별에서 흡연자가 될 확률의 차이를 계산하는 것이다(연습문제 8.7을 참조하기 바란다). 이 확률들은 앞서 살펴본 바와 같이 식 (8.7)을 통해 얻을 수 있다.

추정모형의 정교화

설명변수 간의 상호작용을 고려함으로써 표 8.3에 있는 로짓 모형을 더욱 정교하게 개선시킬 수 있다. 표 8.3의 추정 결과에서 알 수 있듯이, 개인적으로 교육기간의 증가는 흡연을 선택할 확률을 감소시키고 있으나, 가구소득은 비록 통계적 유의성을 갖지 못할지라도 흡연을 선택할 확률을 증가시키는 부호를 갖고 있다. 그렇다면 이들 두 요인의 결합은 흡연을 선택할 확률에 어떠한 영향을 줄 것인가? 다시 말해 우리가 교육수준뿐만 아니라 소득수준도 높은 부류의 사람들과 그렇지 못한 사람들 간의 흡연선택 확률을 비교하길 원한다고 가정해 보자.

　이 경우 교육기간과 가구소득 두 설명변수의 곱인 두 변수의 상호작용변수를 모형에 추가

표 8.5 상호작용을 고려한 흡연 여부에 관한 로짓 모형

Dependent Variable: SMOKER
Method: ML – Binary Logit (Quadratic hill climbing)
Sample: 1 1196
Included Observations: 1196
Convergence achieved after 10 iterations
Covariance matrix computed using second derivatives

	Coefficient	Std. Error	z-Statistic	Prob.
C	1.093186	0.955676	1.143887	0.2527
AGE	−0.018254	0.003794	−4.811285	0.0000
EDUC	0.039456	0.042511	0.928140	0.3533
INCOME	9.50E−05	2.69E−05	3.535155	0.0004
PCIGS79	−0.021707	0.012530	−1.732484	0.0832
EDUC*INCOME	−7.45E−06	2.13E−06	−3.489706	0.0005

McFadden R-squared	0.037738	Mean dependent var	0.380435
S.D. dependent var	0.485697	S.E. of regression	0.475290
Akaike info criterion	1.288449	Sum squared resid	268.8219
Schwarz criterion	1.313968	Log likelihood	−764.4926
LR statistic	59.96443	Restr. log likelihood	−794.4748
Prob(LR statistic)	0.000000	Avg. log likelihood	−0.639208
Obs with Dep=0	741	Total obs	1196
Obs with Dep=1	455		

시켜 이를 분석할 수 있으며, 이에 대한 추정 결과는 표 8.5에 주어져 있다.

표 8.5와 8.3의 추정 결과를 비교해 보면 매우 흥미로운 사실을 발견할 수 있다. 표 8.3의 추정 결과에서는 교육수준의 증가는 흡연을 선택할 확률을 감소시키는 역할을 한 반면, 소득수준의 증가는 흡연을 선택할 확률을 증가시키는 것으로 나타났다. 한편 표 8.5의 추정 결과를 살펴보면 교육수준 자체는 흡연을 선택할 확률에 통계적 유의성을 갖고 있지 못하나, 소득수준은 흡연을 선택할 확률을 증가시킬 뿐만 아니라 통계적 유의성도 높은 것으로 나타나고 있다. 그러나 이들 두 항목의 상호작용변수는 흡연을 선택할 확률에 부정적 효과를 미침을 알 수 있다. 다시 말해 교육수준과 소득수준이 모두 높은 사람은 오직 교육수준이나 소득수준만 높은 사람에 비하여 흡연을 선택할 확률이 감소한다는 것이다. 이와 같은 결과는 흡연을 선택할 확률에 미치는 한 변수의 영향력은 다른 변수를 함께 고려함에 따라 약화될 수도 있고 강화될 수도 있음을 지적하는 것이다.

이들 두 설명변수의 상호작용 외에 다른 변수들 간의 상호작용에 관해서도 독자들 스스로 살펴보기 바란다.

그룹차원의 자료

이제 우리가 대략 60명의 관측치를 포함하고 있는 20개 그룹의 흡연 관련 자료를 갖고 있다고 가정해 보자. 이 경우 개별그룹에서 흡연자 수를 찾아 이를 n_i로 나타낸 후, 이를 60으로

나누어줌으로써 각 그룹에서 흡연을 선택할 확률 p_i를 실증적으로 구할 수 있게 된다. 따라서 이와 같은 방식을 통하여 총 20개의 p_i에 대한 추정치를 실증적으로 얻을 수 있으며, 이렇게 얻어진 확률들을 이용하여 식 (8.11)의 로짓 모형을 OLS로 추정할 수 있다.

그러나 자료가 이미 그룹 형태로 구성되어 있지 못해 그룹별로 분류를 시도할 경우 다음과 같은 문제점들이 발생할 수 있다. 첫째, 우리는 자료를 몇 개의 그룹으로 분류해야 할 것인지를 결정해야 한다. 만약 너무 작은 수의 그룹을 형성할 경우, 너무 작은 수의 p_i를 얻을 것이며, 너무 많은 수의 그룹을 형성할 경우, 각 그룹에 너무 작은 수의 관측치가 포함되어 자료를 이용하여 p_i를 효율적으로 추정하기 어려울 것이다.

둘째, 설령 우리가 '적합한' 그룹의 숫자를 결정하였다고 해도 식 (8.11)의 오차항은 이분산을 갖게 된다. 따라서 이 경우 제5장에서 살펴본 바와 같이 자료의 변환 및 화이트의 강건한 표준오차 등을 이용하여 이분산 문제에 주의 깊게 대처해야 한다.

여기서는 이상의 이유들로 인하여 앞서 살펴본 자료들을 그룹으로 나누어 추정하는 방식을 살펴보지 않을 것이다. 대신 현재 마이크로 수준의 자료를 갖고 있으므로 앞서 살펴본 바와 같이 최우법을 이용하여 추정할 수 있음에 만족할 것이다(그러나 연습문제 8.4를 참조하라).

8.4 Odds 비율이라는 언어

확률값으로 로짓을 표현하는 대신, 우리는 로짓을 odds 비율(OR)로 표현한다. 우리의 예를 Stata 12를 이용하면 표 8.6에 나타난 결과를 얻게 된다.

표 8.6은 odds 비율과 odds 비율의 표준오차, z 통계량(t 통계량 대신), 그리고 95% 신뢰구간을 나타내고 있다. 이 odds 비율은 표 8.3에 나타나 있는 계수값에 지수를 취함으로써 얻어진다. 예로서, 표 8.3에서 나이의 계수값은 -0.020853으로 주어져 있다. 따라서 $e^{-0.020853}$ $= 0.9793627$을 계산함으로써 표 8.6에 나타나 있는 odds 비율이 주어지는 것이다.

odds 비율의 의미를 해석하기 위해, OR이 1보다 큰 값을 갖는다는 것은 어떤 한 사건(흡연)이 발생하지 않을 확률보다 발생할 확률이 더 큼을 의미함을 기억하기 바란다. 반면 OR이 1보다 작은 값을 가질 경우는 어떤 한 사건이 발생하지 않을 확률보다 발생할 확률이 더 작음을 의미한다. 마지막으로 1의 OR 값은 어떤 한 사건이 발생하지 않을 확률과 발생할 확률이 같다는 것을 의미한다. odds 비율의 또 다른 특성은 변수들의 순서와 무관하게 값이 변하지 않는다는 것이다. 따라서 a와 b가 각각의 사건을 나타낼 경우, $OR_a/OR_b = 1/(OR_b/OR_a)$가 성립한다.

표 8.6의 결과를 살펴보면, 나이와 교육기간의 odds 비율은 1보다 작다는 것을 알 수 있는데, 놀랍지 않게 이는 이들 변수들이 증가함에 따라 흡연할 확률이 감소함을 의미하는 것이다. 다시 말해 여타조건이 일정하다면, 나이가 한 살 증가함에 따라 흡연할 확률(odds)이 2% 감소함을 의미하는 것이다. 이와 유사하게 여타조건이 일정하다면, 교육기간이 1년 증가함에 따

표 8.6 흡연과 비흡연의 Odds 비율

```
. logit smoker age educ income pcigs, or
Iteration 0:          log likelihood = –794.47478
Iteration 1:          log likelihood = –770.92329
Iteration 2:          log likelihood = –770.84086
Iteration 3:          log likelihood = –770.84086
```

Logistic regression

Log likelihood = –770.84086

			Number of obs	=	1196
			LR chi2(4)	=	47.27
			Prob > chi2	=	0.0000
			Pseudo R2	=	0.0297

smoker	Odds Ratio (OR)	Std. Err.	z	P>|z|	[95% Conf. Interval]	
age	.9793627	.0036618	–5.58	0.000	.972212	.9865661
educ	.9130426	.0188687	–4.40	0.000	.8767995	.9507838
income	1.000005	7.17e–06	0.66	0.510	.9999907	1.000019
pcigs79	.9779284	.012197	–1.79	0.074	.9543125	1.002129
_cons	15.5659	12.90718	3.31	0.001	3.06451	79.06554

주 : or stands for odds.

라 흡연할 확률(odds)이 8.7% 감소함을 의미한다. 가구소득의 OR은 1과 크게 다르지 않다. 또한 picgs79의 OR 역시 1과 큰 차이를 갖지 않는 것을 나타나고 있다.

카이분포 통계량을 통해 알 수 있는 바와 같이 47.27의 LR 비율은 통계적으로 유의하다. 이는 우리가 추정한 로짓모형이 오직 상수항만을 포함하는 로짓모형의 추정 결과와 통계적으로 유의한 차이를 가짐을 의미하는 것이다.

8.5 프로빗 모형

앞서 살펴본 선형확률모형의 오차항은 정규분포를 따르지 않는 반면, 로짓 모형의 오차항은 로짓분포를 따르고 있었다. 그러나 프로빗 모형은 오차항이 정규분포를 따른다는 가정을 하고 있다. 따라서 프로빗 모형에서 I_i^*가 I_i보다 작거나 같을 확률은 다음과 같은 표준정규누적분포함수(standard normal cumulative distribution function)[14]에 의하여 구해질 수 있다.

$$P_i = \Pr(Y = 1 \mid X) = \Pr(I_i^* \le I_i) = \Pr(Z_i \le BX) = F(BX) \tag{8.13}$$

---

[14] 만약 확률변수 X가 평균이 μ이고 분산이 σ^2인 정규분포를 따를 경우, X의 확률밀도함수(probability density fucntion)는 $f(X) = (1/\sigma\sqrt{2\pi})e^{-(X-\mu)^2/2\sigma^2}$으로 주어지며, 누적분포함수는 $F(X_0) = \int_{-\infty}^{X_0}(1/\sigma\sqrt{2\pi})e^{-(X-\mu)^2/2\sigma^2}\,dX$로 주어진다. 여기서 X_0는 확률변수 X가 취하는 특정값을 나타낸다. 특히 $\mu = 0$이고 $\sigma^2 = 1$일 경우, 확률밀도함수와 누적분포함수는 표준정규확률밀도함수와 표준정규누적분포함수가 된다.

표 8.7 흡연 여부에 관한 프로빗 모형

Dependent Variable: SMOKER
Method: ML – Binary Probit (Quadratic hill climbing)
Sample: 1 1196
Included Observations: 1196
Convergence achieved after 6 iterations
Covariance matrix computed using second derivatives

	Coefficient	Std. Error	z-Statistic	Prob.
C	1.701906	0.510575	3.333315	0.0009
AGE	−0.012965	0.002293	−5.655439	0.0000
EDUC	−0.056230	0.012635	−4.450266	0.0000
INCOME	2.72E−06	4.40E−06	0.618642	0.5362
PCIGS79	−0.013794	0.007696	−1.792325	0.0731

McFadden R-squared	0.030066	Mean dependent var	0.380435
S.D. dependent var	0.485697	S.E. of regression	0.477328
Akaike info criterion	1.296970	Sum squared resid	271.3598
Schwarz criterion	1.318236	Log likelihood	−770.5881
LR statistic	47.77335	Restr. log likelihood	−794.4748
Prob(LR statistic)	0.000000	Avg. log likelihood	−0.644304
Obs with Dep=0	741	Total obs	1196
Obs with Dep=1	455		

여기서 $\Pr(Y/X)$는 확률변수 X의 값이 주어졌을 때 어떤 사건(즉, 흡연을 선택할 사건)이 발생할 확률을 의미하며, Z는 표준정규분포를 따르는 확률변수(즉, 평균이 0이고 분산이 1)를 나타낸다. F는 표준정규누적분포함수를 나타내며 다음과 같은 형태를 갖는다.

$$F(BX) = \frac{1}{\sqrt{2\pi}} \int_{-\infty}^{BX} e^{-z^2/2} \, dz \tag{8.14}$$

식 (8.13)에서 확률 P는 어느 한 사람이 흡연을 선택할 확률로 구간 $[-\infty, I_i]$에서 표준정규누적분포함수의 면적으로 주어지며 이를 $F(I_i)$로 표현한다. 계량경제학에서는 $F(I_i)$를 프로빗 함수(probit function)라 부른다.

프로빗 모형에서 효용지수 BX와 계수 B를 추정하는 작업은 다소 난해한 작업이 될 수도 있으나 일반적으로 최우법을 통하여 이들을 추정할 수 있다. 앞서 살펴본 실증분석 예제에 프로빗 모형을 적용하여 최우법을 통하여 추정한 결과는 표 8.7에 주어져 있다.

추정 결과는 앞서 살펴본 로짓 모형의 추정 결과와는 다소 차이를 보이고 있으나, 정성적 측면에서는 유사한 결과를 보여주고 있다. 즉, 나이, 교육기간 및 담배가격은 10% 유의수준에서는 모두 통계적 유의성을 갖고 있는 반면, 가구소득은 통계적 유의성을 갖고 있지 못한 것으로 나타나고 있다.

실제로 로짓 모형과 프로빗 모형에서 추정된 계수값을 직접 비교할 수 있다. 그러나 이를 위해서는 다음과 같은 표준로짓분포와 표준정규분포의 특징을 알아야 한다. 표준로짓분포와 표준정규분포는 평균은 모두 0이나 분산이 다르다.

다시 말해 표준정규분포의 분산은 1이나 표준로짓분포의 분산은 $\pi^2/3$이다($\pi \approx 22/7$ = 3.14). 따라서 프로빗 모형의 계수에 전환율 $1.81(\approx \pi/\sqrt{3})$을 곱해 줌으로써 이를 로 짓 모형의 계수값으로 근사시킬 수 있다. 예로서, 프로빗 모형의 나이변수의 계수추정치인 −0.0235에 1.81을 곱해주면 대략 −0.012965를 얻게 되므로 이 수치를 표 8.5에 나타나 있 는 프로빗 모형의 계수추정치와 직접 비교할 수 있게 된다.

이제 표 8.7에 나타나 있는 프로빗 모형의 추정 결과를 해석하는 방법에 관하여 살펴보자. 예로서, 여타의 조건이 일정하다면, 나이를 한 살 더 먹는 것이 흡연을 선택할 확률에 미치는 한 계효과는 무엇일까? 이와 같은 한계효과는 나이변수의 계수추정치 −0.0130에 그 개인에 대 한 모든 X변수 값에서 평가된 정규확률밀도함수의 값을 곱해 줌으로써 얻어지게 된다.

이를 설명하기 위하여, 자료에서 첫 번째 관측치에 해당하는 사람의 자료를 살펴보자. 이 사람은 나이 = 21, 교육기간 = 12, 소득 = 8,500이며, 거주하고 있는 주의 담배가격은 60.6으 로 나타나 있다. 이제 주석 14에 나타나 있는 표준정규확률밀도함수에 이 값들을 대입할 경우 $f(BX) = 0.3135$를 얻으며, 이 값에 다시 −0.0114의 값을 곱해 줌으로써 한계효과 −0.0036 을 얻게 된다. 이는 주어진 X 값에서, 나이가 한 살 증가할 경우 이 개인이 흡연을 선택할 확 률은 0.004 감소한다는 것을 의미한다. 프로빗 모형뿐만 아니라 로짓 모형에서도 각 설명변 수들의 한계효과를 계산할 때 이와 동일한 절차가 적용되었음을 기억하기 바란다.

실제로 이와 같은 절차에 의하여 개별 설명변수의 한계효과를 구하는 작업은 다소 지루한 작업이 될 수 있으나, Eviews와 Stata 같은 통계패키지에서는 한계효과를 쉽게 구할 수 있는 기능을 제공하고 있다.

이제 로짓 모형에서와 같이 설명변수 간의 상호작용을 고려하여 추정한 결과는 표 8.8에 나 타나 있다.

추정 결과를 통하여 알 수 있듯이, 표 8.5와 8.8의 추정 결과는 매우 유사하다. 그러나 프로 빗 모형의 계수추정치를 로짓 모형의 계수 추정치와 직접 비교하기 위해서는 전환율(conversion factor) 1.81을 프로빗 모형의 추정치에 곱해 주어야 함을 기억하기 바란다.[15]

또한 비록 여기서 다루지 않을 것이나 로짓 모형에서와 같이 프로빗 모형에서도 그룹 형태 의 자료도 추정할 수 있음도 기억하기 바란다.

로짓 모형과 프로빗 모형

일반적으로 로짓 모형과 프로빗 모형의 추정 결과는 유사하다. 다만, 두 모형이 갖는 차이점 은 표준정규분포의 분산은 1인 반면, 로지스틱 분포는 $\pi^2/3$의 분산을 갖고 있어 로지스틱 분

---

15 LPM과 로짓 모형의 계수값 비교를 가능케 하는 전환율도 존재하는데, 이에 관해서는 연습문제 8.1을 참 조하라.

표 8.8 상호작용을 고려한 흡연 여부에 관한 프로빗 모형

Dependent Variable: SMOKER
Method: ML – Binary Probit (Quadratic hill climbing)
Sample: 1 1196
Included Observations: 1196
Convergence achieved after 10 iterations
Covariance matrix computed using second derivatives

	Coefficient	Std. Error	z-Statistic	Prob.
C	0.682050	0.587298	1.161336	0.2455
AGE	−0.011382	0.002332	−4.880864	0.0000
EDUC	0.024201	0.025962	0.932180	0.3512
INCOME	5.80E−05	1.62E−05	3.588406	0.0003
PCIGS79	−0.013438	0.007723	−1.739941	0.0819
EDUC*INCOME	−4.55E−06	1.28E−06	−3.551323	0.0004

McFadden R-squared	0.038139	Mean dependent var	0.380435
S.D. dependent var	0.485697	S.E. of regression	0.475190
Akaike info criterion	1.287917	Sum squared resid	268.7082
Schwarz criterion	1.313436	Log likelihood	−764.1745
Hannan–Quinn criter.	1.297531	Restr. log likelihood	−794.4748
LR statistic	60.60065	Avg. log likelihood	−0.638942
Prob(LR statistic)	0.000000		
Obs with Dep=0	741	Total obs	1196
Obs with Dep=1	455		

포의 양쪽 끝이 더 두툼하며, 이로 인하여 로지스틱 모형에서는 조건부 확률 P_i가 0이나 1로 수렴하는 속도가 프로빗 모형에 비하여 다소 느리다는 것이다. 따라서 실증분석을 수행하는 데 있어 두 모형 중 어느 한 모형을 특별히 선호해야 할 이유는 존재하지 않는다. 그러나 수학적 편의성으로 인하여 많은 연구자들은 프로빗 모형에 비하여 로짓 모형을 더 많이 이용한다.

8.6 요약 및 결론

이 장에서는 종속변수가 0 또는 1의 값을 취하는 이원선택 변수일 경우, 이를 분석할 수 있는 비교적 단순한 형태의 정성적 반응 회귀모형들을 살펴보았다.

먼저 가장 단순한 형태로 이원선택 종속변수 모형을 OLS로 추정하는 선형확률모형을 살펴보았다. 그러나 선형확률모형에서는 추정된 확률이 반드시 0과 1 사이의 값을 가진다는 보장이 없고, 우리의 직관과 달리 독립변수의 수준과 관계없이 종속변수가 독립변수에 선형적 의존성을 갖도록 가정되어 있는 이유로 인하여 실증분석에서 많이 이용되지 않는다는 점을 살펴보았다. 이는 일반적으로 확률 증가속도가 특정 포인트를 지나면서 점차 감소할 것으로 기대하기 때문이다.

따라서 이에 대한 대안모형으로 로짓 모형과 프로빗 모형을 살펴보았다. 로짓 모형은 계수

를 추정하기 위하여 오차항이 로지스틱 분포를 따르고 있음을 가정하고 있다. 이에 따라 로짓 모형은 비선형 형태를 갖고 있으나, 로짓으로 불리는 odds 비율에 로그를 취한 값은 계수들과 선형관계를 갖고 있음을 살펴보았다. 또한 그룹 형태의 자료를 갖고 있을 경우에는 OLS에 의하여 로짓 모형을 추정할 수 있으나, 마이크로 수준의 자료를 갖고 있을 경우에는 최우법을 이용해야 함도 살펴보았다. 특히 전자 형태의 자료를 추정할 경우에는 오차항의 이분산성에 대한 교정이 이루어져야 함을 기억하자.

또한 선형확률모형과 달리 로짓 모형에서는 설명변수의 한계효과가 해당 설명변수의 계수 추정치뿐만 아니라 모든 설명변수 값에서 평가된 확률 값에도 의존함을 살펴보았다.

로짓 모형과 함께 선형확률모형의 대안모형인 프로빗 모형은 오차항이 정규분포를 따른다는 가정을 하고 있으며, 주로 최우법을 통하여 계수가 추정된다. 로짓 모형과 마찬가지로 프로빗 모형에서도 한계효과는 모든 설명변수 값에서 평가된 확률 값을 포함한다.

또한 로짓 모형과 프로빗 모형의 계수추정치는 직접적으로 비교될 수 없으나 프로빗 모형의 계수추정치에 전환율 1.81을 곱해 주면 이 두 모형의 추정치를 비교할 수 있음도 살펴보았다. 이 전환율은 로지스틱 분포와 표준정규분포의 분산이 다르므로 반드시 필요하다.

실제 회귀분석에서 이들 두 모형의 추정 결과는 큰 차이를 보이지 않으므로 모형의 선택은 통계 패키지에서 제공되는 편리성 및 해석의 용이성에 의존한다.

연습문제

8.1 6개짜리 탄산음료 팩의 가격할인 효과를 연구하기 위하여, 5,500명으로 구성된 소비자 표본에 표 8.9에 제시된 11개 범주의 가격할인 방식이 주어졌다.[16]

(a) 종속변수와 설명변수를 각각 교환율(redemption rate)과 가격할인으로 하여 로짓 모형과 프로빗 모형이 자료를 잘 설명하고 있는지를 확인하라.[17]

(b) 프로빗 모형이 로짓 모형만큼 자료를 설명할 수 있는지 확인하라.

(c) 선형확률모형을 이용하여 자료를 추정하라.

(d) 세 모형의 결과를 비교하라. 선형확률모형과 로짓 모형의 계수들은 다음과 같은 관계를 갖고 있음을 이용하라.

선형확률모형의 기울기 계수 = 0.25*로짓 모형의 기울기 계수

선형확률모형의 절편항 계수 = 0.25*로짓 모형의 절편항 계수 + 0.5

---

16 이 표의 자료는 Douglas Montgomery and Elizabeth Peck의 *Introduction to Linear Regression Analysis*, John Wiely & Sons, New York, 1982, p. 243(notation changed)으로부터 발췌하였다. John Wiely & Sons 의 승인하에 이용되었다.

17 쿠폰 교환율은 상품으로 교환된 쿠폰의 개수를 각 가격할인 범주의 관측치로 나누어준 비율을 의미한다.

표 8.9 교환된 쿠폰수와 가격할인

Price Discount (cents)	Sample size	Number of coupons redeemed
5	500	100
7	500	122
9	500	147
11	500	176
13	500	211
15	500	244
17	500	277
19	500	310
21	500	343
23	500	372
25	500	391

8.2 표 8.10(도우미 웹사이트에 수록)은 주택구입자 78명이 선택한 모기지(morgage) 이자율 선택(변동이자율과 고정이자율)과 이에 영향을 미칠 수 있는 기타 사항들에 관한 자료들을 포함하고 있다.[18]

표 8.10에 수록된 변수들은 다음과 같이 정의된다.

Adjust = 변동 모기지 이자율일 경우 1, 그 외의 경우는 0

Fixed rate = 고정이자율

Margin = 변동이자율 − 고정이자율

Yield = 10년 만기 T-bill 이자율 − 1년 만기 T-bill 이자율

Points = 변동이자율 모기지 선택자의 포인트와 고정이자율 모기지 선택자의 포인트 비율

Networth = 차용자의 순가치

(a) 변동 모기지 이자율 선택모형을 선형확률모형을 이용하여 추정하라.

(b) 변동 모기지 이자율 선택모형을 로짓 모형을 이용하여 추정하라.

(c) (b)를 프로빗 모형을 이용하여 수행하라.

(d) 이들 세 모형의 추정 결과를 비교한 후, 어느 모형이 가장 좋은 모형인지 결정하라.

(e) 이들 세 모형에서 Margin이 변동이자율 모기지를 선택할 확률에 미치는 한계효과를 구하라.

---

[18] 이 자료들은 Dhillon, U.S., Shilling, J.D., and Sirmans, C.F.(1987) Choosing between fixed and adjustable rate mortgages, *Journal of Money Credit and Banking*, 19(1), 267로부터 얻었다. 저자들은 Baton Rouge, Louisiana에 있는 한 은행으로부터 1983년 1월부터 1984년 2월까지의 기간에 걸쳐 78개의 관측치를 얻었다. John Wiley & Sons의 승인 하에 이용되었다.

8.3 앞서 살펴본 흡연 여부의 예에서 계수 R^2을 구하라.

8.4 흡연 여부의 예에 이용된 자료를 20개의 그룹으로 나눈 후, 개별그룹의 흡연 확률 p_i를 구하라. 또한 개별그룹 설명변수의 평균값들을 구한 후, 이를 이용하여 그룹 자료의 로짓 모형을 추정하라. 이제 이 결과를 앞서 살펴본 최우법 결과와 비교하라. 이 추정에서 이분산-교정 표준오차를 어떠한 방식으로 얻었는지 설명하라.

8.5 도우미 웹사이트에 수록된 **표 8.11**은 대학원 합격과 관련하여 다음과 같은 가상적 자료를 제공하고 있다.[19]
변수들에 관한 정의는 다음과 같다.

Admit = 대학원에 합격했을 경우 1, 불합격 했을 경우 0

GRE = 대학원 기록 시험 점수

GPA = 평균 학점

대학원 순위, 1, 2, 3, 4; 1이 최상위, 4가 최하위

(a) 대학원 합격 확률을 추정할 수 있는 로짓모형을 설정한 후 모형을 추정하라.

(b) 추정된 계수값들을 어떻게 해석할 수 있는가? 특히 대학원 순위 변수를 어떻게 해석할 수 있는가?

(c) odds 비율들을 구하라.

(d) 앞서 수행한 분석들을 프로빗 모형을 이용하여 다시 수행하라.

8.6 도우미 웹사이트에 수록된 **표 8.12**는 심근경색 48시간 경과 후 심장마비 발생과 관련된 자료를 제공하고 있다.[20] 이 자료는 4,483개의 관측치들로 구성된 대규모 자료이다. 변수들에 관한 정의는 다음과 같다.

death = 심근경색 48시간 경과 후 사망 1, 생존 0

anterior = 1, 심장 윗부분의 경색

anterior = 0, 심장 아랫부분의 경색

hcabg = 1, 관상동맥우회술 경험 유

hcabg = 0, 관상동맥 우회술 경험 무

kk = 1 킬립 클래스(killip class) 1 (위험수준 : 숫자가 커질수록 위험이 커짐)

kk = 2 킬립 클래스 2

kk3 = 3 킬립 클래스 3

kk4 = 4 킬립 클래스 4

age = 1, 60세 미만

---

19 출처 : UCLA IDRE statistical consulting group.

20 출처 : Hardin, J.W. and Hilbe, J. M., *Generalized Linear Models and Extensions*, 2nd edn, Stata Press, 2007.

age = 2, 60~69세

age = 3, 70~79세

age = 4, 80세 이상

(a) 사망확률에 관한 프로빗 모형을 추정한 후, 추정치와 관련된 통계량들을 구하라.

(b) odds 비율들을 구한 후 이들을 해석하라.

(c) 개별 관측치들에 대해 사망확률을 계산하라. (Stata의 predic mu. 명령어를 이용하라.)

8.7 금융상품의 직접매매 (DMF)

도우미 웹사이트에 수록된 표 **표 8.13**[21]은 한 상업은행의 신 금융상품 직접매매 캠페인에 관한 고객의 반응에 관한 자료를 포함하고 있다. 변수들의 정의는 다음과 같다.

Response = 고객이 신 금융상품에 투자 1, 그렇지 않은 경우 0

Invest = 새로운 금융상품에 대한 투자액 ('00년 네덜란드 길더)

Gender = 고객의 성별이 남성이면 1, 고객의 성별이 여성이면 0

Activity = 활동지표, 만약 고객이 기존 금융상품에 투자하고 있을 경우 1, 그렇지 않을 경우 0

Age = 고객의 나이(년)

(a) 고객의 반응변수를 추정할 수 있는 로짓 혹은 프로빗 모형을 추정한 후 결과를 해석하라.

(b) 이 자료는 횡단면자료이다. 이 경우 나타날 수 있는 이분산 문제를 어떻게 해결할 것인가?

(c) 위의 성별변수의 정의와 달리 남성을 0, 여성을 1로 입력하면 결과에 어떤 영향을 미치는가? 모형을 재추정해야 하는가? 재추정거나 하지 않아도 되는 이유를 설명하라.

(d) 성별과 나이의 상호작용을 살펴보기 위해 다음과 같이 $Gender \times Age$와 같은 상호작용변수를 추정식에 추가하여 모형을 재추정한 후, 추정 결과를 해석하라.

8.8 Morgan and Techman의 연구는 국가 청소년 조사(National Survey of Children)로부터 총 342명의 청소년(백인 남학생 : 134명, 백인 여학생 : 149명, 흑인 남학생 : 23명, 흑인 여학생 : 36명)을 대상으로 하여, 15~16세 청소년들의 성관계 경험 유무를 분석하고

---

21 이 자료의 근원은 Franses, P. H., *On the Econometrics of Modeling Direct Marketing Response*, RIBS report 97-5, Rotterdam, 1997에 기초하고 있다. 도우미 웹사이트에 수록된 자료는 Heij, C., de Boer, P., Franses, P.H., Kloek, T., and van Dijk, H. K., *Econometrics Methods with Applications in Business and Economics*, Oxford University Press, Oxford, 2004에 수록된 자료이다. 이 자료의 이용을 허락해 준 저자들에게 고마움을 표한다.

있다. 이들은 다음의 로지스틱 추정식을 통해 다음과 같은 결과를 얻었다.[22]

$$\ln \frac{P_i}{1 - P_i} = B_1 + B_2 White_i + B_3 Female_i + u_i,$$

여기서 P_i는 성관계를 경험했을 확률을 의미한다.

Variable	Slope coefficient	se of slope coefficient	p value
White	−1.314	0.226	0.000
Female	−0.648	0.225	0.004
Constant	0.192	0.226	0.365
LR statistic 37.459, df = 2			

(a) 추정된 계수값들이 갖는 의미를 해석하라.

(b) 추정된 개별 기울기 계수값들은 통계적으로 유의한가? 이에 대해 어떠한 이야기를 할 수 있는가?

(c) 추정된 기울기 계수값들로부터 odds 비율들을 계산할 수 있는가? 이를 위해 필요한 과정을 보여라.

(d) (c)에서 얻어진 odds 비율들을 어떻게 해석할 수 있는가?

(e) 흑인과 남학생이 0의 값을 갖는 대신 1의 값을 갖도록 가변수를 변경시켰다. 이 경우 재추정해야 하는가 혹은 표에 나타난 결과로부터 이 정보를 얻을 수 있는가? (힌트 : 부호를 바꿔줘라.)

8.9 클린턴 대통령 탄핵표결 : 1999년 1월 7일, 미 하원은 기소조항 1과 기소조항 2로 불리는 2개의 조항에 근거하여 클린턴 대통령을 탄핵했다. 기소조항 1은 위증에 관한 것이었으며, 기소조항 2는 사법정의 방해에 관한 것이었다. 법에 의해 미 상원은 이 두 기소조항들에 대한 표결을 해야 했으며, 이는 1999년 2월 12일 이루어졌다. 기소조항 1에 대한 의회표결 결과는 찬성 45, 반대 55였으며, 기소조항 2에 대해서는 찬성 50, 반대 50이 이루어졌다. 그러나 대통령 하야를 위해서는 재적의원 2/3의 찬성이 필요했으며, 이는 100명의 상원의원들 중 67명의 상원의원의 찬성이 필요함을 의미했다. 도우미 웹사이트에 수록된 **표 8.14**[23]는 상원의원의 당적·정치적 성향(사상), 상원의원이 행사한 표의 수(최대 2표), 초선 여부, 1996년 상원의원 소속 주에서 획득한 클린턴의 득표율, 차기

---

22 Morgan, S. P. and Teachman, J. D. (1988) Logistic regression: description, examples and comparisons, *Journal of Marriage and Family*, 50, 929-36을 참조하라. John Wiley & Sons의 승인하에 이용되었다. 추정 결과는 Liao, T. F., *Interesting Probability Models: Logit, Probit and other Generalized Liear Models*, pp. 13-15, Sage Publication, 1994로부터 얻어졌다. Sage Publication, Inc.의 승인하에 이용되었다.

23 이 자료는 텍사스공과대학교의 Alan Reifman 교수에 의해 *Journal of the American Statistical Association* (JASA)의 자료보관소에 제출되었다. Alan Reifman 교수의 승인하에 이용되었다.

재출마 여부 등과 같이 탄핵표결과 관련된 흥미로운 자료들을 제공하고 있다. 미국 상원 의원은 임기가 6년이며, 마지막 해에 차기 출마를 선택할 수 있게 된다.

(a) 기소조항 1이 채택될 확률을 추정하는 데 필요한 설명변수들을 선택하여 프로빗 모형을 추정한 후, 추정 결과에 관해 토론하라. 종속변수는 찬성 혹은 반대이다.

(b) (a)에 이용된 동일한 설명변수들을 이용하여 기소조항 2가 채택될 확률을 추정한 후, 추정 결과에 관해 토론하라. 종속변수는 찬성 혹은 반대이다.

(c) 두 기소조항에 관한 상원의원의 표결은 상원의원의 정치적 사상 혹은 소속 정당의 정책에 영향을 받으므로 같은 결과를 가져올 가능성이 큰 것으로 보인다. 따라서 이 경우에는 두 기소조항에 대한 표결의 상호의존성을 고려할 수 있는 이원선택변수 프로빗(bivariate probit) 모형을 추정하는 것이 가능하다. Stata와 Eviews의 이원선택변수 프로빗 프로시저를 이용하여 탄핵표결 확률을 추정할 수 있는 이원선택변수 프로빗 모형을 추정하라. 추정 결과에 관해 논하라.

Ⅲ

9 | 다항회귀모형

제8장에서 양자택일 선택문제를 분석할 수 있는 로짓 모형과 프로빗 모형에 관하여 살펴보았다. 이와 같은 모형들은 이원선택회귀모형으로 불리고 있다. 그러나 우리는 여러 개의 이산적 선택대안 중 하나를 선택해야 하는 상황에도 빈번히 직면하게 되는데, 이때 이용되는 모형을 다항회귀모형(multinomial regression model, MRM)이라 부른다. 다항회귀모형이 적용될 수 있는 예로는 다음을 들 수 있다.

1. 교통수단 선택 : 자가용, 버스, 기차, 자전거
2. 시리얼(cereal) 종류 선택
3. 대통령 후보 선택 : 민주당, 공화당, 또는 무소속
4. 진학 선택 : 고등학교, 대학교, 대학원
5. MBA 학교 선택 : 하버드대학, MIT, 시카고대학, 스탠퍼드대학
6. 일자리 형태 : 무직, 시간제 일자리, 전일제 일자리
7. 자동차 구매 : 미국차, 일본차, 유럽차

물론 이외에도 소비자들은 여러 개의 대안 중 하나를 선택해야 할 다양한 상황에 직면할 것이다.

그렇다면 이와 같은 다항선택 상황을 포함하고 있는 모형을 어떻게 추정할 수 있을까? 이 장에서 다항선택 상황을 분석하기 위하여 계량경제학에서 폭넓게 이용되고 있는 모형들을 살펴볼 것이다. 계량경제학에서 이들 모형은 다항적 또는 다범주 회귀모형[polychotomous or polytomous (multiple category) regression model]으로 부르고 있으나, 편의상 이를 다항회귀모형으로 부를 것이다.

9.1 다항회귀모형의 속성

먼저 다항회귀모형을 명목(nominal) 또는 비서열(unorderd) MRM과 서열(ordered) MRM으로 구분할 있다. 예로서, 교통수단 선택문제는 교통수단을 선택함에 있어 (자연스러운) 순서

가 존재하지 않으므로 명목 MRM의 예라 할 수 있다. 그러나 설문지에 대한 답변을 반대, 중립, 찬성과 같이 세 가지 척도 중 하나를 선택하는 형식으로 요구한다면, 이는 서열 MRM의 예가 될 수 있다.

이 장에서 먼저 명목 MRM을 살펴본 후, 다음 장에서 서열 MRM에 관하여 살펴보도록 하겠다.

그러나 명목 MRM도 다음과 같은 세 가지 형태의 모형으로 분류할 수 있음에 주목하기 바란다.

1. 선택자–특정적 자료(chooser-specific data)를 위한 명목 MRM
2. 선택–특정적 자료(choice-specific data)를 위한 명목 MRM
3. 선택자–특정적과 선택–특정적 자료를 위한 명목 MRM 또는 혼합(mixed) MRM

위 분류에서 '선택자'란 여러 선택대안 중 하나를 선택하는 개인 또는 의사결정자를 의미하며, '선택'이란 개인이 직면한 대안 또는 옵션을 의미한다.

선택자–특정적 자료를 위한 명목 MRM 모형

이 모형에서는 대안의 선택이 선택자의 나이, 소득수준, 교육수준, 종교 등과 같이 선택자의 특성에 의존한다. 예로서, 2년제 또는 4년제 대학 및 대학원과 같은 진학선택 문제는 나이, 가구의 소득수준, 종교, 부모의 교육수준 등과 같은 변수들에 영향을 받게 된다. 이들 변수들은 선택자의 고유특성을 나타내는 변수들이다.

이와 같은 형태의 모형들은 주로 다항 로짓(multinomial logit, MLM) 또는 다항 프로빗(multinomial probilt model, MPM) 모형에 의해 추정된다.[1] 이들 모형을 통하여 우리가 분석하고자 하는 바는 여러 개의 대안들 중 하나의 대안을 선택함에 있어 개인들이 갖고 있는 특성이 어떠한 영향을 미치는가에 관한 것이다. 따라서 MLM은 개인들의 속성을 반영하는 설명변수가 다양한 값을 갖고 있을 경우에 적합하다.

선택–특정적 자료를 위한 명목 MRM 모형

이제 프라이빗 라벨, 선샤인, 키블러, 나비스코 등 네 가지 브랜드의 크래커 중 하나를 선택해야 한다고 가정하자. 우리는 이들 크래커의 가격과 함께 각 브랜드별 특성에 관한 정보를 갖고 있다. 다시 말해 선택–특정적 특성에 관한 정보를 갖고 있다. 그러나 이 경우 선택자의 특성에 관한 정보는 갖고 있지 않다. 이와 같은 선택의 문제에는 주로 조건부 로짓(conditional logic, CLM) 또는 조건부 프로빗(conditional probit, CPM) 모형이 이용된다. 이들 모형들을 통하여 우리가 분석하고자 하는 바는 각 대안의 특성 및 특징이 특정대안의 선택에 어떤 영향을

---

1 이들 모형들이 갖는 수학적 난해함으로 인하여, 실제 회귀분석에서는 MLM 모형이 MPM 모형에 비하여 보다 많이 이용된다. 따라서 이 장에서는 주로 MLM 모형의 설명에 집중하도록 할 것이다.

미치는가에 관한 것이다. 따라서 이 경우 CLM 및 CPM은 대안별 특성을 반영하는 설명변수들이 다양한 값을 갖고 있을 경우에 적합하다.

MLM과 CLM의 차이점은 파워스(Powers)와 지(Xie)에 의해 다음과 같이 요약되어 있다.[2]

다항 로짓 모형은 설명변수들이 선택범주와 관련 없이 일정함을 가정하고 있으나 모형의 계수는 선택범주에 따라 변화함을 가정하고 있다. 그러나 조건부 로짓 모형에서는 선택범주와 관련 없이 계수가 불변인 것을 가정하는 반면, 개별 설명변수는 선택범주에 따라 변화함을 가정한다.

혼합 MRM 모형

혼합 MRM은 자료가 선택자–특정적 특성과 선택–특정적 특성을 함께 갖고 있는 경우에 이용되는 모형이다. 이와 같은 모형의 추정은 조건부 로짓 모형에 적절한 가변수를 추가함으로써 이루어질 수 있다. 이 모형이 적용될 수 있는 예로는 자동차 선택 문제와 같이 자동차별 특성뿐만 아니라 개인의 나이 및 소득수준이 선택에 영향을 미치는 경우를 들 수 있다.

계량경제학에서 다항 선택 문제를 분석할 수 있는 회귀모형의 주제는 매우 광범위하므로 본문에서는 MLM, CLM, MXL(mixed logit model)의 기본적 핵심사항들에 관해서만 살펴볼 것이므로 이 주제에 관심이 있는 독자들은 참고문헌을 참조하기 바란다.[3]

9.2 다항 로짓 모형 : 학교진학 선택

이제 MLM을 살펴보기 위하여 다음과 같은 대학진학 선택 문제를 고려해 보자. 이를 위하여 우리는 진학 포기, 2년제 대학, 그리고 4년제 대학의 진학문제를 고려하고 있는 1,000명의 고등학교 졸업자로 구성된 자료를 갖고 있다고 가정하자. 이 문제의 분석을 위하여, 진학포기를 선택할 경우는 1로, 2년제 대학을 선택할 경우는 2로, 그리고 4년제 대학을 선택할 경우는 3으로 표시할 것이다.[4] 이상의 작업을 통하여 진학선택은 명목변수이지만 이 명목변수가 1, 2, 3과 같이 순서를 갖는 것으로 처리되고 있음을 주목하기 바란다. 이 자료는 도우미 웹사이트에 있는 표 9.1로부터 얻을 수 있다.

---

2 Powers, D. A. and Yu Xie, *Statistical Methods for Categorical Data Analysis*, 2nd edn., Emerald Publishers, UK, 2008, p. 256을 참조하라.

3 이와 관련된 보다 광범위한 내용을 설명하고 있는 참고서적들의 예로는 Long, J. S. and Freese, J. *Regression Models for Categorical Dependent Variables Using Stata*, Stata Press, 2nd edn, Stata Corporation LP, College Station, Texas and Greene, W. H., *Econometric Analysis*, 6th ed., Pearson/Prentice-Hall, New Jersey, 2008, Chapter 23을 참조하라.

4 이 자료는 최초로 National Education Longitudinal Study of 1988에 수록되어 있었으나 Carter Hill, R., Griffiths, W. E., and Lim, G. C., *Principles of Econometrics*, 3rd edn, John Wiley & Sons, New York, 2008에서 재인용되었다.

고등학교 졸업생들은 과연 대학진학을 어떻게 결정할까? 직관적으로, 이에 대한 선택이 대학진학으로부터 얻는 학생들의 만족(경제학적으로 효용)에 의존할 것이라 생각할 수 있다. 다시 말해 학생들은 자신들에게 가장 큰 만족을 줄 수 있는 선택범주를 선택할 것이며, 이는 학생들에게 가장 큰 만족을 주는 선택범주(대안)가 선택될 확률도 가장 높게 나타날 것임을 의미한다.

이와 같은 개념을 공식화하기 위하여 다음을 고려해 보자.

$$Y_{ij} = 1, \text{ 만약 개인 } i \text{가 대안 } j(j = 1, 2, 3)\text{를 선택할 경우}$$

$$Y_{ij} = 0, \text{ 그렇지 않을 경우}$$

또한 $\pi_{ij} = \text{Pr}(Y_{ij} = 1)$이라 정의하자. 여기서 Pr은 확률을 의미한다.

따라서 π_{i1}, π_{i2}, π_{i3}는 개인 i가 대학진학과 관련된 선택범주 1, 2, 3을 선택할 확률을 각각 나타내며, 선택범주가 오직 3개 존재할 경우, 다음과 같은 결과를 얻는다.

$$\pi_{i1} + \pi_{i2} + \pi_{i3} = 1 \tag{9.1}$$

이와 같은 결과는 배반사건들의 확률 합은 1이 되기 때문이다. 우리는 π를 반응확률(response probabilities)이라 부르기로 한다.

이는 우리의 예에서 만약 2개의 확률이 결정될 경우, 나머지 1개의 확률은 자동적으로 결정됨을 의미하므로 3개의 확률을 독립적으로 추정할 수 없음을 의미하는 것이다.

이제 앞의 세 가지 선택범주 중 하나를 선택할 확률에 영향을 미치는 변수들에 관하여 살펴보도록 하자. 이와 관련하여 다음과 같은 변수들에 관한 정보를 갖고 있다.

$X_2 = $ hscath $=$ 만약 졸업생이 가톨릭 학교일 경우 1, 아닐 경우 0

$X_3 = $ grades $=$ 13포인트로 측정된 수학, 영어 및 사회과목 학업 평균 성적, 1이 가장 높은 성적이고 13이 가장 낮은 성적이므로 높은 점수일수록 학업 성적이 낮음을 의미한다.

$X_4 = $ faminc $=$ 1991년 기준 가구소득(천 달러)

$X_5 = $ famsiz $=$ 가족수

$X_6 = $ parcoll $=$ 1, 교육을 가장 많이 받은 부모가 대학 또는 그 이상의 학위 소지자일 경우

$X_7 = $ 1, 여자일 경우

$X_8 = $ 1, 흑인일 경우

이 회귀모형에서 절편항은 X_1으로 표시할 것이다.

위 설명변수들은 정성적 변수 또는 가변수(X_2, X_6, X_7, X_8)뿐만 아니라 정량적 변수들(X_3, X_4, X_5)도 함께 포함하고 있다. 또한 이들 설명변수 외에도 학생들의 대학진학 선택 결정에 영향을 미칠 수 있는 여러 확률적 요인들이 존재하며, 이들은 오차항으로 표시될 것임을 기

억하자.

제8장에서 살펴본 이원선택변수 로짓 모형을 일반화시킬 경우, 다음과 같은 다항 로짓 모형(MLM)을 얻게 된다.

$$\pi_{ij} = \frac{e^{\alpha_j + \beta_j X_i}}{\sum_{j=1}^{3} e^{\alpha_j + \beta_j X_i}} \tag{9.2}$$

식 (9.2)에서 각 선택범주별 절편항 및 기울기 계수들은 서로 다른 값을 가지므로 이들 밑에 하첨자 j가 첨부되어 있음에 주목하기 바란다. 이는 대학진학을 포기하는 졸업자에게는 2년제 또는 4년제 대학을 선택하는 졸업자와 다른 가중치가 각 설명변수에 부여됨을 의미한다. 이와 유사하게 2년제 대학진학을 선택하는 졸업자는 4년제 대학진학을 선택하는 졸업자와 또 다른 가중치가 각 설명변수에 부여됨을 의미하는 것이다.

또한 회귀모형에 하나 이상의 설명변수가 존재할 경우, X는 이들 변수들을 포함하는 벡터가 되며 β 역시 벡터가 되는 점을 상기하기 바란다. 따라서 전술한 7개의 변수가 설명변수로 포함될 경우, 7개의 기울기 계수를 갖게 되며, 이 계수들은 각 선택범주별로 다른 값을 갖게 된다. 이는 식 (9.2)로부터 추정되는 3개의 확률은 설명변수들에 대하여 서로 다른 계수값들을 갖게 됨을 의미한다. 실제로 우리는 서로 다른 3개의 회귀방정식을 추정하게 된다.

앞서 언급한 바와 같이 독립적으로 3개의 확률을 모두 추정할 수 없다. MLM 모형에서 주로 이용되는 방식은 하나의 선택범주를 기준(base), 참조(reference) 또는 비교 범주(comparison category)로 설정한 후, 이 범주의 계수들을 모두 0으로 정하는 것이다. 따라서 첫 번째 선택범주(대학진학 포기)를 기준범주로 설정하면 $\alpha_1 = 0$ 및 $\beta_1 = 0$으로 정해지므로, 앞의 세 가지 선택범주에 대한 확률에 대하여 다음과 같은 추정치들을 얻게 된다.

$$\pi_{i1} = \frac{1}{1 + e^{\alpha_2 + \beta_2 X_i} + e^{\alpha_3 + \beta_3 X_i}} \tag{9.3}$$

$$\pi_{i2} = \frac{e^{\alpha_2 + \beta_2 X_i}}{1 + e^{\alpha_2 + \beta_2 X_i} + e^{\alpha_3 + \beta_3 X_i}} \tag{9.4}$$

$$\pi_{i3} = \frac{e^{\alpha_3 + \beta_3 X_i}}{1 + e^{\alpha_2 + \beta_2 X_i} + e^{\alpha_3 + \beta_3 X_i}} \tag{9.5}$$

위에 나타난 각각의 확률은 동일한 설명변수를 갖고 있을지라도 계수들이 반드시 같은 값을 가질 필요는 없으며, X는 설명변수들을 포함한 벡터이고 β는 계수들을 포함한 벡터가 됨을 다시 한 번 유의하기 바란다.

이제 식 (9.3), (9.4), (9.5)로 표시된 확률들을 모두 더할 경우, 각 선택범주들은 상호 배반 사건이므로 그 합은 1이 된다.

식 (9.3), (9.4), (9.5)에 표시된 확률들은 비선형 형태를 갖고 있으나, 다음의 식들을 고려해 보자.

$$\ln\left(\frac{\pi_{i2}}{\pi_{i1}}\right) = \alpha_2 + \beta_2 X_i \tag{9.6}$$

$$\ln\left(\frac{\pi_{i3}}{\pi_{i1}}\right) = \alpha_3 + \beta_3 X_i \tag{9.7}$$

$$\pi_{i1} = 1 - \pi_{i2} - \pi_{i3} \tag{9.8}[5]$$

식 (9.6)과 (9.7)은 앞서 제8장의 이원선택변수 로짓 모형에서 살펴보았던 표현과 유사하다. 다시 말해 로짓은 설명변수(들)의 선형함수로 표현될 수 있다는 것이다. 앞에서 로짓이란 odds 비율에 로그를 취한 값을 의미하며, odds 비율이란 선택범주 l에 비하여 선택범주 j가 얼마나 더 많이 선택되는지를 나타낸다는 것을 살펴보았다. MLM에서 링크함수는 명백히 로짓이다.

그렇다면 이들 로짓들을 추정함에 있어 제8장에서 살펴본 이원선택변수 로짓 모형을 각각의 로짓을 추정할 때 적용할 수 있지 않을까? 물론 적용할 수도 있다. 그러나 다음과 같은 이유들로 인하여 이 방법은 적극적으로 추천되지 못한다. 첫째, 각각의 이원선택변수 로짓 모형은 크기가 서로 다른 표본에 기초하게 된다. 다시 말해 우리가 식 (9.6)을 추정할 경우 세 번째 선택범주를 선택한 표본들은 이 추정에 누락되게 되며, 식 (9.7)을 추정한다면 두 번째 선택범주를 선택한 표본들은 이 추정에서 누락되고 만다. 따라서 2개의 이원선택변수 로짓 모형은 서로 다른 표본크기를 갖게 된다. 둘째, 각각의 이원선택변수 로짓 모형으로부터 얻어진 확률의 추정치를 더할 경우, 확률의 합이 1이 된다는 보장이 없다. 셋째, 각각의 로짓을 독립적으로 추정할 때보다 동시에 추정할 경우 계수추정치의 표준오차가 더 작게 나타난다.

따라서 이와 같은 이유들로 인하여, 식 (9.6)과 (9.7)을 최우법(ML)을 통하여 동시에 추정하게 된다. 이제 Stata를 이용하여 최우법으로 추정한 결과는 표 9.2에 나타나 있다.

먼저 기준범주의 선택은 연구자별로 다를 수 있으나 여기서는 psechoice = 1(대학진학 포기)을 기준범주로 설정하였다. 물론 그 대신 다른 선택을 기준범주로 설정하였다면 표 9.2의 계수추정치는 다른 값을 가질 것이나, 세 가지 선택범주에 대한 확률추정치는 기준범주의 선택과 상관없이 변함이 없음을 주목하기 바란다.

표 9.2에 주어진 계수추정치들은 기준범주와 관련하여 해석될 수 있다.

Stata가 제공하는 추정 결과는 2개의 패널로 나누어진다. 첫 번째 패널은 선택범주 1(대학

---

5 식 (9.6)으로부터 $\ln \pi_{i2} - \ln \pi_{i1} = \alpha_2 + \beta_2 X_i$를 얻을 수 있으며, 식 (9.7)로부터 $\ln \pi_{i3} - \ln \pi_{i1} = \alpha_3 + \beta_3 X_i$를 얻을 수 있다. 따라서 선택범주 3을 택할 확률에 비하여 선택범주 2를 택할 확률의 odds의 로그값 $\ln (\pi_{i2}/\pi_{i3})$ $= (\alpha_2 - \alpha_3) + (\beta_2 - \beta_3) X_i$로 나타난다.

표 9.2 대학진학 선택에 관한 다항 로짓 모형

Multinomial logistic regression

Number of obs = 1000
LR chi2 (14) = 377.82
Prob > chi2 = 0.0000
Pseudo R2 = 0.1855

Log likelihood = −829.74657

	psechoice	Coef.	Std. Err.	z	P>|z|	[95% Conf. Interval]	
2							
	hscath	−.9250111	7103556	−0.00	1.000	−1.39e+07	1.39e+07
	grades	−.2995178	.0558307	−5.36	0.000	−.4089439	−.1900917
	faminc	.0098115	.0041953	2.34	0.019	.0015888	.0180342
	famsiz	−.0971092	.0726264	−1.34	0.181	−.2394543	.045236
	parcoll	.5264485	.2899096	1.82	0.069	−.0417638	1.094661
	female	.1415074	.1961643	0.72	0.471	−.2429676	.5259824
	black	.5559303	.4296774	1.29	0.196	−.286222	1.398083
	_cons	2.268805	.5782357	3.92	0.000	1.135484	3.402126
3							
	hscath	31.86893	5023750	0.00	1.000	−9846337	9846400
	grades	−.6983134	.0574492	−12.16	0.000	−.8109118	−.5857151
	faminc	.0148592	.0041223	3.60	0.000	.0067797	.0229387
	famsiz	−.0665881	.0720734	−0.92	0.356	−.2078494	.0746732
	parcoll	1.024194	.2773905	3.69	0.000	.4805189	1.56787
	female	−.0575686	.1964295	−0.29	0.769	−.4425633	.3274262
	black	1.495133	.4170371	3.59	0.000	.6777555	2.312511
	_cons	5.008016	.5671225	8.83	0.000	3.896476	6.119556

(psechoice==1 is the base outcome)

진학 포기)과 선택범주 2(2년제 대학진학)가 관련된 경우의 계수추정치를 나타낸다. 다시 말해 이는 식 (9.6)에 나타나 있는 계수의 추정치를 나타낸다. 또한 두 번째 패널은 선택범주 1(대학진학 포기)과 선택범주 3(4년제 대학진학)이 관련된 경우의 계수추정치를 나타낸다. 따라서 이 경우는 식 (9.7)에 나타나 있는 계수의 추정치를 나타낸다.

이제 이들 추정 결과를 해석하기에 앞서 추정치들의 통계적 유의성을 살펴보도록 하자. 표 9.2에서는 추정치의 통계적 유의성을 검정함에 있어 표본크기가 충분히 큰 상황이므로 t-통계량 대신에 z-통계량(표준정규분포)을 이용하고 있다.[6] 표 9.2에는 추정치의 z-통계량뿐만 아니라 이에 해당하는 p값(z-통계량 값에서의 유의수준)도 함께 나타나 있다. 첫 번째 패널의 추정 결과에서는 졸업생의 성적, 가구소득, 그리고 부모의 교육수준이 통계적 유의성을 갖고

6 표본크기가 무한히 증가함에 따라 t-분포는 정규분포로 수렴함을 기억하자.

있으며, 두 번째 패널의 추정 결과에서는 졸업생의 성적, 가구소득, 부모의 교육수준, 그리고 인종변수(흑인)가 통계적 유의성을 갖고 있다.

다중회귀분석에서는 회귀모형의 설명력(적합도)을 측정함에 있어서 R^2을 이용하였다. 이때 R^2의 값은 0과 1 사이의 값을 가지며, 1에 근접한 값을 가질수록 회귀선의 설명력이 우수함을 의미한다. 그러나 MLM에서는 통상적인 R^2이 큰 의미를 갖지 못한다.[7] 따라서 맥패든 (McFadden)은 다음과 같이 정의되는 의사 R^2을 제안하였다.

$$\text{의사 } R^2 = 1 - \frac{\ln L_{\text{fit}}}{\ln L_0} \tag{9.9}$$

식 (9.9)에서 L_{fit}는 회귀식의 우도비를 나타내며, L_0는 절편항 외에는 어떤 설명변수도 포함하지 않은 회귀식의 우도비를 의미한다. 우리의 예에서 의사 R^2은 대략 0.1855로 나타나고 있다.

회귀식의 설명력을 측정하기 위하여 의사 R^2 대신에 우도비 검정법을 이용할 수도 있다. 우도비 검정법에서 귀무가설은 모든 기울기 계수들이 통계적 유의성을 갖지 않는 것이며, 이때 우도비통계치(LR)는 자유도가 모든 기울기 계수들의 숫자와 같은 χ^2-분포를 따른다. 따라서 이 경우 우도비통계치의 자유도는 14가 되며, 그 값은 대략 377로 나타나 0의 수준의 p값을 갖게 된다. 따라서 귀무가설을 기각할 수 있으며, 이는 비록 모든 계수들이 통계적 유의성을 갖지 못한다 하더라도 우리가 선택한 회귀식이 우수한 설명력을 갖고 있다는 것을 의미한다.

이제 표 9.2에 나타나 있는 추정 결과를 어떻게 해석할 수 있을까? 실제로 표 9.2의 추정 결과는 다양한 방법을 통하여 해석될 수 있다. 이제 이를 해석하는 방법에 관하여 살펴보도록 하자.

Odds에 의한 해석

예로서, 식 (9.6)을 고려해 보자. 식 (9.6)은 첫 번째 선택범주(대학진학 포기)에 비하여 두 번째 선택범주(2년제 대학 진학)를 선택할 odds 비율에 로그를 취한 값을 나타낸다. 따라서 식 (9.6)에 포함된 어느 한 설명변수의 계수가 양의 부호를 갖는다는 것은 다른 조건이 불변인 상황에서 해당 설명변수가 1단위 증가할 경우, 첫 번째 선택범주에 비해 두 번째 선택범주를 택할 가능성이 높아짐을 의미하는 것이다. 이와 반대로, 어느 한 설명변수의 계수가 음의 값을 갖는다는 것은 두 번째 선택범주에 비해 첫 번째 선택범주를 택할 가능성이 더 크다는 것을 의미한다. 따라서 표 9.2의 첫 번째 패널의 추정 결과로부터 우리는 여타의 조건이 일정하다면 가구소득이 증가할수록 대학진학을 포기하기보다 2년제 대학진학을 선택할 가능

---

7 일반적으로 비선형 회귀모형에서는 R^2을 이용한 회귀선의 적합도 검증이 큰 의미를 갖지 못한다.

성이 높아진다는 점을 발견할 수 있다. 또한 이와 유사한 방법으로 졸업생 성적이 갖는 음의 계수값은 다른 조건들이 불변인 상황에서 성적이 높아짐에 따라 2년제 대학을 선택하기보다 대학진학을 포기할 가능성이 증가함을 의미한다(이 예에서 학업성적은 값이 클수록 낮은 학업성취도를 의미함을 기억하자). 이와 같은 해석방식은 표 9.2의 두 번째 패널에도 적용시킬 수 있다.

이제 졸업생 성적의 계수추정치를 이용하여 추정 결과를 구체적으로 해석하는 방식에 관하여 살펴보도록 하자. 첫 번째 패널에 나타나 있는 성적변수의 계수추정치가 의미하는 바는 여타의 조건이 일정하다면 성적이 1단위 증가할 경우 대학진학 포기에 비해 2년제 대학진학을 선택할 가능성의 로그값을 0.2995만큼 감소시킨다는 것이다. 다시 말해 이는 성적이 1단위 증가할 경우, $\ln(\pi_{2i}/\pi_{1i})$의 값이 -0.2995만큼 변화한다는 것을 의미한다. 따라서 $\ln(\pi_{2i}/\pi_{1i})$에 자연대수를 취할 경우, $\pi_{2i}/\pi_{1i} = e^{-0.2995} = 0.7412$를 얻게 되며, 이는 2년제 대학진학을 선택할 확률이 대학진학을 포기할 확률의 74% 수준에 그치고 있다는 것을 의미한다. 이와 같은 결과는 직관과 일치하지 않는 것으로 보이나, 13-포인트 척도로 측정된 성적변수에서 높은 점수를 가진 학생일수록 학업성취도가 낮음을 의미한다는 점을 상기하면 자연스러운 결과라 할 수 있다. 지금까지 살펴본 각 선택범주들 간의 odds 비율은 상대위험비율(relative risk ratios, LRR)로도 알려져 있다.

확률에 의한 해석

일단 계수값이 추정되면, MLM의 주요 목적인 각 선택범주의 선택확률을 식 (9.3), (9.4), (9.5)를 이용하여 추정할 수 있다. 그러나 1,000개의 관측치와 7개의 설명변수를 갖고 있으므로 모든 개인에 대하여 확률값을 일일이 구한다는 것은 지루한 작업이 될 수 있다. 그러나 Stata는 간단한 명령어를 통하여 이를 쉽게 구할 수 있는 기능을 제공하고 있다. 특히 총 8개 변수(종속변수 포함)의 평균값을 이용하여 확률값을 구할 때 이와 같은 작업은 가장 최소화될 수 있다. 이들 1,000명의 졸업생들에 대한 확률추정치는 자료표에 수록되어 있다.

이제 개인에 대한 확률값을 구하는 방법을 살펴보기 위해서 10번째 졸업생을 고려해 보자. 이 학생은 백인 학생으로 부모님이 대학 이상의 학위를 갖고 있지 않으며, 가톨릭 학교에도 진학하지 않았다. 또한 평균학점은 6.44이고 가구소득은 42.5, 그리고 가족수는 6명이다. 이 경우 이 학생이 선택범주 1(대학진학 포기), 선택범주 2(2년제 대학진학), 그리고 선택범주 3(4년제 대학진학)을 선택할 확률은 각각 0.2329, 0.2773, 0.4897로 추정되며, 그 합은 0.9999 또는 반올림 오차를 고려할 경우 거의 1의 값을 갖는다. 따라서 이 학생의 경우, 가장 높은 확률은 0.49(즉, 4년제 대학진학)이다. 실제로 이 학생은 4년제 대학진학을 선택했다.

물론 추정된 확률과 실제 선택한 범주가 모든 학생에게서 일치하는 것은 아니다. 이와 같은 이유로 개인별보다 각 변수의 평균값을 이용하여 개별 선택범주를 택할 확률을 계산하는 것

이 더 바람직할 수 있다. 관심 있는 독자들은 이를 직접 구해보기 바란다.[8]

확률에 미치는 한계효과

여타의 조건이 일정하다면, 설명변수 1단위 증가가 각 선택범주를 택할 확률에 미치는 효과도 찾을 수 있다. 다시 말해 k번째 설명변수에 대한 π_{ij}의 편미분 $\partial\pi_{ij}/\partial\pi_{ik}$를 구할 수 있다는 것이다. 그러나 이와 같은 한계효과를 구하는 작업은 다소 복잡하다. 이는 j번째 선택범주를 선택할 확률에 미치는 X_k의 한계효과는 X_k의 계수가 갖는 부호와 다른 부호를 가질 수 있기 때문이다. 이는 MLM에서 한계효과를 구할 때는 단순히 X_k의 계수뿐만 아니라 모형에 포함된 모든 계수가 이용되기 때문이다.[9]

이와 같은 이유로 실제 회귀분석에서는 한계효과보다 odds 또는 상대위험 비율을 더 많이 이용한다.

MLM 이용 시 주의사항 : 선택범주 간의 독립성(IIA)

MLM의 주요 가정은 i번째 개인이 j번째 선택범주를 택할 확률 π_{ij}를 추정할 때의 오차항과 $k(k \neq j)$번째 선택범주를 택할 확률 π_{ik}를 추정할 때의 오차항이 서로 독립이어야 한다는 것이다. 이는 한 개인이 직면한 선택범주들이 서로 충분히 달라야 한다는 점을 의미한다. 이것이 바로 IIA(independence of irrelevant alternatives)가 의미하는 바다. 이를 다르게 표현하면, IIA는 선택범주 j와 k를 비교할 때, 이들 범주들과 그 외의 다른 범주들과는 관계가 없어야 함을 요구한다는 것이다.

IIA 가정이 성립하지 않는 경우를 살펴보기 위해 '푸른색 버스와 빨간색 버스'의 파라독스를 예로 들어 보자. 이 파라독스에서 통근자는 자가용을 이용하거나 버스를 이용할 수 있는 두 가지 선택범주를 갖고 있으며, 개별 선택범주가 선택될 확률은 각각 1/2이라고 가정하고 있다. 따라서 두 선택범주를 선택할 확률 간의 비율은 1이 된다.

이제 앞의 상황에 버스 노선 하나가 새로 추가되었다고 가정하자. 새로운 버스노선은 기존 버스노선과 모든 조건이 동일하나, 버스의 색깔이 기존 버스는 푸른색이고 새로운 버스는 빨간색이라는 차이점만 존재한다. 이제 통근자가 개별 교통수단을 선택할 확률이 각각 1/3씩이라고 생각할 수도 있으나, 버스의 색깔에 개의치 않을 경우 자가용을 선택할 확률은 여전히 1/2인 반면, 개별 버스를 선택할 확률은 각각 1/4이 된다. 따라서 자가용과 버스를 선택할 확률의 비율은 1이 아닌 2가 된다. 이와 같은 결과는 각 선택범주 중 일부가 상호 독립적이지 못해 IIA 가정이 성립하지 않기 때문이다.

---

8 1,000명의 관측치에 대한 각 변수의 평균값은 다음과 같다. 대학진학 선택범주, 2.305, 가톨릭 학교 졸업자, 0.019, 성적, 6.53039, 가구소득, 51.3935, 가족수, 4.206, 부모의 대학 이상 학위, 0.308, 여성, 0.496, 흑인, 0.056, 대학진학 선택범주 1, 0.222, 대학진학 선택범주 2, 0.251, 대학진학 선택범주 3, 0.527이다.

9 이는 p_{ij}에 대한 X_{ik}의 한계효과를 계산하는 다음 표현에서 알 수 있다. $\partial\pi_{ij}/\partial X_{ik} = \pi_{ij}(\beta_j - \sum_{h=2}^{m}\pi_{ih}\beta_h)$.

이와 같은 결과는 각 선택범주들이 대체성을 갖고 있을 경우에는 MLM을 이용하는 것이 적합하지 않음을 지적하는 것이다.[10]

9.3 조건부 로짓(CLM)

앞서 설명한 바와 같이, MLM은 설명변수들이 개인의 속성을 반영하는 상이한 값을 가질 경우에 적합하며, CLM은 설명변수들이 선택범주별로 상이한 값을 가질 경우에 적합하다. 따라서 CLM에서는 설명변수가 개인이 갖는 속성을 반영할 수 없다.[11] 그 이유는 다음과 같이 직관적으로 설명될 수 있다. 이제 자동차, 기차, 수상택시, 그리고 자전거 중 하나의 교통수단을 출근 목적으로 선택한다고 가정하자. 그러나 만약 교통수단을 선택함에 있어서 소득 등과 같은 개인의 속성변수를 반영하길 원한다면 위의 네 가지 선택범주에 대하여 개인의 소득은 동일한 값을 가지므로 소득수준에 대한 계수추정치를 얻는 것이 불가능하게 된다.

CLM을 추정하기 위하여, 식 (9.2)를 다음과 같이 다시 표현할 수 있다.

$$\pi_{ij} = \frac{e^{\alpha+\beta X_{ij}}}{\sum_{m=1}^{m=J} e^{\alpha+\beta X_{im}}} \tag{9.10}$$

식 (9.10)에서 π_{ij}는 j번째 선택범주를 택할 확률을 나타낸다.

이제 식 (9.2)와 (9.10)의 중요한 차이점에 관하여 주목하기 바란다. 먼저 식 (9.2)에서는 α와 β가 선택대안에 따라 상이한 값을 가지므로 이들 두 계수에 j라는 하첨자가 첨부되어 있다. 그러나 식 (9.10)에서는 이들 두 계수에 하첨자가 첨부되어 있지 않다. 다시 말해 식 (9.10)에는 오직 1개의 절편항과 기울기 계수들이 있을 뿐이다(이는 설명변수가 하나 이상일 경우, 오직 1개의 계수벡터만이 있음을 의미한다). 또 다른 차이점은 CLM은 설명변수에 2개의 하첨자(i와 j)가 첨부되어 있는 반면, MLM에서는 오직 하나의 하첨자 i만 첨부되어 있다는 점이다. MLM에서는 하첨자 i가 개인별로 다른 값을 갖는 반면(예로서, 대학진학 선택에서 소득변수를 상기하자), 선택범주별로는 동일하다. 그러나 CLM에서는 한 개인에 대하여 선택범주별로 하첨자 j가 변화하게 된다.

MLM과 같이, CLM의 추정은 최우법을 통하여 이루어진다. 따라서 MLM에서와 같이 추정 결과를 보다 용이하게 해석하기 위하여 CLM을 다음과 같은 로짓 형태로 표현할 수 있다.

---

10 Hausman과 McFadden은 IIA 가설을 검정할 수 있는 검정법을 제시하였으나, Long and Freese, *op cit*., (p. 244)는 이 검정법의 사용을 추천하지 않고 있다. 따라서 선택범주 확률 회귀식에 포함되어 있는 오차항의 상관관계를 허용하는 **다항 프로빗 모형**을 이용할 수 있을 것이다. 그러나 모형의 난해함으로 인하여 실제 회귀분석에서 연구자들은 MLM 모형을 더욱 선호한다.

11 그러나 9.4절에서 논의될 혼합 MLM(=MXL) 모형에서는 가변수를 도입함에 따라 개인들의 특성을 설명변수로 도입할 수 있다.

$$\log\left(\frac{\pi_{ij}}{\pi_{ik}}\right) = (X_{ij} - X_{ik})' \beta \qquad (9.11)$$

식 (9.11)은 2개의 선택범주 j와 k의 odds 비율에 로그를 취한 값은 선택범주별 설명변수 간의 차이(difference)에 비례함을 의미한다. 다시 말해 로짓은 이 차이에 계수의 추정치를 곱한 값을 가지며, 설명변수가 1개 이상일 경우에는 계수벡터 β를 곱해 줌을 의미한다.

이제 이상의 내용을 다음의 예를 통하여 살펴보도록 하자.

교통수단 선택

여행자가 통상 직면하는 문제는 교통수단을 선택하는 문제이다. 이와 같은 교통수단 선택 문제는 많은 연구자들에 의해 분석되었으나, 우리가 살펴볼 예는 그린(Greene)과 헨서(Hensher)가 분석한 내용이다.[12] 이 연구에 이용된 자료는 210명을 대상으로 한 4개의 교통수단에 관한 자료로 총 840개의 관측치로 구성되어 있다. 회귀분석에 이용된 변수는 다음과 같다.

Mode = 선택: 항공기, 기차, 버스, 자가용

Time = 공항 대기시간, 자가용 = 0

Invc = 교통수단별 소요비용

Invt = 교통수단별 소요시간

GC = 여행 소요비용[13]

Hinc = 가구 소득수준

Psize = 동행자 수

이 예에 이용된 자료는 도우미 웹사이트에 개시된 **표 9.3**을 참조하기 바란다.

앞의 변수들 중 *Time, Invc, Invt, GC*는 선택범주에 따라 상이한 값을 가지므로 선택−특정적 자료들이라 할 수 있다. 반면에 *Hinc*와 *Psize*는 선택자−특정적 변수로 모든 교통수단에 대하여 동일한 값을 가지므로 CLM 모형에 포함될 수 없다. 그러나 혼합모형을 고려할 경우, 선택−특정적 변수뿐만 아니라 선택자−특정적 변수도 함께 포함시킬 수 있다.

먼저, 선택−특정적 변수들만을 포함한 CLM을 고려해 보자. 이를 위하여 MLM과 같이 한 개의 선택범주를 기준범주로 설정한 후,[14] 최우법을 이용하여 CLM을 추정하였다. 이 예에서는 자가용을 기준범주로 설정한 후, 다른 선택범주를 이와 관련시켜 살펴볼 것이다.

---

12 이들이 수행한 연구내용 및 자료에 관해서는 http://pages.stern.nyu.edu/~wgreene/Text/econometric analysis.htm을 참조하라.

13 여행 소요비용이란 여행시간의 기회비용과 Invc 및 Invt의 합과 같다.

14 4개의 교통수단을 선택할 확률은 1이므로 이들을 선택할 4개의 확률을 독립적으로 선택할 수 없다. 따라서 3개의 교통수단을 선택할 확률이 추정될 경우, 나머지 1개의 확률은 자동적으로 결정된다.

표 9.4 교통수단 선택모형의 조건부 로짓 모형

Conditional (fixed-effects) logistic regression   Number of obs = 840
                                                    LR chi2(7) = 213.23
                                                    Prob > chi2 = 0.0000
Log likelihood = −184.50669   Pseudo R2 = 0.3662

choice	Coef.	Std. Err.	z	P>|z|	[95% Conf. Interval]	
termtime	−.1036495	.0109381	−9.48	0.000	−.1250879	−.0822112
invehiclec~t	−.0849318	.0193825	−4.38	0.000	−.1229208	−.0469428
traveltime	−.0133322	.002517	−5.30	0.000	−.0182654	−.008399
travelcost	.0692954	.0174331	3.97	0.000	.0351272	.1034635
air	5.204743	.9052131	5.75	0.000	3.430558	6.978928
train	4.360605	.5106654	8.54	0.000	3.359719	5.36149
bus	3.763234	.5062595	7.43	0.000	2.770984	4.755485

Stata 10에서 제공하는 clogit 루틴을 이용하여, CLM을 추정한 결과는 표 9.4에 나타나 있다. 추정 결과를 해석하기에 앞서, 표 9.4의 모든 계수값들은 거의 0인 수준의 값을 갖고 있어 높은 통계적 유의성을 갖고 있음을 주목하기 바란다. 또한 우도비통계치 역시 213으로 나타나 매우 높은 통계적 유의성을 갖고 있다. 이는 모든 기울기 계수가 0이라는 귀무가설을 충분히 기각할 수 있음을 지적하고 있는 것이다.

표 9.4에 나타나 있는 바와 같이, termtime, invect, traveltime의 계수들이 음의 값을 갖고 있다는 것은 경제적으로 옳은 의미를 갖는 것이라 할 수 있다. 예로서, 자가용에 비하여 어느 한 특정 교통수단이 터미널에서 대기하는 시간이 길어질수록 사람들은 이 교통수단을 선택하려 하지 않을 것이다. 또한 어느 한 특정 교통수단의 여행시간이 승용차에 비하여 길어질수록 이 교통수단 역시 선택하려 하지 않을 것이다. 그러나 여행의 기회비용 개념인 travel cost가 양의 부호를 갖고 있는 점은 특정 교통수단의 여행 소요비용이 승용차에 비하여 낮으면 낮을수록 이 교통수단을 선택할 가능성이 높아지므로 경제적으로 유의한 결과라 할 수 있다.

표 9.4에 나타나 있는 항공, 철도, 버스는 선택−특정적 상수항들을 의미한다.

앞서 살펴본 추정 결과를 odds 비율을 이용하여 해석하는 방식은 표 9.5에서 보여준다.

odds 비율을 이용하여 추정 결과를 해석하는 방식은 다음과 같다. 예로서, 표 9.5의 추정 결과에는 travel time의 계수값이 대략 0.99로 추정되어 있다. 이는 여타의 조건이 일정하다면, 어느 한 교통수단의 여행소요 시간이 1분 증가할수록 그 교통수단을 선택할 가능성은 2% 감소한다는 것을 의미한다. 이와 마찬가지로 여타의 조건이 일정하다면, 어느 한 교통수단의 terminal time이 1분 증가할수록 그 교통수단을 선택할 가능성은 대략 10% 감소함을 의미한다.

일반적으로 추정된 확률값 외에 선택−특정적 상수항 또는 절편항은 큰 의미를 갖고 있지 않으나, 상수항이 양의 값을 갖는다는 것은 항공, 기차, 그리고 버스를 이용하여 여행을 하는

표 9.5 교통수단 선택모형의 조건부 로짓 모형 : odds 비율

Conditional (fixed-effects) logistic regression   Number of obs = 840
                                                    LR chi2(7) = 213.23
                                                    Prob > chi2 = 0.0000
Log likelihood = −184.50669   Pseudo R2 = 0.3662

choice	Odds Ratio	Std. Err.	z	P>|z|	[95% Conf. Interval]	
termtime	.9015412	.0098612	−9.48	0.000	.8824193	.9210774
invehiclec~t	.9185749	.0178043	−4.38	0.000	.8843337	.954142
traveltime	.9867563	.0024837	−5.30	0.000	.9819004	.9916362
travelcost	1.071753	.0186839	3.97	0.000	1.035751	1.109005
air	182.134	164.8701	5.75	0.000	30.89387	1073.767
train	78.30446	39.98738	8.54	0.000	28.78109	213.0422
bus	43.08757	21.81349	7.43	0.000	15.97435	116.22

것과 승용차를 이용하여 여행하는 것이 분명히 다른 기준가치(threshold values)를 갖는다는 것을 의미한다.

Stata의 **predict** 명령을 통하여 각 개인이 개별 선택범주를 택할 확률을 예측할 수 있으며, 이때 예측되는 확률의 합은 1의 값을 갖는다. 이 예에서는 개인별로 항공, 기차, 버스, 자가용 등 4개의 선택범주를 갖고 있다. 따라서 우리 자료의 첫 번째 관측치는 이들 선택범주를 택할 확률이 각각 0.06, 0.28, 0.12, 0.54로 나타나며, 이들의 합은 1이 됨을 알 수 있다. 따라서 이들 확률들은 첫 번째 관측치의 선택자는 자가용을 이용하여 여행할 것을 예측하고 있으나, 실제로 승용차를 반드시 이용해야 할 필요는 없다.

odds 비율 외에도 여타의 조건이 일정하다면, 어느 한 설명변수 1단위 증가가 각 선택범주를 택할 확률에 미치는 한계효과를 구할 수 있다. 앞서 다항 로짓 모형(MLM)에서는 한 설명변수의 1단위 증가가 m번째 선택범주를 택할 확률에 미치는 한계효과를 구할 때 모형의 모든 (기울기) 계수들이 이용됨을 지적하였다. 그러나 조건부 로짓 모형(CLM)에서는 m번째 설명변수의 계수 B_m의 부호가 선택범주를 택할 확률에 미치는 한계효과의 부호에 영향을 미친다. Stata에서 이와 같은 한계효과의 연산은 **asclogit** 루틴에 의해 이루어지나, 이와 관련된 내용은 이 책의 범위를 벗어나므로 다루지 않도록 하겠다.

9.4 혼합 로짓(MXL)

앞서 지적한 바와 같이, MLM에서는 오직 선택자−특정적 속성들만을 고려한 반면, CLM에서는 선택−특정적 속성 또는 특성만을 고려하였다. 앞의 여행자 자료는 가구소득(hinc) 및 동행자 수(psize)에 관한 정보도 함께 포함하고 있었으나, 이들은 선택자−특정적 속성을 갖는 자료들이었다. 따라서 이들 변수들을 함께 고려하기 위해서는 다음과 같은 MXL을 고려해야

표 9.6 교통수단 선택의 혼합 로짓 모형

Iteration 0: log likelihood = −186.1019
Iteration 1: log likelihood = −172.82527
Iteration 2: log likelihood = −172.46893
Iteration 3: log likelihood = −172.46795
Iteration 4: log likelihood = −172.46795
Conditional (fixed-effects) logistic regression Number of obs = 840
LR chi2(12) = 237.31
Prob > chi2 = 0.0000
Log likelihood = −172.46795 Pseudo R2 = 0.4076

choice	Coef.	Std. Err.	z	P>|z|	[95% Conf. Interval]	
termtime	−.1011797	.0111423	−9.08	0.000	−.1230182	−.0793412
invehiclec~t	−.00867	.0078763	−1.10	0.271	−.0241073	.0067673
traveltime	−.0041307	.0008928	−4.63	0.000	−.0058806	−.0023808
air	6.03516	1.138187	5.30	0.000	3.804355	8.265965
train	5.573527	.7112915	7.84	0.000	4.179422	6.967633
bus	4.504675	.7957919	5.66	0.000	2.944952	6.064399
airXinc	.0074809	.0132027	0.57	0.571	−.0183959	.0333577
trainXinc	−.0592273	.0148923	−3.98	0.000	−.0884157	−.0300388
busXinc	−.0208984	.0163505	−1.28	0.201	−.0529448	.0111481
airXpartys	−.9224203	.2585064	−3.57	0.000	−1.429084	−.415757
trainXparty	.2162726	.233638	0.93	0.355	−.2416494	.6741945
busXparty	−.1479247	.3427697	−0.43	0.666	−.819741	.5238915

한다.

앞의 예에서 자가용을 이용하여 여행하는 것을 기준범주로 설정한 점을 고려하여, 항공, 기차, 버스 등 3개의 교통수단과 선택자−특정적 변수들 간의 상호작용변수를 추가해야 한다. 이는 이들 선택자−특정적 변수들과 3개 교통수단들을 다음과 같이 각각 곱해 주면 된다.

air*hinc, train*hinc, bus*hinc, air*psize, train*psize, bus*psize

그리고 Stata에서 clogit 명령어를 실행시키면 표 9.6에 나타나 있는 추정 결과를 얻게 된다.

이 경우에도 추정 결과의 보다 용이한 해석을 위하여 우리는 odds 비율을 구할 것이다(표 9.7).

표 9.7에 나타나 있는 terminaltime, in-vehicletime, traveltime의 odds 비율은 이들 변수들의 값이 1단위 증가함에 따라 승용차에 비하여 다른 교통수단을 선택할 가능성이 감소함을 의미하고 있다. 또한 가구소득과 각 교통수단 간의 상호작용변수에 대한 odds 비율을 살펴보면, 여타의 조건이 일정하다면 가구소득이 1단위 증가할수록 자가용에 비하여 기차를 선택할 가능성을 대략 5.75%[(1 − 0.94250) × 100]만큼 감소시킴을 알 수 있다. 이와 마찬가지

표 9.7 교통수단 선택의 혼합 로짓 모형 : odds 비율

Conditional (fixed-effects) logistic regression

Number of obs = 840
LR chi2(12) = 237.31
Prob > chi2 = 0.0000
Pseudo R2 = 0.4076

Log likelihood = −172.46795

choice	Odds Ratio	Std. Err.	z	P>|z|	[95% Conf. Interval]	
termtime	.9037706	.0100701	−9.08	0.000	.8842476	.9237247
invehiclec~t	.9913675	.0078083	−1.10	0.271	.976181	1.00679
traveltime	.9958778	.0008891	−4.63	0.000	.9941366	.997622
air	417.8655	475.609	5.30	0.000	44.89628	3889.223
train	263.3614	187.3268	7.84	0.000	65.32806	1061.707
bus	90.43896	71.97059	5.66	0.000	19.00974	430.2639
airXinc	1.007509	.0133018	0.57	0.571	.9817723	1.03392
trainXinc	.9424926	.0140359	−3.98	0.000	.9153803	.9704078
busXinc	.9793185	.0160124	−1.28	0.201	.9484324	1.01121
airXpartys	.3975557	.1027707	−3.57	0.000	.2395283	.6598406
trainXparty	1.241441	.2900477	0.93	0.355	.7853314	1.962452
busXparty	.862496	.2956375	−0.43	0.666	.4405457	1.688586

로 동행자 수가 증가할수록 자가용에 비하여 항공편을 선택할 가능성은 대략 60.25%[(1 − 0.3975)×100] 감소함을 알 수 있다.

이 외의 변수에 대한 해석은 독자들에게 맡기도록 하겠다.

9.5 요약 및 결론

이 장에서는 다항 로짓 모형(MNL), 조건부 로짓 모형(CL), 그리고 혼합 로짓 모형(MXL)을 살펴보았다. 이들 모형들은 우리가 다양한 선택상황에 직면했을 경우, 각각의 선택범주들이 선택될 확률뿐만 아니라 선택자의 효용(또는 만족도)을 극대화시켜 주는 최선의 범주들이 선택될 확률도 추정할 수 있게 한다.

다항 로짓 모형에서는 각 선택범주들을 택할 확률이 선택자 개인의 속성에 기초하는 반면, 조건부 로짓 모형에서는 이들 확률들이 개별 선택범주의 속성에 기초한다. 그러나 우리는 혼합 로짓 모형을 통하여 선택자−특정적 속성과 선택−특정적 속성 모두를 고려하여 각 선택범주들이 선택될 확률을 구할 수 있음도 살펴보았다.

이들 모형들의 추정은 이들 모형이 비선형 회귀식의 형태를 취하고 있으므로 최우법을 통하여 추정해야 함을 살펴보았다.

일단 이들 모형들이 추정되면, 각 설명변수들의 계수값을 통하여 추정 결과를 해석할 수도 있으며, 추정 결과의 보다 용이한 해석을 위하여 이들 계수값들을 이용하여 odds 비율을 구할

수 있음도 살펴보았다. 이와 함께 우리는 각 설명변수들이 각 선택범주를 선택할 확률에 미치는 한계효과를 구하는 방법도 살펴보았다. 앞서 살펴본 바와 같이, 이들 한계효과를 구하는 방법은 다소 복잡한 연산과정을 요구하고 있으나, 최근 들어 Stata와 같은 통계패키지를 이용할 경우 이를 보다 용이하게 구할 수 있음도 살펴보았다.

이 장에서 이와 같은 주제들을 살펴보는 주요 목적은 다항-선택 문제와 관련된 계량모형에 관한 기초지식을 제공하기 위함이다. 따라서 이 장에서 살펴본 예들은 우리가 이들 모형을 어떻게 이용하여 다항-선택 관련 문제를 분석할 수 있는가를 살펴보기 위함이다. 일단 이와 같은 기초사항들을 이해한 독자들은 참고문헌들을 통하여 보다 수준 높은 주제들을 살펴보기 바란다.[15] 그러나 다음 장에서는 다항-선택 모형과 관련된 주제로 서열 로짓 모형을 살펴볼 것이다.

마지막으로 이 장에서 살펴본 모형들은 모든 상황에서 반드시 성립되지 않을 수도 있는 IIA 가정에 기초하며, 이 가정의 의미는 이의 이해를 돕기 위하여 살펴본 버스-색상 파라독스를 기억하기 바란다. IIA 가정의 성립유무를 검증하기 위하여 Hausman-McFadden이 개발한 검정법들을 이용할 수 있으나, 실제 계량분석에 이들 검정법들이 IIA 가정의 성립을 항상 정확히 검정할 수 있는 것은 아니다. 그러나 IIA 가정을 검정할 수 있는 방법으로는 이들 검정법 외에도 앞서 인용한 바와 같이 롱-프리즈(Long-Freese)와 그린(Greene)의 검정법도 있음을 기억하기 바란다.

다항회귀모형의 활용에 친숙해질 수 있는 기회를 가져보기 위해 독자들은 주석에 명시된 책들과 관련된 웹사이트로부터 자료들을 점검해 볼 수 있을 것이다.

연습문제

9.1 시카고대학의 NORC에서 수행한 General Social Survey(1991)로부터 633명의 근로자를 추출한 후, 그들의 직업을 3개의 범주로 분류하여 다음과 같이 코딩하였다. Occup = 1, 직업이 생산직(노동자 혹은 숙련공), Occup = 2, 직업이 사무직, 판매직, 혹은 서비스직, Occup = 3, 직업이 관리직, 기술직 혹은 전문직.

이렇게 3개의 카테고리로 분류된 근로자들의 직업과 교육수준(학교 재학기간) 간의 관계를 살펴보기 위해 다항 로짓 모형을 추정할 수 있을 것이다. 이제, Occup = 1을 기준범주로 가정하자. Stata에 의해 추정된 MLM모형의 추정 결과는 표 9.8에 주어져 있다.

---

[15] Heij, C., de Boer, P., P., Franses, P. H., Kloek, T., and van Dijk, H. K., *Econometrics Methods with Applications in Business and Economics*, Oxford University Press, Oxford, UK, 2004, Ch6; Cameron, A. C., and Trivedi, P. K., *Microeconometrics: Methods and Applications*, Cambridge University Press, New York, 2005, Ch15; Franses, P. H. and Papp, R., *Quantitative Models in Marketing Research*, Cambridge University Press, Cambridge, U.K., 2001, Chapter 5를 참조하라.

표 9.8 직업선택의 다항회귀모형

```
mlogit occ educ,base(1)
Iteration 0: log likelihood = −688.49317
Iteration 1: log likelihood = −578.97699
Iteration 2: log likelihood = −568.79391
Iteration 3: log likelihood = −568.46166
Iteration 4: log likelihood = −568.4611
Multinomial regression        Number of obs = 633
LR chi2(2) = 240.06
Prob > chi2 = 0.0000
Log likelihood = −568.4611 Pseudo R2 = 0.1743
```

occ	Coef.	Std. Err.	z	P>|z|	[95% Conf. Interval]	
2						
educ	.2175129	0495753	4.388	0.000	.120347	.3146788
_cons	−2.341483	.6221847	−3.763	0.000	−3.560943	−1.122024
3						
educ	.7404903	.0630034	11.753	0.000	.6170059	.8639747
_cons	−9.937645	.8608307	−11.544	0.000	−11.62484	−8.250448

(Outcome occ==1 is the comparison or base group)

(a) 추정 결과를 어떻게 해석할 것인가?

(b) Occup = 1을 참조범주로 하여, odds 비율들을 계산하라.

(c) 이들 odds 비율들을 어떻게 해석할 것인가?

(d) 근로자의 학교 재학기간 1년 증가가 직업범주 2 대신 직업범주 3에 속할 확률(odds)에 미치는 효과는 무엇인가? 이 경우 기준범주가 1이 아닌 2이므로 다항 로짓 모형을 재추정해야 하는가?

9.2 도우미 웹사이트에 수록되어 있는 **표 9.9**를 참조하라.[16] 고등학교에 입학하게 되면 학생들은 일반교육과정, 직업교육과정 혹은 학문교육과정 중 하나를 선택해야 한다. 학생들의 선택은 글쓰기 성적과 집안의 사회 · 경제적 지위에 의해 모형화될 수 있을 것이다. 모형에서 종속변수는 *prog*로 학생들이 선택한 교육과정의 형태이다. 모형의 설명변수는 3개 범주로 분류된 사회 · 경제적 지위, *ses*와 연속변수인 글쓰기 성적, *write*이다. 이 직업교육과정을 기준범주로 설정한 후, 다항 로짓 모형을 추정하고 그 결과를 해석하라. 자료는 200명의 학생에 관한 정보를 포함하고 있다.

9.3 프린스턴대학의 Germán Rodríguez는 다항 로짓 모형을 이용하여 피임약 사용과 관련된 연구를 통해 표 9.10의 결과를 얻었다.[17]

---

16 UCLA IDRE Statistical Consulting Group.

17 Rodríguez, G. (2007) *Lecture Notes on Generalized Linear Models*를 참조하라. 자료는 http://data. princeton.edu/wws509/notes/에 수록되어 있다.

표 9.10 피임약 사용의 다항회귀모형

```
mlogit cuse age agesq [fw=cases], baseoutcome(3)
Iteration 0: log likelihood = −3133.4504
Iteration 1: log likelihood = −2892.9822
Iteration 2: log likelihood = −2883.158
Iteration 3: log likelihood = −2883.1364
Iteration 4: log likelihood = −2883.1364
```

Multinomial logistic regression

Log likelihood = −2883.1364

Number of obs =	3165
LR chi2(4) =	500.63
Prob > chi2 =	0.0000
Pseudo R2 =	0.0799

cuse	Coef.	Std. Err.	z	P>|z|	[95% Conf. Interval]	
sterilizat~n						
age	.7097186	.0455074	15.60	0.000	.6205258	.7989114
agesq	−.0097327	.0006588	−14.77	0.000	−.011024	−.0084415
_cons	−12.61816	.7574065	−16.66	0.000	−14.10265	−11.13367
other_method						
age	.2640719	.0470719	5.61	0.000	.1718127	.3563311
agesq	−.004758	.0007596	−6.26	0.000	−.0062469	−.0032692
_cons	−4.549798	.6938498	−6.56	0.000	−5.909718	−3.189877
no_method	(base outcome)					

주 : cuse는 이용된 피임법을 의미한다—불임화, 기타 방법 그리고 피임사용 않음. 피임사용 않음이 기준범주이다. 설명변수는 나이, 나이제곱이며, 추정 결과는 3,165개의 관측치에 기초하여 얻은 결과이다.

III

(a) 이 추정 결과를 어떻게 해석할 수 있는가?

(b) 사전적으로 예측할 수 있는 나이 제곱변수의 부호는 무엇인가? 추정 결과에 나타난 결과는 예측과 일치하는가?

(c) odds 비율을 계산하고, 그 결과를 해석하라.

(d) odds 비율들의 퍼센티지 변화를 어떻게 계산할 수 있는가?

10 | 서열 로짓 모형

제1장에서 살펴본 바와 같이, 실증분석에서 자주 접하는 자료 형태는 다음 네 가지 형태로 분류할 수 있다―비율척도(ratio scale), 구간척도(interval scale), 서열척도(ordinal scale), 명목척도(nominal scale). 앞서 우리는 이미 비율척도와 구간척도의 형태를 가진 자료를 분석할 수 있는 회귀모형들에 관해 살펴보고, 제8장과 제9장에서는 이원선택 명목척도와 다원선택 명목척도 형태를 가진 자료들을 이용하여 실증분석을 수행하는 방법들에 관하여 살펴보았다.

제9장에서 살펴본 여행자의 교통수단 선택분석에서는 여행자가 항공, 철도, 버스, 자가용 등 네 가지 교통수단 중 하나를 선택해야 하는 문제에 직면해 있었다. 이 예에서는 이들 네 가지 교통수단에 1, 2, 3, 4와 같은 숫자를 부여하였으나, 이들 숫자에는 서수적 의미가 부여되지 못했다. 다시 말해 이들 선택대안들에 적용된 숫자들은 단순히 명목적 또는 범주적 특성을 나타내기 위한 표시였다.

그러나 사회과학 및 의학 분야의 실증분석에서는 서수적 혹은 서열적 성격을 갖는 선택 문제들을 자주 접하게 된다. 이에 대한 예로는 다음 사항들을 들 수 있다. 먼저 리커트 형태(Likert-type)의 설문지에서는 응답 형태를 '매우 찬성', '찬성', '반대', '매우 반대' 등으로 응답이 서열적 성격을 갖도록 요구할 것이다. 마찬가지로 노동 관련 자료는 근로 형태를 '전일제 노동자(주당 40시간 이상)', '시간제 노동자(주당 20시간 이하)' 그리고 '비노동인구' 등으로 분류할 수 있을 것이다. 또 다른 예로는 무디스나 S&P 같은 신용평가사들이 제공하는 채권등급을 들 수 있다. 이들 신용평가사들은 회사채의 등급을 B, B+, A, A+, A++ 등과 같이 표기하는데, 높은 신용도를 갖는 회사채일수록 높은 등급을 갖고 있음을 의미한다.

그러나 각 범주별로 명확한 서열관계가 존재할지라도, 이를 비율척도나 구간척도 형태의 변수로 이용할 수 없다. 따라서 이 경우 전일제 일자리와 시간제 일자리 간의 차이점 또는 시간제 일자리와 실직상태의 차이점에 관해 이야기할 수 없다. 또한 두 범주 사이의 비율 역시 실제로 큰 의미를 갖지 못할 것이다.

앞서 살펴본 MLM이 서수적 관계를 갖는 범주들 사이의 선택 결정을 추정하는 데 이용

될 수 있으나, MLM은 종속변수가 갖고 있는 서수적 성격을 고려하지 못한다.[1] 따라서 우리
가 살펴보고자 하는 서열 로짓 모형(ordinal logit model)과 서열 프로빗 모형(ordinal probit
model)은 서열 관계를 갖는 변수들을 다룰 수 있도록 특별히 개발된 계량모형들이다. 그러나
서열 프로빗 모형의 경우, 이 책의 범위를 벗어나는 수학적 지식을 요구하므로 우리는 이 장
에서 서열 로짓 모형에 관해서만 살펴볼 것이다. 실제로 모형선택 결정은 실증분석 결과에 큰
차이를 가져오지 않는다.[2]

10.1 서열 다항모형(OMM)

이제 다음과 같은 형태의 모형을 고려해 보자.

$$Y_i^* = B_1 X_{i1} + B_2 X_{i2} + \ldots + B_k X_{ik} + u_i$$

$$= \sum_{n=1}^{k} B_n X_{in} + u_i \tag{10.1}$$

여기서 Y_i^*는 관측 불가능한 변수로 은닉(latent) 또는 지수 변수(index variable)로 불리며, X
와 u_i는 설명변수와 오차항을 각각 나타낸다. 식 (10.1)에 있는 은닉변수의 예로는 기업의 신
용도 및 개인의 행복지표 등을 들 수 있다. 실제로 우리는 은닉변수를 직접 관측할 수 없으나,
이들 변수는 의학분야의 연구에서처럼 개인의 식생활, 체중 및 신장과 같은 하나 이상의 독립
변수에 의존한다.[3]

이제 n명(또는 관측치)의 개인들이 다음과 같이 J개의 서열관계를 갖는 선택범주에 직면해
있다고 가정하자.

$$\begin{aligned}
Y_i^* \leq a_1 \text{이면} &\qquad Y_i = 1 \\
a_1 < Y_i^* \leq a_2 \text{이면} &\qquad Y_i = 2 \\
a_2 < Y_i^* \leq a_3 \text{이면} &\qquad Y_i = 3 \\
&\qquad \vdots \\
a_{J-1} \leq Y_i^* \text{이면} &\qquad Y_i = J
\end{aligned} \tag{10.2}$$

---

1 이 외에도 서열 로짓 모형 또는 서열 프로빗 모형에서는 추정해야 할 계수의 숫자가 MLM에 비하여 작
아져 모형의 단순화를 추구할 수 있는 기술적인 이유도 있다.

2 여러 통계패키지들은 이들 두 모형을 모두 추정할 수 있는 기능을 제공하고 있다. 두 모형의 차이는 오
차항의 확률분포에 대한 가정이다. 다시 말해 서열 프로빗 모형에서는 오차항이 정규분포를 따른다고
가정하고 있으나, 서열 로짓 모형에서는 오차항이 로지스틱 분포를 따른다는 가정을 하고 있다.

3 은닉변수는 연속인 변수로 간주되고 있으나, 관측된 선택은 은닉변수뿐만 아니라 여러 요인들이 포함된
측정치를 나타낸다. 다시 말해 우리들은 사람들을 보수주의자 또는 자유주의자로 분류할 수 있지만 사
람들의 관념 속에 있는 순수한 보수주의적 이데올로기와 자유주의적 이데올로기의 연속체가 존재함을
가정할 수 있다는 것이다.

여기서 $a_1 < a_2 < a_3 \cdots, a_{J-1}$의 관계가 성립한다.

즉, J개의 서열관계를 갖고 있는 선택범주 중 하나를 택한 개인 Y_i를 관찰했을 때, 각 범주들은 기준점(threshold) 또는 컷-오프(cutoff) 계수들 a에 의해 서로 분리되어 있음을 나타낸다. 다시 말해 기준점 계수는 각 범주들의 경계를 구분하는 역할을 하고 있음을 의미한다. 앞의 채권등급의 예로 돌아가 보면, 가령 어느 회사채의 등급이 B로 평가되었다면 이 등급은 B+보다 낮은 등급임을 의미하며, B+ 등급은 다시 A− 등급보다 낮아 채권 등급기준에 의해 채권 범주가 결정된다고 생각할 수 있다.

서열 로짓 모형에서는 설명변수 X의 계수뿐만 아니라 기준점 계수도 함께 추정할 수 있다. 그러나 이 모형에서 설명변수 X의 기울기 계수들은 각 범주별로 동일한 값을 갖고 오직 각 범주별 절편항만이 다른 값을 갖게 된다. 다시 말해 우리는 이 모형에서 각 범주별로 서로 다른 절편항을 갖게 되지만 **평행인 회귀선**들을 갖게 된다는 것이다.[4]

이와 같은 이유로 서열 로짓 모형은 비례 odds 모형(proportional odds model)이라고도 알려져 있다.[5]

10.2 서열 로짓 모형(OLM)의 추정

서열 로짓 모형의 추정은 모든 다항회귀모형과 마찬가지로 최우법에 의존하게 된다. 서열 로짓 모형의 추정원리는 단순하다. 우리는 다음의 관계를 추정하려 한다는 것이다.

$$\Pr(Y_i \leq j) = \Pr(B_1 X_{1i} + B_2 X_{2i} + \ldots + B_k X_{ki} + u_i \leq a_j)$$
$$= \Pr(u_i \leq a_j - B_1 X_{1i} - B_2 X_{2i} - \ldots - B_k X_{ki}) \tag{10.3}$$

식 (10.3)은 Y_i가 j번째 이하의 선택범주(즉, 선택범주 1, 2, $\cdots$, 또는 j)에 속할 누적확률을 나타낸다. 다시 말해 이는 Y_i가 1, 2, $\cdots$, 또는 j번째까지의 선택범주에 속할 누적확률을 의미하는 것이다.

이제 확률변수가 어떤 값보다 작거나 같을 확률은 **누적분포함수**를 통하여 구할 수 있음을 상기하자. 따라서 이 경우에 누적분포함수의 정확한 형태를 알고 있다면 식 (10.3)의 확률을 구할 수 있다. 다시 말해 오차항 u_i가 로지스틱 분포를 따른다고 가정하면 식 (10.3)은 서열 로짓 모형(OLM)이 되며, 오차항 u_i가 정규분포를 따른다고 가정하면 서열 프로빗 모형(OPM)이 된다. 그러나 여기서는 앞서 언급한 이유로 인해 서열 로짓 모형을 추정하는 방법에 관해서만 살펴보기로 한다.[6]

---

4 평행 회귀면(parallel regression surfaces)이 더욱 옳은 표현이다.

5 이와 관련된 보다 자세한 내용은 Powers, D. A. and Yu Xie, *Statistical Methods for Categorical Data Analysis*, 2nd edn, Emerald Publishers, UK, 2008, p. 229를 참조하라.

6 지금부터 설명될 방법론은 Fox, J., *Applied Regression Analysis, Linear Models, and Related Methods*, Sage Publications, California, 1997, pp. 475-7과 Agresti, A., *An Introduction to Categorical Data Analysis*, 2nd edn, Wiley, New York, 2007에 기초한다.

서열관계를 갖는 반응과 관련된 문제를 분석하기 위한 모형은 식 (10.3)에 나타나 있는 누적확률을 이용한다. 식 (10.3)의 누적확률은 다음을 이용하여 구할 수 있다.

$$\frac{\exp(a_j - BX)}{1 + \exp(a_j - BX)} \qquad (10.4)^{7}$$

식 (10.4)는 로지스틱 분포를 따르는 확률변수의 누적분포함수이며, 여기서 BX는 $\Sigma_1^k B_k X_k$을 의미한다.

로지스틱 확률변수는 비선형 누적분포함수의 형태를 갖고 있으므로 독립변수들은 종속변수에 비선형적 효과를 미치게 된다.[8] 특히 이와 같은 비선형 관계는 서열 로짓 모형을 해석하는 데 어려움을 주므로 해석상의 용이함을 위하여 이 경우에도 우리는 odds 비율을 이용할 수 있다.

이 경우 식 (10.2)의 좌변항은 각 선택범주 간의 서열관계를 나타내므로 이를 반영할 수 있는 다음과 같은 odds 비율을 이용할 수 있다.

$$\frac{\Pr[Y_i \leq j | X]}{\Pr[Y_i > j | X]} = \frac{\Pr[Y_i \leq j | X]}{\Pr[1 - \Pr(Y_i \leq j | X)]} \qquad (10.5)$$

여기서

$$\Pr[Y_i \leq j | X] = \sum_{m=1}^{j} \Pr[Y_i = m | X] \qquad (10.6)$$

이다. 따라서 식 (10.6)은 확률변수 Y_i가 j보다 작거나 같은 값을 가질 누적확률을 의미한다.

이제 만약 식 (10.4)에 주어진 로지스틱 누적분포함수를 이용하여 식 (10.5)에 주어진 odds 비율에 로그를 취한 로짓을 구하면 다음과 같이 표현된다.

$$\text{logit}[\Pr(Y_i \leq j)] = \ln \frac{\Pr_i(Y_i \leq j)}{\Pr(Y_i > j)} = \ln \frac{\Pr(Y_i \leq j)}{[1 - \Pr(Y_i \leq j)]}$$

$$= a_j - \sum_{n=1}^{K} B_n X_{in} \quad j = 1, 2, \ldots, (J-1) \qquad (10.7)$$

(식 (10.7)의 도출과정은 이 장에 수록되어 있는 부록을 참조하라.)

따라서 식 (10.7)은 절편항을 제외하고 모든 기울기 계수가 동일한 값을 갖는 로짓(또는 odds 비율의 로그값, 10.3절에서 살펴볼 예에서는 이와 같은 로짓이 3개 존재한다)을 표현하고 있다. 또한 식 (10.7)의 로짓은 a뿐만 아니라 B와 선형관계를 갖고 있다.

---

7 평균이 0이고 분산이 $\partial^2/3$인 로지스틱 분포를 따르는 확률변수 Y의 확률밀도함수는 $f(Y) = \exp(Y)/[1 + \exp(Y)]^2$으로 주어지며, 누적분포함수는 $F(Y) = \exp(Y)/[1 + \exp(Y)]$로 주어진다.

8 로지스틱 확률변수의 누적분포함수(CDF)는 길게 늘린 S자 형태를 갖고 있으므로 누적분포함수가 명백한 비선형 형태를 갖고 있다.

식 (10.7)로부터 계수 B가 주어질 때 모든 설명변수가 (서열적) 종속변수에 동일한 효과를 미칠 뿐만 아니라, 컷-오프 계수 또는 절편항 a_j가 식 (10.2)에 나타나 있는 각 범주별 서열을 결정함을 명확히 발견할 수 있다. 특히 식 (10.7)에서는 계수 B에는 하첨자 j가 첨부되지 않았음에 주목하기 바란다.

또한 식 (10.7)에 의해 X 값이 주어질 경우 선택범주 l과 m 간의 odds 비율의 로그값(즉, 로짓)은 오직 $a_l - a_m$만큼의 차이를 가지므로 서열 로짓 모형을 비례 odds 모형이라 부르는 이유도 명확히 알 수 있다.

다음 절에서는 구체적 실증분석 예를 통하여 서열 로짓 모형을 적용하는 방법에 관하여 살펴보도록 한다.

10.3 실증적 예 : 워킹맘의 보육태도[9]

1977년과 1989년 두 차례에 걸쳐 시행된 *General Social Survey*는 다음과 같은 설문조사를 시행하였다. 설문내용은 다음 주장에 관한 의견을 묻는 것이었다. 워킹맘도 일반 엄마들과 같이 아이들과 친밀하고 안정적인 관계를 유지할 수 있다. 이에 대한 응답은 다음과 같이 기록되었다―1 = 강한 반대, 2 = 반대, 3 = 찬성, 4 = 강한 찬성. 이 설문조사는 총 2,293명을 대상으로 시행되었으며, 설문내용에 대한 응답과 함께 다음과 같은 자료들도 함께 수집되었다― yr89 = 조사년도 1989, gender, 남성 = 1, race, 백인 = 1, age = 나이, ed = 교육기간, prst = 부모 교육수준.

Stata 10의 ologit 명령어를 이용하여 얻은 서열 로짓 모형의 추정 결과는 표 10.1에 나타나 있다.

먼저 추정 결과를 해석하기에 앞서 전반적인 추정 결과를 살펴보도록 하자. 앞 장들에서 살펴본 바와 같이, 모든 계수의 값이 0이라는 귀무가설 하에서는 LR 통계량이 자유도가 설명변수의 개수와 같은 χ^2-분포를 따른다. 예에서의 경우, LR 통계량은 자유도가 6인 χ^2-분포를 따르며, 이때 LR 통계량의 값은 302로 나타나 거의 0에 가까운 값을 갖고 있다. 따라서 귀무가설을 기각하고 모든 설명변수가 선택범주를 택할 확률에 영향을 미치는 요인들이라 결론지을 수 있다.

또한 의사 R^2의 값은 0.05로 나타나 있는데 이는 OLS의 통상적 R^2과 같은 개념이 아니라는 점에 유의하기 바란다. 다시 말해 이는 R^2과 같이 설명변수의 변동에 의해 설명되는 종속변수의 총 변동분을 나타내는 값이 아니다. 따라서 의사 R^2의 값의 의미를 이해하는 데 있어 이와 같은 차이점이 존재함을 유념해야 한다.

한편 개별 독립변수의 통계적 유의성은 z값(표준정규분포)에 의해 결정되고 있다. 이에 따

---

9 이 예에서 이용되는 자료는 Long, J. S. and Freese, J., *Regression Models for Categorical Dependent Variables Using Stata*, 2nd edn, Stata Press, 2006으로부터 얻어졌다.

표 10.1 Warmth 모형의 OLM 추정

```
ologit warm yr89 male white age ed prst
Iteration 0: log likelihood = −2995.7704
Iteration 1: log likelihood = −2846.4532
Iteration 2: log likelihood = −2844.9142
Iteration 3: log likelihood = −2844.9123
Ordered logistic regression              Number of obs = 2293
                                         LR chi2(6) = 301.72
                                         Prob > chi2 = 0.0000
Log likelihood = −2844.9123              Pseudo R2 = 0.0504
```

warm	Coef.	Std. Err.	z	P>|z|	[95% Conf. Interval]	
yr89	.5239025	.0798988	6.56	0.000	.3673037	.6805013
male	−.7332997	.0784827	−9.34	0.000	−.8871229	−.5794766
white	−.3911595	.1183808	−3.30	0.001	−.6231815	−.1591374
age	−.0216655	.0024683	−8.78	0.000	−.0265032	−.0168278
ed	.0671728	.015975	4.20	0.000	.0358624	.0984831
prst	.0060727	.0032929	1.84	0.065	−.0003813	.0125267
/cut1	−2.465362	.2389126			−2.933622	−1.997102
/cut2	−.630904	.2333155			−1.088194	−.173614
/cut3	1.261854	.2340179			.8031873	1.720521

주 : cut1, cut2, cut3는 각각 선택범주 2, 선택범주 3, 선택범주 4의 절편항을 의미하며, 선택범주 1(가장 낮은 서열의 선택범주)의 절편항은 0으로 정규화되었다.

라 prst를 제외한 모든 설명변수의 p값이 0의 값을 가지므로 높은 통계적 유의성을 갖는다고 할 수 있다. 그러나 prst는 7% 수준에서 통계적 유의성을 갖는 것으로 나타나고 있다.

추정 결과의 해석

앞의 표 10.1에 있는 추정 결과는 odds의 로그값인 로짓의 계수추정치이다. 그렇다면 이들 추정 결과들을 어떻게 해석해야 할 것인가? 예로서, 대략 0.07로 추정된 교육기간(ed)의 계수값을 해석해 보자. 이 추정치가 의미하는 바는 여타의 조건이 일정하다면, 만약 우리가 교육기간을 1단위(1년) 증가시키면 어느 한 선택범주보다 더 높은 서열을 갖는 선택범주를 택할 가능성의 로그값은 0.07만큼 증가한다는 것이다. 이와 같은 결과는 워킹맘 설문지에 있는 선택범주 3에 비하여 4를 택할 가능성의 경우뿐만 아니라 선택범주 2에 비하여 3을 택할 가능성 및 선택범주 1에 비하여 2를 택할 가능성 모두에 적용됨을 의미한다. 표 10.1에 나타나 있는 다른 계수값도 이와 유사한 방법으로 해석될 수 있다.

또한 표 10.1에 나타나 있는 추정 결과를 통하여 4개의 선택범주에 대한 회귀선들이 갖는 형태에 관해서도 이야기할 수 있다.[10] 만약 비례 odds 모형에 관한 가정이 참이라면, 이들 회

---

10 실제적으로 여러분은 단지 설명변수에 대해 그것을 할 수 있다. 거기에는 2차원 표면에 관한 6개의 설명변수를 포함하는 회귀면을 가시화하기 위한 방법이 없다.

표 10.2 warmth 예의 odds 비율

```
ologit warm yr89 male white age ed prst, or
Iteration 0: log likelihood = −2995.7704
Iteration 1: log likelihood = −2846.4532
Iteration 2: log likelihood = −2844.9142
Iteration 3: log likelihood = −2844.9123
Ordered logistic regression          Number of obs = 2293
                                     LR chi2(6) = 301.72
                                     Prob > chi2 = 0.0000
Log likelihood = −2844.9123          Pseudo R2 = 0.0504
```

warm	Odds Ratio	Std. Err.	z	P>|z|	[95% Conf. Interval]	
yr89	1.688605	.1349175	6.56	0.000	1.443836	1.974867
male	.4803214	.0376969	−9.34	0.000	.4118389	.5601915
white	.6762723	.0800576	−3.30	0.001	.5362357	.8528791
age	.9785675	.0024154	−8.78	0.000	.9738449	.983313
ed	1.06948	.0170849	4.20	0.000	1.0365131	.103496
prst	1.006091	.003313	1.84	0.065	.9996188	1.012605
/cut1	−2.465362	.2389126	−2.933622	−1.997102		
/cut2	−.630904	.2333155	−1.088194	−.173614		
/cut3	1.261854	.2340179	.8031873	1.720521		

귀선들은 평행일 것이다. 서열 로짓 모형에서는 관례적으로 선택범주 중 하나를 기준범주로 설정하고, 이 기준범주의 절편항 값은 0으로 고정시킨다.

그러나 실증분석 시 계수값들의 의미를 보다 용이하게 해석하기 위하여 odds 비율을 이용하는 것이 보다 유용하다. 이는 추정치에 자연대수를 취함으로써 쉽게 얻을 수 있다. 예로서, 교육기간의 계수값 0.07에 자연대수를 취하면 $e^{0.07} = 1.0725$의 값을 얻게 된다. 따라서 이 값이 의미하는 바는 만약 우리가 교육기간을 1단위 증가시킬 경우, 어느 한 선택범주보다 더 높은 서열을 갖는 선택범주를 선택할 가능성이 1보다 크다는 것을 나타낸다.

다시 말해 교육기간이 1년 증가하면 낮은 서열을 갖는 선택범주보다 더 높은 서열을 갖는 선택범주를 택할 가능성(odds)가 7.25% 증가한다는 것을 의미한다.

이와 같은 연산을 직접 행하는 대신에 표 10.2에 나타나 있는 바와 같이 Stata의 'or' 명령어를 실행함으로써 쉽게 구할 수 있다. (주 : 'or'는 odds 비율을 의미한다.)

또한 표 10.2의 odds 비율에서 알 수 있는 바와 같이, 응답자가 남성이거나 백인일수록 더 높은 서열을 갖는 선택범주를 택할 가능성이 작아짐을 나타내고 있다. 또한 교육기간과 부모의 교육수준 변수는 더 높은 서열의 선택범주를 택할 가능성이 거의 같은 수준인 것으로 나타났으며, 1977년에 비하여 1989년의 조사에서 더 높은 서열의 선택범주를 택할 가능성이 높은 것으로 나타났다.

확률예측

Stata는 서열 로짓 모형의 추정과 함께 응답자가 설문지의 각 범주를 택할 확률을 예측하는 기능을 제공하고 있다. 따라서 Stata에서 **Predict** 명령어(4개의 변수명 다음에)를 입력할 경우, 설문조사에 응한 2,293명에 대하여 각 선택범주를 선택할 확률을 구할 수 있다. 이 경우 개별 응답자별로 4개의 선택범주를 택할 확률들이 나타나며, 각 범주는 서로 배타적이므로 이들 확률의 합은 1이 된다. 그러나 응답자들이 각 선택범주를 택할 확률을 모두 나타내는 것은 많은 지면을 차지하므로 본문에서는 이를 생략하도록 하겠다.

설명변수의 한계효과

식 (10.1)로부터 j번째 설명변수가 Y_i^*에 미치는 한계효과는 다음과 같이 주어진다.

$$\frac{\partial Y_i^*}{\partial X_{ij}} = B_j \tag{10.8}$$

식 (10.8)은 다른 변수들이 불변인 상황에서 X_{ij}의 한 단위 증가는 Y_i^*를 B_j만큼 변화시킴을 의미한다. 그러나 롱(Long)은 다음과 같은 사실에 주목했다. "변수 y^*는 관측된 자료들로부터 추정될 수 없으므로 $\beta_k y^*$의 의미는 명확하지 않다."[11] 또한 울드리지(Wooldridge)는 다음과 같은 점에 관하여 언급하였다.

> … 우리는 β 자체에 큰 관심을 갖고 있지 않다는 점을 기억해야 한다. y^*는 추상적 개념이므로 대부분의 경우 우리는 $E(y^*|x) = x\beta$에 관심을 갖고 있지 않다. 대신 각 범주를 선택할 확률 $P(y = j|x)$에 더 많은 관심을 갖고 있다…[12]

그러나 Stata가 제공하는 루틴을 이용하여 독립변수가 로짓에 미치는 효과를 평가할 수 있는 표준화 계수(standardized coefficient) B^*를 얻을 수 있다.[13]

10.4 비례 odds 모형의 한계점[14]

지금까지의 내용을 요약해 보면, 비례 odds 모형은 개별 선택범주의 누적 로짓을 오직 절편항(기준점)만 다른 동일한 회귀식을 통하여 추정한다. 이것이 바로 이 모형으로부터 우리가 평행인 회귀선(평면들)들을 얻는 이유이다. 그러나 이와 같은 점은 비례 odds 모형의 단점이기도 하므로 이 가정을 명시적으로 검정하는 작업은 매우 중요하다고 할 수 있다.

---

11 Long, J. S., *Regression Models for Categorical and Limited Dependent Variables*, Sage Publications, California, 1997, p. 128을 참조하라.

12 Wooldridge, J. M., *Econometric Analysis of Cross Section and Panel Data*, MIT Press, Cambridge, Massachusetts, 2002, pp. 505-6을 참조하라.

13 Long, *op cit.*을 참조하라.

14 지금부터의 내용은 Long, *op cit.*, pp. 141-5에 기초하고 있다.

동일한 계수(B)값에 대한 비공식 검정법

현재 우리는 J개의 선택범주를 갖고 있으므로 전체 선택범주를 상위 범주와 하위 범주 2개로 분할함으로써 $(J-1)$개의 이원선택변수 로짓 모형을 추정할 수 있다. 따라서 Y가 식 (10.2)와 같은 서열 관계를 갖고 있다면 j보다 높은 서열을 갖는 범주를 택할 확률에 대하여 이보다 낮은 서열을 갖는 범주를 택할 확률의 odds 비율에 로그를 취한 로짓을 다음과 같이 표현할 수 있다.

$$\ln\left[\frac{\Pr(Y_i > j)}{\Pr(Y_i \le j)}\right] = a_j - B_j X, \quad j = 1, 2, \ldots, J-1 \tag{10.9}$$

실제로 식 (10.9)를 추정하는 것은 $(J-1)$개의 이원선택변수에 대하여 $(J-1)$개의 로짓 모형을 개별적으로 추정하는 것과 동일하다. 따라서 $(J-1)$개의 회귀식으로부터 $(J-1)$개의 B_j를 얻게 되는데, 평행 회귀선 가정은 이들 계수들 간에 다음과 같은 관계가 성립해야 함을 의미한다.

$$B_1 = B_2 = \ldots = B_{J-1} = B \tag{10.10}$$

따라서 추정된 $(J-1)$개의 계수가 모두 동일한 값의 B를 갖고 있는지를 살펴봄으로써 회귀선이 평행이라는 가정의 타당성을 검정할 수 있다. 만일 추정된 $(J-1)$개의 계수값이 동일한 값을 갖고 있지 않는 것으로 보일 경우, 회귀선이 평행이라는 가정을 기각할 수 있다. 그러나 **omodel** 및 **Brant** 검정법과 같은 검정법을 통하여 식 (10.10)의 귀무가설을 공식적으로 검정할 수 있다.

평행 회귀선 가정의 공식 검정법

롱과 프리스(*op cit.*)의 omdel 및 Brant 검정법을 이용하여 평행 회귀선 가정을 보다 공식적으로 검정할 수 있다. 그러나 Stata 홈페이지로부터 이들 검정법을 다운로드 받을 수 있으므로 이들 검정법의 세부적 원칙에 관한 설명은 생략하도록 하겠다.

omodel 검정법의 결과는 표 10.3에 주어져 있다.

식 (10.10)의 귀무가설은 χ^2-검정법을 통하여 검정될 수 있다. 표 10.3은 우리의 예에서 χ^2-통계량의 값이 48.91(자유도는 12)로 귀무가설을 기각할 수 있음을 지적하고 있다. 다시 말해 현재의 예에서 회귀선이 평형이라는 가정은 적합하지 않으므로 비례 odds 모형을 적용하는 것은 적합하지 않다는 것이다. 그렇다면 어떻게 해야 할까?

비례 odds 모형의 대안모형

회귀선들이 평행이라는 가정이 성립하지 않을 경우, 앞서 살펴본 MLM을 이용하거나 다른 대안모형들을 이용할 수 있다. 이들 대안모형에 관한 설명은 이 책의 범위를 벗어나므로 관심 있는 독자들은 롱−프리스가 저술한 책의 5.9절을 참조하기 바란다.

대신 OLM을 적용하는 또 다른 예를 살펴보며 이 장을 마무리하고자 한다.

표 10.3 warmth의 평행 회귀선 가정 검정 결과

```
omodel logit warm yr89 male white age ed prst
Iteration 0: log likelihood = −2995.7704
Iteration 1: log likelihood = −2846.4532
Iteration 2: log likelihood = −2844.9142
Iteration 3: log likelihood = −2844.9123
Ordered logit estimates              Number of obs = 2293
                                     LR chi2(6) = 301.72
                                     Prob > chi2 = 0.0000
Log likelihood = −2844.9123          Pseudo R2 = 0.0504
```

warm	Coef.	Std. Err.	z	P>|z|	[95% Conf. Interval]	
yr89	.5239025	.0798988	6.56	0.000	.3673037	.6805013
male	−.7332997	.0784827	−9.34	0.000	−.8871229	−.5794766
white	−.3911595	.1183808	−3.30	0.001	−.6231815	−.1591374
age	−.0216655	.0024683	−8.78	0.000	−.0265032	−.0168278
ed	.0671728	.015975	4.20	0.000	.0358624	.0984831
prst	.0060727	.0032929	1.84	0.065	−.0003813	.0125267
_cut1	−2.465362	.2389126	(Ancillary parameters)			
_cut2	−.630904	.2333155				
_cut3	1.261854	.2340179				

```
Approximate likelihood-ratio test of proportionality of odds
across response categories:
chi2(12) = 48.91
Prob > chi2 = 0.0000
```

대학원 진학 결정

학부생들이 그들의 대학원 진학의사에 관하여 (1) 진학의사 낮음, (2) 약간의 진학의사 , (3) 진학의사 높음 등으로 구성된 질문을 받았으며, 그들의 답변은 각각 1, 2, 3으로 기록되었다고 가정하자. 또한 이와 같은 설문을 가상의 400명을 대상으로 조사했으며 이와 함께 다음과 같은 세 가지 정보도 함께 수집하였다고 가정하자. 이들 정보는 pared(부모 중 적어도 1명 이상이 대학원 졸업 이상이면 1), public(대학이 공립대학교일 경우 1), 그리고 GPA(학업성적 평균)를 포함하고 있다. 이들 가상자료를 이용하여 OLM을 추정한 결과는 표 10.4에 나타나 있다.[15]

표 10.4에 나타나 있는 추정 결과를 해석하기에 앞서, 설명변수 pared와 GPA는 통계적으로 유의하나 공립대학 여부는 통계적 유의성을 갖고 있지 못함을 주목하기 바란다. 이 예에서는 3개의 선택범주를 갖고 있으므로 오직 2개의 컷-오프 점이 있으며, 이들 모두 통계적 유의성을 갖고 있어 3개 선택범주의 선택이 분명히 구분되고 있음을 알 수 있다.

---

15 출처 : UCLA IDER Statistical Consulting Group: http://www.ats.ucla.edu/stat/stata/ologit.dta.

표 10.4 대학원 진학의사에 관한 OLM 추정

```
ologit apply pared public gpa
Iteration 0: log likelihood = −370.60264
Iteration 1: log likelihood = −358.605
Iteration 2: log likelihood = −358.51248
Iteration 3: log likelihood = −358.51244
Ordered logistic regression          Number of obs = 400
                                     LR chi2(3) = 24.18
                                     Prob > chi2 = 0.0000
Log likelihood = −358.51244          Pseudo R2 = 0.0326
```

apply	Coef.	Std. Err.	z	P>|z|	[95% Conf. Interval]	
pared	1.047664	.2657891	3.94	0.000	.5267266	1.568601
public	−.0586828	.2978588	−0.20	0.844	−.6424754	.5251098
gpa	.6157458	.2606311	2.36	0.018	.1049183	1.126573
/cut1	2.203323	.7795353	.6754622	3.731184		
/cut2	4.298767	.8043146	2.72234	5.875195		

추정 결과의 해석

보다 용이한 해석을 위하여, 표 10.5에서 주어진 odds 비율을 이용하는 것이 바람직하다. 표 10.5에서 보여주는 바와 같이, 2.85의 값을 갖고 있는 pared의 odds 비율은 여타의 조건이 일정하다면 pared가 1단위 증가할 경우(가령 0에서 1로 증가) 두 부모가 모두 대학교육을 받지 못한 학생들에 비하여 진학의사 강함을 택할 가능성이 그보다 서열이 낮은 2개의 진학의사(진학의사 낮음과 약간의 진학의사)를 택할 가능성보다 2.85배 높다는 것을 의미한다. 또한 여타의 조건이 일정하다면 gpa가 1단위 증가할 경우 gpa가 증가하지 않는 경우에 비하여 2개의 진

표 10.5 표 10.4의 odds 비율

```
ologit apply pared public gpa,or
Iteration 0: log likelihood = −370.60264
Iteration 1: log likelihood = −358.605
Iteration 2: log likelihood = −358.51248
Iteration 3: log likelihood = −358.51244
Ordered logistic regression          Number of obs = 400
                                     LR chi2(3) = 24.18
                                     Prob > chi2 = 0.0000
Log likelihood = −358.51244          Pseudo R2 = 0.0326
```

apply	Odds Ratio	Std. Err.	z	P>|z|	[95% Conf. Interval]	
pared	2.850982	.75776	3.94	0.000	1.69338	4.799927
public	.9430059	.2808826	−0.20	0.844	.5259888	1.690644
gpa	1.851037	.4824377	2.36	0.018	1.11062	3.085067
/cut1	2.203323	.7795353	.6754622	3.731184		
/cut2	4.298767	.8043146	2.72234	5.875195		

표 10.6 대학원 진학 의사모형에 대한 평행 회귀선 가정 검정 결과

```
omodel logit apply pared public gpa
Iteration 0: log likelihood = −370.60264
Iteration 1: log likelihood = −358.605
Iteration 2: log likelihood = −358.51248
Iteration 3: log likelihood = −358.51244
Ordered logit estimates          Number of obs = 400
                                 LR chi2(3) = 24.18
                                 Prob > chi2 = 0.0000
Log likelihood = −358.51244      Pseudo R2 = 0.0326
```

apply	Coef.	Std. Err.	z	P>|z|	[95% Conf. Interval]	
pared	1.047664	.2657891	3.94	0.000	.5267266	1.568601
public	−.0586828	.2978588	−0.20	0.844	−.6424754	.5251098
gpa	.6157458	.2606311	2.36	0.018	.1049183	1.126573
_cut1	2.203323	.7795353	(Ancillary parameters)			
_cut2	4.298767	.8043146				

```
Approximate likelihood-ratio test of proportionality of odds
across response categories:
chi2(3) = 4.06
Prob > chi2 = 0.2553
```

학의사(진학의사 낮음과 약간의 진학의사)를 택할 가능성이 이보다 서열이 높은 진학의사 강함을 택할 가능성보다 1.85배 높다는 것을 의미한다.

지금 우리는 비례 odds 모형을 이용하고 있으므로 1.85의 odds 비율은 진학의사 낮음을 택할 가능성과 그보다 높은 서열의 2개의 진학의사(약간의 진학의사와 강한 진학의사)를 택할 가능성에도 동일하게 적용된다.

앞서 warmth 모형의 예에서도 지적한 바와 같이, 비례 odds 모형을 가정할 경우 회귀선들이 평행하다는 가정을 검정하는 것이 중요하다. 이를 위하여 Stata의 Omodel 명령어를 이용하여 이를 검정하였으며, 그 결과는 표 10.6에 나타나 있다.

이 가정에 관한 검정은 χ^2-통계량으로 이루어지며, 이 예의 경우 자유도가 3인 χ^2-통계량의 값은 4.06으로 0.26의 p값을 갖는다. 따라서 앞의 예와 달리 이번에는 회귀선들이 평행하다는 가정이 성립한다고 할 수 있다.

마지막으로 Brant 검정법의 결과는 Omodel 검정법의 결과와 유사하게 나타나므로 본문에서는 Brant 검정법의 결과를 소개하는 대신에 Omodel 검정법의 결과를 받아들이기로 한다.

10.5 요약 및 결론

제9장에서 다항−로짓 모형 및 조건부−로짓 모형에 관하여 살펴본 후, 이 장에서는 서열−로짓 모형에 관해 살펴보았다. 이들 모형들은 모두 종속변수가 이산적이라는 공통점을 갖고 있

으나 개별 모형은 자체의 고유 특성을 갖고 있다는 점에 관하여 논의하였다. 먼저 MLM의 경우, 종속변수가 명목변수라는 특징을 갖고 있으나, 명목변수의 값은 선택자의 특성에 기인한다는 점을 살펴보았다. 반면에 CLM에서는 명목변수의 값이 선택자의 특성보다는 선택범주의 특성에 기인한다는 점을 살펴보았다. 마지막으로 명목변수의 값이 서열적 또는 서수적 특성을 가질 경우, OLM을 통하여 이와 같은 속성을 갖는 자료를 분석할 수 있음도 살펴보았다.

이전 장에서 우리는 MLM 및 CLM의 한계점에 관하여 살펴보았다. OLM 역시 평행 회귀선에 관한 가정이 많은 경우의 실증분석에서 성립하지 않을 수 있음을 살펴보았다. 그러나 자료가 서수적 성격을 갖고 이 가정이 성립한다면, MLM에 비하여 OLM을 이용하는 실증분석이 더욱 바람직하다고 할 수 있다. 그 이유는 OLM을 통하여 개별 범주들 간의 관계를 하나의 회귀식을 이용하여 추정할 수 있기 때문이다. 회귀선들의 유일한 차이는 절편항이 다르다는 점이다. 이와 같은 이유로 OLM에서는 추정해야 할 계수의 숫자가 MLM에 비하여 감소하므로 더욱 효율적 모형이라 할 수 있다.

그러나 OLM을 적용할 경우, 항상 Omodel 또는 Brant 검정법들을 이용하여 평행 회귀식 가정을 엄밀히 검정해야 할 필요가 있음을 주의해야 한다.

연습문제

10.1 본문에 있는 워킹맘 예에서, 비례 odds 모형의 가정이 성립하지 않음을 살펴보았다. 이제 서열 로짓 모형 대신에 다항 로짓 모형(MLM)을 이용하여 워킹맘 모형을 추정한 후, 그 결과를 해석하고 서열 로짓 모형의 추정 결과와도 비교하라.

10.2 표 10.7(도우미 웹사이트 참조)은 40명의 성인을 대상으로 한 정신건강 관련 설문조사 내용을 포함하고 있다. 이 설문조사에서는 정신건강을 양호, 약화, 악화, 손상 등으로 분류하였으며, 설명변수로 사회-경제적 지위(SES)와 인생사 지수(출산, 새 직장, 이혼, 가족사망 등과 같이 최근 3년간 경험한 중요한 사건의 수) 등을 포함하고 있다.[16]

(a) 정신건강이 양호일 경우는 1, 약화일 경우는 2, 악화일 경우는 3, 그리고 손상일 경우는 4로 분류한 뒤, 서열 로짓 모형을 이용하여 추정하라.

(b) 이제 정신건강이 양호일 경우는 4, 약화일 경우는 3, 악화일 경우는 2, 그리고 손상일 경우는 1로 분류한 뒤, 서열 로짓 모형(OLM)을 이용하여 재추정하라.

두 추정 결과를 비교하여, 선택범주의 순서를 바꿈으로써 발생하는 차이점에 관하여 논하라.

---

16 이 자료는 Agresti, *op cit.*, Table 6.9, p. 186으로부터 발췌되었다.

10.3 도우미 웹사이트에 수록된 **표 10.8**[17]은 Compustat에서 제공되는 2005년 92개 미국기업들의 신용등급에 관한 자료들을 포함하고 있다. 신용점수는 1(최하위)부터 7(최상위)까지 구성되어 있다. 이 자료들은 레버리지 비율, 세전 수익, 판매액의 로그값, 유동자산, 유보이익 등과 같은 기업특성 정보들을 포함하고 있다.

(a) 표가 포함하고 있는 변수들을 이용하여 기업의 신용점수를 설명할 수 있는 서열로 짓모형을 추정한 후, 추정 결과를 해석하라.

(b) 지금의 예는 기본적으로 비례 odds모형을 가정하고 있다. 이 가정의 적합성을 어떻게 검증할 수 있는가? 이를 위해 Stata의 omodel 검증을 이용할 수 있을 것이다. omdel 검증은 Stata 프로그램이 제공하는 표준 검증법이 아니므로, Stata에서 omdel을 실행시키기 위해서는 findit omdel 명령어를 이용하여 사용자가 작성한 프로그램을 다운로드 받아야 한다.

10.4 **학급 프로젝트** : World Values Survey(WVS)는 여러 국가들을 대상으로 하여 다양한 사회 · 경제 · 정치적 문제점들에 관한 주기적 설문조사를 수행하고 있다.[18] 예로서, 1995~1997 설문조사에서는 다음과 같은 질문이 주어졌다. 빈곤층에 대한 정부지출액 규모가 적합하다고 생각하십니까? 혹은 너무 많거나 적다고 생각하십니까? 따라서 이와 같은 질문에는 다음과 같은 3개의 서열 선택범주가 존재한다. (1) 너무 적다. (2) 적절하다. (3) 너무 많다.[19]

WVS의 웹사이트를 참조하여 가장 최근에 수행된 설문조사 중 관심이 있는 주제를 선택하여 서열 로짓 혹은 서열 프로빗 모형을 추정하고 결과를 해석하라.

---

17 이 자료는 Standard & Poors로부터 얻어졌다. 또한 Verbeek, M., *A Guide to Modern Econometrics*, 4th edn, Wiley, New York, 2012의 도우미 웹사이트에도 수록되어 있다.

18 http://www.worldvaluessurvey.org/.

19 이 주제와 관련된 분석은 Fox, J. and Anderson, R., Effect displays for multinomial and proportional-odds logit models, in R. M. Stolzenberg(ed), *Sociological Methodology*, American Society Association, Washington DC, 2006을 참조하라.

부록

식 (10.4)의 도출

로짓 모형의 누적확률은 다음과 같이 표현될 수 있다.

$$\Pr(Y_i \leq j \mid X) = \frac{\exp(a_j - BX)}{1 + \exp(a_j - BX)} \tag{1}$$

$\Pr(Y_i \geq j \mid X)$도 식 (1)과 유사한 형태로 나타낼 수 있으나, $\Pr(Y_i \geq j \mid X) = 1 - \Pr(Y_i < j \mid X)$인 점을 고려해야 한다. 따라서 다음 식을 얻게 된다.

$$
\begin{aligned}
\frac{\Pr(Y_i \leq j \mid X)}{\Pr(Y_i > j \mid X)} &= \frac{\Pr(Y_i \leq j \mid X)}{1 - \Pr(Y_i \leq j \mid X)} \\
&= \frac{\exp(a_j - BX)}{1 + \exp(a_j - BX)} \bigg/ \frac{1}{1 + \exp(a_j - BX)} \\
&= \exp(a_j - BX)
\end{aligned}
\tag{2}
$$

식 (2)의 양변에 로그를 취하면, 식 (10.7)을 얻게 된다.

주의 : $\quad BX = \sum_{n=1}^{k} b_n X_{in}$

III

11 | 제한종속변수 회귀모형

앞서 논의했던 로짓 및 프로빗 모형에서 종속변수는 0과 1 값을 갖는데, 0은 어떤 속성의 없음을 의미하며 1은 있음을 의미한다. 예를 들어, 흡연자와 비흡연자, 집을 소유한 사람과 소유하지 않은 사람, 조직에 소속된 사람과 소속되지 않은 사람과 같은 것이다. 언급한 바와 같이 로짓 모형은 로지스틱 확률분포를 사용하고 프로빗 모형은 정규분포를 사용한다. 제8장에서 이런 모형을 어떻게 추정하고 해석하는지 흡연의 예로 배운 바 있다.

그러나 이제 이 문제를 고려한다. 사회-경제적 변수에 따라 사람은 몇 갑의 담배를 피우는가? 물론 이 문제는 흡연자의 경우에만 해당한다. 비흡연자는 이 문제에 관심이 없을 것이다. 제8장에 다루었던 사례에서는 1,196명의 표본에서 38%가 흡연을 하였고, 62%는 흡연을 하지 않았다. 따라서 추출할 수 있는 담뱃갑에 대한 정보는 표본의 38%에만 해당된다.

오직 흡연하는 사람들만의 표본을 보고, 흡연자의 사회-경제적 정보에 기초하여 하루에 피운 담뱃갑에 대한 수요함수를 추정하자. 1,196명 중에 62%를 뺀 수요함수가 과연 얼마나 신뢰할 만한가? 예상한 대로 이러한 수요함수들은 신뢰할 수 없을 것이다. 여기서 문제는 중도절단표본(censored sample)을 가지고 있다는 것이다. 비록 표본 안의 모든 단위에 대하여 설명변수의 정보를 가지고 있다 하더라도, 종속변수에 대한 정보가 있는 표본은 몇몇 관측치에 대해서만 사용이 가능하다. 종속변수는 좌변중도절단(항상 0은 아니지만 일반적으로 특정한 한계점 이하의 값을 가질 수 없다)이 될 수 있고, 우변중도절단(사람들이 백만 달러 이상의 수입을 만든다거나 하는 특정한 한계점 이상의 값을 가질 수 없다)이 될 수도 있으며, 또는 양쪽 모두인 좌변-우변중도절단이 될 수도 있다.

중도절단표본모형과 어느 정도 차이가 있는 모형은 종속변수와 회귀변수에 대한 정보가 몇몇 관측치에서는 사용 가능하지 않은 절단표본모형(truncated sample model)이다. 이것은 뉴저지 주의 음의 소득세 실험에서처럼 소득이 1967년 빈곤선의 1.5배를 넘는 가구들은 표본에서 제외하고 설계할 수 있다.[1]

---

[1] J. A. Hausman and D. A. Wise, *Social Experimentation*, NBER Economic Research Conference Report, University of Chicago Press, Chicago, 1985를 참조하라.

종속변수에 따른 값으로 제약을 하기 때문에 제한종속변수 회귀모형(limited dependent variable regression model)으로 알려진 모형들을 어떻게 추정할 것인가? 우선 중도절단 회귀모형에 대하여 논의할 것이고, 이후에 간략하게 절단회귀모형에 대하여 논의할 것이다. 이 책의 다양한 모형들과 같이 실질적인 적용에 중점을 둔다.

11.1 중도절단 회귀모형

이러한 상황에서 일반적으로 사용되는 모형은 노벨경제학상 수상자인 제임스 토빈(James Tobin)에 의해 개발된 토빗 모형(Tobit model)이다.[2] 토빗 모형을 논의하기에 앞서, 중도절단표본이 적용된 OLS(ordinary least squares)에 대하여 먼저 논의할 것이다. 표 11.1을 살펴보자.

중도절단 데이터의 OLS 추정

이 목적을 위하여 므로스(Mroz)에 의해 수집된 자료를 사용한다.[3] 표본 내 753명의 기혼 여성에 대한 자료에서 428명은 집 밖에서 일하고 나머지 325명은 집 밖에서 일을 하지 않기 때문에 일하는 시간은 0이다.

므로스에 의하면, 일을 결정하는 데 영향을 끼치는 사회-경제적 변수는 나이, 학력, 경력, 가계 수입, 6세 이하 자녀의 수, 남편의 수입이다. 표 11.1은 므로스에 의해 고안된 다른 변수들에 관한 자료이다.

모든 관측치의 사회-경제적 변수와 관련된 노동시간에 OLS를 적용하여 표 11.2의 결과를 구하였다.

표의 결과는 표준적인 선형회귀모형의 체계에서 설명된 것이다. 알다시피 선형회귀모형에서 각각의 기울기 계수는 모형의 다른 모든 변수가 일정하다고 할 때, 설명변수의 평균값에 대하여 한계효과를 준다. 예를 들어, 만약 남편의 수입이 1달러 오를 때 여타의 조건이 일정하다면, 기혼 여성의 평균노동시간은 약 71시간 정도로 줄어든다. 교육을 제외하고 모든 다른 계수들은 통계적으로 유의한 것처럼 보인다. 그러나 이런 결과들에서 결혼하였지만 일하지 않는 325명의 여성이 있다는 것을 주의해야 한다.

표본의 모든 관찰치를 사용하는 대신에 일하는 428명의 여성에 대한 자료만 사용한다는 것을 가정하자. 표 11.3에 주어진 OLS 결과들은 (중도절단)표본에 기초한다.

표 11.2와 11.3의 결과를 비교한다면, 둘 사이의 명백한 차이를 몇 가지 발견할 수 있을 것

---

2 James Tobin, (1958) Estimation of Relationship for Limited Dependent Variables. *Econometrica*, vol. 26, pp. 24-36. 1981년 토빈은 노벨경제학상을 수상했다.

3 T. A. Mroz, (1987) The sensitivity of an empirical model of married women's hours of work to economic and statistical assumptions. *Econometrica*, vol. 55, pp. 765-99. 제4장에서 다중공선성을 논의하면서 이 자료를 사용한 것을 기억하라.

표 11.2 노동시간함수의 OLS 추정

Dependent Variable: HOURS
Method: Least Squares
Sample: 1 753
Included Observations: 753

	Coefficient	Std. Error	t-Statistic	Prob.
C	1298.293	231.9451	5.597413	0.0000
AGE	−29.55452	3.864413	−7.647869	0.0000
EDUC	5.064135	12.55700	0.403292	0.6868
EXPER	68.52186	9.398942	7.290380	0.0000
EXPERSQ	−0.779211	0.308540	−2.525480	0.0118
FAMINC	0.028993	0.003201	9.056627	0.0000
KIDSLT6	−395.5547	55.63591	−7.109701	0.0000
HUSWAGE	−70.51493	9.024624	−7.813615	0.0000

R-squared	0.338537	Mean dependent var	740.5764
Adjusted R-squared	0.332322	S.D. dependent var	871.3142
S.E. of regression	711.9647	Akaike info criterion	15.98450
Sum squared resid	3.78E+08	Schwarz criterion	16.03363
Log likelihood	−6010.165	Hannan–Quinn criter.	16.00343
F-statistic	54.47011	Durbin–Watson stat	1.482101
Prob(F-statistic)	0.000000		

표 11.2 일하는 여성에 대한 시간함수의 OLS 추정

Dependent Variable: HOURS
Method: Least Squares
Sample: 1 428
Included Observations: 428

	Coefficient	Std. Error	t-Statistic	Prob.
C	1817.334	296.4489	6.130345	0.0000
AGE	−16.45594	5.365311	−3.067100	0.0023
EDUC	−38.36287	16.06725	−2.387644	0.0174
EXPER	49.48693	13.73426	3.603174	0.0004
EXPERSQ	−0.551013	0.416918	−1.321634	0.1870
FAMINC	0.027386	0.003995	6.855281	0.0000
KIDSLT6	−243.8313	92.15717	−2.645821	0.0085
HUSWAGE	−66.50515	12.84196	−5.178739	0.0000

R-squared	0.218815	Mean dependent var	1302.930
Adjusted R-squared	0.205795	S.D. dependent var	776.2744
S.E. of regression	691.8015	Akaike info criterion	15.93499
Sum squared resid	2.01E+08	Schwarz criterion	16.01086
Log likelihood	−3402.088	Hannan–Quinn criter.	15.96495
F-statistic	16.80640	Durbin–Watson stat	2.107803
Prob(F-statistic)	0.000000		

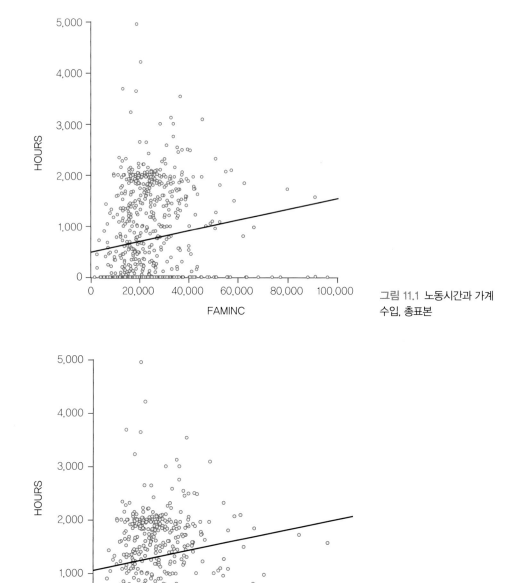

그림 11.1 노동시간과 가계
수입, 총표본

그림 11.2 일하는 여성에
대한 시간 대비 가계수입

이다.[4] 교육변수는 비록 그것이 음의 값을 보임에도 불구하고 유의한 것처럼 보인다. 하지만 이러한 결과들에 대해서도 주의해야 한다.

---

4   전통적인 회귀모형에서 잔차항 u_i의 평균값은 0이라고 가정한다. 하지만 우리가 이러한 사례에서처럼 표본값의 부분집합만을 사용한다면, 이것이 같은 경우일 것이라는 보장은 없다.

전체표본(그림 11.1) 또는 표본의 한 부분(그림 11.2)을 포함하는지 아닌지에 대한 중도절단 회귀모형의 OLS 추정이 불일치성뿐만 아니라 편의를 갖기 때문이다. 즉, 표본의 크기가 아무리 크더라도 추정된 모수가 그것의 실제값으로 수렴하지 않을 것이기 때문이다.[5] 이러한 이유는 중도절단 회귀모형뿐만 아니라 절단회귀모형에 있어서 오차항인 u_i의 조건적 평균이 0은 아니며 그 오차는 회귀변수와 밀접한 관련이 있다는 사실 때문이다. 우리가 알고 있는 것처럼 오차항과 회귀변수가 연관성이 있다면, OLS 추정은 편의뿐만 아니라 불일치성이 나타난다.

OLS 추정이 불일치 추정량일 뿐만 아니라 편의추정량을 갖게 하는 이유를 살펴보기 위하여, 그림 11.1의 노동시간에 대한 가계수입과 그림 11.2에 나타낸 일하는 여성에 대한 노동시간 대비가계수입을 살펴보자.

그림 11.1에서 수평축 위에 놓여 있는 다양한 관측치(325명)를 볼 수 있는데, 이러한 관측치는 일하는 시간이 0이기 때문이다.

그림 11.2에서 어떤 관측치도 수평축 위에 놓여 있지 않는데, 이러한 관측치는 428명의 일하는 여성에 대한 것이기 때문이다. 두 그림에서 회귀선들의 기울기 계수는 명백하게 다를 것이다.

일반적으로 중도절단표본을 다루는 데 사용되는 모형이 우리가 지금부터 이야기할 토빗 모형이다.

11.2 중도절단 회귀모형의 최우추정(ML) : 토빗 모형

흔히 사용되는 중도절단표본 회귀모형 중 하나는 토빗 모형이다. 토빗 모형에는 다양한 형태가 있는데, 여기서는 표준토빗 모형(standard torbit model)이라는 가장 단순한 모형을 살펴볼 것이다.[6] 므로스 자료와 함께 살펴볼 것이다.

중도절단 관측치가 다루어지는 방법은 아래와 같다.

$$Y_i^* = B_1 + B_2 Age_i + B_3 Edu_i + B_4 Exp_i + B_5 Kids6_i$$
$$+ B_6 Faminc_i + B_7 Huswage_i + u_i \tag{11.1}$$

여기서 Y_i^*는 희망하는 노동시간이다.

$$Y_i^* \leq \text{일 때 } Y_i = 0$$
$$Y_i^* > 0 \text{일 때 } = Y_i^* \tag{11.2}$$

---

5 철저한 증명을 위하여 Jeffrey M. Wooldridge, *Introductory Econometrics: A Modern Approach*, South-Western, USA, 4th edn, 2006, Ch. 17. 또한 Christiaan Heij, Paul de Boer, Philip Hans Franses, Teun Kloek, and Herman K. van Dijk, *Econometric Methods with Applications in Business and Economics*, Oxford University Press, Oxford, UK, 2004, Chapter 6을 참조하라.

6 다소 지나친 논의일 수 있지만, 상세한 내용은 A. Colin Cameron and Pravin K. Trivedi, *Microeconometrics: Methods and Applications*, Cambridge University Press, NewYork, 2005, Chapter 16에서 찾을 수 있다.

여기서 $u_i \sim N(0, \sigma^2)$이고 Y_i는 실제 노동시간이다.[7] 회귀변수는 각각의 나이, 학교에서 교육을 받은 기간, 경력년수, 6세 이하 자녀의 수, 가계수입, 그리고 남편의 시급이다.

변수 Y_i^*는 잠재변수(latent variable)이고, 주요 관심변수이다. 물론 모든 관측치에서 이 변수를 실제로 관측하지는 않았다. 우리는 중도절단 때문에 양의 노동시간을 갖는 관측치에 대해서만 관측한다. 제8장에서 잠재변수의 개념에 대하여 논의했던 것을 되새겨 보자.[8]

우리는 오차항을 평균이 0이고 등분산을 갖는 정규분포를 따른다는 것으로 가정한다. 이러한 가정에 대해서는 추후에 좀 더 이야기할 것이다.

더 진행하기에 앞서, 프로빗 모형과 토빗 모형 사이의 차이를 알아두는 것이 유용하다. 프로빗모형에서 Y_i^*가 0보다 크면 $Y_i = 1$이고, 만약 잠재변수가 0이라면 0과 같다. 토빗 모형에서 잠재변수가 0보다 크기만 하다면 Y_i는 어떠한 값도 취할 수 있다. 이것이 토빗 모형이 또한 토빈의 프로빗으로 알려진 이유이다.

종속변수의 몇몇 관측치가 중도절단된 모형을 추정하기 위하여(그것들이 관찰되지 않았기 때문에), 토빗 모형은 우리가 여러 가지 경우에서 보았던 최우법(maximum likelihood, ML)을 사용한다.[9] 토빗 최우법의 실질적인 역학은 훨씬 더 복잡하지만 Stata, Eviews, 그리고 다른 소프트웨어 패키지들로 이러한 모형을 매우 쉽게 추정할 수 있다.[10]

간단히 말하면 토빗 모형은 OLS 모형과 프로빗 모형의 조합이다. 프로빗 모형에서는 사회·경제적 변수에 영향을 받는 집 밖에서 일하는 여성의 확률을 추정한다. 만약 프로빗 모형을 추정한다면 노동 시간을 결정하기 위해 전통적 회귀모형을 추정한다. 토빗 모형의 장점은 적절한 최우추정함수에 발전된 두 모형을 조합하는 것이고 동시에 최우법에 의해 추정하는 것이다. 조합된 최우추정 함수는 복잡하며 순환·반복 방법에 의해 추정된다. 이때 최우추정량은 일정하며 점근적으로 정규분포를 따른다. 또한 모형식별문제는 맞게 되며 오차항은 정규분포를 따르게 된다.

예를 들기 위하여 Eviews 6를 사용하여 표 11.4의 결과를 얻었다.

토빗 추정치의 해석

우리는 이러한 결과를 어떻게 해석해야 할 것인가? 오직 다양한 회귀변수의 부호만을 생각한다면, 표 11.2와 11.3에서 그것들이 똑같다는 것을 볼 수 있을 것이다. 질적으로 그것들은 의미를 갖고 있다. 예를 들어, 남편의 임금이 올라갈 때 평균적으로 여타 조건이 일정하다면, 여성들은 노동시장에서 적게 일할 것이다. 표 11.2에서 교육변수는 유의하지 않지만 표 11.3에

---

7 정규분포 가정하에서 로지스틱과 극한값 확률분포를 사용할 수 있다.

8 현재의 내용에서 잠재변수를 기혼 여성의 경향 또는 일에 대한 열망으로 해석할 수 있다.

9 ML 추정에 대한 대안 중 일부는 Greene, *op cit.*의 책에서 찾을 수 있다.

10 토빈의 ML 방법에 대한 상세한 내용은 Christiaan Heij, *op cit.*에서 찾을 수 있다.

표 11.4 중도절단 모형의 ML 추정

Dependent Variable: HOURS
Method: ML - Censored Normal (TOBIT) (Quadratic hill climbing)
Sample: 1 753
Included Observations: 753
Left censoring (value) at zero
Convergence achieved after 6 iterations
Covariance matrix computed using second derivatives

	Coefficient	Std. Error	z-Statistic	Prob.
C	1126.335	379.5852	2.967279	0.0030
AGE	−54.10976	6.621301	−8.172074	0.0000
EDUC	38.64634	20.68458	1.868365	0.0617
EXPER	129.8273	16.22972	7.999356	0.0000
EXPERSQ	−1.844762	0.509684	−3.619422	0.0003
FAMINC	0.040769	0.005258	7.754009	0.0000
KIDSLT6	−782.3734	103.7509	−7.540886	0.0000
HUSWAGE	−105.5097	15.62926	−6.750783	0.0000

Error Distribution

SCALE:C(9)	1057.598	39.06065	27.07579	0.0000
Mean dependent var	740.5764	S.D. dependent var	871.3142	
S.E. of regression	707.2850	Akaike info criterion	10.08993	
Sum squared resid	3.72E+08	Schwarz criterion	10.14520	
Log likelihood	−3789.858			
Avg. log likelihood	−5.033012			
Left censored obs	325	Right censored obs	0	
Uncensored obs	428	Total obs	753	

주 : 기준화 인수는 정규분포에서는 1, 로지스틱 분포에서는 $\pi^2/3$, 극한(TypeI) 분포에서는 $\pi^2/6$으로, 가정하는 분포의 알려진 분산을 사용하여 추정된 기준화 인수 σ이다. 기준화 인수 σ은 잔차의 표준편차를 추정할 때 사용할 수 있다.

서는 비록 그것이 음의 부호를 가질지라도 유의하다. 표 11.4에서 교육변수는 유의하고 의미가 있는 양의 부호를 가진다.

표 11.4의 다양한 변수의 기울기 계수는 잠재변수 Y_i^*의 평균값에 그 변수에 한계효과를 주지만, 실제로 우리는 표본에서 관찰된 값 Y_i의 평균값에 대한 회귀변수의 한계효과에 관심이 있다.

불행하게도 표 11.2에서 추정한 OLS와는 달리, 관측된 종속변수의 평균값에 대한 설명변수의 한계효과를 줌으로써 설명변수의 토빗 계수를 해석할 수 없다. 이것은 토빗 유형인 중도절단 회귀모형에서 설명변수 값에서의 1단위 변화가 두 가지 효과를 갖기 때문이다. (1) 관측된 종속변수의 평균값에 대한 효과, (2) Y_i^*가 실제로 관측된 것이라는 확률에 대한 효과.[11]

---

11 즉, $\partial[Y_i^*|X_i]/\partial X_i = B_i \mathrm{x}\mathrm{Pr}(0<Y_i^*<\infty)$이고 뒷부분의 확률은 모형에 있는 모든 회귀변수와 그것의 계수에 의존한다.

나이의 영향을 예로 들어 보자. 표 11.4에서 −54의 나이계수는 다른 변수가 일정할 때 나이가 해마다 증가한다면, 연간 노동시간에 관한 직접적인 영향은 연간 약 54시간 정도 줄어든다는 것을 의미한다. 따라서 기혼 여성이 노동인구에 포함될 확률 또한 감소할 것이다. 따라서 이러한 일이 일어날 확률에 −54를 곱해야만 한다. 만약 후자를 알지 못한다면, 노동시간에서 나이의 증가를 종합한 영향을 계산할 수 없을 것이다. 그리고 이러한 확률계산은 모형과 그것의 계수에서의 모든 회귀변수에 의존한다.

흥미롭게도 앞서 언급한 바와 같이 기울기 계수는 잠재변수 Y_i^*에 대하여 종속변수의 직접적인 한계효과를 준다. 따라서 나이변수에 대한 계수 −54는 해마다 나이가 증가하고 여타의 조건이 일정하다면, 희망 노동시간은 54시간으로 줄어든다는 것을 의미한다. 물론 희망노동시간을 실제로 관찰하지 않는다. 그것은 단지 추상적인 생각일 뿐이다.

위 예에서는 753의 관측치를 포함하고 있다. 753개의 모든 관측치 각각의 설명변수에 대한 한계효과를 계산하는 것은 어려운 일이다. 실제로 설명변수의 **평균값**에서 한계효과를 계산할 수 있다.

Y^*의 확률은 0과 1 사이에 있어야 하기 때문에, 이 확률에 의해 곱해진 각 기울기 계수의 곱은 그 자신의 기울기 계수보다 (절댓값에서) 더 작을 것이다. 결과적으로, 관찰된 종속변수의 평균값에서 설명변수의 한계효과는 (절댓값에서) 표 11.4에 주어진 기울기 계수값에 의해 나타난 것보다 작을 것이다. 관찰한 Y_i^*의 확률은 항상 양수이기 때문에 한계효과의 부호는 기울기 계수의 부호에 의존할 것이다. Stata와 Eviews 같은 패키지를 통하여 각 설명변수의 한계효과를 계산할 수 있다.

추정된 계수의 통계적 유의성

표 11.4는 각각의 추정된 계수에 대한 표준오차, Z−통계량(표준정규분포 값), 그리고 p값을 보여주고 있다.[12] 표는 모든 계수가 10% 또는 그 이하의 수준에서 통계적으로 유의하다는 것을 보여준다.

토빗 모형에서 전통적인 R^2의 측정은 없다. 이것은 토빗 모형이 우도함수를 최대화하는 반면에 표준선형회귀모형은 잔차제곱합(RSS)을 최소화함으로써 모수를 추정하기 때문이다. 하지만 만일 전통적인 R^2과 동일한 R^2을 계산하길 원한다면, 토빗 모형에 의해 추정된 Y 값과 실제 Y 값 사이의 상관계수를 제곱함으로써 계산할 수 있다.

누락된 변수나 불필요한 변수의 검사는 우도비, 왈드, 또는 라그랑지 승수법과 같이 일반적이고 큰 표본검사의 체계에 따라 이루어질 수 있다. 모형에 경력을 제곱한 변수나 아버지의 교육과 어머니의 교육 변수를 모형에 추가해 보자.

---

12 대표본의 크기 때문에 t-분포보다는 표준정규분포를 사용한다.

주의사항

토빗 모형에서의 오차항은 평균이 0이고 등분산인 정규분포를 따른다는 것으로 가정하였다.

오차항의 비정규성

비정규성 하의 중도절단 회귀모형에서 추정치의 오차항은 일정하지 않다. 다만 문헌에서는 몇 가지 개선방법들이 제안되었다. 그중 하나는 오차분포의 가정을 바꾸는 것이다. 예를 들어, Eviews는 오차항(로지스틱이나 극값 분포와 같은)에 대한 차분확률분포 가정하에서 이러한 회귀모형을 추정할 수 있다. 자세한 논의는 마달라(Maddala)와 울드리지(Wooldridge)의 책을 참고하길 바란다.[13]

이분산

일반적인 선형회귀모형에서 오차항이 이분산을 갖는다면, 비록 그것이 효율적이지 않더라도

표 11.5 토빗 모형의 강건성 추정

```
Dependent Variable: HOURS
Method: ML – Censored Normal (TOBIT) (Quadratic hill climbing)
Sample: 1 753
Included Observations: 753
Left censoring (value) at zero
Convergence achieved after 6 iterations
QML (Huber/White) standard errors & covariance
```

	Coefficient	Std. Error	z-Statistic	Prob.
C	1126.335	386.3109	2.915618	0.0035
AGE	−54.10976	6.535741	−8.279056	0.0000
EDUC	38.64634	20.30712	1.903094	0.0570
EXPER	129.8273	17.27868	7.513728	0.0000
EXPERSQ	−1.844762	0.536345	−3.439505	0.0006
FAMINC	0.040769	0.005608	7.269982	0.0000
KIDSLT6	−782.3734	104.6233	−7.478004	0.0000
HUSWAGE	−105.5097	16.33276	−6.460007	0.0000

```
Error Distribution
SCALE:C(9)          1057.598    42.80938    24.70482     0.0000
Mean dependent var   740.5764    S.D. dependent var      871.3142
S.E. of regression   707.2850    Akaike info criterion    10.08993
Sum squared resid    3.72E+08    Schwarz criterion        10.14520
Log likelihood      −3789.858    Avg. log likelihood      −5.033012
Left censored obs        325     Right censored obs              0
Uncensored obs           428     Total obs                     753
```

13 다소 지나친 논의일 수 있지만 세부사항은 G. S. Maddala, *Limited Dependent and Qualitative Variables in Econometrics*, Cambridge University Press, Cambridge, UK, 1983, 그리고 Wooldridge, J. M., *Econometric Analysis of Cross Section and Panel Data*, MIT Press, Cambridge, MA, 2002를 참조하라.

OLS 추정량은 일치성을 갖는다. 하지만 토빗 모형에서의 추정량은 일치성을 갖지 않고 **효율적이지도 않다.** 이러한 문제를 다루기 위한 몇 가지 방법이 있지만, 자세한 논의를 다루는 것은 이 책의 범위를 벗어나는 것이다.[14] 하지만 표 11.5와 같이 Stata와 Eviews 같은 통계패키지들을 통하여 강건한 표준오차를 계산할 수 있다.

표 11.5에서 보는 바와 같이, 두 표에서 추정된 표준오차에 대하여 큰 차이는 없지만, 이와 같은 경우는 흔하지 않다.

토빗 모형에 대한 대체 모형은 헥만의 잘 알려진 표본 선택(sample selection) 모형, 즉 헤킷 모형이다.[15] 헤킷 모형은 2단계 추정 절차(two-stage procedure)를 따른다. 첫 번째 스텝은 프로빗 모형에서 기초된, 기혼 여성이 집 밖에서 일할 확률을 추정한다. 프로빗 함수는 일을 하는 것 또는 안 하는 것에 대하여 관계가 있는 변수들을 포함한다. 이 단계 스텝에서는 첫 단계 프로빗 함수에서 도출된 추가변수, 즉 **IMR**(Inverse Mills Ratio) 또는 위험비율(hazard rate)로써 상대적 사회·경제적 변수를 포함한 시간함수를 추정한다. 그러면 모든 특정 변수는 동일할 것이다.

비록 변수들의 추정치들은 일정하더라도, 헤킷 방법론은 최우법보다 효율적이지 못하나 최우법보다 간단하다. 그러나 이것은 최근 컴퓨팅 시설로 인하여 장점을 지니지 못한다. 우리는 관심 있는 독자의 흥미와 헥만에 의해 발전된 방법론의 혁신성 때문에 본 장의 부록에 헤킷 모형을 토론한다. 헤킷 모형의 예는 11.4절에 주어져있다.

11.3 절단표본 회귀모형

앞서 우리는 중도절단과 절단표본 회귀모형의 차이점을 논의하였다. 중도절단표본 회귀모형을 논의함에 있어서 이제 관심을 절단표본 회귀모형으로 돌려야 한다.

절단표본에서 종속변수에 대한 정보를 가지고 있지 않다면 종속변수와 관련 있는 설명변수에 대한 정보를 수집할 수 없다. 절단표본에서는 종속변수에 대한 정보를 보유하고 있지 않더라도, 종속변수와 관련될 수 있는 설명변수의 정보를 구하지 않는다. 위 예에서도 325명의 여성이 일한 시간에 대한 자료를 가지고 있지 않다. 따라서 현재의 예에 대하여 정보를 가지고 있다고 하더라고, 사회−경제적 관측치에 대한 변수의 정보를 고려하지 않아도 될 것이다.

그렇다면 왜 428명의 일하는 여성의 부분표본(sub-sample)에 대한 시간함수를 단지 OLS 방법을 사용하여 추정하지 않는가? 사실 그것은 표 11.2에 주어져 있다. 하지만 OLS 추정량은 이러한 상황에서는 정확하지 않다. 표본이 절단되었기 때문에, 이러한 모형에서 오차항은 평균이 μ이고 분산이 σ^2인 정규분포를 따른다는 가정은 유지될 수 없다. 그러므로 절단정규

---

14 상세한 논의를 위하여 Maddala and Wooldridge, *op cit.*를 참조하라.

15 Heckman, J. (1979) Sample selection bias as a specification error, *Econometrica*, 47, 153-61. Heckman won the Nobel Prize in Economics in 2000.

표 11.6 절단회귀모형의 ML 추정

Dependent Variable: HOURS
Method: ML – Censored Normal (TOBIT) (Quadratic hill climbing)
Sample (adjusted): 1 428
Included Observations: 428 after adjustments
Truncated sample
Left censoring (value) at zero
Convergence achieved after 6 iterations
QML (Huber/White) standard errors & covariance

	Coefficient	Std. Error	z-Statistic	Prob.
C	1864.232	397.2480	4.692867	0.0000
AGE	−22.88776	7.616243	−3.005125	0.0027
EDUC	−50.79302	20.77250	−2.445205	0.0145
EXPER	73.69759	22.42240	3.286784	0.0010
EXPERSQ	−0.954847	0.575639	−1.658761	0.0972
FAMINC	0.036200	0.006947	5.210857	0.0000
KIDSLT6	−391.7641	193.4270	−2.025385	0.0428
HUSWAGE	−93.52777	19.11320	−4.893360	0.0000

Error Distribution

SCALE:C(9)	794.6310	56.36703	14.09744	0.0000
Mean dependent var	1302.930	S.D. dependent var	776.2744	
S.E. of regression	696.4534	Akaike info criterion	15.78988	
Sum squared resid	2.03E+08	Schwarz criterion	15.87524	
Log likelihood	−3370.035	Avg. log likelihood	−7.873913	
Left censored obs	0	Right censored obs	0	
Uncensored obs	428	Total obs	428	

주 : 이 표에서 나타낸 표준오차는 강건한 표준오차이다.

분포(truncated normal distribution)로 알려진 것을 사용해야 한다. 이 경우에는 ML 방법과 같은 추정의 비선형방법을 사용해야 한다.

ML방법을 통해서 표 11.6의 결과를 얻을 수 있다. 만약 이러한 결과를 표 11.2에서 주어진 OLS 결과와 비교한다면, 비록 계수의 부호가 같을지라도 명백한 차이를 볼 수 있을 것이다.

표 11.5에서 주어진 중도절단회귀의 결과와 표 11.6에서 주어진 절단회귀의 결과를 비교한다면, 계수의 크기와 통계적 유의성에 있어서 차이를 발견할 수 있을 것이다. 특히 교육계수는 중도 절단 회귀모형에서 양수이지만 절단회귀모형에서는 음수인 것에 주목하자.

절단회귀계수의 해석

토빗 모형에서, 개별회귀계수는 모든 관측치에 대한 종속변수의 평균값에 대한 그 변수의 한계효과를 측정한다. 즉, 포함되지 않은 관측치를 포함하는 것이다. 그러나 (절단)표본에서의 관측치만을 고려한다면, 관련된 (부분적인) 회귀계수는 1보다 작은 요소에 의해 곱해져야 한다. 이런 이유로, 토빗 모형의 경우처럼 표본 내에서 회귀변수의 한계효과는 (절댓값에서) 그

변수의 계수값보다 작다.

토빗 모형 대 절단회귀모형

그렇다면 중도절단과 절단회귀모형 사이에서 어떤 모형이 더 나은가? 토빗 모형은 절단회귀모형(428 관측치)보다 더 많은 정보(753 관측치)를 사용하기 때문에, 토빗 모형으로부터의 추정치가 더 효과적이라고 예측된다.[16]

11.4 대표적 예제

제한종속변수회귀모형을 보다 더 나타냄으로써 본 장에 대한 결론을 낸다. 예일대학의 레이 페어(Ray Fair)의 흥미롭고 이론적인 논문(601명의 결혼한 남녀 데이터)에서 혼외정사에 대한 질문과 응답을 분석하였다.[17] 샘플에 대한 데이터는 도우미 웹사이트의 표 11.7에 주어져 있다.

분석에 사용된 변수들은 다음과 같다.

naffairs = 과거 혼외정사의 수(0,1,2,3,4~10)

gender = 1(남자), 0(여자)

age = 나이

educ = 학력 : 초 · 중학교 = 9, 고등학교 = 12, 박사 이상 = 20

kids = 아이들 : 0(아이들이 없음), 1(아이들이 있음)

ratemarr = 결혼에 대한 자기평가 : 1(매우 불만족), 5(매우 만족)

relig = 종교적 독실함 정도(1~5), 1(종교적 독실함이 매우 적음)

yrsmarr = 결혼 기간

affair = 0(혼외정사가 없음), 1(혼외정사가 있음)

주의 : 여기에 보여준 데이터보다 더 많은 데이터가 있다. 표 11.7은 모든 변수를 보여준다.

종속변수로서 과거 혼외정사횟수(naffairs), 독립변수로서 다른 변수를 이용하여 OLS 모형을 추정하였다(표 11.8).

질적 변수들, 나이(age), 종교적 독실함, 결혼 만족도, 결혼 기간은 예상된 부호를 보여주었고, 또한 통계적으로 유의하였다. 그러나 본 회귀모형에 사용된 데이터들은 중도절단 샘플이기 때문에 추정된 변수들은 불일치하고 편향적이다.

그래서 중도절단표본을 설명하기 위해서 토빗 모형을 추정하였다(표 11.9).

---

[16] 기술적으로, 이것은 토빗 우도함수가 절단회귀모형의 우도함수와 프로빗 우도함수의 합이라는 사실의 결과이다.

[17] Fair, R. (1978) A theory of extramarital affairs, *Journal of Political Economy*, 86, 45-61. The sample of 601 was drawn from a survey conducted in 1969 by *Psychology Today*.

표 11.8 OLS 추정 결과

Dependent Variable: NAFFAIRS
Method: Least Squares
Sample: 1 601
Included Observations: 601

Variable	Coefficient	Std. Error	t-Statistic	Prob.
C	5.757585	1.133735	5.078424	0.0000
AGE	−0.049105	0.022571	−2.175564	0.0300
MALE	0.169699	0.284173	0.597168	0.5506
EDUC	0.017989	0.058249	0.308823	0.7576
KIDS	−0.218983	0.344283	−0.636057	0.5250
RATEMARR	−0.716715	0.119977	−5.973775	0.0000
RELIG	−0.482513	0.111689	−4.320151	0.0000
YRSMARR	0.171249	0.041211	4.155421	0.0000

R-squared	0.129695	Mean dependent var	1.455907
Adjusted R-squared	0.119421	S.D. dependent var	3.298758
S.E. of regression	3.095527	Akaike info criterion	5.111015
Sum squared resid	5682.295	Schwarz criterion	5.169565
Log likelihood	−1527.860	Hannan–Quinn criter.	5.133806
F-statistic	12.62428	Durbin–Watson stat	1.852146
Prob(F-statistic)	0.000000		

결과에서 볼 수 잇듯이, OLS와 토빗 모형의 결과들은 추정된 계수값이 통계적 유의성 뿐만 아니라 규모에서도 다른 점을 보여주었다. 토빗 모형의 추정치들은 일정하며 편향적이지 않지만 OLS 추정치들은 불일치하며 편향적이었다. 즉, 회귀모형의 추정치들은 과소추정되었다는 것을 나타낸다.

헤킷 모형과 본 결과들을 어떻게 비교하는가를 살펴보자. 헤킷 모형은 2단계 분석법이다. 첫 번째, 프로빗 모형을 추정한다. 종속변수는 이산적, 즉 만약 혼외정사 경험이 없으면 0, 그리고 혼외정사 경험이 적어도 한 번이라도 있다면 1이다. 프로빗 모형에서 어떠한 변수들은 OLS 추정치 또는 토빗 모형의 결과와 동일하거나 다르다. 2단계 추정에서 남자는 제외하고 모든 변수들을 포함하여 추정한다.

Eviews 8을 이용하여 표 11.10과 같은 헤킷 모형의 결과를 가졌다.

비록 헥만 모형의 추정치가 좀 덜 효율적이지만 헥만 모형과 토빗 모형의 결과가 비슷하였다. 각 과정별 헥만 모형과 토빗 모형의 오차항 간의 상관계수는 매우 높은 상관관계(약 0.97)를 보여주었다. 이것은 만약 첫 번째 과정, 즉 프로빗 모형을 추정하지 않았다면 매우 심각한 모형 설정의 오류가 발생했을 것이다. 실제로 표 11.8에서 보여주듯이 OLS 추정 결과에 의존한다는 것을 의미한다.

헥만 2단계 모형의 한 가지 문제점은 프로빗 모형에서 포함된 변수들과 관련이 있다는 것이

표 11.9 토빗 모형의 추정 결과

```
Dependent Variable: NAFFAIRS
Method: ML - Censored Normal (TOBIT) (Quadratic hill climbing)
Sample: 1 601
Included Observations: 601
Left censoring (value) at zero
Convergence achieved after 6 iterations
Covariance matrix computed using second derivatives
```

Variable	Coefficient	Std. Error	z-Statistic	Prob.
C	7.365336	3.894403	1.891262	0.0586
AGE	−0.190416	0.081015	−2.350390	0.0188
MALE	1.183100	1.005449	1.176687	0.2393
EDUC	0.092386	0.204529	0.451701	0.6515
KIDS	0.898429	1.268124	0.708471	0.4787
RATEMARR	−2.289961	0.415508	−5.511235	0.0000
RELIG	−1.709846	0.405979	−4.211663	0.0000
YRSMARR	0.537995	0.146668	3.668116	0.0002

```
Error Distribution
SCALE:C(9)            8.270711    0.555381    14.89195    0.0000
Mean dependent var   1.455907    S.D. dependent var      3.298758
S.E. of regression   3.061577    Akaike info criterion   2.375877
Sum squared resid    5548.966    Schwarz criterion       2.441746
Log likelihood       −704.9511   Hannan–Quinn criter.    2.401517
Avg. log likelihood  −1.172964

Left censored obs         451    Right censored obs             0
Uncensored obs            150    Total obs                    601
```

다. 이미 언급한 바와 같이, 이런 변수들은 첫 단계 추정에서와 같거나 다르다. 그래서 첫 번째 과정에서 다른 변수를 포함시킴으로 인해 다른 결과를 얻을 수 있는 것이다.

헤킷 추정치들의 비효율성 관점에서 보면 토빗 모형과 정규분포 하의 최우법이 좋다. 만약 정규분포 가정이 주어진 상황에 적당하지 않다면 로짓과 극단치와 같은 오차항에 대해 다른 확률적 모형을 사용할 것이다(확률분포에 대한 설명은 Eviews와 stata 매뉴얼을 참조한다).

11.5 요약 및 결론

이 장에서는 중도절단모형의 성격에 대하여 살펴보았다. 핵심은 본질적으로는 중요하지만 잘 관찰되지 않는 잠재변수의 개념이다. 모든 관측치에 대한 설명변수의 자료가 이용 가능할지라도, 자료의 중도절단표본에서 종속변수의 결과는 몇몇 관측치에서는 사용할 수 없다.

이러한 상황에서 **OLS** 추정량은 불일치뿐만 아니라 편의를 가진다. 오차항이 평균이 0이고 분산이 상수인 정규분포를 따른다고 가정하면, 최우법에 의해 중도절단 회귀모형들을 추정할 수 있다. 따라서 얻어진 추정량은 일치한다.

표 11.10 헤킷 모형의 추정 결과

Dependent Variable: NAFFAIRS
Method: Heckman Selection
Sample: 1 601
Included Observations: 601
Selection Variable: AFFAIR
Estimation method: Maximum likelihood (Quadratic Hill Climbing)
Covariance matrix: Default (Hessian – observed)
Convergence not achieved after 501 iterations

Variable	Coefficient	Std. Error	t-Statistic	Prob.
Response Equation – NAFFAIRS				
C	6.869123	3.366388	2.040502	0.0417
AGE	−0.141651	0.071936	−1.969110	0.0494
MALE	−0.470429	0.537234	−0.875650	0.3816
EDUC	0.165801	0.175802	0.943112	0.3460
KIDS	0.016627	1.126537	0.014760	0.9882
RATEMARR	−1.974315	0.361057	−5.468150	0.0000
RELIG	−1.570915	0.359623	−4.368226	0.0000
YRSMARR	0.506224	0.129138	3.920010	0.0001
Selection Equation – AFFAIR				
C	0.722244	0.479018	1.507759	0.1322
AGE	−0.020085	0.009850	−2.039085	0.0419
EDUC	0.020791	0.023990	0.866661	0.3865
KIDS	0.190427	0.158468	1.201675	0.2300
RATEMARR	−0.278572	0.051051	−5.456731	0.0000
RELIG	−0.194448	0.050047	−3.885307	0.0001
YRSMARR	0.053437	0.017971	2.973527	0.0031
Interaction terms				
@LOG(SIGMA)	1.909041	0.065438	29.17349	0.0000
@ATAN(RHO)*2/PI	22.06859	0.279220	79.03651	0.0000
SIGMA	6.746614	0.441482	15.28175	0.0000
RHO	0.971172	0.000364	2666.302	0.0000

Mean dependent var	5.833333	S.D. dependent var	4.255934
S.E. of regression	4.507094	Akaike info criterion	2.433527
Sum squared resid	11863.31	Schwarz criterion	2.557947
Log likelihood	−714.2750	Hannan–Quinn criter.	2.481958

ML에 의해 추정된 기울기 계수는 주의 깊게 해석해야 한다. 비록 다른 변수들을 상수로 두고 잠재변수의 평균값에 대한 변수의 한계효과를 주는 기울기 계수를 해석한다고 하더라도, 그것이 잠재변수의 관측 결과에 대한 것이라 해석할 수는 없다. 이 경우 관측한 잠재변수의 확률로 기울기 계수를 곱해야만 한다. 이러한 확률은 모든 설명변수와 그것들의 계수에 의존한

다. 그러나 현대적인 통계소프트웨어 패키지를 이용하면 쉽게 계산할 수 있다.

한 가지 주의할 점은 ML 추정량은 오차항에 대한 가정이 유효할 때만 일치한다는 것이다. 이분산(heteroscedasticity)과 비정규 오차항의 경우에 있어서 ML 추정량은 불일치성을 갖는다. 이런 상황에서는 대안이 고안될 필요가 있다. 몇몇 해결책들은 문헌상으로는 가능하다. 그러나 예에서 설명된 것처럼 강건한 표준오차를 계산할 수 있다.

절단회귀모형은 이전에 피회귀변수의 자료를 가지고 있어야만 회귀변수의 값을 관찰할 수 있었던 중도절단모형과는 다르다. 중도절단 회귀모형에 우리는 0 또는 몇몇 한계값을 관찰하거나 또는 설정할 수 없는 피회귀변수의 이러한 값들을 포함하는 피회귀변수의 모든 값에 대한 회귀변수 자료를 가지고 있다.

실제로 중도절단 회귀모형은 절단회귀모형보다 선호될 수도 있는데, 앞서 표본에서는 모든 관측치들을 포함한 반면, 이후에서는 절단된 표본에서의 관측치들만 포함하기 때문이다.

마지막으로, 중도절단 회귀모형을 추정할 수 있는 소프트웨어를 갖고 있다는 사실이 모든 상황에 있어서 토빗 모형이 적절하다는 것을 의미하지는 않는다. 이러한 모형이 적용되지 않는 몇몇 상황에 대해서는 이 장에 인용된 참고문헌에서 논의되어 있다.

연습문제

11.1 이 장에서 논의된 중도절단모형과 절단회귀모형의 가계수입에 제곱한 변수를 포함하고, 그 결과에 대하여 비교하고 논의하라.

11.2 예를 들어, 교육과 가족수입과 같이 상호작용 효과를 고려하여 이 장에서 논의한 모형을 확장하라.

11.3 표 11.1에 주어진 자료는 실제 예에서 사용된 것보다 더 많은 변수를 포함하고 있다. 표 11.4와 11.6에 있는 모형에 하나 이상의 변수를 추가하여 그것들의 표에 변화된 결과를 확인하라.

11.4 금융상품에 대한 직접 마케팅에 대한 연습문제 8.7을 보자. 새로운 금융상품에 대한 투자에 대한 소비자의 응답에 대한 로짓 모형을 추정하기 위한 데이터들이다. 중도절단된 새로운 금융상품에 투자된 돈의 양을 추정하기 위해 같은 데이터를 사용하라. 결과를 해석하라.

부록

헥만(헤킷)의 선택편의 모형

헤킷 모형은 두 방정식으로 구성된다. 첫 번째 방정식은 선택방정식, 즉 관심변수가 무엇인지를 결정하는 방정식이다(예를 들면 집 밖에서 일하는 것). N개의 관측치(예를 들면 753개의 관측치)가 존재하고 $n < N$(예를 들면 428개의 관측치)가 관심변수가 된다.

관측되지 않는 **잠재변수** Z^*에 대한 선택방정식은 다음과 같은 방정식으로 간단하게 나타낼 수 있다.

$$Z_i^* = A_1 + A_2 W_i + u_i; \quad i = 1, 2, \ldots, N \tag{1}$$

W는 시장가격비율을 나타낸다.

관측되지 않는 잠재변수 Z_i^*와 관측할 수 있는 이산변수 Z_i가 다음 조건하에 있다.

$$\begin{aligned} \text{만약 } Z_i^* > 0 \text{이면 } Z_i &= 1 \\ \text{그외} \quad\quad\quad &= 0 \end{aligned} \tag{2}$$

즉, 만약 유보(의중)임금이 시장 임금을 초과한다면, 결혼 여성들은 노동시장에서 일을 할 것이다.

헥만 모델의 두 번째 방정식은 선형 방정식이다. 다음과 같은 이변량 회귀모형을 보자.

$$Y_i = B_1 + B_2 X_i + e_i \tag{3}$$

Y_i는 독립변수 X_i에 대한 실제 노동시간을 나타낸다. 오차항 u_i와 e_i는 이변량 정규분포를 가정한다.

$$\begin{bmatrix} e_i \\ u_i \end{bmatrix} \sim N \begin{pmatrix} \sigma^2 & \rho\sigma \\ \rho\sigma & 1 \end{pmatrix} \tag{4}$$

ρ는 두 오차항 간의 상관계수를 나타낸다. 오차항 u_i의 분산은 식별문제로 인하여 1로 둔다. 만약 $Z_i = 1$이고, 오차항 u_i와 e_i가 연관되어 있다면, 노동시장에서 일하는 여성들 간의 선택오차가 발생한다. 이 경우 OLS 추정량 b_1과 b_2는 불일치적이고 편향적이다. 이 경우 바이어스는 표본수를 무한대로 증가시키더라도 없어지지 않을 것이다.

그래서 일정한 추정치 B_1과 B_2를 위해서 다음의 방정식을 추정한다.

$$E[Y_i \mid Z_i^* > 0] = B_1 + B_2 X_i + B_3 \lambda_i; \quad i = 1, 2, \ldots, n \tag{5}$$

새 변수 λ_i는 **IMR**(Inverse Mill's Ratio)이라 하며 다음과 같다.

$$\text{Mills Ratio} = \lambda_i = \frac{f(A_1 + A_2 W_i)}{F(A_1 + A_2 W_i)} \tag{6}$$

f와 F는 표준정규분포와 표준정규누적분포를 각각 나타낸다.

λ_i를 추정하기 위하여 이산 결과를 기초한 프로빗 모형을 통하여 A_1과 A_2를 추정한다. 우리의 예에서는 $Z_i = 1$일 때 노동시장에서 일하는 여성 428명을 데이터로 이용한다.

그러면 다음과 같이 IMR을 추정할 수 있다.

$$\hat{\lambda}_i = \frac{f(a_1 + a_2\, W_i)}{F(a_1 + a_2 W_i)} \tag{7}$$

식 (1)에 추정된 추정치는 충분히 작다.

마지막으로 다음의 식을 추정한다.

$$Y_i = B_1 + B_2 X_i + B_3 \hat{\lambda}_i + v_i \tag{8}$$

만약 B_3가 통계적으로 0이라면 표본 선택 바이어스가 존재하지 않는다. 즉, 만약 오차항 u_i와 e_i의 상관관계가 0이라면 표본선택 바이어스가 존재하지 않는다. 만약 두 오차항 간의 상관관계가 0이 아니라면 또는 식 (8)에서 IMR항을 생략한다면 모형식별오류가 발생한다. 결과적으로 제7장에서 언급하였듯이 추정치들의 추정량들이 불일치할 것이다.

12 | 가산 자료에 대한 모형설정 : 포아송과 음이항 회귀모형

종속변수가 가산 형태인 현상들에는 연간 동물원의 방문객 수, 기업이 연간 취득하는 특허의 개수, 연간 치과의 방문객 수, 연간 받는 속도위반 티켓의 개수, 일정 기간, 예를 들면 5분 동안 요금정산소를 통과하는 차량의 대수와 같이 많은 경우가 있다. 각 경우에 기초가 되는 변수는 단지 유한한 음이 아닌 수많은 값을 갖는 이산적인 성격을 가지고 있다.

종종 가산 자료는 1주 동안 벼락에 맞는 것, 2주 내에 로또에 당첨되는 것, 하루에 한 번 이상 교통사고를 당하는 것, 한 해에 대통령에 의해 만들어진 대법원에 임명되는 수와 같이 희귀하거나 드문 사건들을 포함한다. 물론 더 많은 예가 존재한다.

이러한 모든 예들의 독특한 특징은 그것들이 음이 아닌 유한한 정수 또는 셀 수 있는 값을 갖고 있다는 것이다. 뿐만 아니라 많은 경우에서 몇몇 관측치의 수치는 0이다. 또한 각 가산 자료의 예는 한정된 기간 동안 측정된다. 이러한 현상을 모형화하기 위해서는 가산 자료의 독특한 특징을 고려한 확률분포가 필요하다. 그러한 확률분포 중 하나는 포아송 확률분포이다. 이 확률분포를 기반으로 하는 회귀모형이 포아송 회귀모형(Poisson Regression Model, PRM)이다. PRM을 대체하는 모형은 음이항 확률분포(Negative Binomial Probability Distribution, NBPD)를 기반으로 하는 음이항 회귀모형(Negative Binomial Regression Model, NBRM)이고, PRM의 몇 가지 결점을 보완한다. 먼저 살펴볼 것은 PRM이고, 이어서 NBRM을 살펴보도록 하자.

12.1 실증적 사례

PRM의 방법에 대하여 논의하기에 앞서, 구체적인 예를 살펴보자.

특허와 R&D 투자비용

산업기관 학생들의 큰 관심사 중 하나는 제조회사의 R&D 투자비용과 획득한 특허 개수 사이의 연관성이다. 이것의 관계를 연구하기 위하여, **표 12.1**(도우미 웹사이트에서 확인 가능)에 1990년대 국제적인 제조회사 181곳의 표본에서 획득한 특허의 개수와 R&D 투자비용에 대

표 12.2 특허자료의 OLS 추정

Dependent Variable: P90
Method: Least Squares
Sample: 1 181
Included Observations: 181

	Coefficient	Std. Error	t-Statistic	Prob.
C	−250.8386	55.43486	−4.524925	0.0000
LR90	73.17202	7.970758	9.180058	0.0000
AEROSP	−44.16199	35.64544	−1.238924	0.2171
CHEMIST	47.08123	26.54182	1.773851	0.0779
COMPUTER	33.85645	27.76933	1.219203	0.2244
MACHINES	34.37942	27.81328	1.236079	0.2181
VEHICLES	−191.7903	36.70362	−5.225378	0.0000
JAPAN	26.23853	40.91987	0.641217	0.5222
US	−76.85387	28.64897	−2.682605	0.0080

R-squared	0.472911	Mean dependent var	79.74586
Adjusted R-squared	0.448396	S.D. dependent var	154.2011
S.E. of regression	114.5253	Akaike info criterion	12.36791
Sum squared resid	2255959.	Schwarz criterion	12.52695
Log likelihood	−1110.296	Durbin–Watson stat	1.946344
F-statistic	19.29011	Prob(F-statistic)	0.000000

주 : P(90)은 1990년에 받은 특허의 수이고, LR(90)은 1990년 R&D 지출의 로그값이다. 나머지 변수에 대해서는 설명하지 않아도 잘 알 것이라 생각한다.

한 자료가 있다.[1] 이 표에 다섯 가지 주요 산업—우주, 화학, 컴퓨터, 기계, 자동차—을 대표하는 더미변수가 주어져 있다. 음식, 연료, 금속 및 다른 변수들은 참고문헌에 있다. 또한 표에 주어진 것은 유럽 국가들과 비교대상이 되는 주요 국가인 일본과 미국에 대한 국가 더미이다. R&D 변수는 개별산업에 대한 형가 상당히 다르기 때문에 로그 형태로 표현한다.

특허자료를 조사하면 최저 0에서 최고 900까지 상당한 차이를 확인할 수 있다. 하지만 대부분은 최저에 가깝다.

우리의 목적은 R&D, 산업분야, 그리고 두 국가가 181개 회사가 획득한 특허의 평균 개수 또는 평균에 미치는 영향을 확인하는 것이다.[2] 시작하는 데 있어서 비교의 목적을 위하여, 선형회귀모형(LRM), 회귀한 특허, 로그 R&D(LR90), 5개의 산업 더미, 그리고 두 국가 더미가 알맞다고 가정하자. OLS 회귀 결과는 표 12.2에 주어져 있다.

예상한 대로 획득한 특허의 개수와 R&D 투자비용 사이에는 양의 관계가 있고, 이것은 통

---

1 이 자료는 John Wiley & Sons, *Journal of Applied Econometrics*, **12**, 265-80, 1997. The data can be downloaded from the archives of the *Journal of Applied Econometrics*.

2 대부분의 회귀분석에서 설명변수와 연관된 종속변수의 평균값을 설명하기 위하여 노력한 것을 기억하라.

표 12.3 특허 기초자료의 도표

Tabulation of P90
Sample: 1 181
Included Observations: 181
Number of Categories: 5

# Patents	Count	Percent	Cumulative Count	Cumulative Percent
[0, 200)	160	88.40	160	88.40
[200, 400)	10	5.52	170	93.92
[400, 600)	6	3.31	176	97.24
[600, 800)	3	1.66	179	98.90
[800, 1000)	2	1.10	181	100.00
Total	181	100.00	181	100.00

계적으로 유의하다. R&D 변수는 로그 형태이고 특허변수는 선형 형태이기 때문에, 여타의 조건이 일정하다면 R&D 계수 73.17은 R&D 투자비용이 1% 증가하면 획득한 특허의 평균 개수는 약 0.73 증가한다는 것을 시사한다.[3]

산업 더미 중에서 화학과 자동차 산업의 더미만 통계적으로 유의하다. 참고문헌과 비교하면 화학산업에서 승인된 특허의 평균은 47개보다 많고 자동차산업에서 승인된 특허의 평균은 192개보다 적다. 국가 더미 중에서 미국의 더미는 통계적으로 유의하지만, −77은 평균적으로 미국 기업들이 기초그룹보다 77개 더 적은 특허를 획득했다는 것을 의미한다.

하지만 이러한 OLS 회귀의 경우 소수의 기업이 대부분의 특허를 획득하고 대다수의 기업이 받는 특허의 개수는 적기 때문에, 위의 예에서는 적절하지 않다. 이것은 기초자료(표 12.3)에 대한 표를 통하여 보다 명확하게 확인할 수 있다.

대부분의 기업이 200개보다 적은 특허를 획득했다는 것을 표를 통하여 알 수 있다. 실제로는 이 숫자보다 훨씬 적다. 이것은 그림 12.1의 히스토그램에서도 확인할 수 있다.

히스토그램을 통해서 특허자료가 상당히 비대칭분포이며 이것은 비대칭계수(coefficient of skewness) 3.3에 의해 확인할 수 있고, 첨도는 약 14이다. 일반적으로 분포된 변수의 비대칭계수는 0이고 첨도는 3이라는 것을 기억하라. 자크−베라(JB) 통계는 특허가 정규분포라는 가정을 기각한다. 많은 표본에서, JB 통계는 자유도가 2인 χ^2-분포를 따른다는 것을 기억하라. 위의 예와 같은 경우 추정된 JB 값 1,308이 상당히 높아서 이와 같거나 더 큰 값을 얻을 확률은 사실상 0이다.

명백하게, 모형 가산 자료에 대하여 정규확률분포를 사용할 수 없다. 포아송 확률분포(PPD)

---

3 제2장에서 논의하였던 반−로그 모형을 참조하라.

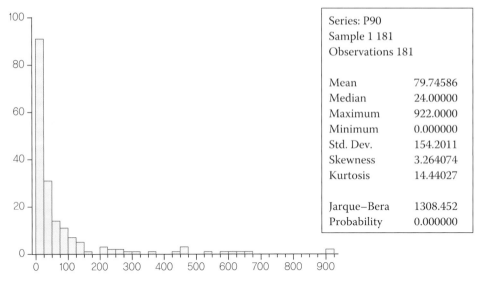

그림 12.1 기초자료의 히스토그램

는 종종 모형 가산 자료에 사용되고, 특히 희귀하거나 드문 가산 자료를 모형화하는 데 사용된다. 이것을 어떻게 하는지는 아래에 설명되어 있다.

12.2 포아송 회귀모형(PRM)

이산확률변수 Y가 포아송 분포를 따른다면, 이것의 확률밀도함수(PDF)는 다음과 같다.

$$f(Y \mid y_i) = \Pr(Y = y_i) = \frac{e^{-\lambda_i} \lambda_i^{y_i}}{y_i !}, \quad y_i = 0, 1, 2\ldots \tag{12.1}$$

여기서 $f(Y|y_i)$는 이산확률변수 Y가 음수가 아닌 정수 y_i 값을 취할 확률을 나타내고, $y_i!$은 $0!$ $= 1$인 $y! = y \times (y-1) \times (y-2) \times \cdots \times 2 \times 1$를 나타내고, λ는 포아송 분포의 모수를 나타낸다. 평균과 분산이라는 2개의 모수(parameter)를 갖는 정규분포와는 다르게 포아송 분포는 하나의 모수를 가진다.

이것은 다음과 같이 증명할 수 있다.

$$E(y_i) = \lambda_i \tag{12.2}$$

$$\mathrm{var}(y_i) = \lambda_i \tag{12.3}$$

포아송 분포의 특징은 포아송 변수의 평균과 분산이 같다는 것이다. 균등분산(equidispersion)으로 알려진 이 속성은 포아송 분포의 한정적인 특징이고, 그 이유는 실제로 가산 변수의 분산이 종종 그것의 평균보다 크기 때문이다. 후자의 속성은 과분산(overdispersion)이라고 불린다.

포아송 회귀모형은 다음과 같다.

$$y_i = E(y_i) + u_i = \lambda_i + u_i \tag{12.4}$$

여기서 y는 각각의 평균 λ_i를 갖는 포아송 확률분포로서 독립적으로 분포하고, 다음과 같이 표현된다.

$$\lambda_i = E(y_i \mid X_i) = \exp[B_1 + B_2 X_{2i} + \dots + B_k X_{ki}] = \exp(\boldsymbol{BX}) \tag{12.5}$$

여기서 $\exp(\boldsymbol{BX})$는 e에 $\boldsymbol{BX}$를 거듭제곱한 것을 의미하고, 뒤쪽 괄호 안에 보여진 다중회귀를 위하여 약칭이 되었다.

X 변수는 종속변수의 평균값을 구할 수 있는 설명변수이다. 이러한 사실 때문에 포아송 모형이 적절하다면 분산값을 알아낼 수 있다. 예를 들어, 가산 변수가 1년 동안의 뉴욕 브롱스 동물원의 방문객 수라면, 이 수는 방문객의 수입, 입장료, 박물관으로부터의 거리, 주차료 등과 같은 다양한 변수에 의존할 것이다.

$\boldsymbol{BX}$의 지수를 갖는 것은 가산 변수의 평균값 λ가 양수인 것을 보장할 것이다.

추정을 위하여 모형을 다음과 같이 나타낼 수 있다.

$$\Pr[Y = y_i \mid X] = \frac{e^{-\lambda_i} \lambda_i^{y_i}}{y_i!}, y_i = 0, 1, 2, \dots \tag{12.6}$$
$$\lambda_i = e^{\boldsymbol{BX}}.$$

이 모형은 비선형 회귀추정을 필요하게 만드는 모수 내에서의 비선형이다. 이것은 최우법 (ML)에 의해 완성될 수 있다. 포아송 회귀모형의 맥락에서 ML 추정의 세부사항을 논의하지 않을 것이다. 세부사항들은 다소 기술적이고, 참고문헌에서 찾을 수 있을 것이다.[4] ML 논의는 제1장의 부록에서 확인할 수 있다.

우선 특허자료의 ML 추정을 살펴보고, 모형의 결과와 몇 가지 한계점에 대하여 논의할 것이다. 표 12.4를 살펴보자.

i번째 기업의 추정된 평균값은 다음과 같다.

$$\hat{\lambda}_i = e^{\hat{\boldsymbol{BX}}} = \exp[-0.74 + 0.86 LR90_i - 0.79 Aerosp_i + 0.77 Chemist_i$$
$$+ 0.46 Computer_i + 0.64 Machines_i - 1.50 Vehicles_i \tag{12.7}$$
$$- 0.0038 Japan_i - 0.41 US_i]$$

식 (12.7)을 로그 형태로 나타내면 다음과 같다.

$$\ln \hat{\lambda}_i = \hat{\boldsymbol{BX}} = -0.74 + 0.86 LR90_i - 0.79 Aerosp_i + 0.77 Chemist_i$$
$$+ 0.46 Computer_i + 0.64 Machines_i - 1.50 Vehicles_i \tag{12.8}$$
$$- 0.0038 Japan_i - 0.41 US_i$$

---

4 이해하기 쉬운 참고문헌은 다음과 같다. J. Scott Long, *Regression Models for Categorical and Limited Dependent Variables*, Sage Publications, Thousand Oaks, California, 1997.

결과 해석

우선 PRM과 같은 비선형 모형에서 R^2은 특별히 의미가 있지 않다는 것에 주목하자. 우도비를 나타내는 LR은 중요한 통계이다. 현재 사례에서 그 값은 21,482이고, 이는 그것의 p값 또는 정확한 유의수준이 실제로 0이기 때문에 상당히 유의하다는 것을 보여준다. 이것은 설명변수가 특허의 조건적인 평균을 설명하는 것에 있어서 전체적으로 중요하다는 것을 보여주고 있으며, 그것은 λ_i이다.

또 다른 방법은 제약이 있는 로그 우도함수와 제약이 없는 로그 우도함수를 비교하는 것이다. 전자는 상수항을 제외한 모형에서 설명변수가 있다는 가설 하에서 추정되고, 반면에 후자는 설명변수를 포함한다. 제약받는 LR이 $-15,822$이고 제약받지 않는 LR이 $-5,081$이기 때문에 숫자상으로 후자가 전자보다 더 크다.[5] ML의 목적은 최우도함수를 극대화하는 것이기 때문에 제약받지 않는 모형을 사용해야 한다. 즉, 설명변수가 포함된 모형은 위의 표에 포함된다.

이제 식 (12.8)에 주어진 추정된 계수를 해석하도록 하자. LR90의 계수 0.86은 R&D 투자비용이 1% 증가할 때마다 기업이 획득한 특허의 평균 개수는 약 0.86% 증가한다는 것을 의미한다. (R&D 지출비용은 로그의 형태라는 것에 주의하자.) 즉, R&D 투자비용 측면에서 승인받은 특허의 탄력성은 약 0.86%이다(식 (12.8) 참조).

기계더미계수 0.6464의 해석은 무엇인가? 제2장에서 우리는 반-로그 모형의 더미 계수를 해석하는 방법을 배웠다. 기계산업에서, 특허의 평균 개수는 비교범주를 비교하였을 때 $100[e^{0.6464} - 1] = 100(1.9086 - 1) = 90.86\%$보다 크다. 유사한 방식에서, 미국 더미계수 -0.4189는 미국 내의 특허 평균 개수를 기초그룹과 비교하였을 때 $100[e^{-0.4189} - 1] = 100(0.6577 - 1) = -34.23\%$보다 적다는 것을 의미한다.

만약 표 12.4에서 주어진 결과를 조사한다면, 일본 더미를 제외하고 다른 변수들은 통계적으로 유의하다는 것을 알 수 있다.

설명변수의 한계효과

이러한 결과들을 해석하는 다른 방법은, 위의 예에서는 특허의 개수인 가산 변수의 평균값에 관한 설명변수의 한계효과를 찾는 것이다.

평균값에서 X_k라는 연속 설명변수는 다음과 같다.

$$\frac{\partial E(y_i | X_k)}{\partial X_k} = e^{BX} B_k = E(y_i | X_k) B_k = \lambda_i B_k \qquad (12.9)^{[6]}$$

---

5 제1장 부록에서 보인 것처럼, LR 통계 λ는 2(ULLF − RLLF)로 계산하였다. 여기서 ULLF와 RLLF는 제약받거나 제약받지 않는 로그 우도함수이다. LR 통계는 귀무가설이 도입된 제약의 수와 동일한 자유도를 갖는 χ^2-분포를 따른다. 현재 예에서는 7이다. 예를 들어, $\lambda = 2[-5081 - (-15,822)] = 21,482.10$은 표 12.4에 있는 값이다.

6 미적분학의 연쇄법칙을 사용하여 $\partial E(Y|X)/\partial X_k = (\partial e^{XB}/\partial XB) \cdot (\partial XB/\partial X_k) = e^{XB} B_k$를 얻었다. 지수함수의 도함수는 지수함수 그 자체라는 것을 기억하라.

표 12.4 특허자료의 포아송 모형(ML 추정)

Dependent Variable: P90
Method: ML/QML – Poisson Count (Quadratic hill climbing)
Sample: 1 181
Included Observations: 181
Convergence achieved after 6 iterations
Covariance matrix computed using second derivatives

	Coefficient	Std. Error	z-Statistic	Prob.
C	−0.745849	0.062138	−12.00319	0.0000
LR90	0.865149	0.008068	107.2322	0.0000
AEROSP	−0.796538	0.067954	−11.72164	0.0000
CHEMIST	0.774752	0.023126	33.50079	0.0000
COMPUTER	0.468894	0.023939	19.58696	0.0000
MACHINES	0.646383	0.038034	16.99479	0.0000
VEHICLES	−1.505641	0.039176	−38.43249	0.0000
JAPAN	−0.003893	0.026866	−0.144922	0.8848
US	−0.418938	0.023094	−18.14045	0.0000

R-squared	0.675516	Mean dependent var	79.74586
Adjusted R-squared	0.660424	S.D. dependent var	154.2011
S.E. of regression	89.85789	Akaike info criterion	56.24675
Sum squared resid	1388804.	Schwarz criterion	56.40579
Log likelihood	−5081.331	LR statistic	21482.10
Restr. log likelihood	−15822.38	Prob(LR statistic)	0.000000
Avg. log likelihood	−28.07365		

주 : LR90은 1990년 R&D 지출에 대한 로그값을 의미한다.

식 (12.9)에 보이는 것처럼, 설명변수 X_k의 한계효과는 그것의 계수 B_k뿐만 아니라 모형에서 모든 설명변수들의 값에 의존하는 $Y(=\text{P90})$의 기댓값에 의존한다. 우리는 181가지 관측치를 갖고 있기 때문에 각각의 관측치를 계산할 수 있어야 한다. 이것은 분명히 어려운 일이다. 실제로 한계효과는 여러 가지 설명변수의 평균값에 의해 계산된다. Stata와 다른 통계패키지들은 연속 설명변수의 한계효과를 계산하는 것이 가능하다.

더미 설명변수의 한계효과를 계산하는 것은 어떠할까?

더미변수는 1과 0의 값을 갖기 때문에 우리는 더미변수의 측면과 λ_i를 구별할 수 없을 것이다. 그러나 우리는 더미변수가 1의 값을 가질 때와 0의 값을 가질 때, 모형을 고려함으로써 평균적으로 획득한 특허의 백분율 변화를 계산할 수 있다.[7]

추정된 확률의 계산

주어진 설명변수인 특허를 획득할 확률 m을 어떻게 계산할 것인가? 이것의 확률은 식 (12.6)

---

7 구체적인 내용을 위하여 Long, *op cit.*를 참조하라.

으로부터 다음과 같이 얻을 수 있다.

$$\Pr(Y_i = m \mid X) = \frac{\exp(-\hat{\lambda}_i)\hat{\lambda}_i^m}{m!}, \quad m = 0, 1, 2, \ldots$$

$$\hat{\lambda}_i = e^{\hat{B}X}$$

(12.10)

여기서 $\hat{\lambda} = \hat{B}X$이다.

원칙적으로 각각의 값 m 또는 특별한 관심의 m에 대한 각 관측치의 확률을 계산할 수 있다. 물론 이것은 지루한 계산이다. Stata와 같은 소프트웨어를 통하여 이러한 확률들을 비교적 쉽게 계산할 수 있다.

12.3 포아송 회귀모형의 한계

표 12.4에서 주어진 R&D와 특허에 대한 포아송 회귀의 결과를 액면 그대로 받아들여서는 안된다. 표에 주어진 추정계수의 표준오차는 추정된 모형을 기반으로 포아송 분포의 가정이 옳을 때만 유효하다. PPD는 주어진 설명변수 X 값이 분포의 조건적 분산과 조건적 평균이 같다는 것을 가정하기 때문에 이러한 가정을 확인하는 것이 중요하다—균등분산의 가정.

과분산이 있다면, 비록 상수가 하향편향된 표준오차를 갖는 비효율적일지라도 PRM은 추정이 가능하다. 이것이 사실이라면 추정된 Z 값은 과장된 것이고, 따라서 추정된 계수의 통계적 유효성은 과대평가된 것이다.

Eviews를 개발한 카메론과 트리베디(Cameron and Trivedi)에 의해 제안된 절차를 사용하면, 균등분산의 가정은 다음과 같이 확인할 수 있다.

1. 표 12.4와 같이 포아송 회귀모형을 측정하라. 그러면 종속변수 $P\hat{9}0_i$의 기댓값을 얻을 수 있다.
2. 잔차를 얻기 위하여 실제값 $P90_i$에서 예측값 $P\hat{9}0_i$을 빼라. $e_i = P90_i - P\hat{9}0_i$.
3. 잔차를 제곱하고, $P90_i$을 빼라. 즉, $e_i^2 - P90_i$.
4. 세 번째 단계에서 $P\hat{9}0_i^2$에 관한 결과를 회귀하라.
5. 이 회귀에서 기울기 계수가 통계적으로 유효하다면, 균등분산의 가정을 기각하라. 이 경우 포아송 모형을 기각한다.
6. 다섯 번째 단계에서 회귀 기울기가 양수이고 통계적으로 유효하다면, 과분산이 있다는 것이다. 만약 음수라면, 과소분산이 있다는 것이다. 어떤 경우에서는 포아송 모형을 기각하라. 하지만 이 계수가 통계적으로 유효하다면 PRM을 기각할 필요가 없다.

이러한 절차를 사용하여 표 12.5의 결과를 구하였다. 이 회귀에서 기울기 계수는 양수이고 통계적으로 유효하기 때문에, 포아송 균등분산의 가정을 기각할 수 있다. 실제 결과는 과분산

표 12.5 포아송 모형의 균등분산 검정

Dependent Variable: (P90-P90F)^2-P90
Method: Least Squares
Sample: 1 181
Included Observations: 181

	Coefficient	Std. Error	t-Statistic	Prob.
P90F^2	0.185270	0.023545	7.868747	0.0000

R-squared	0.185812	Mean dependent var	7593.204
Adjusted R-squared	0.185812	S.D. dependent var	24801.26
S.E. of regression	22378.77	Akaike info criterion	22.87512
Sum squared resid	9.01E+10	Schwarz criterion	22.89279
Log likelihood	–2069.199	Durbin–Watson stat	1.865256

주 : P90F는 표 12.4와 P90F^2 = P90F 제곱에 대한 P90의 예측치이다.

을 보여준다.[8] 따라서 표 12.4에서 나타난 표준오차는 신뢰할 수 없다. 실제로 그것은 표준오차를 과소추정하였다.

표 12.4에 나타난 표준오차를 수정하는 방법에는 두 가지가 있다. 하나는 준-최우추정(quasi-maximum likelihood estimation, QMLE)이고, 다른 하나는 일반화선형모형(GLM)이다. 이러한 방법의 수학적인 요소는 복잡하기 때문에 우리는 그것을 다루지는 않을 것이다. 하지만 표 12.4에 나타난 표준오차에 이 두 가지 방법으로 계산된 표준오차를 확인할 수 있을 것이다. 따라서 독자들은 추정된 표준오차의 차이를 확인할 수 있을 것이다. 회귀계수의 모든 추정치들은 표 12.4에서처럼 똑같이 남아 있다.

그러나 그것을 하기에 앞서, QMLE가 종속변수의 조건적 분포의 일반적인 잘못된 설명에 적합할지라도 그것은 어떠한 효율적인 특성도 갖지 않는 반면에, GLM은 직접적으로 과분산을 수정하기 때문에 더 신뢰할 수 있다는 것에 주목해야 한다.

표 2.6에서 볼 수 있는 것처럼, 표 12.4에 보이는 표준오차는 최우법에 의해 얻어진 것이고, 표준오차를 상당히 과소추정하였고, 따라서 추정된 Z값이 과장되었다. 다른 두 가지 방법은 몇몇 경우에서 설명변수가 통계적으로 유효하지 않았고, 따라서 표준오차를 과소추정한 MLE의 크기를 보여주었다.

중요한 점은 포아송 회귀모형을 사용한다면 표 12.5에서와 같이 과분산 실험을 해야 한다는 것이다. 만약 실험에서 과분산을 보인다면, 적어도 QMLE와 GLM에 의해 표준오차를 수정해야 한다.

PRM 하에서 균등분산의 가정이 지속될 수 없다면, 표 12.6에서처럼 ML에 의해 얻은 표준

---

8 이 실험은 기울기 계수가 음수가 될 수 있는 경우인 과소분산에 또한 유효하다. 즉, 조건적 분산은 조건적 평균보다 작고 이것은 또한 포아송 가정을 위반한다.

오차를 수정하더라도 PRM에 대안을 찾는 것이 더 나을지도 모른다. 이것의 대안은 음이항 확률분포(NBPD)에 근거한 음이항 회귀모형(NBRM)이다.[9]

12.4 음이항 회귀모형(NBRM)

포아송–분포 확률변수의 평균과 분산 사이의 균등함을 가정하는 것은 PRM의 중요한 결점이다. NBPD는 다음과 같다.

$$\sigma^2 = \mu + \frac{\mu^2}{r}; \quad \mu > 0, \ r > 0 \tag{12.11}$$

여기서 σ^2은 분산, μ는 평균, 그리고 r은 모형의 모수이다.[10]

식 (12.11)은 평균과 분산이 같은 포아송 PDF와는 대조적으로, NBPD의 분산은 항상 평균보다 크다는 것을 보여준다. 평균 μ를 상수라 가정할 때, $r \to \infty$이고 $p \to 1$을 NBPD가 포아송 PDF와 근접하는 것에 추가하는 것은 의미 있는 것이다. 주의 : p는 성공할 확률이다.

식 (12.11)의 속성 때문에, NBPD는 PPD보다 가산 자료에 더 적합하다.

Eviews 6을 사용해서 표 12.7을 구하였다. 만약 표 12.7에서 주어진 음이항 회귀모형의 결과들을 표 12.4의 포아송 회귀와 비교한다면, 추정된 표준오차에서 차이점을 다시 발견할 수 있을 것이다.

부수적으로, 표에 주어진 형상모수는 조건적 분산이 조건적 평균을 초과하는 크기의 추정치를 준다. 형상모수는 분산의 자연대수인 λ_i와 동일하다. 이것에 역로그를 취하면 (조건적) 분산이 조건적 평균보다 약 0.28 더 크다는 것을 암시하는 1.2864를 얻을 수 있다.

12.5 요약 및 결론

이 장에서는 모형 가산 자료로 종종 사용하는 포아송 회귀모형에 대하여 살펴보았다. PRM은 포아송 확률분포에 기반을 두고 있다. PPD의 독특한 특징은 포아송 변수의 평균이 그 분산과 같다는 것이다. 이것은 또한 PPD의 제한적인 특징이기도 하다.

1990년대 181개의 제조업체에서 기업들의 R&D 비용에 관한 정보와 더불어 각 기업이 획득한 특허의 개수에 대한 자료를 사용하였고, 이러한 기업이 경영하는 산업(더미변수에 의해 대표되는)과 두 주요 국가인 일본과 미국을 더미로 사용하였다.

비선형 모형에서는 최우법을 사용하여 PRM을 추정하였다. 일본 더미를 제외하고 모든 다

---

9 음이항 확률분포에 대하여 더 배우기 위해서 확률에 관한 표준 교과서를 참고하라. 이항확률분포에서 n번의 시험에서 찾은 성공한 횟수 r은 여기서 논하기에 충분하고, 여기서 성공확률은 p이다. 음이항 확률분포에서는 n번의 시험에서 r번 성공하기 이전에 실패할 수를 찾는 것이다. 여기서 성공확률은 p이다.

10 NBPD의 변수는 p(성공할 확률)이고 r은(성공한 횟수)이다. 이항 PDF의 그것과 같은 변수이다.

표 12.6 특허자료의 NBRM 추정

Dependent Variable: P90
Method: ML – Negative Binomial Count (Quadratic hill climbing)
Sample: 1 181
Included Observations: 181
Convergence achieved after 6 iterations
Covariance matrix computed using second derivatives

	Coefficient	Std. Error	z-Statistic	Prob.
C	−0.407242	0.502841	−0.809882	0.4180
LR90	0.867174	0.077165	11.23798	0.0000
AEROSP	−0.874436	0.364497	−2.399022	0.0164
CHEMIST	0.666191	0.256457	2.597676	0.0094
COMPUTER	−0.132057	0.288837	−0.457203	0.6475
MACHINES	0.008171	0.276199	0.029584	0.9764
VEHICLES	−1.515083	0.371695	−4.076142	0.0000
JAPAN	0.121004	0.414425	0.291981	0.7703
US	−0.691413	0.275377	−2.510791	0.0120

Mixture Parameter
SHAPE:C(10)	0.251920	0.105485	2.388217	0.0169
R-squared	0.440411	Mean dependent var		79.74586
Adjusted R-squared	0.410959	S.D. dependent var		154.2011
S.E. of regression	118.3479	Akaike info criterion		9.341994
Sum squared resid	2395063.	Schwarz criterion		9.518706
Log likelihood	−835.4504	Hannan−Quinn criter.		9.413637
Restr. log likelihood	−15822.38	LR statistic		29973.86
Avg. log likelihood	−4.615748	Prob(LR statistic)		0.000000

른 변수들은 통계적으로 유의하였다.

하지만 이러한 결과들은 그것의 평균과 분산이 같은 PPD의 제한적인 가정 때문에 신뢰하지 못할 수도 있다. 대부분 PRM의 실질적인 적용에서는 분산이 평균보다 큰 경향이 있다. 이것은 과분산의 경우이다.

과분산을 실험하기 위하여 카메론과 트리베디에 의해 제안된 실험방법을 사용하였고, 자료에는 실제로 과분산이 있다는 것을 발견하였다.

과분산을 수정하기 위해서 준−최우법(QMLE)과 일반화선형모형(GLM)을 사용하였다. 두 가지 방법 모두 PRM의 표준오차를 수정하였고, 이것은 최우법(ML)에 의해 추정되었다. 이러한 수정의 결과로서, PRM에 몇몇 표준오차가 심하게 과소평가되었고, 이것이 다양한 설명변수의 통계학적 유효성을 과장하는 결과를 초래한다는 것이 발견되었다.

몇몇 경우에서 설명변수는 원래의 PRM 추정과는 매우 다르게 통계적으로 유효하지 않다는 것이 발견되었다. 결과가 과분산을 보여주기 때문에, 대안모형인 음이항 회귀모형(NBRM)을 사용하였다. NBRM 모형의 장점은 과분산을 고려하여 분산을 과대평과한 크기를 직접 추정한 것을 제공한다는 것이다. 또한 NBRM 결과는 원래의 PRM 표준오차가 몇몇의 경우에서 과소평가된다는 것을 보여주었다.

연습문제

12.1 표 12.1에 1991년의 특허와 다른 변수들에 대한 자료가 주어져 있다. 이 장에서 논의된 1991년 동안의 자료를 사용한 분석을 반복검증하라.

12.2 도우미 웹사이트 **표 11.7**의 데이터를 고려하자. 혼외정사의 레이 페어의 분석에 사용된 데이터이다. 많은 데이터들이 혼외정사에 대해 0으로 주어져 있기에 이러한 데이터들은 포와송 모델과 음의 이항분포 모델에 적합하다. 결과를 보면, 제11장에서 논의된, 어떻게 센서드 모형으로부터 나온 결과와 비교할 수 있는가?

  본 예로 하나 이상의 계량경제학적 모형보다 더 잘 처리된 후의 원데이터를 보여준 것이다.

12.3 표 **12.1**에 있는 자료를 사용하라. LR 값이 4.21인 미국에서 컴퓨터 산업을 운영하는 사가 획득한 특허 평균의 의미는 무엇인가? (힌트 : 표 12.4에 있는 자료를 사용하라.) 참고로, 표본에서 이러한 특징을 가진 회사는 1990년에 40개의 특허를 획득하였다.

12.4 학자의 생산성은 보통 그 혹은 그녀가 학술저널에 몇 편의 논문을 게재했는지에 의해 판단된다. 이러한 생산성은 성별, 혼인 상태, 어린아이의 수, 대학원 과정의 명성 그리고 그 학자의 멘토에 의해 몇 편의 논문이 게재되었는지와 같은 요소들에 의해 영향을 받는다. 소수의 논문들을 생산해내는 많은 학자들과 상대적으로 많은 편수의 논문을 게재하는 몇몇 학자들로 인해 게재 논문 편수는 유한한 숫자이고 그렇기 때문에 게재 논문 편수는 아마도 포아송 분포를 따르는 것처럼 보인다. 그러므로 우리는 다음과 같은 포아송 회귀 모형을 추정할 수 있다.

$$\mu_i = E(Y \mid XB)$$
$$= \exp\{B_1 + B_2\,fem_i + B_3\,mar_i + B_4\,kid5_i + B_5\,phd_i + B_6\,ment\}$$

여기서 $\mu_i = E(Y|XB)$ = 지난 3년 동안의 박사학위 과정에 있는 학자의 평균 논문 게재 편수

fem = 성별, 여성이면 1, 남성이면 0

mar = 혼인 상태, 기혼이면 1, 미혼이면 0

kid5 = 5세 미만의 자녀 수

phd = 대학원 과정의 명성(1~5의 척도)

ment = 지난 3년간 그 학자의 멘토에 의해 게재된 논문 편수

포아송 회귀 모형이 데이터에 적합한지를 보기 위해 당신은 도우미 웹사이트의 **표 12.7**로부터 데이터를 얻을 수 있다.[11] 데이터는 915명의 학자들의 데이터이다. 표본에서, 그 학자의 논문 게재 편수의 범위는 0에서 19까지이고 멘토의 논문 게재 편수의 범위는 0에서 77까지이다.

(a) 추정된 모형의 계수를 해석하라.

(b) fem, mar, kid5, phd, ment의 1단위 변화에 따른 μ_i의 기대되는 변화는 무엇인가?

(c) 학자의 평균 생산성에 대한 회귀변수들의 충격의 사전적 예상은 무엇인가?

(d) 어떤 회귀변수들이 개별적으로 통계적으로 유의한가? 당신은 어떤 테스트를 사용했는가?

(e) 당신은 어떻게 추정된 모델의 전체적인 유의성을 판단할 것인가?

(f) 현재의 경우 상승비(proportional odds ratio) 모형의 가정이 유효한지 아닌지 검정해 보라.

(g) 현재의 예제에서 상승비 모형의 가정이 옹호되지 않는다면 당신이 고려하는 대안은 무엇인가? 선택된 대안으로부터 얻어진 결과를 제시하고 그것을 해석하라.

12.5 넘어지는 빈도에 대한 노인병 연구에서 네터(Neter) 외는 65세 이상의 100명의 개별 자료를 얻었고 변수들은 다음과 같다.[12]

Y = 개인별 넘어져서 다친 빈도수

X_2 = 성별(남성=1, 여성=0)

X_3 = 밸런스(균형) 지수

X_4 = 근력 지수

Z = 개입변수, 오직 교육만이라면 0의 값을, 교육과 에어로빅 운동이라면 1의 값

피험자들은 2개의 개입방법에 무작위로 할당된다. 목표는 넘어지는 빈도에 대한 이러한 변수들의 충격을 알아내는 것이다.

데이터를 이용하여 우리는 다음과 같은 포아송 회귀 모형을 설정한다.

$$Y_i = \exp\{B_1 + B_2 X_{2i} + B_3 X_{3i} + B_4 X_{4i} + B_5 Z_i\} + u_i$$

추정된 계수값들은 다음과 같다.

11 출처 : Long, J. S. and Freese, J., *Regression Models for Categorical Dependent Variables Using Stata*, 2nd edn, Stata Press, 2006.

12 Neter, J., Kutner, M. H., Nachtsheim, C. J. and Wasserman, W. *Applied Linear Regression Models*, 3rd edn, McGraw-Hill/Irwin, New York, 1996. 본 연습문제에 사용된 데이터는 저자들의 책과 함께 제공된 디스크로부터 제공된다. 주어진 포아송 회귀모형의 결과 역시 이 데이터에서 얻었다.

	계수	표준오차	t통계량	p값
b_1	0.3702	0.3459	1.0701	0.2873
b_2	−0.0219	0.1105	−0.1985	0.8430
b_3	0.0107	0.0027	3.9483	0.0001
b_4	0.0093	0.0041	2.2380	0.0275
b_5	−1.1004	0.1705	−6.4525	0.0000

$R^2 = 0.4857$; $adj\ R^2 = 0.4640$; $\log likelihood = -197.2096$

(a) 회귀변수의 계수들의 예상되는 부호는 무엇인가? 결과 값은 사전에 기대했던 것과 일치하는가?

(b) 당신은 교육과 에어로빅 운동들을 함께하는 것이 교육 하나만 하는 것보다 넘어지는 횟수를 줄이는 데에 더 중요하다고 결론짓는가?

(c) 표본에 있는 어떤 개인이 세 가지 값을 갖는다고 가정해 보자.

$$X_2 = 1, X_3 = 50, X_4 = 56, Z = 1$$

이 개인의 넘어지는 횟수의 추정된 평균값은 얼마인가? 이 개인의 실제 값은 4이다.

(d) 유사한 회귀변수 값을 갖는 개인이 1년에 5회 미만으로 넘어질 확률은 얼마인가?

(e) 근력 지수의 값이 1단위 증가할 때 평균값의 효과는 얼마인가?

12.6 도우미 웹사이트의 **표 12.8**은[13] 316명의 학생들에 대한 정보를 제공한다. 반응변수는 학교를 다니는 기간 동안의 결석한 날들(daysabs), 수학시험 표준점수(mathnce), 언어시험 표준점수(langnce), 그리고 성별(여성 = 1)이다.

　　daysabs가 포아송 분포를 따른다고 가정하고 mathnce, langnce, gender를 공변변수로하여 포아송 회귀를 추정하라. 회귀 결과에 대해 논하라. 지금의 경우 당신은 음이항회귀가 포아송 회귀보다 더 적절한지 아닌지를 어떻게 결정하는가? 필요한 계산과 정들을 제시하라.

---

13 출처 : UCLA IDRE Statistical Consulting Group.

13 | 안정적 시계열과 불안정적 시계열

시계열 자료가 포함된 회귀분석에서 가장 중요한 가정은 고려 중인 시계열은 안정적(stationary)이라는 것이다. 평균과 분산이 해당 기간 동안 일정하고 두 시점 간의 공분산 값이 분산이 계산되는 실제시간에 의존하는 것이 아니라 두 시점 간의 거리 또는 시차에만 의존한다면, 대체로 시계열은 안정적이라 할 수 있다.[1]

시계열은 시간의 순서에 따라 나열된 확률변수의 연속인 확률과정(stochastic process)의 실례이다.[2]

13.1 환율은 안정적 시계열인가?

환율이 안정적인 시계열인지에 대한 설명을 하기 위해 구체적인 경제 시계열 자료로 미국 달러와 유로화 간의 환율, 즉 유로화 1단위에 대한 미국 달러의 교환비율을 사용하였다. 환율자료는 2000년 1월 2일부터 2008년 5월 8일까지의 일별 자료이며, 총 관측치는 2,355이다. 환율시장은 휴일로 인해 매일 개장되지는 않기 때문에 자료는 연속하지 않는다. 이 자료는 **표 13.1**에서 제공되었으며 도우미 웹사이트에 수록되어 있다.

그림 13.1은 로그변환된 일별 달러/유로 환율(LEX)을 보여주고 있다. 일반적인 환율 대신에 로그를 취한 환율을 사용하는 이유는 단순한 변수의 변환은 절대적인 변환을 나타내는 반면, 변수를 로그변환하는 것은 상대변화 또는 수익률을 나타내기 때문이다. 비교를 하는 목적에 있어서, 로그변환하는 것이 일반적으로 더 흥미를 유발한다.

이 그림에 따르면, 로그변환된 환율은 비록 변동성은 크지만 전반적으로 우상향하는 모습

---

1 이러한 특징을 가진 시계열은 약 또는 공분산 안정적이라고 알려져 있다. 모든 시점에 있어 확률분포의 최초 두 적률(즉, 평균과 분산)뿐만 아니라 모든 적률이 불변이라면, 시계열은 강 안정적이다. 그러나 안정적 과정이 정규분포라면, 약 안정적 확률과정은 강 안정적이다. 왜냐하면 정규 확률과정은 평균과 분산의 두 적률에 의해 완전히 설정되기 때문이다.

2 '확률적(stochastic)'이라는 용어는 표적 또는 황소의 눈을 의미하는 그리스 단어 'stokhos'에서 유래하였다. 다트판에 다트를 던져본 사람은 누구나 황소의 눈을 맞추는 것이 임의과정이라는 것을 알 것이다. 수십 번의 시도 중에서 단지 몇 번만 맞을 것이고, 대부분은 주변으로 아무렇게나 퍼져버릴 것이다.

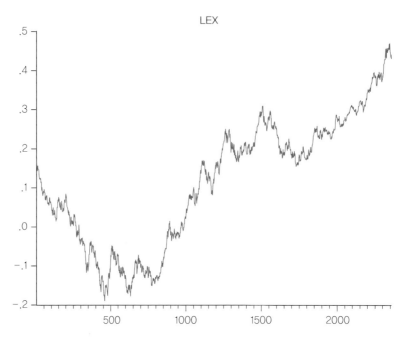

그림 13.1 LEX : 로그를 취한 일별 달러/유로 환율

을 띠며 정지되어 있지 않다. 이것은 이 시계열의 평균도 분산도 안정적이지 않다는 의미이다. 공식적으로, 평균과 분산이 해당 기간 동안 일정하고 두 시점 간의 공분산 값이 분산이 계산되는 실제시간에 의존하는 것이 아니라 두 시점 간의 거리 또는 시차에만 의존한다면, 대체로 시계열은 안정적이라고 말한다. 이러한 시계열은 약 안정적(weakly stationary) 또는 공분산 안정적(covariance stationary)이라고 알려져 있다.[3]

13.2 안정적 시계열의 중요성

왜 우리는 시계열이 안정적인지 아닌지에 대해 관심을 가져야 할까? 그 이유는 다음과 같다.

첫째, 만약 시계열이 불안정적이라면, 우리가 살펴보고 있는 달러/유로 환율과 같이 오직 고려 중인 기간의 움직임에 대한 분석만이 가능하기 때문이다. 각각의 시계열은 특정한 사건을 대표하고 있다. 결과적으로, 그것을 다른 시간으로 일반화하는 것은 불가능하다. 따라서 예측을 하는 목적에 있어서 불안정적 시계열은 실용적 가치가 거의 없다고 할 수 있다.

둘째, 만약 우리가 2개 또는 그 이상의 불안정적 시계열을 갖고 있다면, 이것을 포함한 회귀분석은 비논리적이거나 터무니없는 결과를 보일 것이다. 이것은 만약 하나 또는 그 이상의 불안정적인 시계열이 포함된 자료를 추정한다면, 아마도 높은 R^2값을 얻거나 일부 또는 전체의

---

3 앞에서 지적한 바와 같이, 모든 시점에 있어 확률분포의 평균과 분산뿐만 아니라 모든 적률이 불변이라면 시계열은 강 안정적이다.

회귀계수가 일반적인 t-검정이나 F-검정을 바탕으로 유의한 값을 얻을 수도 있다는 것이다. 불행하게도, 이러한 경우 그들이 안정적이라고 가정하고 있는 불안정적인 시계열의 검정은 신뢰할 수 없다.

비논리적인 추정이라는 주제에 대해서는 다음 장에서 좀 더 자세히 논의할 것이다.

13.3 안정성 검정

안정성 검정을 하는 이유는 만약 시계열이 안정적이라면 그것을 밝히는 것은 중요하기 때문이다. 기본적으로 안정성 검정에는 세 가지 방법이 있다. 즉, (1) 그래프 분석, (2) 상관도표(correlogram), (3) 단위근 검정이 그것이다. 이 장에서는 처음 두 검정을 다루고 마지막 단위근 검정은 다음 장에서 논의할 것이다.

그래프 분석

그림 13.1에서 보는 바와 같이, 시계열의 그래프는 간단하지만 쓸모 있는 안정성 검정방법이다. 때때로 이러한 알기 쉬운 분석은 주어진 시계열이 안정적이거나 그렇지 않음에 상관없이 초기 단서를 제공할 것이다. 그런 직감이 전형적인 안정성 검정의 시작인 것이다. 그리고 "누구든 그래프를 먼저 그리지 않고 시계열 분석을 하려는 것은 사서 고생하는 일이다."라는 말을 기억할 필요가 있다.[4]

자기상관함수와 상관도표

그림 13.2는 t기의 LEX와 그것의 시차값에 회귀하는 값에 대한 그래프이다. 이 수치는 현재의 LEX와 1기 전의 LEX 간의 상관관계가 매우 높음을 보여주고 있다. 하지만 상관관계가 며칠간에 걸쳐 있을 가능성이 매우 크다. 그것은 현재 LEX가 며칠에 걸쳐 회귀된 LEX와 상관관계를 가질 수도 있다는 것이다. 어느 정도의 시차까지 상관관계가 있는지는 흔히 말하는 자기상관함수(autocorrelation function, ACF)를 통하여 알 수 있다. 시차 k의 ACF는 다음과 같이 정의된다.

$$\rho_k = \frac{\gamma_k}{\gamma_0} = \frac{\text{시차 } k \text{의 공분산}}{\text{분산}} \tag{13.1}$$

실제로 주어진 표본을 통하여 ACF를 계산하며, $\hat{\rho}_k$라고 표기한다. 이는 시차 k의 표본공분산과 표본분산을 기초로 한다. 실제 공식은 일상적으로 최신의 소프트웨어 패키지를 통하여 계산되므로 얽매일 필요는 없다.

현실적으로 주요한 질문은 시차 k의 기간에 관한 것이다. 아카이케 또는 슈바르츠 정보 기준

---

4 Chris Chatfield, *The Analysis of Time Series: An Introduction*, 6th edn, Chapman & Hall/CRC Press, 2004, p. 6.

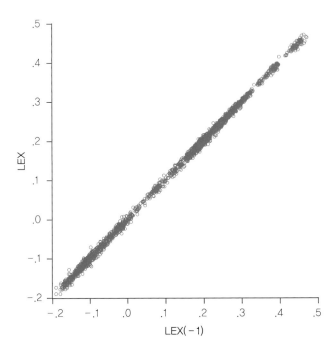

그림 13.2 현재 대 시차를 적용한 *LEX*

을 이용하여 시차의 기간을 알아낼 수 있다.[5] 하지만 경험법칙은 시계열의 4분의 1부터 3분의 1까지의 ACF를 계산한다. 우리는 2,355의 관측치를 가지고 있고, 이것의 4분의 1은 약 589분기가 될 것이다. 하지만 모든 분기를 사용하지 않고 초기의 30분기만을 사용하여 ACF의 성질을 보일 것이다. $\hat{\rho}_k$를 시차기간 k에 대하여 그린 그래프는 (표본)상관도표(correlogram)라고 부른다. 당분간 세로축의 부분상관(PAC)은 제16장 시계열 예측에서 다룰 것이므로 무시한다.

달러/유로 간 환율의 상관도표는 표 13.2에 주어져 있다.

진행하기에 앞서, 우리는 순수하게 확률적이거나 백색잡음이라는 특별한 종류의 시계열에 대하여 언급할 것이다. 이러한 시계열은 균일한 평균과 균일한 분산(즉, 동분산)을 가지고 있으며 계열상관이 있다. 이것의 평균값은 주로 0으로 가정한다. 고전적 선형회귀모형에 포함된 오차항 u_t가 백색잡음과정이라고 가정하였고, 이를 $u_t \sim IID(0, \sigma^2)$이라고 표기했던 것을 기억하면 된다. 즉, u_t는 독립이고, 평균이 0이면서 분산이 일정한 분포와 동일한 분포를 따른다는 것이다. 추가적으로, u_t는 정규분포하며, 이것은 가우스적 백색잡음과정(Gaussian white noise process)이라고 부른다. 이러한 다양한 시차가 0을 맴돌거나 상관도표의 AFC 시계열은 식별이 가능하지 않은 패턴을 보인다.

예로 돌아가서, ACF 열과 첫 번째 열에 따라 주어진 그림이 나타내는 것(상관도표)에 주목

---

5 이러한 기준은 제2장에서 논의하였다.

표 13.2 달러/유로 환율의 표본상관도표

Autocorrelation	Partial Correlation		ACF	PAC	Q-Stat	Prob
|*******	|*******	1	0.998	0.998	2350.9	0.000
|*******	||	2	0.997	0.004	4695.7	0.000
|*******	||	3	0.995	−0.017	7034.2	0.000
|*******	||	4	0.994	0.012	9366.6	0.000
|*******	||	5	0.992	−0.014	11693.	0.000
|*******	||	6	0.991	0.012	14013.	0.000
|*******	||	7	0.989	−0.020	16326.	0.000
|*******	||	8	0.988	−0.018	18633.	0.000
|*******	||	9	0.986	0.006	20934.	0.000
|*******	||	10	0.984	0.001	23228.	0.000
|*******	||	11	0.983	0.001	25516.	0.000
|*******	||	12	0.981	−0.024	27796.	0.000
|*******	||	13	0.979	−0.019	30070.	0.000
|*******	||	14	0.978	−0.001	32337.	0.000
|*******	||	15	0.976	0.016	34597.	0.000
|*******	||	16	0.974	−0.007	36850.	0.000
|*******	||	17	0.973	−0.010	39097.	0.000
|*******	||	18	0.971	0.020	41336.	0.000
|*******	||	19	0.969	−0.011	43569.	0.000
|*******	||	20	0.968	−0.005	45795.	0.000
|*******	||	21	0.966	−0.006	48014.	0.000
|*******	||	22	0.964	0.006	50226.	0.000
|*******	||	23	0.963	−0.005	52431.	0.000
|*******	||	24	0.961	−0.016	54629.	0.000
|*******	||	25	0.959	−0.020	56820.	0.000
|*******	||	26	0.957	0.009	59003.	0.000
|*******	||	27	0.955	0.001	61179.	0.000
|*******	||	28	0.954	0.007	63349.	0.000
|*******	||	29	0.952	−0.009	65511.	0.000
|*******	||	30	0.950	0.012	67666.	0.000

하자. 보는 바와 같이 상관계수가 심지어 30분기 시차까지도 0.95로 매우 높다는 것이다. 그 뿐만 아니라 추정된 자기상관계수 ρ_k 또한 매우 느리게 감소하고 있다. 이것은 백색잡음 시계열의 상관도표와 강하게 대조되고 있다(표 13.5 참조).

표준오차를 계산함으로써 각각의 자기상관계수에 대한 통계적 유의성 검정을 할 수 있다. 통계학자 바트렛(Bartlett)은 만약 시계열이 순수하게 확률적이라면, 표본자기상관계수 $\hat{\rho}_k$는 대체로 (즉, 대표본에서) 다음과 같은 분포를 보임을 보여주었다.

$$\hat{\rho} \sim N(0, 1/n) \tag{13.2}$$

즉, 대표본 $\hat{\rho}$은 대체로 평균이 0이고 분산이 $1/n$인 정규분포를 따른다는 것이다. 표본크기는 2,355이고, 따라서 분산은 $1/2,355$ 또는 약 0.00042이고, 표준편차는 $\sqrt{0.00042} = 0.0206$이다. 그러므로 표준정규분포의 특성에 따라 ρ_k의 95% 신뢰구간은 $[0 \pm 1.96(0.0206)]$ 또는 -0.0404에서 0.0404이다.

추정된 어떠한 상관관계도 이 구간에 속하지 않기 때문에, 표 안의 추정된 모든 자기상관계수는 통계적으로 유의하다고 결론지을 수 있다. 이러한 결론은 ACF를 150분기 시차까지 계산한다고 하더라도 변하지 않는다! 이것은 LEX가 불안정적이라는 것을 매우 강하게 보여주는 것이다.

각각의 자기상관계수의 통계적 유의성을 평가하는 대신에 자기상관계수 제곱합이 통계적으로 유의한지 규명할 수 있다. 이 검정은 박스와 피어스(Box and Pierce)가 개발한 다음과 같은 Q-통계량으로 할 수 있으며, 다음과 같이 정의된다.

$$Q = n \sum_{k=1}^{m} \hat{\rho}_k^2 \tag{13.3}$$

여기서 n은 표본크기(우리 예에서는 2,355), m은 ACF를 계산하는 데 사용된 총 시차길이(현재 예에서는 30)이다. Q-통계량은 한 시계열이 순수하게 확률적인지 또는 백색잡음인지 여부를 검정하는 데 사용되기도 한다.

대표본에서 Q는 대체로 자유도가 m인 χ^2-분포를 따른다. 만약 실제 적용에 있어서 계산된 Q-값이 정해진 유의수준에서 χ^2-분포의 임계치보다 크면, 실제 ρ_k가 0이라는 가설을 기각할 수 있다. 적어도 ρ_k 중 몇 개는 0이 아니어야 한다.

표 13.1의 마지막 열은 Q의 p(probability)값을 제시하고 있다. 표에서 보여주는 바에 따르면, 30분기 시차까지 고려한 Q값은 67,666이고 실질적으로 Q값을 얻을 확률은 0이다. 따라서 시계열은 불안정적이다.

요약하면, 달러/유로 시계열은 불안정적이라는 명백한 증거가 있다.

13.4 안정성의 단위근 검정

세부적인 내용은 제외하고, 달러/유로 환율의 단위근 검정에 대해 다음과 같이 표현할 수 있다.[6]

$$\Delta LEX_t = B_1 + B_2 t + B_3 LEX_{t-1} + u_t \tag{13.4}$$

---

6 이해하기 쉬운 논의를 위해서는 Gujarati/Poter, *op cit*, Chapter 21을 참조하라.

여기서 $\Delta LEX_t = LEX_t - LEX_{t-1}$은 로그를 취한 환율의 1차 차분연산자이며, t는 시간 또는 1, 2의 표본 끝까지에 대한 추세변수이고, u_t는 오차항이다.

말하자면, 추세변수의 로그를 취한 환율의 1차 차분연산자와 1분기 시차를 고려한 환율값을 회귀시킨다고 한다.

귀무가설은 B_3, LEX_{t-1}의 계수는 0이라는 것이며, 이것을 단위근 검정(unit root hypothesis)이라 부른다.[7] 대립가설은 $B_3 < 0$이다.[8] 귀무가설을 기각하지 않는다면, 고려 중인 시계열은 불안정적이라고 말할 수 있다.

따라서 전형적인 t-검정을 통하여 $B_3 = 0$이라는 귀무가설을 검정할 수 있을 것처럼 보이지만, 불행히도 그것은 불가능하다. 왜냐하면 t-검정은 시계열이 안정적인 경우에 한하여 유의하기 때문이다. 하지만 Dickey와 Fuller에 의해 개발된 τ(tau)-검정을 사용할 수 있고, 시뮬레이션과 Eviews 또는 Stata와 같은 최신의 통계패키지를 통하여 정확한 값을 통상적으로 계산할 수 있다. 문헌에서 τ-검정은 Dickey-Fuller(DF) 검정으로 알려져 있다.

실제로 OLS를 통하여 식 (13.4)를 추정할 수 있지만(기계적으로 계산된 $LEX_{t-1}(=B_3)$의 계수를 참고하라), 그것이 DF 임계치를 초과하는지 알아보기 위하여 DF 임계치를 사용한다. 만약 실제로 추정된 B_3의 계산된 $t(=\text{tau})$값이 DF 임계치보다 크다면(절댓값), 단위근 검정가설을 기각할 수 있고 이것은 연구 중인 시계열이 안정적이라 결론지을 수 있음을 의미한다. 이 경우 전형적인 t-검정이 가능하다. 다른 한편으로, 만약 추정된 값이 tau 임계치를 넘지 못한다면 단위근가설을 기각할 수 없으며, 시계열은 안정적이지 않다고 결론지을 수 있다. tau의 절댓값을 고려하는 이유는 대개 B_3 계수는 음수로 기대되기 때문이다.[9]

예로 다시 돌아가도록 하자. 식 (13.4)의 추정 결과는 표 13.3에 주어져 있다.

1분기 시차가 고려된 LEX의 계수값은 -3.0265이다. 만약 전형적으로 계산되는 p 또는 확률 값을 본다면, 이것은 0.0025로 매우 낮다. 따라서 -0.004로 추정된 계수가 통계적으로 0은 아니기 때문에 미국/유럽 시계열은 안정적이라는 결론을 짓고 싶어 할 것이다.[10]

하지만 DF의 임계치는 -3.9619(1%), -3.4117(5%), 그리고 -3.1277(10%)이다. 계산된 t값은 -3.0265이고, 그러므로 미국/유럽 시계열은 안정적이지 않다고 결론지을 수 있다. 절

---

7 왜 단위근이라고 부르는지 직관적으로 보기 위해서는 다음과 같은 과정을 따르면 된다. $LEX_t = B_1 + B_2t + CLEX_{t-1} + u_t$이라 하자. 이 식의 양변에서 LEX_{t-1}을 빼면, $(LEX_t - LEX_{t-1}) = B_1 + B_2t + CLEX_{t-1} - LEX_{t-1} + u_t$를 얻을 수 있다. 따라서 $\Delta LEX_t = B_1 + B_2t + (C-1)LEX_{t-1} + u_t = B_1 + B_2t + B_3LEX_{t-1} + u_t$이고, 여기서 $B_3 = (C-1)$이다. 만약 $C=1$이라면, 회귀식 (13.4)의 B_3는 0이 될 것이다. 따라서 단위근이라 부르는 것이다.

8 $B_3 > 0$의 가능성을 배제하였는데, $C > 1$이면 시계열이 확산되기 때문이다.

9 만약 $C < 1$, $B_3 < 0$이라면 $B_3 = (C-1)$임을 주목하라.

10 이 경우 $(C-1) = -0.004$, 따라서 $C = 0.996$이고 이것은 1과 정확하게 같지 않다. 이것은 LEX 시계열이 안정적이라는 것을 뒷받침하는 것이다.

표 13.3 달러/유로 환율의 단위근 검정

Dependent Variable: Δ(LEX)
Method: Least Squares
Sample (adjusted): 2 2355
Included Observations: 2354 after adjustments

	Coefficient	Std. Error	t-Statistic	Prob.
C	−0.000846	0.000292	−2.897773	0.0038
t	1.21E−06	3.22E−07	3.761595	0.0002
LEX(−1)	−0.004088	0.001351	−3.026489	0.0025

R-squared	0.005995	Mean dependent var	0.000113
Adjusted R-squared	0.005149	S.D. dependent var	0.005926
S.E. of regression	0.005911	Akaike info criterion	−7.422695
Sum squared resid	0.082147	Schwarz criterion	−7.415349
Log likelihood	8739.512	Durbin−Watson stat	1.999138
F-statistic	7.089626	Prob(F-statistic)	0.000852

댓값으로 볼 때, 3.0265는 어떠한 DF 임계치 t값보다 작다. 따라서 미국/유럽 시계열은 안정적이지 않다고 결론지을 것이다.

다시 말해 단위근의 귀무가설을 기각하기 위해서는 계산된 LEX_{t-1}의 t값은 어떠한 DF의 임계값들보다 더 음이어야 한다. DF 임계값에 비추어 보면 −3.0265의 $tau(=t)$값을 얻을 확률은 약 12% 정도이다. 표에서 볼 수 있듯이, 전형적인 t-통계량은 −3.0264가 0.0025 수준에서 유의하다는 것을 보여주고 있다. 위에서 보듯이, 전형적으로 계산되는 추정된 t값의 유의수준이 불안정적인 시계열에 적용될 때는 매우 잘못될 수 있다.

DF 검정의 실용적인 측면

DF 검정은 세 가지 다른 형태로 보일 수 있다.

$$임의행보 : \Delta LEX_t = B_3 LEX_{t-1} + u_t \tag{13.5}$$

$$표류항이 있는 임의행보 : \Delta LEX_t = B_1 + B_3 LEX_{t-1} + u_t \tag{13.6}$$

확정적 추세 주변 표류항이 있는 임의행보 :

$$\Delta LEX_t = B_1 + B_2 t + B_3 LEX_{t-1} + u_t \tag{13.7}$$

각각의 귀무가설은 모두 $B_3 = 0$(즉, 단위근), 대립가설은 $B_3 < 0$(즉, 단위근이 아닌)이다. 하지만 DF 값의 임계치는 각 모형마다 다르다. 실제로 어떠한 모형을 다루어야 하는지는 실증적인 문제이지만, 모형표기오차를 예방해야 한다. 만약 식 (13.7)이 '정확한' 모형이라면, 식 (13.5) 또는 (13.6)은 모형표기오차의 경우에 해당된다. 여기서는 중요한 변수를 생략했다는 것이다.

그렇다면 식 (13.5), (13.6), (13.7) 중 실제로 어떤 것을 사용해야 할까? 몇 가지 지침은 다음과 같다.[11]

1. 식 (13.5)는 시계열이 표본평균 0 주변에서 변동할 때 사용할 수 있다.

2. 식 (13.6)은 시계열이 0이 아닌 표본평균 주변에서 변동한다면 사용할 수 있다.

3. 식 (13.7)은 시계열이 선형으로 변동할 때 사용한다. 때로는 추세가 2차함수일 수도 있다.

문헌에서는 식 (13.5)를 표류항이 없는 임의행보(즉, 절편이 없는) 모형, 식 (13.6)은 표류항이 있는 임의행보(즉, 절편이 있는) 모형, B_1은 표류항 모수라고 부른다. 그리고 식 (13.7)은 확정적 추세 주변 표류항이 있는 임의행보 모형이라 하는데, 그 이유는 확정적 추세값 B_2가 각 기간마다 더해지기 때문이다. 추가적으로 확정적 추세에 대하여 간략하게 다루어 보자.

만약 회귀식 (13.7)의 성격이 LEX일 때를 구해 보자. 그 결과는 표 13.4에 주어져 있다.

표 13.4 절편과 추세를 포함한 달러/유로 환율의 단위근 검정

Null Hypothesis: LEX has a unit root
Exogenous: Constant, Linear Trend
Lag Length: 0 (Automatic based on SIC, MAXLAG=0)

			t-Statistic	Prob.*
Augmented Dickey–Fuller test statistic			−3.026489	0.1251
Test critical values:	1% level		−3.961944	
	5% level		−3.411717	
	10% level		−3.127739	

*MacKinnon (1996) one-sided p-values.
Augmented Dickey–Fuller Test Equation
Dependent Variable: D(LEX)
Method: Least Squares
Sample (adjusted): 2 2355
Included Observations: 2354 after adjustments

	Coefficient	Std. Error	t-Statistic	Prob.
LEX(−1)	−0.004088	0.001351	−3.026489	0.0025
C	−0.000846	0.000292	−2.897773	0.0038
@TREND(1)	1.21E−06	3.22E−07	3.761595	0.0002

R-squared	0.005995	Mean dependent var	0.000113
Adjusted R-squared	0.005149	S.D. dependent var	0.005926
S.E. of regression	0.005911	Akaike info criterion	−7.422695
Sum squared resid	0.082147	Schwarz criterion	−7.415349
Log likelihood	8739.512	Durbin–Watson stat	1.999138
F-statistic	7.089626	Prob(F-statistic)	0.000852

주 : @Trend는 추세변수를 생성하기 위한 Eviews 명령어이다. D는 1차 차분을 거쳤다는 Eviews 기호이다.

---

11 R. Carter Hill, William E. Griffiths and Guay C. Lim, *Principles of Econometrics*, 3rd edn, John Wiley & Sons, New York, 2008, p. 336을 참조하라.

이 표에서 주어진 Eviews의 결과는 두 부분으로 나뉘어 있다. 아래 부분에는 식 (13.7)의 보통의 OLS 결과가 주어져 있다. 여기서 추정된 모든 계수는 각각 t-검정에서 '높은' 통계적 유의함을 보였고 F값 또한 '높은' 유의성을 보이고 있는데, 전체적으로 모든 회귀변수가 LEX 의 유의한 결정요인임을 시사하고 있다.[12]

현재의 목적을 위한 중요한 계수는 시차를 고려한 LEX 값이다. 이 계수의 t값은 0.0025 수준에서 유의하다. 이에 반해 표의 윗부분에 주어진 이 계수의 tau값을 보면 0.125 수준에서 유의하며, 이것은 t의 1%, 5%, 10% 임계치보다 높은 수준이다. 다시 말해 t-검정에 의하면, 시차를 고려한 LEX의 계수는 0이나 다름없으며, 따라서 LEX 시계열은 불안정 시계열이라고 말할 수 있다. 이것은 상관도표와 같은 단순한 그림에 기초한 결론을 강화시켜 준다.

이러한 예는 불안정 시계열을 다룰 때 전형적인 t-검정 또는 F-검정이 어떻게 잘못될 수 있는지 보여주고 있다.

추가된 Dickey-Fuller(ADF) 검정

모형 (13.5), (13.6), (13.7)은 오차항 u_t가 상관관계가 없다고 가정하고 있다. 하지만 상관관계를 갖는 경우에 대하여 모형 (13.7)의 경우와 같이, Dickey와 Fuller는 강화된(augmented) Dickey-Fuller(ADF) 검정이라는 또 다른 검정을 개발하였다. 이 검정은 종속변수 ΔLEX_t의 시차를 추가함으로써 위의 3개 회귀식에 '추가' 하면서 다음과 같이 구성된다.

$$\Delta LEX_t = B_1 + B_2 t + B_3 LEX_{t-1} + \sum_{i=1}^{m} \alpha_i \Delta LEX_{t-i} + \varepsilon_t \tag{13.8}$$

여기서 ε_t는 순수백색잡음 오차항이고 m은 경험적으로 결정되는 최대 시차종속변수이다.[13] 목적은 식 (13.7)로부터 순수하게 확률적인 잔차를 만드는 것이다.

DF 검정과 같이, 귀무가설은 식 (13.8)의 B_3는 0이라는 것이다.

예를 들기 위하여 $m = 26$을 사용하였다. 그렇다고 하더라도 달러/유로 환율 시계열이 불안정하다는 결과는 바뀌지 않는다.

요약해서 말하면, 달러/유로 환율이 불안정하다는 것에는 명백한 증거가 있는 것처럼 보인다.

그렇다면 달러/유로 환율을 안정적인 시계열로 만들 수 있는 방법은 없는 것일까? 이에 대한 답은 다음과 같다.

---

12 선형모형과 2차식형 추세에 대해서도 추정했지만, 2차식형 추세는 p값이 26%로 통계적으로 유의하지 않게 나타났다.

13 만약 너무 많은 시차를 적용한다면 많은 자유도를 소모할 것이고, 이것이 작은 표본에서는 문제가 될 수도 있다는 것에 주목해야 한다. 연간 자료의 경우 하나 또는 2개의 시차를 포함할 수 있고, 월간 자료의 경우 12개의 시차를 포함할 수 있다. 물론 시차를 적용한 DLEX를 포함하는 목적은 오차항을 계열상관으로부터 자유롭게 만들기 위해서이다.

13.5 추세 안정적 대 차분 안정적 시계열

그림 13.1에서 볼 수 있듯이, 달러/유로 환율 시계열은 일반적으로 증가하는 추세를 가지고 있다. 일반적으로 추세 안정적 시계열로 만드는 것은 추세를 제거하는 것이다. 이것은 다음 회귀식의 추정을 통하여 해결이 가능하다.

$$LEX_t = A_1 + A_2 t + v_t \tag{13.9}$$

여기서 t(time)는 연대적 값을 취한 추세변수이고, 1, 2, ..., 2,355, 그리고 v_t는 통상적인 속성을 지닌 오차항이다.[14] 이 회귀식의 추정 후, 다음과 같은 식을 도출할 수 있다.

$$\hat{v} = LEX_t - a_1 - a_2 t \tag{13.10}$$

식 (13.10)에서 추정된 오차항 $\hat{v}_t$은 이제 추세가 제거된(detrended) LEX 시계열로 표현할 것이다.

지금까지 기술된 절차는 본래의 LEX 시계열에 확정적 추세가 있을 때 유효하다. 회귀식 (13.10)에서 얻어진 잔차는 그림 13.3에서 볼 수 있다.

이 그림은 그림 13.1과 매우 비슷하다. 만약 단위근 검정을 하기 위하여 그림 13.3의 시계열을 종속시키려면, 추세가 제거된 LEX 시계열이 여전히 불안정하다는 것을 밝혀야 할 것이

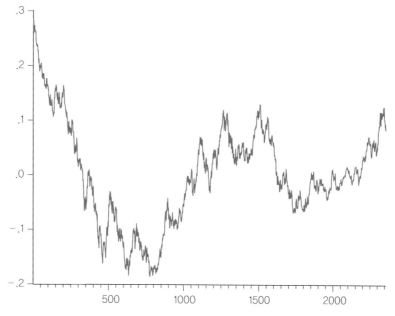

그림 13.3 시간에 대한 *LEX* 회귀의 잔차

---

14 2차함수 형태의 추세도 추가할 수 있다.

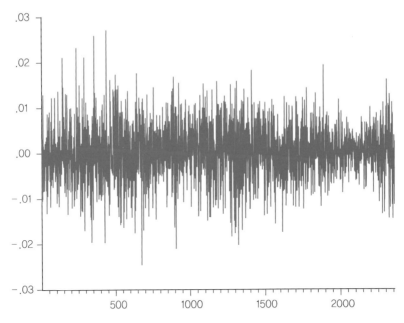

그림 13.4 *LEX*의 1차 차분

다.[15] 그러므로 추세를 제거하는 절차는 단순히 불안정 시계열을 안정적 시계열로 만들지 않을 것이다. 왜냐하면 이러한 절차는 오직 시계열이 결정적 추세를 포함할 때만 유의하기 때문이다. 그러면 어떻게 될까?

만약 제시된 바와 같이 추세를 제거하여 시계열이 안정적으로 바뀐다면, 이를 추세 안정적 과정(trend stationary process, TSP)이라고 부른다. 여기서 지적할 사항은 추세를 제거하는 과정이 불안정적이긴 하지만 단위근 검정과정은 아니라는 것이다.

위에서 제시된 방법으로 시계열의 추세를 제거하는 대신, LEX에 1차 차분을 한다고 하자(현재의 LEX 값에서 전기의 값을 빼는 것). 이것은 그림 13.4에 주어져 있다.

그림 13.1과는 다르게, LEX의 1차 차분에서 눈에 띄는 추세는 볼 수 없다. 만약 LEX의 1차 차분에서 상관도표를 구한다면, 표 13.5와 같은 결과를 얻을 것이다.

표에서 볼 수 있듯이, 30시차까지의 자기상관계수는 5% 수준에서 통계적으로 유의하며, Q-통계량 또한 마찬가지다.

LEX의 1차 차분에 대한 단위근 검정에서도 단위근이 존재하지 않는 것으로 나타났다. 이는 LEX의 1차 차분 시계열이 안정적이라는 것을 의미한다.

시계열에 1차 차분을 취한 후 안정적이 되었다면, 이러한 시계열을 차분 안정적 과정(difference

---

15 식 (13.9)에 2차식형 추세 t_2를 추가한다 하더라도, 이 회귀분석의 잔차는 여전히 불안정하다는 것을 보일 것이다.

표 13.5 LEX의 1차 차분 상관도표

	AC	PAC	Q-Stat	Prob
1	0.002	0.002	0.0113	0.915
2	−0.001	−0.001	0.0125	0.994
3	−0.017	−0.017	0.6673	0.881
4	0.051	0.052	6.9213	0.140
5	−0.036	−0.037	10.017	0.075
6	0.016	0.016	10.643	0.100
7	0.020	0.022	11.582	0.115
8	−0.024	−0.028	12.970	0.113
9	0.003	0.008	12.997	0.163
10	−0.013	−0.015	13.379	0.203
11	−0.003	−0.004	13.396	0.268
12	0.012	0.016	13.735	0.318
13	0.034	0.030	16.482	0.224
14	−0.003	−0.001	16.501	0.284
15	−0.032	−0.031	18.857	0.220
16	0.011	0.010	19.140	0.261
17	0.002	0.000	19.148	0.320
18	0.021	0.022	20.222	0.320
19	0.019	0.021	21.085	0.332
20	0.022	0.017	22.193	0.330
21	−0.035	−0.032	25.141	0.241
22	0.041	0.041	29.088	0.142
23	0.033	0.032	31.619	0.108
24	0.038	0.037	35.079	0.067
25	−0.007	−0.004	35.189	0.085
26	0.008	0.001	35.341	0.104
27	−0.015	−0.013	35.903	0.117
28	−0.028	−0.027	37.786	0.103
29	−0.014	−0.015	38.230	0.117
30	0.012	0.010	38.570	0.136

stationary process, DSP)이라고 부른다.[16]

만약 시계열이 DSP인데 TSP라고 취급한다면, 이러한 경우를 과소차분(under-differencing)이라 부르며, 이것에 주목해야 한다. 반면에 시계열이 TSP인데 DSP로 취급한다면, 이 경우

---

[16] 가끔 시계열을 안정적으로 만들기 위해서 한 번 이상 차분해야 할 때도 있다.

는 과대차분(over-differencing)이라고 부른다. 그림 13.3은 LEX 시계열의 사실상 과소차분에 대한 것이다.

결과적으로, 주된 결론은 LEX 시계열은 차분 안정적이라는 것이다.

적분된 시계열

시계열 문헌에서 '적분된 시계열(integrated time series)'이라는 용어를 자주 보게 될 것이다. 만약 어떤 시계열을 한 번 차분 후 안정적이 되었다면, 이것을 1차 적분되었다고 부르며 I(1)이라고 표기한다. 또한 안정적으로 만들기 위하여 두 번 차분해야 한다면(차분의 차분), 이것은 2차 적분되었다고 부르며 I(2)라고 표기한다. 시계열을 안정적으로 만들기 위하여 d번 차분해야 한다면, 그 시계열을 d차 적분되었다고 부르며 I(d)로 표기한다. 안정적 시계열 I(0)는 바로 0차 적분된 것이다. 따라서 '안정적 시계열'이라는 용어와 '0차 적분된 시계열'이라는 용어는 동일하다. 마찬가지로 시계열이 적분되었다면, 이것은 안정적이지 않은 것이다.

따라서 I(1)이 심하게 요동쳐도, 동일한 분산을 가진 평균 주변에서 변동하는 I(0)를 참작해야 할 수도 있다. 또 다른 것은 I(0)는 평균회귀(mean reverting)인 반면, I(1)은 이러한 추세를 보이지 않는다는 것이다. 이것은 평균으로부터 영원히 벗어날 수도 있다. 이러한 이유 때문에, I(1)은 확률적 추세(stochastic trend)를 가진다고 말해야 하는 것이다. 결과적으로, I(0)의 상관도표에서 자기상관은 시차가 증가함에 따라 매우 급격하게 0으로 감소하는 반면, LEX의 상관도표에서 I(1)은 매우 천천히 0에 가까워지고 있으며 이것은 표 13.2를 보면 알 수 있다.

대부분의 불안정적인 경제시계열 자료는 대부분 한 번 또는 두 번 이상의 차분을 필요로 하지는 않는다.

요약하면, 불안정한 시계열은 적분된 시계열 또는 확률적 추세를 포함한 시계열로 다양하게 알려져 있다.

이 장을 마치기에 앞서, 금융관련문헌에서 매우 중요한 불안정 시계열의 특별한 형태인 임의행보 시계열(random walk time series)에 대하여 간략하게 알아볼 것이다.

13.6 임의행보모형(RWM)

흔히 주식가격이나 환율과 같은 자산가격은 임의행보를 따른다고 알려져 있고, 이것은 불안정적 확률과정이다.[17] 임의행보는 두 가지 형태로 구분한다. 즉, (1) 표류항(drift)이 없는 임의행보(즉, 상수항이나 절편이 없음)와 (2) 표류항이 있는 임의행보(즉, 상수항이 존재함)가 그것이다.

---

17 임의행보는 술주정뱅이의 걸음에 종종 비교되기도 한다. 술집을 나선 후, 술주정뱅이는 시점 t에 있어서 u_t의 거리를 임의로 움직인다. 그리고 주정뱅이가 무한정 계속해서 걷는다면 궁극적으로 술집에서 점점 더 멀리 떠돌게 된다. 동일한 논리가 주식가격에 적용될 수 있다. 오늘의 주식가격은 어제의 주식가격에 확률적 충격을 더한 것과 같다.

표류항이 없는 임의행보

다음과 같은 모형을 생각해 보자.

$$Y_t = Y_{t-1} + u_t \tag{13.11}$$

여기서 Y_t는 오늘의 주식가격, Y_{t-1}은 어제의 주식가격, 그리고 u_t는 평균이 0이고 분산이 σ^2인 백색잡음 오차항이다.

식 (13.11)은 시점 t에서의 Y를 1기 시차값에 대해 회귀하는 것이라고 생각할 수 있다. 효율적 시장가설을 추종하는 사람들은 주식가격이 임의행보를 따르고, 따라서 주식시장에서 수익적 투기의 가능성이 없다고 주장한다.[18]

연이어 식 (13.11)은 다음과 같이 나타낼 수 있다.

$$Y_t = Y_0 + \sum u_t \tag{13.12}$$

여기서 Y_0는 초기 주식가격이다. 따라서 다음과 같이 표현할 수 있는데,

$$E(Y_t) = E(Y_0) + E(\Sigma u_t) = Y_0 \tag{13.13}$$

각각의 u_t에 대한 기댓값은 0이기 때문이다.

연이은 식으로, 다음과 같이 나타낼 수 있다(연습문제 13.1 참조).

$$\text{var}(Y_t) = t\sigma^2 \tag{13.14}$$

앞선 논의에 따르면, Y의 평균은 그것의 일정하지만 시차적 범위(time horizon) t에 따르는 초깃값 또는 시작값과 같으며, Y의 분산은 무한하게 증가하여 안정성 조건을 위배하게 된다.

요약하면, 표류항이 없는 임의행보모형은 특별하고 중요하며, 불안정한 확률과정의 한 형태이다.

흥미롭게도, 식 (13.11)을 다음과 같이 표현할 수 있으며,

$$Y_t - Y_{t-1} = \Delta Y_t = u_t \tag{13.15}$$

여기서 Δ는 1차 차분연산자이다.

따라서 Y_t가 불안정적이라면, 1차 차분은 안정적이다. 다른 말로 표현하면, 표류항이 없는 RWM은 차분 안정적 과정이다.

표류항이 있는 임의행보

식 (13.11)을 변형하면 다음과 같다.

$$Y_t = \delta + Y_{t-1} + u_t \tag{13.16}$$

---

[18] 기술적 분석가 또는 증권시장 분석 전문가(chartists)는, 그들이 그렇게 불리는 것처럼, 이러한 가설을 믿지 않고, 역사적으로 관찰된 주가로부터 주가의 양상을 예측할 수 있다고 믿는다.

여기서 δ(delta)는 표류항 모수(drift parameter)라고 부르고, 이것은 기본적으로 RWM의 초깃값이다.

표류항이 있는 RWM은 다음과 같이 나타낼 수 있다.

$$E(Y_t) = Y_0 + \delta t \tag{13.17}$$

$$\text{var}(Y_t) = t\sigma^2 \tag{13.18}$$

위에서 보는 바와 같이, 표류항이 있는 RWM에 대하여 평균과 분산 모두 시간에 따라 증가하는데, 이는 시계열 안정성 조건을 위배하는 것이다.

식 (13.16)을 다시 쓰면 다음과 같고,

$$Y_t - Y_{t-1} = \Delta Y_t = \delta + u_t \tag{13.19}$$

이것은 표류항이 있는 RWM의 1차 차분이다. u_t는 백색잡음 오차항이기 때문에 다음과 같이 간략하게 검증할 수 있다.

$$E(\Delta Y_t) = \delta \tag{13.20}$$

$$\text{var}(\Delta Y_t) = \sigma^2 \tag{13.21}$$

$$\text{cov}(\Delta Y_t, \Delta Y_{t-s}) = E(u_t u_{t-s}) = 0 \tag{13.22}$$

이것은 비록 표류항이 있는 RWM이 불안정 시계열일지라도, 그것의 1차 차분은 안정적 (확률) 과정이라는 의미이다. 다른 말로 표현하면, 표류항이 있는 RWM은 I(1) 과정이고, 반면에 그것의 1차 차분은 I(0) 과정이라는 것이다. 여기서 일정한 δ는 선형추세와 비슷한 역할을 하는데, 그 이유는 δ의 크기에 따라 평균적으로 각 기간의 Y_t 수준이 변화하기 때문이다.

예 : IBM 주식의 일별 종가(2000년 1월 4일부터 2002년 8월 20일까지)

표본기간 동안 IBM 주가가 임의행보하는지, 하지 않는지 알아 보기 위하여 우선 주식의 일별 종가에 로그를 취한 그래프를 그렸고, 이는 그림 13.5에 주어져 있다(도우미 웹사이트에 있는 **표 13.6**을 참조하라).

시각적으로, IBM 주가의 로그값은 불안정한 것처럼 보인다.

그렇다면 통계적으로 나타낼 수 있을까? 아마도 다음과 같은 회귀분석을 생각할 수 있을 것이다(Y는 IBM 주가의 로그값이라고 하자).

$$Y_t = B_1 + B_2 Y_{t-1} + u_t \tag{13.23}$$

그리고 $B_2 = 1$에 대하여 일반적인 t-검정을 포함한 가설검정을 할 것이다. 그러나 불안정한

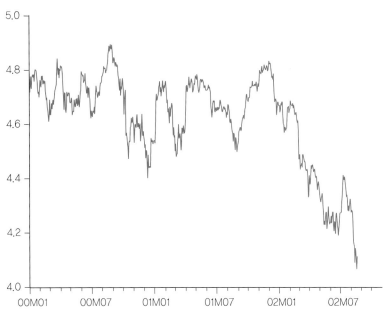

그림 13.5 IBM 주식의 일별 종가의 로그값

시계열의 경우, t-검정은 0 쪽으로 심하게 편향되어 있다. 이를 피하기 위하여, 식 (13.23)을 다음과 같이 조작할 것이다. 이 식의 양변에서 Y_{t-1}을 빼면,

$$Y_t - Y_{t-1} = B_1 + B_2 Y_{t-1} - Y_{t-1} + u_t \qquad (13.24)$$

즉,

$$\Delta Y_t = B_1 + \lambda Y_{t-1} + u_t$$

가 된다. 여기서 $\lambda = B_2 - 1$이다.

따라서 식 (13.23)을 추정하는 대신에 식 (13.24)를 추정하고, 대립가설 $\lambda < 0$에 대한 귀무가설 $\lambda = 0$에 대한 검정을 할 것이다.[19] 만약 $\lambda = 0$이라면, $B_2 = 1$이고 Y는 (표류항이 있는) 임의행보이고, 이것은 불안정한 것이다. 엄밀히 말하면, Y 시계열에는 단위근이 존재한다. 반면에 $\lambda < 0$이라면, Y_t는 안정적이라고 결론지을 수 있다.[20]

식 (13.24)를 추정한 후에도 귀무가설 $\lambda = 0$에 대하여 일반적인 t-검정을 할 수 없는데, 그 이유는 Y_{t-1}의 추정된 계수의 t값이 대표본인 경우에도 t-분포를 따르지 않기 때문이다.

위에서 언급한 바와 같이, 이 경우 Dickey-Fuller tau 통계를 사용한다. 이들에 의해 만들어 졌고 맥키논(MacKinnon)에 의해 발전된 임계치는 여러 컴퓨터 패키지에 포함되어 있다.

---

19 기본적으로 단위근 검정을 한다.

20 만약 $\lambda = (B_2 - 1)$이면, 안정적이 되기 위해서 B_2는 1보다 작아야 한다. 이렇게 되려면 λ가 음의 값이어야 한다.

표 13.7 IBM 주식 일별 종가의 단위근 검정

Null Hypothesis: LCLOSE has a unit root
Exogenous: Constant
Lag Length: 0 (Automatic based on AIC, MAXLAG=0)

			t-Statistic	Prob.*
Augmented Dickey–Fuller test statistic			−1.026066	0.7455
Test critical values:	1% level		−3.439654	
	5% level		−2.865536	
	10% level		−2.568955	

*MacKinnon (1996) one-sided p-values.
Augmented Dickey–Fuller Test Equation
Dependent Variable: D(LCLOSE)
Method: Least Squares
Sample (adjusted): 1/04/2000 8/20/2002
Included Observations: 686 after adjustments

	Coefficient	Std. Error	t-Statistic	Prob.
LCLOSE(−1)	−0.006209	0.006051	−1.026066	0.3052
C	0.027766	0.027984	0.992236	0.3214

R-squared	0.001537	Mean dependent var	−0.000928
Adjusted R-squared	0.000077	S.D. dependent var	0.026385
S.E. of regression	0.026384	Akaike info criterion	−4.429201
Sum squared resid	0.476146	Schwarz criterion	−4.415991
Log likelihood	1521.216	Hannan–Quinn criter.	−4.424090
F-statistic	1.052811	Durbin–Watson stat	2.099601
Prob(F-statistic)	0.305223		

주 : 이 표에서 D는 1차 차분을 나타내고, Lclose는 미국 주식시장 종가로 나타낸 IBM 일별 주가의 로그값을 나타낸다.

Eviews 6를 이용해 얻은 결과는 표 13.7에 주어져 있다. 이 표의 아래 부분은 일반적인 OLS의 결과이다. 시차를 고려한 IBM 주식 일별 종가의 계수에 대한 t값은 −1.0026, p값은 약 0.30이다. 여기서 계수는 0이나 다름 없음을 나타내고, 따라서 IBM 주식의 일별 종가는 임의행보이거나 불안정하다는 가설을 뒷받침하고 있다.

표의 윗부분을 보면, 시차를 고려한 IBM 주식 일별 종가의 계수에 대한 Dickey-Fuller tau 값의 p값이 약 0.75임을 알 수 있고, 이것은 재차 임의행보 가설을 뒷받침하고 있다. 하지만 어떻게 일반적인 t-검정과 τ-통계량의 유의수준이 상당한 차이를 보일 수 있는지 주목해야 한다.

IBM 주식 종가의 1차 차분은 안정적인가?

RW 모형의 1차 차분이 안정적이기 때문에 IBM 주가 로그값의 1차 차분이 안정적이라는 것을 알고 있으므로, 이러한 경우를 찾는 것은 놀라운 일은 아니다.

표 13.8 IBM 주식 일별 종가 1차 차분의 단위근 검정

Null Hypothesis: D(LCLOSE) has a unit root
Exogenous: None
Lag Length: 0 (Automatic based on SIC, MAXLAG=0)

			t-Statistic	Prob.*
Augmented Dickey–Fuller test statistic			−27.65371	0.0000
Test critical values:	1% level		−2.568342	
	5% level		−1.941286	
	10% level		−1.616388	

*MacKinnon (1996) one-sided p-values.
Augmented Dickey–Fuller Test Equation
Dependent Variable: D(LCLOSE,2)
Method: Least Squares
Sample (adjusted): 1/05/2000 8/20/2002
Included Observations: 685 after adjustments

	Coefficient	Std. Error	t-Statistic	Prob.
D(LCLOSE(−1))	−1.057102	0.038226	−27.65371	0.0000

R-squared	0.527857	Mean dependent var	0.000116	
Adjusted R-squared	0.527857	S.D. dependent var	0.038349	
S.E. of regression	0.026351	Akaike info criterion	−4.433187	
Sum squared resid	0.474941	Schwarz criterion	−4.426575	
Log likelihood	1519.367	Hannan–Quinn criter.	−4.430629	
Durbin–Watson stat	1.989376			

정형적인 단위근 분석을 한다면, 표 13.8과 같은 결과를 얻을 수 있다. 이 결과는 로그를 취한 **IBM** 주식가격 시계열의 1차 차분에 대한 단위근 가설을 기각할 수 있다는 것을 의미한다. 추정된 tau(=t)는 1% tau 임계치보다 더욱 높은 음의 값을 보이고 있다. 이 경우 tau와 t-통계량은 같다.

이전에 예측을 하는 목적에 있어서 불안정한 시계열은 사용할 수 없다고 언급하였다. 그렇다면 1차 차분한 *LEX* 또는 IBM 주가는 예측을 하는 데 사용할 수 있을까? 어떻게 1차 차분된 시계열로부터 기본적인(차분되지 않은) 시계열을 예측에 관련지을 수 있을까? 이러한 과제를 다음 장에서 다룰 것이다(제16장의 **ARIMA** 모형 참조).

13.7 요약 및 결론

비록 2개의 금융 시계열에 대해서만 공부했지만, 이 장에서 논의했던 개념이나 방법은 다른 경제 또는 금융 시계열과 같은 대부분의 불안정한 경제 시계열 수준 형태에도 적용이 가능하다. 이러한 시계열은 시간이 지속되는 기간 동안 흔히 증가 또는 감소하는 추세를 보인다. 이 것은 허구적이거나 의미 없는 결과를 유발하는 하나 또는 그 이상의 불안정한 시계열을 회귀

분석하는 데 있어서 중요한 의미를 포함하고 있다. 다음 장에서 보여주겠지만, 시계열이 불안정하여도 공적분되어 있는 시계열의 경우에만 허구적인 상관관계를 피할 수 있다.

우리는 시계열이 안정적인지 규명하기 위한 세 가지 진단적 도구를 살펴보았다. 이들 중 가장 간단한 방법은 계열의 시계열 그림(time series plot)이다. 이러한 시계열의 그림을 그려 보는 것은 시계열의 성질에 대한 '느낌'을 얻기 위한 중요한 도구이다. 더욱 공식적으로, 상당한 시차 동안 시계열의 상관도표를 검토해 볼 수 있다. 상관도표는 상당한 시차 동안 시계열의 상관관계가 빠르게 또는 느리게 줄어드는지 말해 준다. 만약 상관관계가 매우 천천히 줄어든다면, 그 시계열은 아마도 불안정할 것이다.

대중화된 검정은 단위근 검정이다. Dickey-Fuller 검정 또는 강화된 Dickey-Fuller 검정에 기초하면, 시계열에서 하나 또는 그 이상의 단위근을 찾을 수 있고, 그것은 작지만 추가적으로 불안정하다는 증거를 제시할 것이다.

고전적 회귀모형은 안정적인 시계열을 사용하여 분석했다는 가정을 하고 있기 때문에, 위에서 논의한 시계열의 안정성 검사를 하는 것은 대단히 중요하다.

만약 시계열에 확정적 추세가 있다면, 시간이나 추세변수에 대한 회귀분석을 통하여 안정적으로 만들 수 있다. 그 후에 이러한 회귀분석의 잔차에 의해 시계열에 추세가 없다고 표현할 수 있다.

그러나 시계열에 확률적 추세가 있다면, 한 번 또는 그 이상의 차분을 통하여 안정적으로 만들 수 있다.

연습문제

13.1 식 (13.13)과 (13.14)를 증명하라.

13.2 식 (13.17)과 (13.18)을 증명하라.

13.3 IBM 주가 시계열에 대하여 모형 (13.7)을 추정하고 결과에 대해 설명하라.

13.4 식 (13.7)에서 $B_3 = 0$이라고 가정하자. 변환된 모형을 어떻게 해석해야 하는가?

13.5 분기별 미국의 실질GDP 시계열이 안정적이라고 예상하는가? 그 이유는? 세인트루이스 연방준비은행(Federal Reserve Bank of St Louis) 도우미 웹사이트에서 분기별 미국 GDP 자료를 받아 주장을 뒷받침하라.

13.6 미국의 소비자물가지수(CPI)에 대하여 연습문제 13.5를 반복하라.

13.7 시계열이 안정적이라는 것이 백색잡음 시계열이라는 의미와 동일한가? 자기상관 장에서 다음과 같은 마르코프 1차 자기회귀 구조에 대하여 살펴보았다.

$$u_t = \rho u_{t-1} + \varepsilon_t$$

여기서 u_t는 회귀모형의 오차항, ρ는 자기상관 계수, 그리고 ε_t는 백색잡음이다. u_t는 백색잡음인가? 만약 안정적이라면, 어떤 조건하에 있는가? 설명하라.

13.8 도우미 웹사이트의 **표 13.9**는 비교적 최근의 일별 미국달러와 유로 환율, 유로 1단위당 달러로 정의되는 2012년 2월 3일부터 2013년 6월 16일까지의 환율 데이터를 제공한다. 이 데이터들은 미국 상무부와 대통령 경제 보고서로부터 얻어진 데이터이다. 이 장에서 논의되는 더 이전 시기의 환율에 대한 분석을 반복하고 이전의 분석이 변화가 있는지를 알아내라. 만약 변화가 있다면 그 이유는 무엇인가? 미-유로 환율에 대해 말해 주는 최근의 환율 데이터에 대한 당신의 분석은 무엇인가?

13.9 도우미 웹사이트의 **표 13.10**은 1947년 1분기부터 2007년 4분기까지의 미국의 주요 거시경제 변수들의 분기별 데이터를 제공한다. 이 데이터들 또한 미국 상무부와 대통령 경제 보고서로부터 얻어졌다. 변수들은 다음과 같다.

DPI = 실질 처분가능 소득(10억 달러)

GDP = 실질 국내 총생산(10억 달러)

PCE = 실질 1개인소비지출(10억 달러)

CP = 기업이윤(10억 달러)

Dividend = 배당금(10억 달러)

(a) 각 시계열 자료들이 안정적인지 불안정적인지 결정하라. 당신이 사용한 테스트를 설명하라.

(b) 만약 이 시계열들 중 하나 혹은 그 이상의 시계열들이 불안정적이라면 당신은 어떻게 그것들을 안정적으로 만들 것인가? 추세 안정적 확률과정과 차분 안정적 확률과정의 차이를 기억하라.

13.10 도우미 웹사이트의 **표 13.11**은 1948년 1월 1일부터 2013년 6월 1일까지의 계절조정된 미국 실업률의 월별데이터를 제공한다. 이 데이터들은 미 노동통계국으로부터 얻어진 것이다.

(a) 시간순에 따라 실업률 그래프를 그려라.

(b) 데이터에서 당신이 관측한 패턴 혹은 패턴들은 무엇인가?

(c) 실업률 시계열은 안정성 테스트의 대상으로 적절한가? 그러한지 그렇지 않은지 설명하라.

IV

14 공적분과 오차수정모형

이전 장에서는 불안정한 시계열을 하나 또는 그 이상의 불안정한 시계열에 회귀할 때, 높은 R^2값을 얻거나, 하나 또는 여러 개의 계수가 일반적인 t-검정 또는 F-검정에 의하여 통계적으로 유의한 값을 나타낼 수 있는 것에 대하여 살펴보았다. 하지만 이러한 결과는 이전 장에서 살펴본 바와 같이 표준 선형회귀 절차는 분석에 사용된 시계열이 안정적이라고 가정하고 있기 때문에, 허구적이거나 호도될 가능성이 있다. 만약 이러한 경우가 아니라면, 회귀의 결과는 아마도 허구적 회귀(spurious regression)가 될 것이다.

이 장에서는 어떻게 허구적 회귀가 발생하는지와 그 이유에 대해서 살펴볼 것이다. 또한 허구적 회귀를 접했을 때 어떻게 해결해야 하는지 설명할 것이다.

또한 이 장에서는 허구적 회귀의 결과가 일어나지 않도록 하나의 불안정한 시계열을 하나 또는그 이상의 불안정한 시계열에 회귀하는 공적분(cointegration) 현상에 대하여 설명할 것이다. 만약 시계열이 공적분되어 있다면, 여기에는 두 시계열 간 장기적인 균형관계가 있는 것이다. 이에 관련된 구체적인 예와 함께 어떠한 상황에서 공적분이 발생하는지 보일 것이다.

14.1 허구적 회귀현상

만약 추세변수가 하나 이상의 추세변수에 의해 회귀되었다면 흔히 유의한 t-검정 또는 F-검정에서 높은 R^2값을 발견할 수 있지만, 각 변수는 시간에 따라 증가하기 때문에 이들 사이에는 정확한 관계가 없다. 이것은 허구적(spurious) 또는 거짓(false) 회귀문제라고 알려져 있다. 허구적 관계가 있다는 단서는 흔히 낮은 더빈-왓슨 d 통계로 찾을 수 있다.

다음은 허구적 회귀의 몇 가지 예이다.[1]

1. 이집트의 유아 사망률(Y), 1971~1990, 연간 자료, 미국 농부의 총 소득(I), 그리고 온두라스의 총 화폐공급(M)과 같이 구성된다.

$$\hat{Y} = 179.9 - .2952\,I - .0439\,M, \ R^2 = .918, \ D/W = .4752, \ F = 95.17$$
$$(16.63)\ (-2.32)\ (-4.26) \qquad \text{Corr} = .8858, -.9113, -.9445$$

---

1 http://www.eco.uc3m.es/jgonzalo/teaching/timeseriesMA/examplesspuriousresression.pdf 참조하라.

2. 미국 수출지수(Y), 1960~1990, 연간 자료, 오스트레일리아 남성의 기대수명(X)

$$\hat{Y} = -2943. + 45.7974\,X,\, R^2 = .916,\, D/W = .3599,\, F = 315.2$$
$$\quad\ (-16.70)\ (17.76)\qquad \text{Corr} = .9570$$

3. 미국의 국방 지출(Y), 1971~1990, 연간 자료, 남아프리카 인구(X)

$$\hat{Y} = -368.99 + .0179\,X,\, R^2 = .940,\, D/W = .4069,\, F = 280.69$$
$$\quad\ (-11.34)\ (16.75)\qquad \text{Corr} = .9694$$

4. 미국의 총 범죄율(Y), 1971~1991, 연간 자료, 남아프리카 국민의 기대수명(X)

$$\hat{Y} = -24569 + 628.9\,X,\, R^2 = .811,\, D/W = .5061,\, F = 81.72$$
$$\quad\ (-6.03)\ (9.04)\qquad \text{Corr} = .9008$$

5. 남아프리카 인구(Y), 1971~1990, 연간 자료, 미국의 총 R&D 지출(X)

$$\hat{Y} = 21698.7 + 111.58\,X,\, R^2 = .974,\, D/W = .3037,\, F = 696.96$$
$$\quad\ (59.44)\ (26.40)\qquad \text{Corr} = .9873$$

주의 : Corr은 상관계수(coefficient of correlation)이다.

각각의 예들은 변수 사이에 관찰된 관계에 대해서 논리적인 근거가 없다. 우연히도 앞선 예의 모든 변수들은 시간에 대한 추세가 있는 것처럼 보인다.

14.2 허구적 회귀의 시뮬레이션

다음의 두 표류항이 없는 임의행보모형을 고려하자.

$$Y_t = Y_{t-1} + u_t \tag{14.1}$$

$$X_t = X_{t-1} + v_t \tag{14.2}$$

여기서 u_t와 v_t는 각각 NIID(0, 1)이고, 이것은 각각의 오차항이 평균이 0이고 단위분산을 갖는 정규적이고 독립적인 분포를 한다는 것을 의미한다(즉, 표준정규분포). 이러한 표준정규분포로부터 각 모형을 위하여 500개의 관측치를 추출하였다.

이전 장의 논의로부터 두 시계열은 모두 불안정적이고, 그들은 I(1) 또는 확률적 추세를 가지고 있다는 것을 알았다.

Y_t와 X_t가 무상관인 I(1) 과정이므로, 두 변수 사이에 어떠한 관계도 있어서는 안 된다. 하지만 Y_t를 X_t에 회귀했을 때, 다음과 같은 결과를 얻을 수 있다.

$$\hat{Y}_t = -13.2556 + 0.3376 X_t$$
$$t = (-21.3685)(7.6122)\quad R^2 = 0.1044;\ d = 0.0123 \tag{14.3}$$

이러한 결과는 절편계수와 기울기 계수는 모두 높은 t값을 나타내며 매우 유의함을 보이고 있다. 이와 같은 회귀에서 두 변수 간에 어떠한 관계도 있어서는 안 되지만, 유의한 관계를 보였다. 이것은 간단히 말해서 율(Yule)에 의해서 처음 지적된 허구적 회귀현상이다.[2]

식 (14.3)의 결과에서 무언가 '수상쩍다'는 점은 극히 낮은 더빈–왓슨 통계량을 통해서 알 수 있다. 그랜저와 뉴볼드(Granger and Newbold)에 의하면, $R^2 > d$는 추정된 회귀가 허구적이라고 의심할 수 있는 좋은 경험법칙이 된다.[3] 위에서 논의한 모든 예들은 이러한 법칙을 따른다. 더빈–왓슨 d 통계량은 흔히 오차항의 1차 계열 상관을 측정하기도 하지만, 시계열이 불안정적이라는 것에 대한 척도로도 사용된다는 것에 주목하자.

14.3 가처분소득에 대한 소비지출의 회귀는 허구적인가?

표 14.1(도우미 웹사이트에 수록되어 있다)에는 1970년에서 2008년까지의 미국의 분기별 개인 소비지출(PCE)과 개인가처분(즉, 세후) 소득이 주어져 있고, 총 관측치는 156이다. 모든 자료는 2000년 기준 10억 달러이다.

우선 자료의 그래프를 그려 보면, 그림 14.1과 같다. 흔히 하는 방법과 같이, 자료에 로그를

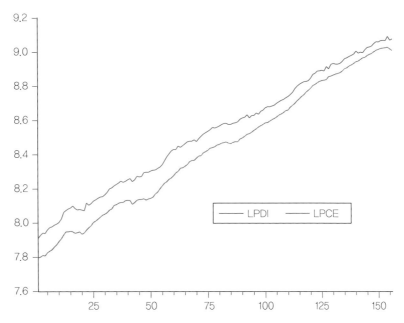

그림 14.1 로그를 취한 PDI와 PCE(미국 1970~2008년)

2 G. U. Yule, Why do we sometimes get nonsense correlation between time series? A study in sampling and the nature of series. *Journal of the Royal Statistical Society*, vol. 89, 1926, pp. 1-64

3 C. W. J. Granger and P. Newbold, Spurious regression in econometrics. *Journal of Econometrics*, vol. 2, 1974, pp. 111-20.

표 14.2 LPDI 시계열의 단위근 검정

Null Hypothesis: LPDI has a unit root
Exogenous: Constant, Linear Trend
Lag Length: 1 (Automatic based on AIC, MAXLAG=1)

			t-Statistic	Prob.*
Augmented Dickey–Fuller test statistic			−2.774807	0.2089
Test critical values:	1% level		−4.018748	
	5% level		−3.439267	
	10% level		−3.143999	

*MacKinnon (1996) one-sided p-values.
Augmented Dickey–Fuller Test Equation
Dependent Variable: D(LPDI)
Method: Least Squares
Sample (adjusted): 1970Q3 2008Q4
Included Observations: 154 after adjustments

	Coefficient	Std. Error	t-Statistic	Prob.
LPDI(−1)	−0.11133	0.040123	−2.774807	0.0062
D(LPDI(−1))	−0.12236	0.080488	−1.520277	0.1305
C	0.894817	0.318753	2.807246	0.0057
@TREND(1970Q1)	0.001	0.0003	2.703094	0.0077

R-squared	0.08339	Mean dependent var	0.0075
Adjusted R-squared	0.06506	S.D. dependent var	0.0098
S.E. of regression	0.0095	Akaike info criterion	−6.44516
Sum squared resid	0.0136	Schwarz criterion	−6.36628
Log likelihood	500.2774	Durbin–Watson stat	1.97578
F-statistic	4.548978	Prob(F-statistic)	0.0044

주 : D는 1차 차분을 의미하고, @trend는 추세변수를 의미한다.

취한 것으로 변수는 상대변화 또는 100을 곱한 후 백분율 변화로 나타낼 수 있게 표현되었다. 이 그림은 LPDI와 LPCE가 추세를 가진 시계열이라는 것을 보여주는 것으로, 이러한 시계열은 안정적이지 않다는 것을 나타내고 있다. I(1)인 것처럼 보이는 이것은 확률적 추세를 포함하고 있다. 이것은 표 14.2와 14.3에 주어져 있는 단위근 분석에 의하여 확인될 수 있다.

차분된 LPD의 1차 차분의 1차 차분항이 포함된 추가된 Dickey-Fuller(ADF) 검정을 사용하였다. 주된 관심의 계수인 차분된 LPD는 −0.11133이고, 통상적인 t-검정에 따르면 0.006 수준으로 유의하지만, τ-통계량에 따르면 0.20 수준에서 유의하므로, LPD 시계열은 불안정적이라는 것을 나타내고 있다.

또한 LPCE 시계열은 ADF 검정뿐만 아니라 통상적인 t-검정을 비롯한 것을 통하여 불안정적이라고 할 수 있다.

LPCE와 LPDI 시계열은 단위근 또는 확률적 추세를 포함하고 있는 것처럼 보인다. 따라서 만약 LPDI에 대하여 LPCE를 회귀한다면, 허구적 회귀 결과를 얻게 될 것이다. 이러한 가능

표 14.3 LPCE 시계열의 단위근 검정

Null Hypothesis: LPCE has a unit root
Exogenous: Constant, Linear Trend
Lag Length: 1 (Automatic based on AIC, MAXLAG=1)

			t-Statistic	Prob.*
Augmented Dickey–Fuller test statistic			−2.038416	0.5754
Test critical values:	1% level		−4.018748	
	5% level		−3.439267	
	10% level		−3.143999	

*MacKinnon (1996) one-sided p-values.
Augmented Dickey–Fuller Test Equation
Dependent Variable: D(LPCE)
Method: Least Squares
Sample (adjusted): 1970Q3 2008Q4
Included Observations: 154 after adjustments

	Coefficient	Std. Error	t-Statistic	Prob.
LPCE(−1)	−0.0503	0.024686	−2.038416	0.0433
D(LPCE(−1))	0.313333	0.079964	3.9184	0
C	0.398477	0.192288	2.072292	0.0399
@TREND(1970Q1)	0	0.0002	1.975799	0.05

R-squared	0.111128	Mean dependent var	0.0078
Adjusted R-squared	0.09335	S.D. dependent var	0.0068
S.E. of regression	0.0065	Akaike info criterion	−7.22165
Sum squared resid	0.0063	Schwarz criterion	−7.14277
Log likelihood	560.0671	Durbin–Watson stat	2.104952
F-statistic	6.251045	Prob(F-statistic)	0.001

표 14.4 LPDI에 대한 LPCE의 회귀

Dependent Variable: LPCE
Method: Least Squares
Sample: 1970Q1 2008Q4
Included Observations: 156

	Coefficient	Std. Error	t-Statistic	1Prob.
C	−0.84251	0.033717	−24.98747	0
LPDI	1.086822	0.00395	275.2413	0

R-squared	0.997971	Mean dependent var	8.430699
Adjusted R-squared	0.997958	S.D. dependent var	0.366642
S.E. of regression	0.01657	Akaike info criterion	−5.35003
Sum squared resid	0.04227	Schwarz criterion	−5.31093
Log likelihood	419.3021	Durbin–Watson stat	0.367187
F-statistic	75757.76	Prob(F-statistic)	0

성을 고려하기 이전에, 이러한 회귀의 결과를 제시해 보자(표 14.4).

결과를 해석하기에 앞서 $R^2 > d = 0.3672$에 주목해야 한다. 이것은 이러한 회귀가 허구적일 수도 있다는 가능성을 증가시키는 것으로, 이것은 하나의 확률적 시계열을 다른 하나의 확률적 시계열에 회귀한 것에 기인할 것이다. 물론 이러한 분석의 더빈–왓슨을 해석한다면 아마도 이 회귀의 오차항은 1차 자기상관관계를 갖는 것으로 나타날 것이다.

액면 그대로의 값이 의미하는 결과인 PDI에 대한 개인소비지출은 1보다 큰 탄력성 1.08이다—PDI의 1% 증가는 1% 이상의 개인소비지출을 가져오는 것을 나타낸다. 이러한 탄력성은 높은 것처럼 보인다.

허구적 회귀의 가능성 때문에, 우리는 이러한 결과에 대하여 조심해야 한다.

두 시계열이 추세를 포함하고 있기 때문에, 모형에 추세변수를 포함시킨다면 어떻게 되는지 살펴보도록 하자. 살펴보기 이전에 추세변수는 종속변수와 설명변수 모두에게 영향을 주는, 즉 나머지 변수에 대하여 포괄적(catch-all)이기 때문에 이것은 아무런 가치가 없는 일이 될 것이다. 이러한 변수 중 하나는 인구이다. 왜냐하면 인구는 총소비지출과 총가처분소득이 증가하는 것과 같이 증가하기 때문이다. 만약 인구에 대한 분기별 자료를 갖고 있다면, 추세변수 대신에 추가적인 설명변수로 포함시켜야 할 것이다. 보다 나은 것은 1인당 기준으로 소비지출과 개인가처분소득을 나타낼 거라는 것이다. 따라서 추세변수는 다른 변수들을 대신할 수도 있다는 것을 명심하기 바란다. 이러한 원칙과 함께, 우리의 모형에 추세변수를 추가시킨다면 어떻게 되는지 보도록 하자.

표 14.4의 결과와 비교해 보면 몇 가지 달라진 점이 있다. LPID에 대한 LPCE의 탄력성은 이제 1보다 더 낮음에도 불구하고, 통상적인 t-검정에 따라 통계적으로 유의하며 추세변수 또한 통계적으로 유의하다. 따라서 선형추세를 감안한다면, 두 변수는 서로 강한 양의 상관관계를 갖고 있다. 하지만 다시 한 번 강조하자면, 낮은 더빈–왓슨 값은 결과가 자기상관관계를 포함하고 있음을 의미하는 것이다. 또는 이러한 회귀 또한 허구적일 수도 있다.

14.4 허구적 회귀가 허구적이지 않을 때

표 14.5의 기본적인 회귀는 인구회귀모형이다.

$$LPCE_t = B_1 + B_2 LPDI_t + B_3 t_t + u \tag{14.4}$$

여기서 t는 시간 또는 추세이다.

이 모형은 다음과 같이 바꾸어서 나타낼 수 있다.

$$u_t = LPCE_t - B_1 - B_2 LPDI - B_3 t \tag{14.5}$$

식 (14.4)를 추정한 후, 추정된 $u_t(=e_t)$에 대하여 단위근 검정을 한 결과 안정적이라고 말할 수 있었고, 이것은 I(0)이다. 이것은 흥미로운 상황으로서, PCE의 로그값과 PDI의 로그값이

표 14.5 LPDI와 추세에 대한 LPCE의 회귀

Dependent Variable: LPCE
Method: Least Squares
Sample: 1970Q1 2008Q4
Included Observations: 156

	Coefficient	Std. Error	t-Statistic	Prob.
C	1.675338	0.487797	3.4345	0.001
LPDI	0.770241	0.061316	12.56176	0
@TREND	0.0024	0.0005	5.172271	0

R-squared	0.998273	Mean dependent var	8.430699
Adjusted R-squared	0.998251	S.D. dependent var	0.366642
S.E. of regression	0.01534	Akaike info criterion	−5.49835
Sum squared resid	0.03598	Schwarz criterion	−5.4397
Log likelihood	431.8712	Durbin–Watson stat	0.261692
F-statistic	44226.49	Prob(F-statistic)	0

각각 확률적 추세를 갖는 I(1)임에도 불구하고, 이것의 (선형)결합은 식 (14.5)에서 볼 수 있 듯이 I(0)이라는 것이다. 말하자면, 선형결합이 두 시계열에 있는 확률적 추세를 제거해버린 것이다. 이 경우 LPDI에 대한 lPCE의 회귀는 허구적이지 않다. 이러한 현상을 변수 lPCE와 lPDI는 공적분되었다고 말한다. 그림 14.1에서 명확하게 볼 수 있듯이, 두 시계열이 확률적 추세가 있음에도 불구하고 둘 사이는 대체로 멀어지지 않고 있다. 이것은 마치 두 주정뱅이가 방향을 잃고 비틀거리고 있지만, 서로 발을 맞추고 있는 것과 같다.

경제학적으로 말하면, 두 변수 사이에 장기관계 또는 균형관계를 갖고 있으면, 두 변수는 공적분되어 있을 것이다. 현재의 맥락에서 경제학적 이론은 소비지출과 개인가처분소득 간에 강한 상관관계가 있음을 말해 주고 있다. PCE는 PDI의 70% 정도임을 상기해 보자.

이 모든 논의의 핵심은 시계열 회귀가 항상 허구적이지는 않다는 것이다. 물론 의례적으로 검정은 해 볼 필요가 있다. 그랜저가 지적한 바와 같이, "공적분 검정은 '허구적 회귀' 상황을 피해갈 수 있는 사전검정(pre-test)으로 간주될 수 있다."[4]

공적분 이론의 용어에서, 식 (14.4)와 같은 회귀를 공적분회귀라고 하고 기울기 계수 B_2와 B_3를 공적분계수(cointegrating parameters)라고 한다.

14.5 공적분 검정

공적분 검정에는 몇 가지 방법이 있지만, 여기서는 이전 장에서 이미 논의하였던 엥글–그랜 저(EG) 그리고 추가된 엥글–그랜저(AEG) 검정을 수정한 공적분회귀로 추정된 잔차에 대한

---

4 C. W. Granger, Developments in the study of co-integrated economic variables, *Oxford Bulletin of Econometrics and Statistics*, vol. **48**, 1986, p. 226.

표 14.6 회귀식 (14.4)로부터 잔차에 대한 단위근 검정

Null Hypothesis: S3 has a unit root
Exogenous: None
Lag Length: 0 (Automatic based on SIC, MAXLAG=0)

			t-Statistic	Prob.*
Augmented Dickey–Fuller test statistic			−3.392603	0.001
Test critical values:	1% level		−2.579967	
	5% level		−1.942896	
	10% level		−1.615342	

*MacKinnon (1996) one-sided p-values.
Augmented Dickey–Fuller Test Equation
Dependent Variable: D(S3)
Method: Least Squares
Sample (adjusted): 1970Q2 2008Q4
Included Observations: 155 after adjustments

	Coefficient	Std. Error	t-Statistic	Prob.
S3(−1)	−0.13599	0.040085	−3.392603	0.001

R-squared	0.06781	Mean dependent var	0
Adjusted R-squared	0.06781	S.D. dependent var	0.0078
S.E. of regression	0.0075	Akaike info criterion	−6.93014
Sum squared resid	0.0088	Schwarz criterion	−6.91051
Log likelihood	538.0859	Durbin–Watson stat	2.388956

주 : S_3는 식 (14.4)에 대한 회귀의 잔차를 나타낸다. 또한 OLS 회귀에서 잔차의 평균값이 0이기 때문에 위 회귀에서는 절편이 없다는 것에 주목하자.

DF 또는 ADF 검정을 고려할 것이다.[5]

EG 그리고 AGE 검정

DF 또는 ADF 검정을 하기 위하여, 식 (14.4)와 같은 회귀를 추정하였고, 이로부터 잔차를 추출하여 검정을 위하여 사용할 것이다. 하지만 u_t가 아닌 e_t만 관찰되었기 때문에, 엥글과 그랜저에 따르면 DF와 ADF의 임계치는 조정되어야 한다.[6] 현재의 맥락에서 DF 검정과 ADF 검정은 엥글–그랜저(EG) 검정과 추가된 엥글–그랜저(AGE) 검정이라고 알려져 있고, 이는 몇몇 통계패키지에 포함되어 있다.

이러한 검정을 PCE-PDI 회귀식 (14.4)에 적용해 보자. 이러한 추정의 결과는 이미 표 14.5에 주어져 있다. 초기항과 추세항을 포함하지 않은 EG 검정을 우선 해 보면 그 결과는 표 14.6에 주어져 있다.

---

5 더 나은 통계학적 특성을 포함한 검정은 요한슨(Johansen)의 공적분 검정이다. 하지만 이 검정은 수학적으로 다소 복잡하다. 흥미가 있는 독자들은 이 장에서 언급한 몇 가지 책들을 참조하기 바란다.

6 R. F. Engle and C. W. Granger, Co-integration and error correlation: representation, estimation, and testing, *Econometrica*, vol. **55**, 1987, pp. 251-76.

이 결과는 회귀식 (14.4)로부터의 잔차는 차분된 잔차항의 계산된 *tau* 값이 표에 주어진 어떠한 임계치보다 크기 때문에 안정적라는 것을 명확하게 보여주고 있다. 실질적으로 몇 개의 차분된 D(S₃)항을 추가하여도 결과는 변하지 않는다. 이것과 함께 더빈-왓슨 값이 어떻게 변했는지에 주목하자.

단위근 검정과 공적분 검정

단위근과 공적분 검정과의 차이점에 주목하도록 하자. 단위근에 대한 검정은 하나의 시계열에 대한 것인데 반하여 공정분은 변수집단 사이의 관계를 다루는 것인데, 각 변수는 단위근을 갖는다. 실제로 각 시계열에 대하여 그룹 내의 몇몇 시계열은 하나 이상의 단위근을 포함하고 있을 가능성이 매우 높기 때문에 단위근 검정을 하는 것이 낫고, 이 경우 안정적으로 만들어 주기 위하여 한 번 이상의 차분을 해야 한다.

두 시계열 Y와 X가 각각 다른 차수로 적분되었다면, Y와 X 회귀의 오차항은 안정적이지 않고 이러한 회귀식을 **불균형**이라고 말한다. 다른 한편으로, 두 변수가 동일한 차수로 적분되었다면 이러한 회귀식을 **균형**이라고 말한다.

14.6 공적분과 오차수정방법

확률적 추세를 감안한 후, PCE 시계열의 로그값과 PDI 시계열의 로그값은 장기균형 관계를 가지고 있는, 즉 공적분되어 있음을 보였다. 하지만 어떻게 균형이 이루어졌고, 단기의 경우에는 불균형을 이룰까?

식 (14.5)의 오차항은 LPCE의 공적분 회귀식 (14.4)에서 주어진 균형값으로부터의 LPCE 교정편차인 '평형유지(equilibrating)' 오차항으로 취급할 수 있다. 데니스 살간(Dennis Sargan)은 이것을 오차수정방법(error correction mechanism, ECM)라고 불렀고, 그 이후 오차수정항은 엥글과 그랜저에 의해 대중화되었다.[7]

Granger Representation Theorem으로 알려져 있는 중요한 이론은 두 변수 Y와 X가 공적분되어 있다면 두 변수 사이의 관계는 ECM으로 표현될 수 있다는 것이다. 이 이론의 중요성을 알아보기 위하여, PCE-DPI 예제를 이어갈 것이다. 다음의 모형을 고려해 보자.

$$\Delta LPCE_t = A_1 + A_2 \Delta LPDI_t + A_3 u_{t-1} + v_t \tag{14.6}$$

여기서 Δ는 항상 그렇듯이 1차 차분연산자, u_{t-1}은 식 (14.5)의 오차수정항의 시차변수, 그리고 v_t는 백색잡음 오차항이다.

우리가 알고 있는 것처럼, 식 (14.4)는 lPCE와 lPDI 간의 장기관계를 나타내고 있다. 반면

---

7 J. D. Sargan, Wages and prices in the united Kingdom: a study in econometric methodology, in K. F. Wallis and D. F. Hendry (eds.), *Quantitative Economics and Economic Analysis*, Basil Blackwell, Oxford, UK, 1984를 참조하라.

에, 식 (14.6)은 두 변수 간의 단기관계를 나타내고 있다. 식 (14.4)의 B_2가 IPCE에 대한 IPDI의 장기적인 효과를 나타내는 것처럼, 식 (14.6)의 A_2는 $\Delta LPCE$에 대한 $\Delta LPDI$의 일시적 또는 단기적인 효과를 나타내고 있다.

오차수정모형(ECM)이라는 식 (14.6)은 IPDI의 변화와 시차의 균형오차항 u_{t-1}에 따른 LPCE의 변화로 가정한다.[8] 만약 이 오차항이 0이라면, 두 변수 사이에는 어떠한 불균형도 없기 때문에, 이 경우 장기적인 관계는 공적분관계일 것이다(여기에는 오차항이 없다). 하지만 균형오차항이 0이 아니라면, LPCE와 LPDI의 관계는 균형을 벗어나게 된다.

이러한 관계를 살펴보기 위하여, $\Delta LPDI = 0$(LPDI의 변화는 없다) 그리고 u_{t-1}은 양수라고 생각하자. 이것은 $LPCE_{t-1}$이 균형을 이루기에는 너무 높다. 즉 $LPCE_{t-1}$이 이것의 균형값 $(B_1 + B_2 LPDI_{t-1})$을 상회함을 의미한다. 식 (14.6)의 A_3는 음수로 기대되기 때문에, $A_3 u_{t-1}$은 음수이고, 따라서 $\Delta LPCE_t$는 균형으로 회복하기 위한 음수가 될 것이다. 즉, $LPCE_t$가 그 균형값을 상회한다면, 다음 기에는 균형오차를 수정하기 위하여 수렴할 것이다. 이러한 이유로 이름이 ECM인 것이다.

똑같은 이유로, $LPCE_t$가 그것의 균형값을 하회한다면(즉, u_{t-1}이 음수), $A_3 u_{t-1}$은 양수이고, $\Delta LPCE_t$는 양수가 될 것이기 때문에 t기의 LPCE는 상승할 것이다.

따라서 A_3의 절댓값은 얼마나 빨리 균형이 회복되는지 결정한다. 실제로 표본대응 e_{t-1}에 의한 u_{t-1}을 추정하는 것에 주목하자.

이것은 식 (14.6)이 단기와 장기의 변화를 포함하는 흥미있는 주목할 만한 사항이다. 또한 식 (14.6)의 모든 변수는 I(0) 또는 안정적이라는 것에 주목하자. 따라서 식 (14.6)은 OLS를 통한 추정이 가능하다.

이러한 모든 이론을 실제로 보기 위하여, 이전의 실례로 돌아가자. 식 (14.6)의 실증적 대응식은 표 14.7에 주어져 있다.

실증적 결과의 해석

첫째로, 표의 모든 상관계수는 각각 6% 또는 더 낮은 수준에서 통계적으로 유의함에 주목하자. 약 0.31이라는 계수는 1%의 $\ln(LPDI_t/LPDI_{t-1})$ 증가가 평균적으로 0.31%의 $\ln(LPCE_t/LPCE_{t-1})$의 증가를 가져오는 것을 나타낸다. 이것은 단기 소비-소득 탄력성이다. 장기적인 값 약 0.77은 공적분 회귀식 (14.5)에 주어져 있다.

오차수정항의 계수인 약 -0.06은 약 6%가량의 장기와 단기 PCE의 차이는 오차가 1분기 이하라는 의미이고, 이것은 균형으로의 느린 조정을 의미한다. 조정률이 낮은 것 같은 이유 중 하나는 모형이 약간 단순하기 때문이다. 이자율, 소비자의 부, 기타 등등의 자료가 충분했다면, 아마도 다른 결과를 가져왔을 것이다.

---

8 이전 기의 오차가 현재의 오차에 대한 불균형을 바로잡을 수 있기 때문에 시차오차항을 사용하였다.

표 14.7 IPCE와 IPDI의 오차수정모형

Dependent Variable: D(LPCE)
Method: Least Squares
Sample (adjusted): 1970Q2 2008Q4
Included Observations: 155 after adjustments

	Coefficient	Std. Error	t-Statistic	Prob.
C	0.0055	0.0006	8.646287	0
D(LPDI)	0.313476	0.052866	5.929625	0
S1(−1)	−0.0583	0.031487	−1.850423	0.0662

R-squared	0.187863	Mean dependent var	0.0078
Adjusted R-squared	0.177177	S.D. dependent var	0.0068
S.E. of regression	0.0061	Akaike info criterion	−7.33019
Sum squared resid	0.0057	Schwarz criterion	−7.27128
Log likelihood	571.0895	Durbin–Watson stat	1.716035
F-statistic	17.58023	Prob(F-statistic)	0

주 : S1(−1)은 식 (14.5)의 오차항 u_{t-1}이다. D는 1차 차분을 의미한다.

독자들이 공적분의 개념과 ECM에 대하여 더욱 친숙하게 하기 위하여 다른 예제를 살펴볼 것이다.

14.7 3개월 그리고 6개월 재무성 증권은 공적분되어 있는가?

그림 14.2는 1981년 1월부터 2010년 1월까지 만기가 일정한 3개월 그리고 6개월의 미국 재무성증권(T-Bill) 금리(rate)로서, 총 349개의 관측치를 그림으로 나타낸 것이다. **표 14.8**은 도우미 웹사이트에서 확인할 수 있다.

두 재무성 증권은 긴밀한 관계를 가진 것처럼 보이기 때문에, 두 금리의 공적분관계를 기대할 수 있고, 이것은 추세가 있음에도 불구하고 둘 사이에 안정적인 균형관계가 있다는 것이다. 이것은 재무경제학이론에 의하면 만약 두 금리가 공적분되어 있지 않다면 차액을 노리는 금융 중개거래인들은 장단기 수익률 차이를 이용할 것이라고 예상할 수 있다.

하지만 그것이 사실인지 살펴보자. 첫째로, 두 시계열이 안정적인지 검정을 할 것이다. 절편을 포함하여, 추세와 5개의 시차항은 TB3 시계열이 5% 수준에서 안정적이라는 결과를 보였다. 이와 동일한 구조에서, TB6 시계열 또한 5% 수준에서 안정적임을 보였다. 따라서 두 시계열은 모두 안정적인 것처럼 보인다.

이제 두 시계열이 공적분되어 있는지 확인해 보자. 몇 가지 실험을 거쳐, 두 시계열은 표 14.9와 같은 관계에 있음을 밝힐 수 있었다.

이러한 회귀로부터의 잔차에 단위근 검정을 적용한 결과, 이것이 안정적이라는 결과를 얻을 수 있다. 이는 TB3와 TB6가 비록 2차식형 추세를 보이고 있음에도 불구하고 공적분되어 있음을 의미하는 것이다. 따라서 표 14.10의 ECM 모형을 얻는다.

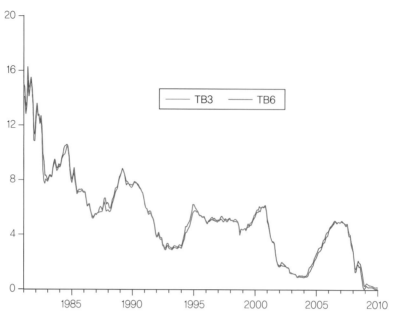

그림 14.2 3개월과 6개월 재무성 증권 금리

표 14.9 TB3와 TB6의 상관관계

Dependent Variable: TB6
Method: Least Squares
Sample: 1981M01 2010M01
Included Observations: 349

	Coefficient	Std. Error	t-Statistic	Prob.
C	0.606465	0.07682	7.894596	0
TB3	0.958401	0.00631	151.9409	0
@TREND	−0.003	0.0005	−4.893455	0
@TREND^2	0	0	3.533231	0.001

R-squared	0.99595	Mean dependent var	5.352693
Adjusted R-squared	0.995915	S.D. dependent var	3.075953
S.E. of regression	0.19659	Akaike info criterion	−0.404
Sum squared resid	13.33346	Schwarz criterion	−0.35981
Log likelihood	74.49716	Durbin–Watson stat	0.363237
F-statistic	28283.37	Prob(F-statistic)	0

이러한 회귀 S1(−1)은 표 14.9의 회귀로부터의 시차오차(수정)항이다. TB 금리는 백분율 형태이기 때문에, 위 결과에 따르면 만약 6개월 TB 금리가 이전 달에 기대했던 3개월 TB 금리보다 높으면, 이번 달에는 두 금리 간 균형관계를 회복하기 위해서 약 0.20% 포인트 감소할 것이다.[9]

---

9 금융에 관련한 책에서 이자율의 기간구조에 대한 부분을 읽어 보아라.

표 14.10 TB6와 TB6에 대한 오차수정모형

Dependent Variable: D(TB6)
Method: Least Squares
Sample (adjusted): 1981M02 2010M01
Included Observations: 348 after adjustments

	Coefficient	Std. Error	t-Statistic	Prob.
C	−0.002	0.00573	−0.384308	0.701
D(TB3)	0.877882	0.014735	59.57784	0
S1(−1)	−0.19968	0.029234	−6.830361	0

R-squared	0.911494	Mean dependent var	−0.04
Adjusted R-squared	0.910981	S.D. dependent var	0.35623
S.E. of regression	0.106285	Akaike info criterion	−1.6368
Sum squared resid	3.897314	Schwarz criterion	−1.60359
Log likelihood	287.8026	Durbin−Watson stat	1.663899
F-statistic	1776.513	Prob(F-statistic)	0

표 14.9에 주어진 공적분 회귀로부터 확정적 추세를 감안한 후, 3개월 TB 금리가 1% 포인트 상승한다면 6개월 TB 금리는 약 0.95% 포인트 상승하는 두 수익률 간 긴밀한 관계를 확인하였다. 표 14.10에서는 단기적으로 3개월 TB 금리의 1% 포인트 변화는 평균적으로 약 0.88% 포인트의 6개월 TB 금리 변화를 가져오는 것으로 나타났고, 이것은 두 금리가 얼마나 빠르게 함께 이동하는지를 보여주고 있다.

질문 : 왜 TB-6개월 금리에 대한 TB-3개월 금리의 회귀는 하지 않았는가? 만약 두 시계열이 공적분되어 있고 표본의 수가 크다면, 어떤 것이 종속변수가 되는지는 큰 문제가 되지 않는다. TB-6개월 금리에 대한 TB-3개월 금리의 회귀를 해 보고 결과가 어떻게 나타나는지 살펴보도록 하자. 만약 2개 이상의 시계열을 공부하고 있다면 문제는 다를 것이다.

엥글-그랜저 방법에 대한 몇 가지 주의사항

EG 방법의 몇 가지 문제점에 주목하는 것은 중요한 일이다. 첫째, 만약 3개 이상의 변수를 포함하고 있다면, 거기에는 하나 이상의 공적분관계가 있을 것이다. EG 2단계 절차는 하나 이상의 공적분회귀의 추정을 허용하지 못한다. 여기서 주목할 것은 만약 n개의 변수를 다룬다면 최대한으로 $(n-1)$개의 공적분관계가 있을 수 있다는 것이다. 이를 알아보기 위하여, 요한슨이 개발한 검정을 사용해야 한다. 하지만 요한슨 방법론은 이 책의 범위를 벗어나기 때문에 다루지 않을 것이다.[10]

또 다른 EG 검정의 문제는 어떠한 변수를 공적분회귀에 넣는지에 대한 순서이다. 2개 이상의 변수를 포함하고 있을 때, 어떤 변수가 종속변수이고 어떤 변수가 설명변수인지 어떻게 결

---

10 자세한 내용은 S. Johansen, Statistical analysis of cointegrating vectors, *Journal of Economic Dynamics and Control*, vol. 12, 1998, pp. 231-54에서 찾을 수 있다. 이것은 고급수준의 참고서적이다.

정해야 하는가? 예를 들어, 세 가지 변수 Y, X, Z를 포함하여 X와 Z에 대한 Y를 회귀하고, 공적분을 찾는다고 가정하자. Y 그리고 Z에 대한 X의 회귀에서 필연적으로 공적분을 찾을 수 있다는 보장은 없다.

다변량 시계열 분석을 다룰 때 또 다른 EG 방법론의 문제점은 하나 이상의 공적분관계를 찾아야 할 뿐만 아니라, 각 공적분관계의 오차수정항을 다루어야 한다는 것이다. 결과적으로, 단순 또는 이변량 오차수정모형은 제대로 되지 않는다. 그래서 벡터오차수정모형(VECM)이라고 알려진 모형을 제16장에서 간략하게 다루었다.

이러한 모든 문제는 요한슨 방법론을 사용할 때 다룰 수 있다. 하지만 이러한 방법론을 더욱 깊이 있게 다루는 것은 이 책의 범위를 넘어서는 것이다.

14.8 요약 및 결론

이 장에서는 먼저 불안정한 시계열을 다른 불안정한 시계열에 회귀할 때 나타나는 허구적 회귀현상에 대하여 살펴보았다.

허구적 회귀의 몇 가지 예를 살펴본 후, 인위적으로 만들어진 두 가지 I(1) 또는 불안정적인 임의행보 시계열을 통하여 몬테 카를로(Monte Carlo) 시뮬레이션을 공부하였다. 이러한 시계열 중 하나를 다른 시계열에 회귀할 때, 두 시계열 간에 '의미 있는' 결과를 얻을 수 있었다. 하지만 선험적으로 두 시계열 간에 어떠한 관계도 있어서는 안 된다는 것은 처음부터 알고 있었다.

불안정적인 시계열에 대한 다른 불안정한 시계열의 회귀가 허구적인 결과가 아니라는 것은 특별한 경우이다. 이러한 현상이 바로 공적분이다. 만약 두 시계열이 확률적 추세(즉, 불안정적인)를 가졌다면, 각각의 두 시계열이 비록 불안정적임에도 불구하고, 한 변수에 대한 다른 한 변수의 회귀는 확률적 추세를 상쇄시킬 것이고, 따라서 장기적인 균형관계를 보일 것이다.

또한 Dickey-Fuller(DF) 그리고 추가된 Dickey-Fuller(ADF) 검정을 수정한 엥글–그랜저 (EG) 그리고 추가된 엥글–그랜저(AEG) 검정이라고 알려진 공적분 검정에 대해서도 논의하였다.

우리는 두 가지 예제를 통하여 공적분에 대하여 살펴보았다. 첫째로, 실질가격으로 나타낸 개인 소비지출(PCE)과 개인가처분소득(PDI) 간의 관계를 살펴보았다. 두 경제 시계열은 확정적 추세를 바탕으로 안정적임을 보였다. 또한 두 시계열은 공적분되어 있음을 밝혔다.

단위근과 불안정이 같은 의미를 지닌 단어가 아니라는 것에 유념해야 한다. 확정적 추세를 가진 확률과정은 불안정하기 하지만 단위근은 아니다.

둘째로, 이 장에서 다룬 예제는 3개월 그리고 6개월 미국 재무성 증권 간의 관계에 대한 것이다. 1981년 1월부터 2010년 1월까지의 월별 자료를 통하여 두 시계열은 2차식형을 바탕으로 안정적임을 보였다. 또한 두 시계열이 공적분되어 있음을 보임으로써 두 시계열의 안정적인 관계를 밝혔다.

마지막으로, 이 장에서는 몇 가지 EG 방법론의 단점과 2개 이상의 시계열을 다룰 때 주의할 점을 논의하며, 다변량 시계열 간의 공적분관계를 검정하기 위해서는 요한슨 방법론을 사용해야 한다고 논의하였다.

연습문제

14.1 본문에서 다루고 있는 PCE와 PDI 간의 관계에 대하여 고려하자.

(a) 초기항과 추세에 대하여 PCE를 회귀하고, 결과를 통하여 잔차를 구하라. 그것을 S_1이라고 부르자.

(b) 초기항과 추세에 대하여 PDI를 회귀하고, 결과를 통하여 잔차를 구하라. 그것을 S_2라고 부르자.

(c) S_2에 대하여 S_1을 회귀해 보자. 이러한 회귀가 함축하고 있는 것은 무엇인가?

(d) (c)의 회귀로부터 잔차를 구하고 잔차가 안정적인지에 대하여 검정하라. 만약 안정적이라면, PCE와 PDI 간의 장기적인 관계에 대하여 어떻게 설명할 수 있는가?

(e) 이 예제와 이 장에서 논의한 예제는 어떻게 다른가?

14.2 재무성 증권에 대하여 연습문제 14.1의 과정을 반복하되, 2차식형 모형을 사용하라. 당신의 결과와 이 장에서 다룬 결과에 대하여 비교하라.

14.3 멕시코와 미국의 실질GDP에 대한 자료를 가지고 있다고 하자. 선험적으로, 두 시계열이 공적분되어 있다고 기대할 수 있는가? 그러한 이유는 무엇인가? 무역론에서는 둘의 관계가 무엇이라고 말해야 하는가?

도우미 웹사이트의 **표 14.11**은 1980년 1분기부터 2000년 3분기까지의 총 107개 관측치인 멕시코와 미국의 분기별 실질GDP 데이터를 제공한다.[11]

(a) 멕시코와 미국의 GDP 시계열이 공적분되어 있는지 검정하라. 당신이 사용한 테스트들을 설명하라.

(b) 만약 두 시계열들이 공적분되어 있지 않다면 두 시계열 간에 관계를 연구할 방법이 없다는 것을 의미하는가? 몇 가지 대안을 제시하라.

14.4 연습문제 13.9에 있는 표 13.10을 참고하라.

(a) 배당금 시계열은 안정적인가? 당신은 그것을 어떻게 알 수 있는가?

(b) 기업의 이윤 시계열은 안정적인가? 당신이 사용한 테스트들을 설명하라.

(c) 저 2개의 시계열들은 공적분되어 있는가? 당신의 분석을 보여라.

---

11 본 데이터들은 Carter Hill, R., Griffiths, W. E., and Lim, G. C., *Principles of Econometrics*, 3rd edn, Wiley, New York, 2008의 사이트로부터 재편성되었다. 자료는 세계은행(World Bank)에서 출간된 World Development Indicators에서 얻을 수 있다. 자료는 분기마다 갱신된다. http://worldbank.org/data/를 참조하라.

15 ┃ 자산가격 변동성 : ARCH 모형과 GARCH 모형

주가, 이자율, 환율, 그리고 물가상승률과 같은 재무 시계열은 흔히 변동성 집중(volatility clustering)의 현상을 보인다. 이것은 가격이 큰 진동을 보이는 격동기 이후 상대적으로 조용한 시기인 평온한 기간이 따라오는 현상을 말한다. 필립 프란세스(Philip Franses)는 다음과 같이 지적하였다.

> 그러한 재무 시계열 자료는 매도인과 매수인 사이의 교역의 결과를 반영하기 때문에 예를 들어, 주식시장에서 다양한 뉴스원과 다른 외생적 경제사건들이 자산가격의 시계열 패턴에 영향을 미치게 된다. 뉴스가 다양한 해석을 낳게 하고 석유 위기와 같은 특정 경제사건이 상당기간 지속될 수 있다는 전제하에 재무 시계열에서는 큰 양의 관측치와 큰 음의 관측치가 군집해서 나타나는 경향이 있다.[1]

2008년 전반기 유가가 상승하는 시기 동안 미국 주식시장의 움직임을 살펴보자. 1년 사이에 유가는 100% 이상 상승하였다. 2008년 6월 6일 다우존스지수(Dow Jones Index)는 당일 1배럴당 유가가 10달러 상승함에 뒤이어 거의 400포인트가량 하락하였다. 1배럴당 유가는 139달러로 상승하였고, 이틀 전에는 1배럴당 유가가 122달러로 하락하였다. 2008년 10월 말쯤에, 1배럴당 유가는 거의 67달러까지 하락하였다. 이러한 유가의 선회는 주가에 대한 큰 폭의 진동을 가져왔다.

2008년 9월 29일 다우존스지수는 서브프라임 모기지론 위기가 몇 개의 금융기업 파산을 가져온 이후 약 777.7포인트('행운의 7'?)까지 하락하였다. 비록 미국 정부가 2008년 10월 3일 7천억 달러의 구제금융을 발표하긴 했지만, 10월 6일 주식시장은 회복하기 이전 800포인트가량 하락하였고, 369포인트로 장을 마감했다. 문제를 일으킨 장본인은 금융시장의 붕괴였다. 2008년 10월 며칠 동안 다우존스지수는 300포인트 이상의 등락을 반복하였고, 주식시장은 더욱 높은 변동성을 나타내었다. 이러한 형식의 변화율은 2009년과 2010년 동안에도 계속될 것처럼 보인다. 예를 들어, 다우존스지수는 6일의 거래일 동안 연이어 증가한 후, 2010년

---

1 Philip Hanes Franses, *Time Series Models for Business and Economic Forecasting*, Cambridge University Press, New York, 1998, p. 155.

7월 16일 261포인트 하락하였다.

이러한 유가와 신용위기의 진동은 실물경제와 금융시장에 있어서 심각한 효과를 미치고 있다. 일반적인 투자자들은 투자에 대한 수익률뿐만 아니라 투자에 대한 위험과 함께 위험의 변동성까지 염려하고 있다. 따라서 자산가격과 자산수익률의 변동성에 대한 측정은 중요한 것이다.[2]

단순한 자산수익률 변동성의 측정은 그것의 시간의 흐름에 따른 변화량이다. 만약 1,000일 동안의 주가수익률 자료를 가지고 있다면, 각각의 값에서 주가수익률의 평균값을 빼거나, 그것의 차를 제곱하거나, 관측치로 나눔으로써 일별 주가수익률의 분산을 계산할 수 있다. 그것만으로는 변동성 집중현상을 포착할 수 없는데, 그 이유는 주어진 표본의 단일 수치인 비조건부 분산이라는 것의 측정이기 때문이다. 이것은 과거수익률을 계산에 넣지 않는다. 이러한 이유에서 자산수익률의 시-가변적 변동성을 계산에 넣지 않는 것이다. 이것은 단기의 자기회귀 조건부 이분산(autoregressive conditional heteroscedasticity) 또는 ARCH라고 알려진 과거 자료를 계산함으로써 측정이 가능하다.

15.1 ARCH 모형

가족, 회사, 종교, 그리고 국가와 같은 횡단면 관측치로 구성되어진 각각의 횡단면 자료 간의 이질성 때문에, 일반적으로 횡단면 자료에서는 이분산 또는 동일하지 않은 분산을 접하게 된다.

또한 시계열 자료에서는 흔히 자기상관을 관찰할 수 있다. 하지만 주가의 수익률 또는 환율과 같은 자산수익률을 포함한 시계열 자료에서는 자기상관 이분산을 관찰할 수 있다. 이것은 다른 시기에 관찰된 이분산이 자기상관된 것이다. 문헌에서는 이러한 현상을 자기회귀 조건부 이분산(ARCH)이라고 부른다. 이러한 흐름으로 예제와 함께 ARCH의 성질에 대하여 살펴볼 것이다. 또한 ARCH 모형의 몇 가지 확장된 모형에 대해서도 논의할 것이다.

이를 준비하기 위하여, 제13장에서 논의하였던 2004년 1월 1일부터 2008년 5월 8일까지의 일별 달러/유로 환율자료를 보자. 이 환율자료는 휴일, 비거래일과 같은 이유에서 연속하지 않는다. 일별 달러/유로 환율(EX) 자료의 간략한 모습을 살펴보기 위하여 그림 15.1에 표본 기간에 대한 EX로그값(LEX)을 그림으로 나타내었다. 로그변환은 상대변화 또는 이에 100을 곱한 백분율 변화를 나타내기 때문에, 흔히 금융계량경제학에서는 단순한 환율보다는 로그변환한 환율에 대한 그래프를 사용한다.

그래프에서 보는 바와 같이, 초기의 EU는 달러에 대하여 평가절하되어 있지만, 이후 달러

---

2 자산가격은 일반적으로 불안정적이지만, 자산수익률은 안정적이라는 것에 주의해야 한다. 하지만 자산 수익률이 변동적인 것은 막지 못한다. 제13장에서는 안정적인 시계열과 불안정적인 시계열에 대하여 논의하였다.

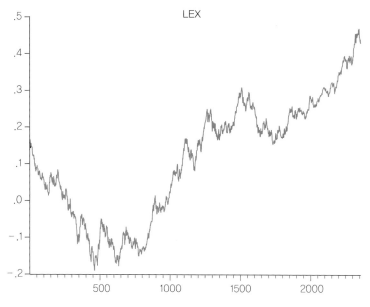

그림 15.1 로그를 취한 달러/유로 환율

에 대하여 지속적으로 가치가 상승하는 모습을 보이고 있다.[3] 하지만 그림을 자세히 들여다보면 EU의 초기 평가절하 이후 평가절상의 그래프는 들쭉날쭉한 형태로 매끄럽지 않은 모습을 보이고 있다. 이것은 달러/유로 환율이 상당한 변동성을 지니고 있음을 나타내는 것이다.

그래프를 LEX로 전환해서 그린다면(그림 15.2) 더욱 정확하게 확인할 수 있다. 앞에서 언급했듯이, 로그변환된 값은 상대변화 또는 그것에 100을 곱하면 백분율 변화를 나타낸다. 이를 논의하기 위하여, 달러/유로 환율의 일별 수익률을 통해, 자산수익률로서의 자산가격의 장기변화를 나타내었다(그림에서 D(LEX)는 달러/유로 환율 로그값의 변화를 의미한다).

0.00으로부터 수평선을 그리면, 로그-환율 변화에 대한 변동성을 정확히 볼 수 있다. 파동의 진폭이 간간히 커지고 있다. 이것뿐만 아니라 진동이 얼마 동안 지속되는 것처럼 보인다. 진동이 자기상관을 가진 것처럼 보이는 것이다. 이것이 ARCH의 경험적 견해이다.

확률변수의 분산은 확률변수의 변동성을 나타내는 기준이다. 우리의 자료에서는 일별 환율 수익률의 평균은 0.000113 또는 0.0113%이고, 분산은 약 0.0000351이다. 하지만 이러한 분산은 그림 15.2의 일별 환율수익률의 변동성을 포착하는 것은 아니다. 왜냐하면 분산은 관측치로 나눈 평균값으로부터 각각의 수익률에 대한 편차의 제곱을 더한 값으로 측정되기 때문이다.[4] 사실상 그림 15.2에서 언급한 진폭의 변화는 고려하지 않았다.

---

3 2010년 EU는 달러에 대하여 평가절하되기 시작하였고, 이것은 아마도 EU 경제가 US 경제에 비하여 상대적으로 약해짐을 반영하는 것일 것이다

4 더욱 정확하게, 이것은 자유도 $(n-1)$로 나누어져야 하지만, 대표본에서는 n으로 나누어도 크게 차이를 보이지 않는다.

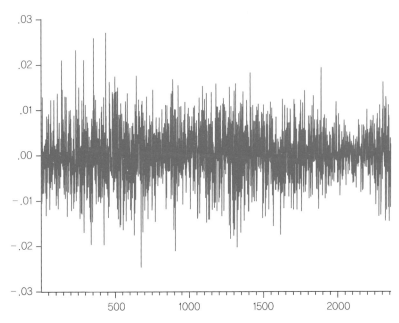

그림 15.2 로그를 취한 달러/유로 환율의 변화

단순한 변동성의 측정은 다음과 같은 회귀를 하는 것이다.

$$RET_t = c + u_t \qquad (15.1)$$

여기서 RET는 일별 수익률이고, c는 초기항, 그리고 u_t는 오차항을 나타낸다.[5] 여기서 수익률은 연속적인 날짜의 환율이 로그변환된 것이다.

이 경우 상수 c는 단순히 일별 환율수익률의 평균값을 측정한다. 식 (15.1)에서 자산수익률은 근본적으로 예측이 불가능하다는 것에 대한 어떠한 설명변수도 소개하지 않았다는 것에 주목하자.

회귀의 결과는 다음과 같다.

$$\hat{RET}_t = 0.000113$$
$$se = (0.000122) \qquad (15.2)$$

보는 바와 같이, 위에서 말한 것처럼 0.000113은 일별 수익률의 평균이다. 우리의 목적에 있어서 이 회귀는 중요하지 않다. 하지만 이 회귀에서 잔차를 구하고(e_t)(이것은 단순한 평균값에 대한 일별 수익률의 차이다), 제곱을 하면 그림 15.3과 같은 결과를 얻을 수 있다.

이것은 잔차제곱의 큰 변동성을 보여주는 것으로서, 근본적인 외환수익률의 변동성에 대한

---

5 수익을 측정하는 것에는 두 가지 방법이 있다. (1) $[(EX_t - EX_{t-1})/EX_{t-1}] \times 100$ 그리고 (2) $(\ln EX_t - \ln EX_{t-1}) \times 100$, 여기서 EX는 t기의 환율이다. 우리 자료는 상당한 기간 동안의 일별 자료이기 때문에, 두 수익률 사이에 큰 차이는 없을 것이다.

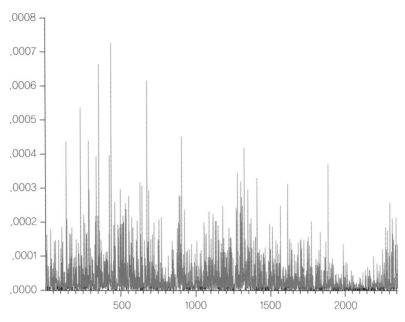

그림 15.3 회귀식 (15.2)로부터의 잔차제곱

지표로 취급할 수 있다. 이를 통하여 변동성이 높은 시기의 집중현상과 변동성이 낮은 시기의 집중현상뿐만 아니라, 이러한 집중현상이 '자기상관'을 갖는다는 것을 관찰하였다. 이것은 변동성이 높을 때는 꽤 오랫동안 높은 변동성이 지속되고, 변동성이 낮을 때는 낮음이 일정 기간 지속된다는 것이다.

이러한 변동성을 어떻게 측정할 수 있는가? ARCH 모형과 이후의 확장된 모형으로 문제의 해답을 찾아보자.

다음의 단순 선형회귀모형을 고려해 보자.

$$Y_t \mid I_{t-1} = \alpha + \beta X_t + u_t \tag{15.3}$$

이것은 시간 $(t-1)$에 따른 정보조건에 기초하여, 확률변수 Y_t(여기서는 환율수익률)는 X_t(또는 더 많은 X_t가 있는 경우에는 변수의 벡터)와 u_t에 대한 함수이다.

식 (15.3)에서는 다음과 같이 가정한다.

$$u_t \mid I_{t-1} \sim iid\,N(0, \sigma_t^2) \tag{15.4}$$

이것은 시간 $(t-1)$에 따른 주어진 정보에 기초하여, 오차항은 독립적으로 동일하게 평균이 0이고 분산이 σ_t^2인 정규분포를 따른다는 것이다. 고전적 선형회귀모형에서 이것은 $\sigma_t^2 = \sigma^2$로 가정하고, 이것은 동분산을 의미한다.

하지만 엥글(Engle)에 따른, ARCH 효과를 다음과 같이 고려하였다.

$$\sigma_t^2 = \lambda_0 + \lambda_1 u_{t-1}^2 \tag{15.5}$$

이것은 t기의 오차항의 분산이 상수와 이전 기의 오차항 제곱에 상수를 곱한 값을 더한 것과 같다는 것을 가정한 것이다.[6] 물론 λ_1이 0이라면, 오차항의 분산은 동분산적이고, 이 경우에 고전적 선형회귀모형을 적용할 수 있다. 이 경우 분산은 음수가 될 수 없기 때문에, 방정식의 계수는 양수로 가정한다. 또한 $0 < \lambda_1 < 1$로 가정하는데, 그 이유는 뒤에서 설명할 것이다.

식 (15.3)의 양변에 수학적 기대치를 취한다면, $\alpha + \beta X_t$는 조건부 평균방정식이다. 식 (15.5)는 정보집합 I_{t-1}에 대한 (조건부) 평균방정식이다. 식 (15.5)는 오직 1기 차분된 오차항의 제곱값을 포함한 ARCH (1) 모형이라고 알려져 있다. 이 모형은 다음과 같이 p기 차분된 오차항의 제곱값을 포함한 ARCH (p) 모형으로 쉽게 확장시킬 수 있다.

$$\sigma_t^2 = \lambda_0 + \lambda_1 u_{t-1}^2 + \lambda_2 u_{t-2}^2 + \ldots + \lambda_p u_{t-p}^2 \tag{15.6}$$

만약 여기에 ARCH 효과가 있다면, 추정된 계수 λ에 대한 통계적 유의성을 검정할 수 있다. 만약 식 (15.5)와 같이 ARCH (1) 모형을 고려한다면, 추정된 계수 λ에 대한 유의성 검정으로 t-검정을 사용할 수 있다. 유의도가 0과 다르지 않다면, 여기에는 ARCH 효과가 있다고 결론지을 수 있다.

식 (15.6)에 대하여 ARCH 효과를 검정하고, 다음과 같은 가설을 검정하기 위하여 F-검정을 사용하였다.

귀무가설 : H_0 : $\lambda_1 = \lambda_2 = \ldots = \lambda_p = 0$ (15.7)

대립가설 : H_1 : 적어도 하나의 계수 1는 통계적으로 유의하게 0이 아니다.

이의 대안으로, 식 (15.7)을 검정하기 위하여 다음과 같은 χ^2-검정을 사용할 수 있다.

$$(n-r)R^2 \sim \chi_p^2 \tag{15.8}$$

여기서 r = 추정된 계수의 수이다. 이것은 추정된 R^2과 자유도 $(n-r)$의 곱이 자유도 p를 갖는 χ^2분포를 따른다는 것이다.[7] 추정된 χ^2값이 선택한 유의도에서 통계적으로 유의하다면, ARCH 효과는 유의하다고 결론지을 수 있다. 이와는 반대로, p값(정확한 유의수준)이 충분히 낮다면, 귀무가설을 기각할 수 있다.

분산은 음수가 될 수 없기 때문에, 식 (15.6)에서 계수 λ는 양수로 기대된다는 것에 주목하자.

---

6 R. F. Engle, Autoregressive conditional heteroscedasticity with estimates of the variance of United Kingdom inflation, *Econometrica*, vol. 50, pp. 987-1007, 1982. 엥글은 ARCH 모형을 처음으로 개발하였다. 그는 다른 저서를 통하여 이러한 기여로 노벨 경제학상을 받았다.

7 n이 r에 관하여 상대적으로 크다면, 식 (15.8)의 좌변은 nR^2으로 쓸 수 있다.

u는 직접적으로 관찰되지 않기 때문에, 우선 식 (15.3)을 추정한 후 다음과 같이 u를 추정해야 한다.

$$\hat{u}_t = Y_t - \hat{\alpha}_t - \beta \hat{X}_t \tag{15.9}$$

그리고 나서 다음과 같은 모형을 추정해야 한다.

$$\hat{u}_t^2 = \lambda_0 + \lambda_1 \hat{u}_{t-1}^2 + \lambda_2 \hat{u}_{t-1}^2 + \ldots + \lambda_p \hat{u}_{t-p}^2 + \varepsilon_t \tag{15.10}$$

이것은 p기 이전까지 차분된 값에 대한 t기의 잔차제곱을 회귀한 것으로, p값은 경험적으로 결정된다. σ_t^2는 u_t^2의 추정치인 $\hat{u}_t^2$로 전환되었음에 주목하자.

위에서 볼 수 있듯이, ARCH 모형의 AR 부분은 식 (15.10)은 p기까지 차분된 값에 대한 잔차제곱을 회귀한 것이기 때문에 흔하게 불린다. ARCH 모형의 CH 부분은 식 (15.10)의 분산이 시간 $(t-1)$에 따른 주어진 정보에 기초하기 때문이다.

ARCH 모형의 추정 : 최소제곱접근법

선택한 모형에서 오차항의 제곱을 구하면, 일반적인 최소제곱법으로 식 (15.10)을 쉽게 추정할 수 있다. 물론 식 (15.10)에서 시차값은 결정해야 한다. 이것은 아카이케 또는 슈바르츠 정보 기준과 같은 기준으로 해결할 수 있고, 이는 Eviews 또는 Stata와 같은 통계패키지에 담겨 있다. 이러한 기준에 의거하여 가장 낮은 값을 가진 모형을 선택한다. 이것은 선형회귀모형의 가장 높은 R^2에 대응되는 것이다. 때때로 두 정보 기준이 상충될 때도 있지만, 대부분은 본질적으로 동일한 결론을 보인다.

실증적으로 보여주기 위하여, 달러/유로 환율수익률 자료를 이용하여 ARCH (8) 모형을 추정하였고, 그 결과는 표 15.1에 주어져 있다.

설명하기 위하여, ARCH (8) 모형을 선택하였다. 실제로 너무 많은 자유도(너무 많은 계수가 추정되어야 한다)를 고려해야 하기 때문에, 높은 차수의 ARCH 모형은 잘 다루지 않는다. 이 외에 GARCH 모형과 같은 더 많은 경제학적 모형은 쉽게 추정할 수 있다. 따라서 GARCH 모형에 대하여 간략하게 논의할 것이다.

ARCH 모형을 추정하기 위한 최소제곱법의 단점은 표 15.1의 결과에서 분명히 드러나듯이 추정된 ARCH 계수가 모두 양수일 거라는 보장이 없다. (조건부) 분산은 반드시 양수가 되어야 한다는 것을 기억해 보자. 최소제곱법이 ARCH 모형을 추정하는 데 적절하지 않다는 것의 또 다른 이유는 평균함수와 분산함수를 동시에 추정해야 한다는 것이다. 이 문제는 최우법(method of maximum likelihood)으로 해결할 수 있다.

ARCH 모형의 추정 : 최우접근법

위에서 지적한 바와 같이, ML 방식의 이점 중 하나는 OLS에서의 분리된 방식과는 달리 평균함수와 분산함수를 동시에 추정할 수 있다는 것이다. ML 방법의 수학과정은 다소 복잡하지만,

표 15.1 달러/유로 환율수익률 ARCH (8) 모형의 OLS 추정

Dependent Variable: Return
Method: Least Squares
Sample (adjusted): 10 2355
Included Observations: 2346 after adjustments
Convergence achieved after 3 iterations

	Coefficient	Std. Error	t-Statistic	Prob.
C	0.000118	0.000124	0.949619	0.3424
AR(1)	0.005585	0.020678	0.270107	0.7871
AR(2)	−0.001528	0.020671	−0.073936	0.9411
AR(3)	−0.018031	0.020670	−0.872340	0.3831
AR(4)	0.053298	0.020660	2.579725	0.0099
AR(5)	−0.035622	0.020648	−1.725156	0.0846
AR(6)	0.016990	0.020662	0.822254	0.4110
AR(7)	0.021674	0.020653	1.049456	0.2941
AR(8)	−0.028401	0.020656	−1.374958	0.1693

R-squared	0.005679	Mean dependent var	0.000118
Adjusted R-squared	0.002275	S.D. dependent var	0.005921
S.E. of regression	0.005915	Akaike info criterion	−7.418928
Sum squared resid	0.081756	Schwarz criterion	−7.396830
Log likelihood	8711.403	Durbin−Watson stat	1.998549
F-statistic	1.668334	Prob(F-statistic)	0.101121

주 : Return은 LEX의 차분을 통하여 구하였다(각주 4 참조).

ARCH 모형을 추정하기 위한 방법은 Stata 또는 Eviews와 같은 통계패키지에 포함되어 있다.

예제로 돌아가서, ARCH (8) 모형의 ML 추정은 표 15.2에 주어져 있다. 표의 첫 번째 부분은 평균방정식의 추정이고, 두 번째 부분에는 분산방정식의 계수에 대한 추정이 주어져 있다. 표에서 볼 수 있듯이, 모든 시차의 분산계수는 예상했던 것처럼 양수이다. 처음 3개의 계수는 각각 통계적으로 유의하지 않지만, 마지막 5개는 통계적으로 유의함을 보였다. 달러/유로 환율수익에 대한 ARCH 효과가 있는 것처럼 보인다. 이것은 오차분산이 자기상관되었다는 것이다. 다음에서 볼 수 있듯이, 이러한 정보는 변동성을 예측하는 목적으로 사용될 수 있다.

15.2 GARCH 모형

ARCH (p) 모형의 단점은 다음과 같다. 첫째, 높은 자유도를 고려하게 하는 p 자기회귀항의 계수를 추정해야 한다. 둘째, 대부분은 모든 계수에 대한, 특히 몇 개가 음수일 때 해석이 어렵다. 셋째, OLS 추정방식은 평균함수와 분산함수를 동시에 추정하는데 ARCH 모형에 적합하지 않다. 따라서 문헌에서는 ARCH (3) 모형보다 높은 ARCH 모형의 추정은 Bollerslev에 의하여 최초로 제안된 GARCH(Generalized Autoregressive Conditional Heteroscedasticity)

표 15.2 ARCH (8) 모형의 ML 추정

Dependent Variable: Return
Method: ML – ARCH (Marquardt) – Normal distribution
Sample (adjusted): 2 2355
Included Observations: 2354 after adjustments
Convergence achieved after 6 iterations
Presample variance: backcast (parameter = 0.7)GARCH = C(2) + C(3)*RESID(−1)^2 +
C(4)*RESID(−2)^2 + C(5)*RESID(−3)^2 + C(6)*RESID(−4)^2 + C(7)*RESID(−5)^2 +
C(8)*RESID(−6)^2 +C(9)*RESID(−7)^2 + C(10)*RESID(−8)^2

Mean Equation				
	Coefficient	Std. Error	z-Statistic	Prob.
C	0.000168	0.000116	1.455799	0.1454

Variance Equation				
C	2.16E−05	1.57E−06	13.76329	0.0000
RESID(−1)^2	0.003934	0.014396	0.273266	0.7846
RESID(−2)^2	0.016995	0.020147	0.843548	0.3989
RESID(−3)^2	0.030077	0.016471	1.826061	0.0678
RESID(−4)^2	0.058961	0.022441	2.627397	0.0086
RESID(−5)^2	0.061412	0.025193	2.437648	0.0148
RESID(−6)^2	0.088779	0.023935	3.709209	0.0002
RESID(−7)^2	0.058567	0.020293	2.886032	0.0039
RESID(−8)^2	0.076195	0.023278	3.273296	0.0011

R-squared*	−0.000088	Mean dependent var	0.000113	
Adjusted R-squared	−0.003928	S.D. dependent var	0.005926	
S.E. of regression	0.005938	Akaike info criterion	−7.435345	
Sum squared resid	0.082649	Schwarz criterion	−7.410860	
Log likelihood	8761.401	Hannan−Quinn criter.	−7.426428	
Durbin−Watson stat	1.995120			

* 음수의 R^2값은, 평균방정식에 설명변수가 없는 것과 같이, 현재 상황에서는 중요하지 않다.

모형[8]을 사용하는 추정을 제안하고 있다.

평균방정식 (15.3)의 형태를 유지하면서 분산방정식의 형태를 수정한, 단순한 GARCH 모형은 다음과 같다.

$$\sigma_t^2 = \lambda_0 + \lambda_1 u_{t-1}^2 + \lambda_2 \sigma_{t-1}^2 \tag{15.11}$$

여기서 시점 t의 조건부 분산은 $(t-1)$기의 시차 오차제곱항뿐만 아니라 $(t-1)$기의 시차분산 항에 의존한다는 것에 주목하자.

---

8 Tim Bollerslev, Generalized autoregressive conditional heteroscedasticity, *Journal of Econometrics*, vol. 31, 1986, pp. 307-27.

표 15.3 달러/유로 환율의 GARCH (1,1) 모형

Dependent Variable: Z
Method: ML – ARCH (Marquardt) – Normal distribution
Sample (adjusted): 2 2355
Included Observations: 2354 after adjustments
Convergence achieved after 9 iterations
Presample variance: backcast (parameter = 0.7)GARCH = C(2) + C(3)*RESID(−1)^2 + C(4)*GARCH(−1)

Mean Equation				
	Coefficient	Std. Error	z-Statistic	Prob.
C	0.000198	0.000110	1.797740	0.0722

Variance Equation				
C	7.72E−08	5.02E−08	1.538337	0.1240
RESID(−1)^2	0.022788	0.004063	5.609174	0.0000
GARCH(−1)	0.975307	0.004377	222.8494	0.0000

R-squared	−0.000205	Mean dependent var	0.000113
Adjusted R-squared	−0.001482	S.D. dependent var	0.005926
S.E. of regression	0.005931	Akaike info criterion	−7.472999
Sum squared resid	0.082659	Schwarz criterion	−7.463205
Log likelihood	8799.720	Hannan–Quinn criter.	−7.469433
Durbin–Watson stat	1.994884		

주 : $Z = d(\text{lex}) = \text{LEX}$의 로그값의 1차 차분

이것은 GARCH (1,1) 모형이라고 알려져 있다. 하지만 ARCH (p) 모형은 p가 증가함에 따라 GARCH (1,1) 모형과 동일함을 보이기 때문에 증명하지 않을 것이다. 식 (15.6)에 주어진 ARCH (p) 모형은 ($p+1$)개의 계수를 추정해야 하는 반면, 식 (15.11)의 GARCH (1,1) 모형은 오직 3개의 계수만 추정하면 된다는 것에 주목하라.

GARCH (1,1) 모형은 p개의 오차제곱항과 q개의 시차 조건부 분산항을 포함한 GARCH (p,q) 모형으로 일반화시킬 수 있는데, 실질적으로 GARCH (1,1) 모형이 금융자산수익률 모형에는 유용하다고 증명되었다. 환율의 예로 돌아가서, GARCH (1,1) 모형의 결과는 표 15.3에 주어져 있다.

GARCH (1,1) 모형과 ARCH (8) 모형을 비교하면, 표 15.2에서 GARCH (1,1) 모형이 사실상 어떻게 8개의 시차 오차제곱항을 포착하는지 볼 수 있다. 이는 놀라워할 일이 아니라, 이미 언급하였듯이 GARCH (1,1)은 무한한 ARCH 과정의 손쉬운 방법이다.

표에서 볼 수 있듯이, 시차 오차제곱항과 시차 조건부 분산항의 분산방정식은 각각 높은 유의함을 보이고 있다. 시차 조건부 분산이 현재의 조건부 분산에 영향을 주고 있기 때문에, ARCH 효과가 있다는 확실한 증거가 있는 것이다.

요약해서 말하면, ARCH 모형 또는 GARCH 모형 모두 달러/유로 환율수익률에는 상당한 시–가변적 그리고 시–상관적 변동성이 존재한다는 증거를 보이고 있다.

15.3 ARCH 모형의 확장

본래의 ARCH (p) 모형은 몇 가지 방법에 의하여 확장시킬 수 있다. 몇 가지 변형된 형태의 ARCH 모형을 예제와 함께 살펴보자.

GARCH-M 모형

이전에 언급했던 것처럼, 일반적인 투자자들은 그들의 투자에 대한 수익의 최대화뿐만 아니라, 투자에 따르는 위험을 최소화하는 것에 관심이 있다. 그러므로 위험을 고려하기 위하여 위험요소와 조건부 분산을 명쾌하게 설명한 식 (15.3)에 주어진 평균방정식을 변형할 수 있다. 이를 위하여 다음과 같은 모형을 고려하였다.

$$Y_t = \alpha + \beta X_t + \gamma \sigma_t^2 + u_t \tag{15.12}$$

여기서 σ_t^2는 식 (15.11)에서 정의한 것처럼 조건부 분산이다.

이것은 GARCH-M (1,1) 모형이라고 부른다. 조건부 분산에 의하여 측정된 위험요소가 어떻게 조건부 평균함수에 적용되었는지 참조하라.

Eviews를 이용하여 표 15.4와 같은 결과를 구하였다.

표의 평균방정식은 이제 조건부 분산인 위험요소를 포함하고 있다. 이러한 위험요소는 통계적으로 유의하고, 이것은 ARCH 효과뿐만 아니라 평균수익은 위험요소에 의하여 직접적인 영향을 받는다는 것을 나타내고 있다.

ARCH (8) 모형과 GARCH (1,1) 모형의 조건부 분산 그래프

투자자들은 대개 불확실성을 싫어하기 때문에, (조건부) 변동성을 예측하는 것은 유용할 것이다. 변동성을 어떻게 예측하는지 살펴보기 위하여, 식 (15.11)로 돌아가 다음 시기의 변동성을 추정하기 위하여 다음과 같이 고려하였다.

$$\sigma_{t+1}^2 = \lambda_0 + \lambda_1 u_t^2 + \lambda_2 \sigma_t^2 \tag{15.13}$$

계수 λ의 추정은 표 15.3에 주어져 있다. 이러한 추정을 이용하여, 차후의 시기에 대한 조건부 변동성을 예측할 수 있다.

식 (15.13)은 다음과 같이 j단계 또는 j기의 변동성을 측정하기 위하여 간단히 일반화시킬 수 있다.

$$\sigma_{t+j}^2 = \lambda_0 + (\lambda_1 + \lambda_2)\sigma_{t+j-1}^2 \tag{15.14}$$

장기에서는 이른바 안정상태의 분산(steady state variance)을 모든 분산을 동등화함으로써 구할 수 있다.

$$\sigma^2 = \frac{\lambda_0}{(1 - \lambda_1 - \lambda_2)} \tag{15.15}$$

표 15.4 달러/유로 환율수익의 GARCH–M (1,1) 모형

Dependent Variable: RET
Method: ML – ARCH (Marquardt) – Normal distribution
Sample (adjusted): 2 2355
Included Observations: 2354 after adjustments
Convergence achieved after 14 iterations
Presample variance: backcast (parameter = 0.7)GARCH = C(3) + C(4)*RESID(–1)^2 + C(5)*GARCH(–1)

Mean Equation				
	Coefficient	Std. Error	z-Statistic	Prob.
GARCH	–0.188763	0.095900	–1.968318	0.0490
C	0.078320	0.031583	2.479842	0.0131

Variance Equation				
C	0.000803	0.000495	1.621984	0.1048
RESID(–1)^2	0.022472	0.003982	5.642678	0.0000
GARCH(–1)	0.975473	0.004327	225.4335	0.0000

R-squared	0.001512	Mean dependent var	0.013049
Adjusted R-squared	–0.000189	S.D. dependent var	0.592711
S.E. of regression	0.592767	Akaike info criterion	1.736635
Sum squared resid	825.3740	Schwarz criterion	1.748878
Log likelihood	–2039.020	Hannan–Quinn criter.	1.741094
F-statistic	0.889015	Durbin–Watson stat	1.998503
Prob(F-statistic)	0.469582		

만약 $(\lambda_1 + \lambda_2) < 1$이라면, 식 (15.15)는 GARCH (1,1) 모형의 장기 변동성을 나타내는 것이다. 표 15.4에서 예제의 추정이 $(\lambda_1 + \lambda_2) = 0.998$임을 확인할 수 있고, 이것은 1보다 작지만 크게 다르지 않다.

그림 15.4는 ARCH (8) 모형과 GARCH (1,1) 모형의 추정된 조건부 분산에 대한 특성을 보여주고 있다. 이 두 조건부 분산은 매우 비슷한 모양을 하고 있는데, GARCH 모형은 ARCH (8)뿐만 아니라 더 높은 차수까지의 ARCH 모형까지 포착하기 때문에 놀랄 만한 결과는 아니다.

두 그래프가 유사하고 GARCH (1,1) 모형이 더 경제학적이기 때문에, 실제로 GARCH 모형에 집중할 수 있다. 중요하게 주목해야 할 사항은 조건부 분산을 예측하는 것은 투자자들이 그들의 투자를 결정하는 데 참고할 수 있다는 것이다.

ARCH 모형과 GARCH 모형의 확장

앞페이지에서는 ARCH 모형과 GARCH 모형의 몇 안 되는 변형을 다루었다. 하지만 AARCH, SAARCH, TARCH, NARCH, NARCHK, EARCH와 같은 모형이 더 존재한다. 이와 같이 소수만이 이해하는 모형을 자세히 다루는 것은 너무 동떨어지거나 복잡한 수학적 과정이 포함되어 있기 때문에 이 책의 범위를 벗어나는 것이다. 흥미를 가지고 있는 독자들은 추가적인

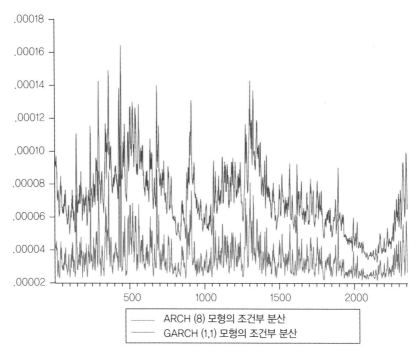

그림 15.4 ARCH (8) 모형과 GARCH (1,1) 모형의 비교

참고문헌을 계속해서 읽어 보기 바란다.[9]

15.4 요약 및 결론

주가, 물가상승률, 그리고 환율과 같은 금융 시계열의 특징을 구분짓는 것은 변동성 집중이 흔히 존재하는가이다. 즉, 가격이나 수익률이 시간에 따라 큰 진동폭을 보이거나 상대적으로 안정적 시기가 지속되는 것을 말한다. 오차분산의 상관관계에서 결과는 시간의 흐름에 따른다. 이와 같은 상관관계를 고려하기 위하여, 금융계량경제학자들은 ARCH(autoregressive conditional heteroscedasticity)를 시작으로, 몇 가지 모형을 발전시켜 왔다. 장기간에 걸친 일별 달러/유로 환율자료와 함께 ARCH 모형이 어떻게 자산가격과 자산수익률의 변동성을 고려하는지 보여주었다.

이후의 ARCH 모형은 GARCH, GARCH-M(GARCH in mean), TGARCH(threshold GARCH), 그리고 EGARCH(exponential GARCH) 모형을 포함하여 재탄생되었고, 각각의 모형은 변동성 추정의 더 많은 다양성(그리고 복잡성)을 보여주었다. 다행히도 이러한 모형을 비교적 쉽게 추정 가능하게 하는 소프트웨어 패키지가 존재한다.

---

9 예를 들어, Walter Enders, *Applied Econometric Time series*, 2nd edn, Wiley, 2004; Chris Brooks, Introductory Econometrics of Finance, Cambridge University Press, 2002; 그리고 I. Gusti Ngurah Agung, *Time Series Data Analysis Using Eviews*, John Wiley & Sons (Asia), 2009를 참조하라.

변동성의 기술적 측면을 제외하면, 더 높은 수익을 원하는 투자자들뿐만 아니라, 안정적인 (즉, 변동성이 적은) 수익률을 원하는 모든 단계의 투자자들에게 실질적으로 흥미로운 주제이다.

연습문제

15.1 주가지수를 선택하여 일정 기간 동안 자료를 모아 지수의 변동성에 대한 성질을 알아보라. 변동성을 규명하기 위하여 ARCH, GARCH, 또는 다른 어떠한 ARCH 계열의 모형을 사용해도 좋다.

15.2 도우미 웹사이트의 **표 15.5**는 2012년 5월 17일부터 2013년 7월 26일까지의 미국달러로 나타낸 금 1온스의 시가, 최고가, 최저가 그리고 종가의 일별 데이터를 제공한다. 공휴일 및 기타 폐장 때문에 데이터들은 인접하지 않다.[10]

(a) 금의 일별 종가를 그래프로 나타내라. 당신이 관측한 패턴은 무엇인가?

(b) 금의 일별 종가의 퍼센트 변화를 그래프로 나타내라. 본 그래프는 무엇을 보여주는가?

(c) 금의 일별 종가 시계열은 안정적인가? 필요한 검정법을 보여라.

(d) 금의 일별 종가의 퍼센트 변화 시계열은 안정적인가? 검정법을 보여라.

(e) 금의 일별 종가의 퍼센트 변화를 위한 적절한 ARCH 그리고 혹은 GARCH 모형을 세워라.

유용한 웹사이트

다음의 웹사이트는 몇몇 흥미로운 자료를 제공하고, 일부 웹사이트는 모든 종류의 거시 또는 미시 자료를 제공할 것이다.

WebEc : 자세한 경제 정보가 있는 가장 포괄적인 도서관

http://www.helsinki.fi/WebEc

Bureau of Economic Analysis(BEA) : 모든 종류의 경제활동에 대한 뛰어난 자료의 출처

http://www.bea.gov/

Business Cycle Indicators : 256가지 경제 시계열 자료

http://www.globalexposure.com/bci.html

World Bank Data and Statistics : http://www.worldbank.org/data

Various economic data sets : http://economy.com/freelunch

Economic Time Series Data : http://economagic.com/

World Economic Indicators : http://devdata.worldbank.org/

---

10 데이터 출처는 다음과 같다. http://www.livecharts.co.uk/.

16 | 경제 예측

경제 예측에 유용한 것으로 판명된 분야는 다음과 같다.[1]

1. 경영계획의 수립과 관리(예 : 재고관리, 생산계획, 판매인력관리 등)

2. 마케팅(예 : 서로 다른 마케팅 여건에 따른 판매 대응)

3. 경제학(GDP, 실업, 소비, 투자 및 이자율 등 핵심 경제변수)

4. 금융자산관리(예 : 자산수익률, 환율 및 상품가격)

5. 금융위험관리(예 : 자산수익 변동성)

6. 기업 및 정부의 예산관리(수입 예측)

7. 인구(출산 및 사망률)

8. 위기관리(기업의 도산 확률, 환율 절하, 군부 쿠데타 등)

경제 예측의 목적은 과거와 현재의 정보에 기초하여 관심이 되는 목적변수의 발생 가능한 미래 변동경로의 계량적 추정치를 제공하는 것이다(예 : 개인소비지출). 이를 위하여 우리는 계량 모형을 개발하고 예측을 위한 여타 방법들을 사용하는 것이다.

물론 다수의 예측방법론이 있지만, 이 장에서는 세 가지 우수한 예측방법을 고려하고자 한다. 즉, (1) 회귀모형, (2) 통계학자 박스와 젠킨스(Box and Jenkins)에 의해 유명해져 박스–젠킨스(BJ) 방법으로 알려진 적분 자기회귀 이동평균(ARIMA)모형,[2] (3) 크리스토퍼 심스(Christopher Sims)에 의해 주창된 벡터자기회귀(VAR)모형[3]이다.

IV

---

1 Francis X. Diebold, *Elements of forecasting*, Thompson-South-stern Publishers, 4th edn, 2007, Chapter 1 을 참조하라.

2 G. P. Box and G. M. Jenkins, *Time Series Analysis: Forecasting and Control*, revised edn, Holden Day, San Francisco, 1976.

3 1970년대와 1980년대에 인기 있었던 또 다른 예측방법은 연립방정식 모형이다. 그러나 이 방법은 비록 이것이 정부기관이나 미 연준에 의해 사용되고는 있지만 1970년대 OPEC의 석유 금수조치 이래로 실망스러운 예측성과 때문에 곧 이용도가 떨어졌다. 이 방법의 논의에 대해서는 Gujarati/Porter, *op cit.*, Chapter 18-20을 참조하라.

16.1 회귀모형을 통한 예측

이 책에서는 여러 측면의 회귀분석에 대하여 지면을 할애하였으나, 지금까지 회귀모형을 예측목적으로 사용하는 데 대해서는 거의 언급하지 않았다. 기업이나 정부의 다수의 회귀분석 사용자들에게 있어 예측은 회귀모형 추정의 거의 가장 중요한 목적이 된다. 비즈니스 및 경제 예측의 관련 주제는 광범위하며 몇몇 전문적인 책들이 이 주제에 관하여 쓰였다.[4] 여기서는 단지 회귀모형을 이용한 예측의 가장 중요한 측면만을 논의하고자 한다. 또 문제를 단순화하고 그래프들을 이용하기 위하여 먼저 다음의 두 변수 회귀를 상정하고자 한다.

$$PCE_t = B_1 + B_2 PDI_t + u_t \qquad (16.1)$$

여기서 PCE = 1인당 개인소비지출, PDI = 2005년 불변가격 기준 1인당 개인가처분소득(즉, 세후), 그리고 u는 오차항이다. 우리는 이 회귀식을 소비함수로 지칭할 것이다. 이 회귀식에서 기울기 계수는 한계소비성향(MPC), 즉 소득 1달러의 추가 증가에 따른 소비지출의 상응하는 증가를 나타낸다. 이 회귀식을 추정하기 위하여, 1960년에서 2008년까지의 기간 중 미국의 이 변수들에 통계자료를 취득하였다. 도우미 웹사이트의 **표 16.1**을 참조하기 바란다.

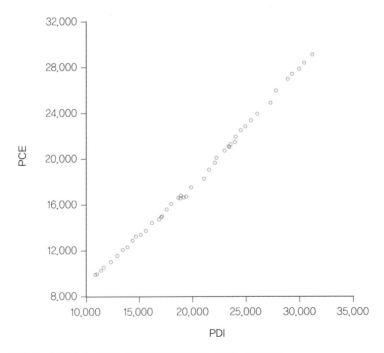

그림 16.1 1인당 개인소비지출과 1인당 개인가처분소득(미국, 1960~2004년)

---

4 Diebold, *op cit.*, Michael K. Evans, *Practical Business Forecasting*, Blackwell Publishing, Oxford, UK., 2003, and Paul Newbold and Theodore Bos, *Introductory Business and Economic Forecasting*, 2nd edn, South-Western Publishing Company, Cincinnati, Ohio, 1994를 참조하라.

표 16.2 소비함수의 추정(1960~2004년)

Dependent Variable: PCE
Method: Least Squares
Sample: 1960 2004
Included Observations: 45

Variable	Coefficient	Std. Error	t-Statistic	Prob.
C	−1083.978	193.9579	−5.588729	0.0000
PDI	0.953768	0.009233	103.2981	0.0000

R-squared	0.995986	Mean dependent var		18197.91
Adjusted R-squared	0.995893	S.D. dependent var		5515.914
S.E. of regression	353.4907	Akaike info criterion		14.61702
Sum squared resid	5373095.	Schwarz criterion		14.69731
Log likelihood	−326.8829	Durbin–Watson stat		0.299775
F-statistic	10670.51	Prob(F-statistic)		0.000000

소비함수를 추정하기 위하여, 먼저 1960년에서 2004년까지 중의 자료를 이용하며 이연된 표본으로 불리는 마지막 4개의 관측치는 추정모형의 성과를 평가하기 위하여 추정에서 제외하여 남겨 두도록 한다.

먼저 두 변수 간의 관계에 대한 본질을 파악하기 위하여 자료를 도표로 그려 본다(그림 16.1). 이 그림은 PCE와 PDI 사이에 거의 선형관계가 있음을 보여준다. 자료에 선형회귀분석을 실시한 후, 표 16.2의 결과를 얻었다.

이런 결과들은 PDI가 1달러 증가하는 경우 평균소비지출은 95센트가량 증가하며, 이것은 MPC가 0.95라는 것을 나타낸다. 표준적인 통계기준에 따르면, 더빈–왓슨 통계량이 낮기 때문에 오차항이 양의 계열 상관관계를 가진다는 점을 제외하면 추정모형은 만족스럽게 보인다. 추후에 이 점에 대하여 논의할 것이다.

허구적 회귀의 가능성을 막기 위하여, 식 (16.1)의 회귀 잔차에 대하여 단위근 검정을 수행한 결과 단위근이 존재하지 않는다는 것을 발견하였으며, 이는 PCE와 DPI의 시계열이 개별적으로 불안정인 것과 대비된다(이 점을 확인하라).

이 표로부터 추정된 평균소비함수는 다음과 같음을 확인할 수 있다.

$$P\hat{C}E_t = -1083.978 + 0.9537PDI_t \qquad (16.2)$$

이 '역사적' 회귀분석을 갖고 무엇을 할 수 있는가? 이를 이용하여 미래의 개인소비지출을 예측할 수 있다. 만일 우리가 2005년의 총 가계지출 값이 주어졌을 때 2005년의 기대 평균 개인소비지출 값 $E(PCE_{2005} | PDI_{2005})$를 구하기 원한다면, 이는 31,318달러가 된다. (표본 회귀분석이 1960년에서 2004년까지의 기간에 기초한 것임에 유의하자.)

이 작업을 수행하기 전에, 우리는 예측에 쓰이는 다음의 몇 가지 특수한 용어를 학습할 필요가 있다. (1) 점 및 구간 예측, (2) 사후적(사실 이후)과 사전적(앞서서 또는 기대되는) 예측,

그림 16.2 예측의 형태

(3) 조건부 또는 비조건부 예측. 이들 용어들은 간단하게 다루기로 한다.

1. **점 예측과 구간 예측** : 점 예측에서는 각 예측기간에 대하여 단일값을 제공하며, 구간 예측에서 우리는 실현된 값을 주어진 확률로 포함하는 특정 범위 또는 구간을 제공한다. 다시 말하면 구간 예측은 점 예측의 불확실성에 대한 포괄 범위를 제공하는 것이다.

2. **사후 및 사전 예측** : 이 차이를 이해하기 위하여 그림 16.2를 참조하라.[5]
   우리가 추정기간 내의 모든 모형 내 변수에 대한 자료를 갖고 있으므로, 사후 예측기간 내 (즉, 이연기간 내)의 종속변수와 설명변수의 값 역시 알고 있다. 이러한 값들은 추정된 모형의 성과에 대한 평가를 얻는 데 이용할 수 있다. 종속변수의 추정기간을 넘어선 **사전적**인 예측을 위해서는 예측하기 이전 시점에 이러한 설명변수의 값들을 확실히 알지 못하므로 이를 먼저 추정해야 한다.

3. **조건부 및 비조건부 예측** : 조건부 예측에서는 관심되는 변수를 회귀변수의 가정된 값의 조건부로 예측할 수 있다. 회귀분석 수행은 주어진 설명변수의 주어진 값에 대한 조건부로 수행했음을 상기하자. 이러한 형태의 조건부 예측은 시나리오 분석 또는 비상상황 분석 이라고도 일컬어진다.
   비조건부 예측에서는 설명변수의 값을 임의로 선정하기보다 확실히 특정하는데 이는 조건부 예측과 동일하다. 물론 이것은 대단히 예외적인 경우이며 Diebold가 우측변수(설명 변수) 예측문제[6]라고 부른 것이다. 현재 우리의 목표는 조건부 예측을 다루는 것이다.

이러한 사전적인 논의를 바탕으로, 2005년 소비함수의 점 예측을 2005년의 1인당 *PDI* 값이 31조 3,180억 달러로 주어졌을 때에 대하여 수행하기로 한다.

이제 주어진 *X* 값에 대한 2005년의 최적 평균 예측은 다음과 같이 주어짐을 보여준다.

$$
\begin{aligned}
\hat{PCE}_{2005} &= b_1 + b_2 PDI_{2005} \\
&= -1083.978 + 0.9537(31318) \\
&= 28783.998 \\
&\approx 28784
\end{aligned}
\tag{16.3}
$$

---

5 다음의 논의는 Robert S. Pindyck and Daniel L. Rubinfeld, *Econometric Models and Economic Forecasts*, 3rd edn, McGraw-Hill, New York, 1991, Chapter 8에 기초하고 있다.

6 이 문제에 대한 설명은 Diebold, *op cit.*, p. 223을 참조하라.

여기서 2005년 최적 평균 예측값은 개인소비지출 28조 7,840억 달러, 주어진 PDI 값 31조 3,780억 달러이다. 표 16.1로부터 2005년의 실제 PCE는 29조 7,710억 달러라는 것을 알 수 있다. 따라서 실제값은 추정값보다 9,870억 달러만큼 크다. 우리는 이것을 예측오차라 부른다. 자연스럽지만, 추정회귀분석에서 종속변수의 실제값은 어떤 오차 없이 예측하는 것을 기대할 수 없다.

식 (16.3)에 의해 주어지는 PCE의 형식은 추정치이기 때문에, 방금 언급한 바와 같이 이것은 오차에 좌우된다. 따라서 우리에게 필요한 것은 우리가 식 (16.3)의 형식을 이용하는 경우 생성할 수도 있는 2005년 소비지출의 참 기댓값에 대한 예측오차의 추정치이다. 만일 식 (16.1)의 오차항이 정규분포를 한다면, $Y = PCE$ 및 $X = PDI$로 놓으면 $\hat{Y}_{2005}$는 정규분포를 하며, 평균이 $B_1 + B_2 X_{2005}$이고 분산은

$$\mathrm{var}(\hat{Y}_{2005}) = \sigma^2 \left[\frac{1}{n} + \frac{(X_{2005} - \overline{X})^2}{\Sigma(X_i - \overline{X})^2} \right] \tag{16.4}$$

이다. 여기서 $\overline{X}$는 1960~2004년 표본기간 내 X 값의 표본 평균, σ^2은 오차항 u의 분산, 그리고 n은 표본의 크기이다.

u의 진짜 분산을 관측할 수 없으므로 제1장의 논의를 따라 이것을 표본으로부터 $\hat{\sigma}_2 = \Sigma e_i^2 / (n-2)$와 같이 추정한다.

이 정보를 이용하고 주어진 2005년의 X값을 이용하여, 참값 $E(Y_{2005})$를 위한 95% 신뢰구간을 다음과 같이 설정할 수 있다.

$$\Pr[\hat{Y}_{2005} - t_{\alpha/2} se(\hat{Y}_{2005}) \le E(Y_{2005}) \le \hat{Y}_{2005} + t_{\alpha/2} se(\hat{Y}_{2005})]$$
$$= 95\% \tag{16.5}$$

여기서 $se(\hat{Y}_{2005})$는 식 (16.4)로부터 얻어진 표준오차이며, 여기서 $\alpha = 5\%$이다. 이 신뢰구간을 설정하면서, 우리는 진짜 오차분산을 추정하여 쓰기 때문에 t-분포를 정규분포 대신에 이용한다. 이 모든 것들은 제1장에서 논의된 선형회귀분석 이론으로부터 유도된다.

식 (16.4)를 이용하여, 우리는 $se(\hat{Y}_{2005})$를 얻는다(이를 증명하라). 그러므로 단일 최적 추정량은 28조 7,840억 달러이지만, $E(Y_{2005})$를 위한 95% 신뢰구간은 (28조 5,520억 달러, 29조 190억 달러)이다. (주 : $t_{\alpha/2} \approx 2.02$, 자유도 43인 경우).

우리는 각 $E(Y|X)$에 대하여 주어진 표본을 이용하여 상응하는 신뢰구간을 계산한다. 만일 이러한 신뢰구간들을 연결한다면, 신뢰 밴드로 알려진 것을 얻게 된다. 만일 Stata 또는 Eviews 등의 패키지를 사용한다면, 이런 복잡한 계산은 피할 수 있으며 Eviews를 이용하여, 예제(그림 16.3)를 위한 신뢰 밴드를 얻는다.

이 그림 안의 굵은 선은 추정된 회귀분석 선이며 2개의 점선은 이를 위한 95% 신뢰 밴드를 나타낸다. 다시 말하면 예측오차는 설명변수의 평균값으로부터 멀어짐에 따라 증가한다. 추

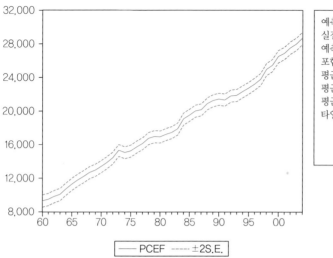

그림 16.3 평균 PCE를 위한 예측 밴드

정된 평균값의 분산을 제시하는 공식을 확인하면, 예측이 이루어지는 대응변수인 X가 그것의 평균값으로부터 멀어지면 이 분산 역시 증가하는 것을 알 수 있다. 이것은 X값의 평균보다 매우 큰 X값에 상응하는 조건부 예측 $E(Y|X)$의 경우 큰 예측오차를 유발한다는 것을 시사한다.

동반된 표는 예측의 질에 대한 어떤 평가수단을 제시한다. 예를 들어, 평방평균 제곱근 오차, 평균 절대 오차, 평균 절대 퍼센트 오차 및 타일(Theil) 부등계수이다. 이 부등계수의 값은 0과 1 사이에 있으며 0에 가까울수록 모형이 우수한 것으로 평가된다. 이러한 평가치들은 간단하게 이 장의 부록에서 언급된다. 이러한 예측 성과지표들은 만일 우리가 두 가지 이상의 예측방법을 비교하는 경우에 유용한데 앞으로 이를 간단히 논의하고자 한다.

이 분석을 다중회귀분석으로 확장할 수 있으나, 이 경우 예측분산을 나타내기 위하여 행렬대수를 사용할 필요가 있다. 이 주제는 참고문헌으로 미룬다.

회귀분석 결과 표 16.2에서 주어진 더빈−왓슨 통계량이 유의하다는 것을 발견할 수 있으며 이는 오차항이 1차 양의 계열 상관을 가짐을 시사한다. 만일 오차항의 계열 상관을 고려할 수 있으면, 예측오차는 더 작게 만들 수 있으나, 우리는 이러한 수학적 접근을 하지 않으려 한다.[7] 그러나 Eviews는 모형식 (16.1)을 오차항의 자기상관을 허용하면서 추정할 수 있다. 예를 들어, 만일 제6장에서 논의된 가정 곧 오차항이 1차 자기회귀 구조 [AR(1)]을 갖는다면, 즉 $u_t = \rho u_{t-1} + \varepsilon_t$; $-1 \le \rho \le 1$(여기서 ρ는 1차 자기상관계수이고 ε는 백색잡음 오차항이다)이라 하면 표 16.3의 결과들을 얻는다.

표 16.2와 비교하면서 우리는 한계소비성향이 다소 변화했다는 것을 알게 된다. 그러나 이

---

7 Robert S. Pindyck and Daniel L. Rubinfeld, *op cit.*, pp. 190-2를 참조하라.

표 16.3 AR(1) 구조를 가진 소비함수

Dependent Variable: PCE
Method: Least Squares
Sample (adjusted): 1961 2004
Included Observations: 44 after adjustments
Convergence achieved after 8 iterations

Variable	Coefficient	Std. Error	t-Statistic	Prob.
C	−1592.481	611.4801	−2.604305	0.0128
PDI	0.975013	0.025965	37.55095	0.0000
AR(1)	0.812635	0.079793	10.18430	0.0000

R-squared	0.998872	Mean dependent var	18387.16	
Adjusted R-squared	0.998817	S.D. dependent var	5429.892	
S.E. of regression	186.7336	Akaike info criterion	13.36299	
Sum squared resid	1429647.	Schwarz criterion	13.48464	
Log likelihood	−290.9858	Durbin–Watson stat	2.433309	
F-statistic	18158.75	Prob(F-statistic)	0.000000	

것의 표준오차는 훨씬 더 크다. 이 표로부터 또한 오차항의 1차 자기상관계수는 약 0.81임을 알게 된다.[8]

표 16.3의 결과를 이용하여, 추정된 회귀분석 선에 대한 95% 신뢰 밴드를 얻게 된다—그림 16.4 참조. 만일 이 그림을 그림 16.3과 비교하면, 표 16.3의 모형이 표 16.1의 모형보다 약간 우수하다는 것을 알게 된다. 왜냐하면 이것은 분명하게 1차 계열 상관인 것을 고려한다

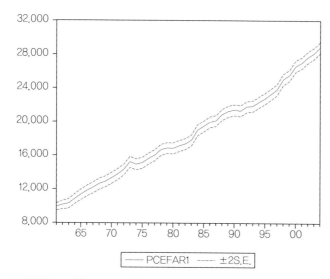

예측변수 : PCEFAR1	
실질변수 : PCE	
예측 표본 : 1960 2004	
조정된 표본 : 1961 2004	
포함된 관측수 : 44	
평균 제곱근 오차	268.6680
평균 절대 오차	217.6526
평균 절대 퍼센트 오차	1.242707
타일(Theil) 부등계수	0.007010
편의 비율	0.008466
분산 비율	0.010655
공분산 비율	0.980878

그림 16.4 AR(1) 구조를 가진 1인당 개인소비지출의 95% 신뢰 밴드

---

8 독자들은 표 16.3에서 주어진 결과가 어떻게 바뀌는지를 보기 위하여 AR(2), AR(3)와 같은 더 높은 차수의 AR 구조로 실습해 보길 권한다.

면 이를 반영하지 않는 경우보다 예측구간(밴드)이 더 좁은 것을 갖게 된다. 이것은 2개의 그림에 표시된 성과통계량들을 비교해 알 수 있다.

16.2 박스-젠킨스(Box-Jenkins) 방법론 : ARIMA 모형

박스-젠킨스(BJ) 방법론에 깔려 있는 예측과 관련된 기본적인 아이디어는 경제 시계열의 확률적 및 통계적 성질을 '자료가 자신을 말하게 하라'는 철학 하에 분석하는 것이다. 종속변수 Y_t 가 k 설명변수 $X_1, X_2, X_3, ..., X_k$에 의하여 설명되는 전통적 회귀분석모형들과 달리, BJ 시계열모형에서는 Y_t가 과거의 Y_t 자체의 시차 값과 u_t의 현재 그리고 시차 값—이것은 상관관계가 없는 평균이 0이며 고정분산의 무작위 오차항 σ^2, 즉 백색잡음 오차항—에 의해 설명된다.

BJ 방법론은 몇 개의 방법으로 시계열을 예측하는데, 이것을 우리는 순차적으로 논의하고자 한다. 먼저 BJ 접근을 서로 다른 일반적인 주제들과 논의하고 제13장에서 고려한 달러/유로 환율의 특정한 예를 고려한다.

BJ 방법은 연구되는 시계열이 안정이라는 가정에 기초하고 있다. 안정성의 주제는 제13장에서 논의하였으며 안정 시계열을 연구하는 것의 중요성을 지적한 바 있다. 여기서 안정 시계열을 Y_t와 같이 표기한다.

자기회귀(AR)모형

다음의 모형을 고려하자.

$$Y_t = B_0 + B_1 Y_{t-1} + B_2 Y_{t-2} + ... + B_p Y_{t-p} + u_t \qquad (16.6)$$

여기서 u_t는 백색잡음 오차항이다.

모형 (16.6)은 시차 p의 자기회귀모형 **AR**(p)로 불린다. 이것은 시점 t의 Y를 과거의 p기간 시차 값으로 회귀시키며, 값 p는 실증적으로 가령 아카이케 정보 기준 같은 기준으로 결정된다. 돌이켜 보면, 우리는 자기상관을 주제로 이미 제6장 자기회귀분석에서 논의하였다.

이동평균(MA)모형

Y_t의 모형은 또한 다음과 같이 쓸 수 있다.

$$Y_t = C_0 + C_1 u_t + C_2 u_{t-1} + ... + C_q u_{t-q} \qquad (16.7)$$

즉, Y_t는 가중치, 또는 현재 및 과거의 백색잡음 오차항의 이동평균으로 표현한다. 모형식 (16.7)은 **MA**(q) 모형으로 알려져 있으며, q값은 실증적으로 결정된다.

자기회귀 이동평균(ARMA)모형

AR 및 **MA** 모형들은 결합할 수 있으며 이는 p개의 자기회귀 항들과 q개의 이동평균 항들을 가진 **ARMA**(p,q) 모형이다. 반복하면, 값 p와 q는 실증적으로 결정된다.

자기회귀 적분이동평균(ARIMA)모형

이미 언급한 바와 같이, BJ 방법은 기초 시계열이 안정 또는 하나 또는 그 이상의 변수를 차분하여 안정 시계열로 만들 수 있다는 가정에 기초한다. 이는 $\text{ARIMA}(p,d,q)$ 모형으로 알려져 있는데, 여기서 d는 시계열들이 안정 시계열로 전환되기 위하여 차분되는 수를 나타낸다. 거의 대부분의 응용 사례에서 $d = 1$이다. 즉, 시계열을 한 번 차분하면 되는 것이다. 물론 만일 어떤 시계열이 이미 안정이면, ARIMA (p,d,q)는 ARMA (p,q) 모형이 된다.

현실적인 문제는 주어진 상황에서 적당한 모형을 결정하는 것이다. 이 질문에 대답하기 위하여, BJ 방법은 4단계의 과정에 따른다.

1단계 : 식별 : 적당한 값의 p, d, q를 결정하라. 이 단계에서 중요한 수단은 시계열 상관도 (correlogram)와 편시계열 상관도(partial correlogram)이다.

2단계 : 추정 : 만일 모형을 식별하였다면, 다음 단계는 선택된 모형의 모수를 추정하는 것이다. 어떤 경우에 우리는 일반최소제곱법(OLS)을 쓸 수 있으나 비선형 추정방법을 쓸 수도 있다. 몇몇 통계패키지들은 이를 위하여 내장된 프로그램들을 갖고 있으며, 우리는 추정의 실제계산에 대하여 걱정할 필요가 없다.

3단계 : 진단적 확인 : BJ의 ARIMA 모형은 과학이기보다는 예술인데 이는 정확한 응용에 맞는 ARIMA 모형의 선택이 요구되지만 우리가 선택 모형이 올바른 것이라고 절대적으로 확신할 수는 없기 때문이다. 이에 대한 한 가지 간단한 검사는 추정모형의 잔차가 백색잡음인지를 확인하는 것이다. 만일 그렇다면, 우리는 선택된 모형을 받아들일 수 있으나, 만일 그렇지 않다면, 우리는 처음부터 다시 출발해야 한다. 이것은 왜 BJ 방법이 반복과정인지를 나타낸다.

4단계 : 예측 : 성공적인 ARIMA 모형 여부의 궁극적인 검정은 표본기간 외 및 표본기간 내의 예측성과를 통하여 이루어진다.

16.3 IBM 일별 종가의 ARMA 모형(2000년 1월 3일∼2002년 10월 31일)

제13장에서 우리는 로그변환 IBM 일별 종가(LCLOSE)가 불안정이나 이 가격의 1차 차분 (DLCLOSE)은 안정임을 보였다. BJ 방법은 안정 시계열에 기초하고 있으므로, 이 시계열을 모형화하기 위하여 LCLOSE 대신에 DLCLOSE로 작업하는데, 여기서 DLCLOSE는 LCLOSE의 1차 차분을 나타낸다.

어떤 ARMA 모형이 DLCLOSE에 적합한지를 보기 위하여, 다음의 BJ 방법에서, 우리는 시계열 상관도를 50시차까지 확인하였으며(표 16.4), 여기서 우리가 더 많은 시차를 고려하더라도 양상은 많이 바뀌지 않는다는 것을 알 수 있다.

이 시계열 상관도는 두 가지 형태의 상관계수를 만들어 낸다. 자기상관(AC)과 편자기상관

(PAC)이 그것이다. 자기상관함수(ACF)는 현재의 DLCOSE와 그것의 여러 시차 값들과의 상관 정도를 보여준다. 편자기상관함수(PACF)는 k 시차 떨어진 자료들 사이에 여타 중간 시차의 (즉, k보다 적은 차수의) 효과를 통제한 후의 상관을 보여준다.[9] BJ 방법은 주어진 경우에 적당한 ARMA 모형을 식별하기 위하여 이러한 상관계수들을 사용한다.

ACF와 PACF의 이론적인 형태는 표 16.5에 나와 있다. 이를 살펴보면 ACF와 PACF가 AR(p) 및 MA(q)에서 서로 반대의 패턴을 보인다. AR(p)의 경우에 ACF는 기하급수적으로 또는 지수적으로 줄어들지만 PACF는 특정 시차 후에는 끊어진다. 반대의 경우가 MA(q) 과정에 나타난다.

실제 응용에서 우리는 표 16.5에 나타난 패턴을 읽을 수 없다. 일정 부분 시행착오는 실제 응용에서 불가피하다.

예로 돌아가서, ACF 및 PAC 함수 모두 음 및 양의 값을 반복하며 주어진 기간 내에 지수적 (exponetial) 감소를 시현하지 않고 있다.

시계열 상관도의 세밀한 검토 결과 ACF와 PACF 모두 표 16.5의 말끔한 패턴과는 거리가 있다. 어떤 상관관계가 통계적으로 유의한지를 보기 위하여, (표본)상관계수의 표준오차가 $\sqrt{1/n} = \sqrt{1/739} \approx 0.037$로 주어짐을 기억하자. 여기서 n은 표본크기이다[식 (13.2) 참조]. 그러므로 진짜 상관계수에 대한 95% 신뢰구간은 약 $0 \pm 1.96(0.037) = (-0.0725 \sim 0.0725)$이다. 이 한계를 벗어나는 상관계수는 5% 수준에서 통계적으로 유의하다. 이러한 관점에서, ACF와 PACF의 상관계수는 시차 4, 18, 22, 35, 43에서 통계적으로 유의하다(이전 그림의 신뢰 밴드를 참조하라).

우리는 표 16.5에서 이론적으로 명확한 ACF와 PACF를 갖지 못하므로 시행착오를 거쳐 진행하기로 한다.

먼저 AR 모형을 시차 4, 18, 22, 35, 43에 맞춰 추정한다. 그 결과는 표 16.6에 나타나 있다. 보는 바와 같이, 계수 AR(35)과 AR(43)은 개별적으로 통계적으로 유의하지 않다. 그러나 선행하는 회귀분석으로부터 얻은 잔차의 계열 상관을 검증 시, 우리는 5차까지 이를 발견하지 못한다. 따라서 표 16.6의 모형은 추가적인 검토를 위한 토대로 남겨 두기로 한다.

AR(35) 및 AR(43)의 계수가 유의하지 않으므로, 우리는 이들을 고려에서 제외하며 모형을 AR(4), AR(18) 및 AR(22) 항들로 추정하며 표 16.7에 그 결과를 나타내었다. 이 회귀분석으로부터 얻은 잔차 역시 무작위하게 분포된 것으로 보인다.

만일 우리가 2개의 선행 모형들 사이에서 선택해야 한다면, 아카이케 또는 슈바르츠 정보 기준을 선택기준으로 고려할 수 있다. 2개의 기준 사이에 큰 차이가 없지만, 숫자로 표 16.7

---

9 이것은 다중회귀분석의 편회귀분석계수와 비슷하다. k 변수 회귀분석모형에서 k번째 설명변수의 계수 B_k는 모형 내의 다른 변수들의 영향을 유지하거나 허용한 뒤에 종속변수에 대한 그 변수의 충격을 제시한다.

표 16.4 IBM 주가 종가의 자기상관함수와 편자기상관함수

Sample: 1/03/2000 10/31/2002
Included Observations: 686

Autocorrelation	Partial Correlation		AC	PAC	Q-Stat	Prob
.|.	.|.	1	−0.059	−0.059	2.4132	0.120
.|.	.|.	2	−0.058	−0.061	4.7046	0.095
.|.	.|.	3	−0.016	−0.024	4.8875	0.180
.|*	.|*	4	0.083	0.077	9.6393	0.047
.|.	.|.	5	−0.007	0.001	9.6706	0.085
.|.	.|.	6	0.017	0.026	9.8727	0.130
.|.	.|.	7	0.017	0.023	10.080	0.184
.|.	.|.	8	−0.044	−0.047	11.446	0.178
.|.	.|.	9	0.018	0.016	11.665	0.233
.|.	.|.	10	0.036	0.031	12.574	0.248
.|.	.|.	11	−0.050	−0.049	14.292	0.217
.|.	.|.	12	−0.012	−0.007	14.396	0.276
.|.	.|.	13	0.038	0.030	15.415	0.282
.|.	.|.	14	0.012	0.010	15.519	0.344
.|.	.|.	15	0.021	0.036	15.821	0.394
.|.	.|.	16	0.052	0.056	17.695	0.342
.|.	.|.	17	0.050	0.058	19.455	0.303
*|.	*|.	18	−0.103	−0.089	26.984	0.079
.|.	.|.	19	0.002	−0.013	26.987	0.105
.|.	.|.	20	0.030	0.010	27.609	0.119
.|.	.|.	21	−0.025	−0.033	28.064	0.138
*|.	*|.	22	−0.109	−0.103	36.474	0.027
.|.	.|.	23	−0.011	−0.031	36.561	0.036
.|.	.|.	24	0.011	0.001	36.651	0.047
*|.	*|.	25	−0.069	−0.066	40.020	0.029
*|.	*|.	26	−0.068	−0.075	43.369	0.018
.|.	.|.	27	−0.030	−0.039	43.998	0.021
.|.	.|.	28	−0.025	−0.026	44.444	0.025
.|.	.|.	29	0.006	−0.007	44.470	0.033
.|.	.|.	30	0.071	0.066	48.139	0.019
.|.	.|.	31	−0.005	0.021	48.154	0.025
.|.	.|.	32	−0.036	−0.018	49.115	0.027
.|.	.|.	33	−0.029	−0.043	49.731	0.031
.|.	.|.	34	0.004	−0.009	49.744	0.040
*|.	*|.	35	−0.079	−0.069	54.268	0.020
.|.	.|.	36	0.008	−0.012	54.317	0.026
.|.	.|.	37	−0.050	−0.057	56.155	0.023
*|.	.|.	38	−0.070	−0.059	59.698	0.014
.|.	.|.	39	0.046	0.057	61.247	0.013
.|.	.|.	40	−0.019	−0.036	61.514	0.016
.|.	.|.	41	−0.003	0.023	61.520	0.021
.|.	.|.	42	−0.035	0.004	62.392	0.022
.|*	.|.	43	0.076	0.058	66.617	0.012
.|.	.|.	44	0.006	−0.001	66.640	0.015
.|.	.|.	45	0.020	0.017	66.937	0.019
.|.	.|.	46	−0.026	−0.041	67.432	0.021
.|.	.|.	47	0.032	0.007	68.185	0.023
.|.	.|.	48	0.001	−0.006	68.186	0.029
.|.	.|.	49	−0.000	−0.015	68.186	0.036
.|.	.|.	50	−0.014	−0.015	68.327	0.043

표 16.5 ACF와 PACF의 전형적인 패턴

Type of model	Typical pattern of ACF	Typical pattern of PACF
AR(p)	Decays exponentially or with damped sine wave pattern or both	Significant spikes through lags p
MA(q)	Significant spikes through lags q	Declines exponentially
ARMA(p,q)	Exponential decay	Exponential decay

표 16.6 종가의 AR (4,18,22,35,43) 모형

Dependent Variable: D(LCLOSE)
Method: Least Squares
Sample (adjusted): 3/03/2000 8/20/2002
Included Observations: 643 after adjustments
Convergence achieved after 3 iterations

	Coefficient	Std. Error	t-Statistic	Prob.
C	−0.000798	0.000966	−0.825879	0.4092
AR(4)	0.096492	0.039101	2.467745	0.0139
AR(18)	−0.073034	0.039623	−1.843242	0.0658
AR(22)	−0.084777	0.039642	−2.138565	0.0329
AR(35)	−0.055990	0.039381	−1.421768	0.1556
AR(43)	0.052378	0.039310	1.332428	0.1832

R-squared	0.032112	Mean dependent var	−0.000811
Adjusted R-squared	0.024515	S.D. dependent var	0.026409
S.E. of regression	0.026084	Akaike info criterion	−4.445734
Sum squared resid	0.433385	Schwarz criterion	−4.404059
Log likelihood	1435.303	Durbin−Watson stat	2.089606
F-statistic	4.226799	Prob(F-statistic)	0.000869

주 : AR(4,18,22,3543)는 모형에 포함된 시차항들을 표시한다.

의 것이 표 16.6의 것보다 정보값에서 약간 더 음수이다. 정보 기준의 관점에서, 이 기준 중 더 작은—현재의 보기에서 음의 방향으로 가장 큰—모형을 선택해야 한다.

이 관점에서 표 16.7의 모형은 표 16.6의 것보다 선호된다. 또한 표 16.7의 모형은 표 16.6 의 것보다 더 간결한데, 왜냐하면 6개의 모수보다 적은 단지 4개만 추정해도 되기 때문이다.

먼저 표 16.6의 내용을 검토해 보면, 5개 시차의 MA 항들 중 시차 4, 18, 22, 35, 43인 경 우가 유의하나 시차 35와 43의 계수는 통계적으로 유의하지 않다. 그러므로 표 16.7에 상응 하는 MA 모형을 추정하였으며, 표 16.8에 나와 있는 결과를 얻었다. 이 회귀분석의 잔차는 무작위하게 분포하는 것으로 나타났다.

어떤 모형을 우리는 선택해야 하는가? AR(4,18,22) 또는 MA(4,18,22)?

표 16.7 종가의 AR (4,18,22) 모형

Dependent Variable: D(LCLOSE)
Method: Least Squares
Sample (adjusted): 2/03/2000 8/20/2002
Included Observations: 664 after adjustments
Convergence achieved after 3 iterations

	Coefficient	Std. Error	t-Statistic	Prob.
C	0.000937	0.000944	−0.992942	0.3211
AR(4)	0.101286	0.038645	2.620899	0.0090
AR(18)	0.082566	0.039024	−2.115760	0.0347
AR(22)	0.091977	0.039053	−2.355157	0.0188

R-squared	0.027917	Mean dependent var	−0.000980
Adjusted R-squared	0.023499	S.D. dependent var	0.026416
S.E. of regression	0.026104	Akaike info criterion	−4.447488
Sum squared resid	0.449720	Schwarz criterion	−4.420390
Log likelihood	1480.566	Durbin–Watson stat	2.102050
F-statistic	6.318233	Prob(F-statistic)	0.000315

표 16.8 종가의 MA (4,18,22) 모형

Dependent Variable: D(LCLOSE)
Method: Least Squares
Sample (adjusted): 1/04/2000 8/20/2002
Included Observations: 686 after adjustments
Convergence achieved after 7 iterations
MA Backcast: 12/03/1999 1/03/2000

	Coefficient	Std. Error	t-Statistic	Prob.
C	−0.000887	0.000878	−1.011247	0.3123
MA(4)	0.086628	0.038075	2.275167	0.0232
MA(18)	−0.099334	0.038682	−2.567953	0.0104
MA(22)	−0.112227	0.038958	−2.880715	0.0041

R-squared	0.027366	Mean dependent var	−0.000928
Adjusted R-squared	0.023088	S.D. dependent var	0.026385
S.E. of regression	0.026079	Akaike info criterion	−4.449579
Sum squared resid	0.463828	Schwarz criterion	−4.423160
Log likelihood	1530.206	Durbin–Watson stat	2.104032
F-statistic	6.396312	Prob(F-statistic)	0.000282

아카이케와 슈바르츠 정보 기준으로 비록 이 두 가지 차이가 매우 크지는 않지만 MA 모형이 가장 낮으므로 AR 모형보다 이것을 선택할 수 있다.

MA 모형은 단순히 확률적 오차항의 가중평균임을 유념하자. IBM 종가 로그변환의 1차 차분이 안정이기 때문에, MA 모형을 사용하는 게 의미가 있다.

그러나 MA 모형을 최종 선정하기 전에, 만일 모형 AR과 MA 항들을 모두 사용한 모형을

표 16.9 종가의 ARMA [(4,22), (4,22)] 모형

Dependent Variable: D(LCLOSE)
Method: Least Squares
Sample (adjusted): 2/03/2000 8/20/2002
Included Observations: 664 after adjustments
Convergence achieved after 12 iterations
MA Backcast: 1/04/2000 2/02/2000

	Coefficient	Std. Error	t-Statistic	Prob.
C	−0.000985	0.001055	−0.934089	0.3506
AR(4)	−0.229487	0.061210	−3.749152	0.0002
AR(22)	−0.641421	0.062504	−10.26202	0.0000
MA(4)	0.361848	0.060923	5.939484	0.0000
MA(22)	0.618302	0.055363	11.16808	0.0000

R-squared	0.048013	Mean dependent var	−0.000980
Adjusted R-squared	0.042235	S.D. dependent var	0.026416
S.E. of regression	0.025852	Akaike info criterion	−4.465365
Sum squared resid	0.440423	Schwarz criterion	−4.431493
Log likelihood	1487.501	Durbin−Watson stat	2.111835
F-statistic	8.309156	Prob(F-statistic)	0.000002

사용할 수 있는지 검토해 보기로 하자. 몇 번의 실험 끝에 표 16.9의 모형 결과를 얻었다.

아카이케와 슈바르츠 기준을 사용하면, 이것이 '최적' 모형인 것으로 보인다. 이 모형의 잔차는 단위근 검정 결과 단위근이 없는 것으로 나타났으며, 이는 이 모형 잔차가 안정임을 나타낸다. 또한 제6장에서 논의된 브리쉬−고드프리 자기상관 검정 기준에서도, 5개의 시차를 고려하는 경우에 잔차의 계열 상관이 없었다.

요약하면, ARMA (4,22,4,22)가 표본 기간 중 1차 차분 로그변환 IBM 종가를 설명하는 데 있어 거의 만족스러운 모형으로 판단된다.

ARIMA를 통한 예측

특정한 **ARMA** 모형이 추정된 경우, 이를 이용하여 예측을 수행하는데, 이것이 이런 모형들의 일차적 목적이기 때문이다. 여기에는 두 가지 형태의 예측, 즉 정적 및 동적인 것이 있다. 정적 예측에서는 실제로 현재 예측변수의 시차 값을 사용하는 반면, 동적 예측에서는 첫째 기간 예측 후에 먼저의 예측값을 다음 변수 예측에 사용하게 된다.

표 16.9에 있는 모형을 사용하는 경우, 정적 예측은 그림 16.5에 보여진다.[10] 이 그림은 로그 변환 IBM 종가 실제 그리고 예측값과 예측의 신뢰구간을 보여준다. 상응하는 표는 우리가 전에 루트 평균제곱, 평균 절대 오차, 평균 절대 퍼센트 오차 그리고 타일 부등계수라는 명칭으

---

10 비록 표 16.6은 IBM 주가의 로그 종가의 1계 차분에 기초하고 있지만, 다음의 그림에 주어진 예측은 IBM 주가의 로그 종가의 수준 변수에 대한 것이다. Eviews는 이것을 자동으로 수행한다.

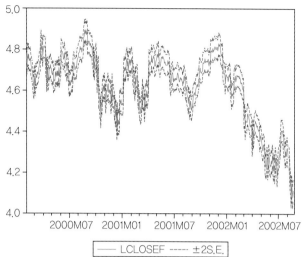

예측변수 : LCLOSEF	
실질변수 : LCLOSE	
예측 표본 : 1/03/2000 10/31/2002	
조정된 표본 : 2/03/2000 8/26/2002	
포함된 관측수 : 664	
평균 제곱근 오차	0.025754
평균 절대 오차	0.019017
평균 절대 퍼센트 오차	0.414809
타일(Theil) 부등계수	0.002788
편의 비율	0.000005
분산 비율	0.001310
공분산 비율	0.998685

그림 16.5 실제 및 예측 IBM 주가

로 부른바 있는 예측의 평가지표를 보여주고 있다. 우리의 예에서, 이 타일 부등계수는 실질적으로 0이며, 이는 추정된 모형이 매우 우수함을 보여준다. 이 점은 또한 실제와 예측 값이 얼마나 서로 유사한지를 보여주는 그림 16.5에서도 확인할 수 있다.

동적 예측은 그림 16.6에 주어져 있다. Eviews 추정 결과는 이전 그림에서와 같이 동일한 예측의 질에 대한 평가지표를 나타낸다.

타일 계수의 관점에서, 동적 예측은 정적 예측만큼 성과가 좋지는 못하다. 또한 95% 신뢰밴드는 시간축 방향으로 진행함에 따라 빠르게 커진다. 이러한 이유는 우리가 선행 예측값을

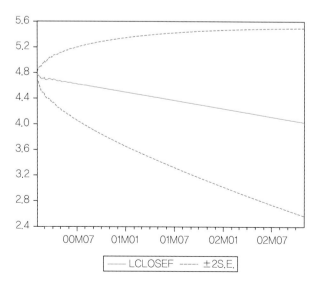

예측변수 : LCLOSEF	
실질변수 : LCLOSE	
예측 표본 : 1/03/2000 10/31/2002	
조정된 표본 : 2/03/2000 10/31/2002	
포함된 관측수 : 664	
평균 제곱근 오차	0.259823
평균 절대 오차	0.213622
평균 절대 퍼센트 오차	4.595556
타일(Theil) 부등계수	0.028770
편의 비율	0.642505
분산 비율	0.006474
공분산 비율	0.351020

그림 16.6 IBM 주가의 동적 예측

나중 예측값에 사용하는 데서 오며 만일 선행 예측값들에 오차가 있다면, 그 오차는 앞으로 전이된다.

진도를 더 나가기 전에, 독자들에게 좀 더 최근의 자료를 습득하고 현재의 표본에서 관측된 패턴이 새 표본에서 지속되는지를 확인하길 권한다. ARIMA 모형은 반복과정이므로, 독자는 다른 ARIMA 모형들이 이 장에서 제시된 모형을 개선할 수 있는지를 확인할 수 있다.

16.4 벡터 자기회귀(VAR)모형

고전적인 연립방정식 모형은 m개의 내생(즉, 종속)변수, 각 내생변수를 위한 m개의 방정식으로 구성되며,[11] 각 방정식은 하나 또는 그 이상의 내생변수와 또 다른 외생변수를 포함한다. 이 방정식들을 추정하기 전에, 우리는 식별의 문제를 해결하는 것을 분명히 해야 하며 이것은 모수 또는 모수집단의 일치 추정이 가능함을 표시한다. 식별을 달성하는 과정에서, 종종 방정식에서 변수를 소거하는 임의의 제약조건이 부과되는데 이 변수는 시스템 내의 다른 방정식에 존재할 수 있다.

이러한 관행은 심스에 의하여 극적으로 비판받았는데, 그의 주장에 따르면 만일 m개의 내생변수가 있으면, 그것들은 모두 동일한 기준에서 다루어져야 하며, 내생과 외생 변수 사이에 어떤 차이도 두어서는 안 된다.[12] 따라서 각 방정식은 동일한 수의 설명변수를 가진다. 이것이 심스가 VAR 모형을 개발한 이유이다.

이변량 VAR 모형[13]

VAR 모형에 깔린 아이디어를 살펴보기 위하여, 먼저 두 변수로 구성된 시스템을 고려한다. 제14장에서 3개월과 6개월 미 재무성 증권(T-bills; Treasury Bills) 사이의 관계를 공적분 관점에서 살펴본 바 있다. 여기서는 이것을 두 이자율의 예측관점에서 VAR 방법을 이용하여 다루기로 한다. 이를 위하여 다음의 두 방정식을 고려하자.

$$TB3_t = A_1 + \sum_{j=1}^{j=p} B_j TB3_{t-j} + \sum_{j=1}^{j=p} C_j TB6_{t-j} + u_{1t} \tag{16.8}$$

$$TB6_t = A_2 + \sum_{j=1}^{j=p} D_j TB3_{t-j} + \sum_{j=1}^{j=p} E_j TB6_{t-j} + u_{2t} \tag{16.9}$$

---

11 이 책에서는 연립방정식 모형을 다루지 않는데 이는 이 모형들이 더 이상 1960년대와 1970년대처럼 광범위하게 사용되지 않기 때문이다. 개관을 위하여 Gujarati/Porter, *op cit.*, Chapter 18-20을 참조하라.

12 C. A. Sims, Macroeconomics and reality, *Econometrica*, 1980, vol. 48, pp. 1-48.

13 수학적으로 벡터는 방향을 가진 수량이다. 목적상, 우리는 한 변수값을 열로 정리할 수 있다. VAR에서 우리는 한 변수 이상을 다루고 있으므로, 열 안의 각 변수값을 배열할 수 있다. 우리는 그러한 열 벡터값을 다루고 있으므로 그러한 열 벡터들을 연구하는 것을 VAR 시스템이라 부른다.

여기서 *TB3*와 *TB6*는 3개월과 6개월 물 재무성 증권 이자율이며, *u*는 백색잡음 오차항들이며, VAR 용어로 임펄스 또는 이노베이션 또는 충격이라 불린다.

이전 방정식에서 주어진 이변량 VAR 모형의 다음 특성을 주목하라.

1. 이변량 시스템은 연립방정식 시스템과 닮았으나 둘 사이의 근본적인 차이는 각 방정식은 단지 자신 및 시스템 내 다른 변수의 시차 값을 포함하고 있다는 것이다. 그런 두 변수의 현재 값은 방정식 우변에 포함되지 않고 있다.

2. 각 변수의 시차 값은 다를 수 있지만, 대개의 경우 각 방정식에 동일한 숫자의 시차변수를 포함한다.

3. 위에 주어진 이변량 VAR 시스템은 VAR(p) 모형으로 알려져 있는데, 왜냐하면 p개의 각 변수의 차분값을 우변에 포함하기 때문이다. 만일 각 변수의 단일 차분값을 우변에 포함하면, 이것은 VAR(1) 모형이 될 것이고, 만일 2개의 시차 항을 포함하면, 이것은 VAR(2) 모형이 될 것이고, 다른 경우도 동일하다.

4. 비록 우리는 두 변수만을 다루고 있지만, VAR 시스템은 여러 변수의 경우로 확장될 수 있다. 만일 또 다른 변수, 말하자면 연방기금금리(Federal Funds rate)를 도입한다고 하자. 그러면 우리는 세 변수 VAR 시스템을 가지며, 시스템에서 각 방정식의 우측 설명변수에 각변수의 p 시차값을 포함한다.

5. 그러나 만일 몇 개의 변수를 시스템 내에서 각 변수의 몇 개의 시차를 가지고 몇 개의 변수를 고려한다면, 몇 개의 모수를 추정해야 하며, 이것은 고속 컴퓨터와 정밀 소프트웨어 시대에 문제가 되지 않지만, 시스템은 급속히 복잡하게 되어 버린다.

6. 두 변수 시스템 식 (16.8)과 (16.9)에서, 많아야 하나의 **공적분**, 또는 **장기균형**이 두 변수 사이에 존재한다. 만일 세 변수 VAR 시스템을 갖고 있으면, 많아야 2개의 공적분 관계가 세 변수 사이에 존재한다. 일반적으로는 n-변수 VAR 시스템에 많아야 $(n-1)$ 공적분 관계가 존재한다.

n 변수 사이에 얼마나 많은 공적분 관계가 존재하는지를 알아보기 위해서 요한슨의 방법을 사용할 수 있지만, 이는 이 책의 범위를 벗어나는 것이다. 그러나 Stata 또는 Eviews를 이용하면 상대적으로 쉽게 다룰 수 있다.

공적분 관계는 몇몇 이론적 배경을 갖고 있다. 우리의 예에서, 이것은 장단기 이자율 간의 관계의 기간구조이다.

우리의 목표는 VAR 기초를 소개하는 것이므로, 두 변수 VAR 시스템에 집중할 것이다.

우리는 2개의 TB 이자율에 대한 349개의 월별 관측치를 갖고 있으며, 모형에 도입할 수 있는 시차항의 차수에 대하여 선택할 수 있다. 너무 작은 시차항을 도입하는 것은 모형설정 오류를 가져올 수 있다. 너무 많은 시차항을 도입하는 것은 상당한 자유도를 소비하는 것이지만 다중공선성 문제를 야기하는 것은 아니다. 따라서 시행착오를 거쳐 시차항 문제를 아카이케 또는 슈바르츠 정보 기준 차원에서 해결해야 한다.

금융시장은 효율적인 것으로 알려져 있으므로, 방정식에 너무 많은 시차항을 도입할 필요가 없다. 이것은 특히 이자율 시장에 적용 가능한데 이는 중재(arbitrage)작용 때문이다.

두 방정식에 어떤 시차를 도입하든 VAR에 대한 긴요한 요구사항은 고려되는 시계열이 안정적이어야 한다는 것이다. 여기서 우리는 세 가지 가능성을 고려한다.

첫째, TB3와 TB6 시계열 모두 개별적으로 I(0), 또는 안정. 이 경우 각 방정식을 OLS로 추정할 수 있다.

둘째, TB3와 TB6 모두가 I(1)이면 두 변수를 한 번 차분하면 안정적이 된다. 여기서 또한 OLS를 각 개별 방정식 추정에 사용할 수 있다.

셋째, 만일 2개의 계열이 I(1)이나 공적분되어 있으면, 오차수정모형(ECM)을 사용해야 하는데 이에 대해서는 제14장에서 이미 논의한 바 있다. ECM이 장기균형을 균형으로 향하는 단기 동학과 연계하고 있음을 상기하자. 우리는 한 변수 이상을 VAR 시스템에서 다루고 있으므로, ECM에 상응하는 다변량 시스템은 벡터오차수정모형(VECM)이다.

이제 식 (16.8)과 (16.9)에서 주어진 VAR 시스템 추정은 VECM을 사용한 다음의 3단계 접근으로 이루어진다.

1단계 : 먼저 두 이자율 사이에 있는 공적분 관계를 추정한다. 제14장에서 공적분 관계는 다음과 같이 주어진다.

$$TB6_t = B_1 + B_2 TB3_t + B_3 t + B_4 t^2 + u_t \tag{16.10}$$

이 회귀분석의 결과는 표 16.10에 주어져 있다. 이 결과들은 선형 및 제곱 추세를 감안하면 통계적으로 유의한 양의 상관관계가 두 이자율 사이에 존재함을 나타낸다. 만일 TB3가 1% 평균적으로 상승하면, 여타의 조건이 일정하다면 TB6는 약 0.96% 상승한다. 이 결과들은 또한 두 이자율이 하향 추이를 가지는 반면, 하향 추세는 증가세를 보인다. 이 점은 그림 14.2에서 볼 때 분명하다.

2단계 : 이 회귀분석에서 우리는 잔차 e_t를 얻는데, 이는 다음의 관계에서 얻어진다.

$$e_t = TB6_t - 0.6064 - 0.9584\,TB3_t + 0.0026t - 0.0000043t^2 \tag{16.11}$$

만일 e_t가 안정적이면, 식 (16.11)의 e_t가 오차수정항이라는 것을 알 수 있다.[14]

---

14 e_t가 안정적인지를 보기 위하여 단위근 검정을 사용한다. 이것은 기울기 계수가 0인지의 가설을 검정하는 Δe_t의 e_{t-1}에 대한 회귀분석을 포함한다. 이 자료를 이용하여 독자들은 단위근 가설이 확실하게 기각되는 것을 확인할 수 있으며, 따라서 식 (16.10)의 오차항은 실제로 안정적이다.

표 16.10 TB6와 TB3 사이의 관계

Dependent Variable: TB6
Method: Least Squares
Sample: 1981M01 2010M01
Included Observations: 349

	Coefficient	Std. Error	t-Statistic	Prob.
C	0.606465	0.076820	7.894596	0.0000
TB3	0.958401	0.006308	151.9409	0.0000
@TREND	−0.002585	0.000528	−4.893455	0.0000
@TREND^2	4.43E−06	1.25E−06	3.533231	0.0005

R-squared	0.995950	Mean dependent var	5.352693
Adjusted R-squared	0.995915	S.D. dependent var	3.075953
S.E. of regression	0.196590	Akaike info criterion	−0.403995
Sum squared resid	13.33346	Schwarz criterion	−0.359811
Log likelihood	74.49716	Durbin–Watson stat	0.363237
F-statistic	28283.37	Prob(F-statistic)	0.000000

3단계 : 이제 식 (16.8)과 (16.9)를 EC 항을 이용하여 추정하는데 이는 VEC 모형이 된다.

$$\Delta TB6_t = \alpha_1 + \alpha_2 e_{t-1} + v_{1t} \tag{16.12}$$

$$\Delta TB3_t = \alpha_3 + \alpha_4 e_{t-1} + v_{2t} \tag{16.13}$$

여러분은 어떻게 벡터 오차수정의 단기 동학이 오차수정항을 통하여 장기관계에 연결되는 지를 보게 된다. 이들 두 식에서, 기울기 계수는 오차수정계수로 알려져 있는데, 왜냐하면 이 것들은 얼마의 $\Delta TB6$와 $\Delta TB3$가 전기의 오차 e_{t-1}을 '평형화' 하는지를 보여주기 때문이다.

어떻게 두 TB 이자율의 단기 행태가 이들의 장기관계와 EC 항을 통하여 연계되어 있는지 를 조심스럽게 살펴보자. 예를 들어, 만일 α_2가 양이면, TB6는 전기에 균형값보다 낮은 수준 이며, 따라서 이번 기에 상향으로 조정되어야 한다. 이와 반대로 만일 α_2가 음수이면 TB6는 균형보다 높은 수준이며, 따라서 이번 기에 하향으로 조정되어야 한다. 유사한 논리가 TB3에 도 적용된다.

이전 두 회귀분석에서 기울기 계수는 서로 반대되는 부호를 가지는데 이는 두 이자율 사이에 한 개의 균형이 존재하기 때문이다.

회귀분석 결과를 요약하면 다음과 같다.

$$\Delta TB6_t = -0.0400 - 0.0545 e_{t-1}$$
$$t = (-2.0928)(-0.5582) \tag{16.14a}$$

$$\Delta TB3_t = -0.0430 + 0.1962 e_{t-1}$$
$$t = (-2.0714)(1.5523) \tag{16.14b}$$

여기서 괄호 안의 그림은 t 비율이다.

이러한 VEC 모형들의 양쪽 기울기 계수는 통계적으로 유의한데 이것은 2개의 이자율이 서로 매우 빠르게 조정됨을 나타낸다.

우리가 1개의 시차 항을 각 변수에 가진 VAR 모형식 (16.8)과 (16.9)에서 출발하여 식 (16.12)와 (16.13)에 주어진 VEC 모형으로 마치고 있는데 이것들은 유사하게 보이지 않는다. 그러나 이 차이가 실제보다 명확하며, 우리는 이들이 실질적으로 동일함을 보일 수 있다.

이를 확인하기 위하여 식 (16.12)를 보자.

$$
\begin{aligned}
\Delta TB6_t &= \alpha_1 + \alpha_2 e_{t-1} + v_{1t} \\
(TB6_t - TB6_{t-1}) &= \alpha_1 + \alpha_2 [TB6_{t-1} - 0.6064 - 0.9584 TB3_{t-1} \\
&\quad + 0.0026(t-1) - 0.000004(t-1)^2] + v_{1t} \\
TB6_t &= \alpha_1 + (\alpha_2 + 1) TB6_{t-1} - 0.6064 \alpha_2 \\
&\quad - 0.9584 \alpha_2 TB3_{t-1} + 0.0026 \alpha_2 (t-1) \\
&\quad - 0.000004 \alpha_2 (t-1)^2 + v_{1t}
\end{aligned}
\tag{16.15}
$$

항들을 모으게 되면, 식 (16.15)가 정확히 식 (16.9)의 형태임을 볼 수 있다. 유사한 식이 $TB3_t$에 대하여도 쓰일 수 있다.

이 연습의 초점은 우리가 사실상 VAR 모형을 추정하고 있으나, 이것이 비록 다변수 시계열의 관점이지만 다음의 그랜저 표현 정리(Granger's Representation Theorem)를 따라 분명하게 오차수정 메커니즘을 고려하고 있다는 것이다.

VAR 모형을 통한 예측

시계열 모형의 우선적 관심은 예측이다. 먼저 ARIMA 모형이 어떻게 예측에 사용되는지를 살펴보았다. 이제 VAR을 동일한 목적에 사용하고자 한다. 그러나 ARIMA와 같은 단일 시계열과 달리, 여기서는 2개 또는 그 이상의 시계열을 동시에 고려한다.

우리는 VAR 예측이 어떻게 이루어지는지를 확인하기 위하여 TB3와 TB6 시계열을 계속 사용한다. 약간 표기를 달리하여 단순화 한 후, 다음과 같은 VAR (1) 모형을 고려한다.

$$
TB3_t = A_1 + A_2 TB3_{t-1} + A_3 TB6_{t-1} + A_4 t + u_t
\tag{16.16}
$$

$$
TB6_t = B_1 + B_2 TB3_{t-1} + B_3 TB6_{t-1} + B_4 t + u_{2t}
\tag{16.17}
$$

여기서 t는 추세변수이다.[15]

두 변수 VAR을 추정한 후, 추정된 계수값을 a와 b로 나타낸다. 이러한 추정치들은 표본자료

---

15 만일 필요하다면, 우리는 또한 제곱 추세 t^2을 추가할 수 있으나 논의의 단순화를 위하여 이 부분을 제외하였다.

시계열 기간 1로부터 시계열 기간 (t)까지로부터 얻는다. 다음으로 TB3와 TB6의 값을 표본기간 $t + 1$, $t + 2$, ..., ($t + n$)에 대하여 예측한다고 가정하자. 여기서 n은 특정하게 주어진다.

다음과 같이 TB3를 이용하는 경우를 서술한다. ($t + 1$) 기를 위한 예측은 다음과 같이 주어진다.

$$TB3_{t+1} = A_1 + A_2 TB3_t + A_3 TB6_t + A_4 (t+1) + u_{t+1} \tag{16.18}$$

기간 ($t + 1$)의 오차항 값을 모르기 때문에, 우리는 이것을 0으로 놓는데 이는 u가 어쨌든 확률 변수이기 때문이다. 모수 역시 모르지만, 이러한 모수의 추정값을 표본자료로부터 추정한다. 따라서 최종적으로 다음과 같이 추정한다.

$$T\hat{B}3_{t+1} = a_1 + a_2 TB3_t + a_3 TB6_t + a_4 (t+1) \tag{16.19}$$

따라서 기간 ($t + 1$)의 TB3를 예측하기 위하여, 기간 t의 TB3와 TB6의 실제 값을 사용하는데, 이것이 표본의 마지막 관측치이다. 통상적으로, 어떤 표기 위의 모자(hat) 표기는 추정값을 나타낸다.

기간 ($t + 1$)의 TB6를 예측하기 위하여 동일한 과정을 따른다. 즉, 다음과 같다.

$$T\hat{B}6_{t+1} = b_1 + b_2 TB3_t + b_3 TB6_t + b_4 (t+1) \tag{16.20}$$

기간 ($t + 2$)의 TB3를 예측하기 위해서도 동일한 과정을 따른다. 그러나 이는 다음과 같이 수정된다.

$$T\hat{B}3_{t+2} = a_1 + a_2 T\hat{B}3_{t+1} + a_3 T\hat{B}6_{t+1} + a_4 (t+2) \tag{16.21}$$

이 방정식에서 조심스럽게 유의할 점은 TB3와 TB6의 이전 기간의 예측값을 사용하였으며 이는 실제 값은 아니며 이는 우리가 그것들을 알지 못하기 때문이다.

여러분이 확인했듯이, 이 과정은 동적인 예측값을 산출한다. 또한 만일 첫째 기간에 예측오차를 생성하면 이 오차는 미래로 이연되는데, 왜냐하면 첫째 예측기간 후에 전기의 예측값을 위 식의 우변항에 삽입하기 때문이다.

물론 이 예측방식을 직접 적용하여 계산하는 것은 매우 번거로운 일이다. 그러나 Stata 같은 패키지를 이용하면 이 작업을 fcast 명령어를 이용하여 매우 쉽게 수행할 수 있다. 지면을 절약하기 위하여 이 결과를 우리의 예로 설명하지는 않는다. Fcast 명령어는 예측값을 위한 신뢰구간을 역시 표시한다.

16.5 VAR 모형을 통한 인과성 검정 : 그랜저 인과성 검정

VAR 모형은 인과성(causality)을 조망하는 데도 신기원을 이루었는데, 이는 갑론을박의 대상이 되는 매우 철학적인 문제이다. 회귀분석에 대한 논의에서 언급한 대로, 종속변수 Y와 하나 또는 그 이상의 설명변수 X 간의 차이가 반드시 X 변수가 Y를 '인과'한다는 의미는 아니다.

그들 사이의 인과성이 만일 있다면, 이는 납득할 만한 이론 또는 어떤 종류의 실험에 의하여 반드시 외부적으로 정의되어야 한다.[16]

그러나 회귀분석 시계열 자료를 포함한 상황은 달라지는데 왜냐하면 한 저자가 언급한 대로,

시간은 역으로 흐르지 않는다. 즉, 만일 사건 A가 사건 B 이전에 일어난다면, A가 B를 인과하는 것이 가능하다. 그러나 B가 A를 인과하는 것은 불가능하다. 다시 말하면 과거의 사건들은 오늘 일어난 사건들을 인과할 수 있으나 미래의 사건들은 그럴 수 없다.[17]

이러한 사고는 소위 그랜저 인과성 검정의 배경이 된다.

그랜저 인과성 검정

그랜저 인과성 검정을 설명하기 위하여, 16.1절에서 논의된 소비함수 예를 그랜저 인과성 검정의 관점에서 살펴보기로 한다. 우리가 하는 질문은 모두 실질 항(2005년 기준 달러)인 1인당 개인소비지출(PCE)과 1인당 개인가처분소득(PDI) PCE → PDI 또는 PDI → PCE 간에 → 가 어떤 관계가 있는 것인가이다. 여기서 화살표가 인과관계의 방향을 제시한다. 실증적인 목적으로, 이 변수들의 로그값을 이용하는데 이는 기울기 계수가 탄력성으로 해석될 수 있기 때문이다.

그랜저 검정은 다음과 같이 회귀분석의 쌍들을 추정하는 것을 포함한다.

$$LPCE_t = \sum_{i=1}^{m} \alpha_i LPCE_{t-i} + \sum_{j=1}^{m} \beta_j LPDI_{t-j} + \lambda_1 t + u_{1t} \tag{16.22}$$

$$LPDI_t = \sum_{i=1}^{m} \gamma_i LPDI_{t-i} + \sum_{i=1}^{m} \delta_j LPCE_{t-j} + \lambda_2 t + u_{2t} \tag{16.23}$$

여기서 L은 로그변환, t는 시계열 또는 추세 변수를 나타내는데, 여기서 오차항 u_{1t}와 u_{2t}는 서로 상관관계가 없다.

두 식은 이변량 VAR을 나타낸다. 각 식은 양 변수의 시차 값을 시스템 내에서 포함한다. 각 식에 포함된 시차 항의 수는 대부분 시행착오과정을 거쳐 결정된다.

이제 4개의 경우를 구분해 보자.

1. 일방향 인과성 LPCE에서 LPDI(LPCE → LPDI)로 나타나며, 식 (16.23)에서 추정된 δ_j가 모두 통계적으로 0과 다르며 식 (16.22)에서 추정된 계수 β_j가 모두 통계적으로 0과 다르지 않다.

---

[16] 실험경제학은 부상하는 연구분야이다. 개관을 위하여 James H. Stock and Mark W. Watson, *Introduction to Econometrics*, 2nd edn, Pearson/Addison Wesley, Boston, 2007, Chapter 13을 참조하라. 곧 여러분은 '계량실험경제학(Experimetrics)'에 관한 책을 보게 될 것이다.

[17] Gary Koop, *Analysis of Economic Data*, John Wiley & Sons, New York, 2000, p. 175.

2. 일방향 인과성 LPDI에서 LPCE(LPDI → LPCE)로 나타나며, 식 (16.23)에서 추정된 δ_j가 모두 통계적으로 0과 다르지 않으며 식 (16.22)에서 추정된 계수 β_j가 모두 통계적으로 0과 다르다.

3. 피드백 또는 양방향 인과성은 양쪽 회귀분석에서 모두 통계적으로 0과 다름을 나타낸다.

4. 독립은 LPCE와 LPDI의 전체 계수가 양쪽 회귀분석에서 모두 통계적으로 0과 다르지 않은 경우를 나타낸다.

검증을 수행하기 위하여 회귀식 (16.22)를 고려하자. 우리는 다음과 같이 진행한다.

1. 현재의 LPCE를 모든 시차 LPCE 항들과 다른 변수(있다면 추세 같은)에 회귀하는데, 시차 LPDI 항들은 이 회귀분석에 포함하지 않는다. 우리는 이를 제약된 회귀분석이라 부른다.[18] 이 회귀분석으로부터 제약된 잔차제곱합 RSS_r을 얻는다.

2. 이제 식 (16.22)를 재추정하는데 여기에는 시차 LPDI 항들을 포함한다. 이것은 비제약 회귀분석이다. 이 회귀분석으로부터 비제약 잔차제곱합 RSS_{ur}을 얻는다.

3. 귀무가설 H_0는 $\beta_1 = \beta_2 = ... = \beta_m = 0$, 즉 시차 LPDI 항들은 회귀분석에 포함하지 않는다는 것이다.

4. 귀무가설을 검정하기 위하여 우리는 F 검정을 적용한다.

$$F = \frac{(RSS_r - RSS_{ur})/m}{RSS_{ur}/(n-k)} \qquad (16.24)$$

m과 $(n - k)$는 자유도를 나타내는데, 여기서 m은 시차 $LPDI$ 항들의 수, k는 비제약 회귀분석에서 추정된 모수의 수, 그리고 n은 표본크기이다.

5. 만일 계산된 F값이 임계 F값을 어떤 유의수준에서 초과하면, 우리는 귀무가설을 기각한다. 이 경우 LPDI 시차항들은 LPCE 식에 포함되며, 이 경우 LPD는 LPCE를 인과한다고 말한다.

이러한 단계들은 식 (16.23)에서 반복되는데 이는 만일 LPCE가 LPDI를 인과하는지 확인하기 위한 것이다.

그랜저 검정을 수행하기 전, 몇 가지 요인을 고려할 필요가 있다.

1. 그랜저 인과성 검정에 포함될 시차항들의 수는 중요한 실증적 검토사항인데, 이는 인과성의 방향이 모형에 포함된 시차항들의 수에 중요하게 의존하기 때문이다. 우리는 아카이케, 슈바르츠 또는 유사한 기준을 시차의 수를 결정하는 데 사용하게 된다. 다만 얼마간의 시행착오는 불가피하다.

---

18 제2장에서, 제약 및 무제약 회귀분석과 F 검정에 대하여 논의한 바 있다.

2. 그랜저 검정에 포함된 오차항들은 서로 상관관계가 없다고 가정하고 있다. 만일 이것이 성립하지 않으면, 자기상관에 대한 장에서 논의된 바와 같이 적당한 오차의 변환이 필요하다.

3. 우리는 '허위' 인과성을 조심할 필요가 있다. LPCE가 LPDI를 인과한다고(또는 그 반대로) 말할 때, 말하자면 이자율 같은 '숨어 있는' 변수들이 LPCE와 LPDI 모두를 인과할 수 있다. 그러므로 LPCE와 LPDI 사이의 인과는 실질적으로 누락된 변수, 이자율 때문일 수 있다. 이를 찾아 내는 한 가지 방법은 1개의 식에 각 3개의 변수를 포함한 세 변수 VAR을 고려하는 것이다.

4. 그랜저 인과성 검정에 깔려 있는 핵심적인 가정은 연구대상이 되는 변수 LPCE와 LPDI 등이 안정적이라는 것이다. 우리의 경우 LPCE와 LPDI가 모두 개별적으로 불안정임을 보일 수 있다면 엄격하게 말하여 우리는 그랜저 검정을 이용할 수 없다.

5. 그러나 개별적으로 불안정이더라도 대상의 변수는 공적분될 수 있다. 이 경우 개별 단일 변수가 불안정 변수인 경우와 마찬가지로, 오차수정 메커니즘(ECM)을 사용해야 한다. 왜냐하면 LPCE와 LPDI가 공적분되어 있으면, 그랜저 표현 정리에 의거 LPCE가 반드시 LPDI를 인과하거나 또는 LPDI는 LPCE를 인과하기 때문이다.[19]

LPCE와 LPDI가 공적분되어 있는지를 확인하기 위하여, 우리는 (공적분) 회귀분석을 통하여 추정하여 표 16.11을 얻는다. 이 회귀분석에서 PDI와 관련된 PCE의 탄력성이 약 0.71임을 알 수 있으며, 이는 통계적으로 유의하다. 추세계수 역시 통계적으로 유의하며 이는 LPCE

표 16.11 LPCE의 LPDI와 추세에 대한 회귀분석

Dependent Variable: LPCE
Method: Least Squares
Sample: 1960 2004
Included Observations: 45

Variable	Coefficient	Std. Error	t-Statistic	Prob.
C	2.589374	0.476107	5.438637	0.0000
LPDI	0.709795	0.050779	13.97807	0.0000
@TREND	0.007557	0.001156	6.537171	0.0000

R-squared	0.998228	Mean dependent var	9.762786
Adjusted R-squared	0.998143	S.D. dependent var	0.311154
S.E. of regression	0.013408	Akaike info criterion	−5.721653
Sum squared resid	0.007550	Schwarz criterion	−5.601209
Log likelihood	131.7372	Hannan–Quinn criter.	−5.676753
F-statistic	11827.74	Durbin–Watson stat	0.619973
Prob(F-statistic)	0.000000		

---

[19] Gary Koop, *Analysis of Financial Data*, John Wiley & Sons, England 2006, Chapter 11을 참조하라.

의 성장률이 연간 약 0.76%임을 나타낸다.

이 회귀분석의 잔차를 단위근 검정을 수행하면 잔차는 안정임을 알 수 있다.[20] 그러므로 2개의 시계열은 개별적으로 불안정이지만 공적분되어 있다.

이 사실의 관점에서, 그랜저 인과성 검정을 수행하기 위하여 반드시 오차수정 메커니즘을 사용해야 한다.

이것은 다음과 같이 수행된다.

$$\Delta LPCE_t = \alpha_1 + \alpha_2 \Delta LPCE_{t-1} + \ldots + \alpha_p \Delta LPCE_{t-p}$$
$$+ \beta_1 \Delta LPDI_{t-1} + \ldots + \beta_q \Delta LPDI_{t-q} + \lambda e_{t-1} + \nu_t \qquad (16.25)$$

여기서 Δ는 이전과 같이 1차 차분 연산자이며 여기서 e_{t-1}은 표 16.11에서 주어진 공적분 회귀분석으로부터 얻게 되는 시차 잔차항이며 이것은 단지 오차수정항이다.

식 (16.25)에서 분명히 보듯이, 이제 변수 LPCE에 대한 다음 두 가지 인과요인이 있을 수 있다. (1) 변수 LPDI의 시차값 또는 (2) 공적분 벡터(즉, 오차수정항)의 시차값. 표준 그랜저 검정은 후자를 무시한다.

그러므로 귀무가설 H_0: $\beta_1 = \beta_2 = \ldots = \beta_q = \lambda = 0$은 만일 이러한 계수가 0이 아닌 또는 만일 $\lambda \neq 0$이라면 기각될 수 있다. 다시 말하면 심지어 만일 모든 β계수들이 0이지만 시차 EC항의 계수가 0이 아니라면, 가설 LPDI가 LPCE를 인과하지 않는다는 것을 기각할 수 있다. 이는 EC항들이 LPDI의 충격을 포함하기 때문이다.

시차 LPDI가 LPCE를 인과하지 않는다는 귀무가설 검정을 위하여 다음과 같이 진행한다.

1. 식 (16.25)를 OLS로 추정하고 이 회귀분석으로부터 잔차제곱합(RSS)을 얻는다. 이를 비제약 RSS_{ur}로 부르는데, 왜냐하면 회귀분석의 모든 항들을 포함하기 때문이다.

2. 여기서 모든 LPDI의 시차항과 EC 항들을 빼고 식 (16.25)를 재추정하는데, RSS를 이 축소 회귀분석으로부터 얻으며 이것을 제약된 RSS 곧 RSS_r로 부른다.

이제 식 (16.24)에 있는 대로 F-검정을 적용하는데, 만일 계산된 F값이 임계 F값을 주어진 유의수준에서 넘어서면 귀무가설을 기각한다.

표준 그랜저 인과성 검정과 '확장'된 인과성 검정의 차이는 식 (16.25)의 오차수정항 때문이다.

식 (16.25)를 추정하는 데 있어서 실제적인 논점은 이 식의 시차항들의 수이다. 우리는 연간 자료를 갖고 있으므로, 단지 각 변수의 한 개의 시차항을 우변에 포함하기로 한다.[21] 그 결과는 다음과 같다.

---

[20] 이는 절편과 추세를 갖고 있지 않다는 전제에서이다.

[21] 우리는 역시 2개의 시차항 LPCE와 LDPI를 도입하였으나, 구체적인 결과는 바뀌지 않았다.

표 16.12 EC를 갖는 그랜저 인과성

Dependent Variable: D(LPCE)
Method: Least Squares
Sample (adjusted): 1962 2004
Included Observations: 43 after adjustments

Variable	Coefficient	Std. Error	t-Statistic	Prob.
C	0.013772	0.004440	3.101368	0.0036
D(LPCE(−1))	0.579602	0.240720	2.407785	0.0209
D(LPDI(−1))	0.135031	0.241895	0.558220	0.5799
S2(−1)	0.511126	0.192531	2.654766	0.0114

R-squared	0.248628	Mean dependent var	0.025026
Adjusted R-squared	0.190830	S.D. dependent var	0.016628
S.E. of regression	0.014958	Akaike info criterion	−5.478748
Sum squared resid	0.008726	Schwarz criterion	−5.314915
Log likelihood	121.7931	Hannan−Quinn criter.	−5.418331
F-statistic	4.301676	Durbin−Watson stat	1.831083
Prob(F-statistic)	0.010274		

주 : $D(=\Delta)$는 1차 차분 연산자이다.

시차 오차항 $\Delta LPDI(-1)$이 유의하지 않음을 확인하지만, 그러나 EC 항은 매우 유의하다. 표 16.12에 있는 재추정된 모형에서, F-검정 기준에서 시차 LPDI와 EC 항들을 제외하고 시차 LPDI와 EC 항들이 모형에 포함되어 있다. 이것이 시사하는 것은 LPCE는 시차 LPDI 항 또는 시차 EC 항 또는 모두에 인과됨을 의미한다.

위의 연습을 LPDI를 종속변수로 하여 계속하는데(즉, 식 (16.23)) 이것은 시차 LPCE 또는 시차 EC 또는 이들 모두가 LPDI를 인과했는지를 발견하기 위한 것이다. 결론은 그들이 실제로 LPDI를 인과했다는 것이다.

이 모든 것들이 말하는 것은 양방향 인과성이 LPCE와 LPDI 사이에 있다는 것이다. 거시경제 수준에서, 총소득과 총소비가 서로 연계되어 있기 때문에 이 발견은 놀랄 만한 것이 아니다.

16.6 요약 및 결론

이 장의 우선적 목표는 독자들에게 4개의 중요한 시계열 계량경제학의 주제를 소개하는 데 있다. 말하자면 (1) 선형회귀모형을 통한 예측, (2) 단일변수 시계열 예측 박스−젠킨스 방법, (3) 벡터 자기회귀분석을 이용한 다변수 시계열 예측 , (4) 계량경제학의 인과성의 본질이다.

선형회귀모형은 판매액, 생산, 고용, 기업 이윤의 예측 및 다른 경제 주제들을 다룬다. 선형회귀분석을 통한 예측을 다루면서, 우리는 점 및 구간 예측을 구분하였으며, 사후적 및 사전적 예측, 그리고 조건부 및 비조건부 예측을 구분하였다. 우리는 이것들을 1960년에서 2004년까지의 기간 중 1인당 실질가처분소득과 관련된 미국의 1인당 실질소비지출을 연결지어 예로 설명하였으며, 여기서 2005년에서 2008년까지의 기간을 예비로 남겨 놓았는데 이것은 추정된 모형이 추정 기간 외에서 어떤 성과를 보이는지를 평가하기 위한 것이다. 우리는 간단하게 자기상관 오차로 예측하는 방법을 살펴보았다.

다음으로, 박스–젠킨스(BJ) 방법으로 널리 알려진 예측의 ARIMA 방법론을 다루었다. 예측의 BJ 접근에서, 우리는 시계열을 엄밀하게 과거의 역사 또는 순수히 이동평균 확률 오차항 또는 이 모두의 기초하에 분석하였다. ARMA란 이름은 AR(자기회귀)과 MA(이동평균) 항의 조합이다. 여기서 연구되는 시계열은 안정인 것으로 가정되었다. 만일 이것이 안정이 아니면, 이것을 안정으로 만들기 위하여 한 번 또는 그 이상 차분하였다.

ARIMA 모형은 4단계 과정이다. (1) 식별, (2) 추정, (3) 진단적 검사, (4) 예측. ARIMA 모형을 개발하는 데 있어, 우리는 표준 ARIMA 모형의 어떤 양태를 살펴보고 그것들을 주어진 경우에 수정하고자 한다. 만일 어떤 모형이 식별되면 이를 추정한다. 추정모형이 만족스러운지 살펴보기 위하여, 우리는 다양한 진단적 검정들을 수행한다. 핵심은 선택 모형의 잔차가 백색잡음인지를 확인하는 것이다. 만일 아니라면, 4단계 과정을 다시 한 번 시작한다. 따라서 BJ 방법은 반복적 과정이다.

만일 ARIMA 모형이 최종적으로 선택되면, 관심 변수의 미래 값을 예측하기 위하여 사용된다. 이 예측은 동적이거나 정적이 될 수 있다.

2개 이상의 시계열 예측을 위해서는 BJ 방법 이상이 필요하다. 벡터 자기회귀모형(VAR)이 이 목적을 위하여 사용된다. VAR에서 우리는 각 변수에 한 방정식을 그리고 각 식은 단지 그 변수의 시차 값과 시차 값 시스템 내의 모든 다른 변수를 포함한다.

단일변수 시계열의 경우와 마찬가지로, VAR에서 우리는 또한 시계열이 안정임을 필요로 한다. 만일 VAR 내의 각 변수가 이미 안정이면, 각 식은 OLS로 추정될 수 있다. 만일 각 변수가 안정이 아니면, 우리는 VAR을 단지 시계열의 1차 차분으로 드물게는 한 차례 이상 시계열을 차분해야 한다. 그러나 만일 VAR 내의 개별 변수가 불안정이지만 공적분되어 있으면, 우리는 VAR을 오차수정항을 고려해서 추정할 수 있으며, 이것은 공적분 회귀분석으로부터 얻어진다. 이것은 벡터 오차수정모형(VECM)으로 유도된다.

우리는 추정된 VAR 모형을 예측에 사용할 수 있다. 이러한 예측에서 우리는 정보 고려대상변수의 정보만이 아니라 시스템 내의 모든 변수를 이용할 수 있다. 실질적인 과정은 복잡하지만, 소프트웨어 패키지는 이를 반복적으로 수행한다.

VAR 체계는 또한 변수 사이의 인과성에 영향을 미친다. VAR 인과성 검정의 기본 아이디어는 과거는 현재와 미래를 인과한다는 것이지만, 그 반대는 가능하지 않다는 것이다. 그랜저 인과성은 이 개념을 사용한다. PCE와 PDI의 예에서, 만일 PDI 시차 값을 추가하면, PCE 자신의 시차 값만의 경우보다 잘 현재의 PCE 값을 예측하면 PDI(Granger)가 PCE를 인과한다고 주장할 수 있다. 유사하게 만일 PCE의 시차 값을 추가하는 경우 PDI 혼자 시차 값보다 더 낮게 예측 PDI의 현재 값을 잘 예측하면, 우리는 PCE(Granger)가 PDI를 인과한다고 말한다. 이것들이 단일 방향 인과성의 보기이다. 그러나 이 둘 사이에 PCE가 PDI를 인과하고 PDI가 PCE를 인과하는 양방향 인과성도 가능하다.

인과성을 도입하면서, 우리는 대상 변수가 안정이라는 점을 분명히 해야 한다. 그렇지 않다면, 우리는 변수를 차분하고 인과성 검정을 차분된 변수에 수행해야 한다. 그러나 만일 변수가 불안정이나 공적분되어 있으면, 오차수정항을 인과성 검정에 추가해야 한다.

연습문제

16.1 로그 변수 변환 후 회귀식 (16.1)을 추정하고 그 결과를 표 16.2의 결과와 비교하라. 여러분은 어떤 것이 우월하다고 결론지었는가?

16.2 본문에서 논의된 IBM 주가의 ARIMA 모형을 확인하라. 제공된 자료를 이용하여 대안모형을 설계하고 이것을 본문의 결과들과 비교하라. 어떤 모형을 선호하는가? 그 이유는?

16.3 앞 문제의 모형을 최근 자료를 이용하여 재추정하고 결과에 대하여 논평하라.

16.4 만일 여러분이 고용수준을 국가단위에서 예측한다고 가정하자. 분기 고용 자료를 수집해서 ARIMA 방법을 이용하여 적절한 예측모형을 개발하라. 계절변동을 감안하기 위하여, 고용 관련 자료는 통상 계절 조정된 형태로 표시된다. 모형을 개발하면서, 계절 조정된 것과 원래 자료 간에 큰 차이가 있는지를 살펴보라 .

16.5 적당한 ARIMA 모형을 여성과 남성을 구분하여 노동력 참가율을 예측하기 위한 목적으로 개발하라. 이런 모형을 개발하기 위하여 무엇을 고려해야 하는가? 분석을 위하여 다양한 필요한 진단검증방법과 계산과정을 설명하라.

16.6 주택 건설 개시 자료를 수집하고 이를 예측하기 위하여 적당한 ARIMA 모형을 개발하라. 단계별로 이 과정을 설명하라.

16.7 본문의 3개월과 6개월 재무성 증권(TB) 예를 참고하라. 또한 연방기금금리를 모형에 포함하기를 원한다고 가정하자. 비교 가능한 연방기금금리 시계열 자료를 수집하고 세 변수의 VAR 모형을 추정하라. 이 자료는 세인트루이스 연방은행(Federal Reserve Bank of St Louis)에서 얻을 수 있다.

(a) 이 세 변수 간에 몇 개의 공적분 관계를 발견하길 기대하는가?[22] 필요한 계산을 하라.

---

22 다변량 시계열에서 공적분 벡터의 수를 추정하는 요한슨의 방법에 대하여 Stata 또는 Eviews의 매뉴얼들을 참조하라.

(b) 만일 여러분이 2개의 공적분 관계를 찾았다고 가정하자. 어떻게 이를 해석하겠는가?

(c) VAR 추정에 있어서 하나 또는 2개의 오차수정항을 포함해야 하는가?

(d) 세 변수 간 인과성의 본질은 무엇인가? 필요한 계산을 보여라.

16.8 도우미 웹사이트의 **표 16.13**[23]은 1960년 1/4분기에서 2012년 1/4분기까지 모두 209분기의 미국에 대한 거시경제 자료를 제시하고 있다.

인플레이션 : GDP 디플레이터의 연율화된 분기 변화율

실업률 : 민간 실업률, 월별 실업률의 분기 평균

연방기금금리 : 이자율의 측정수단, 월별 값의 분기 평균

(a) 3개의 시계열에 대한 정상성 검정을 실시하고 검정법에 대해 설명한다.

(b) 정상성 검정 후 적합한 ARMA 모형을 개발하라.

(c) 2변수 VAR 모형, 즉 인플레와 실업률, 인플레와 연방기금금리, 실업률과 연방기금금리를 추정하라. 시차의 길이로 아카이케 또는 유사한 선정기준으로 선택해야 한다.

(d) 이제는 3변수 VAR 모형을 추정하라. 다시 시차의 길이를 실험적으로 선택해야 한다. 당신은 Stata의 변수 VAR 명령어를 VAR 모형을 추정하는 데 사용할 수 있는데, 이 경우 어떤 외생변수도 포함되지 않는다.

(e) 각 3변수에 대한 적합한 ARCH 또는 GARCH 모형을 추정하라.

IV

---

23 이러한 자료는 미국 상무성과 대통령 경제 보고서에 있는 것들이다.

부록

예측 정확도의 측정[24]

예측의 정확성은 예측오차에 기반한다. 몇 가지 통상적으로 사용되는 기준은 다음과 같다. 다음을 정의하자.

$$Y_t = \text{시간 } t\text{의 예측변수 } Y \text{ 값}$$

$$Y_{t+h,t} = \text{시간 } t\text{에 이루어진 } Y\text{의 } h\text{기 선행 예측값}$$

$$Y_{t+h} = \text{시간 } (t+h)\text{의 } Y\text{의 실제값}$$

$$e_{t+h,t} = \text{예측오차}$$

$$\frac{Y_{t+h} - Y_{t+h,t}}{Y_{t+h}} = p_{t+h,t} \quad \text{퍼센트 예측오차}$$

그러면 예측 정확도의 다양한 측정방법은 다음과 같다.

$$\text{평균오차(ME)} = \frac{1}{T}\sum_{1}^{T} e_{t+h,t} \tag{1}$$

이는 예측구간, 1~T의 Y를 예측하는 데 있어 평균오차이다. ME 값이 낮을수록 예측 정확도는 우수하다.

$$\text{오차분산(EV)} = \frac{\sum_{1}^{T}(e_{t+h,t} - ME)^2}{T} \tag{2}$$

이는 예측오차의 분산 정도를 측정한다.

EV가 낮을수록 예측 정확도는 개선된다.

ME 또는 EV 모두는 전체적인 예측성과를 제공하지는 않는다. 그러나 다음의 측정방법은 그러하다.

$$\text{평균제곱 오차(MSE)} = \frac{1}{T}\sum_{1}^{T} e_{t+h,t}^2 \tag{3}$$

$$\text{평균제곱 퍼센트 오차(MSPE)} = \frac{1}{T}\sum_{1}^{T} p_{t+h,t}^2 \tag{4}$$

$$\text{루트 평균제곱 오차(RMSE)} = \sqrt{\frac{1}{T}\sum_{1}^{T} e_{h+t,t}^2} \tag{5}$$

---

24 상세한 내용은 Diebold, *op cit.*, pp. 260-3을 참조하라.

$$\text{루트 평균제곱 퍼센트 오차} = \sqrt{\frac{1}{T}\sum_{1}^{T} p_{t+h,t}^2} \tag{6}$$

$$\text{평균 절대 오차} = \frac{1}{T}\sum_{1}^{T}|e_{t+h,t}| \tag{7}$$

$$\text{평균 절대 퍼센트 오차} = \frac{1}{T}\sum_{t=1}^{t=T}|p_{t+h,t}| \tag{8}$$

주 : 식 (5)와 (6)은 변수가 측정되는 단위가 보존된다. 만일 예측오차가 달러로 측정되면, 예를 들면 MSE는 제곱 달러로 측정된다. 그러나 RMSE는 달러로 측정된다.

$$\text{타일의 U-통계량} = \frac{\sum_{t=1}^{t=T}(Y_{t+1} - Y_{t+1,t})^2}{\sum_{t=1}^{t=T}(Y_{t+1} - Y_t)^2} \tag{9}$$

이는 어떤 1단계 선행 예측방법으로 얻어진 MSE와 임의보행 예측 MSE와의 비율, 즉 $Y_{t+1} = Y_t$이다.

$$\text{타일 부등계수} = \frac{\sqrt{\sum_{t=T+1}^{T+h}(\hat{Y}_t - Y_t)^2/h}}{\sqrt{\sum_{t=T+1}^{T+h}\hat{Y}_t^2/h} + \sqrt{\sum_{t=T+1}^{T+h}Y_t^2/h}} \tag{10}$$

이 계수는 0과 1 사이에 있으며, 0은 완전한 적합도를 나타낸다.

PART

V

계량경제학의
선택 주제들

17 | 패널자료 회귀모형

제16장에서 논의된 회귀분석모형들은 횡단면 또는 시계열 자료를 이용한다. 이러한 유형의 자료는 각자 모두 자신의 독특한 형태를 지니고 있다. 이 장에서는 패널자료 회귀분석모형을 논의하는데, 이 모형들은 동일한 그룹의 객체(개인, 기업, 주, 국가 등)를 시계열상에서 연구하는 것이다.[1]

몇 개의 잘 알려진 패널자료 집합의 예는 다음과 같다.

1. 패널 연구 소득 동학(PSID) : 이것은 미시간대학의 사회연구소(Institute of Social Research)에 의한 것이다. 1968년에 시작되었으며, 매해 연구소는 500가족에 대한 다양한 사회경제와 인구변수에 대한 자료를 수집한다.

2. 소득 및 프로그램 참여에 대한 서베이(SIPP) : 이 서베이는 미국 상무성의 센서스국에서 집계하는 것이다. 4개의 시계열은 매년 응답자들을 대상으로 그들의 경제 여건에 대하여 인터뷰한 것이다.

3. 독일 사회-경제 패널(GESOEP) : 1984년에서 2002년 사이에 1,761명의 개인을 매해 조사한다. 이는 각 개인에 대하여 생년, 성별, 생활 만족도, 결혼 여부, 근로 소득, 그리고 연간 노동시간 등의 정보를 수집한다.

4. 국가 종적 청년 서베이(NLSY) : NLSY는 미국 노동국에 의해 작성되며 서베이 집합 정보를 여러 개인과 시계열 상에서 노동시장 활동과 다른 유의한 생활사건 및 남녀 그룹별로 수집한다. 다수의 이런 유형의 서베이가 있으며 이는 많은 국가에서 정부와 개인에 의하여 수행된다.

17.1 패널자료의 중요성

패널자료의 순수한 횡단면 자료 또는 순수한 시계열 자료와 대비하여 장점으로, 발타기(Baltagi)는 다음의 요인들을 지적하고 있다.[2]

---

1 패널자료 회귀분석모형의 좀 더 상세한 내용과 예는 Gujarati/Porter, *op cit.*, Chapter 16을 참조하라.

2 Badi H. Baltagi, *Econometric Analysis of Panel Data*, John Wiley & Sons, New York, 1995, pp. 3-6.

1. 패널자료는 개인, 기업, 주, 국가 등을 시계열 상에서 분석하고 있으므로, 종종 관측 불가능한 개별 단위의 이질성이 존재한다. 패널자료 추정기법은 이러한 이질성을 우리가 바로 보이는 대로 명시적으로 단위 고유의 요소를 반영하여 고려한다. 우리는 단위로 자연스럽게 개인, 기업, 또는 주 같은 미시단위를 포괄한다.

2. 횡단면 관측의 시계열을 같이 고려함으로써 패널자료는 '좀 더 많은 정보, 큰 변동성, 변수 사이의 낮은 다중공선성, 더 많은 자유도와 효율성'을 확보하게 된다.

3. 반복된 횡단면 관측자료를 이용함으로써 실업기간, 이직, 실업의 지속, 그리고 노동 이동성 같은 것이 패널분석으로 잘 연구될 수 있다.

4. 패널자료는 순수 횡단면 또는 시계열 자료에서는 관측할 수 없는 효과를 찾아내고 측정하는 데 우수하다. 가령 최저임금법의 고용 및 급여에 대한 효과는 연방 그리고/또는 주 최저임금 상승의 연쇄 파급 경로를 따라가는 경우보다 잘 연구될 수 있다.

5. 규모의 경제와 기술적 변화 같은 현상은 순수 횡단면 또는 순수 시계열 자료에 의해서 보다 패널자료에 의해 보다 잘 연구될 수 있다.

17.2 설명 예제 : 자선기부

표 17.1(도우미 웹사이트에 수록되어 있음)은 자선기부에 대한 1979년에서 1988년까지의 기간 중 47명에 대한 자료를 제공한다.[3]

변수들은 다음과 같이 정의된다.

자선기부 : 과년도로부터의 이연을 제외한 현금 또는 다른 재산의 공여의 합계

소득 : 조정된 총 소득

가격 : 1 − 한계소득 조세율, 한계조세율은 공여에 앞서 소득에 정의됨

나이 : 납세자가 64세 이상이면 더미변수는 1, 아닌 경우 0

결혼 : 납세자가 결혼한 경우 1, 아니면 0

부양자 수 : 조세환급 대상 부양자의 수

이러한 자료는 1979년에서 1988년 기간 중 개인 조세환급의 소득 통계(SOI) 패널에서 얻어진다.

이 연구의 목표 중 하나는 있을 수 있는 한계조세율의 자선기부에 대한 효과를 발견하는 것이다.

분석을 진행하기 전에, 우리는 이 예의 패널자료를 시계열 관측치의 숫자(10)가 각각 개인에 똑같기 때문에 균형 패널이라 부른다. 만일 그렇지 않다면, 이것은 불균형 패널의 사례

---

3 이 자료들은 Edward W. Frees, *Longitudinal and Panel Data Analysis and Applications in the Social Sciences*, Cambridge University Press, New York, 2004로부터 얻었다.

이다. 여기서의 자료는 또한 짧은 패널이라 불린다. 짧은 패널에서는 횡단면 또는 개별 단위 N(여기서는 47)의 수가 시계열 기간의 수 T(여기서는 10)보다 크다. 이와 반대로 긴 패널에서는 T가 N보다 크다.

우리는 이 모형에서 자선기부와 관련된 위에 서술한 변수를 관련지어 추정하기를 원한다. 이것을 자선함수라 부르기로 하자. 어떻게 이를 수행할 것인가? 우리는 다섯 가지 방법을 가지고 있다.

1. **개별 시계열 자선함수** : 우리는 47개 시계열 자선함수를 각 개인에 대하여 각각 10년간의 자료를 이용하여 OLS로 추정할 수 있다. 비록 원리적으로 이들 함수들을 추정할 수 있지만, 의미 있는 통계분석을 위해서 우리는 매우 작은 자유도를 가진다. 왜냐하면 5개의 설명변수 및 절편을 위한 1개 등 모두 6개의 계수를 추정해야 하기 때문이다. 이 외에도 이런 개별 자선함수들은 다른 개인의 자선기부 정보를 무시하고 있는데, 왜냐하면 그들이 모두 동일한 제약환경에서 유지되고 있기 때문이다.

2. **횡단면 자선함수** : 우리는 각 해에 대하여 하나씩 10개의 횡단면 자선함수를 OLS로 추정한다. 이런 함수를 추정하기 위하여 매년 47개의 관측치가 있다. 그러나 다시, 우리는 자선 기부의 동적인 측면을 무시하고 있는데, 왜냐하면 각 개인의 연간별 자선기부는 소득이나 결혼여부 등 요인들에 의존하기 때문이다.

3. **결합(Pooled) OLS 자선함수** : 쌍으로 주어진 시계열 및 횡단면 자료를 무시하면서 모든 470 관측치(47×10)를 한데 모아 '그랜드' 자선함수를 추정할 수 있다. 이러한 결합(pooled) 모형은 자선함수의 계수가 시계열 및 횡단면으로 상수로 유지되는 것으로 가정하는 것이다. 결합 OLS 추정은 또한 상수계수 모형으로 알려져 있으며, 이는 계수가 시계열 및 횡단면에서 동일하다는 가정을 하기 때문이다.

4. **고정효과 최소제곱 더미변수(LSDV) 모형** : 3항의 방법에서 우리는 모두 470 관측치를 결합했으나, 각 개인이 그 또는 그녀의 개별 절편 더미를 갖도록 하는 것이다. 이것의 한 종류는 우리가 잠시 후 설명할 내부(within) 추정량이다.[4]

5. **확률효과모형** : 각 개인이 LSDV에서처럼 그들 자신의(고정) 절편값을 갖는 대신에, 개인 절편값 47이 많은 다수의 개인들로부터의 무작위 추출로부터 나오는 것으로 가정하는 것이다. 사실상 SOI 패널은 IRS 개인 조세의 부분집합 모형 파일이다.

이제 방법 3, 4, 5를 연속적으로 논의한다.

---

4 또 다른 변화는 1차 차분 변환인데, 여기서는 다루지 않는다. 왜냐하면 만일 우리가 2개 이상의 시계열 기간을 가지면 어떤 추정문제를 내포하기 때문이다. 이 방법의 간단한 요약을 위하여 Gujarati/Porter, *op cit.*, pp. 601-2를 참조하라.

17.3 자선함수의 통합 OLS 회귀분석

다음의 자선함수를 고려하자.

$$C_{it} = B_{1i} + B_2 Age_{it} + B_3 Income_{it} + B_4 Price_{it}$$
$$+ B_5 DEPS_{it} + B_6 MS_{it} + u_{it}$$
$$i = 1, 2, \ldots, 47; \quad t = 1, 2, \ldots, 10 \tag{17.1}$$

여기서 C는 자선기부이다. 변수에 2개의 하첨자를 부가하는데 i는 횡단면 단위를 나타내며, t는 시간을 나타낸다. 설명변수는 비확률적이며, 만일 확률적인 경우 오차항과 상관관계가 없다고 가정된다. 또한 오차항은 통상의 고전적 가정들을 만족시키는 것으로 가정된다.

사전적으로, 나이, 소득, 물가, 그리고 결혼 여부는 양의 충격을 자선기부에 가지며 부양가족의 수는 음의 충격을 가진다고 예상한다. 물가변수가, 정의된 대로 모형에 포함된 이유는 이것이 자선기부의 기회비용을 반영하기 때문이다—한계조세가 높을수록 기회비용은 낮아진다.

Eviews 6를 이용하여, 표 17.2의 결과를 얻었다. 자료의 결합이 유효하다고 가정하면서(큰 가정), 결과는 나이, 소득, 물가가 유의한 양의 효과를 자선기부에 미치며, 결혼 여부는 통계적으로 유의한 음의 효과를 자선기부에 미친다. 놀랍게도 DEPS는 양의 유의한 효과를 기부에 미친다. 이 사례에서 낮은 더빈-왓슨 통계량이 나타난 것은 공간 또는 계열 상관보다 설정 오류를 시사한다.[5]

표 17.2 특허자료의 OLS 추정

Dependent Variable: CHARITY
Method: Least Squares
Sample: 1 470
Included Observations: 470

	Coefficient	Std. Error	t-Statistic	Prob.
C	−4.674219	1.298134	−3.600722	0.0004
AGE	1.547275	0.216955	7.131788	0.0000
INCOME	1.035779	0.128944	8.032766	0.0000
PRICE	0.483092	0.207703	2.325875	0.0205
DEPS	0.175368	0.042642	4.112556	0.0000
MS	−0.008036	0.184849	−0.043476	0.9653

R-squared	0.224488	Mean dependent var	6.577150
Adjusted R-squared	0.216131	S.D. dependent var	1.313659
S.E. of regression	1.163067	Akaike info criterion	3.152681
Sum squared resid	627.6639	Schwarz criterion	3.205695
Log likelihood	−734.8801	Durbin−Watson stat	0.701077
F-statistic	26.86280	Prob(F-statistic)	0.000000

---

5 Eviews는 잔차의 전체집합에 대한 1차 계열 상관의 계산을 통하여 더빈-왓슨 통계량을 계산한다.

모형이 잘못 설정된 것은 47명의 개인에 존재할 수 있는 개별특이성(개별성 또는 특이성)을 무시하고 서로 다른 개인을 서로 다른 시계열에 맞춘 데서 왔을 가능성이 있다. 아마도 각 개인의 특이성은 복합된 오차항 u_{it}에 포함되어 있을 것이다. 결과적으로, 오차항은 모형 내의 설명변수와 서로 상관되어 있을 수 있다. 만일 그것이 사실이라면, 추정된 계수는 표 17.2의 편의를 가지며 일치성이 없다.

17.4 고정효과 최소제곱 더미변수(LSDV) 모형

47명의 개인에 존재 가능한 개별적 특성을 감안하는 한 가지 방법은 각 개인에 그 또는 그녀 자신의 절편을 다음 식과 같이 부여하는 것이다.

$$C_{it} = B_{1i} + B_2 Age_{it} + B_3 Income_{it} + B_4 Price_{it}$$
$$+ B_5 DEPS_{it} + B_6 MS_{it} + u_{it}$$
$$i = 1, 2, \ldots, 47; \quad t = 1, 2, \ldots, 10 \tag{17.2}$$

절편에 첨자 i를 추가하는데 이는 47명의 개인의 절편이 서로 다른 것을 표시하기 위해서이다. 그 차이는 교육 또는 종교와 같은 각 개인의 특수성에 연유한다.

식 (17.2)는 고정효과 회귀분석모형(FEM)으로 알려져 있다. '고정효과' 항은 각 납세자의 절편은 다른 납세자와 서로 다르지만 시계열 상에서는 변화하지 않으므로 시간−불변이다. 만일 절편을 B_{1it}로 나타내면, 각 납세자의 절편은 시간−가변이 된다. 그러나 식 (17.2)에서 기울기 계수는 시간−불변으로 가정하였다.

그러나 어떻게 식 (17.2)를 적용 가능하도록 만들 수 있을까? 이것은 다른 절편 더미들을 도입함으로써 쉽게 이루어지는데, 이에 대해서는 더미변수에 관한 제3장에서 먼저 다루었다. 특별하게, 식 (17.1)을 다음과 같이 수정한다.

$$C_{it} = B_1 + B_2 D_{2i} + B_3 D_{3i} + \ldots + B_{46} D_{46i} + B_{47} Age_{it}$$
$$+ B_{48} Income_{it} + B_{49} Price_{it} + B_{50} DEPS_{it} + B_{51} MS_{it} + u_{it} \tag{17.3}$$

여기서 개인 2의 경우 $D_{2i} = 1$이며 다른 개인의 경우 0, 개인 3의 경우 $D_{3i} = 1$이며 다른 개인의 경우 0 등이다.

중요하게 명심할 것은 우리는 단지 46 더미를 47 개인을 대표하기 위하여 사용하는데 이는 더미변수 함정(완전 다중공선성)을 회피하기 위한 것이다. 이 경우 46개의 더미는 서로 다른 절편 더미 계수를 반영한다. 즉, 개인의 절편계수 더미변수가 벤치마크 범주와 얼마나 다른지를 반영한다. 비록 어떤 개인도 이 목적으로 선택될 수 있지만, 첫 번째 개인을 벤치마크 또는 참조 범주로 간주한다.

표 17.3의 결과와 관련하여 첫째로 유념할 것은 비록 모형을 추정하는 데 반영되었더라도

표 17.3 개별더미계수를 가진 OLS 자선 회귀분석

Sample: 1 10
Periods included: 10
Cross-sections included: 47
Total panel (balanced) observations: 470

	Coefficient	Std. Error	t-Statistic	Prob.
C	−2.089970	1.131118	−1.847704	0.0654
AGE	0.102249	0.208039	0.491490	0.6233
INCOME	0.838810	0.111267	7.538725	0.0000
PRICE	0.366080	0.124294	2.945265	0.0034
DEPS	−0.086352	0.053483	−1.614589	0.1072
MS	0.199833	0.263890	0.757257	0.4493

Effects Specification
Cross-section fixed (dummy variables)

R-squared	0.763177	Mean dependent var	6.577150
Adjusted R-squared	0.734282	S.D. dependent var	1.313659
S.E. of regression	0.677163	Akaike info criterion	2.162215
Sum squared resid	191.6735	Schwarz criterion	2.621666
Log likelihood	−456.1204	Hannan–Quinn criter.	2.342975
F-statistic	26.41239	Durbin–Watson stat	1.234015
Prob(F-statistic)	0.000000		

표가 각 개인의 다른 절편계수를 표시하지는 않는다는 점이다. 그러나 절편계수 차이는 쉽게 얻어질 수 있다(연습문제 17.1 참조). 둘째로, 만일 OLS 결합회귀분석 결과와 고정효과모형 결과를 비교하면, 계수값 자체만이 아니라 그들의 부호에 있어서도 둘 사이의 분명한 차이를 확인할 수 있다.

예를 들면, 결합 회귀분석에서 DEPS의 계수는(사전적 예측과 반대로) 양이며 매우 유의하다. 반면에, MS 계수는 통계적으로 유의하지 않지만 음이다. 왜 결혼 여부가 음의 계수를 갖는가?

그러므로 이 결과는 통합 OLS 추정에 의문을 제기한다. 만일 각 개인의 다른 절편 더미를 검사한다면, 그들 중 몇몇은 통계적으로 매우 유의하다는 것을 발견하게 된다(연습문제 17.1 참조). 이것은 결합 추정이 47명의 기부에 개별 특이성을 무시하고 있다는 것을 의미한다.

우리는 고정효과모형이 표 17.2에 주어진 결합 OLS 모형보다 나은지를 검정하는 방법을 제시한다. 결합모형은 고정효과모형에서 명시적으로 고려된 개별 특이성을 무시하고 있으므로, 고정효과모형이 제약된 형태이다. 따라서 제7장에서 논의된 제약된 F-검정을 다음과 같이 고려한다.

$$F = \frac{(R_{ur}^2 - R_r^2)/m}{(1 - R_{ur}^2)/(n-k)} \tag{17.4}$$

여기서 R_{ur}^2과 R_r^2는 무제약의 그리고 제약된 결정계수, m은 제약 모형에서 빠뜨린 모수의 수

(여기서는 46), n은 표본 내 관측치의 수, 그리고 k는 무제약 회귀분석 추정에 사용된 모수의 수(여기서는 모두 52)이다. 제약 및 무제약 R^2값은 표 17.2와 17.3에 각각 나타내었다.

표 17.2와 17.3의 상응하는 수를 이용하여, 다음의 F값을 얻는다.

$$F = \frac{(0.7632 - 0.2245)/46}{(1 - 0.7632)/418} = 20.672$$

분자의 46 자유도와 분모의 418 자유도에 대하여, 이 F는 매우 유의하며 고정효과모형이 결합 회귀분석모형보다 우수하다는 것을 나타낸다.

더 진행하기 전에, 고정효과모형의 몇 가지 특성을 언급할 필요가 있다. 첫째, 모형 (17.3)은 일방(one-way) 고정효과모형인데, 이는 절편이 횡단면(47명의 개인) 사이에서 다르도록 허용하지만 시계열상으로는 아니다. 우리는 46 횡단면 더미를 따라(다시 더미변수 함정을 피하기 위하여) 9개의 시계열 더미를 10년을 특정하기 위하여 도입할 수 있다. 이 경우 도입된 모형은 양방향(two-way) 고정효과모형이 된다.

물론 만일 이러한 시계열 더미(46 횡단면 더미, 9개의 시계열 더미, 공통 절편, 그리고 다섯 설명변수들의 5개의 기울기 계수)를 더하면, 총 61 계수를 모두 추정해야 한다. 비록 470 관측치를 가지고 있지만, 61개의 자유도를 잃어버린다.

우리는 기울기 계수가 자선함수에서 모두 같다고 가정한 바 있다. 그러나 이러한 기울기 계수가 모두 47 개인에게 분명히 다를 수 있다. 이 가능성을 허용하기 위하여 서로 다른 기울기 계수를 도입할 수 있으며, 5개의 기울기 계수에 46개의 다른 절편 더미를 곱하면, 또 다른 230개의 자유도 상실을 가져온다. 상응하는 10개 시계열 더미와 5개의 설명변수도 가능한데, 이것들은 50개의 자유도를 소비한다. 종국적으로, 우리는 의미 있는 통계분석을 위하여 매우 작은 수의 자유도만 갖게 된다.

17.5 고정효과 LSDV 모형의 한계

비록 쉽게 응용할 수 있지만, LSDV 모형은 다음의 한계점을 지닌다.

1. 모든 추가되는 더미변수는 추가적인 자유도 상실의 비용을 의미한다. 그러므로 만일 표본이 매우 크지 않으면, 너무 많은 더미를 도입하는 것은 통계분석을 수행하기 위한 너무 적은 관측치를 결과한다.

2. 너무 많은 가산 및 승산 더미는 다중공선성의 가능성으로 하나 및 그 이상의 모수 추정을 어렵게 만들 가능성을 가진다.

3. 바람직한 통계 성질을 갖는 추정을 위하여, 우리는 오차항 u_{it}에 조심스런 관심을 기울일 필요가 있다. 표 17.2와 17.3에 있는 통계결과는 오차항이 고전적인 가정을 따른다는 가정, 즉 $u_{it} \sim N(0, \sigma^2)$에 기초한다. 지표 i는 횡단면 관측, 그리고 t는 시계열 관측치를 나타

내므로, u_{it}와 관련된 고전적인 가정은 수정되어져야 할 것이다. 여기에는 몇 가지 가능성이 있다.

(a) 오차분산이 모든 횡단면 단위에 동일하다고 가정할 수 있다. 또는 오차분산이 이분산을 갖는다고 가정할 수 있다.[6]

(b) 모든 개체에 대하여, 자기상관이 없는 것으로 가정하거나 또는 시계열에 대하여 자기상관 AR(1) 형태를 가정할 수 있다.

(c) 어떤 주어진 시계열에 대하여, 개인 #1의 오차항과 개인 #2의 오차항이 상관관계가 없는 것으로 가정하거나 또는 상관관계가 있는 것으로 가정할 수 있다.[7]

LSDV와 관련된 몇몇 문제들은 아래에서 언급하는 대안을 고려한다면 줄어들 수 있다.

17.6 그룹 내부(WG) 고정효과 추정량

LSDV 모형은 몇 개의 계수를 추정하는 것을 포함하고 있으므로, 고정효과를 제거하는 한 가지 방법은 B_{1i}에 있는 식 (17.2)의 회귀대상 및 회귀변수를 모두 그들의 상대적인 (그룹) 평균 값과의 차이로 표현한 후 평균-수정 변수에 대하여 회귀분석을 수행하는 것이다. 이것의 의미를 살펴보기 위하여, 식 (17.2)로부터 시작한다.

$$C_{it} = B_{1i} + B_2 Age_{it} + B_3 Income_{it} + B_4 Price_{it} + B_5 Deps_{it} + B_6 MS_{it} + u_{it}$$

이 식을 양쪽에서 합산한 후 $T(=10)$로 나누면 다음을 얻는다.

$$\frac{1}{10}\sum_{t=1}^{10} C_{it} = \frac{1}{10}[\sum_{t=1}^{10}(B_{1_i} + B_2 Age_{it} + B_3 Income_{it} + B_4 Price_{it} \\ + B_5 Deps_{it} + B_6 MS_{it} + u_{it})] \tag{17.5}$$

모수가 시계열에 대하여 변하지 않으므로, 이것은 다음과 같이 축소된다.

$$\overline{C}_i = B_{1i} + B_2 \overline{Age}_i + B_3 \overline{Income}_i + B_4 \overline{Price}_i \\ + B_5 \overline{Deps}_i + B_6 \overline{MS}_i + \overline{u}_i \tag{17.6}$$

여기서 변수 위의 선은 10년 중 평균값을 나타낸다. 우리 예에서 각 47개 변수의 표본 평균값을 지니는데 각 평균값은 10년의 기간에 대하여 산출된다.

식 (17.2)에서 (17.6)을 차감하면 다음을 얻는다.

---

6 Stata는 패널자료 회귀분석모형을 위한 이분산 수정 표준오차를 제공한다.

7 이는 소위 유사 무상관 회귀분석(SURE)모형을 통하여 이루어진다. 이 모형은 처음 Arnold Zellner에 의해 개발되었다. An efficient method of estimating seemingly unrelated regressions and tests for aggregation bias, *Journal of the American Statistical Association*, vol. **57**, 1962, pp. 348-68.

$$C_{it} - \overline{C}_i = B_2(Age_{it} - \overline{Age}_i) + B_3(Income_{it} - \overline{Income}_i)$$
$$+ B_4(Price_{it} - \overline{Price}_i) + B_5(Deps_{it} - \overline{Deps}_i)$$
$$+ B_6(MS_{it} - \overline{MS}_i) + (u_{it} - \overline{u}_i) \qquad (17.7)$$

어떻게 고정 또는 개인 효과 절편항 B_{1i}가 없어지는지를 확인하라.

식 (17.7)에서 보는 것처럼, 기본적으로 평균-조정된 회귀대상변수를 평균조정된 회귀변수에 회귀하는 것이다. 평균-조정변수 평균값은 0이므로 식 (17.7)에는 절편항이 없다.

식 (17.7)에서 얻어진 OLS 추정량은 각 횡단면 내에서의 (시계열) 변동을 사용하므로 그룹 내부(WG) 추정량으로 알려져 있다. 표 17.2에서 주어진 결합 추정과 비교 시, 그룹 내부 추정량은 비록 이것이 효율적이지는 않더라도(곧 그들이 큰 분산을 지님) 기울기 계수의 일치 추정량을 제공한다.[8]

흥미로운 점은, LSDV 방법으로 주어진 추정량은 그룹 내부방법 고정효과 추정량과 동일한데, 수학적으로 이들 2개의 모형은 동일하다. 이것은 다음의 표 17.4에서 확인 가능하다(결과는 Stata 10으로부터 얻어진 것이다).

비록 LSDV 모형보다 좀 더 경제적이지만, 그룹 내부 추정의 한 가지 단점은 고정, 또는 개인, 효과(즉, B_{1i})를 제거하면서, 시간-불변 회귀변수 효과를 제거한다. 예를 들면, 패널자료 회귀분석모형 내에 존재할 수 있는 직무경험, 나이, 성별, 교육 인종 등에 대한 임금의 차이이다. 성별과 인종의 효과는 회귀변수의 평균 조정값에서는 제거되는데, 이는 성별과 인종은 시

표 17.4 자선함수의 그룹 내부 추정량

R-squared = 0.1350
Adj R-squared = 0.1257

chard	Coef.	Std. Err.	t	P>|t|
aged	.1022493	.197458	0.52	0.605
incd	.8388101	.1056075	7.94	0.000
prid	.3660802	.1179726	3.10	0.002
depd	−.0863524	.0507623	−1.70	0.090
msd	.1998327	.250468	0.80	0.425
cons	3.15e-09	.0296465	0.00	1.000

주 : 이 표에서 보는 표준오차는 표 17.3의 그것들과 약간 다른데, 상수항의 값은 실질적으로 0이며 실제 또한 그러해야 한다.

---

8 이는 그것들의 평균값으로부터의 차이로 변수를 표현했을 때, 평균 수정값에서의 변화는 원래 변수값에서의 변화보다 작을 것이기 때문이다. 이 상황에서 오차항 u_{it}의 변동은 상대적으로 크며, 따라서 더욱 추정계수의 큰 표준오차로 연결된다.

표 17.5 강건한 표준오차를 가진 고정효과모형

Method: Panel Least Squares
Periods included: 10
Cross-sections included: 47
Total panel (balanced) observations: 470
White period standard errors & covariance (d.f. corrected)

	Coefficient	Std. Error	t-Statistic	Prob.
C	−2.089970	1.710019	−1.222191	0.2223
AGE	0.102249	0.113897	0.897738	0.3698
INCOME	0.838810	0.145653	5.758977	0.0000
PRICE	0.366080	0.146602	2.497102	0.0129
DEPS	−0.086352	0.069186	−1.248111	0.2127
MS	0.199833	0.712740	0.280373	0.7793

Effects Specification
Cross-section fixed (dummy variables)

R-squared	0.763177	Mean dependent var	6.577150
Adjusted R-squared	0.734282	S.D. dependent var	1.313659
S.E. of regression	0.677163	Akaike info criterion	2.162215
Sum squared resid	191.6735	Schwarz criterion	2.621666
Log likelihood	−456.1204	Durbin–Watson stat	1.234015
F-statistic	26.41239	Prob(F-statistic)	0.000000

간에 따라 개인별로 변하지 않기 때문이다. 따라서 그러한 시간 불변 변수의 임금에 대한 효과를 평가할 수 없다.

진도를 더 나가기 전에, 앞 장에서 우리가 논의했던 화이트 과정을 이용하여 고정효과모형의 강건한 표준오차(표 17.5)를 표현한다.

만일 이 결과를 표 17.3과 비교하면, 표준오차가 심각하게 낮게 추정되었다는 것을 발견하게 된다.[9]

17.7 확률효과모형(REM) 또는 오차요인모형(ECM)

고정효과모형에서 개인 특정 계수 B_{1i}는 각 주제에 고정으로 가정되며, 즉 시간−불변이다. 확률효과모형에서 B_{1i}는 평균값 B_1(여기서 i 하첨자가 없으며)을 가지며, 어떤 횡단면 단위의 절편은 확률변수로 다음과 같이 표현된다.

$$B_{1i} = B_1 + \varepsilon_i \tag{17.8}$$

여기서 ε_i는 평균 0과 분산 σ_ε^2을 가진 확률 오차항이다.

---

9 이러한 이유는 통상적인 오차분산 $\hat{\sigma}^2 = RSS/(NT-2)$의 추정은 조정되어야 하는데 조정된 $\hat{\sigma}^2 = RSS/(NT-N-2)$는 그룹 평균을 계산하는 데 있어 N 평균을 추정해야 한다. 그러나 표준적인 통계패키지들은 이것을 고려한다.

우리의 예 기준으로, 이 평균에 포함된 47 개인들로 산출된 우리의 표본보다 훨씬 더 큰 개인의 모표본에서 추출되었으며 그것은 공통의 평균값 절편(=B_1)을 갖는다. 각 개인의 자선기부의 절편값 차이는 오차항 ε_i에 반영되어 있다. 그러므로 자선함수 식 (17.1)을 다음과 같이 쓸 수 있다.

$$C_{it} = B_1 + B_2 Age_{it} + B_3 Income_{it} + B_4 Price_{it} + B_5 Deps_{it}$$
$$+ B_6 MS_{it} + w_{it} \qquad (17.9)$$

여기서

$$w_{it} = \varepsilon_i + u_{it} \qquad (17.10)$$

이다. 복합 오차항 w_{it}는 두 가지 오차요인을 가지고 있다—ε_i, 이것은 횡단면 또는 개인 특정 오차요인 ε_i와 시간 및 횡단면 오차 복합요인 u_{it}이다.[10]

이제 여러분은 왜 REM 모형이 동시에 오차요인모형(ECM)으로 불리는지 알 수 있을 것이다. 복합 오차항은 2개(또는 그 이상)의 오차요인들로 구성되어 있다.[11]

통상의 ECM에 대한 가정은 다음과 같다.

$$\varepsilon_i \sim N(0, \sigma_\varepsilon^2)$$
$$u_{it} \sim N(0, \sigma_u^2)$$
$$E(\varepsilon_i u_{it}) = 0; \quad E(\varepsilon_i \varepsilon_j) = 0 \quad (i \neq j)$$
$$E(u_{it} u_{is}) = E(u_{it} u_{ij}) = E(u_{it} u_{js}) = 0 \quad (i \neq j; t \neq s) \qquad (17.11)$$

즉, 개인 오차요인들은 횡단면과 시계열 단위를 가로질러 서로 상관관계가 없으며 자기상관도 없다. 역시 매우 중요하게 알아야 하는 것은 변수 w_{it}는 모형 안에 포함된 어떤 설명변수와도 상관관계가 없다는 것이다. ε_i는 w_{it}의 일부분이므로, 후자가 하나 또는 그 이상의 설명변수와 상관관계가 있을 수 있다. 만일 이것이 사실이라면, 확률효과모형은 추정회귀분석 계수의 일치성 상실을 가져올 수 있다. 하우스만(Hausman) 검정은, 간단하게 설명하면 주어진 응용에서 만일 w_{it}가 설명변수와 상관관계가 있는지, 즉 확률효과모형이 적당한 모형인지를 검정한다.

결과적으로, 가정은 식 (17.10)에 주어진 다음 형태로 주어진다.

$$E(w_{it}) = 0 \qquad (17.12)$$

$$\mathrm{var}(w_{it}) = \sigma_\varepsilon^2 + \sigma_u^2 \qquad (17.13)$$

이제 만일 $\sigma_\varepsilon^2 = 0$, 즉 식 (17.1)과 (17.8) 사이에 차이가 없다면, 이 경우 우리는 표 17.2와

---

10 u_{it}는 때로 특이항으로 불리는데, 왜냐하면 시간은 물론 횡단면을 따라(즉 시간과 개인에 따라) 변화하기 때문이다.

11 만일 우리가 시계열 더미를 도입하면, 시간 특화 오차요인이 있게 된다(연습문제 17.2 참조).

같이 단순히 모든 관측치를 결합하여 결합 회귀분석을 수행한다. 이것은 왜냐하면 이 상황에서는 설명변수에 의하여 모두 설명되는 단위 특정 효과가 없기 때문이다.

비록 식 (17.12)의 복합 오차항이 동분산성을 보이고 있으나, w_{it}와 $w_{is}(t \neq s)$가 서로 상관된 것을 보여줄 수 있다. 즉, 주어진 횡단면 단위의 오차항이 서로 다른 2개의 시간에서 서로 상관된 것을 보여줄 수 있다. 둘 사이의 상관계수는 다음과 같다.

$$\rho = \text{corr}(w_{it}, w_{is}) = \frac{\sigma_\varepsilon^2}{\sigma_\varepsilon^2 + \sigma_u^2} ; \quad t \neq s \tag{17.14}$$

이 상관계수에 대하여 두 가지 점을 지적할 수 있다. 첫째, 2개의 시간이 아무리 떨어져 있다 하더라도 어떤 횡단면 단위에도 이는 동일하게 유지된다. 둘째, ρ는 모든 횡단면 단위들에 대하여 동일하게 유지된다.

만일 ρ를 고려하지 않는다면, 확률효과모형의 OLS 추정량들은 비효율적이다. 따라서 일반화된 최소제곱법(GLS)을 효율적 추정을 위하여 사용해야 한다. Stata 같은 소프트웨어는 강건한 또는 패널–조정된 표준오차를 계산할 수 있다.

확률효과모형 추정 결과를 살펴보기 전에, 자선 예의 경우 지적될 수 있는 것은 고정효과모형(더미변수, 내부 또는 1계 차분 버전)과 달리 확률효과모형 안에서는 성별, 지리적 위치, 또는 종교 같은 시간–불변 변수를 포함할 수 있으며, 그것들은 고정효과모형에서처럼 제거되지 않는다.

우리의 설명 예로 돌아가서, 확률효과모형의 표 17.6를 얻는다.

고정효과모형과 같이, DEPS와 MS의 추정계수는 비록 개별적으로 통계적으로 유의하지 않더라도 기대했던 부호를 가진다. 효과 세부사항 표에서, $\sigma_u^2 = (0.9309)^2 = 0.8665$와 $\sigma_\varepsilon^2 = (0.6771)^2 = 0.4584$임을 알 수 있다. 그러면 우리는 식 (17.14)에서 상관계수 값 $\rho = 0.4585/1.3251 = 0.3460$을 얻는다. 이 상관계수는 횡단면 단위의 2개의 서로 다른 시간에서, 그리고 모든 횡단면 단위에서 동일하게 유지된다. 이 ρ값은 반올림 오차 때문에 표 17.6에서 보여주는 것과 약간 다르다.

17.8 고정효과모형 대 확률효과모형

표 17.3의 고정효과 추정 결과를 표 17.6의 확률효과 추정과 비교한 경우, 둘 사이에 큰 차이가 있음을 발견하게 된다. 그렇다면 주어진 예에서 어떤 모형이 나은가? 고정효과 또는 확률효과?

이 질문에 대한 대답은 횡단면 특정 오차요인 ε_i와 X 설명변수 간의 상관관계에 대한 가정에 따라 달라진다. 만일 ε_i와 설명변수가 서로 상관관계가 없으면, 확률효과모형이 적당하며, 만일 그들이 상관관계가 있으면, 고정효과모형이 적당할 것이다. 또한 앞의 경우 우리는 더 작은 모수를 추정해도 된다. 그렇다면 주어진 상황에서 어떤 것이 적당한 모형인지를 어떻게

표 17.6 화이트 표준오차를 포함한 자선함수 확률효과모형

Dependent Variable: CHARITY
Method: Panel EGLS (Cross-section random effects)
Sample: 1 10
Periods included: 10
Cross-sections included: 47
Total panel (balanced) observations: 470
Swamy and Arora estimator of component variances
White period standard errors & covariance (d.f. corrected)

	Coefficient	Std. Error	t-Statistic	Prob.
C	−2.370567	1.386444	−1.709817	0.0880
AGE	0.277063	0.127176	2.178577	0.0299
INCOME	0.852996	0.126574	6.739099	0.0000
PRICE	0.370199	0.140054	2.643253	0.0085
DEPS	−0.036254	0.064181	−0.564874	0.5724
MS	0.199669	0.472666	0.422432	0.6729

Effects Specification

	S.D.	Rho
Cross-section random	0.930938	0.6540
Idiosyncratic random	0.677163	0.3460

Weighted Statistics

R-squared	0.132701	Mean dependent var	1.474396
Adjusted R-squared	0.123355	S.D. dependent var	0.731733
S.E. of regression	0.685116	Sum squared resid	217.7944
F-statistic	14.19881	Durbin–Watson stat	1.094039
Prob(F-statistic)	0.000000		

Unweighted Statistics

R-squared	0.136789	Mean dependent var	6.577150
Sum squared resid	698.6427	Durbin–Watson stat	0.341055

판단할 수 있을까?

이 질문에 대답하기 위하여 Stata 또는 Eviews 같은 패키지에 장착된 하우스만에 의해 고안된 검정이 사용 가능하다. 하우스만 검정의 귀무가설은 고정효과모형과 확률효과모형은 매우 다르지 않다는 것이다. 그의 검정 통계량은 점근적으로(즉, 대표본) χ^2-분포를 가지며 모형 내 설명변수의 수를 자유도로 갖는다. 일반적인 경우에서와 마찬가지로, 만일 주어진 자유도와 유의 수준에 대하여 계산된 χ^2값이 임계 χ^2값을 초과하면, 우리는 확률효과모형이 적당하지 않다고 결론을 내릴 수 있는데 이는 확률 오차항 ε_i가 거의 하나 또는 그 이상의 설명변수와 상관된 경우이기 때문이다. 이 경우 고정효과모형이 확률효과모형보다 선호된다.

우리의 예의 경우, 하우스만 검정의 결과는 표 17.7에 주어져 있다. 하우스만 검정 결과는 강하게 확률효과모형을 기각하며, 추정된 χ^2-통계량에 대한 p값은 매우 낮다. 이 표의 끝부분에서 각 변수의 고정효과와 확률효과 계수를 비교하여 나타내었다. 표의 마지막 확률 열에서

표 17.7 하우스만 검정의 결과

Correlated Random Effects – Hausman Test
Equation: Untitled
Test cross-section random effects

Test Summary	Chi-Sq. Statistic	Chi-Sq. d.f.	Prob.
Cross-section random	15.964273	5	0.0069

Cross-section random effects test comparisons:

Variable	Fixed	Random	Var(Diff.)	Prob.
AGE	0.102249	0.277063	0.003539	0.0033
INCOME	0.838810	0.852996	0.000830	0.6224
PRICE	0.366080	0.370199	0.000087	0.6595
DEPS	−0.086352	−0.036254	0.000487	0.0232
MS	0.199833	0.199669	0.016167	0.9990

보는 바와 같이, 나이와 DEPS 계수 차이는 통계적으로 매우 유의하다. 기본적으로 하우스만 검정은 $(b_{RE} - b_{FE})^2$, 즉 확률효과모형과 고정효과모형으로부터 추정된 회귀분석 계수의 제곱 차이를 검사한다.

확률효과모형은 현재 예에서 적당하지 않으므로 우리는 고정효과모형을 선택한다. 확률효과모형을 유지하는 또 다른 대안은 그러나 개별 효과를 위하여 모형 내의 다른 설명변수와 상관된 도구변수(IV)를 사용하는 것이다. 비록 IV 방법을 제19장에서 좀 더 자세히 다룰 예정이지만, 패널자료에서 도구변수의 사용은 복잡한 문제이며 이 책에서는 논의하지 않는다. 그러나 하우스만-테일러(Hausman-Taylor) 추정량과 아렐라노-본드(Arellano-Bond) 추정량은 확률효과모형을 추정하기 위하여 도구변수 추정을 사용한다. 이러한 추정량들을 위하여 접근 가능한 논의를 보려면 참고문헌을 확인하라.[12]

확률효과모형(REM) 및 고정효과모형(FEM)에 대한 가이드라인

여기에 두 가지 모형이 실제 응용에서 적당한지의 판단에 대한 몇 가지 일반적인 가이드라인이 있다.[13]

1. 만일 T(시계열 관측치 수)가 크고 N(횡단면 단위 수)이 작으면, 추정된 고정효과모형과 확률효과모형의 모수값에서는 거의 차이가 없다. 이 경우 선택은 계산의 편의성에 따라 고

---

12 Gary Koop, *Introduction to Econometrics*, John Wiley & Sons, Chichester, England, 2008, pp 267-8을 참조하라. 좀 더 고급의 논의를 위해서는 Cameron/Trivedi op cit., pp. 765-6을 참조하라.

13 G. G. Judge, R. C. Hill, W. E. Grffiths, H. Lutkepohl and T. C. Lee, *Introduction to the Theory and Practice of Econometrics*, 2nd edn, John Wiley & Sons, New York, 1985, pp. 489-91을 참조하라.

정효과모형이 선호된다.

2. 짧은 패널(N이 크고 T가 작은)에서는 두 가지 모형의 추정 차이는 매우 클 수 있다. 상기하면 확률효과모형 $B_{1i} = B_1 + \varepsilon_i$이며, 여기서 ε_i는 횡단면 확률 요인이다. 반면 여기서 고정효과모형 B_{1i}는 고정으로 간주된다. 후자의 경우, 통계적 검정은 표본 내 관측된 횡단면 단위의 조건부이다. 이것은 만일 횡단면 단위 표본이 대표본으로부터의 확률추출이 아니라고 강하게 믿는다면 유효하다. 이 경우 고정효과모형이 적당하다. 만일 그렇지 않다면, 확률효과모형이 적당한데 이 경우에 통계검정이 비조건부이기 때문이다.

3. 만일 N이 크고 T가 작으며 확률효과모형이 전제하는 가정이 성립한다면, 확률효과모형 추정량이 고정효과모형보다 효율적이다.

4. 고정효과모형과 달리, 확률효과모형의 경우 성별이나 인종 같은 시간-불변 변수에 대한 계수를 추정할 수 있다. 고정효과모형은 이러한 시간-불변 변수를 통제하나, LSDV 또는 WG 추정모형에서 명확하게 보여주는 바와 같이 이들을 직접 추정할 수는 없다. 한편 고정효과모형은 모든 시간-불변 변수를 통제하는 반면, 확률효과모형은 모형 내에 명시적으로 도입된 시간-불변 변수를 추정할 수 있다.

17.9 여러 추정량의 성질[14]

이 장에서는 (선형) 패널 회귀분석모형을 추정하는 결합 추정량, 고정효과 추정량(LSDV 및 그룹 내부 추정량), 그리고 확률효과 등 몇 가지 방법에 대하여 논의하였다. 그들의 통계적 성질은 어떠한가? 우리는 일치성에 집중하기로 한다. 왜냐하면 패널자료는 대개 다수의 관측치를 포함하기 때문이다.

결합 추정량 : 만일 기울기 계수가 단위를 중심으로 상수이며 식 (17.1)의 오차항이 설명변수와 상관관계가 없으면, 결합 추정량은 일치성을 갖는다. 그러나 주어진 단위의 시계열 상에서 오차항이 상관관계를 가질 가능성이 높으므로 가설검정에 패널-조정 표준오차를 사용해야 한다. 그렇지 않은 경우 통상 계산되는 표준오차는 과소추정된다.

만일 고정효과모형이 적당한데 결합모형을 사용한다면, 우리가 자선 예에서 확인한 바와 같이 추정계수는 일치성을 갖지 않는다.

고정효과 추정량 : 만일 기반한 모형이 결합 또는 확률효과이더라도, 고정효과 추정량은 항상 일치성을 갖는다.

확률효과 추정량 : 만일 진짜 모형이 결합이더라도 확률효과모형은 일치성을 갖는다. 그러나 만일 진짜 모형이 고정효과라면, 확률효과 추정량은 일치성을 갖지 않는다.

---

14 다음의 논의는 Cameron/Trivedi, *op cit.*, Chapter 21에 따른다.

17.10 패널자료 회귀 : 몇 가지 마무리 제언

처음에 언급한 대로 패널자료 모형의 주제는 광대하고 복잡하며 우리는 거의 변죽을 울렸을 뿐이다. 주제 중에서 우리가 길게 논의하지 못한 주제로는 아래가 있다.

1. 패널자료에서의 가설검정
2. ECM에서의 이분산과 자기상관
3. 불균형 패널자료
4. 설명변수의 시차 값이 우변항에 나타나는 동태 패널자료 모형
5. 연립방정식 포함 패널자료
6. 질적 종속변수 및 패널자료
7. 패널자료의 단위근 문제(단위근에 대해서는 제13장을 참조하라.)

이러한 주제의 하나 또는 그 이상에 대하여 이 장에서 인용한 참고문헌에서 찾을 수 있으며 독자는 이 주제에 관해서 더 배우기 위해서 참고하길 권장한다. 이러한 참고문헌들은 또한 패널자료 회귀분석모형을 사용한 비즈니스와 경제 영역의 몇 가지 실증연구를 인용하고 있다. 초심자는 이러한 응용사례들을 연구자들이 실질적으로 이런 모형들을 어떻게 적용하는지를 알기 위해서 읽기를 권한다.[15]

17.11 요약 및 결론

패널자료 회귀분석모형은 동일한 횡단면에 대한 관측치, 또는 몇 개의 시계열 기간에 대한 개인, 단위들 패널자료에 기초하고 있다.

패널자료는 순수한 횡단면 또는 순수한 시계열 자료에 비하여 몇 가지 장점을 가지고 있다. 이는 다음을 포함한다. (a) 표본크기의 증가, (b) 시계열의 흐름에 따른 횡단면 단위의 동태적 변화 연구, (c) 시간–불변 변수를 포함하는 연구 등 좀 더 복잡한 행태 모형의 연구.

그러나 패널 모형은 이분산, 자기상관, 그리고 동일한 시간에서 횡단면 단위들의 교차상관과 같은 몇 가지 추정 및 추론 문제를 가지고 있다.

이런 한 가지 또는 그 이상의 문제들을 다루기 위하여 자주 사용되는두 가지 방법은 고정효과모형(FEM)과 오차요인모형(ECM)으로도 알려진 확률효과모형(REM)이다.

고정효과모형에서 개인 단위의 고유의 특성을 반영하기 위하여 각 개인을 차별화하도록 절편 회귀분석모형이 허용된다. 이것은 더미변수 함정을 조심하기만 하면 더미변수를 사용하여 가능하다. 더미변수를 사용한 고정효과모형은 최소제곱 더미변수 모형(LSDV)으로도 알려져

---

15 좀 더 상세한 논의와 구체적인 응용에 대해서는 Paul D. Allison, *Fixed Effects Regression Methods for Longitudinal Data, Using SAS*, SAS Institute, Cary, North Carolina, 2005를 참조하라.

있다. 개인별 특정 절편이 하나 또는 그 이상의 설명변수와 상관되어 있을 때 고정효과모형이 적절하다. LSDV의 한 가지 단점은 N(횡단면 단위의 수)이 매우 클 때 너무 많은 자유도를 소비하는 것이다.

LSDV의 한 가지 대안은 내부 그룹(WG) 추정량을 사용하는 것이다. 여기서 우리는 설명변수와 종속변수의 (그룹) 평균값을 개별 값으로부터 차감하며 평균−조정 변수에 대하여 회귀분석을 수행한다. 비록 이 방법이 자유도에서 경제적이지만, 평균−조정 변수는 시간−불변 변수(성별과 인종 같은)를 모형으로부터 소거한다.

고정효과모형의 대안은 확률효과모형이다. 확률효과모형에서는 각 개인 단위의 절편값은 매우 큰 모표본으로부터 온 평균을 가진 상수로 가정한다. 개인별 절편은 그러면 고정 평균값으로부터의 차이로 나타낸다. 확률효과모형은 추정되는 모수의 숫자 기준에서 고정효과모형보다 경제적이다. 각 횡단면 단위가 설명변수와 상관관계가 없을 때 확률효과모형인 상황이 적당하다. 확률효과모형의 또 다른 이점은 시간−불변 회귀변수를 도입할 수 있다는 점이다. 이는 고정효과모형에서는 불가능한데, 왜냐하면 모든 그러한 변수는 단위 특정의 절편과 선형관계에 있기 때문이다.

하우스만 검정은 고정효과모형과 ECM 중 하나를 결정하기 위하여 사용된다.

패널자료 모형에서 유념해야 할 몇 가지 특정 문제가 있다. 가장 심각한 문제는 얇아지는 문제로서, 하나 또는 그 이상의 이유로 인하여 패널의 구성요인이 시간적으로 연계되는 조사에서도 누락되어 횡단면이 더 작은 패널에 남게 되는 문제이다. 이 역시 시간상 단위 대상에 대한 몇 가지 질문에 대하여 대답하는 것을 내켜 하지 않거나 거절하기 때문에 발생한다.

연습문제

17.1 표 17.8은 자선 예의 LSDV 추정 결과를 보여준다. 만일 표 17.1의 원자료를 검토한다면, 당신은 의미 있는 절편의 개인에 대한 패턴을 찾아낼 수 있는가? 예를 들어, 기혼자는 독신자보다 더 많이 기부하는가?

표 17.8 주체 특정 더미를 이용한 자선기부의 패널 추정

Dependent Variable: CHARITY
Method: Least Squares
Sample: 1 470
Included Observations: 470

	Coefficient	Std. Error	t-Statistic	Prob.
AGE	0.102249	0.208039	0.491490	0.6233
INCOME	0.838810	0.111267	7.538725	0.0000
PRICE	0.366080	0.124294	2.945265	0.0034

표 17.8 (계속)

DEPS	−0.086352	0.053483	−1.614589	0.1072
MS	0.199833	0.263890	0.757257	0.4493
SUBJECT=1	−3.117892	1.139684	−2.735752	0.0065
SUBJECT=2	−1.050448	1.148329	−0.914762	0.3608
SUBJECT=3	−1.850682	1.175580	−1.574272	0.1162
SUBJECT=4	−1.236490	1.146758	−1.078248	0.2815
SUBJECT=5	−1.437895	1.157017	−1.242761	0.2147
SUBJECT=6	−2.361517	1.176887	−2.006580	0.0454
SUBJECT=7	−4.285028	1.153985	−3.713244	0.0002
SUBJECT=8	−1.609123	1.120802	−1.435689	0.1518
SUBJECT=9	−0.027387	1.242987	−0.022033	0.9824
SUBJECT=10	−1.635314	1.086465	−1.505170	0.1330
SUBJECT=11	−2.262786	1.159433	−1.951632	0.0516
SUBJECT=12	−1.042393	1.189056	−0.876656	0.3812
SUBJECT=13	−2.382995	1.100684	−2.165013	0.0310
SUBJECT=14	−2.231704	1.201993	−1.856669	0.0641
SUBJECT=15	−0.776181	1.113080	−0.697328	0.4860
SUBJECT=16	−4.015718	1.178395	−3.407788	0.0007
SUBJECT=17	−1.529687	1.172385	−1.304765	0.1927
SUBJECT=18	−1.921740	1.178960	−1.630029	0.1038
SUBJECT=19	−1.643515	1.207427	−1.361170	0.1742
SUBJECT=20	0.304418	1.159808	0.262473	0.7931
SUBJECT=21	−2.990338	1.101186	−2.715562	0.0069
SUBJECT=22	−2.719506	1.161885	−2.340599	0.0197
SUBJECT=23	−2.261796	1.144438	−1.976338	0.0488
SUBJECT=24	−1.843015	1.163838	−1.583568	0.1140
SUBJECT=25	−1.665241	1.166410	−1.427664	0.1541
SUBJECT=26	−3.446773	1.139505	−3.024799	0.0026
SUBJECT=27	−2.252749	1.172809	−1.920816	0.0554
SUBJECT=28	−1.832946	1.227824	−1.492841	0.1362
SUBJECT=29	−2.925355	1.095088	−2.671344	0.0078
SUBJECT=30	−1.428511	1.140020	−1.253058	0.2109
SUBJECT=31	−1.740051	1.133678	−1.534872	0.1256
SUBJECT=32	−0.900668	1.107655	−0.813130	0.4166
SUBJECT=33	−2.058213	1.157546	−1.778083	0.0761
SUBJECT=34	−1.060122	1.114322	−0.951360	0.3420
SUBJECT=35	−2.866338	1.146888	−2.499232	0.0128
SUBJECT=36	−0.986984	1.174292	−0.840493	0.4011

표 17.8 (계속)

SUBJECT=37	−1.394347	1.188862	−1.172841	0.2415
SUBJECT=38	−5.404498	1.132293	−4.773054	0.0000
SUBJECT=39	−3.190405	1.140833	−2.796558	0.0054
SUBJECT=40	−2.838580	1.179427	−2.406745	0.0165
SUBJECT=41	−2.398767	1.180879	−2.031340	0.0429
SUBJECT=42	−2.068558	1.085109	−1.906314	0.0573
SUBJECT=43	−2.434273	1.152611	−2.111964	0.0353
SUBJECT=44	−2.530733	1.189329	−2.127867	0.0339
SUBJECT=45	−0.481507	1.200597	−0.401056	0.6886
SUBJECT=46	−3.304275	1.132833	−2.916826	0.0037
SUBJECT=47	−3.089969	1.221833	−2.528962	0.0118

R-squared	0.763177	Mean dependent var	6.577150
Adjusted R-squared	0.734282	S.D. dependent var	1.313659
S.E. of regression	0.677163	Akaike info criterion	2.162215
Sum squared resid	191.6735	Schwarz criterion	2.621666
Log likelihood	−456.1204	Durbin–Watson stat	1.430014

주 : 이 표의 더미변수 계수는 차이를 나타내는 절편더미가 아니라 각 개인에 대한 실제 절편더미이다. 이것은 더미변수 함정을 피하기 위해 공통절편을 줄였기 때문이다.

17.2 LSDV 모형을 시간 더미를 포함하여 확장한 후 결과에 대하여 언급하라.

17.3 생산성 감소 사유와 생산성 증가에 있어 공적 투자의 역할을 찾아내기 위해 Alicia Munnell은 미국 48개 대륙 소속 주와 1970년에서 1986년까지 17년과 모두 816개의 관측치를 연구하였다.[16] 종속변수는 GSP(총주내생산)이며, 설명변수로는 PRIVCAP(민간자본), PUBCAP(공적자본), WATER(수자원자본), UNEMP(실업률)이다. 자료는 도우미 웹사이트의 **표 17.9**에 있다.

(a) GSP와 설명변수의 관계를 OLS로 추정하라.

(b) 47개의 더미를 이용하여 고정효과 회귀분석을 추정하라.

(c) 확률효과 회귀분석을 추정하라.

(d) 어떤 모형이 선호되는지 설명하라.

(e) 고정효과와 확률효과 중 어떤 모형을 선택하겠는가? 결정하는 데 어떤 검정법을 사용하겠는가?

17.4 Maddala 등은 그들의 논문에서 주거용 전기와 천연가스 수요를 미국 내 49개 주의

---

16 Munnell, A., with assistance of Cook, L. M. (1990) How does public infrastructure affect regional performance?, *New England Economic Review*, September/October, 11-32.

1970~1990년 기간에 대해 연구하였다. 하와이는 이 분석에서 제외되었다.[17] 그들은 몇 개의 변수들을 수집하였는데, 이들은 도우미 웹사이트 **표 17.10**에 있다.

(a) 주거용 전기 수요에 대한 고정효과 모형을 자료표에 있는 여러 변수를 이용하여 모형을 제시하라.

(b) (a)의 설명변수를 이용하여 주거용 전기 수요의 확률효과 모형을 개발하라.

(c) FEM과 REM을 Hausman 검정을 이용, 결정하라.

(d) 천연가스에 대한 수요 모형을 (a), (b), (c)와 같이 개발하라.

17.5 도우미 웹사이트의 **표 17.11**은 미국 50개 주와 워싱턴 DC에 대한 1985~2000년간의 다음 자료를 제시하고 있다.[18]

맥주 판매량, 주 내 소득에 따른 맥주 판매량, 맥주세, 주의 맥주세율

주 : 각 주는 연방 숫자코드를 가지고 있으며, *fts_state*로 표시되어 있다(=51 × 16).

(a) 소득과 맥주세에 대한 맥주 판매의 OLS 추정을 하라.

(b) 고정효과 모형(FE)을 추정하라.

(c) 확률효과 모형(RE)을 추정하라.

(d) FE와 RE 모형을 결정하기 위한 Hausman 검정을 하라.

(e) 세 변수의 로그변환치를 이용하여 앞 단계 추정을 반복하라.

(f) 맥주 판매에 대한 맥주세의 기대효과는 무엇인가? 추정 결과는 여러분의 예측에 부합하는가?

(g) 소득은 맥주 소비에 양(+) 또는 음(−) 효과 중 어느 것이 예측되는가? 만일 음(−) 이라면 무엇을 의미하는가?

17.6 앞서 인용된 Frees 책의 웹사이트에서 당신이 선호하는 패널 자료를 얻어 이번 장에서 논의된 다양한 패널 추정방법을 이용하여 추정하라.

---

17 Maddala, G. S., Trost, R. P., Li, H., and Joutz, J. (1997) Estimation of short-run and long-run elasticities of demand from panel data using shrinkage estimators, *Journal of Business and Economic Statistics*, 15(1), 90–100.

18 원데이터는 Cook, P., *Paying the Tab: The Costs and Benefits of Alcohol Control*, Princeton University Press, Princeton, New Jersey, 2007, 그리고 Murray, M. P., Econometrics : A Modern Introduction, Pearson/Addison-Wesley, 2006의 웹사이트에서 찾을 수 있다.

18 생존분석

이 장에서는 다음과 같이 여러 가지 명칭으로 부르는 통계적 기법을 논의한다—듀레이션 분석 (예 : 일개인의 고용시간의 길이 또는 노사쟁의의 기간), 사건이력분석(예 : 결혼 같은 개인 생애사건의 장기간 기록), 신뢰성 또는 실패 시간분석(예 : 전구가 꺼지기 전 얼마나 오래 유지되는가), 전이분석(결혼에서 이혼같이 어떤 질적인 상태로부터 다른 상태로의 이동), 위험률 분석 (예 : 사건 발생의 조건부 확률), 또는 생존분석(예 : 유방암 발생 후 사망까지의 시간). 서술적 편의를 위하여, 이러한 모든 항목들에 대하여 포괄적으로 생존분석(SA)이라 통칭하고자 한다.

생존분석의 일차적 목표는 다음과 같다. (1) 생존 자료로부터 생존 또는 위험 함수를 (곧 논의하는 방식으로) 추정하고 해석하는 것, (2) 설명변수가 생존시간에 미치는 영향을 평가하는 것.

생존분석의 주제는 광대하며 수학적으로 복잡하다. 이 장에서 우리의 목표는 이 주제에 대한 개관을 제공하고 설명하는 것이다. 이 주제에 대하여 더 배우기를 원하는 독자들은 참고문헌을 읽을 것을 권장한다.[1]

18.1 설명 예 : 재범기간 모형

이 주제를 시작하기 위하여 먼저 구체적인 예를 들기로 한다. 그 사례는 1,445명 출소자의 임의 표본인데 1977년 7월과 1978년 6월 사이에 석방되어 교도소로 다시 돌아오기까지의 시간(듀레이션)과 연관된다.[2] 이 자료는 1984년 4월에 기록들을 역으로 검토하여 얻어졌다. 여

---

1 D. Hosmer and S. Lemeshow, *Applied Survival Analysis*, John Wiley & Sons, New York, 1999; David G. Kleinbaum, *Survival Analysis: A Self-Learning Text*, Springer-Verlag, New York, 1996; Daniel A. Powers and Yu Xie, *Statistical Methods for Categorical Data Analysis*, 2nd edn, Emerald Group Publishing, UK, 2008, Chapter 6; M. Cleves, W. M. Gould and R. G. Gutierrez, *An Introduction to Survival Analysis using Stata*, Stata Press, College Station, Texas, 2002; Jeffrey Wooldridge, *Econometric Analysis of Cross Section and Panel Data*, MIT Press, MA, 2002, Chapter 20을 참조하라.

2 이 자료는 C. F. Chung, P. Schmidt and A. D. Witte, Survival analysis : a survey, *Journal of Quantitative Criminology*, vol. 7, 1991, pp. 59-98에 있는 것이며 Wooldridge, *op cit.*에서 재인용되었다. 이것은 http://www.stata.com/data/jwooldridge/eacsap/recid.dta에서 다운로드할 수 있다.

기서 서로 다른 출발시점의 속성으로 인하여 상실되는 시간은 70개월에서 81개월까지이다.

분석에 사용된 변수는 다음과 같이 정의된다.

Black = 1, 흑인인 경우

Alcohol = 1, 음주 문제가 있는 경우

Drugs = 1, 약물 전과가 있는 경우

Super = 1, 보호관찰 석방인 경우

Married = 1, 교도소 결혼인 경우

Felon = 1, 중형 선고인 경우

Workprg = 1, 징역형인 경우

Property = 1, 재산 범죄인 경우

Person = 1, 형사범죄인 경우

Priors = 전과 횟수

Educ = 교육 연한

Rules = 교도소 규칙위반 횟수

Age = 월표시 나이

Tserved = 월표시 복역기간

Follow = 월표시 기간 추적기간

Durat = 재체포까지의 최대 시간

Cens = 1, 듀레이션이 우측 절단인 경우

이 연구의 관심 변수는 Durat이며 석방된 범죄자가 재범으로 다시 수감되기까지의 최대 시간이다. 여기서 비록 Durat이 변수 간 다중공선성 문제 때문에 모든 변수들을 포함할 수는 없더라도 공변량(covariates)이라는 설명변수와 관련이 있는지를 분석하고자 한다. 도우미 웹사이트에 수록된 **표 18.1**을 참조하라.

이런 물음에 답하기 전에, 생존분석에 쓰이는 몇 가지 용어를 아는 것이 필수적이다.

18.2 생존분석 용어

사건 : "사건은 어떤 시간의 점에서 일어나며 상대적으로 분명하게 선행 및 후행하는 것과의 차이로 구분되어 있는 어떤 질적인 변화이다."[3] 명백한 예는 죽음이다. 덜 명백하지만 그럼에도 불구하고 중요한 사건들은 직업의 변화, 승진, 해고, 은퇴, 기소와 구금, 요양원 또는 호스피스 시설 입소 등이다.

---

3 Paul D. Allison, *Event History Analysis: Regression for Longitudinal Event Data*, A Sage University Paper, Sage Publications, California, 1984, p. 9.

듀레이션 기간 : 이것은 사건이 일어나기 전의 시간의 길이인데 다음과 같은 시간, 즉 실업자가 재고용되기까지의 시간, 또는 이혼 후 재혼하기까지의 시간, 또는 출산 사이의 시간, 또는 석방된 죄수가 재수감되기까지의 시간을 의미한다.

이산시간분석 : 어떤 사건들은 단지 이산 시계열로만 일어난다. 예를 들면, 미국의 대통령 선거는 4년마다 이루어지며 인구조사는 10년마다 이루어진다. 미국에서 실업률은 매월 공표된다. 이산시간을 가진 이산 사건들을 다루기 위한 별도의 기법이 존재한다.

연속시간분석 : 이산 시계열 분석과 반대로, 연속 시계열 SA 분석은 시간을 연속으로 다룬다. 이것은 종종 수학적 또는 통계학적 편의를 위한 것인데, 연속시간으로 관측되는 사건은 거의 없다. 주 단위 실업수당 신청과 같이 몇몇의 경우에 작은 구간(윈도우)으로 관측되는 사건들이 있기는 하다. 연속 시계열을 다루기 위하여 사용되는 통계적 기법은 이산 시계열 SA에서 사용되는 것과는 다르다. 그러나 주어진 상황에 어떤 접근이 적합한지에 대한 분명하고 용이한 규칙은 없다.

시간의 누적분포함수(CDF) : 어떤 사람이 입원하였고 그 또는 그녀가 퇴원하기까지의 시간(일 또는 주로 측정된)을 T라고 하자. 만일 우리가 T를 연속변수로 취급하면 T의 분포는 CDF에 의해 주어진다.

$$F(t) = \Pr(T \leq t) \tag{18.1}$$

이것은 그 사건(퇴원)이 듀레이션 t를 가지고 일어날 확률이다. 만일 $F(t)$가 미분 가능하다면, 이것의 밀도함수는 다음과 같이 나타낼 수 있다.

$$f(t) = \frac{dF(t)}{dt} = F'(t) \tag{18.2}$$

생존함수 $S(t)$: 지난 시간 t 전에 생존할 확률로서, 다음과 같이 정의한다.

$$S(t) = 1 - F(t) = \Pr(T > t) \tag{18.3}$$

위험함수 : 다음의 함수를 고려하자.

$$h(t) = \lim_{h \to 0} \frac{\Pr(t \leq T \leq t + h \mid T \geq t)}{h} \tag{18.4}$$

여기서 이 함수의 분자 표기는 시간 t까지 남아 있다는 전제하에 (시간) 구간 $\{t, t + h\}$ 안에 초기상태를 벗어날(예 : 입원 상태) 조건부 확률이다. 식 (18.4)는 위험함수로 알려져 있다. 이는 시간 단위당 즉시 초기상태를 벗어나는 비율을 제시한다.

이제 조건부 확률의 정의에 의하면 다음과 같다.

$$\Pr(t \le T \le t+h \mid T \ge t) = \frac{\Pr(t \le T \le t+h)}{\Pr(T \ge t)}$$
$$= \frac{F(t+h) - F(t)}{1 - F(t)} \qquad (18.5)$$

왜냐하면

$$\lim_{h \to 0} \frac{F(t+h) - F(t)}{h} = F'(t) = f(t) \qquad (18.6)$$

이기 때문에 다음과 같이 쓸 수 있다.

$$h(t) = \frac{f(t)}{1 - F(t)} = \frac{f(t)}{S(t)} \qquad (18.7)$$

간단히 말해, 위험함수는 확률변수에 대하여 확률밀도함수의 생존함수에 대한 비율을 나타낸다. 간단히 서술하면, 이것은 어떤 사람이 시간 t에 실패하는 확률을 제시하는데, 그들이 그때까지 살아 남았을 때, 실패는 이미 서술한 내용으로 이해된다. 한편 식 (18.7)은 또한 위험률(hazard rate) 함수로도 알려져 있는데 우리는 '위험함수'와 '위험률함수'의 용어를 혼용할 것이다.

식 (18.7)은 중요한 관계인데, 왜냐하면 함수 형태와 관계없이 위험함수 $h(t)$를 선택하면 이 것으로부터 CDF, $F(t)$를 유도할 수 있기 때문이다.

이제 의문은 실제로 어떻게 $f(t)$와 $S(t)$를 선택할 것인가이다. 이 질문에 대해서는 다음 장에서 답할 것이다. 이전에, 우리는 SA와 결부된 몇 가지 특별한 문제들을 고려하는 것이 필요하다.

1. **절단** : SA에서 자주 부딪히는 문제는 자료가 종종 절단된다는 것이다. 시간 t에서 시간 $(t+h)$까지 100명의 실업자를 추적한다고 가정하자. 우리가 고르는 값 h에 따라, 모든 100명이 시간 $(t+h)$에도 아직 실업상태에 있다는 보장은 없다. 그들 중 몇몇은 재취업하거나 노동력 통계에서 빠질 수 있다. 그러므로 우리는 절단된 표본을 갖게 되는 것이다.

   우우리의 표본은 오른쪽에서 절단될 수 있는데 이는 표본시간 $(t+h)$에 실업상태를 벗어날 수 있기 때문이다. 또한 왼쪽에서 절단될 수도 있는데 시간 t 전에 100명 중 얼마나 많은 사람들이 실업상태에 있었는지를 알 수 없기 때문이다. 위험함수 추정에 있어 우리는 이 절단문제를 고려해야 한다. 이는 절단 또는 중단 표본 회귀분석모형을 고려할 때 부딪혔던 유사한 문제와 맞닥뜨리고 있음을 상기하자.

2. **공변량 변수를 갖거나 없는 위험함수(또는 설명변수)** : SA에서 우리의 관심은 단지 위험함수의 추정에만 있지 않고 어떤 설명변수 또는 공변량 변수에 의존하는지를 찾아내는 것에도 있다. 공변량 변수는 우리의 설명 예에서 18.1절에 있다.

   그러나 만일 우리가 공변량을 도입한다면, 우리는 그들이 시간–가변 또는 시간–불변인지를 정의해야 한다. 성별과 종교는 시간–불변 설명변수이지만, 교육, 직무경험 등은 시간–가변이다. 이는 SA 분석을 복잡하게 만든다.

3. 듀레이션 의존성 : 만일 위험함수가 상수가 아니면, 듀레이션 의존성이 존재한다. 만일 $dh(t)/dt > 0$이면, 양의 듀레이션 의존성이 있다. 이 경우 초기상태를 벗어날 확률은 초기상태에 오래 있을수록 증가한다. 예를 들어, 한 사람이 오래 실업상태에 있을수록 양의 듀레이션 의존성이 있을 경우 그 또는 그녀의 실업상태를 벗어날 확률은 증가한다. 만일 음의 듀레이션 의존성이 있는 경우에는 그 반대가 된다. 이 경우 $dh(t)/dt < 0$.

4. 관측되지 않는 이질성 : 아무리 많은 공변량 변수를 우리가 고려하더라도 개인 간에 내생적 이질성이 존재할 수 있으며 우리는 이를 고려해야 한다. 패널자료 회귀분석모형에서 유사한 여건에 있었음을 돌이켜 볼 필요가 있는데, 거기서 우리는 관측되지 않는 이질성을 고정효과모형에서처럼 개인 특정 (절편) 더미를 포함시킴으로써 반영하였다.

이러한 사전 소개를 기초로, 어떻게 생존분석이 이루어지는지를 살펴보기로 하자.

18.3 재범 듀레이션 모형

생존자료를 분석하는 데는 세 가지 기본적인 접근법이 있다. 비모수, 모수, 부분 모수(또는 준모수로 알려짐)이다.[4] 비모수적 접근법에서는 생존시간의 확률분포에 대한 어떤 가정도 하지 않는다. 반면 모수적 접근에서는 어떤 확률분포를 가정한다.

비모수적 접근법은 생명표 분석에서 사용되는데 이는 100년 이상 인간의 사망이력을 기술하기 위하여 이용되어 왔다. 보험과 인구학에서는 분명히 이 생명표에 관심을 가질 수 있으나, 이 주제를 이 장에서 다루지는 않을 것이다.[5] 모수적 접근법은 연속 시계열 자료에서 빈번하게 이용된다.

듀레이션 분석에서 사용되는 몇 가지 모수적 모형이 있다. 이들 각각은 가정된 확률분포에 의존하는데, 가령 지수, 와이불(Weibull), 로그 정규분포, 로지스틱 등이다. 이들은 각각의 확률밀도함수가 알려져 있으므로, 쉽게 상응하는 위험 및 생존 함수를 유도할 수 있다. 이제 이 분포들 중 몇 가지를 선택하여 예제에 응용하기로 한다. 아래에 서술하는 각각의 분포에서 h, 즉 위험률은 하나 또는 그 이상의 공변량 변수에 의하여 설명된다고 가정한다.

그러나 우리가 이 모형들을 고려하기 전에, "왜 우리가 전통적인 정규 선형회귀모형, 곧 Durat을 대상으로 제시된 설명변수에 회귀하지 않는가?"라고 물을 수 있다. 전통적인 회귀분석 방법이 생존분석에서 이용되지 못하는 이유는 "사건이 발생하기까지의 시간분포가 정규분

---

4 Mittelhammer 등에서 언급한 대로, "준모수 모형은 그 자료 추출 과정이 두 가지 요인에 의해 정의되는 경우이다. 하나는 제한된 수의 모수값이 알려지면 완전히 정의되는(이것은 모수 요인이다) 것이고, 반면에 다른 것은 어떤 수의 모수값의 집합에도 완전히 정의되지 않는(비모수적 요인)" 경우이다. Ron C. Mittelhammer, George G. Judge and Douglas J. Miller, *Econometric Foundations*, Cambridge University Press, New York, 2000, p. 15를 참조하라.

5 간단한 생명표 분석에 대한 설명을 보기 위하여 Hosmer and Lemeshow, *op cit.*, pp. 36-9를 참조하라.

포하고 다르기 때문이다. 즉, 그것들은 거의 확실히 대칭이 아니며, 그들은 쌍봉일 수 있고, 선형회귀분석은 이러한 불규칙성에 대하여 강건성을 갖지 못하기 때문이다"[6](연습문제 18.1 참조).

18.4 지수확률분포

위험률 $h(t)$는 상수이며 h와 같다. 우리 예에서, 이것은 재범 확률이 초기상태의 듀레이션 시간에 의존하지 않는다는 것을 의미한다. 상수의 위험은 다음의 CDF와 PDF를 의미한다.

$$F(t) = 1 - e^{-ht} \tag{18.8}$$

$$f(t) = F'(t) = he^{-ht} \tag{18.9}$$

왜냐하면

$$S(t) = 1 - F(t)$$
$$= 1 - [1 - e^{-ht}] = e^{-ht} \tag{18.10}$$

이기 때문에 이것이 생존함수를 부여한다. 그러면 식 (18.7)로부터 다음과 같이 유도된다.

$$h(t) = \frac{f(t)}{S(t)} = \frac{he^{-ht}}{e^{-ht}} = h \tag{18.11}$$

즉, 위험률 함수가 상수 h와 같다(이 경우 시간 첨자가 없다). 이는 지수분포의 기억망실 성질이다.

이제 회귀변수 또는 공변량 변수를 듀레이션 모형에 결부시키는데 이는 이들이 어떻게 위험함수에 영향을 미치는지를 보기 위한 것이다. 위에서 서술된 몇 가지 회귀변수를 이용하여, Stata(version 10)에 기초하여 표 18.2의 결과를 얻는다. 지수분포함수의 추정은 최우법에 의해 수행된다.[7]

결과 해석

결과를 해석하기 전에, **표 18.1**에 표시된 계수는 위험 또는 상대적 위험비율이라는 것을 아는 것이 중요하다.

이 비율은 $e^{regression\ coefficient}$로 표현되는데 이것은 추정 모형의 회귀계수의 지수 표현이다.

이 표는 각 공변량의 위험비율과 그것의 표준오차, 추정된 계수를 표준오차로 나눈 비율인 Z값, 또는 왈드(Wald) 통계량을 제시한다. 이 Z값은 점근적 표준정규분포를 따르며 진짜(또는 모표본) 위험비율이 0이라는 귀무가설을 검정하는 데 사용된다.

---

6 Cleves *et al.*, *op cit.*, p. 2를 참조하라.

7 18.1절에 소개된 모든 변수들을 포함한 것은 아닌데 이는 다중공선성의 문제를 피하기 위한 것이다.

표 18.2 지수분포를 이용한 위험률

Exponential regression — log relative-hazard form
No. of subjects = 1445   Number of obs = 1445
No. of failures = 552
Time at risk = 80013

LR chi2 (8) = 185.13
Log likelihood = −1647.3304   Prob > chi2 = 0.0000

_	Haz. Ratio	Std. Err.	z	P>|z|	[95% Conf. Interval]	
black	1.627119	.1433317	5.53	0.000	1.369107	1.933753
alcohol	1.590821	.1671353	4.42	0.000	1.294769	1.954567
drugs	1.375137	.1345931	3.25	0.001	1.135099	1.665936
felon	.5477735	.0791362	−4.17	0.000	.4126947	.7270649
property	1.52315	.213146	3.01	0.003	1.157784	2.003816
priors	1.097332	.0145236	7.02	0.000	1.069233	1.126171
age	.9962639	.0005034	−7.41	0.000	.9952777	.997251
tserved	1.015066	.0016809	9.03	0.000	1.011777	1.018366

이 Z-통계량에 기초해서, 변수 중 흑인, 알코올, 약물, 중범죄, 전과, 나이 및 복역기간이 개별적으로 통계적으로 매우 유의하다는 것을 알 수 있다. 우도(LR) 통계량 185 역시 매우 유의한데, 이는 전체적인 모형의 적합도가 매우 우수함을 나타낸다. 비선형모형에서 R^2과 동등한 것은 우도비였음에 유의하자.

위험비율의 해석은 다음과 같다.

1. 1보다 큰 어떤 공변량의 위험률은 모든 다른 공변량이 고정으로 주어졌을 때 관심 있는 사건(현재의 예에서 재구속)을 경험할 위험의 증가를 나타낸다. 예에서, 위험률은 약 1.63이므로 이는 흑인 범죄자가 비흑인 범죄자에 비하여 다시 체포될 확률이 약 63%까지 높아짐을 의미한다. 마찬가지로 알코올중독의 문제가 있는 사람은 그렇지 않은 사람보다 약 59%까지 위험률이 높아진다.

2. 1보다 작은 어떤 공변량의 위험률은 관심 있는 사건(현재의 예에서 재구속)을 경험할 위험의 감소를 나타낸다. 따라서 중범자의 계수 약 0.55는 여타의 조건이 일정하다면 중범죄자가 다시 체포될 확률이 다른 경우보다 45% 위험률이 낮음을 의미한다.[8]

3. 1의 위험률은 공변량과 위험 사이에 아무런 관계가 없음을 나타낸다. 따라서 복역기간의 길이는 다시 체포될 위험과 아무 관계가 없다.

독자는 위험률과 오즈비(odds ratio)와의 유사성을 알아둘 필요가 있다. 1의 오즈비와 같이

---

8 중범죄에 대한 처벌은 다른 범죄보다 가혹하므로 한 번 석방된 사람은 다시 가혹한 처벌이 기다리고 있는 교도소로 돌아가길 원하지 않는다.

표 18.3 위험률의 추정계수

Exponential regression — log relative-hazard form
No. of subjects = 1445   Number of obs = 1445
No. of failures = 552
Time at risk = 80013

LR chi2 (8) = 185.13
Log likelihood = −1647.3304   Prob > chi2 = 0.0000

t	Coef.	Std. Err.	z	P>|z|	[95% Conf. Interval]	
black	.4868107	.0880893	5.53	0.000	.314159	.6594625
alcohol	.4642503	.1050623	4.42	0.000	.258332	.6701687
drugs	.3185534	.0978762	3.25	0.001	.1267196	.5103871
felon	−.6018934	.1444689	−4.17	0.000	−.8850472	−.3187395
property	.4207805	.1399377	3.01	0.003	.1465078	.6950533
priors	.0928821	.0132354	7.02	0.000	.0669411	.118823
age	−.0037431	.0005053	−7.41	0.000	−.0047335	−.0027528
tserved	.0149535	.0016559	9.03	0.000	.0117079	.018199
_cons	−4.498082	.1713821	−26.25	0.000	−4.833985	−4.16218

1의 위험률은 아무런 효과가 없다. 위험비율 20은 오즈비율 20과 같이 비교 그룹보다 20배의 위험을 의미한다.

또 위험비율이 낮을수록 시간 t의 생존확률은 높아짐에 유의할 필요가 있다.

위험비율을 추정하는 대신, Stata의 **nohr**(no hazard ratios) 명령어를 통하여 위험비율의 계수를 추정할 수 있다. 그 결과는 표 18.3에 주어져 있다.

이 표의 양의 계수는 증가된 위험을, 음의 계수는 감소된 위험을 나타낸다. 따라서 흑인에 대한 약 0.49의 위험계수는 흑인 범죄자의 증가된 재범확률을 나타낸다. 문자 그대로 해석하면, 약 0.49의 계수는 흑인 범죄자이면 로그 변환 위험을 0.49만큼 증가시키는 것을 나타낸다.

표 18.2와 18.3의 결과는 동일하지 않다고 생각할 수 있다. 그러나 실제로는 동일하다. 이를 확인하기 위하여 표 18.3의 0.4868107의 흑인의 계수를 보자. 만일 이 계수의 역로그를 취하면, 1.630165의 위험비율을 얻는데 이는 표 18.2의 것과 거의 같다.

따라서 표 18.2와 18.3의 차이는 결과 그 자체가 아니라 결과를 나타내는 방식의 차이에서 나온 것이다.

18.5 와이불(Weibull) 확률분포

위험비율을 모형화하기 위한 지수확률분포의 가장 큰 단점은 상수의 위험비율을 가정하고 있다는 것이며 그 비율은 시간과 독립적이라는 것이다. 그러나 만일 $h(t)$가 상수가 아니라면, 우리는 듀레이션 종속의 상황에 부딪히게 된다. 위험비율이 듀레이션과 같이 증대되면 양의 듀

레이션 종속을, 만일 이 위험비율이 듀레이션과 같이 감소하면 음의 듀레이션 종속을 의미한
다. 양의 듀레이션 종속에서 실업과 같은 초기상태를 벗어날 확률은 다른 것들이 변화가 없다
면 그 상태에 오래 있을수록 증가한다.

듀레이션 의존성을 반영한 확률분포 중 한 가지는 와이불 확률분포이다. 이 분포에서는 다
음을 보일 수 있다.

$$h(t) = \gamma \alpha t^{\alpha-1}; \quad \alpha > 0, \gamma > 0 \tag{18.12}$$

그리고

$$S(t) = e^{-(ht)^{\alpha}} \tag{18.13}$$

만일 $\alpha = 1$이면, $\gamma = h$인 지수(확률)분포를 얻는다. 만일 $\alpha > 1$이면, 위험비율은 단조증가
하지만, $\alpha < 1$이면 단조감소하게 된다.

와이불 분포로 우리 예를 추정하면 표 18.4의 결과를 얻는다. 이 표에서 p는 1보다 작으며
통계적으로 유의하므로 주당 약 21%씩 시간이 증가함에 따라 재범 위험이 감소(음의 듀레이
션 의존성)했음을 나타낸다.

이는 비록 이 표에 나타난 위험비율이 표 18.2의 것과 많이 다르지 않지만 지수분포에 기초
한 재범 추정 결과에 의문을 제기하게 한다. 와이불 분포의 로그 우도비 −1,630이 지수분포
에 기초한 로그 우도비 −1,647에 비해 덜 음수이며, 따라서 와이불 분포가 더 나은 추정 결

표 18.4 와이불 확률분포로 추정된 위험함수

Weibull regression — log relative-hazard form
No. of subjects = 1445   Number of obs = 1445
No. of failures = 552
Time at risk = 80013

                                LR chi2 (8) = 170.11
Log likelihood = −1630.7151   Prob > chi2 = 0.0000

_t	Haz. Ratio	Std. Err.	z	P>|z|	[95% Conf. Interval]	
black	1.589062	.1400574	5.25	0.000	1.336956	1.888706
alcohol	1.558327	.1636645	4.22	0.000	1.268413	1.914506
drugs	1.357881	.1329336	3.12	0.002	1.120807	1.6451
felon	.5595468	.0806046	−4.03	0.000	.4219082	.7420871
property	1.504077	.2089878	2.94	0.003	1.145507	1.974888
priors	1.094469	.0145957	6.77	0.000	1.066233	1.123453
age	.9964393	.0005006	−7.10	0.000	.9954587	.9974209
tserved	1.014259	.0017029	8.43	0.000	1.010926	1.017602
/ln_p	−.2147974	.0388463	−5.53	0.000	−.2909347	−.13866
p	.8067049	.0313375			.7475645	.8705239
1/p	1.239611	.0481543			1.148733	1.337677

표 18.5 와이불을 이용한 위험률 계수

Weibull regression — log relative-hazard form
No. of subjects = 1445   Number of obs = 1445
No. of failures = 552
Time at risk = 80013

LR chi2 (8) = 170.11
Log likelihood = −1630.7151   Prob > chi2 = 0.0000

_t	Coef.	Std. Err.	z	P>|z|	[95% Conf. Interval]	
black	.4631437	.0881384	5.25	0.000	.2903955	.6358918
alcohol	.4436129	.1050258	4.22	0.000	.2377662	.6494596
drugs	.3059252	.0978978	3.12	0.002	.114049	.4978014
felon	−.5806281	.1440534	−4.03	0.000	−.8629676	−.2982887
property	.4081794	.1389475	2.94	0.003	.1358473	.6805116
priors	.0902693	.0133359	6.77	0.000	.0641314	.1164072
age	−.003567	.0005024	−7.10	0.000	−.0045516	−.0025824
tserved	.0141578	.0016789	8.43	0.000	.0108672	.0174484
_cons	−3.723363	.2112758	−17.62	0.000	−4.137456	−3.30927
/ln_p	−.2147974	.0388463	−5.53	0.000	−.2909347	−.13866
p	.8067049	.0313375	.7475645	.8705239		
1/p	1.239611	.0481543	1.148733	1.337677		

과를 부여한다고 판단된다.

 부수적으로, 만일 여러분이 위험비율보다 계수를 원한다면, 그 결과는 표 18.5에 주어져 있다. 다시 반복해서 말하면, 두 가지 선행하는 표들의 차이는 결과가 표시되는 방법에 있으며 결과 그 자체는 아니다.

18.6 비례위험 모형

생존분석 중 매우 인기 있는 모형의 하나는 비례위험(PH) 모형인데, 이는 처음에 콕스에 의해 제시된 바 있다.[9] PH 모형에서 i번째 개인을 위한 위험비율은 다음과 같이 나타낼 수 있다.

$$h(t \mid X_i) = h_0(t)e^{BX_i} \tag{18.14}$$

 PH에서 위험함수는 두 가지 부분의 곱하기 형태로 구성된다. (1) $h_0(t)$, 듀레이션 시간의 함수인 근본 위험, (2) 설명변수의 함수인 부분(X는 시간과 다른 하나 또는 그 이상의 변수)과 상응하는 모수 B(설명변수의 수에 의존하는 하나 또는 그 이상의 모수).

---

9 D. R. Cox, Regression models and life tables, *Journal of the Royal Statistical Society*, series B, vol. 34, 1972, pp. 187-220.

PH의 커다란 장점은 다음에서 볼 수 있듯이 어떤 개인의 i 및 j로 표시된 위험비율이 공변량 또는 회귀변수에 의존하지만 시간에는 의존하지 않는다는 것이다.

$$\frac{h(t \mid X_i)}{h(t \mid X_j)} = \frac{h_0(t)e^{BX_i}}{h_0(t)e^{BX_j}} = \frac{e^{BX_i}}{e^{BX_j}} = e^{B(X_i - X_j)} \tag{18.15}$$

여기서 설명변수 X_i와 X_j가 시간에 따라 변화하지 않고 상수[10]라고 가정하며, 따라서 공변량들은 시간 독립적이다.

PH 모형이 널리 이용되는 한 가지 이유는 시간이 설명변수에 포함되지 않는 것이며, 이는 위험비율이 모든 개인의 근본 위험비율에 비례하는 데 기인한다. 이는 다음과 같이 나타낼 수 있다.

$$\frac{h(t \mid X_i)}{h_0(t)} = e^{BX_i} \tag{18.16}$$

PH 모형이 인기 있는 또 다른 이유는 근본 위험 함수의 모수를 추정하지 않고 공변량의 모수를 일치성을 가지고 추정할 수 있기 때문이다. 이는 부분 우도의 방법으로 수행될 수 있다. 우리는 이 방법이 복잡하기 때문에 수학적으로 상세하게 다루지는 않을 것이지만 현대적 통계패키지들은 이를 쉽게 수행할 수 있다.

우리의 예로 돌아가서, 우리는 **PH** 모형을 Stata(표 18.6)의 **stcox** 명령어로 추정할 수 있다.

표 18.6 재범에 대한 콕스 PH 추정

Cox regression — Breslow method for ties
No. of subjects = 1445   Number of obs = 1445
No. of failures = 552
Time at risk = 80013

Log likelihood = −3813.6724

LR chi2 (8) = 161.02
Prob > chi2 = 0.0000

_t	Haz. Ratio	Std. Err.	z	P>|z|	[95% Conf. Interval]	
black	1.555061	.1371039	5.01	0.000	1.308279	1.848395
alcohol	1.534183	.1611062	4.08	0.000	1.248796	1.884789
drugs	1.349457	.1321232	3.06	0.002	1.113831	1.634929
felon	.5635607	.0813093	−3.97	0.000	.4247478	.7477394
property	1.520469	.210447	3.03	0.002	1.159213	1.994305
priors	1.092879	.0146367	6.63	0.000	1.064564	1.121946
age	.9965673	.0004983	−6.88	0.000	.9955911	.9975445
tserved	1.013744	.0017088	8.10	0.000	1.0104	1.017098

---

10 이것이 말하는 것은 개인 i가 초기상태를 벗어날 조건부 확률과 개인 j가 초기상태를 벗어날 조건부 확률의 비율은 모든 t에 동일하다고 가정된다.

표 18.7 콕스 PH 모형의 계수

```
failure _d: fail
analysis time _t: durat
Iteration 0: log likelihood = −3813.6724
Cox regression — Breslow method for ties
No. of subjects = 1445                   Number of obs = 1445
No. of failures = 552
Time at risk = 80013
                                         LR chi2 (8) = 161.02
Log likelihood = −3813.6724              Prob > chi2 = 0.0000
```

_t	Coef.	Std. Err.	z	P>|z|	[95% Conf. Interval]	
black	.4415151	.0881662	5.01	0.000	.2687125	.6143177
alcohol	.4279981	.1050111	4.08	0.000	.2221801	.633816
drugs	.2997025	.0979084	3.06	0.002	.1078056	.4915995
felon	−.5734802	.1442779	−3.97	0.000	−.8562596	−.2907008
property	.4190185	.1384093	3.03	0.002	.1477413	.6902958
priors	.0888153	.0133928	6.63	0.000	.0625658	.1150647
age	−.0034386	.0005	−6.88	0.000	−.0044187	−.0024585
tserved	.0136502	.0016856	8.10	0.000	.0103464	.016954

위험비율 대신에 만일 여러분이 회귀분석 계수 추정 결과에 관심이 있다면, 이는 표 18.7에 나와 있다. 콕스(Cox)의 PH 모형은 절편이 없음에 유의하자. 이는 왜냐하면 절편이 근본 위험 $h_0(t)$에 포함되어 있기 때문이다.

먼저의 2개의 표에 보고된 Z-통계량은 계수가 0인 귀무가설을 위한 왈드 통계량이다. 이 귀무가설 하에서, Z는 점근적으로 표준정규분포를 따른다. 표에서 볼 수 있듯이, 개별 회귀분석 계수는 매우 유의하다. 이들 표에 보고된 p값은 귀무가설에 대한 양측 p값이다. 우도비 통계량은 추정 모형의 적합도에 대한 전체적인 평가지표이며 선형회귀모형의 R^2값과 동등한 것이다. 현재 예에서 이 값은 매우 높다.

결과 해석

나이에 대한 위험비율 0.997을 보자(거의 1). 이에 따르면 나이가 1년 늘어나면 재범 확률은 다른 조건이 동일하다면 1% 줄어든다. 흑인에 대한 계수 1.555는 흑인의 재범확률이 다른 사람들에 비해 55.5% 높음을 나타낸다. 다른 계수도 유사한 형태로 해석될 수 있다.

비록 인기 있기는 하지만, 콕스의 PH 모형은 모형의 회귀변수가 시-가변적이면 좀 더 복잡해진다. 따라서 예를 들어, 만일 전과자의 고용상태에 대한 주 단위로 수정된 정보를 갖고 있다면, 우리는 시변 회귀변수를 가진 것이 된다. 우리의 예에서 전 수감자의 모니터된, 말하자면 주 단위 고용정보로 시변 회귀변수를 갖게 된다. 비록 이 문제를 다룰 방법이 있지만, 이 장의 목적이 생존분석에 대한 소개라는 관점에서 이를 다루지는 않는다. 관심 있는 독자들은

참고문헌을 찾아볼 것을 권장한다.[11]

PH 모형의 적정성에 대한 검정들이 추가될 수 있으나, 이들 검정에 대해서도 필요하다면 독자들이 참고문헌을 찾아볼 것을 권장한다. PH 모형에 대한 한 가지 대안은 가속 실패시간 모형(accelerated failure time model, AFT)이다. 다시금, 이에 대해서도 독자들이 참고문헌을 찾아볼 것을 권장한다.

18.7 요약 및 결론

이 장의 일차적인 목표는 독자들에게 생존분석의 기초개념을 소개하는 데 있다. 이 주제에 대한 전문화된 책과 논문이 있기 때문에, SA 모형에 대한 모든 세부사항들을 논의할 필요가 없다.

이 장에서는 세 가지 SA 모형, 즉 지수, 와이불, 비례위험 모형을 논의하였다. 재범에 대한 자료를 이용하여, 이 모형들의 결과들과 어떻게 이를 해석하는지를 보였다. 이 모형들의 가장 간단한 형태는 지수 또는 상수 위험 모형이다. 그러나 이 모형은 와이불 모형의 특수한 경우이다. 여러 분야에서 매우 인기 있는 비례위험 모형은 근본 위험 모형을 추정하지 않고 추정될 수 있다. PH 모형의 한 가지 단점은 공변량이 시간-불변이라고 가정하는 것이다. 그러나 PH 모형은 시간변환 공변량을 포함하도록 확장될 수 있다. 또한 PH 모형의 비례 가정은 명시적으로 검정될 수 있다.

언급한 바와 같이, 모든 위험 모형을 고려한 것은 아니다. 표 18.8에서는 지수 및 와이불 모형의 핵심적인 측면을 우리가 고려하지 않은 로그 정규분포 및 로그 로지스틱 모형과 함께 나타내었다. 그러나 그들은 Stata 같은 패키지의 도움으로 쉽게 추정될 수 있다.

또한 $\alpha = 1$일 때, 와이불 분포는 $\gamma = h$인 지수분포로 간단히 됨을 유의하자.

표 18.8 몇 가지 듀레이션 모형의 핵심 측면

Probability distribution	Hazard function	Survival function
Exponential	$h(t) = h$	$S(t) = e^{-ht}$
Weibull	$h(t) = \gamma\alpha t^{\alpha-1}$	$S(t) = e^{-(ht)^{\alpha}}$
Lognormal	$f(t) = (p/t)\phi[p\ln(ht)]$	$S(t) = \phi[-p\ln(ht)]^{*}$
Loglogistic	$h(t) = \dfrac{\gamma\alpha(ht)^{\alpha-1}}{1 + \gamma t^{\alpha}}$ $\alpha > 0, \gamma > 0$	$S(t) = \dfrac{1}{1 + (\gamma t)^{\alpha}}^{**}$

주 : *$\ln(t)$는 평균 $-\ln h$와 표준편차 $1/p$를 가진 정규분포를 함.
**$\ln(t)$는 평균 $-\ln h$ 및 분산 $\pi^2/3p^2$의 로지스틱 분포를 가지며, 여기서 ln은 자연대수를 나타낸다.

---

[11] 직관적인 설명에 대해서는 Paul Allison, *op cit.*, pp. 36-8을 참조하라.

연습문제

18.1 Durat을 종속변수로 이용하여, 표 18.1에 주어진 회귀변수와 관련지어서 OLS 회귀분석으로 추정하고 그 결과를 해석하라. 이러한 결과들은 어떻게 지수, 와이불 및 PH 모형들과 비교되는가?

18.2 18.1절에 주어진 회귀변수들 중 무엇이 시간불변이며 또는 시간가변인가? 모든 회귀변수들을 시간불변으로 가정하자. 지수, 와이불 및 PH 생존 모형을 추정하고 그 결과에 대하여 논의하라.

18.3 표 18.9는 14명의 15세 이상 사람들에 대한 다음 변수의 자금이다.

Minutes : 러닝머신 사용시간(분)

Age : 나이(년)

Weight : 체중(파운드)

Gender : 여성이면 1, 남성이면 0

Censored : 절삭이면 0, 절삭이 아니면 1

표 18.9 14명의 달린 시간, 나이, 체중, 그리고 성별

Minutes	Age	Weight	Gender	Censored
16	34	215	0	1
35	15	135	0	0
55	22	145	1	0
95	18	97	1	1
55	18	225	0	0
55	32	185	1	1
25	37	155	1	1
15	67	142	1	1
22	55	132	1	1
13	55	183	0	1
13	62	168	0	1
57	33	132	1	0
52	17	112	1	0
54	24	175	0	1

주 : 몇 관측치들은 절삭되었는데, 이는 몇 사람이 피곤하다는 이유가 아닌 다른 이유로 러닝머신을 떠났기 때문에 0으로 처리됨

(a) 사용시간과 각 설명변수 간에 어떤 관계가 예측되는가?

(b) 지수분포를 이용하여 위험함수를 추정하라.

(c) Weibull 분포를 이용하여 위험함수를 추정하라.

(d) 어떻게 두 가지 모형이 비교되는가? 어떤 것을 선택하겠는가?

(e) 동일 자료에 Cox 비례 위험모형을 추정하라.

(f) 어떤 것이 최고의 모형인가?

18.4 도우미 웹사이트의 **표 18.10**을 보라.[12] 암치료 약 실험에서 28명의 환자는 약(=1)을 주었고 20명의 환자는 위약(=0)을 투여하였다. 환자의 나이 분포는 47세에서 67세 사이이다. 이 실험의 목표는 사망까지의 월표시 시간을 분석하는 것이다. 변수 연구 기록들은 환자의 사망률 또는 마지막 생존율을 나타내고 있다. 사망변수는 연구 기간 내 사망하면 1이고, 살아 있으면 0과 같다.

(a) Cox 비례위험 모형을 추정하라.

(b) 나이의 예측 부호계수는 무엇인가? 추정 결과가 예상에 부합하는가? 나이 계수는 통계적으로 유의한가?

(c) 약에 대한 계수의 예측부호는 무엇인가? 추정 결과는 당신의 예상에 부합하는가? 약에 대한 계수는 통계적으로 유의한가?

(d) 추정모형은 통계적으로 유의한가? 어떻게 이를 알 수 있는가?

18.5 이번 장에 인용된 Kleinbaum의 책은 생존분석에 대한 자료를 부록 B와 같이 갖고 있다. 당신이 듀레이션 모형을 다루는 데 익숙하도록 이 두 자료를 이용하여 적당한 생존분석 모형들을 추정하라.

18.6 Klein과 Moeschberger의 책은 생물학과 보건학 분야에서 몇 가지 자료를 갖고 있다.[13] 이 자료들은 이 책의 웹사이트로부터 얻을 수 있다. 하나 이상의 자료를 골라 이 장에서 제시된 하나 이상의 확률분포를 이용하여 위험함수를 추정하라.

---

12 출처 : StataCorp LP.

13 Klein, J. P. and Moeschberger, M. L., *Survival Analysis: Techniques for Censored and Truncated Data* (Statistics for Biology and Health), Springer, New York, 2000.

19 | 확률적 설명변수와 도구변수법

학생들에게 다음 명제들이 옳은지, 그른지, 아니면 불확실한지 질문을 던져본 적이 있다.

A. 교육을 많이 받을수록 더 높은 소득을 얻게 된다.

B. 노인인구의 비율이 높으면 빈곤율이 높아진다.

C. 학군(school district)이 많은 지역일수록 학군 간의 경쟁이 치열하여 학교의 질이 높아진다.

D. 장학금이 많을수록 대학에 진학하는 학생수가 증가한다.

E. SAT 언어부문 점수가 높으면 SAT 수학부문 점수도 높다.

F. 참전용사가 되면 평생소득이 높아진다.

G. 성차별 때문에 여성은 평균적으로 남성에 비하여 낮은 임금을 받는다.

H. 학생들의 계량경제학 시험성적은 자신의 노력에 따라 결정된다.

I. 통화공급을 증가시키면 물가상승률이 증가한다.

J. TV를 많이 보면 자폐증에 걸린다.

일부 명제들에 대하여 옳다고 답한 학생들이 더러 있기는 했지만, 대부분 학생들의 답은 "경우에 따라…"였다.

명제 A를 보자. 미래 소득을 결정하는 것은 교육 그 자체만일까 아니면 교육 및 타고난 능력일까? 학생의 능력을 고려하지 않으면 교육이 소득에 미치는 영향을 과대평가하기 쉽다. 소득을 (교육기간으로 측정한) 교육에만 회귀시키는 경우를 생각해 보자. 이 회귀모형의 오차항은 능력변수를 포함할 것이므로, 설명변수인 교육과 상관관계를 가질 가능성이 높다. 이 경우 우리는 교육을 내생적 설명변수 또는 보다 정식적인 용어로 **확률적 설명변수**라 부른다.

다른 예로 명제 D를 살펴보자. 많은 학생들에게 장학금은 대학진학의 필요조건일 것이다. 하지만 대학진학을 결정하는 데는 다양한 요인이 작용할 것이므로 충분조건이 되지는 못한다. 따라서 대학진학 결정을 장학금으로 설명하는 모형(로짓 또는 프로빗 모형)은 장학금과 상관관계를 가진 생략된 변수들의 효과를 고려하지 못하기 때문에 장학금의 영향을 올바로 추정하지 못하게 된다.

앞의 명제들, 그리고 이와 유사한 수많은 명제들이 말해 주는 요점은, 확률변수인 설명변수가 오차항과 상관관계를 가지고 있으면 표준적인 OLS 추정방법을 적용할 수 없거나, 또는 적어도 추정 결과를 신뢰할 수 없게 된다는 것이다. 이 장에서는 이 문제를 좀 더 자세히 공부한 다음, 몇 가지 응용 예제를 살펴볼 것이다.

19.1 내생성의 문제

설명변수들의 값이 주어졌을 때, 오차항 u_i의 기댓값이 0이라는 식 (1.8)은 CLRM의 핵심가정이다. 다시 한 번 기호로 표시해 두자.

$$E(u_i \mid X_i) = 0 \qquad\qquad (19.1) = (1.8)$$

이 가정은 오차항 u_i에 포함된 관측되지 않은 요인들이 설명변수들과 체계적으로 관련되어 있지 않다. 즉, 설명변수들은 전적으로 외생적이라고 말하고 있다. 여기서 X는 하나 이상의 설명변수들을 포함할 수 있음에 유의하라.

제1장의 이 가정 및 기타 가정들이 있어야 OLS 추정량은 최량선형불편추정량(BLUE)이 된다. 여기에 오차항이 정규분포를 따른다는 가정을 추가하면 개별 OLS 추정량들이 정규분포를 따르게 된다.

하지만 만약 가정 (19.1)이 성립하지 않으면, 즉 오차항과 하나 이상의 설명변수 사이에 상관관계가 존재하면 어떻게 될까? 다시 말해 만약 X가 오차항과 상관관계를 가진 확률변수이면 어떤 일이 일어나는 것일까? 이것을 내생적 설명변수(endogenous regressor)의 문제라 부른다. 설명변수가 오차항과 상관되어 있는 상황을 가리키는 말이다.

구체적인 예로, 도우미 웹사이트의 **표 19.1**에 수록된 미국 50개 주의 1992년 자료를 이용하여 범죄율을 경찰예산에 회귀시켜 보자.

회귀분석 결과가 표 19.2[1,2]이며, 통상의 기준으로 판단해 보면 상당히 괜찮은 결과처럼 보인다. 그런데 계수추정치를 살펴보면 경찰예산의 증가는 범죄율을 상승(!)시키는 것으로 나타나 있다. 만약 이것이 사실이라면, 이건 정말 좋지 않은 소식이다. 물론 현실적으로 말이 안되는 결과이기 때문에 우리는 이 결과에 의심을 가질 수밖에 없다. 아마도 회귀모형에 포함시켰어야 할 설명변수를 몇 개 빠뜨렸고 경찰예산 변수가 이들 누락변수들과 상관되어 있는 것으로 보인다.

레빗과 더브너(Levitt and Dubner)가 그들의 유명한 저서 『괴짜경제학(Freakonomics)』에서 주장한 바에 의하면, 범죄와 경찰 사이의 인과관계를 확립하기 위해서는

---

1 포함된 범죄유형은 치명적 무기를 사용한 폭행, 방화, 주거침입, 살인, 강도, 성폭력, 자동차절도, 그리고 자동차로부터의 절도이다.

2 자료의 출처는 Statistical Abstract of the United States이다.

표 19.2 범죄율 회귀

```
Dependent Variable: CRIME
Method: Least Squares
Sample: 1 50
Included Observations: 50
```

Variable	Coefficient	Std. Error	t-Statistic	Prob.
C	3251.679	430.7541	7.548806	0.0000
POLICE EXPENDITURE	6.743364	1.490629	4.523839	0.0000

R-squared   0.298913   Mean dependent var   5085.200

주 : CRIME은 인구 100,000명당 범죄율이다.

… 범죄 증가와 전혀 관련이 없는 이유로 경찰관이 증원되는 시나리오가 필요하다. 예를 들어, 경찰관들을 아무렇게나 어떤 도시에는 뿌려 주고 다른 도시에는 뿌려 주지 않는다면, 우연히 경찰관들이 내려온 도시에서 범죄가 감소하는지 살펴볼 수 있을 것이다.[3]

레빗과 더브너는 선거일이 다가오면 현직 시장들이 범죄 증가의 징후가 없음에도 불구하고 자신들의 법과 질서 옹호에 대한 의지와 노력을 과시하기 위하여 경찰관을 증원하는 경우가 있다는 점도 지적한다.

이 모든 논의의 요점은 X가 Y에 미치는 영향을 올바로 추정할 수 있는가는 Y와 직접적으로 아무런 관련이 없으면서도 X에 대한 영향을 통하여 간접적으로 Y에 영향을 줄 수 있는 제3의 변수 Z에 달려 있다는 것이다. 이것을 그림 19.1의 경로도(path diagram)[4]를 통하여 설명할 수 있다.

그림 19.1(a)에는 X와 u 사이에 화살표가 없으며(즉, 상관관계가 없으며), 이것이 고전적인 OLS 가정이다. 이 경우에는 Y의 X에 대한 OLS 회귀로 계수에 대한 일치추정치를 얻을 수 있다. 그림 19.1(b)는 설명변수와 오차항 사이의 상관관계를 보여주고 있고, 이것이 확률적 설명변수의 문제가 있는 경우이다. 여기서는 대표본 상황이라 하더라도 Y의 X에 대한 회귀가 계수에 대한 불일치 추정치를 낳게 된다는 것을 아래에서 살펴볼 것이다. 그림 19.1(c)에서 Z의 변

그림 19.1 변수 사이의 관계

---

3   Steven D. Levitt and Stephen J. Dubner, *Freakonomics*, William Morrow, New York, 2005, p. 126.

4   이 그림은 A. Colin Cameron and Pravin K. Trivedi, *Microeconometrics Using Stata*, Stata Press, College Station, Texas, pp. 172-3에서 인용되었다.

화는 직접적으로는 Y에 영향을 미치지 않지만 간접적으로는 X를 통하여 영향을 미치고 있다. Z를 도구변수(instrumental variable, IV) 또는 간단히 도구(instrument)라 부르며, 이런 변수(들)가 어떻게 회귀계수에 대한 일치추정치를 얻을 수 있도록 해 주는지는 곧 설명할 것이다.

먼저 확률적 설명변수가 OLS 추정에 미치는 영향을 설명한 다음, OLS에 의존할 수 없는 경우 어떻게 도구변수(IV) 추정법을 이용하는지 살펴보자.

19.2 확률적 설명변수의 문제

행렬대수를 피하기 위하여, 다음의 이변량 회귀에 대하여 생각해 보자.

$$Y_i = B_1 + B_2 X_i + u_i \tag{19.2}$$

설명변수 X_i는 고정된 상수가 아니라 확률변수라 가정한다. 세 가지 경우로 나누어 살펴보자.[5]

1. **X와 u가 독립일 때** : 이 경우에는 모든 실제 응용에서 OLS를 그대로 사용하여도 괜찮다. 그린(Greene)은 이렇게 말한다.

   > 그러므로 결론은 X를 확률변수로 간주하든 아니든 상관없이 지금까지 최소제곱추정량에 대하여 우리가 얻은 중요한 결과들인 불편성, 가우스-마르코프 정리 등은 여전히 성립한다는 것이다.[6]

2. **X와 u가 동시점 상관관계를 갖지 않을 때** : 이것은 1번보다 약한 조건이다. 이 경우에는 고전적 OLS의 결과들이 점근적으로, 즉 대표본에서만 성립한다.

3. **X와 u가 독립이 아니면서 동시점 상관관계를 가질 때** : 더욱 심각한 이 경우에는 OLS 추정량이 편의를 가질 뿐만 아니라 불일치 추정량이기도 하다. 그 이유를 직관적으로 생각해 보자.

   > 최소제곱추정법은 Y의 총변동[TSS]을 항상 설명변수들에 기인한 변동[ESS]과 기타 요인에 기인한 부분으로 분해하도록 만들어져 있다. 하지만 설명변수와 오차항이 상관되어 있을 때에는 이러한 분해가 유효하지 않다. 왜냐하면 X와 $\varepsilon[=u]$의 Y에 대한 결합효과를 허용하지 않기 때문이다.[7]

이변량 회귀의 경우에는 이것을 쉽게 보일 수 있다. 식 (19.2)의 B_2에 대한 OLS 추정량은

$$b_2 = \frac{\Sigma x_i y_i}{\Sigma x_i^2} = \frac{\Sigma x_i Y_i}{\Sigma x_i^2} \tag{19.3}$$

---

5 다음 책들을 참고하였다. Jan Kmenta, *Elements of Econometric*, 2nd edn, Macmillan Publishing Company, New York, 1986, pp. 334-41; William H. Greene, *Econometric Analysis*, 6th edn, Pearson/Prentice-Hall, 2008; Russell Davidson and James G. MacKinnon, *Econometric Theory and Methods*, 2nd edn, Oxford University Press, New york, 2004.

6 Greene, *op cit.*, p. 50.

7 Kmenta, *op cit.*, p. 340.

이다. 단, $x_i = (X_i - \overline{X})$이고 $y_i = (Y_i - \overline{Y})$이다.

이제 식 (19.2)를 식 (19.3)의 우변에 대입하면,

$$b_2 = \frac{\Sigma x_i(B_1 + B_2 X_i + u_i)}{\Sigma x_i^2}$$

$$= B_1 \frac{\Sigma x_i}{\Sigma x_i^2} + B_2 \frac{\Sigma x_i X_i}{\Sigma x_i^2} + \frac{\Sigma x_i u_i}{\Sigma x_i^2}$$

$$= B_2 + \frac{\Sigma x_i u_i}{\Sigma x_i^2} \tag{19.4}$$

를 얻는다. 유도과정에서 $\Sigma x_i = 0$, 즉 평균으로부터의 편차의 합은 항상 0이라는 것과 $\Sigma x_i X_i / \Sigma x_i^2$ = 1이라는 사실(연습문제 19.1 참조)을 이용하였다.

여기서 식 (19.4)의 양변에 기댓값을 취하려 할 때 문제가 발생한다.

$$E\left(\frac{\Sigma x_i u_i}{\Sigma x_i^2}\right) \neq \frac{E(\Sigma x_i u_i)}{E(\Sigma x_i^2)} \tag{19.5}$$

기댓값 연산자 E는 선형연산자이기 때문이다. 더욱이 x_i와 u_i의 곱의 기댓값도 이들이 독립이 아니기 때문에 기댓값들의 곱과 같지 않다.[8]

우리가 할 수 있는 최선은 표본크기가 무한히 커질 때 b_2가 어떻게 행동하는지 살펴보는 것이다. 간단히 $plim$이란 기호로 나타내는 확률극한(probability limit)의 개념을 사용해야 한다. 확률극한을 구하는 것은 어떤 추정량이 일치추정량인지, 즉 표본크기가 무한히 증가할 때 추정량이 모수의 참값으로 접근하는지 알아보려고 할 때 이용하는 표준적인 절차이다. 다음과 같이 나아가 보자.

$$plim(b_2) = plim\left(B_2 + \frac{\Sigma x_i u_i}{\Sigma x_i^2}\right)$$

$$= B_2 + plim\left(\frac{\frac{1}{n}\Sigma x_i u_i}{\frac{1}{n}\Sigma x_i^2}\right)$$

$$= B_2 + \frac{plim(\frac{1}{n}\Sigma x_i u_i)}{plim(\frac{1}{n}\Sigma x_i^2)}$$

$$= B_2 + \frac{\text{Population cov}(X_i, u_i)}{\text{Population var}(X_i)} \tag{19.6}$$

여기서 n은 표본크기이고, 유도과정에 $plim$의 몇 가지 성질들[9]이 이용되었다.

---

8 X와 Y가 독립이어야 $E(XY) = E(X)E(Y)$임을 기억하라.

9 $plim(X+Y) = plimX + plimY$; $plim(XY) = plimX \cdot plimY$; $plim(X/Y) = plimX/plimY$, 그리고 상수의 $plim$ 은 자기 자신과 같다.

결과적으로,

$$plim(b_2) - B_2 = \frac{\text{cov}(X_i, u_i)}{\text{var}(X_i)}$$

(19.7)

을 얻게 되며, 이것을 (점근적) 편의라 부를 수 있다.

만약 설명변수와 오차항 간의 공분산이 양이면, b_2는 양의 편의를 가지므로 참값 B_2를 과대추정한다. 반면에 공분산이 음이면, b_2는 음의 편의를 가지므로 참값 B_2를 과소추정한다. 그리고 양이든 음이든 이 편의는 표본이 아무리 커져도 사라지지 않는다.

우리가 얻은 최종 결론은 설명변수와 오차항이 상관되어 있으면 OLS 추정량이 편의를 가질 뿐만 아니라 불일치 추정량이 된다는 것이다. 그리고 다중회귀에서는 단 하나의 설명변수가 오차항과 상관되어 있더라도 모든 계수들에 대한 OLS 추정량이 불일치 추정량이 된다는 것도 알려져 있다.[10]

19.3 설명변수와 오차항이 상관관계를 갖는 이유

주로 다음과 같은 네 경우에 설명변수들이 오차항과 상관관계를 갖게 된다.

1. 설명변수(들)의 측정오차
2. 누락변수 편의
3. 연립방정식 편의
4. 오차항이 시계열 상관을 가진 동적 회귀모형

설명변수(들)가 오차항과 상관관계를 가지는 이유를 공부해 두어야 도구변수 추정법을 올바르게 이해할 수 있다.

설명변수(들)에 대한 측정오차

설명변수들이 측정오차를 가지고 있으면 OLS 추정량이 편의를 가질 뿐 아니라 불일치 추정량이 된다는 것을 제7장에서 언급했다. 그 이유를 노벨상 수상자인 고 밀튼 프리드먼(Milton Friedman)의 유명한 항상소득가설(permanent income hypothesis, PIH)을 통하여 살펴보자.

$$Y_i = B_1 + B_2 X_i^* + u_i; \ \ 0 < B_2 < 1$$

(19.8)

여기서 Y_i는 관측된 소비지출, 즉 현재 소비지출, X_i^*는 항상소득이며, u_i는 오차항이다. 이 식의 B_2는 항상소득 1달러 증가에 따른 소비지출의 증가, 즉 한계소비성향(marginal propensity to consume, MPC)을 나타낸다. 항상소득이란 미래의 평균소득수준에 대한 기대치를 말한다.[11]

---

10 다중회귀에서 편회귀계수를 계산할 때 설명변수들의 교차항들이 이용된다는 것을 상기하라. 이 때문에 한 설명변수가 가진 문제가 모형 내 다른 설명변수의 계수에도 영향을 주게 된다.

11 항상소비(Y_i^*)가 항상소득(X_i^*)의 함수인 것으로 설정해도 되지만 편의상 그렇게 하지 않았다.

물론 우리는 쉽게 이용할 수 있는 항상소득 측정치를 가지고 있지 않으므로 대신에 관측된 소득, 즉 현재소득 X_i를 사용하게 될 것이다. 하지만 X_i에는 측정오차 w_i가 포함되어 있다. 이것을

$$X_i = X_i^* + w_i \tag{19.9}$$

로 나타내자. 즉, 현재소득은 항상소득과 측정오차의 합으로 볼 수 있는 것이다.

결국 우리는 식 (19.8)을 추정하는 대신에

$$
\begin{aligned}
Y_i &= B_1 + B_2(X_i - w_i) + u_i \\
&= B_1 + B_2 X_i + (u_i - B_2 w_i) \\
&= B_1 + B_2 X_i + v_i
\end{aligned} \tag{19.10}
$$

를 추정하게 된다. 여기서 $v_i = u_i - B_2 w_i$이며, 이것은 회귀식의 오차와 측정오차의 복합물이다.

측정오차 w_i가 평균이 0이고 시계열 상관이 없으며, 또한 u_i와 상관되어 있지 않다고 가정한다 하더라도, 우리는 더 이상 복합 오차항 v_i가 X_i와 상관되어 있지 않다고 주장할 수 없다. 왜냐하면 ($E(v_i) = 0$을 가정하고)

$$\text{cov}(v_i, X_i) = -B_2 \sigma_w^2 \tag{19.11}$$

임을 보일 수 있기 때문이다(연습문제 19.2 참조).

회귀식 (19.10)에서 설명변수 X_i는 오차항 v_i와 상관되어 있으며, 따라서 이들이 상관되어 있지 않다는 CLRM의 핵심가정을 위배하게 된다.

그 결과로 식 (19.10)의 B_2에 대한 OLS 추정량은 편의를 가질 뿐만 아니라 불일치 추정량이 된다는 것을 보일 수 있다. 공식적으로

$$plim(b_2) = B_2 \left[\frac{1}{1 + \sigma_w^2 / \sigma_{X^*}^2} \right] \tag{19.12}$$

임을 증명할 수 있다(연습문제 9.3 참조). 여기서 $plim$은 앞서 언급한 바와 같이 추정량의 일치성을 확립할 때 쓰이는 확률극한을 뜻한다.

괄호 안의 항은 1보다 작으므로 b_2는 표본크기가 얼마이든 MPC의 참값으로 수렴하지 않는다. 이 경우에서처럼 B_2가 양이면 b_2는 참값 B_2보다 작을 것이다. 즉, b_2는 B_2를 과소추정하게 된다. 보다 일반적으로, b_2는 0 쪽으로 편의를 가진다.

이 연습문제가 보여주는 바와 같이, 설명변수(들)의 측정오차는 계수의 참값을 추정하는 데 심각한 문제를 일으킨다.[12]

---

[12] 종속변수의 측정오차는 회귀식의 오차에 흡수할 수 있기 때문에 문제가 되지 않는다. 여전히 회귀계수에 대한 불편추정량을 얻을 수 있다. 다만 추정량의 분산과 표준오차는 종속변수의 측정오차가 없었을 때에 비하여 커진다.

그러면 MPC의 참값을 어떻게 추정할 수 있을까? 만약 항상소득에 대한 대리변수 혹은 도구변수, 즉 오차항과는 상관되어 있지 않으면서 항상소득과는 (아마도 높은) 상관관계를 가지고 있는 변수를 찾을 수 있다면, 이 변수를 이용하여 적어도 대표본에서는 MPC의 참값을 추정할 수 있게 된다. 이것이 도구변수 추정법의 핵심이다. 하지만 '좋은' 대리변수를 어떻게 찾아낼 것인가에 대한 답은 잠시 미루기로 한다.

누락변수 편의

제7장에서 중요한 변수의 누락, 잘못된 함수 형태, 오차항의 분포에 대한 잘못된 가정 등 여러 가지 모형설정 오류에 대하여 논의하였다.

아래의 임금결정 모형(임금함수라 부르자)을 예로 살펴보자.

$$Y_i = B_1 + B_2 X_{2i} + B_3 X_{3i} + u_i \tag{19.13}$$

단, Y는 임금 또는 소득, X_2는 교육년수로 측정한 교육, 그리고 X_3는 (타고난) 능력이다.

능력에 대한 직접적인 측정치를 얻기는 어려우므로, 식 (19.13) 대신에

$$Y_i = A_1 + A_2 X_{2i} + v_i \tag{19.14}$$

를 추정한다고 생각해 보자. 여기서 v_i는 오차항이다.

즉, 임금함수에서 능력변수를 누락시키는 것이다. 이 경우 오차항은 $v_i = u_i + B_3 X_{3i}$가 된다.

식 (19.14)의 A_2에 대한 OLS 추정량을 a_2라 하면,

$$E(a_2) = B_2 + B_3 b_{32} \tag{19.15}$$

임을 쉽게 보일 수 있다. 여기서 b_{32}는 X_3(누락변수)를 X_2(포함된 변수)에 회귀시킬 때의 기울기 계수이다.

다시 말하면 식 (19.14)에서 추정한 기울기 계수의 기댓값은 참값(B_2)에 누락변수의 계수와 b_{32}의 곱을 합한 것과 같다. 즉, 추정량 a_2는 편의를 가진다. 그리고 이 편의가 표본크기가 증가함에 따라 사라질 것이라고 믿을 이유도 전혀 없다. a_2는 일치성조차 갖지 못하는 것이다. 누락변수로 인한 다른 문제들에 대해서는 제7장을 보기 바란다.

설명변수 측정오차의 경우와 마찬가지로, 능력에 대한 도구변수를 찾아서 식 (19.13)을 추정하고 교육계수 B_2에 대한 일치추정량을 얻을 수 있을까? 어머니나 아버지의 교육수준을 능력에 대한 대리변수로 이용해도 좋을까? 설명변수와 오차항 사이에 상관관계가 나타나는 나머지 두 경우를 설명한 다음에 이 질문으로 돌아갈 것이다.

연립방정식 편의

다음과 같은 한 쌍의 방정식을 생각해 보자.

$$Y_i = B_1 + B_2 X_i + u_{1i} \tag{19.16}$$

$$X_i = A_1 + A_2 Y_i + u_{2i} \tag{19.17}$$

여기서 Y_i는 도시 i의 범죄율이고 X_i는 도시 i의 경찰예산이다.

이것은 '닭이 먼저냐, 달걀이 먼저냐' 유형의 문제이다. 범죄율이 경찰관의 수, 나아가 경찰 예산을 결정하는가 아니면 경찰예산이 범죄율을 결정하는가?

연립성을 무시하고 식 (19.16)을 개별적으로 OLS로 추정하려 하면 X_i와 u_{1i}가 상관되어 있음을 알게 될 것이다. 마찬가지로 식 (19.17)에서는 Y_i와 u_{2i} 사이에 상관관계가 존재한다. 확률적인 설명변수가 오차항과 상관되어 있는 고전적인 예이다.

이로 인하여 OLS 추정량이 갖는 편의를 계량경제학에서는 연립성 편의라 부른다.

어떻게 처리할 것인가? 뒤에 설명하겠지만, 많은 경우에 도구변수 추정법을 이용하면 문제를 해결할 수 있다.

동적회귀와 오차항의 시계열 상관

식 (19.8)에서 서술한 프리드먼의 항상소득가설로 돌아가 보자. 항상소득 X_t^*는 직접 관측할 수 없으므로, 대신에 케이건과 프리드먼이 개발한 아래의 메커니즘을 가정해 보자.

$$X_t^* - X_{t-1}^* = \gamma(X_t - X_{t-1}^*) \qquad 0 < \gamma < 1 \tag{19.18}$$

식 (19.18)은 적응적 기대, 점진적 기대, 또는 오차학습모형 등의 이름으로 알려져 있으며,[13] "경제 주체들은 과거 경험에 비추어 그들의 기대를 적응시켜 나가고 특히 실수를 통하여 학습해 나간다."[14]라고 말하고 있다. 보다 구체적으로 말하면, 식 (19.18)은 경제 주체들의 기대는 매기 변수의 현재값과 지난 기에 예측했던 값의 차이(여기서는 이번 기의 소득과 지난 기에 예상 또는 예측했던 소득의 차이)의 일부(γ)만큼 수정되어 나간다고 보고 있다. 식 (19.18)을 다르게 표현하면

$$X_t^* = \gamma X_t + (1-\gamma)X_{t-1}^* \tag{19.19}$$

가 되며, t기의 항상소득은 t기의 실제 소득과 지난 기의 예측치의 가중평균임을 알 수 있다. 단, 가중치는 각각 γ와 $(1-\gamma)$이다.

식 (19.19)를 식 (19.8)에 대입하여 항을 정리하면, 다음과 같은 모형을 얻는다.

$$Y_t = \gamma B_1 + \gamma B_2 X_t + (1-\gamma)Y_{t-1} + v_t \tag{19.20}$$

$$v_t = u_t - (1-\gamma)u_{t-1} \tag{19.21}$$

---

[13] P. Cagan, "Monetary Dynamics of Hyperinflation", in M. Friedman(ed.), *Studies in the Quantitative Theory of Money*, University of Chicago Press, Chicao, 1956 및 Milton Friedman, *A Theory of Consupmtion Function*, National Bureau of Economic Research, Princeton University Press Princeton, NJ, 1957. 이 모형은 코익의 선구적 업적에 기반하고 있다. L.M. Koyck, *Distributed Lags and Investment Analysis*, North-Holland Publishing Company, Amsterdam, 1954.

[14] G. K. Shaw, *Rational Expectations: An Elementary Exposition*, St. Martin's Press, New York, 1984, p. 25.

모형 (19.20)을 적응적 기대모형, 그리고 γ를 기대계수(coefficient of expectation)라 부른다.

모형 (19.20)은 소비지출을 현재소득과 지난 기의 소비지출의 함수로 표현하고 있기 때문에 동적모형이라고 부르기도 한다.

흥미롭게도 동적모형을 통하여 관측 불가능한 변수 X_t^*를 소거할 수 있었다. 하지만 공짜 점심이란 없는 법이어서, 항상소득 가설을 '단순화'시키는 과정에서 몇 가지 새로운 추정상의 문제가 발생한다. 먼저 Y_t가 확률변수이므로 Y_{t-1}도 확률변수이다. 따라서 식 (19.20)의 우변에 확률변수인 설명변수가 하나 등장하였다. 게다가 오차항 v_t는 원래의 오차항 u_t의 현재값과 과거값의 선형결합이므로 시계열 상관을 갖게 된다.

사실,

$$\text{cov}(v_t, v_{t-1}) = -(1-\gamma)\sigma_u^2 \qquad (19.22)$$

이고 또한

$$\text{cov}(Y_{t-1}, v_t) = -(1-\gamma)\sigma_u^2 \qquad (19.23)$$

임을 보일 수 있다. 앞에서 설명한 바와 같이, 설명변수가 오차항과 상관관계를 가지면 OLS 추정량은 편의를 가질 뿐만 아니라 불일치 추정량이 된다.

요약하면, 지금까지 고려한 네 경우 모두에서 확률변수인 설명변수가 오차항과 상관되어 있을 가능성이 매우 높다. 그 결과로, OLS 추정량은 편의를 가질 뿐만 아니라 불일치 추정량이기도 하다. 우리는 OLS를 포기하고 적어도 일치추정량을 얻을 수 있도록 해 주는 적당한 대안을 찾아내야 한다. 중요한 대안 중 하나가 이제 설명하게 될 도구변수 추정법이다.

19.4 도구변수 추정법

하나 이상의 설명변수가 오차항과 상관되어 있는 회귀모형에서 OLS의 주요 문제는 OLS 추정량이 편의를 갖고 또한 불일치 추정량이라는 점이다. 확률적 설명변수로 의심되는 변수에 대하여 '대안' 또는 '대리' 변수를 찾아 이들을 이용하여 모회귀계수에 대한 일치추정량을 얻을 수 있을까? 그럴 수 있다면, 이 변수들을 도구변수 또는 간단히 도구라고 부른다. 도구는 어떻게 찾아낼 것인가? 좋은 도구라는 것은 어떻게 알 수 있을까? 선택한 도구가 정말로 좋은 도구임을 확인할 방법은 있는가?

이 질문들에 답하기 위하여, 식 (19.2)의 단순회귀에서부터 시작해 보자. 이 회귀의 설명변수 X는 오차항 u와 상관되어 있는 확률변수라 하자. 그리고 변수 Z가 X에 대한 도구 후보라 하자. Z가 유용한 도구이기 위해서는 다음의 조건들을 만족해야 한다.

1. **도구 적합성** : Z는 자신이 도구로 쓰일 대상변수인 X와 양이든 음이든 상관관계를 가지고 있어야 한다. 두 변수 사이의 상관관계가 높을수록 더 좋은 도구가 된다. 기호로

$$\text{cov}(X_i, Z_i) \neq 0 \qquad (19.24)$$

로 정리해 두자.

2. **도구 외생성** : Z는 오차항 u와 상관관계를 가지면 안 된다. 즉,

$$\text{cov}\,(Z_i, u_i) = 0 \tag{19.25}$$

이어야 한다.

3. **자신이 설명변수는 아니다.** 즉, Z는 원래의 모형에 속하지 않는다. 만약 속한다면, 원래의 모형이 잘못 설정되었음이 분명하다.

더 나아가기 전에, 다중회귀에서 다수의 설명변수들이 오차항과 상관되어 있을 때는 확률적 설명변수 각각에 대하여 하나의 도구를 찾아야 한다는 점을 밝혀둔다. 다시 말하면 적어도 **확률적 설명변수의 개수 이상의 도구가 반드시 필요하다**는 것이다. 여기에 대해서는 앞으로 좀 더 설명할 것이다.

실제 응용에서 위의 조건들을 동시에 만족하는 좋은 도구들을 찾아내기는 쉽지 않다. 이것이 바로 도구변수를 성공적으로 사용한 예들이 있음에도 불구하고 때때로 도구변수 추정법이 비현실적으로 여겨지는 이유이다.[15]

흥미롭지만 다소 의문스럽기도 한 IV 응용의 예로 캐롤라인 혹스비(Caroline Hoxby)의 연구가 있다. 혹스비는 학교들 간의 경쟁과 학생들의 성적 사이의 관계를 알아보기 위하여 다음의 회귀식을 추정하였다.

$$\text{시험점수} = B_1 + B_2(\text{학군의 수}) + \text{오차항}$$

확률적 설명변수의 문제가 있는 것으로 보고, 혹스비는 지역 내 개천의 수를 학군수에 대한 도구로 사용하였다. 개천이 학군을 나누는 자연경계가 되는 탓인지 학군이 많은 지역일수록 개천이 많다는 사실에 주목한 것이다.[16]

IV 추정

계속해서 이변량 회귀로 IV 추정방법을 설명해 보자. 아는 바와 같이 식 (19.2)에서 B_2에 대한 OLS 추정량은

$$b_2 = \frac{\Sigma x_i y_i}{\Sigma x_i^2}$$

이다. 여기서 $x_i = X_i - \overline{X}$이고 $y_i = Y_i - \overline{Y}$이다.

식 (19.2)에서 Z를 X의 도구로 이용할 경우

---

15 예를 들어, Jonathan Klick and Alexander Tabarrok, Using terror alert levels to estimate the effect of police on crime, *Journal of Law and Economics*, University of Chicago, vol. 48, 2005, pp. 267-79를 참조하라.

16 Caroline M. Hoxby, Does competition among public schools benefit students and taxpayers?, *American Economic Review*, 2000, vol. 90, pp. 1209-38.

$$b_2^{\text{IV}} = \frac{\Sigma z_i y_i}{\Sigma z_i x_i} \tag{19.26}$$

가 B_2에 대한 도구변수 추정량이다. 여기서, $z_i = Z_i - \overline{Z}$이다.

단순히 b_2의 공식에서 x_i 대신에 z_i를 대입한 것이 아님에 유의해야 한다. 분모에 z와 x가 모두 등장한다.

이제 $Y_i = B_1 + B_2 X_i + u_i$, 이어서

$$y_i = B_2 x_i + (u_i - \overline{u})$$

이므로

$$\begin{aligned} b_2^{\text{IV}} &= \frac{\Sigma z_i [B_2 x_i + (u_i - \overline{u})]}{\Sigma z_i x_i} \\ &= B_2 + \frac{\Sigma z_i (u_i - \overline{u})}{\Sigma z_i x_i} \end{aligned} \tag{19.27}$$

을 얻는다. OLS와 IV의 유사성을 볼 수 있을 것이다. 물론 $Z = X$이면, IV 추정량은 OLS 추정량과 일치한다.

절편 B_1에 대한 도구변수 추정량은 다음의 공식으로 계산한다.

$$b_1 = \overline{Y} - b_2^{\text{IV}} \overline{X} \tag{19.28}$$

B_1에 대한 OLS 추정량과 다른 점은 기울기 계수를 IV 추정량으로 추정한다는 것뿐이다.

모집단에서 $\text{cov}(Z, u) = 0$인 것으로 가정하고 있으므로, 식 (19.27)의 양변에 확률극한을 취하여[17]

$$plim\, b_2^{\text{IV}} = B_2 \tag{19.29}$$

임을 보일 수 있다(연습문제 19.4 참조). 즉, B_2에 대한 IV 추정량은 일치추정량이다. 하지만 유한표본, 즉 소표본에서는 편의를 가진다는 점을 덧붙여 둔다. 그리고 대표본에서 IV 추정량의 분포는 다음과 같다는 것이 알려져 있다.

$$b_2^{\text{IV}} \sim N\left(B_2, \frac{\sigma_u^2}{\Sigma x_i^2} \frac{1}{\rho_{XZ}^2} \right) \tag{19.30}$$

대표본에서 IV추정량 b_2^{IV}는 평균이 모수의 참값이고 분산이 위의 식에서와 같은 정규분포를 따른다는 것이다. IV 추정량의 분산에 X와 도구 Z 사이의 (모)상관계수의 제곱이 등장하는 점에 유의하라. 반면에 통상의 OLS 추정량의 분산은

---

17 식 (19.27)의 두 번째 항이 모수가 아니라 통계량이기 때문에 확률극한을 취하는 것이다.

$$\text{var}(b_2) = \frac{\sigma_u^2}{\Sigma x_i^2} \tag{19.31}$$

이다.

$0 < \rho_{xz}^2 < 1$이므로, IV 추정량의 분산은 OLS 추정량의 분산보다 크고, 특히 ρ_{xz}^2이 작을수록 차이가 더욱 커진다. 다시 말해 IV 추정량은 OLS 추정량보다 비효율적이다. ρ_{xz}^2이 작다는 것은 Z가 X에 대한 약한 도구(weak instrument)임을, 그리고 ρ_{xz}^2이 크다는 것은 Z가 X에 대한 강한 도구(strong instrument)임을 의미한다.

IV 추정량과 OLS 추정량의 분산이 얼마나 차이가 나는지 살펴보기 위하여 $\rho_{xz} = 0.2$라 가정해 보자. 이 경우 IV 추정량의 분산은 OLS 추정량의 분산의 25배가 된다. $\rho_{xz} = 0.1$이면 100배이고, 극단적인 경우로 $\rho_{xz} = 0$이면 IV 추정량의 분산은 무한대가 된다. 물론 $\rho_{xz} = 1$이면 두 추정량의 분산은 동일하며, 이는 X가 자기 자신의 도구라는 사실을 달리 표현한 것과 마찬가지이다. 실제 응용에서는 ρ_{xz}를 표본에서의 대응개념인 r_{xz}로 추정한다.

식 (19.30)에 있는 IV 추정량의 분산을 이용하여, 표본크기가 충분히 크다는 가정하에 신뢰구간을 작성하거나 가설검정을 할 수 있다. 그러나 위 분산은 오차항의 동분산을 가정하고 있다.[18] 이분산이 있을 경우에는 이를 감안한 화이트류의 강건한 표준오차를 이용해야 한다. 최신 통계패키지들을 적절한 명령만 내리면 강건한 표준오차를 계산할 수 있도록 해 주고 있다.

지금까지의 논의에서 한 가지 흥미로운 점은 IV 추정법으로 일치추정량을 얻는 대신에 폭이 넓은 신뢰구간이라는 대가를 치르고 있다는 것이다. 이는 IV 추정량의 분산이 OLS 추정량보다 크기 때문이다. 선택한 도구가 원래 설명변수에 대한 약한 대리변수일 경우에는 더 큰 대가를 치르게 된다. 다시 한 번 반복하지만 공짜 점심이란 없는 법이다!

19.5 IV에 대한 몬테 카를로 모의실험

오차항과 상관되어 있는 확률적 설명변수가 있을 때 OLS가 어느 정도 왜곡된 결과를 가져오는지 알아보기 위하여, 캐머론과 트리베디(Cameron and Trivedi)는 몬테 카를로 모의실험을 실시하였다.[19] 이들은 다음과 같은 모형을 가정하였다.

$$Y_i = 0.5X_i + u_i \tag{19.32}$$

$$X_i = Z_i + v_i \tag{19.33}$$

$$Z_i \sim N(2,1); \ u_i \sim N(0,1); \ v_i \sim N(0,1); \ \text{cov}(u_i, v_i) = 0.8 \tag{19.34}$$

---

18 단순회귀가 아니라 다수의 설명변수를 가진 다중회귀모형에서는 분산과 공분산들이 매우 복잡한 형태로 표현된다. 관심 있는 독자는 참고문헌들을 살펴보기 바란다.

19 Cameron and Trivedi, *op cit*, pp. 102-3.

즉, Y_i의 X_i에 대한 회귀에서 기울기 계수의 참값은 0.5로 알려져 있다고 가정한 것이다. 또한 설명변수 X_i는 도구변수 Z_i와 오차항 v_i의 합과 같고, Z_i는 평균 2, 분산 1인 정규분포를, 그리고 오차항 u_i와 v_i는 각각 표준정규분포를 따르며 두 오차항 사이의 상관계수는 0.8이라 가정하였다.

이 모형에서 10,000개의 관측치를 생성하여 분석한 결과가 다음과 같았다.

추정방법	OLS	IV
상수	−0.804	−0.017
	(0.014)	(0.022)
X	0.902	0.510
	(0.006)	(0.010)
R^2	0.709	0.576

주 : 괄호 안의 숫자들은 강건한 표준오차, 즉 이분산을 감안한 표준오차이다.

이 결과로부터 몇 가지 사실을 관찰할 수 있다. 식 (19.32)의 참모형은 절편을 가지고 있지 않지만, OLS는 절편을 −0.804로 추정하고 있고 이 값은 통계적으로 유의하다($t = -0.804/0.014 = -57.43$). 두 번째로 기울기 계수의 참값은 0.5인데 OLS 추정치는 0.902이다.

반면에 IV 추정치는 참값에 매우 가깝다. 절편계수는 0과 통계적으로 유의한 차이가 없고 기울기 계수는 참값 0.5와 거의 같은 0.51이다. 하지만 IV 추정치의 표준오차는 OLS 추정치의 표준오차보다 크며, 이 점에 대해서는 앞에서 언급한 바 있다.

캐머론과 트리베디의 몬테 카를로 실험은 OLS 추정이 왜곡된 결과를 가져올 수 있음을 매우 잘 보여주고 있다.

> **몬테 카를로 실험에 대한 주석** : 몬테 카를로 실험에서는 참모형을 가정한 다음, 인공적인 자료를 생성하여 모수 추정치를 구하는 과정을 반복한다. 이렇게 하여 추정량의 표본분포를 얻으면 관심 모수에 대한 경쟁 추정량들과 비교해 볼 수 있게 된다.[20]

19.6 설명을 위한 몇 가지 예제

IV 추정에 대한 본격적인 수치 예제에 앞서 몇 가지 IV 응용 예제를 살펴보자.

테러경보수준을 이용한 경찰력의 범죄에 대한 효과분석

표 19.2에서 우리는 (경찰예산으로 측정한) 경찰력이 범죄율과 양의 상관관계를 가진다는 직관에 반하는 결과를 보았으며 이것이 연립성 편의 때문일 가능성을 제기하였다. 클릭과 타바록은 연립성 문제를 회피할 수 있는 재미있는 도구변수를 이용하여 경찰력의 범죄에 대한 영

---

20 이 과정에 대한 그림을 이용한 설명과 기타 세부적 내용에 대해서는 Peter Kennedy, *A Guide to Econometrics*, 6th edn, Blackwell Publishing, 2008, p. 23-5를 참고하라.

향을 평가하였다.[21]

이들이 이용한 도구는 9/11 사태 이후 국토안보부가 도입한 테러경보수준이었다. 경보수준은 안심(low, 그린), 관심(guarded, 블루), 주의(elevated, 옐로우), 경계(high, 오렌지), 심각(severe, 레드)의 다섯 단계가 있다. 클릭과 타바록의 가설은 경보수준이 높은 날엔 워싱턴 DC의 길거리에 더 많은 경찰이 배치되고 이로 인하여 범죄가 감소한다는 것이었다.

분석대상 기간인 506일(2002년 3월 12일부터 2003년 7월 30일까지) 동안 워싱턴 DC에서는 총 55,882건(하루 평균 약 110건)의 범죄가 발생하였다. 표 19.3의 식 (1)은 일별 범죄발생 건수를 경보수준에 회귀시킨 결과이고, 식 (2)는 경보수준 및 주간 대중교통 이용자 수에 회귀시킨 결과이다.

표 19.3 테러경계경보와 범죄

	(1)	(2)
High alert	−7.316 (2.877)*	−6.046 (2.537)*
Log of mid-day ridership	−	17.341 (5.309)**
R^2	0.14	0.17

주 : high alert는 경계(high) 경보가 발령된 날에는 1, 그리고 주의(elevated) 단계인 날에는 0의 값을 갖는 가변수이다. 요일효과를 통제하기 위하여 요일 가변수들도 회귀에 포함시켰지만 계수값들을 보고하지는 않았다. *와 **는 각각 5%와 1% 유의수준에서 통계적으로 유의함을 의미한다.

표 19.3의 식 (1)을 보면, 평균적으로 하루 7건 정도 범죄가 감소하였고, 이 효과는 통계적으로 유의하다. 식 (2)에서는 관광객 수에 대한 대리변수로 주간 대중교통 이용자 수의 로그 값을 포함시키고 있다. 로그 이용자 수를 통제하여도 하루 6건 정도 범죄가 감소하는 것으로 나타나고 있으며, 이것은 식 (1)의 결과와 크게 다르지 않다. 로그 이용자 수의 계수를 보면, 대중교통 이용자 수가 10% 증가할 때 하루 1.7건 정도 범죄가 증가한다.[22] 경찰력 증가를 상쇄시킬 만큼 강한 효과를 가진 것으로 보기는 어렵다.

항상소득 가설(PIH)

프리드먼의 항상소득 가설에 대하여 논의하면서, 개인 소비지출을 항상소득 대신에 현재소득에 회귀시키면 측정오차 때문에 한계소비성향 추정치가 편의를 갖게 되고, 이 편의는 표본크

---

21 Klick and Tabarrok, *op cit*.

22 선형 로그 모형에 대한 제2장의 논의를 상기하라. 계수값 17.341에 0.01을 곱하면 0.17341이다. 따라서 대중교통 이용자 수가 10% 증가할 때 범죄는 약 1.7건 감소한다.

기를 무한히 증가시킨다 해도 사라지지 않는다고 설명하였다.

항상소득을 어떻게 측정할지 모른다는 것이 난점이었다. 한 가지 방법은 과거 일정기간 동안의 소득을 가중평균하여 항상소득의 (불완전한) 척도로 삼는 것이다.

다양한 형태의 항상소득 가설과 항상소득 측정의 문제[23]에 대하여 수많은 논의가 있었다. 예를 들어, 후미오 하야시는 전기의 1인당 수출과 전기의 1인당 정부지출과 같은 시차변수를 항상소득에 대한 도구변수로 이용한다. 이 변수들이 소비자들의 항상소득과 상관관계가 높다는 것이다.[24]

프리드먼 자신은 항상소득을 현재 및 과거 소득의 이동평균으로 추정하였다. 프리드먼은 이동평균을 계산할 때 가중치가 기하급수적으로 작아지도록 하였고 시차는 17개 항까지로 제한하였다. 하지만 앞에서 소개한 케이건의 적응적 기대모형이 등장하면서 시차를 자의적으로 제한할 필요는 없어졌다. 프리드먼의 방법과 케이건의 모형에 대한 상세한 설명은 참고문헌들에서 찾아보기 바란다.[25]

법집행을 위한 지출과 범죄율

연립성 문제에 대한 예제로 바레토와 하울랜드(Barreto and Howland)의 다음 모형을 살펴보자(기호는 원문과 다르다).[26]

$$Enforcement\ Spending_i = A_1 + A_2 Crimerate_i + u_{1i} \tag{19.35}$$

$$Crime\ Rate_i = B_1 + B_2 Enforcement\ Spending_i$$
$$+ B_3 Gini_i + u_{2i} \tag{19.36}$$

여기서 Gini는 소득 불평등도를 나타내는 지니계수로 0(완전평등)과 1(한 사람이 모든 소득을 차지하는 완전 불평등) 사이의 값을 가진다. 지니계수가 0에 가까울수록 소득분배가 평등한 것이고 반대로 1에 가까울수록 소득분배는 불평등하다.

다른 조건이 동일하다면, 소득분배가 불평등할수록 범죄율이 높을 것이므로 식 (19.36)의 B_3는 양일 것으로 예상된다. 하지만 Gini가 식 (19.35)에 포함될 논리적 근거는 전혀 없다. 우리

---

23 서베이 자료에서의 측정오차에 대해서는 J. Bound, C. Brown and N. Kathiowetz, "Measurement errors in survey data", in J. J. Heckman and E. E. Leamer(eds.), *Handbook of Econometrics*, vol. V., Amsterdam, North Bolland, 2001, pp. 3705-843을 참조하라.

24 Fumio Hayashi, The permanent income hypothesis: estimation and testing by instrumental variables, *Journal of Political Economy*, vol. 90, no. 5, 1982, pp. 895-916.

25 Kenneth F. Wallis, *Topics in Applied Econometrics*, 2nd edn, University of Minnesota Press, 1980, Chapter 1; Gujarati/Porter, op cit., Chapter 17.

26 Humberto Barreto and Frank M. Howland, *Introductory Econometrics: Using Monte Carlo Simulation with Microsoft Excel*, Cambridge University Press, New York, 2006, Chapter 24.

는 Gini가 연립방정식 체계의 바깥에서 결정되는 외생변수로서 오차항 u_{2i}와 상관관계를 갖지 않는다고 가정할 것이다. 다른 두 변수는 상호의존적이므로 이들에 대해서는 이런 가정을 할 수 없다.

Gini를 외생변수(일종의 도구)로 취급하면서 식 (19.35)와 (19.36)을 연립하여 풀면 다음을 얻는다.

$$\text{Enforcement Spending}_i = C_1 + C_2 Gini_i + u_{3i} \qquad (19.37)$$

$$\text{Crime Rate}_i = D_1 + D_2 Gini_i + u_{4i} \qquad (19.38)$$

여기서 이 새로운 방정식의 계수들은 식 (19.35)와 (19.36)의 계수들의 (비선형) 결합이고 오차항들은 식 (19.35)와 (19.36)의 오차항들의 (비선형) 결합이다.

연립방정식 모형의 용어로 식 (19.37)과 (19.38)을 축약형 방정식,[27] 이것과 대비하여 식 (19.35)와 (19.36)은 구조방정식이라 부른다. 축약형 방정식의 우변에는 선결변수(즉, 외생변수, 그리고 내생변수 및 외생변수의 시차변수)만 등장한다.[28]

축약형 방정식의 계수를 축약형 계수, 그리고 구조방정식의 계수를 구조계수라 부른다.

축약형 방정식은 OLS로 추정할 수 있다. 일단 축약형 계수들을 추정하고 나면 이로부터 구조계수의 일부 또는 전부를 추정해 낼 수 있다. 이처럼 축약형 계수로부터 구조계수를 구하는 추정방법이 7.9절에서 설명한 간접최소제곱법이다. 먼저 축약형 계수를 추정한 다음 구조계수를 결정해 보는 것이다. 한 구조방정식의 계수를 모두 축약형 계수로부터 구할 수 있으면 그 구조방정식은 식별된다고 말한다. 하나 이상의 계수에 대해 둘 이상의 추정치를 얻을 수 있으면, 이 구조방정식은 과잉식별된다고 말한다. 그리고 축약형 계수들로부터 값을 구할 수 없는 계수를 가진 구조방정식은 식별되지 않는다고 말한다.

이제 도구변수를 이용하는 2단계 최소제곱법(two-stage least squares, 2SLS)에 대하여 설명할 것이다.

도구변수를 어떻게 찾아내는지 다음의 수치 예제를 통하여 살펴보자.

19.7 수치 예제 : 미국 청소년의 임금과 교육수준

전국 청소년 추적조사 1979(National Longitudinal Survey of Youth 1979, NLSY79)는 1979년에 14세에서 21세 사이의 남녀 청소년 가운데 전국 대표 표본을 선정하여 반복조사해 나가고 있는 자료이다. 1979년부터 1994년까지는 연 1회, 이후에는 연 2회 조사를 실시하고 있다. 원래의 핵심표본은 3,003명의 남성과 3,108명의 여성으로 구성되어 있었다.

---

[27] 연립방정식 모형에 대한 자세한 설명은 Gujarati/Porter, *op cit.*, Chapter 18, 19, 20을 참조하라. 지금은 1960년대와 1970년대처럼 중요한 주제로서 다루지 않는다.

[28] 여기에 대해서는 제7장에서 간단히 논의했었다.

NLSY 횡단면은 22개의 서브셋(subset)으로 구성되어 있고, 각 서브셋은 무작위로 선정한 남성 270명과 여성 270명의 총 540명으로 구성되어 있다.[29] 다양한 사회-경제적 상황에 대하여 조사한 매우 방대한 자료이다. 주요 조사항목은 성, 인종(ethnicity), 연령, 교육연한, 최종 학위, 혼인상태, 종교, 가족배경(어머니나 아버지의 교육수준과 형제자매의 수), 주거 형태, 임금, 근로시간, 근로경력, 고용 형태(정부, 민간부문, 자영), 거주지역(북중부, 북동부, 남부 및 서부) 등이다.

2002년도 자료 중 일부(표본 서브셋 22번)를 이용하여 임금함수를 추정해 보도록 한다. 제이콥 민서(Jacob Mincer)가 확립한 전통에 따라 다음과 같은 임금함수를 생각해 보자.[30]

$$lEarn_i = B_1 + B_2 S_i + B_3\ Wexp_i + B_4\ Gender_i + \\ B_5\ Ethblack_i + B_6\ Ethhisp_i + u_i \tag{19.39}$$

여기서 $\ln Earn$ = 시간당 임금(단위 : 달러)의 로그값, S = 교육연한(2002년에 수료한 최고 학년), $Wexp$ = 2002년 면접조사 시점에서의 총 교외 근로경력(단위 : 년), $Gender$ = 1(여성일 때), $Ethblack$ = 1(흑인일 때), 그리고 $Ethhisp$ = 1(히스패닉일 때)이다. 인종의 경우 비흑인-비히스패닉이 기준범주가 된다.

변수들 중 일부는 정량변수이고 일부는 가변수임을 알 수 있다. 기존의 실증적 증거를 근거로 $B_2 > 0$, $B_3 > 0$, $B_4 < 0$, $B_5 < 0$, $B_6 < 0$일 것으로 예상해 본다.

이 장의 목적에 비추어 볼 때 우리의 관심은 교육변수 S에 있다. 교육수준과 상관관계를 가진 (타고난) 능력도 임금에 영향을 미치는 변수일 것이다. 그렇다면 능력을 교육수준과 함께 모형에 포함시켰어야 한다. 하지만 능력을 직접 측정하기 어려워서 오차항에 포함시켜 처리하였을 것이다. 이 경우 교육변수는 오차항과 상관관계를 가진 내생변수, 즉 확률적 설명변수가 된다. 확률적 설명변수가 일으키는 문제에 대한 앞에서의 논의를 통하여, 식 (19.39)를 OLS로 추정할 경우 S의 계수가 편의뿐만 아니라 불일치성을 갖게 될 것임을 알고 있다. 그 이유는 능력의 효과를 제거해버리고 순수하게 교육이 임금에 미치는 영향을 추정해 낼 수 없기 때문이다. 그렇다면 계수에 대한 일치추정치를 얻을 수 있도록 교육연한에 대한 적절한 도구 또는 도구들을 찾아보아야 할 것이다.

도구를 찾아 나서기 전에, 비교를 위하여 식 (19.39)를 OLS로 추정해 두자. Stata 10을 이용해서 얻은 회귀 결과가 표 19.4에 있다.

모든 계수추정치들은 예상했던 부호를 가지고 있고 고전적 가정들이 성립한다고 전제하면,

---

29 자료는 http://www.bls.gov/nls/에서 구할 수 있다. 일부 자료는 다운로드 가능하지만 보다 상세한 자료는 구매해야 한다.

30 Jacob Mincer, *Schooling, Experience, and Earnings*, Columbia University Press, 1974, 또한 James J. Hickman, Lance J. Lochner and Petra E. Todd, *Fifty Years of Mincer Earnings Functions*, National Bureau of Economic Research, Working Paper No. 9732, May 2003.

표 19.4 미국의 임금함수(2002년)

```
regress lEarnings s female wexp ethblack ethhisp,robust
Linear regression    Number of obs = 540
F(5, 534) = 50.25
Prob > F = 0.0000
R-squared = 0.3633
Root MSE = .50515
```

lEarnings	Coef.	Std. Err.	t	P>|t|	[95% Conf. Interval]	
					Robust	
S	.1263493	.0097476	12.96	0.000	.1072009	.1454976
female	−.3014132	.0442441	−6.81	0.000	−.3883269	−.2144994
wexp	.0327931	.0050435	6.50	0.000	.0228856	.0427005
ethblack	−.2060033	.062988	−3.27	0.001	−.3297381	−.0822686
ethhisp	−.0997888	.088881	−1.12	0.262	−.2743881	.0748105
_cons	.6843875	.1870832	3.66	0.000	.3168782	1.051897

주 : Regress는 OLS 추정을 위한 Stata 명령어이다. 명령어 다음에 종속변수와 설명변수들을 순서대로 입력한다. 필요할 때 robust와 같은 옵션을 추가한다. robust 옵션은 강건한 표준오차(이 경우에는 이분산을 감안한 표준오차)를 계산해 주며, 이에 대해서는 이분산에 관한 장에서 설명하였다.

모든 계수들이 통계적으로 매우 유의하다. 히스패닉 가변수의 계수가 유의하지 않은 것이 유일한 예외일 뿐이다.

이 결과를 보면, 여성 근로자는 다른 조건이 동일한 남성 근로자에 비하여 평균적으로 낮은 임금을 받고 있다. 다른 조건이 동일할 때 흑인 근로자의 시간당 임금은 평균적으로 기준범주인 비흑인-비히스패닉 근로자에 비해 낮다. 히스패닉 가변수의 계수는 정성적으로 그 부호가 음이지만 통계적으로 유의하지는 않다.

로그 선형 회귀모형이므로 정량변수와 정성변수(즉, 더미변수)의 계수들을 해석할 때 주의해야 한다(함수 형태에 대한 제2장을 참조하라). 정량변수인 교육연한과 근로경력의 계수추정치는 반-탄력성(semi-elasticity)이다. 따라서 여타의 조건이 일정하다면 교육연한이 1년 증가하면 시간당 임금은 약 13% 상승한다. 마찬가지로 근로경력이 1년 증가하면 시간당 임금은 약 3.2% 상승한다.

가변수의 반-탄력성을 구하기 위해서는 먼저 계수의 로그를 벗기고 1을 빼면 된다(%로 나타내려면 100을 곱해 준다). 이 절차에 따라 여성 가변수의 계수를 처리하면 0.7397의 값을 얻게 되며, 이는 여성들이 남성 근로자들에 비하여 평균적으로 26% 정도 임금이 낮다는 것을 의미한다. 흑인과 히스패닉 근로자들의 반-탄력성은 각각 약 0.81과 0.90이다. 흑인과 히스패닉 근로자들은 기준 범주에 비하여 약 19%와 10% 정도 임금이 낮다는 뜻이다. 물론 히스패닉 근로자들의 반-탄력성은 통계적으로 유의하지 않다.

앞에서 논의했던 것처럼, 능력을 고려하지 않았기 때문에 교육변수가 오차항과 상관관계를 가진 확률적 설명변수일 가능성이 있다. 만약 교육에 대해서 도구가 충족해야 할 세 가지 조건을 만족하는 적절한 도구를 찾을 수 있다면, 우리는 이 도구를 이용하여 IV 추정법으로 임금함수를 추정할 수 있다. 하지만 "무엇이 적절한 도구일까?"라는 질문에 단언적으로 확답을 하기는 어렵다. 우리가 할 수 있는 것은 하나 이상의 대리변수들을 시험해서 표 19.4의 OLS 추정 결과와 비교해 보는 것이다. 그리고 OLS 추정에 편의가 있다면 어느 정도인지 살펴보는 것이다.

주어진 자료에서 (교육연한으로 측정한) 어머니와 아버지의 교육수준, 형제자매의 수, 그리고 ASVAB 언어영역(단어지식) 및 수리영역(산술 추론) 점수 등에 대한 정보를 얻을 수 있다.

대리변수들은 오차항과 상관되어 있지 않지만 확률적 설명변수와는 (아마도 높은) 상관관계를 가지고 있어야 하며 자신이 설명변수 후보여서는 안 된다. 스스로 설명변수로 포함되어야 할 변수라면 분석에 이용하고 있는 모형 자체가 잘못 설정된 모형일 것이다. 모든 경우에 모든 과업을 완수해 내는 것이 언제나 쉬운 것은 아니다. 자주 시행착오를 겪어야 하고, 때로는 주어진 문제에 대한 판단이나 '감'에 의존해야 한다.

대리변수로 선택한 변수가 적절한 것인지에 대한 진단검정이 있지만, 이에 대해서는 잠시 후에 설명할 것이다. 우리는 교육수준 S에 대한 도구변수로 어머니의 교육수준(Sm)을 사용할 것이다. S와 Sm이 상관되어 있다는 것은 그럴듯한 가정이라는 생각에서이다. 우리가 가진 자료에서 둘 사이의 상관계수를 구해 보면 약 0.40이 나온다. Sm이 오차항과 상관되어 있지 않다고 가정해야 한다. Sm이 임금함수에 속하지 않는다는 것도 가정해야 하지만, 이건 그다지 무리해 보이지 않는다.

일단 Sm의 도구로서의 유효성을 받아들이고, 그에 대한 검정은 IV 추정법에 대한 상세한 설명 이후로 미루도록 하자.

Sm을 S에 대한 도구로 사용하여 임금함수를 추정하는 과정은 두 단계로 진행된다.

1단계 : 내생변수로 의심되는 변수(S)를 도구변수(Sm) 및 모형의 다른 설명변수들에 회귀시켜 S의 예측치를 구한다. 예측치를 S-hat이라 부르자.

2단계 : 이제 임금을 원래 모형의 설명변수들에 회귀시키되 교육변수는 1단계에서 추정한 값으로 대체해 준다.

이러한 추정방법을 2단계 최소제곱법(2SLS)이라 부른다. OLS를 두 번 적용하고 있기 때문에 자연스럽게 붙여진 이름이다. 이 때문에 IV 추정법을 2SLS라 부르기도 한다.

표 19.5는 1단계 회귀 결과이다. 여기서 추정한 S-hat을 이용하여 2SLS의 2단계 회귀를 실행한 것이 표 19.6이다.

표 19.4에서와 달리, S 대신 S-hat을 설명변수로 포함시키고 있음에 유의해야 한다. 그러나 표 19.6에 보고된 표준오차는 제대로 계산된 것이 아니다. 그 이유는 오차항 u_i의 분산을 잘못 추

표 19.5 *Sm*을 도구로 이용한 2SLS의 1단계

```
regress s female wexp ethblack ethhisp sm
```

Source	SS	df	MS	
				Number of obs = 540
				F(5, 534) = 35.06
Model	822.26493	5	164.452986	Prob > F = 0.0000
Residual	2504.73322	534	4.69051165	R-squared = 0.2471
				Adj R-squared = 0.2401
Total	3326.99815	539	6.17253831	Root MSE = 2.1658

s	Coef.	Std. Err.	t	P>|t|	[95% Conf. Interval]	
female	−.0276157	.1913033	−0.14	0.885	−.4034151	.3481837
wexp	−.1247765	.0203948	−6.12	0.000	−.1648403	−.0847127
ethblack	−.9180353	.2978136	−3.08	0.002	−1.503065	−.3330054
ethhisp	.4566623	.4464066	1.02	0.307	−.420266	1.333591
Sm	.3936096	.0378126	10.41	0.000	.3193298	.4678893
_cons	11.31124	.6172187	18.33	0.000	10.09876	12.52371

표 19.6 임금함수에 대한 2SLS의 2단계

```
regress lEarnings s_hat female wexp ethblack ethhisp
```

Source	SS	df	MS	
				Number of obs = 540
				F(5, 534) = 24.26
Model	39.6153236	5	7.92306472	Prob > F = 0.0000
Residual	174.395062	534	.326582514	R-squared = 0.1851
				Adj R-squared = 0.1775
Total	214.010386	539	.397050809	Root MSE = .57147

s	Coef.	Std. Err.	t	P>|t|	[95% Conf. Interval]	
S_hat	.140068	.0253488	5.53	0.000	.0902724	.1898636
female	−.2997973	.0505153	−5.93	0.000	−.3990304	−.2005642
wexp	.0347099	.0064313	5.40	0.000	.0220762	.0473437
ethblack	−.1872501	.0851267	−2.20	0.028	.3544744	−.0200258
ethhisp	−.0858509	.1146507	−0.75	0.454	−.3110726	.1393708
_cons	.4607716	.4257416	1.08	0.280	−.3755621	1.297105

정하고 있기 때문인데, 표준오차를 교정하는 공식은 다소 복잡하다. Stata나 Eviews 같은 통계패키지를 이용하는 것이 바람직하다. 통계패키지들은 표준오차를 교정해 줄 뿐만 아니라 번거로운 2단계 절차를 하나하나 밟아나가지 않고서도 2SLS 추정치를 얻을 수 있도록 해 준다.

표 19.7 단번에 추정한 임금함수(강건한 표준오차까지)

```
. ivregress 2sls lEarnings female wexp ethblack ethhisp ( S = Sm),robust
(Instrumental variables (2SLS) regression Number of obs = 540
Wald chi2(5) = 138.45
Prob > chi2 = 0.0000
R-squared = 0.3606
Root MSE = .50338
```

lEarnings	Robust					
	Coef.	Std. Err.	z	P>|z|	[95% Conf. Interval]	
s	.140068	.0217263	6.45	0.000	.0974852	.1826508
female	−.2997973	.043731	−6.86	0.000	−.3855085	−.2140861
wexp	.0347099	.0055105	6.30	0.000	.0239095	.0455103
ethblack	−.1872501	.0634787	−2.95	0.003	−.3116661	−.0628342
ethhisp	−.0858509	.0949229	−0.90	0.366	−.2718963	.1001945
_cons	.4607717	.3560759	1.29	0.196	−.2371241	1.158668

Instrumented: S
Instruments: female wexp ethblack ethhisp sm

Stata의 **ivreg**(도구변수 회귀, instrumental variable regression) 명령어를 이용하여 얻은 결과가 표 19.7에 있다.

표 19.6과 표 19.7을 비교해 보면, 추정된 계수값은 같지만 표준오차가 다르다는 것을 알수 있다. 앞에서 언급한 바와 같이, 표 19.7의 표준오차를 이용해야 한다. 그리고 2SLS를 단계별로 실행해 나갈 때에는 2개의 표가 필요했지만, ivreg 명령어를 사용할 경우에는 단 하나의 표만 있으면 된다는 점에도 유의하기 바란다.

19.8 IV 추정에서의 가설검정

IV 추정법으로 임금함수를 추정한 이후 개별 회귀계수에 대한 (CLRM에서의 t-검정과 같은) 가설검정과 여러 회귀계수에 대한 (CLRM에서의 F-검정과 같은) 결합 가설검정은 어떻게 할 것인가? 당분간 우리가 선택한 Sm이 교육연한에 대한 적절한 도구라 가정하자. 이 가정이 옳은지에 대한 검정은 다음 절에서 할 것이다.

데이빗슨과 맥키논(Davidson and Mackinnon)은 "IV추정량의 소표본 분포에 대해서는 거의 알 수 없기 때문에, IV 추정량에 근거하여 정확한 가설검정을 실시하는 것은 거의 불가능하다."[31]라고 말한다.

하지만 대표본에서는 IV 추정량이 근사적으로 식 (19.30)의 평균과 분산을 가진 정규분포를 따른다는 것을 보일 수 있다. 따라서 표준적인 t-검정 대신에 표 19.7에서처럼 z-검정을 이용

---

31 Davidson and MacKinnon, *op cit.*, pp. 330-5.

하게 된다. 이 표의 z값들은 히스패닉 가변수만 제외하고 모두 매우 통계적으로 유의하다.

둘 이상의 계수에 대한 결합가설을 검정할 때는 고전적인 F-검정이 아니라 대표본 검정인 왈드(Wald) 검정을 이용한다. 왈드 통계량은 설명변수의 수를 자유도(표 19.7에서는 5)로 갖는 χ^2-분포를 따른다. 통상의 F-검정에서와 마찬가지로, 귀무가설은 모든 설명변수의 계수들이 동시에 0이다. 즉 설명변수들이 전체적으로 (로그) 임금과 아무런 관련이 없다는 것이다. 우리의 예제에서 χ^2값은 약 138이고, 이 값보다 큰 χ^2값을 얻을 확률은 실질적으로 0이다.

다시 말하면 전체적으로 설명변수들은 시간당 임금에 중요한 영향을 미치고 있다.

IV 추정에서의 R^2에 대한 주의사항

표 19.7에는 IV 회귀의 R^2값이 있다. 하지만 여기서의 R^2은 실제로 음수가 될 수도 있는 값으로 고전적 선형회귀모형에서와 동일하게 해석할 수는 없다. 어느 정도 평가절하하여 받아들여야 한다.[32]

진단검정

IV 추정의 기초를 공부하였으니, 이제 IV 방법론에 관한 몇 가지 질문에 대하여 생각해 보자. 이 질문들은 실제 응용에서 매우 중요하다.

A. 어떤 설명변수가 정말 내생변수인지 어떻게 알 수 있는가?
B. 약한 도구인지 강한 도구인지는 어떻게 판단할 것인가?
C. 하나의 확률적 설명변수에 대하여 다수의 도구가 있으면 어떻게 되는가? 그리고 도구들의 유효성은 어떻게 검정하는가?
D. 둘 이상의 확률적 설명변수가 있는 모형은 어떻게 추정하는가?

이제부터 이 질문들에 차례로 답해 나갈 것이다.

19.9 설명변수의 내생성 검정

우리는 예제의 S가 내생변수라는 가정하에 분석을 진행해 왔다. 하지만 이 가정은 하우스만 검정의 여러 변형 중 하나를 이용하여 명쾌하게 검정해 볼 수 있다. 이 검정은 비교적 간단한 것으로 두 단계로 진행된다.

1단계 : 내생변수 S를 임금함수의 모든 (비확률적) 설명변수 및 도구변수(들)에 회귀시켜 잔차를 구한다. 이것을 S-hat이라 부르자.

2단계 : 로그임금을 S를 포함한 모든 설명변수 및 1단계에서 구한 잔차에 회귀시킨다. 이

---

32 통상적으로 계산해 보는 결정계수는 $R^2 = 1 - RSS/TSS$로 정의된다. IV 회귀에서는 RSS가 TSS보다 커서 R^2이 음수가 될 수도 있다.

표 19.8 교육변수의 내생성에 대한 하우스만 검정 : 1단계 회귀

regress s female wexp ethblack ethhisp sm

Source	SS	df	MS	
				Number of obs = 540
				F(5, 534) = 35.06
Model	822.26493	5	164.452986	Prob > F = 0.0000
Residual	2504.73322	534	4.69051165	R-squared = 0.2471
				Adj R-squared = 0.2401
Total	3326.99815	539	6.17253831	Root MSE = 2.1658

S	Coef.	Std. Err.	t	P>|t|	[95% Conf. Interval]	
female	−.0276157	.1913033	−0.14	0.885	−.4034151	.3481837
wexp	−.1247765	.0203948	−6.12	0.000	−.1648403	−.0847127
ethblack	−.9180353	.2978136	−3.08	0.002	−1.503065	−.3330054
ethhisp	.4566623	.4464066	1.02	0.307	−.420266	1.333591
sm	.3936096	.0378126	10.41	0.000	.3193298	.4678893
_cons	11.31124	.6172187	18.33	0.000	10.09876	12.52371

. predict shat,residuals

회귀에서 잔차변수의 t값이 통계적으로 유의하면 S가 내생변수 또는 확률적 설명변수라고 결정한다. 통계적으로 유의하지 않으면 IV 추정을 할 필요가 없다. 이 경우엔 S가 자기 자신의 도구이기 때문이다.

예제로 돌아가자.

1단계 회귀 결과는 표 19.8, 그리고 2단계 회귀 결과는 표 19.9와 같다.

shat의 계수가 통계적으로 유의하지 않으므로 교육연한은 내생변수가 아닌 것으로 보인다. 하지만 우리는 횡단면 자료를 다루고 있고 이런 자료에서는 보통 이분산의 문제가 존재하기 때문에 표 19.9의 결과를 액면 그대로 받아들여서는 안 된다. 이분산에 관한 장에서 설명한 HAC 표준오차와 같이 이분산을 감안한 표준오차를 계산해 볼 필요가 있다.

Stata의 robust 옵션으로 이분산을 감안한 표준오차를 계산한 결과가 표 19.10이다.

이제 shat 변수의 계수는 약 8% 수준에서 통계적으로 유의하고, 이것은 교육연한이 내생변수임을 시사한다.

19.10 도구가 약한지 강한지에 대한 판단

확률적 설명변수와의 상관관계가 높지 않은 약한 도구를 추정에 이용할 경우, IV 추정량은 큰 편의를 갖게 되고 대표본이라 하더라도 표본분포가 근사적 정규분포가 되지 않는다. 따라서 IV 표준오차와 여기에 근거한 신뢰구간 및 가설검정 결과를 신뢰할 수 없게 된다.

표 19.9 교육변수의 내생성에 대한 하우스만 검정 : 2단계 회귀

egress lEarnings s female wexp ethblack ethhisp shat

Source	SS	df	MS	
				Number of obs = 540
				F(6, 533) = 50.80
Model	77.8586985	6	12.9764498	Prob > F = 0.0000
Residual	136.151687	533	.255444066	R-squared = 0.3638
				Adj R-squared = 0.3566
Total	214.010386	539	.397050809	Root MSE = .50541

lEarnings	Coef.	Std. Err.	t	P>|t|	[95% Conf. Interval]	
S	.140068	.0224186	6.25	0.000	.0960283	.1841077
female	−.2997973	.044676	−6.71	0.000	−.38756	−.2120346
wexp	.0347099	.0056879	6.10	0.000	.0235365	.0458834
ethblack	−.1872501	.0752865	−2.49	0.013	−.3351448	−.0393554
ethhisp	−.0858509	.1013977	−0.85	0.398	−.2850391	.1133373
shat	−.0165025	.0245882	−0.67	0.502	−.0648041	.0317992
_cons	.4607717	.3765282	1.22	0.222	−.2788895	1.200433

표 19.10 강건한 표준오차를 이용한 하우스만 내생성 검정

regress lEarnings s female wexp shat,vce(robust)
Linear regression   Number of obs = 540
F(4, 535) = 59.14
Prob > F = 0.0000
R-squared = 0.3562
Root MSE = .50747

lEarnings	Robust					
	Coef.	Std. Err.	t	P>|t|	[95% Conf. Interval]	
S	.1642758	.0209439	7.84	0.000	.1231334	.2054183
female	−.3002845	.0443442	−6.77	0.000	−.3873947	−.2131744
wexp	.0390386	.0053869	7.25	0.000	.0284565	.0496207
shat	−.0407103	.022955	−1.77	0.077	−.0858034	.0043828
_cons	.0311987	.3380748	0.09	0.927	−.6329182	.6953156

식 (19.30)을 보면 그 이유를 알 수 있다. 이 식의 ρ_{xz}가 0이면 IV 추정량의 분산은 무한대이다. ρ_{xz}가 정확하게 0은 아니지만 매우 작은 값이면(Z가 약한 도구인 경우이다), IV 추정량은 대표본이라 하더라도 정규분포를 따르지 않게 된다. 하지만 주어진 상황에서 어떤 도구가 약한지 강한지를 어떻게 결정할 것인가?

내생적 설명변수가 하나인 경우에는 보통 하우스만 검정의 1단계 회귀의 F-통계량 값이 10 이하이면 해당 도구가 약하다고 판단한다. F값이 10보다 크면 대체로 약한 도구가 아닌 것으로 판단한다.[33] 내생적 설명변수 이외에 다른 설명변수가 없는 경우 F-통계량값 10은 t값 3.2와 마찬가지다. F와 t 사이에 $F_{1,k} = t_k^2$의 관계가 있기 때문이다.

예제에서는 1단계 회귀의 F-통계량 값이 35로 임계값 10을 넘고 있으므로 Sm은 강한 도구인 것으로 판단된다. 하지만 이 방법은 대강 사용하는 편법이므로 맹목적으로 이용해서는 안 된다.

19.11 다수의 도구가 있는 경우

교육과 상관관계를 가진 다수의 도구변수가 경쟁하는 경우가 있다. 이럴 때는 어느 하나를 선택하는 대신에 둘 이상의 도구를 IV 회귀에 포함시키는 것이 가능하다. 앞에서 설명한 2단계 최소제곱법(2SLS)을 이용하면 된다.

1단계 : 내생변수로 의심되는 변수를 모형의 다른 설명변수들 및 모든 도구변수에 회귀시켜 내생적 설명변수에 대한 예측치를 구한다.
2단계 : 이제 임금을 원래 모형의 설명변수들에 회귀시키되 교육변수는 1단계에서 추정한 값으로 대체한다.

Stata의 ivreg 명령어에 다수의 도구들을 포함시키면 위의 두 단계를 한 번에 실행할 수 있다.

임금을 교육연한(S), 성별($female$), 근로경력년수($wexp$), 그리고 인종 가변수들($Ethblack$과 $Ethhisp$)에 회귀시키는 임금함수 예제에서, 어머니의 교육수준(Sm) 외에 아버지의 교육수준(Sf)과 형제자매의 수($siblings$)를 도구로 포함시키는 경우 다음과 같은 2단계를 거치게 된다.

1단계 : 교육연한(S)을 모든 (비확률적) 설명변수 및 도구들에 회귀시켜 S의 예측치를 구한다. 이것을 $\hat{S}$이라 부르자.
2단계 : 이제 임금을 $female$, $wexp$, 인종 가변수들, 그리고 1단계에서 추정한 $\hat{S}$에 회귀시킨다.

표 19.11을 참조하라. 하나의 도구만 이용한 표 19.7과 비교해 보면, 다수의 도구를 도입할 때 S의 계수가 조금 커지는 것을 알 수 있다. 여전히 표 19.4의 OLS 회귀에서보다 상당히 큰 값이다. 하지만 이 계수의 표준오차는 OLS 표준오차에 비하여 상대적으로 크다는 것을 알 수

---

[33] 왜 10인가? 이 질문에 대한 다소 전문적인 답이 James H. Stock and Mark W. Watson, *Introduction to Econometrics*, 2nd edn, Pearson/Addison Wesley, Boston, 2007, p. 466에 있다. F-통계량 값이 10을 넘으면 IV 추정치의 소표본 편의가 OLS 편의의 10% 미만이 된다. 확률적 설명변수의 경우 OLS는 대표본과 소표본에서 모두 편의를 가진다는 점을 기억하라.

표 19.11 다수의 도구를 이용하여 추정한 임금함수

```
ivreg lEarnings female wexp ethblack ethhisp (S = sm sf siblings),robust
Instrumental variables (2SLS) regression          Number of obs = 540
F( 5, 534) = 26.63
Prob > F = 0.0000
R-squared = 0.3492
Root MSE = .51071
```

| lEarnings | | | Robust | | | |
lEarnings	Coef.	Std. Err.	t	P>|t|	[95% Conf. Interval]	
s	.1579691	.0216708	7.29	0.000	.1153986	.2005396
female	−.2976888	.0441663	−6.74	0.000	−.3844499	−.2109278
wexp	.0372111	.005846	6.37	0.000	.0257271	.0486951
ethblack	−.1627797	.0625499	−2.60	0.010	−.2856538	−.0399056
ethhisp	−.0676639	.098886	−0.68	0.494	−.2619172	.1265893
_cons	.1689836	.3621567	0.47	0.641	−.542443	.8804101

Instrumented: S
Instruments: female wexp ethblack ethhisp sm sf siblings

있으며, 다시 한 번 IV 추정량이 비효율적일 수 있다는 것을 상기시킨다.

잉여도구들의 유효성 검정

아래에 간단히 언급하겠지만, 최소한 확률적 설명변수의 개수 이상의 도구가 있을 때 회귀계수들을 추정할 수 있다. 따라서 예제의 임금함수에 대해서는 어머니의 교육수준(Sm)을 도구로 이용한 표 19.7에서처럼 하나의 도구가 있으면 충분하다. 표 19.11에는 필요한 것보다 2개가 많은 3개의 도구가 있다. 이들이 교육과 상관되어 있지만 오차항과는 상관되어 있지 않다는 의미에서 유효한 도구인지 어떻게 알 수 있을까? 간단히 말해 이들은 적합한 도구인가?

이 질문에 대한 답을 제시하기 전에 다음 사실을 언급해 두는 것이 좋을 것이다.

1. 도구의 수가 내생적 설명변수의 수와 같으면, 회귀계수들은 정확히 식별된다고 말한다. 회귀계수들에 대한 유일한 추정치를 얻을 수 있는 경우이다.

2. 도구의 수가 내생적 설명변수의 수보다 크면, 회귀계수들은 과잉 식별된다고 말한다. 하나 이상의 회귀계수에 대하여 추정치가 둘 이상 나올 수 있는 경우이다.

3. 도구의 수가 내생적 설명변수의 수보다 작으면, 회귀계수들은 과소 식별된다고 말한다. 회귀계수들에 대한 추정치를 얻을 수 없는 경우이다.[34]

임금함수 예제에서, 3개의 도구(*Sm, Sf, siblings*)를 사용하면 2개의 여분 또는 잉여 도구가

---

34 식별문제는 보통 연립방정식 모형의 틀 내에서 논의한다. 자세한 내용은 Gujarati/Porter, *op cit.*, Chapter 18, 19, 20을 참조하라.

있는 셈이다. 다음과 같은 방법으로 여분도구들의 유효성에 대하여 알아볼 수 있다.[35]

1. 모든(이 경우에는 3개) 도구들을 이용하여 임금함수의 회귀계수들에 대한 IV 추정치를 구한다.

2. 위 회귀에서 잔차를 구한다. 이것을 Res라 부르자.

3. Res를 모형의 모든 외생적 설명변수 및 모든 도구에 회귀시키고 R^2의 값을 구한다.

4. 단계 3에서 구한 R^2의 값에 표본크기($n = 540$)를 곱하여 nR^2을 구한다. 모든 잉여도구들이 유효하다면 $nR^2 \sim \chi_m^2$, 즉 nR^2은 잉여도구의 수 m(이 경우에는 2)을 자유도로 갖는 χ^2-분포를 따른다는 것을 보일 수 있다.

5. χ^2값이 예컨대 5% 유의수준에서의 임계값을 초과하면, 적어도 하나의 잉여도구는 유효하지 않다고 결정한다.

3개의 도구를 이용하여 임금함수의 회귀계수들에 대한 IV 추정치를 구한 결과는 이미 표 19.11에 주어져 있다. 여기서 구한 잔차를 이용해서 3단계의 회귀를 실행한 것이 표 19.12이다.

표 19.12 잉여도구의 유효성 검정

regress Res female wexp ethblack ethhisp sm sf siblings

Source	SS	df	MS	
				Number of obs = 540
				F(7, 532) = 1.32
Model	2.38452516	7	.340646452	Prob > F = 0.2366
Residual	136.894637	532	.257320746	R-squared = 0.0171
				Adj R-squared = 0.0042
Total	139.279162	539	.258402898	Root MSE = .50727

Res	Coef.	Std. Err.	t	P>|t|	[95% Conf. Interval]	
female	−.0067906	.0449329	−0.15	0.880	−.0950584	.0814771
wexp	−.0001472	.0047783	−0.03	0.975	−.0095339	.0092396
ethblack	−.0034204	.0708567	−0.05	0.962	−.1426136	.1357728
ethhisp	−.0197119	.1048323	−0.19	0.851	−.225648	.1862241
sm	−.0206955	.0110384	−1.87	0.061	−.0423797	.0009887
sf	.0215956	.0082347	2.62	0.009	.0054191	.0377721
siblings	.0178537	.0110478	1.62	0.107	−.0038489	.0395563
_cons	−.0636028	.1585944	−0.40	0.689	−.3751508	.2479452

---

35 이 논의는 R. Carter Hill, William E. Griffiths and Guay C. Lim, *Principles of Econometrics*, 3rd edn, John Wiley & Sons, New York, 2008, pp. 289-90을 참고하였다.

이 표의 계수값들에 대해서는 신경 쓸 필요가 없다. 중요한 것은 0.0171로 나온 R^2값이다. 여기에 표본크기 540을 곱하면 $nR^2 = 9.234$가 된다. 자유도 2인 χ^2-분포의 1% 유의수준에서의 임계값은 약 9.21이다. 따라서 계산된 카이제곱값은 매우 유의하며, 적어도 하나의 도구는 유효하지 않음을 시사한다. 하나의 도구만 있으면 모수들을 식별(즉, 추정)할 수 있으므로 3개의 도구 중 아무거나 2개를 폐기해 버릴 수도 있다. 하지만 유효한 도구를 폐기할 가능성이 있으므로 이것은 좋은 생각이 아닐 것이다. 오차항에 이분산이 있는 경우에 일치성을 갖는 IV 추정치를 구하는 절차도 있다. 상세한 내용은 독자들이 참고문헌에서 찾아보기 바란다 (예컨대 스톡과 왓슨의 교재를 참조하라).

19.12 다수의 내생적 설명변수가 있는 회귀모형

지금까지는 하나의 내생적 설명변수가 있는 경우에 초점을 맞추고 있었다. 둘 이상의 내생적 설명변수가 있는 상황에는 어떻게 대처해야 할까? 임금함수 모형에서 근로경력도 내생적 설명변수라고 가정하자. 이제 교육(S)과 근로경력($wexp$)이라는 2개의 내생적 설명변수가 존재하게 되며, 이 경우에도 우리는 2SLS를 이용하여 문제를 해결할 수 있다.

교육이 임금에 미치는 영향을 식별해 내는 데 하나의 도구(Sm)가 필요했던 것과 마찬가지로 $wexp$에 대한 또 하나의 도구가 필요하다. 자료에 있는 연령(age)은 명백히 외생변수로 취급할 수 있는 변수이므로 이것을 $wexp$에 대한 도구로 이용하자. 2개의 확률적 설명변수를 가진 임금함수를 추정하기 위하여 다음과 같은 절차를 밟는다.

1단계 : 각각의 내생적 설명변수를 모든 외생변수에 회귀시켜 예측치를 구한다.
2단계 : 임금을 원래 모형의 설명변수들에 회귀시키되 내생적 설명변수들은 1단계에서 구한 예측치로 대체한다.

Stata와 같은 통계패키지가 한 번에 모든 것을 처리해 주기 때문에 실제로 이 두 단계를 거칠 필요는 없다. 추정 결과는 표 19.13에 있다.

이 결과에 의하면, 교육을 1년 더 받는 데서 오는 수익은 여타의 조건이 일정하다면 약 13.4%이다. female과 ethblack은 전과 마찬가지로 매우 유의하지만, 근로경력은 통계적으로 유의하지 않다.

설명변수가 오차항과 상관되어 있을 때 OLS 추정량은 불일치 추정량이지만 IV 추정법으로 일치추정량을 얻을 수 있다고 하였다. 설명변수가 오차항과 상관되어 있지 않은 경우에는 OLS와 IV 추정량이 모두 일치추정량이지만 보다 효율적인 OLS 추정량을 선택해야 한다. 따라서 설명변수들이 오차항과 상관되어 있는지를 알아볼 필요가 있다.

더빈, 우, 그리고 하우스만(DWH)에 의해 개발되었지만 보통 하우스만 검정으로 알려져 있

표 19.13 2개의 내생적 설명변수가 있는 경우의 IV 추정

. ivregress 2sls lEarnings female ethblack ethhisp (s wexp = sm age)
Instrumental variables (2SLS) regression Number of obs = 540
Wald chi2(5) = 139.51
Prob > chi2 = 0.0000
R-squared = 0.3440
Root MSE = .50987

lEarnings	Coef.	Std. Err.	z	P>|z|	[95% Conf. Interval]	
s	.1338489	.0229647	5.83	0.000	.0888389	.1788589
wexp	.0151816	.0158332	0.96	0.338	−.0158509	.0462141
female	−.3378409	.0535152	−6.31	0.000	−.4427287	−.2329531
ethblack	−.215774	.0787299	−2.74	0.006	−.3700818	−.0614663
ethhisp	−.1252153	.1063871	−1.18	0.239	−.3337301	.0832995
_cons	.8959276	.4964128	1.80	0.071	−.0770236	1.868879

Instrumented: s wexp
Instruments: female ethblack ethhisp sm age

는 검정방법이 응용계량경제학에서 설명변수들의 내생성을 검정할 때 이용된다.[36]

이 검정을 유도해 내는 수학은 복잡하지만, 검정의 뒤에 숨어 있는 기본 아이디어는 매우 간단하다. 그것은 모형에 포함된 모두 계수들의 OLS 추정치와 IV 추정치의 차이 $m = b^{OLS} - b^{IV}$가 통계적으로 유의한지 살펴보자는 것이다. 설명변수들이 오차항과 상관되어 있지 않다는 귀무가설이 옳다면 m은 0에 가까운 값을 가질 것이다. m의 함수로 정의되는 검정통계량의 식은 행렬을 포함하고 있어서 생략하지만, 이 통계량은 귀무가설 하에서 비교하고 있는 계수의 수를 자유도를 갖는 χ^2-분포를 따른다는 것이 증명되어 있다. m이 0에 가까운 값이어서 χ^2-통계량의 값이 작으면 설명변수들이 오차항과 상관되어 있지 않은 것으로 보고 IV 추정치 대신에 보다 효율적인 OLS 추정치를 사용하게 된다.

표 19.14는 Stata로 계산한 하우스만 검정의 결과이다. 표의 (b)열은 IV 추정치들이고 (B)열은 OLS 추정치들이다. 그다음 열이 두 추정치 사이의 차이(m)이고, 마지막 열은 차이의 표준오차들이다.

χ^2값이 1.63 이상으로 나올 확률이 약 98%이므로 OLS 추정치와 IV 추정치 사이에 통계적으로 유의한 차이가 있다고 보기 어렵다. 따라서 설명변수들이 오차항과 상관되어 있지 않다는 귀무가설을 기각하지 못한다. 따라서 우리는 OLS 추정치를 선택하게 된다. 그 이유는 IV

---

36 Jerry Hausman, Specification tests in econometrics, *Econometrica*, vol. **46**, no. 6, 1978, pp. 1251-71; James Durbin, Errors in variables, *Review of the International Statistical Institute*, vol. **22**, no. 1, 1954, pp. 23-32, 그리고 De-Min Wu, Alternative tests of independence between stochastic regressors and disturbances, *Econometrica*, vol. **41**, no. 4, 1073, 733-50 참조. 또한 A. Nakamura and M. Nakamura, On the relationship among several specification error tests presented by Durbin, Wu, and Hausman, *Econometrica*, vol. **49**, November 1981, pp. 1583-8을 참조하라.

표 19.14 임금함수 설명변수들의 내생성에 대한 하우스만 검정

hausman earniv earnols1, constant

	Coefficients			sqrt(diag(V_b-V_B))
	(b)	(B)	(b-B)	
	earniv	earnols	Difference	S.E.
educ	.1431384	.1082223	.0349161	.0273283
female	−.2833126	−.2701109	−.0132017	.0121462
wexp	.0349416	.029851	.0050906	.0040397
ethblack	−.1279853	−.1165788	−.0114065	.0138142
ethhisp	−.0506336	−.0516381	.0010045	.0141161
asvab02	.0044979	.0093281	−.0048302	.0037962
_cons	.1715716	.483885	−.3123135	.2454617

b = consistent under Ho and Ha; obtained from ivreg
B = inconsistent under Ha, efficient under Ho; obtained from regress
Test: Ho: difference in coefficients not systematic
chi2(7) = (b−B)'[(V_b−V_B)^(−1)](b−B)
= 1.63
Prob>chi2 = 0.9774

추정치보다 효율적이기 때문이다.

표 19.2에 있는 모든 자료를 다 이용하지는 않았지만, 지금까지 고려해 본 모형에 근거하여 판단해 보면 교육년수(S)는 대체로 오차항과 상관되어 있지 않을 것으로 보인다. 하지만 독자들에게 표 19.2의 자료에 대하여 모형을 다르게 설정하면 다른 결론에 이르게 되는지 알아보도록 권하고 싶다.

19.13 요약 및 결론

고전적 선형회귀모형의 중요한 가정 중 하나는 오차항이 설명변수(들)와 상관관계를 갖지 않는다는 것이다. 오차항과 상관되어 있는 설명변수를 확률적 설명변수 또는 내생적 설명변수라 부른다. 확률적 설명변수가 있을 때 OLS 추정량은 편의를 가지며 이 편의는 표본크기가 무한히 증가하더라도 사라지지 않는다. 다시 말하면 OLS 추정량은 일치성조차 갖지 못한다. 결과적으로 구간추정과 가설검정을 신뢰할 수 없게 된다.

확률적 설명변수와 상관관계가 있으면서 오차항과 상관되어 있지 않고, 또한 스스로 설명변수 후보가 아닌 대리변수를 찾을 수 있으면 회귀계수들에 대한 일치추정량을 얻을 수 있다. 이러한 변수들을 도구변수 또는 간단히 도구라 부른다.

대표본에서 IV 추정량은 정규분포를 따르며, 평균은 참 모수값과 같고 분산은 확률적 설명변수와 도구 사이의 모상관계수에 의존한다. 하지만 유한표본, 즉 소표본에서 IV 추정량은 편의를 가지고, 분산도 OLS 추정량에 비하여 커서 비효율적이다.

IV의 성공 여부는 도구가 얼마나 강한 것인지, 즉 확률적 설명변수와의 상관관계가 얼마나 강한지에 달려 있다. 이 상관관계가 높은 도구를 강한 도구, 낮은 도구를 약한 도구라 한다. 약한 도구일 경우 IV 추정량은 대표본에서도 정규분포를 따르지 않을 수 있다.

'좋은' 도구를 찾는 일은 쉽지 않다. 직관, 성찰, 기존의 실증연구에 대한 지식, 때로는 단순한 운에 의존해야 한다. 이런 면에서, 도구로 선택한 변수가 약한지 강한지를 명시적으로 검정해 보는 것이 중요하다.

확률적 설명변수 하나당 1개의 도구가 필요하다. 하나의 확률적 설명변수에 대하여 둘 이상의 도구를 가지고 있는 경우 우리는 잉여도구들의 유효성을 검정할 수 있다. 여기서 유효성이란 잉여도구들이 확률적 설명변수와 높은 상관관계를 가지면서 오차항과는 상관되어 있지 않음을 의미한다. 다행히 이를 위한 여러 가지 검정방법이 있다.

IV 추정법이 실제 응용에 많이 쓰이게 된 이유 중 하나로 Stata와 Eviews 같은 뛰어난 통계패키지를 통하여 매우 간편하게 추정을 할 수 있게 되었다는 점을 들 수 있다.

IV라는 주제는 지금도 진화하고 있으며 여러 학자들이 지금도 많은 연구를 수행하고 있다. 이들의 웹사이트를 방문하면 이 분야의 최근 발전에 대하여 더 배울 수 있을 것이다. 물론 인터넷은 IV뿐만 아니라 다른 통계기법들에 대한 정보의 근원이기도 하다.

연습문제

19.1 $\sum x_i X_i / \sum x_i^2 = 1$임을 증명하라. 단, $x_i = X_i - \overline{X}$이다.

19.2 식 (19.11)을 증명하라.

19.3 식 (19.12)를 증명하라.

19.4 식 (19.29)를 증명하라.

19.5 본문에서 논의한 임금함수로 돌아가자. 실증적 증거에 의하면, 임금-근로경력(*wexp*) 프로파일은 오목하다. 즉, 임금은 근로경력과 함께 증가하지만 증가속도는 감소한다고 한다. 이것이 사실인지 알아보기 위하여 임금함수식 (19.39)에 $wexp^2$을 설명변수로 추가할 수 있다. 그리고 *wexp*를 외생변수로 취급한다면 $wexp^2$도 외생변수이다. 수정된 임금함수를 OLS와 IV로 추정하고, 그 결과를 본문에 있는 결과와 비교하라.

19.6 여전히 본문에서 논의한 임금함수에 대하여 생각해 보자. 원자료에는 식 (19.39)에 포함된 것 이외에도 많은 변수들에 대한 정보가 들어 있다. 예를 들어, 혼인상태(독신, 결혼, 이혼), ASVAB 언어영역 및 수리영역 점수, 종교(없음, 가톨릭, 유대교, 개신교, 기타), 신체 특성(키와 체중), 고용 형태(정부, 민간부문, 자영업), 그리고 거주지역(북중부, 북동부, 남부, 서부) 등에 대한 정보가 있다. 이 중 임금함수에 포함시켜야 할 변수가 있으면 새로운 모형을 설정하라. 그리고 내생성 문제에 유의하면서 이 모형을 추정하고 계산 결과를 제시하라.

19.7 존 뮬라히(John Mullahy)는 "Instrumental-Variable Estimation of Count Data Models: Applixations to Models of Cigarette Smoking Behavior", *Review of Economics and Statistics*(1997, pp. 586-93)에서, 어머니의 임신 중 흡연이 아기의 출생 시 체중에 악영향을 미치는지 알아보고자 하였다. 답을 얻기 위하여, 그는 출생 시 체중의 자연대수, 성(남자아이이면 1), 출산아 수(해당 여성이 출산한 아이의 수), 어머니가 임신 중 흡연한 담배 개수, 가족소득, 아버지의 교육수준, 그리고 어머니의 교육수준 등 여러 변수들을 고려하였다.

원자료는 마이클 머레이(Michael Murray)의 웹사이트(http://www.aw-bc.com/murray/)에서 다운로드 받을 수 있다. 어머니의 임신 중 흡연이 아기의 출생 시 체중에 미치는 영향에 대하여 자신만의 모형을 개발하고 추정 결과를 뮬라히의 결과와 비교하라. IV 추정을 고려하지 않고 표준적인 로짓 또는 프로빗 모형으로 충분하다고 생각하는 이유를 설명하라.

19.8 식 (19.35)와 (19.36)의 모형에 대하여 생각해 보자. 한 국가나 국가군, 또는 한 국가 내의 주들을 선택하여 범죄율, 법집행 비용 및 지니계수에 대한 자료를 구한 다음 두 방정식을 OLS로 추정하라. 두 방정식의 모수들에 대한 일치추정치를 얻기 위하여 IV를 어떻게 이용할 것인지를 설명하고, 필요한 계산을 하라.

19.9 다음 모형에 대하여 생각해 보자.

$$Y_t = B_1 + B_2 X_t + u_t \qquad (1)$$

여기서 Y = AAA등급 채권수익률의 월간 변동, X = 3개월 재무성증권(TB3) 수익률의 월간 변화, 그리고 u = 오차항이다. 이 변수들에 대한 과거 30년간의 월별 자료를 신뢰할 수 있는 곳(예 : 세인트루이스 연방준비은행)에서 구하라.

(a) 식 (1)을 OLS로 추정하고 필요한 출력물을 제시하라.

(b) 일반적인 경제상황이 AAA 변동과 TB3 변동 모두에 영향을 미치므로 TB3 변동을 순수한 외생변수로 다룰 수는 없다. 이러한 일반적인 경제상황은 오차항 u_t에 숨겨져 있다고 보는 것이 타당할 것이며, 그렇다면 TB3 변동과 오차항 사이에 상관관계가 존재할 가능성이 있다. B_2에 대한 IV 추정량을 어떻게 구할 것인가? TB3 수익률에 대한 도구로 어떤 변수를 이용할 것인가?

(c) 선택한 도구를 이용하여 B_2에 대한 IV 추정치를 구하고, (a)의 OLS 추정치와 비교하라.

(d) 과거의 TB3 변동을 도구로 쓸 수 있다는 주장이 있다. 이 주장의 논리적 근거는 무엇인가? 한 달 전 TB3 변동을 도구로 이용하여 식 (1)을 추정하고 결과에 대하여 논평하라.

19.10 데이빗 카드(David Card)는 1976년도 남자의 임금결정 연구에서 로그임금을 교육, 인종(black = 1), 근로경력, 근로경력의 제곱, SMSA(대도시권) 여부(그렇다면 1),

South(남부지역) 여부(그렇다면 1), 등의 변수에 회귀시켰다.[37]

카드는 교육이 오차항에 포함된 측정 불가능한 요인들(예를 들어 능력)과 상관관계를 가지고 있을 것으로 의심하여 2단계 최소제곱법을 사용하였으며, 교육에 대한 도구변수로는 근로자가 4년제 대학 근처에서 성장하였는지를 나타내는 더미변수를 이용하였다. 1단계에서는 교육을 위에서 언급한 모든 설명변수들 및 4년제 대학 근처에서의 성장 여부를 나타내는 더미변수에 회귀시켰다. 이 1단계 회귀로부터 교육에 대한 추정치를 얻었다. 2단계에서는 로그임금을 모든 원래의 설명변수들 및 1단계에서 구한 추정된 교육변수에 회귀시켰다.

OLS 및 IV 회귀의 결과가 표 19.15에 있다. 연구에 이용한 관측치의 총수는 3009였다. 두 회귀 모두에서 종속변수는 로그임금이다.

(a) 4년제 대학 근처에서의 성장 여부를 도구로 사용한 이유는 무엇일까? 이것이 좋은 대리변수일까?

(b) OLS에서는 교육이 로그임금에 미치는 효과가 IV 회귀에서 얻은 값의 절반 정도인 것으로 나타났다. 이것은 IV와 비교할 때 OLS에 대해 무엇을 시사하는가?

(c) 대부분의 경우 IV 표준오차가 OLS 표준오차보다 크다. 이것은 무엇을 시사하는가?

(d) IV 회귀의 여러 계수 추정치들을 해석하라. 종속변수가 로그임금임에 유의하라.

(e) 경력의 계수가 플러스이고 경력제곱의 계수가 마이너스인 것은 경제학적으로 합당한가? 이것은 다른 변수들이 일정하다는 전제하에 임금-경력 프로파일에 대해 무엇을 말하고 있는가?

표 19.15 David Card의 OLS 및 IV 임금회귀

	OLS regression		IV regression
Intercept	4.7336 (0.0676)		3.7527 (0.8495)
Education	0.0740 (0.0035)	IVeducation	0.1322 (0.0504)
Black	−0.1896 (0.0176)		−0.1308 (0.0541)
Exper	0.0836 (0.0066)		0.1075 (0.0218)
Expersq	−0.0022 (0.0003)		−0.0022 (0.0003)
SMSA	0.1614 (0.0155)		0.1313 (0.0308)
South	−0.1248 (0.0151)		−0.1049 (0.0236)
Adj R^2	0.2891		0.1854

주 : 괄호 안의 숫자들은 추정된 표준오차들이다. IV education은 1단계 회귀에서 구한 education의 예측치이다.

---

37 David Card, The causal effect of education on earnings, in O. Ashenfelter and D. Card, *Handbook of Labor Economics*, vol. 3A, Elsevier, Amsterdam, 1999, pp. 1801-63.

20 | OLS를 넘어서 : 분위수 회귀

이 책의 대부분은 회귀모형을 통상 최소제곱법(OLS)으로 추정하거나, 오차항이 정규분포를 따른다는 가정하에[1] 최우법(ML)으로 추정하는 문제를 다루어 왔다. ML은 여러 가지 바람직한 통계적 성질을 가지고 있고 계산이 어렵지 않기 때문에 다양한 분야에서 널리 이용되고 있다. 이 책에서 논의해 온 기본적 회귀모형은 고전적 선형회귀모형(간단히 고전적 모형)이다.

고전적 모형은 제1장에서 소개한 여러 가지 가정에 기초하고 있다. 우리는 이 가정하에서 모수에 대한 OLS 추정량은 최량선형불편추정량(BLUE)임을 알고 있다. 모형의 오차항이 정규분포를 따른다는 가정을 추가하면 OLS 추정량은 최량불편추정량(BUE)이 된다. 제2부에서는 고전적 모형에서 1개 이상의 가정이 위배될 때 어떤 결과가 초래되는지 살펴보았다. 그리고 몇 가지 치유 방법에 대해서도 논의하였다.

하지만 때로는 고전적 모형의 가정 위배에 크게 민감하지 않은 대안은 없는지 생각해 보는 것이 적절한 경우가 있다. 근본적으로 OLS는 설명변수 X의 값이 주어졌다는 조건하에서 종속변수 Y의 기댓값, 즉 평균을 추정하는 데 집중하고 있다는 한계를 가지고 있다. 다시 말해 OLS는 1.1절에서 설명한 바와 같이 $E(Y|X)$, 즉 조건부 기댓값함수(conditional expectation function, CEF)에 초점을 맞추고 있는 것이다. Angrist와 Pischke는 이렇게 말한다.

옳건 그르건 응용계량경제학의 95%는 평균에 관심을 두고 있다. 평균에 초점을 맞추는 한 가지 이유는 평균적 인과 효과에 대한 좋은 추정치를 얻는 것만 해도 충분히 어려운 문제이기 때문이다. 만약 종속변수가 고용상태 같은 것을 나타내는 더미라면 평균이 (확률)분포 전체를 설명한다. 하지만 임금이나 시험점수 같은 많은 변수들은 연속형 분포를 따른다. 연속형 분포는 평균을 검토하는 것으로는 드러나지 않는 변화를 내포하고 있을 가능성이 있다. 예를 들어, 넓게 펼쳐진 분포일 수도 있고 상당히 집중된 분포일 수도 있다. 갈수록 응용경제학자들은 평균뿐만 아니라 분포 전체에, 그리고 상대적 승자와 패자에게 어떤 일이 일어나고 있는지 알고 싶어 한다.[2]

---

1 물론 최우법은 일반적인 응용성을 가지고 있어서, 오차항 u의 분포에 대한 다양한 가정하에 적용할 수 있다.

2 Angrist, J. D. and Pischke, J. S., *Mostly Harmless Econometrics: An Empiricist's Companion*, Princeton University Press, Princeton, New Jersey, 2009, p. 269.

분위수 회귀(Quantile Regression, QR)를 이용하면 이런 목적을 달성할 수 있다. 고전적 모형의 OLS 추정이 조건부 평균만을 설명해 주는 데 비해 분위수 회귀는 조건부 분포의 보다 완전한 모습을 얻을 수 있도록 해 준다. 예를 들어, 중심적 경향(즉, 확률 분포의 중심)의 다른 척도인 중위수(median)가 설명변수들과 어떤 관련이 있는지 살펴볼 수 있게 해 준다. 분포가 매우 비대칭적일 때 중위수가 평균보다 유용한 척도라는 사실은 잘 알려져 있다. 곧 설명하겠지만, 중위수 회귀모형은 이상치들에 대해서도 덜 민감하다.

하지만 분위수(quantiles)라 부르는 분포의 다른 특성을 살펴보지 못할 이유가 없고, 또한 이들이 설명변수들에 어떻게 반응하는지 알아보지 못할 이유가 없다. 만약 분위수마다 반응이 다르다면, 조건부 기댓값함수의 OLS추정을 강조하는 것은 무의미한 일일 수 있다. 설명변수에 대한 종속변수 반응의 분위수별 변동이 감추어지기 때문이다. 먼저 분위수의 개념을 다소 상세하게 설명할 필요가 있다.

20.1 분위수

확률분포의 주요 특징은 보통 평균, 즉 기댓값, 분산, 왜도(대칭성의 척도), 첨도(뾰족한 정도) 등 소위 적률이라 부르는 값들로 요약한다.[3] 이들은 각각 위치(즉 중심적 경향), 산포도(즉 분산) 그리고 형태(왜도와 첨도)를 나타내는 척도로 알려져 있다. 하지만 분포 전체를 요약해 주는 이런 척도들 대신 분포를 여러 부분으로 분할해 주는 소위 분위수를 살펴보는 것이 더 흥미로울 수 있다.

간단히 말해 분위수란 관심의 대상인 관측치들을 같은 크기의 여러 그룹으로 분해 또는 분할해 주는 수를 말한다. 사분위수(quantiles, 네 그룹으로 분할), 오분위수(quintiles, 다섯 그룹으로 분할), 십분위수(decile, 같은 크기의 10개 그룹으로 분할), 그리고 백분위수(centiles 또는 percentiles, 같은 크기의 100개 그룹으로 분할) 등이 모두 분위수이다.[4] 예를 들어, 어느 6세 아동의 키가 제75백분위수에 해당한다는 말은 이 아동이 키를 측정한 다른 아동들의 75%보다 크다는 것을 의미한다. 마찬가지로 IQ 120이 제85백분위수라는 것은 인구의 85%가 120이하의 IQ를 가지고 있다는 것을 의미한다. (확률)분포의 0.5분위수를 중위수라 한다.[5]

분위수는 사회과학 연구에서 특별한 관심의 대상이 된다. 예를 들어, 소득 분배의 불평등, 빈곤, 학업성취도, 보건 등을 연구할 때 분포의 하위 사분위수(즉, 제 25분위수)가 관심의 대

---

3 적률이 항상 존재하는 것은 아니다. 대표적인 예로 코시분포가 있다. 코시분포의 평균과 고차 적률들은 존재하지 않는다.

4 연속형 변수의 분위수에 대해서는 연습문제 20.1의 예를 보라.

5 기초통계학에서 평균, 중위수 및 최빈값은 분포의 중심을 나타내는 척도라고 배운다. 대칭분포의 경우 이들은 모두 동일하다. 오른쪽으로 치우친(즉, 분포의 오른쪽에 긴 꼬리가 있는) 분포에서는 중위수가 평균보다 작고, 왼쪽으로 치우친(즉, 분포의 왼쪽에 긴 꼬리가 있는) 분포에서는 중위수가 평균보다 크다는 점도 기억해 두는 것이 좋다.

상이 되곤 한다.

이산형 (확률)분포의 분위수는 잘 정의되지 않는다. 따라서 우리는 연속형 분포함수의 분위수에 초점을 맞추고자 한다.

연속형 확률변수 Y의 누적분포함수(CDF)를 F라 하고 p는 0과 1 사이의 수라 하자. Y의(또는 그 분포의) 제 p분위수는

$$\Pr(Y \le Q_p) = F(Q_p) = p \qquad (20.1)$$

를 만족하는 값 Q_p를 말한다.

예를 들어, $Q_{0.75} = 5$이면 $Y \le 5$일 확률은 0.75이다. $Y \le 5$일 확률이 p이므로 $Y \ge Q_p$일 확률은 $(1-p)$이다. 식 (20.1)을 보면 분위수는 CDF의 역함수를 이용하여

$$Q_p = F^{-1}(p) \qquad (20.2)$$

로 정의할 수 있음을 알 수 있다. CDF의 가로축과 세로축을 바꾸어 놓으면 분위수들을 구할 수 있다(그림 20.3 참조).

20.2 분위수회귀모형(QRM)[6]

조건부 기댓값함수(conditional expectation function, CEF)가 선형회귀모형(LRM)의 초석이라면, QRM(quantile regression model)의 핵심개념은 조건부 분위수함수(conditional quantile function, CQF)이다. 하지만 QRM은 어떤 분위수도 모형화할 수 있다는 중요한 차이가 있다. 그중 하나가 응용 연구에서 많이 이용되고 있는 중위수, 즉 분포의 제50백분위수이다. 표준적인 선형모형의 오차항이 정규분포를 따른다는 가정에 기초하고 있는 것과 달리, QR은 (확률적) 오차항의 분포에 대한 강한 가정을 필요로 하지 않는다는 장점도 있다. 원래 QR은 자료에 이분산이 있는지를 알아보기 위해 사용되었다. 이분산이 있다면 종속변수의 설명변수에 대한 반응이 분위수별로 다르게 나타날 것이기 때문이다. 이 점에 대해서는 아래에서 구체적인 예제를 가지고 설명할 것이다.

CEF에서는 종속변수 Y의 기댓값이 하나 이상의 설명변수 X의 함수이다. CQF에서는 Y의 제 q분위수가 하나 이상의 설명변수 X의 함수이다. 따라서 두 개념은 유사하다고 볼 수 있다. 하지만, CEF에서는 Y의 평균값만 추정할 수 있는 반면, CQF에서는 Y의 어떤 백분위값도 X의 함수로 추정할 수 있다.

예를 들어, 임금 순서로 정렬된 1,000명의 근로자 표본이 있고 이들의 사회경제적 특성에

---

6 QRM에 대한 기본적인 설명은 Hao, L and Naiman, D. Q., *Quantile Regression*, Sage Publications, California, 2007을 참조하라. 분위수회귀 개념을 처음으로 소개한 것은 Koenker, R. and Bassett, G(1978), Regression quantiles, *Econometrica*, **46**, 33-50이다.

대한 정보를 가지고 있다고 하자. 그리고 제1장에서 논의한 임금함수(표 1.2 참조)를 추정하고 싶다고 하자. 이때 CEF 임금함수를 추정하는 대신, 임금 분포의 제 1,2,3,4 사분위 또는 어떤 다른 백분위에 해당하는 근로자들의 임금함수가 유사한지 상이한지 살펴보는 것이 흥미롭지 않겠는가? 이것이 바로 QRM이 CQF를 이용하여 하고자 하는 일이다. 실제로 어떻게 하는 것인지를 설명하기는 조금 복잡하다. (하지만 이 장의 부록에 있는 간단한 설명을 읽어 보라). QRM을 추정하기 위해서는 이제는 다수의 통계 패키지에 내장되어 있는 선형계획법이라는 기법이 필요하다는 점을 알아두는 것으로 충분하다. 이제 구체적인 예제를 가지고 QRM을 설명하고자 한다.

20.3 분위수 임금회귀모형

제1장에서는 1995년 3월분 현재인구조사(Current Population Survey, CPS)에서 1,289명의 무작위 표본을 추출하여 시간당 임금(단위 : 달러)의 평균을 설명하는 회귀모형을 추정하였다.[7] 이 모형의 설명변수는 성별, 인종, 노조 가입 여부, 교육 기간(단위 : 년), 그리고 근로경력(단위)이고, 이 중 성별, 인종, 노조 가입 여부는 정성적 변수, 즉 더미변수들이다. 분석에 사용된 기초 자료는 표 1.1에 있다. OLS 회귀 결과는 표 1.2에 있지만, 참고하기 쉽도록 여기에 다시 (Stata 포맷으로) 수록해 둔다.

표 20.1 (평균)임금함수의 OLS 회귀

. regress wage female nonwhite union education exper						
Source	SS	df	MS	Number of obs	=	1289
				F(5, 1283)	=	122.61
Model	25967.2805	5	5193.45611	Prob > F	=	0.0000
Residual	54342.5442	1283	42.3558411	R-squared	=	0.3233
				Adj R-squared	=	0.3207
Total	80309.8247	1288	62.3523484	Root MSE	=	6.5081

wage	Coef.	Std. Err.	t	P>|t|	[95% Conf. Interval]	
female	−3.074875	.3646162	−8.43	0.000	−3.790185	−2.359566
nonwhite	−1.565313	.5091875	−3.07	0.002	−2.564245	−.5663817
union	1.095976	.5060781	2.17	0.031	.1031443	2.088807
education	1.370301	.0659042	20.79	0.000	1.241009	1.499593
exper	.1666065	.0160476	10.38	0.000	.1351242	.1980889
_cons	−7.183338	1.015788	−7.07	0.000	−9.176126	−5.190551

---

7 연습문제 20.2는 로그 시간당 임금을 종속변수로 하는 QRM을 추정하도록 요구하고 있다.

우리는 Stata 12로 QRM을 추정할 것이다.[8] Stata 12에는 여러 가지 명령어가 있고 분석이 금방 복잡해질 수 있기 때문에, 여기서는 이 명령어들의 몇 가지 기본적인 특징만 고려할 것이다. 보다 상세한 내용에 관심이 있는 독자는 Stata 매뉴얼을 참고하면 된다. QRM 추정을 위한 계산은 반복적 방법으로 이루어지며, 몇 번의 반복계산이 필요한지는 자료의 성격과 모형에 포함된 변수의 수에 달려 있다는 점을 유의해 두기 바란다. 분위수 회귀의 여러 가지 절차에 사용되는 Stata 명령어는 출력물의 맨 앞부분에 표시해 둔다.

다음과 같이 한 단계 한 단계 나아가 보자.

1. 먼저 제50분위수, 즉 중위수에 대한 QR을 추정하고 그 결과를 어떻게 해석할 것인지 설명한다. 중위수와 평균은 확률변수의 분포의 중심(무게중심)을 나타내는 척도로 자주 이용되고 있다.

2. 다음으로 제25분위수(즉, 제1사분위수)와 제75분위수(즉, 제3사분위수)에 대한 QR을 추정한다. 비교를 위해 제50분위수인 중위수에 대한 추정치도 함께 보여준다.

3. 2번에서 추정된 QR과 OLS 회귀를 비교한다.

4. 분위수별로 계수들이 다르게 나타나는 한 가지 가능한 이유는 이분산의 존재라 할 수 있다. Stata의 estat 명령어를 이용하여 동분산 가정을 검정해 본다. 이 가정의 기각은 이분산의 존재를 시사한다.

5. 서로 다른 분위수에서 얻은 추정계수들은 서로 다른 값으로 나올 것이다. 이들의 차이가 통계적으로 유의한지 알아보기 위해서는 왈드 검정을 이용하면 된다. 왈드 검정을 이용하면 한 설명변수의 계수가 분위수 별로 동일한지 또는 모든 설명변수의 계수들이 분위수별로 동일한지 검정할 수 있다.

이 장에서는 OLS 및 분위수회귀의 추정치들을 제5장에서 설명한 강건한 표준오차[9]와 함께 제시한다. 하지만 QR 추정치의 표준오차는 부트스트랩(bootstrap)[10] 기법으로 계산하는 경우가 점점 많아지고 있다. 이에 대한 상세한 논의는 제23장에서 다루고 있다.

분위수 임금회귀를 추정하기 전에 임금 변수의 분포를 그래프로 살펴보는 것이 좋다. 그림 20.1이 시간당 임금의 히스토그램이다.

---

8 Eviews에도 QRM을 추정하는 루틴이 들어 있다. 필요한 경우 Eviews의 분위수 회귀 기법 중 몇 가지도 이용할 것이다.

9 Angrist and Pischke, *op.cit*. p. 45는 "대표본에서 이들(강건한 표준오차들)은 자료와 모형에 대한 최소한의 가정하에 정확한 가설 검정과 신뢰구간을 얻도록 해 준다."고 말한다.

10 부트스트랩은 "자력으로 해결하다(pulling up by one's bootstrap)."라는 의미를 가진 용어로, 원래의 표본으로부터 반복적으로 표본을 (복원)추출하여 표본 표준편차와 같은 추정량의 표본분포를 알아보는 기법을 말한다.

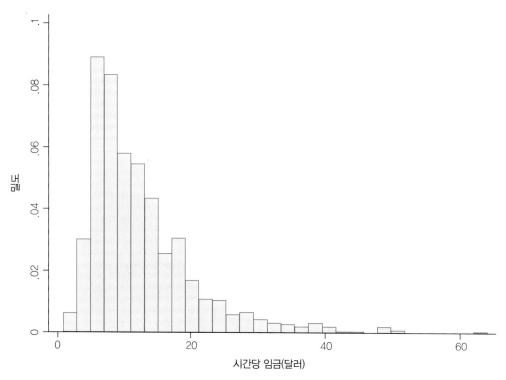

그림 20.1 시간당 임금의 히스토그램

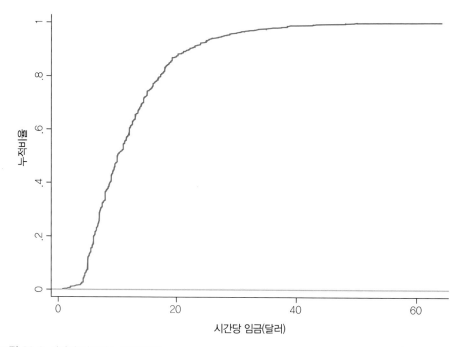

그림 20.2 시간당 임금의 누적분포함수

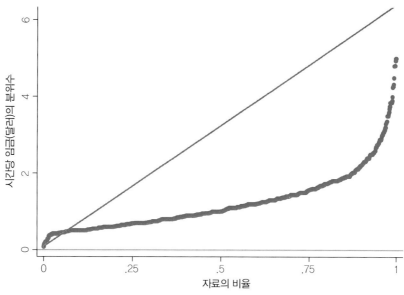

그림 20.3 시간당 임금의 분위수

　그림 20.1은 오른쪽으로 긴 꼬리를 가지고 있으므로 시간당 임금의 (실증적) 분포는 상당히 (오른쪽으로) 치우친 비대칭 분포임을 알 수 있다. 이것은 표 20.1의 OLS 평균임금회귀가 전체 (임금의) 분포에 걸친 임금의 이질성을 잘 반영하지 못하고 있을 가능성을 시사한다.

　시간당 임금 자료를 살펴보는 다른 방법은 그림 20.2처럼 시간당 임금의 (실증적) 누적분포함수를 그려 보는 것이다.

　임금자료를 살펴보는 또 하나의 방법은 그림 20.3처럼 각 분위수에 해당하는 임금이 얼마인지 그려보는 것이다.

　분위수는 식 (20.2)가 설명하는 바와 같이 CDF의 역함수로부터 구한다는 것을 이 그림이 보여주고 있다.

20.4 중위수 임금회귀[11]

먼저 제50분위수, 즉 중위수에 대한 결과를 보자. Stata에서 QRM을 추정해 주는 기본명령어는 qreg이다. qreg 명령어 뒤에 표 20.2가 보여주는 바와 같이 종속변수, 그리고 설명변수들을 입력한다. 분위수 회귀모형은 선형계획법으로 추정하기 때문에 여러 번의 반복 계산 후에 계수추정치를 얻게 된다.

　분위수 회귀의 결과는 계수, 표준오차, t값, 추정된 t값의 정확한 유의수준(즉, p값), 그리고

---

11 중위수 회귀는 최소절대편차(least absolute deviation, LAD) 추정량으로도 알려져 있다. OLS는 오차제곱합, Σu_i^2을 최소화시키지만, LAD는 오차의 절댓값(부호를 무시하고)의 합 $\Sigma |u_i|$를 최소화시킨다. 이를 위해 선형계획법이 필요하다.

표 20.2 중위수 임금회귀의 Stata 출력물(주 : 분위수 값을 지정하지 않을 경우 Stata는 제50분위수, 즉 중위수인 것으로 가정한다.)

```
. qreg wage female nonwhite union eductation exper
Iteration   1:   WLS sum of weighted deviations =   5770.9228

Iteration   1: sum of abs. weighted deviations =   5771.5956
Iteration   2: sum of abs. weighted deviations =   5762.3344
Iteration   3: sum of abs. weighted deviations =   5756.7884
Iteration   4: sum of abs. weighted deviations =   5690.8382
Iteration   5: sum of abs. weighted deviations =   5674.5396
note: alternate solutions exist
Iteration   6: sum of abs. weighted deviations =   5671.9732
Iteration   7: sum of abs. weighted deviations =   5664.1218
note: alternate solutions exist
Iteration   8: sum of abs. weighted deviations =   5663.7746
Iteration   9: sum of abs. weighted deviations =   5663.1909
Iteration  10: sum of abs. weighted deviations =   5662.7232
Iteration  11: sum of abs. weighted deviations =   5662.5049
Iteration  12: sum of abs. weighted deviations =   5662.3253
Iteration  13: sum of abs. weighted deviations =   5662.2903
Iteration  14: sum of abs. weighted deviations =   5662.2525
Iteration  15: sum of abs. weighted deviations =   5662.2507
Iteration  16: sum of abs. weighted deviations =   5662.2505
Iteration  17: sum of abs. weighted deviations =   5662.2406
Iteration  18: sum of abs. weighted deviations =   5662.2388
```

Median regression		Number of obs =	1289
Raw sum of deviations	7169.4 (about 10.08)		
Min sum of deviations 5662.239		Pseudo R2 =	0.2102

wage	Coef.	Std. Err.	t	P>|t|	[95% Conf. Interval]	
female	−2.784295	.3375736	−8.25	0.000	−3.446552	−2.122038
nonwhite	−.8226925	.470658	−1.75	0.081	−1.746036	−.1006512
union	1.677949	.4677471	3.59	0.000	.7603157	2.595582
education	1.17843	.0610859	19.29	0.000	1.05859	1.298269
exper	.1522436	.0148676	10.24	0.000	.1230762	.181411
_cons	−5.927436	.9415361	−6.30	0.000	−7.774556	−4.080317

계수추정치의 95% 신뢰구간 등 표준적인 OLS 포맷으로 주어진다. 추정된 모형의 전반적인 적합도는 의사-R^2(pseudo-R^2)로 측정하는데 이것은 OLS R^2를 비선형모형으로 확장한 것이다. 하지만 비선형회귀모형에 보편적으로 통용되는 단 하나의 의사-R^2라는 것은 존재하지 않는다.[12] 중위수 임금회귀의 결과가 표 20.2에 주어져 있다.

---

[12] 이에 대해서는 Cameron, A.C. and Trivedi, P.K., *Microeconometrics: Methods and Applications*, Cambridge University Press, New York, pp.287-9, 2005를 참조하라.

주 : Stata가 계산해 주는 의사 R^2은 $\tilde{R}^2 = 1 - (\ln L_{fit}/\ln L_0)$이다. 여기서 $\ln L_0$는 절편만 가진 모형의 로그우도이고 $\ln L_{fit}$은 적합시킨 모형의 로그우도이다.

중위수 회귀계수의 해석

중위수 회귀계수는 평균 임금함수에 대한 OLS 추정량과 유사한 방법으로 해석한다. 연속형 설명변수의 계수는 그 설명변수의 한 단위 변화에 대한 중위 시간당 임금의 변화를 나타낸다. 따라서 교육변수의 계수 1.178은 교육 한 단위(여기서는 1년) 변화에 대한 중위 임금의 변화량으로 해석하면 된다. 이에 비해 OLS 회귀에서는 교육의 한 단위 변화가 평균 시간당 임금을 1.37달러 증가시키는 것으로 나타나고 있다. OLS 회귀에서 구한 평균 시간당 임금의 증가가 중위 임금의 증가보다 큰 것으로 보인다. 이 차이는 우리가 가진 표본에서의 시간당 임금의 분포 때문에 나타난 것일 가능성이 크다(각주 5 참조). 같은 방법으로 해석해 보면, 경력이 1년 증가할 때 중위 임금은 약 0.15달러 증가하며, 이 값은 OLS 평균 임금회귀에서 얻은 값과 크게 다르지 않다.

더미변수의 계수는 기준 범주와 비교하여 해석하면 된다. 여성 근로자임을 나타내는 더미변수 female의 계수가 약 −2.78이라는 것은 여성의 중위 임금이 대응하는 남성(여기서의 기준 범주)에 비해 약 2.78달러 낮다는 것을 의미한다. union의 계수 1.68은 노조원인 근로자의 중위 임금이 기준범주인 비노조원 근로자에 비해 약 1.68달러 높다는 것을 의미한다. 비백인 근로자의 중위 임금은 백인 근로자에 비해 0.82달러 정도 낮고, 이 차이는 약 8% 유의수준에서 유의하다. 더미계수의 값들이 OLS 임금회귀에서 구한 것과 상당히 다르게 나타난 점에 유의하라. 이것이 통계적으로 유의한 차이인지에 대한 검정은 나중에 보여줄 것이다(표 20.4 참조).

20.5 25%, 50%, 75% 분위수에 대한 임금회귀

임금회귀가 분위수별로 다른지 알아보기 위해 제25 및 제75 분위수에 대한 회귀를 중위수 임금회귀와 비교해 보자. 결과는 표 20.3에 있다. 물론 자신이 선택한 어떤 분위수에 대해서도 임금회귀를 추정해 볼 수 있다.

표 20.3의 회귀 결과도 통상의 방법대로 해석하면 된다. 단, 이 출력물의 표준오차는 부트스트랩 기법으로 얻은 것임에 유의하자.

표 20.3을 잠깐 살펴보면 계수들의 통계적 유의성에 상당한 차이가 나타나고 있다는 것을 알 수 있다. 3개의 분위수 회귀에서 union의 계수를 살펴보자. 하위 분위수와 중위수에서는 매우 유의하지만 세 번째 분위수에서는 유의하지 않다. 이는 고임금 분위수(제3사분위수 또는 제75분위수)의 근로자들에게는 union의 영향이 그리 크지 않다는 것을 시사한다. 중위수 회귀에서 nonwhite의 계수는 약 10% 수준에서 유의한데, 표 20.2에서는 약 8% 수준에서 유의한 것으로 나타나 있다. 차이가 나는 이유는 두 표에 보고된 표준오차가 다르기 때문이다.

표 20.3 제25, 제50(중위수) 및 제75 분위수에 대한 임금회귀

```
. sqreg wage female nonwhite union eductation exper (q.25 .5 .75)
(fitting base model)
(bootstrapping ....................)
```

Simultaneous quantile regression	Number of obs	=	1289
bootstrap(20) SEs	.25 Pseudo R2	=	0.1418
	.50 Pseudo R2	=	0.2102
	.75 Pseudo R2	=	0.2430

wage	Coef.	Bootstrap Std. Err.	t	P>|t|	[95% Conf. Interval]	
q25						
female	−2.042308	.2292733	−8.91	0.000	−2.4921	−1.592516
nonwhite	−.9442307	.2644889	−3.57	0.000	−1.463109	−.4253526
union	2.453846	.3573413	6.87	0.000	1.752809	3.154883
education	.7038462	.0873696	8.06	0.000	.5324432	.8752491
exper	.0990385	.0170674	5.80	0.000	.0655555	.1325215
_cons	−2.100962	1.023133	−2.05	0.040	−4.108158	−.0937649
q50						
female	−2.784295	.3208548	−8.68	0.000	−3.413753	−2.154837
nonwhite	−.8226925	.4916483	−1.67	0.095	−1.787215	.1418304
union	1.677949	.4243327	3.95	0.000	.8454867	2.510411
education	1.17843	.0649323	18.15	0.000	1.051044	1.305815
exper	.1522436	.01746	8.72	0.000	.1179903	.1864969
_cons	−5.927436	.9343753	−6.34	0.000	−7.760508	−4.094365
q75						
female	−3.709166	.3864852	−9.60	0.000	−4.467379	−2.950954
nonwhite	−1.506667	.3986707	−3.78	0.000	−2.288785	−.7245487
union	.6799998	.5085535	1.34	0.181	−.3176879	1.677687
education	1.5525	.0996544	15.58	0.000	1.356997	1.748003
exper	.2533333	.0225189	11.25	0.000	.2091555	.2975112
_cons	−8.174167	1.185679	−6.89	0.000	−10.50025	−5.849085

표 20.2는 강건한 표준편차를, 반면 표 20.3은 부트스트랩 표준오차를 보고하고 있다.[13] 그러나, 중요한 것은 세 개의 분위수 임금회귀에서 추정된 회귀계수에 상당한 이질성이 나타나고 있다는 점이다. 이는 OLS(평균 임금)회귀가 종속변수와 설명변수들의 결합분포를 정확하게 요약한 것이 아닐 수 있음을 시사한다.

---

13 Stata는 여러 분위수에 대한 QRM을 동시에 추정할 때에는 부트스트랩 표준오차를 사용하고, 어떤 하나의 분위수 회귀를 추정할 때는 강건한 표준오차를 사용한다.

Quantile Process Estimates (95% CI)

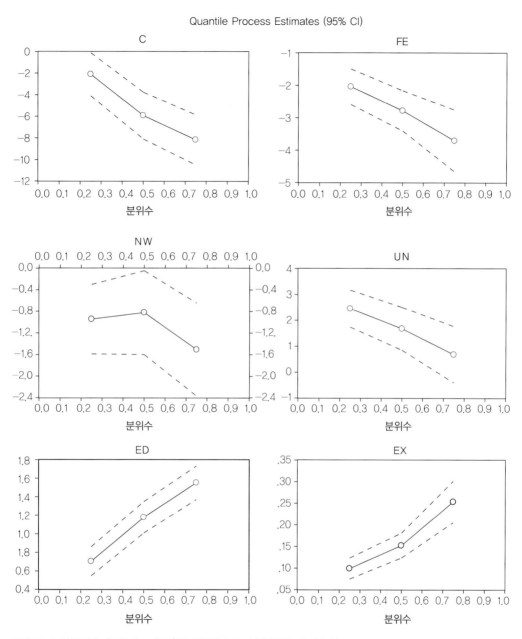

그림 20.4 분위수별 계수들의 그래프 (주 : 점선은 95% 신뢰구간을 나타낸다.)

그림 20.4(Eviews 7로 그린 것이다)의 그래프들이 이 사실을 보다 생생하게 보여준다.

각 그래프에서 가로축은 분위수를 나타낸다. 세로축은 모형에 포함된 설명변수의 계수값을 95% 신뢰구간과 함께 보여준다. 예를 들어 교육(ED)의 계수는 교육수준이 높을수록 증가하고 있다. 즉, 다른 설명변수들의 값을 일정하게 유지할 때, 분위수 사다리를 올라갈수록 교육의 시간당 임금에 대한 영향이 커진다는 것이다. 경력에 대한 분위수 그래프도 마찬가지다. 반면 female과 nonwhite 변수의 분위수 그래프는 하위에서 상위 분위수로 올라갈수록 계수

표 20.4 이분산 검정

```
. estat hettest female nonwhite union education exper

Breusch-Pagan / Cook-Weisberg 이분산 검정
        Ho : 동분산
        변수 : female nonwhite union education exper


        chi2(5)          = 257.35
        Prob > chi2      = 0.0000
```

값이 감소하고 있다. 이와 매우 대조적으로, OLS (평균)임금회귀에서 이 변수들의 계수값은 동일하게 유지되며, 따라서 OLS는 자료에 내포된 이질성을 감추고 있다고 말할 수 있다.

앞에서 임금에서 관측되는 분위수별 이질성이 이분산 때문일 수 있다는 점을 언급했었다. Stata 12의 **estat hettest** 명령어로 이 가설을 검정할 수 있다. 검정 결과는 표 20.4에 있다.

이 검정은 OLS 회귀의 기초가 되는 오차항의 동분산 가정을 압도적으로 기각하고 있다.

20.6 분위수 간 계수 동일성 검정

분위수 임금회귀들이 OLS 회귀와 통계적으로 유의한 차이를 보인다는 것을 알았다. 하지만 계수들의 분위수 간 차이는 통계적으로 유의한가? Stata 12에는 이것을 확인할 수 있는 검정 방법이 들어 있다. 표 20.5에 그 결과가 있다.

표 20.5 분위수 간 계수 동일성 검정

```
. test [q25=q50=q75]: female nonwhite union education exper

 ( 1)    [q25]female - [q50]female = 0
 ( 2)    [q25]nonwhite - [q50]nonwhite = 0
 ( 3)    [q25]union - [q50]union = 0
 ( 4)    [q25]education - [q50]education = 0
 ( 5)    [q25]exper - [q50]exper = 0
 ( 6)    [q25]female - [q75]female = 0
 ( 7)    [q25]nonwhite - [q75]nonwhite = 0
 ( 8)    [q25]union - [q75]union = 0
 ( 9)    [q25]education - [q75]education = 0
 (10)    [q25]exper - [q75]exper = 0


        F( 10. 1283)     =      27.63
           Prob > F      =       0.0000
```

이 검정은 모든 설명변수의 계수가 우리가 살펴본 세 분위수 회귀에서 동일한지 확인하고 있다. *F*값은 계수들이 세 분위수 회귀에서 동일하다는 가설을 압도적으로 기각한다. 달리 말하면 임금의 조건부 분위수들은 동일하지 않다는 것이다.

20.7 OLS와 제25, 제50(중위수) 및 제75 분위수 회귀의 요약

비교의 편의를 위해 표 20.6에 지금까지 논의한 OLS 및 분위수 회귀 결과를 요약해 둔다.

표 20.6 제25, 제50 및 제75 분위수 회귀의 요약 (주 : Rob는 강건한 표준오차를 뜻한다.)

. estimates table OLS OLS_Rob QR_25 QR_50 QR_75, b(%77.3f) se

Variable	OLS	OLS_Rob	QR_25	QR_50	QR_75
female	−3.075	−3.075	−2.042	−2.784	−3.709
	0.365	0.364	0.281	0.328	0.522
nonwhite	−1.565	−1.565	−0.944	−0.823	−1.507
	0.509	0.398	0.349	0.463	0.518
union	1.096	1.096	2.454	1.678	0.680
	0.506	0.426	0.372	0.518	0.610
education	1.370	1.370	0.704	1.178	1.552
	0.066	0.083	0.068	0.083	0.117
exper	0.167	0.167	0.099	1.152	0.253
	0.016	0.016	0.015	1.015	0.024
_cons	−7.183	−7.183	−2.101	−5.927	−8.174
	1.106	1.090	0.916	1.105	1.474

legend: b/se

20.8 Eviews 8에서의 분위수 회귀

Eviews 8은 분위수 회귀의 추정치들을 다른 포맷으로 제공한다. 하지만 표 20.7과 표 20.8에서 알 수 있는 것처럼, 추정 결과는 Stata로 구한 것과 매우 유사하다.

이 결과를 Stata 12로 구한 표 20.3과 비교해 보라. 포맷과 근사오차를 제외하면 두 결과는 동일하다.

이 결과를 Stata 12로 구한 표 20.4와 비교해 보라. 역시 Eviews 8로 구한 결과와 Stata 12로 구한 결과는 포맷을 제외하면 매우 유사하다.

표 20.7 Eviews 8에서의 분위수 회귀

Quantile Process Estimates
Equation: UNTITLED
Specification: W C FE NW UN ED EX
Estimated equation quantile tau = 0.5
Number of process quantiles: 4
Display all coefficients

	Quantile	Coefficient	Std. Error	t-Statistic	Prob.
C	0.250	−2.100962	1.014348	−2.071242	0.0385
	0.500	−5.927436	1.105930	−5.359684	0.0000
	0.750	−8.163333	1.182446	−6.903771	0.0000
FE	0.250	−2.042308	0.279178	−7.315426	0.0000
	0.500	−2.784295	0.317050	−8.781881	0.0000
	0.750	−3.720000	0.487178	−7.635807	0.0000
NW	0.250	−0.944231	0.328357	−2.875623	0.0041
	0.500	−0.822692	0.395862	−2.078229	0.0379
	0.750	−1.506667	0.440716	−3.418683	0.0006
UN	0.250	2.453846	0.364890	6.724887	0.0000
	0.500	1.677949	0.421139	3.984313	0.0001
	0.750	0.680000	0.553617	1.228285	0.2196
ED	0.250	0.703846	0.079816	8.818314	0.0000
	0.500	1.178429	0.086696	13.59260	0.0000
	0.750	1.552500	0.092259	16.82759	0.0000
EX	0.250	0.099038	0.012341	8.024974	0.0000
	0.500	0.152244	0.014650	10.39182	0.0000
	0.750	0.253333	0.024469	10.35309	0.0000

20.9 요약과 결론

전통적인 회귀 방법론은 설명변수들의 값이 주어졌을 때 종속변수의 조건부 평균을 추정하는 데 초점을 맞추고 있다. 그러나 자료가 매우 비대칭인 분포를 보이고 있거나, 비정규 모집단에서 추출된 것이거나, 또는 다수의 이상치를 포함하고 있는 경우에는 이처럼 조건부 평균에 중점을 두는 것이 충분치 않을 수 있다. 사회 과학의 여러 분야에서 흔히 부딪히는 이런 경우에 평균만이 아니라 확률분포의 다른 특성들을 살펴보는 것이 중요하다. 이것이 바로 분위수 회귀(QR) 방법론이 하는 일이다.

QR에서 우리는 자료의 여러 부분(분위수들)을 보고, 종속변수의 설명변수에 대한 반응이 분위수별로 다른지 알아볼 수 있다. 만약 그렇다면 전통적인 회귀 방법론은 자료를 정당하게

표 20.8 Eviews 8에서의 기울기 계수 동일성 검정

Quantile Slope Equality Test

Equation: UNTITLED

Specification: W C FE NW UN ED EX

Estimated equation quantile tau = 0.5

Number of test quantiles: 4

Test statistic compares all coefficients

Test Summary		Chi-Sq. Statistic	Chi-Sq. d.f.	Prob
Wald Test		126.9966	10	0.0000

Restriction Detail: b(tau_h) − b(tau_k) = 0

Quantiles	Variable	Restr. Value	Std. Error	Prob.
0.25, 0.5	FE	0.741987	0.280681	0.0082
	NW	−0.121538	0.342021	0.7223
	UN	0.775897	0.366797	0.0344
	ED	−0.474583	0.077237	0.0000
	EX	−0.053205	0.012916	0.0000
0.5, 0.75	FE	0.935705	0.402173	0.0200
	NW	0.683974	0.389591	0.0792
	UN	0.997949	0.463704	0.0314
	ED	−0.374071	0.082545	0.0000
	EX	−0.101090	0.020116	0.0000

다른 것이 아닐 수 있다. 이 장은 이런 점을 구체적인 예제를 통해 보이려 한 것이다.[14]

1995년도 현재인구조사(CPS)에서 추출한 1,289명 근로자의 시간당 임금 자료를 이용하여, 성별, 인종, 노조 가입여부, 교육 및 경력을 설명변수로 포함한 임금함수를 추정하였다. 먼저 전통적인 OLS 회귀의 별과를 본 다음, 제25, 제50(중위수) 및 제75 분위수에 대한 분위수 회귀를 추정하였다. 이 3개의 분위수 회귀의 결과는 OLS와 통계적으로 유의한 차이를 보였다. 세 QR이 OLS (평균)회귀와 다를 뿐만 아니라, 표 20.4에서 보는 바와 같이 세 QR의 계수들에도 통계적으로 유의한 차이가 있었다. 이것을 분석적으로뿐만 아니라 그래프로도 보여주었다.

이 예제에서의 분위수 회귀 결과는 평균뿐만 아니라 분포의 다른 특성도 살펴보는 것이 중요하다는 점을 명백하게 보여주고 있다.

이 장에서는 Stata 12를 사용했지만, Eviews 8로 얻은 결과도 Stata로 얻은 결과와 매우 유

---

14 분위수 회귀는 소득 불평등, 임금 차별, 그리고 재무관리에서 위험척도로 이용하는 최대손실가능금액 (Value at Risk) 등의 연구에 활용되고 있다. 상세한 내용은 Fitzenberger, B, Koenker, R, and Machado, J.A.F., *Economic Applications of Quantile Regression*, Physica-Verlag, 2010을 참조하라.

사하다는 것을 보았다. 주로 결과를 제시하는 포맷에 차이가 있을 뿐이었다.

이 장에서 우리가 강조한 것은 QR의 기초일 뿐이다. 여러 계산의 배경에 있는 수학은 독자들이 참고문헌을 참조하도록 하고 여기서는 다루지 않았다. QR에 대한 연구는 지금도 진화하고 있다는 점을 덧붙여둔다. 예를 들어, 우리가 연속형 확률변수를 상정한 QR을 논의했던 것은 이산형 자료에 대한 분석적 해법을 얻기가 쉽지 않기 때문이었다. 하지만 가산 자료(count data)를 QR의 틀로 모형화하려는 일부 시도들이 있었고, 지금은 가산 분위수 회귀(CQR, count quantile regression)를 추정할 수 있는 사용자 개발 프로그램이 Stata에 포함되어 있다.[15]

연습문제

20.1 연속형 확률변수의 밀도함수가 아래와 같다.

$$f(x) = \lambda e^{-\lambda x} \text{일 때 } x > 0$$
$$= 0, \text{ 다른 곳에서}$$

이 함수에 대해 다음을 구하라.

(a) 중위수

(b) 제95분위수

힌트 : 먼저 x의 CDF, $F(x)$를 구하라.

20.2 이 장에서 다룬 임금자료에 대해, (자연)로그임금을 종속변수로 사용하는 다음 모형들을 추정하고 결과를 비교하라.

(a) OLS 회귀

(b) 제25, 제50, 제75 분위수 회귀

20.3 이 책의 웹사이트에서 다운로드할 수 있는 표 12.1의 특허자료를 이용해 보자. 1991년에 승인된 특허 건수를 종속변수로, 1991년의 R&D 지출과 산업 및 국가 더미를 설명변수로 하는 제20, 제60, 제75 분위수 회귀를 추정하라. 그리고 결과를 해석하라. 종속변수가 가산 변수이기 때문에 가산 분위수 회귀라 불리는 이런 분위수 회귀를 추정하기 위해서는 Stata의 qcount 명령어를 사용해야 한다.

---

15 Cameron, A. C. and Trivedi, P.K., *Microeconometrics Using Stata*, Stata Press, 2009, pp. 220-6을 참조하라.

부록

분위수 회귀의 구조

설명을 쉽게 할 수 있도록

$$Y_i = B_1 + B_2 X_i + u_i \tag{1}$$

의 2변수 회귀모형을 생각해 보자.

OLS는 오차제곱합

$$\sum u_i^2 = \sum (Y_i - B_1 - B_2 X_i)^2 \tag{2}$$

을 최소화시킨다.

이 오차제곱합을 2개의 모수에 대해 최소화시키는 과정에서 2개의 정규방정식을 얻고, 이들을 연립하여 풀면 제1장에서 논의했던 OLS 추정량을 얻게 된다. QR은 절대오차의 합

$$\sum |u_i| = \sum |Y_i - B_1 - B_2 X_i| \tag{3}$$

을 최소화시킨다. 절대오차의 합을 최소화시키는 모수값을 구하는 것이다. Y_i의 추정치, 즉 적합치를 $\hat{Y}_i$이라 하면, 식 (3)을

$$\sum |u_i| = \sum |Y_i - \hat{Y}_i| \tag{4}$$

로 쓸 수 있다.

식 (4)를 최소화시켜서 얻는 직선을 중위수 회귀선이라 부르며, 모수에 대한 추정량은 LAD(최소절대편차, least absolute deviation) 추정량이라 부르기도 한다. 이 회귀에서 관측치의 반은 직선의 위쪽에, 그리고 나머지 반은 직선의 아래쪽에 위치하게 된다. 식 (4)를 최소화시킬 때, 추정된 오차 $\hat{u}_i$은 직선의 위쪽에 있는 것이나 아래쪽에 있는 것이나 동일한 가중치를 부여받는다.

LAD 추정량을 제 q분위수 추정량으로 일반화시킬 수 있다. 단, 이제는 제 q분위수 회귀선의 위쪽과 아래쪽의 오차가 동일한 가중치를 부여받지 않는다.[16] 다시 단일 설명변수 모형으로 예시하자면, 제 q분위수 추정에서 우리의 최소화문제를 다음과 같이 표현할 수 있다. 즉,[17]

$$\min \sum_{i=1}^{n} \lambda_q (Y_i - XB) = q \sum_{(Y_i - XB) \geq 0} |Y_i - XB| + (1-q) \sum_{(Y_i - BX) < 0} |Y_i - XB| \tag{5}$$

---

16 우리가 예컨대 제10분위수 회귀를 추정하고 있다고 생각하면 이것을 이해하기 쉬울 것이다. 이 경우 관측치의 10%는 회귀선의 한쪽에, 그리고 나머지 90%는 다른 쪽에 위치하게 된다. 모든 관측치들에 동일한 가중치를 부여하는 것은 별로 타당하지 않을 것이다.

17 이어지는 논의는 Hao and Naiman, *op.cit.* pp. 37-8에서 온 것이다.

여기서 $XB = B_1 + B_2X_i$; $0 < q < 1$이고 λ_q는 제q분위수를 위한 가중치이다. 추정된 제q분위수를 $\hat{Y}_i^q = \hat{B}_1^q + \hat{B}_2^qX_i$라 하면, 식 (5)는 양의 잔차에는 가중치 q, 그리고 음의 잔차에는 가중치 $(1-q)$를 부여한 잔차들의 가중합 $\Sigma|Y_i - \hat{Y}_i|$을 최소화시키는 것과 마찬가지이다. 식 (5)의 첫째 합은 추정된 분위수 위쪽에 있는 관측치들의 수직거리 합이고, 둘째 합은 추정된 분위수 아래쪽에 있는 관측치들의 수직거리 합이다.[18] 그렇지만 어떤 분위수의 계수들을 추정하는 경우라 하더라도 그 분위수에 위치하는 관측치만 고려하는 것이 아니라 자료 전체를 가중하여 고려한다는 점을 유의해 두는 것이 중요하다.

OLS의 오차제곱합 최소화 문제에 대해서는 분석적 해를 명시적으로 구할 수 있었지만, (5)의 최소화 문제에 대해서는 이것이 불가능하다. 많은 통계 패키지에 내장되어 있는 선형계획법으로 해를 구하게 된다. 선형계획법은 시행착오를 거쳐 해를 구해 나가는 과정이다.

---

18 만약 $q = 0.20$(즉, 제20분위수)이면, 제20분위수 회귀선의 아래쪽 관측치들은 0.8의 가중치를 부여받고 위쪽 관측치들은 0.2의 가중치를 부여받는다. 따라서 관측치의 80%는 분위수 회귀선의 위쪽에 놓여 양의 잔차를 가지고, 관측치의 20%는 분위수 회귀선의 아래쪽에 놓여 음의 잔차를 가지게 된다.

21 │ 다변량회귀모형

이 책에서 지금까지 논의한 다중회귀모형은 하나의 종속변수, 즉 피설명변수와 하나 이상의 설명변수(정량변수든 정성변수든)를 가지고 있었다.[1] 이 장은 다중회귀모형의 논리적 확장으로 둘 이상의 종속변수를 가진 모형에 대해 논의할 것이다. 이 모형을 다변량회귀모형(multivariate regression model)이라 부르며, 설명의 편의를 위해 간단히 MRM으로 표시할 것이다. 계량경제학에서는 다변량다중회귀(multivariate multiple regression, MMR) 또는 회귀모형세트(sets of regression model)라는 이름으로 부르기도 한다.

대부분의 계량경제학 교과서에서 잘 다루고 있지 않지만, 다변량회귀모형은 경제학뿐만 아니라 다른 사회과학이나 자연과학 분야에서도 매우 유용한 모형이다. 이 장은 다변량회귀모형을 어떻게 추정하고 해석하는지 설명할 것이다. 이 책의 기본정신에 따라 MRM의 이해에 중점을 둘 것이므로, 수학적 유도와 증명은 참고문헌에서 찾아보기 바란다.[2]

21.1 MRM의 몇 가지 예

표 7.21은 일인당 흡연량(단위 : 100개비)과 방광암, 폐암, 신장암 및 골수암 사망자 수에 대한 자료를 제공하고 있다. 암 유형별로 각각 흡연량과 어떤 관계가 있는지 이변수 회귀모형으로 추정해 볼 수 있다. 이 경우 4개의 회귀모형이 나온다. 하지만 이 암들은 서로 상관관계를 가지고 있을 가능성이 매우 높다. 만약 그렇다면, 4개의 암 회귀모형을 MRM 기법을 이용하여 결합추정하는 것이 합당할 것이다. 결합추정의 이점에 대해서는 곧 설명할 것이다.

다른 예로, 학생들의 SAT(수학능력시험) 언어영역 및 수리영역 점수와 이 학생들의 사회경제 변수들에 대한 정보를 가지고 있다고 하자. 물론 두 영역 SAT 점수에 대해 2개의 별도 회

---

1 이 장에서 논의하는 다변량회귀모형은 제7장에서 간단히 다루었던 연립방정식 모형과는 아주 다른 것이다.

2 읽을 만한 책으로 Afifi, A., May, S. and Clark, V.A., *Practical Multivariate Analysis*, 5th edn, CRC Press, 2012와 Meyers, L.S., Ganst, G. and Guarino, A.J., *Applied Multivariate Research: Design and Interpretation*, Sage Publication, 2006이 있다. 수학적 증명은 Haase, R.F., *Multivariate General Linear Models*, Sage Publications, California, 2011을 참조하라.

귀를 추정하는 것이 원칙적으로 가능하다. 하지만 두 영역 점수 사이에 상관관계가 존재할 가능성이 상당히 높고, 만약 그렇다면 2개의 회귀를 별도로 추정하는 것보다 결합하여 추정하는 것이 보다 합당하다고 볼 수 있다.

또 하나의 예로, 환자들의 당뇨, 혈압 및 체중과 이들의 식습관(예를 들어 육류 소비, 알콜 소비, 사탕류 소비)에 대한 자료를 가지고 있다고 하자. 세 유형의 건강상태 지표와 음식 섭취 사이의 관계를 3개의 회귀로 별도로 추정하는 대신 이들을 결합추정해 볼 수 있다.

이 모든 예에서 나타나는 공통점은 둘 이상의 피설명변수들이 상관관계를 가지고 있어서 개별 회귀들을 결합하여 추정하는 것이 유리할 수 있다는 것이다. 피설명변수들이 상관되어 있는지 알아보는 방법은 개별 회귀의 오차항들이 상관되어 있는지 살펴보는 것이다.[3] 앞으로 설명하겠지만 MRM기법을 이용하면 쉽게 해결할 수 있다.

간단히 말해서 MRM은 둘 이상의 피설명변수들이 상관되어 있는 상황에 적절한 추정방법이다. 어떻게 하는지는 곧 설명할 것이다.

이 장에서는 두 가지 유형의 MRM에 대해 논의한다. (1) 피설명변수들은 다르지만 설명변수들은 동일한 MRM, 그리고 (2) 피설명변수들이 다르고, 설명변수들은 같을 수도 다를 수도 있는 MRM. 후자의 모형은 계량경제학에서 겉보기무관회귀(seemingly unrelated regression equation, SURE)로 알려져 있다. 두 모형에 대해 별도로 설명할 것이다.

더 나아가기 전에, MRM은 피설명변수와 설명변수 사이에 피드백 관계가 존재하지 않는다는 점에서, 7.9절에서 논의한 연립방정식 모형이나 7.10절에서 논의한 동적회귀모형과 다르다는 것을 지적해 둔다. 즉, MRM에는 종속변수의 시차 변수들이 설명변수로 등장하지 않는다.

21.2 결합추정의 이점

서로 상관관계를 가지고 있는 피설명변수들을 결합추정하는 것은 개별추정에 비해 다음과 같은 이점을 가진다.[4]

1. 둘 이상의 피설명변수가 서로 상관되어 있을 때, 이들을 결합추정하면 연구대상인 현상을 보다 잘 이해할 수 있게 된다. SAT 언어와 수리의 예에서, 두 영역 점수를 결합추정하면 타고난 능력과 같이 둘이 공유하고 있는 잠재변수에 대해 무엇인가 알아낼 수 있을 것이다.

2. 둘 이상의 피설명변수가 서로 상관되어 있을 때, 제1종 오류(귀무가설을 잘못 기각하는 오류)의 명목 수준과 실제 수준이 결합추정과 개별추정에서 서로 달라지게 된다. 예를 들

---

3 설명변수들이 고정되어 있다고 가정하면, 피설명변수들 사이의 상관관계는 개별 방정식의 오차항들 사이의 상관관계로 나타난다. 이 경우 OLS 추정량들은 BLUE가 아니다. 특히 효율적인 추정량이 되지 못한다. 따라서 효율적 추정량을 얻도록 해 주는 방법을 모색할 필요가 생기게 된다. MRM 및 관련 방법론들은 바로 이것을 위한 것이다.

4 Meyers et al., *op cit*, pp. 367-8을 참조하라.

어 SAT 예에서 언어 점수와 수리 점수를 개별적으로 추정하면서 제1종 오류를 0.05(즉, 5%)로 고정시키면 제1종 오류의 실제 수준은 5%와 9.75%[1 − (0.95)(0.95)] 사이의 값을 가지게 된다. 만약 예컨대 4개의 개별회귀가 있다면 제1종 오류의 실제 수준은 5%와 18.5%[1 − (0.95)(0.95)(0.95)(0.95)] 사이가 된다. 개별회귀들을 결합추정함으로써 이 문제를 회피할 수 있다.

3. 피설명변수들이 상관되어 있으면 개별회귀의 오차항들이 서로 상관관계를 가질 가능성이 매우 높은데, 각각의 회귀를 별도로 추정하면 이런 상관관계를 무시하게 된다. 반면 MRM 기법은 방정식 간 공분산을 추정할 때 이 상관관계를 고려해 준다.

4. 모든 방정식의 설명변수들이 동일한 경우, 개별 OLS 회귀의 계수 추정치와 표준오차는 MRM으로 추정한 것과 동일하다. 하지만 다변량 추정 결과가 아니기 때문에, 계수들에 대한 여러 방정식에 걸친 가설검정을 할 수 없다. SAT 예에서 가구소득이 SAT 언어 및 수리 모두에서 설명변수 중 하나인 경우, 두 회귀를 별도로 추정하면 가구소득의 계수가 두 회귀에서 동일한지 검정할 수 없게 된다. 두 회귀에서 모두 0인지에 대해서도 마찬가지다. MRM에서는 결합추정량을 구하기 때문에 계수들에 대한 여러 방정식에 걸친 제약을 검정할 수 있게 된다.

5. 방정식 간의 상관관계를 고려해 줌으로써 모수들에 대한 보다 효율적인 추정량을 얻을 수 있다.

이런 이유 때문에 MRM을 이용하는 것이 바람직하다. 물론 피설명변수들이 서로 상관되어 있지 않다면 개별 OLS 회귀에 의존해도 된다. 하지만 이건 명시적으로 검정해 볼 필요가 있다.

21.3 동일한 설명변수를 가진 MRM 추정 예제

MRM의 구조를 살펴보기 위해 표 21.1(도우미 웹사이트에 게시되어 있다)의 자료를 보자. 어느 사립대학에 입학하는 317명의 학생들에 대한 자료이며, 변수들의 정의는 다음과 같다.

gpa : 1학년 학업성적 평균(4.0만점)
quant : SAT 수리 영역 점수
verbal : SAT 언어 영역 점수
female : 여성 = 1, 남성 = 0
prv : 학생이 사립학교를 다녔으면 1, 그렇지 않으면 0

이 예에서, 피설명변수는 SAT 언어 점수와 수리 점수이고 설명변수는 *GPA*, *female*, *prv*이다. *GPA*는 가장 가까운 정수로 근사하여 *new_gpa*라는 새로운 변수로 변환시켰다. 그 이유는 MRM을 위해서는 *GPA*와 같은 요인 점수들을 가장 가까운 정수로 근사해야 하기 때문이다.

원칙적으로 우리는 다음과 같은 2개의 OLS 회귀를 추정할 수 있다.

$$verbal_i = B_1 + B_2 new\_gpa_i + B_3 female_i + B_4 prv_i + u_{1i} \quad (21.1)$$

$$quant_i = A_1 + A_2 new\_gpa_i + A_3 female_i + A_4 prv_i + u_{2i} \quad (21.2)$$

고전적 가정하에서 이들 개별 회귀의 OLS 추정량들은 BLUE(최량선형불편추정량)이다. 개별 회귀의 오차항들이 정규분포를 따른다는 가정을 추가하면 OLS 추정량들도 정규분포를 따르며, 이는 통계적 가설검정에 도움을 준다.

OLS 결과가 표 21.2와 21.3에 주어져 있다.

표 21.2 OLS 언어 점수 회귀

Source	SS	df	MS			
				Number of obs	=	317
				F(3, 313)	=	8.04
Model	151055.125	3	50351.7083	Prob > F	=	0.0000
Residual	1960087.46	313	6262.26026	R-squared	=	0.0716
				Adj R-squared	=	0.0627
Total	2111142.59	316	6680.83097	Root MSE	=	79.134

verbal	Coef.	Std. Err.	t	P>|t|	[95% Conf. Interval]	
new_gpa	35.16647	7.6459	4.60	0.000	20.12261	50.21033
female	−19.31513	8.942611	−2.16	0.032	−36.91037	−1.719903
prv	−8.105466	17.49453	0.16	0.643	−42.52721	26.31628
_cons	466.8553	22.55885	20.69	0.000	422.4692	511.2415

표 21.3 OLS 수리 점수 회귀

Source	SS	df	MS			
				Number of obs	=	317
				F(3, 313)	=	9.87
Model	141273.814	3	47091.2712	Prob > F	=	0.0000
Residual	1493270.67	313	4770.8328	R-squared	=	0.0864
				Adj R-squared	=	0.0777
Total	1634544.48	316	5172.60911	Root MSE	=	69.071

verbal	Coef.	Std. Err.	t	P>|t|	[95% Conf. Interval]	
new_gpa	18.58223	6.6736	2.78	0.006	5.451447	31.71302
female	−34.76512	7.805413	−4.45	0.000	−50.12283	−19.40741
prv	−33.77375	15.26982	−2.21	0.028	−63.81822	−3.729292
_cons	564.6096	19.69013	28.67	0.000	525.8678	603.3513

표준적인 OLS 결과를 어떻게 해석하는지는 이미 알고 있다. *prv*가 수리 점수에 대해서는 유의하지만 언어 점수에 대해서는 유의하지 않다는 점에 주목하자. 이 결과를 합리적으로 설명하기는 쉽지 않다.

여기서 만약 2개의 피설명변수 *verbal*과 *quant*가 서로 상관되어 있다면, 이것은 2개의 오차항에 반영되어 있을 것이고, 이런 경우에는 이 둘을 결합추정해 보는 것이 의미가 있다. 우리는 MRM 방법론의 도움을 받아 결합추정을 수행해 낼 수 있다.

21.4 MRM의 추정

두 회귀의 다변량 추정 결과를 제시하기 전에, 이런 추정의 밑바탕에 어떤 가정들이 있는가를 설명해 두어야 한다.

MRM은 다음과 같은 가정하에서 이루어진다.

1. 시스템 내 각각의 회귀는 모수들에 대해 선형이다.
2. 각 회귀의 오차항은 동분산이다.
3. 각 회귀의 오차항들은 서로 상관되어 있지 않고, 설명변수들과도 상관되어 있지 않다.
4. 그렇지만 두 회귀(둘 이상일 수도 있다)의 오차항들이 동일한 시점 또는 동일한 번호의 관측치에서는 상관되어 있을 수 있다. 즉 $\text{corr}(u_{1i}, u_{2i}) \neq 0$이다. 이것을 **동시점 상관관계**라 부른다.[5] 여기서 corr은 상관계수를 나타낸다.
5. 보다 중요한 가정은 시스템 내의 종속변수들이 다변량정규분포를 따른다는 것이다. 이것은 종속변수들의 결합분포가 정규분포라는 가정으로, 두 확률변수의 결합분포가 정규분포인 경우에 대해서는 이 장의 부록에 설명해 두었다. 둘 이상 변수들의 결합분포가 정규분포인지 알아보는 방법에 대해서는 나중에 설명할 것이다.

MRM을 추정하려면 Stata 12의 *manova*와 *mvreg* 명령어를 이용한다. *manova*는 다변량 분산분석(multivariate analysis of variance)을, 그리고 *mvreg*는 다변량 회귀(multivariate regression)를 의미한다.

MANOVA는 교재의 앞부분에서 다중회귀를 다루면서 논의했던 ANOVA의 확장이다(표 1.4 참조). 다변량회귀모형이 범주형 설명변수 이외에 정량적 설명변수를 추가로 가지고 있으면 MANOVA는 MANCOVA가 된다. 이것 역시 다중회귀모형에서의 ANCOVA의 확장이다. 먼저 우리의 예제에 이 명령어들을 적용한 결과를 보여주고 나서 이들에 대해 설명하고자 한다(표 21.4).

맨 첫줄에 *manova* 명령어가 있다. 2개의 종속변수를 등호의 왼쪽에, 그리고 설명변수들은

---

5 MRM에 대한 고급과정에서는 가정 (2)와 가정 (3)을 완화할 수 있다. 앞에서 언급한 참고문헌들을 보라.

표 21.4 SAT 점수에 대한 MANOVA

```
. manova verbal quant = new_gpa female prv

                Number of obs =        317

            W= Wilks' lambda          L = Lawley-Hotelling trace
            P = Pillai's trace        R = Roy's largest root
```

Source		Statistic	df	F(df1,	df2) =	F	Prob>F	
Model	W	0.8527	5	10.0	620.0	5.14	0.0000	e
	P	0.1509		10.0	622.0	5.08	0.0000	a
	L	0.1686		10.0	618.0	5.21	0.0000	a
	R	0.1385		5.0	311.0	8.61	0.0000	u
Residual			311					
new_gpa	W	0.9121	3	6.0	620.0	4.87	0.0001	e
	P	0.0883		6.0	622.0	4.79	0.0001	a
	L	0.0960		6.0	618.0	4.94	0.0001	a
	R	0.1385		3.0	311.0	9.48	0.0000	u
female	W	0.9378	1	2.0	310.0	10.28	0.0000	e
	P	0.0622		2.0	310.0	10.28	0.0000	e
	L	0.0663		2.0	310.0	10.28	0.0000	e
	R	0.0663		2.0	310.0	10.28	0.0000	e
prv	W	0.9826	1	2.0	310.0	2.74	0.0661	e
	P	0.0174		2.0	310.0	2.74	0.0661	e
	L	0.0177		2.0	310.0	2.74	0.0661	e
	R	0.0177		2.0	310.0	2.74	0.0661	e
Residual			311					
Total			316					

```
            e = exact, a = approximate, u = upper bound on F
```

등호의 오른쪽에 표시해 주고 있다.

추정된 회귀의 전반적 유의성을 검정하기 위해서, 즉 모형의 모든 기울기 계수들이 0이라는 가설을 검정하기 위해 F 검정을 이용했던 것을 기억할 것이다. 다변량 회귀에서는 결합추정된 회귀들의 전반적 유의성을 검정하는 4개의 척도가 있다. *Wilk's lambda(W)*, *Lawley-Hotelling trace(L)*, *Pillai's trace(P)*, *Roy's largest root(R)*가 바로 그 척도들이다. 이 검정들의 배경에 있는 수학은 이 책의 범위를 벗어나므로 생략한다.[6] 흥미로운 것은 4개의 F 통계량이 모두 친숙한 통계량으로 변환될 수 있다는 점이다.

이제 이 표의 구성을 보자. source 아래에 있는 이 표의 첫 부분은 다변량(즉, 결합추정된)

---

6 상세한 내용은 Steven, J., *Applied Multivariate Statistics for the Social Sciences*, 3rd edn, Ch.5, Lawrence Erlbaum Associates, Mahwah, New Jersey, 1996을 참조하라.

표 21.5 SAT 점수의 다변량회귀 : mvreg verbal quant = new_gpa female prv, corr

Equation	Obs	Parms	RMSE	"R-sq"	F	P
verbal	317	4	79.13444	0.0716	8.040501	0.000
quant	317	4	69.07122	0.0864	9.870661	0.000

	Coef.	Std. Err.	t	P>|t|	[95% Conf. Interval]	
verbal						
new_gpa	35.16647	7.6459	4.60	0.000	20.12261	50.21033
female	−19.31513	8.942611	−2.16	0.032	−36.91037	−1.719903
prv	−8.105466	17.49453	−0.46	0.643	−42.52721	26.31628
_cons	466.8553	22.55885	20.69	0.000	422.4692	511.2415
quant						
new_gpa	18.58223	6.6736	2.78	0.006	5.451447	31.71302
female	−34.76512	7.805413	−4.45	0.000	−50.12283	−19.40741
prv	−33.77375	15.26982	−2.21	0.028	−63.81822	−3.729292
_cons	564.6096	19.69013	28.67	0.000	525.8678	603.3513

creation matrix of residuals

```
         verbal     quant
verbal  1.0000
 quant  0.2053     1.0000
```

Breusch-Pagan test of independence: chi2(1) =   13.356, Pr = 0.003

회귀모형의 전반적 유의성을 검정한다. 4개의 검정통계량이 매우 유의하므로(p값이 0.001보다 작다), 결합추정된 모형은 통계적으로 유의하다고 말할 수 있다.

표의 다음 세 상자는 모형에 포함된 각 설명변수에 대한 다변량 검정(4개의 통계적 검정)을 수행하고 있다. 개별적으로 볼 때 *new_gpa*와 *female* 변수는 매우 유의하지만 *prv*는 약 7% 수준에서 유의하다.

이제 *mvreg* 명령어를 실행시켜 각 설명변수의 계수추정치와 값이 실제로 얼마인지 알아보자. *mvreg* 명령어에 corr 옵션을 취해 주면 두 회귀의 오차항들이 상관되어 있는지를 알려준다. 결과는 표 21.5에 있다.

표의 첫 부분에 종속변수들의 이름과 각 회귀의 전반적 유의성을 판단하게 해 주는 F값이 있다. p값들이 사실상 0이므로 언어와 수리 점수에 대한 각 회귀의 설명변수들은 전반적으로 매우 유의하다고 할 수 있다. 각 회귀의 R^2값은 낮은 것처럼 보일지 모르지만, 교재의 앞부분에서 설명했던 F와 R^2의 관계[식 (1.18) 참조]에 비추어 보면 통계적으로 유의한 값들이다. 또한 많은 관측치를 가지고 횡단면자료를 분석할 때 R^2는 낮은 것이 일반적이다.

표의 두 번째 부분은 각 회귀에 대한 표준적인 통계량들을 제공한다. 설명변수의 계수들은 통상의 방법대로 해석하면 된다. 언어점수에 대한 회귀를 예로 들어 보자. 약 35인 *new_gpa* 의 계수는 다른 조건이 일정할 때, 이 변수의 값이 한 단위 증가하면 평균 언어 점수가 약 35 단위 올라간다는 것을 뜻한다. 남성의 평균 점수가 약 467점(상수항으로 나타나 있다)인 데 비해, 여성의 언어 점수는 평균적으로 이보다 약 19점 정도 낮게 나타나 있다. 사립학교를 다 녔다는 것은, 계수의 높은 *p*값으로 판단할 때, 언어 점수에 아무런 영향을 미치지 않는 것으로 보인다.

다시 수리 점수로 눈을 돌려보면, 여성은 남성에 비해 평균적으로 약 34점 낮은 점수를 얻고 있다. 남성의 수리 점수는 약 564점이다(상수항으로 나타나 있다). 흥미롭게도 *prv*의 계수가 통계적으로 유의한데 부호가 음(−)으로 나왔다. 사립학교에 다닌 학생들이 비사립학교의 비슷한 학생들보다 수리 점수가 낮다는 뜻일까? 만약 그렇다면, 사립학교들에는 나쁜 소식이 아닐 수 없다.

표의 마지막 부분은 두 회귀의 오차항 사이의 상관계수를 보여준다. 수치만 보면 상관계수 값 약 0.20은 낮아 보인다. 하지만 상관계수에 대한 Breusch-Pagan 검정에 근거해서 판단해 보면 이 값은 통계적으로 매우 유의하다. 이것은 두 영역 SAT 점수가 상관되어 있음을 시사하고 이것이 바로 개별추정 대신 결합추정을 해야 하는 이유이다.

표 21.5의 계수 추정치와 표준오차들은 표 21.2 및 표 21.3과 동일하다. 하지만 MRM 추정은 계수추정치와 표준오차들을 하나의 표에 제공할 뿐만 아니라, 두 회귀의 오차항들이 상관되어 있는지도 말해 준다. 게다가 MRM 추정은 아래에서 설명할 추가적인 장점도 가지고 있다.

21.5 MRM의 다른 장점

추정된 MRM을 이용하여 다양한 가설을 검정할 수 있다. test 명령어를 사용하면 된다. 예를 들어 *new_gpa* 변수의 계수가 두 회귀에서 모두 0이라는 가설을 검정하려면 다음과 같이 하면 된다.

```
.test new_gpa
(1) [verbal] new_gpa = 0
(2) [quant] new_gpa = 0
F( 2, 313) = 12.35
Prob > F = 0.0000
```

결과를 보면 *F* 검정의 *p*값이 사실상 0이므로 이 가설은 확실하게 기각된다. 간단히 말하자면 *new_gpa*는 언어와 수리 점수 모두에 대해 통계적으로 유의한 영향을 미치고 있다.

.test female

(1) [verbal] female = 0

(2) [quant] female = 0

F(2, 313) = 10.73

Prob＞F = 0.0000

그리고 성별이 언어와 수리 점수나 아무런 관계가 없다는 가설을 검정하고 싶다고 하자. test 명령어로 검정할 수 있으며 다음과 같은 결과를 얻게 된다.

. test [verbal]female [quant]female

(1) [verbal]female = 0

(2) [quant]female = 0

F(2, 313) = 10.73

Prob＞F = 0.0000

F 통계량이 매우 유의하므로 이 가설도 확실하게 기각된다.

유사한 다른 가설들도 쉽게 검정할 수 있다. Stata 12 매뉴얼에 상세한 내용이 들어 있다.

21.6 MRM의 몇 가지 기술적 측면

앞에서 *manova*와 *mvreg*의 기본 가정들에 대해 설명하였다. 선형성과 동분산의 가정, 그리고 자기상관이 없다는 가정은 이 책에서 이미 논의한 방법들로 쉽게 검증할 수 있다(연습문제 21.2 참조). 그러나 MRM의 중요한 가정 중 하나는 종속변수들의 결합분포가 정규분포라는 다변량 정규성의 가정이다. 사실 추정된 MRM의 전반적 유의성에 대한 4개의 다변량 검정은 이 가정에 기초하고 있다.

다변량 정규성은 어떻게 검정할 것인가? James Stevens는 이렇게 말한다. "다변량 정규성의 특징을 완벽하게 파악하기는 어렵지만, 각 변수의 개별적 정규성이 다변량 정규성이 성립하기 위한 충분조건은 아니지만 필요조건이라 할 수 있다. 즉, 변수들이 다변량 정규분포를 따르기 위해서는 반드시 개별 변수들 하나하나가 정규분포를 따라야 한다."[7]

정규분포의 몇 가지 성질들을 기억하고 있을 것이다. 예를 들어, 다변량 정규분포를 따르는 변수들의 모든 선형결합은 정규분포를 따른다. 그리고 다변량 정규분포를 따르는 변수들의 모든 부분집합은 다변량 정규분포를 따른다. 따라서 예컨대 변수들이 다변량 정규분포를 따르고 있으면, 그중 어떤 두 변수를 선택해도 이들의 분포는 이변량 정규분포가 된다. 또한 정규분포를 따르는 한 쌍의 변수들을 그림으로 나타내면 산포도가 타원형으로 나타나게 된다.

---

7 Stevens, *op cit.*, p.243을 참조하라.

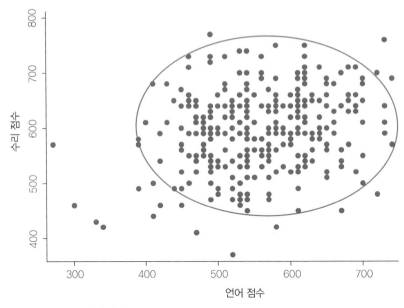

그림 21.1 SAT 수리 점수와 언어 점수

두 변수 사이의 상관계수가 높으면 타원의 폭이 좁은 반면, 낮으면 폭이 넓을 것이다.

먼저, SAT 예제의 산포도를 보자(그림 21.1).

이 산포도는 타원형이지만 폭이 넓으므로 두 종속변수 사이의 상관계수가 낮다는 것을 보여준다. 두 변수 사이의 상관계수를 계산하면 약 0.25라는 것을 알 수 있을 것이다.

두 변수 각각에 대해 히스토그램을 그려 보면 그림 21.2를 얻는다. 두 히스토그램은 각 변수들이 근사적으로 정규분포를 따르고 있음을 시사한다.

이 예제에서는 (이변량)정규성의 가정이 적절한 것으로 보이므로 위에서 보여준 통계분석이 신뢰할 만하다고 할 수 있다.

다변량 정규성에 대한 정식 검정은 다소 복잡하다. 여러 가지 검정 방법이 계량경제학에서 논의되고 있지만 보편적으로 이용할 수 있도록 통계패키지에 포함되어 있지는 않다. 실증분석에 이용되고 있는 방법 중 하나는 Mardia의 검정이다.[8] 이것은 앞에서 설명했던 Jarque-Bera(J-B)의 정규성 검정을 일반화시킨 것이다. J-B검정에 확률분포의 왜도와 첨도가 등장한다는 것을 상기하라.

정규성 가정 외에 MRM에서 중요한 다른 하나의 가정은 모형 내의 모든 방정식에 동일한 설명변수들이 등장한다는 것이다. 지금까지 논의해 온 SAT 예제는 동일한 설명변수들을 가지고 언어점수와 수리점수라는 2개의 피설명변수들을 설명하고 있다. 이런 유형의 MRM은 어

---

8 Mardia, K., Tests of univariate and multivariate normality, in S. Kotz et al. (eds.), *Handbook of Statistics*, Vol. 1, Wiley, New York, pp.279-320을 참조하라.

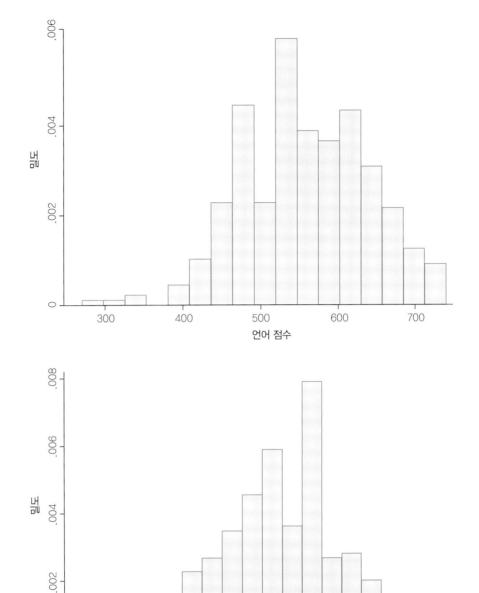

그림 21.2 SAT 언어 및 수리 점수의 히스토그램

떤 상황에서는 적절하겠지만(연습문제 21.3과 21.4 참조), 모든 상황에서 적절하지는 않을 것이다. 모든 방정식이 동일한 설명변수를 가진다는 가정이 비현실적인 것일 수 있기 때문이다. 보다 일반적인 모형이 이제부터 논의할 SURE 모형이다.

21.7 겉보기무관 회귀방정식(SURE)

보다 일반적인 형태의 MRM이 Arnold Zellner[9]가 처음으로 소개한 겉보기 무관 회귀방정식 (Seemingly Unrelated Regression Equations, SURE) 모형이다. SAT 예제의 MRM에서 종속변수는 다르지만 설명변수들은 동일했던 것과 달리, SURE에서는 종속변수뿐만 아니라 설명변수들도 다를 수 있다. 예제를 통해 살펴보자.

SURE 예제 : 항공사 비용함수

1970~1984년 동안 여섯 항공사의 다음 변수들에 대한 자료가 있다.[10]

TC = 총비용(단위 : \$1,000)

Q = 산출(단위 : 유임승객 마일, 지수)

PF = 연료가격

LF = 여객 수송률(load factor), 즉 여객기들의 평균 가동률

항공사 별로 15개씩, 모두 90개의 관측치가 있다.

6개 항공사에 대해 6개의 OLS 비용함수를 추정하는 것도 원리적으로 가능하다. 그러나 이 항공사들은 동일한 규제환경에 놓여 있고, 그리고 동일한 기술을 보유하고 있을 것이기 때문에 비용 함수들이 서로 관련되어 있을 가능성이 크다. 또한 항공산업 전반에 영향을 주는 어떤 다른 요인이 개별 항공사들 모두에게 영향을 미치고 있을 수도 있다. 예를 들어 유가는 모든 항공사에 영향을 미친다. 항공사들은 많건 적건 동일한 유류 공급원에 의존하고 있기 때문이다.

6개의 비용함수는 서로 다른 것처럼 보이지만(그래서 SURE라는 이름이 붙여졌다) 방금 언급한 요인들로 인해 상호 관련되어 있을 가능성이 높다.[11] 따라서 이들을 결합추정하는 것이 의미가 있게 된다.

'겉보기무관 회귀'라는 이름은 다분히 오해의 소지가 있다. '겉보기유관 회귀'가 더 적절한 이름일 것이다. 하지만 SURE라는 이름은 이미 계량경제학에 깊숙이 자리잡아 버렸다.

Stata 12의 **sureg** 명령어를 이용하면 비용함수들을 결합추정할 수 있다.

sureg(TC1 Q1 PF1 LF1)(TC2 Q2 PF2 LF2)(TC3 Q3 PF3 LF3)(TC4 Q4 PF4 LF4)
(TC5 Q5 PF5 LF5)(TC6 > Q6 PF6 LF6) > corr

9 Zellner, A. (1962), An efficient method of estimating seemingly unrelated regressions and tests of aggregation bias. *Journal of the American Statistical Association*, 57, 348-68.

10 자료는 Greene, W.H., *Econometric Analysis*, 6th edn, Pearson/Prentice-Hall, 2008의 도우미 사이트에 있다.

11 각 비용함수에서 설명변수들의 이름은 동일하지만 그 값은 다르다. 따라서 설명변수들이 동일하지 않은 것이다.

이 명령어를 살펴보면 암묵적으로 6개의 회귀를 추정하고 있음을 알 수 있다. 각 회귀마다 종속변수 뒤에 그 방정식의 설명변수들을 알려주고 있다. *corr* 옵션은 6개 비용함수의 오차 항들이 동시점 상관관계를 가지고 있는지 파악할 수 있도록 해 준다.

추정 결과가 표 21.6이다. 표에서 각 변수들의 뒤에 붙어 있는 1에서 6까지의 숫자는 항공사 번호이다.

표 21.6 항공사 비용함수의 SURE 추정

Seemingly unrelated regression

Equation	Obs	Parms	RMSE	"R-sq"	chi2	P
TC1	15	3	115332.7	0.9908	1783.71	0.0000
TC2	15	3	126476.5	0.9897	1688.29	0.0000
TC3	15	3	31065.94	0.9912	1763.66	0.0000
TC4	15	3	37058.28	0.9920	2045.16	0.0000
TC5	15	3	13438.56	0.9949	3273.91	0.0000
TC6	15	3	7779.385	0.9993	22564.07	0.0000

	Coef.	Std. Err.	z	P > |z|	[95% Conf. Interval]	
TC1						
Q1	2268650	210852.4	10.76	0.000	1855387	2681913
PF1	2.234136	.1363372	16.39	0.000	1.96692	2.501352
LF1	−5469461	1028230	−5.32	0.000	−7484756	−3454167
_cons	1673114	424819.2	3.94	0.000	840483.5	2505744
TC2						
Q2	3046035	303281.3	10.04	0.000	2451614	3640455
PF2	1.471127	.2379258	6.18	0.000	1.004801	1.937453
LF2	−7639167	901608.2	−8.47	0.000	−9406287	−5872048
_cons	2524377	337699.5	7.48	0.000	1862498	3186256
TC3						
Q3	1511010	155965.8	9.69	0.000	1205322	1816697
PF3	.6786924	.0375633	18.07	0.000	.6050696	.7523152
LF3	−748559.2	308144.2	−2.43	0.015	−1352511	−144607.6
_cons	214348	149137	1.44	0.151	−77955.25	506651.2
TC4						
Q4	2637392	160961.9	16.39	0.000	2321912	2952871
PF4	.7210176	.0459506	15.69	0.000	.6309561	.811079
LF4	−938069.4	187795.8	−5.00	0.000	−1306142	−569996.5
_cons	249916.8	88377.76	2.83	0.005	76699.58	423134

V

표 21.6 (계속)

TC5						
Q5	2408490	174624.3	13.79	0.000	2066233	2750747
PF5	.2333255	.0265152	8.80	0.000	.1813566	.2852944
LF5	−343319.6	84552.27	−4.06	0.000	−509039	−177600.2
_cons	102039.5	40974.8	2.49	0.013	21730.42	182348.7
TC6						
Q6	3274143	37926.84	86.33	0.000	3199807	3348478
PF6	.104145	.0113973	9.14	0.000	.0818067	.1264832
LF6	−232915.7	72491.04	−3.21	0.001	−374995.5	−90835.84
_cons	44069.52	35444.65	1.24	0.214	−25400.72	113539.8

Correlation matrix of residuals

	TC1	TC2	TC3	TC4	TC5	TC6
TC1	1.0000					
TC2	0.7883	1.0000				
TC3	0.3848	0.3661	1.0000			
TC4	0.0073	0.4422	−0.0568	1.0000		
TC5	0.4006	0.2654	0.5348	0.1304	1.0000	
TC6	0.0431	0.3025	−0.2344	0.6293	−0.1102	1.0000

Breusch-Pagan test of independence: chi2(15) = 32.891, Pr = 0.0049

표의 최상단은 추정된 항공사 비용함수 각각에 대해 전반적 유의성을 검정하고 있다. 각 비용함수의 R^2값들이 한결같이 높고 통계적으로 유의하다(카이제곱 값들을 보라)는 것을 알 수 있다.

나머지 6개의 표는 추정된 각 항공사의 비용함수를 통상의 OLS 출력물 형태로 보여주고 있다. 모든 기울기 계수 추정치들이 개별적으로 매우 유의하다. 하지만 보다 중요한 것은 여섯 방정식의 오차항 사이의 상관계수들이 통계적으로 유의하다는 점이다. 매우 높은 통계적 유의성을 보이는 경우도 있다.

SURE 추정치와 각 비용함수를 개별적으로 추정할 때의 추정치를 비교해 볼 수 있도록 표 21.7에 각 비용함수에 대한 OLS 출력물을 수록해 놓았다.

이 OLS 회귀들과 sureg로 얻은 결과를 비교해 보면 추정된 계수와 표준오차들이 다르다는 것을 알 수 있다. 이것은 여섯 OLS 회귀의 오차항들이 상관되어 있다는 사실 때문이다. 개별 회귀의 오차항들 사이의 상관관계를 고려하지 않고 OLS 회귀를 이용하면 모수에 대한 비효율적 추정치를 얻게 된다.

표 21.7 항공사별 비용함수의 OLS 추정

. regress TC1 Q1 PF1 LF1

Source	SS	df	MS
Model	2.1396e+13	3	7.1319e+12
Residual	1.8191e+11	11	1.6537e+10
Total	2.1578e+13	14	1.5413e+12

Number of obs = 15
F(3, 11) = 431.28
Prob > F = 0.0000
R-squared = 0.9916
Adj R-squared = 0.9893
Root MSE = 1.3e+05

TC1	Coef.	Std. Err.	t	P>|t|	[95% Conf. Interval]	
Q1	2584384	329713.1	7.84	0.000	1858690	3310078
PF1	2.1164	.1776223	11.92	0.000	1.725456	2.507344
LF1	−6621324	1967830	−3.36	0.006	−1.10e+07	−2290159
_cons	1970170	830739.8	2.37	0.037	141724.3	3798616

. regress TC2 Q2 PF2 LF2

Source	SS	df	MS
Model	2.3025e+13	3	7.6749e+12
Residual	2.0454e+11	11	1.8595e+10
Total	2.3229e+13	14	1.6592e+12

Number of obs = 15
F(3, 11) = 412.75
Prob > F = 0.0000
R-squared = 0.9912
Adj R-squared = 0.9888
Root MSE = 1.4e+05

TC2	Coef.	Std. Err.	t	P>|t|	[95% Conf. Interval]	
Q2	3663084	452273.4	8.10	0.000	2667637	4658531
PF2	1.043849	.3417235	3.05	0.011	.2917203	1.795977
LF2	−9263401	1519381	−6.10	0.000	−1.26e+07	−5919265
_cons	2984870	590928.3	5.05	0.000	1684246	4285495

. regress TC3 Q3 PF3 LF3

Source	SS	df	MS
Model	1.6284e+12	3	5.4281e+11
Residual	1.4082e+10	11	1.2802e+09
Total	1.6425e+12	14	1.1732e+11

Number of obs = 15
F(3, 11) = 423.99
Prob > F = 0.0000
R-squared = 0.9914
Adj R-squared = 0.9891
Root MSE = 35780

TC3	Coef.	Std. Err.	t	P>|t|	[95% Conf. Interval]	
Q3	1468383	229416.2	6.40	0.000	963441.5	1973325
PF3	.691917	.0506594	13.66	0.000	.5804165	.8034175
LF3	−832423.8	461973.9	−1.80	0.099	−1849221	184373.8
_cons	274648.6	217595.3	1.26	0.233	−204275.4	753572.6

V

표 21.7 (계속)

. regress TC4 Q4 PF4 LF4

Source	SS	df	MS
Model	2.5598e+12	3	8.5328e+11
Residual	1.9245e+10	11	1.7496e+09
Total	2.5791e+12	14	1.8422e+11

Number of obs = 15
F(3, 11) = 487.71
Prob > F = 0.0000
R-squared = 0.9925
Adj R-squared = 0.9905
Root MSE = 41828

TC4	Coef.	Std. Err.	t	P>|t|	[95% Conf. Interval]	
Q4	2771378	224762.7	12.33	0.000	2276679	3266078
PF4	.6734279	.0631282	10.67	0.000	.5344836	.8123722
LF4	−814812.6	263849	−3.09	0.010	−1395540	−234084.9
_cons	176458	125057.8	1.41	0.186	−98792.38	451708.5

. regress TC5 Q5 PF5 LF5

Source	SS	df	MS
Model	5.2592e+11	3	1.7531e+11
Residual	2.4139e+09	11	219449260
Total	5.2834e+11	14	3.7738e+10

Number of obs = 15
F(3, 11) = 798.85
Prob > F = 0.0000
R-squared = 0.9954
Adj R-squared = 0.9942
Root MSE = 14814

TC5	Coef.	Std. Err.	t	P>|t|	[95% Conf. Interval]	
Q5	2681560	245006	10.94	0.000	2142306	3220815
PF5	.1970259	.0349577	5.64	0.000	.1200845	.2739673
LF5	−374953.8	117495.9	−3.19	0.009	−633560.6	−116347
_cons	106228.5	55808.73	1.90	0.083	−16605.66	229062.7

. regress TC6 Q6 PF6 LF6

Source	SS	df	MS
Model	1.2184e+12	3	4.0612e+11
Residual	854846039	11	77713276.3
Total	1.2192e+12	14	8.7087e+10

Number of obs = 15
F(3, 11) = 5225.89
Prob > F = 0.0000
R-squared = 0.9993
Adj R-squared = 0.9991
Root MSE = 8815.5

TC6	Coef.	Std. Err.	t	P>|t|	[95% Conf. Interval]	
Q6	3291911	49835.98	66.05	0.000	3182223	3401599
PF6	.0941522	.0155155	6.07	0.000	.0600028	.1283016
LF6	−147763.2	105878	−1.40	0.190	−380799.2	85272.84
_cons	2690.307	51641.8	0.05	0.959	−110972.5	116353.1

개별추정 대 결합추정

SURE 기법이 모든 상황에서 적절한 것은 아니다. **첫째**, 시스템 내 방정식의 수가 반드시 방정식당 관측치의 수보다 작아야 한다. **둘째**, 방정식의 오차항들이 상관되어 있지 않은 경우에는[12] OLS가 SURE보다 더 효율적일 수도 있다. **셋째**, SAT 언어 및 수리 점수 예제에서처럼 모든 방정식에 동일한 설명변수들이 등장하는 경우에는, OLS 추정치와 SURE 추정치는 일치한다.[13]

21.8 요약과 결론

이 장에서는 다변량 다중회귀 모형, 즉 둘 이상의 종속변수와 정량 또는 정성 변수인 다수의 설명변수를 가진 모형에 대해 설명했다. 원칙적으로 각 방정식을 OLS로 추정할 수 있지만, 종속변수들이 서로 상관되어 있는 경우에는 결합추정이 보다 효율적일 수 있다.

두 유형의 MRM으로 구분하여 설명했다. 첫째 유형에서는, 종속변수는 다르지만 설명변수들은 모두 같다. 둘째 유형에서는, SURE에서와 같이 종속변수와 설명변수가 둘 다 다를 수 있다. 첫째 유형을 추정할 때에는 Stata 12의 *manova*와 *mreg* 명령어를 사용했다. 둘째 유형을 추정할 때에는 Stata 12의 *sureg* 명령어를 사용했다. 두 유형 모두 예제들을 보여주었다.

어느 모형에서나 각 방정식별 OLS 추정이 가능하지만, 방정식들의 결합추정이 가지는 이점이 있고, 여기에 대해 설명하였다. 물론 모형 내 방정식의 오차항들이 상관되어 있지 않은 경우에는 결합추정이 개별 OLS 추정에 비해 아무런 이점을 가지지 않는다. 특히 SURE가 동일한 설명변수들을 가지고 있으면, 모수에 대한 OLS 추정치와 SURE 추정치는 일치한다.

연습문제

21.1 항공사 비용 자료에 대해 다음과 같은 로그-선형 비용함수를 생각해 보자.

$$\ln TC = B_1 + B_2 \ln Q + B_3 \ln PF + B_4 \ln LF + u$$

여기서 ln은 자연로그를 나타낸다.

(a) 각 항공사에 대해 개별적으로 로그-선형 비용함수를 추정하라.

(b) 로그-선형 비용함수에 대한 SURE 모형을 추정하라.

(c) 로그-선형 모형의 추정 결과를 어떻게 해석할 것인가?

---

12 Stata를 이용하여 각 OLS 회귀의 잔차로부터 오차항 사이의 상관계수를 계산해 볼 수 있다(연습문제 21.2 참조).

13 이 명제에 대한 증명은 Goldberger, A.S., *A Course in Econometrics*, p.327. Harvard University Press, 1991을 참조하라.

(d) (a)와 (b)의 결과를 비교하라. 어느 방법을 선호하는가? 그 이유는?

(e) 개별 로그-선형 비용함수의 오차항들이 상관되어 있는지 어떻게 알아낼 수 있는가?[14]

21.2 교재에서 설명한 SAT 예제에 관한 문제이다.

(a) 식 (21.1)과 (21.2)의 OLS 회귀로부터 잔차 e_{1i}와 e_{2i}를 구하라.

(b) e_{1i}와 e_{2i} 사이의 상관계수를 구하라.

(c) e_{1i}와 e_{2i} 사이의 모상관계수(=ρ)가 0이라는 가설을 검정하기 위해 다음의 t검정을 이용할 수 있다.

$$t = \frac{r\sqrt{n-2}}{\sqrt{1-r^2}}$$

여기서 r은 두 잔차 e_{1i}와 e_{2i} 사이의 상관계수이고 n은 표본 크기이다. 표본이 이변량 정규분포에서 추출되었고, n이 충분히 크며 귀무가설 ρ = 0이 참이라는 가정하에 위의 t통계량은 자유도 $n-2$인 t분포를 따른다. 계산된 t값이 예컨대 5% 수준에서 통계적으로 유의하면 귀무가설을 기각할 수 있다. 우리의 예제에서 이 가설검정을 수행하라.

(d) (c)에 대한 답이 표 21.5의 결과와 일치하는가?

21.3 표 21.8(도우미 웹사이트에 게시되어 있다)에 1925~1941년 기간 미국의 소고기 및 돼지고기 소비에 대한 자료가 주어져 있다. 소고기와 돼지고기에 대해 다음과 같은 수요함수를 고려해 보자.

$$CBE_t = A_1 + A_2 PBE_t + A_3 PPO_t + A_4 DINC_t + u_{1t} \tag{1}$$

$$CPO_t = B_1 + B_2 PBE_t + B_3 PPO_t + B_4 DINC_t + u_{2t} \tag{2}$$

여기서 CBE = 일인당 소고기 소비(단위 : 파운드), CPO = 일인당 돼지고기 소비(단위 : 파운드), PBE = 소고기 가격(센트/파운드), PPO = 돼지고기 가격(센트/파운드), $DINC$ = 일인당 가처분 소득(지수), 그리고 u들은 오차항이다.

(a) 각 방정식에 소고기 가격과 돼지고기 가격이 둘 다 포함된 이유는 무엇인가?

(b) 각 방정식에서 두 가격 변수에 대한 예상 부호는 무엇인가?

(c) 두 방정식에서 소득변수의 예상 부호는 무엇인가?

(d) 두 수요방정식을 OLS로 추정하라.

(e) 수요방정식들을 MRM을 이용하여 추정하라.

---

[14] MRM에서의 상관관계 검정에 대해서는 Heij, C, de Boer, P.,Frases, P.H., Kloek, T. and van Dijk, H.K., *Econometric Methods with Applications in Business and Economics*, pp.687-8, Oxford University Press, Oxford, 2004를 참조하라.

(f) 수요함수에 대한 두 가지 추정방법을 사용할 때 계수추정치와 표준오차에 차이가 나타나는가?

(g) 두 가지 추정방법 중 어느 것이 이 경우에 적절하다고 생각하는가? 그 이유는?

(h) 두 수요함수에 SURE 기법을 적용하면 보다 나은 추정이 가능한가? 그 이유는 무엇인가?

21.4 2.10절에서 논의한 자산가격 결정모형[CAPM, 식 (2.34)]과 이에 대응하는 실증모형인 식 (2.35)의 시장모형에 대해 생각해 보자. 예컨대 100개의 주식에 대해 다음과 같은 시장모형을 추정한다고 가정하자.

$$R_{it} - r_{ft} = B_i(R_{mt} - r_{ft}) + u_{it}$$

여기서 R_{it} = 주식 i의 t기 수익률, R_{mt} = S&P500 지수와 같은 시장 포트폴리오 수익률, r_{ft} = 무위험 수익률로 예컨대 미국 재무성 증권 수익률, 그리고 u는 오차항이다.

(a) 예컨대 100개 주식에 대해 365일 동안의 자료가 있다면 MRM과 SURE 중 어떤 모형을 이용할 것인가? 이유를 설명하라.

(b) 자신이 선택한 주식에 대해 관련 자료를 수집한 다음, MRM이나 SURE를 이용하여 시장모형을 추정하라.

(c) 어떤 경우에 각 주식에 대해 개별적으로 OLS를 적용하여 B_i를 추정할 것인가? 결과를 (b)와 비교하라.

21.5 때로는 하나의 자료를 둘 이상의 계량기법으로 처리할 수도 있다. 제17장에서 패널자료 회귀모형에 대해 설명했었다. 이 모형은 동일한 개체들을 여러 기간 관측한 자료를 분석한다. SURE 예제에서 다룬 자료는 여섯 항공사의 15년간의 비용 및 관련 자료이다. 따라서 이 자료는 제17장에서 논의한 기법들을 이용하여 분석할 수 있다. 항공사 비용함수에 대해 적절한 패널자료 회귀모형을 설정하고, 추정 결과를 동일한 자료에 SURE 모형을 적합시켜 얻은 결과와 비교하라. 어떤 일반적인 결론을 끌어낼 수 있는가?

V

부록

일변량 정규분포의 확률밀도함수(pdf)는 제1장의 부록에 있다. 가장 간단한 다변량 정규분포인 이변량 정규분포의 PDF는 다음과 같다.

$$P(x_1, x_2) = \frac{1}{2\pi\sigma_1\sigma_2\sqrt{1-\rho^2}} \exp\left[-\frac{z}{(1-\rho^2)}\right]$$

여기서

$$z = \frac{(x_1 - \mu_1)^2}{\sigma_1^2} - \frac{2\rho(x_1 - \mu_1)(x_2 - \mu_2)}{\sigma_1\sigma_2} + \frac{(x_2 - \mu_2)^2}{\sigma_2^2}$$

이고, μ_1과 μ_2는 두 변수의 평균, σ_1과 σ_2는 이들의 표준편차이며

$$\rho = \text{corr}(x_1, x_2) = \frac{\text{cov}(x_1, x_2)}{\sigma_1\sigma_2}$$

이다. 단, *corr*와 *cov*는 각각 두 변수 사이의 상관계수와 공분산을 나타낸다.

알고 있는 바와 같이 상관계수는 두 변수 사이의 공분산을 이 변수들의 표준편차들로 나눈 값이다.

상관계수가 0이면 위의 결합 PDF는 2개의 독립인 정규 PDF의 곱이 된다. 일반적으로는 상관계수가 0이라는 것이 독립을 의미하지 않지만, 정규분포를 따르는 변수들에 대해서는 0이 상관계수기 독립을 의미하는 것이다.

셋 이상의 서로 상관된 정규변수에 대한 다변량 PDF는 행렬대수를 이용하지 않으면 표현하기 어려운 복잡한 형태를 가지고 있다.

교재에서 사용한 자료

제목이 표인 자료는 도우미 웹사이트에 있거나 본문에 수록되어 있으며, 제목이 절인 자료는 제3의 웹사이트에서 다운로드 받아야 한다.

표 1.1 임금 및 관련 자료

$W(Wage)$: 시간당 임금(단위 : 달러)

$FE(Female)$: 성별, 여성은 1, 남성은 0

$NW(Nonwhite)$: 인종, 백인이 아닌 노동자는 1, 백인 노동자는 0

$UN(Union)$: 노동조합 가입 여부, 노조에 가입되어 있으면 1, 아니면 0

$ED(Education)$: 교육기간(단위 : 년)

$EX(Exper)$: 근로경력(단위 : 년), 연령 – 교육기간 – 6으로 정의(교육이 6세에 시작되는 것으로 가정하고 있다.)

Age : 연령(단위 : 년)

$wind$: 시급이 아니면 1

표 1.5 보스턴 청년 654명에 대한 자료

fev : 연속형 척도(단위 : 리터), 종속변수

$smoke$: 흡연자는 1, 비흡연자는 0

age : 나이(단위 : 년)

ht : 키(단위 : 인치)

sex : 남자는 1, 여자는 0

표 2.1 미국의 생산 관련 자료(2005년)

Q(총생산) : 부가가치(단위 : 천 달러)

L(노동투입) : 노동시간(단위 : 천 시간)

K(자본투입) : 자본지출(단위 : 천 달러)

표 2.5 미국의 실질GDP(1960∼2007년)

RGDP : 실질GDP

표 2.8 869 미국 가구의 총지출과 식비지출(1995년)

SFDHO : 총지출 중 식비지출의 비중

EXPEND : 총지출

표 2.15 영국 주식시장의 CAPM, 1980∼1999의 월별 자료

Y_t : 소비재 부문 104개 주식 주가지수의 초과 수익률(%)

X_t : 영국 주식시장 전체의 주가지수 초과 수익률

주 : 초과수익률은 무위험 자산 수익률을 초과하는 수익률

표 2.18 GDP와 부패지수

GDP-cap : 1인당 GDP(1997년)

Index : 부패지수(1998년)

표 2.19 64개국에 대한 출산율 및 관련 자료

CM : 유아 사망률, 출산아 1,000명당 연간 5세 이하 유아 사망자 수

FLFP : 여성 문자 해독률(%)

PGNP : 1980년의 1인당 GNP

TFR : 1980∼1985년 총출산율, 각 연도의 연령별 출산율을 이용하여 계산한 평균 출산아 수

표 3.6 미국의 총민간투자와 총민간저축(1959∼2007년)

GPI : 총민간투자

GPS : 총민간저축

표 3.10 분기별 패션의류 소매매출액(1986-I-1992-IV)

Sales : 소매 매장 1,000제곱미터당 실질매출액

표 3.16 로트 사이즈와 평균비용(AC, $)

Average cost

Lot size

표 3.19 유전자조작 식품 금지조치와 설탕소비량이 당뇨에 미치는 영향

Diabetes : 당뇨 발생률

Ban : 유전자조작 식품 금지 여부; 금지하고 있으면 1, 그렇지 않으면 0

Sugar Sweet Cap : 설탕 및 감미료의 1인당 국내공급량(단위 : kg)

표 3.20 다이아몬드 가격

Carat : 다이아몬드의 무게(단위 : 캐럿)

Color : D, E, F, G, H, I로 분류된 다이아몬드의 색상

Clarity of diamonds : IF, VVS1, VVS2, VS1, VS2로 분류

Certification body : GIA, IGI, HRD로 분류

Price : 다이아몬드 가격(단위 : 싱가폴 달러)

표 3.21 체온, 성별, 그리고 심박수

Body temperature : 체온(화씨)

Heart rate : 분당 맥박수

Gender : 남성은 1, 여성은 0

표 3.22 임금근로자 528명 표본

Ed : 교육기간(단위 : 년)

Region : 남부에 거주하면 1, 아니면 0

Nonwh : 비백인, 비히스패닉이면 1, 아니면 0

His : 히스패닉이면 1, 아니면 0

Gender : 여성이면 1, 남성이면 0

Mstatus : 결혼하여 배우자가 있거나 군복무 중이면 1, 아니면 0

Exp : 연령 − 교육년수 − 6으로 계산한 경력년수 추정치(교육이 6세에 시작되는 것으로 가정하였다.)

Un : 노조원이면 1, 아니면 0

Wagehrly : 시간당 평균 임금(단위 : 달러)

표 4.2 소비자 10명의 지출, 소득 및 부에 관한 가상 자료

Income : 단위는 달러

Expenditure : 단위는 달러

Wealth : 단위는 달러

표 4.4 기혼 여성의 노동시간에 관한 Mroz 자료 : Stata 자료

Hours : 노동시간(1975년)

Kidslt6 : 6세 미만 자녀의 수

Kidsge6 : 6~18세 자녀의 수

Age : 여성의 연령(단위 : 년)

Educ : 교육연한(단위 : 년)

Wage : 예상임금

Hushrs : 남편의 노동시간

Husage : 남편의 연령

Huseduc : 남편의 교육연한

Huswage : 남편의 시간당 임금(1975년)

Faminc : 가족소득(1975년)

Mtr : 여성에게 적용되는 연방 한계세율

motheduc : 어머니의 교육연한

fatheduc : 아버지의 교육연한

Unem : 거주 도시의 실업률

exper : 직장경력

표 4.11 미해군의 25개 독신장교숙소(BOQ) 운영에 필요한 인력수요

Y : 하나의 BOQ 운영에 필요한 월별 인력수요(단위 : 인시(manhours))

X1 : 일평균 이용 객실수

X2 : 월평균 체크인 수

X3 : 주당 서비스데스크 운영시간

X4 : 공동이용 공간(단위 : 제곱피트)

X5 : 건물 동수

X6 : 운용 가능 침대수

X7 : 객실수

표 4.12 환자 20명의 혈압 및 관련 변수들에 대한 자료

Bp : 혈압

Age : 연령(단위 : 년)

Weight : 체중(단위 : kg)

Bsa : 체표면 면적(단위 : 제곱미터)

Dur : 고혈압 증세 지속기간(단위 : 년)

Basal Pulse : 분당 맥박수

Stress : 스트레스 지수

표 4.13 Longley의 고전적 자료

Y : 취업자 수(단위 : 천명)

X_1 : GNP디플레이터

X_2 : GNP(단위 : 100만 달러)

X_3 : 실업자 수(단위 : 천 명)

X_4 : 군 복무자 수(단위 : 천 명)

X_5 : 16세 이상 비제도권 인구

X_6 : 1947년은 1, 1948년은 2, … , 1962년은 16

표 5.1 50개 주의 낙태율 자료(1992년)

State : 주 이름(50개 주)

ABR : 낙태율, 15~44세 여성 1,000명당 낙태 횟수(1992년)

Religion : 주 인구 중 가톨릭 신자, 남부 침례교인, 복음주의자 또는 몰몬교도의 비율

Price : 임신 10주째에 병원 외 시설에서 국부마취로 낙태시술 받을 때의 평균비용(1992
년도 낙태시술 횟수를 가중치로 계산한 1993년도 평균비용)

Laws : 미성년자의 낙태를 법으로 금지하고 있으면 1, 그렇지 않으면 0

Funds : 대부분의 상황에서 낙태비용 지불에 쓸 수 있는 주 기금이 있으면 1, 그렇지 않으면 0

Educ : 25세 이상 인구 중 고졸자(또는 동등 학력자)의 비율

Income : 1인당 가처분소득(1992년)

Picket : 신체접촉이 있는 피켓시위나 환자의 진입방해를 경험하였다고 보고한 응답자의
비율

표 5.10 106개국의 GDP성장률 및 관련 자료

GDPGR : 1960~1985년도 연평균 일인당 소득 증가율

GDP60vsUS : (1960년도 해당국의 일인당 소득/같은 해 미국의 일인당 소득)의 자연로
그값

NONEQINV : 1960~1985년도 비설비투자

EQUIPINV : 1960~1985년도 설비투자

LFGR6085 : 1960~1985년도 노동력 증가율

CONTINENT : 해당 국가가 속한 대륙

표 5.11 미국의 455개 제조업에 대한 자료(1994년)

Shipment : 출하액(단위 : 천 달러)

Materials : 생산에 사용된 원자재 가치(단위 : 천 달러)

Newcap : 신규 자본재에 대한 지출(단위 : 천 달러)

Inventory : 보유 재고가치(단위 : 천 달러)

Managers : 관리직 근로자 수

Workers : 생산직 근로자 수

표 6.1 미국의 소비함수(1947~2000년)

C : 소비지출

DPI : 실질가처분소득

W : 실질재산

R : 실질이자율

표 6.10 미국의 주택건축 착공 및 관련 자료(1973~2011년)

$Hstart$: 주택건축 착공 건수, 계절조정된 월별 수치를 연율로 표시(단위 : 천)

UN : 계절조정된 민간 실업률(%)

M_2 : 계절조정된 총통화(단위 : 10억 달러)

$Mgrate$: 신축 주택에 대한 모기지 수익률(%)

$Primerate$: 은행의 우대금리(%)

$RGDP$: 2005년 달러에 연계된 실질GDP, 계절조정된 분기별 수치를 연율로 표시

표 7.1 시간당 임금률의 결정요인

변수들은 표 1.1에 정의되어 있다.

표 7.8 11개국의 담배소비량과 폐암사망률

$Country$: 자료에 포함된 국가명

$Cigarettes\ per\ capita$: 1930년의 일인당 흡연량

$Death\ rates$: 1950년의 100만 명당 사망자

표 7.12 미국의 총소비함수(1960~2009년)

PCE : 개인소비지출(단위 : 10억 달러)

$GDPI$: 국내 총민간투자(단위 : 10억 달러)

$Income$: 소득(단위 : 10억 달러)

표 7.21 미국 43개 주 및 워싱턴 DC의 흡연량과 각종 암 사망자 수에 대한 자료(1960년)

Cig : 1인당 흡연량(단위 : 100개피)

$blad$: 인구 100,000명당 방광암 사망자 수

$lung$: 인구 100,000명당 폐암 사망자 수

kid : 인구 100,000명당 신장암 사망자 수

$leuk$: 인구 100,000명당 백혈병 사망자 수

표 7.22 라틴아메리카 20개국의 가족계획, 사회적 환경, 그리고 출생률 감소(1965~1975년)

$Setting$: 사회적 환경 지수

Effort : 가족계획 노력지수

Change : 출생률 감소율(%)

표 8.1 흡연 여부 및 관련 변수들에 대한 자료

Smoker : 흡연자이면 1, 아니면 0

Age : 연령

Education : 교육기간

Income : 가구소득

Pcigs : 개별 주의 담배가격(1979년)

표 8.9 교환된 쿠폰수와 가격할인

Discount : 가격할인액(단위 : 센트)

Sample Size : 발행된 할인쿠폰의 수, 모든 경우에 500

Redeemed : 교환된 쿠폰의 수

표 8.10 고정금리 모기지와 변동금리 모기지

Adjust : 변동금리 모기지를 선택했으면 1, 고정금리 모기지를 선택했으면 0

Fixed rate : 고정금리

Margin : 변동금리−고정금리

Yield : 10년 만기 재무성증권 수익률−1년만기 재무성증권 수익률

Points : 고정금리 신용평점에 대한 변동금리 신용평점의 비율

Networth : 차입자의 순자산

표 8.11 대학원 입학허가

Admit : 입학허가를 받았으면 1, 아니면 0

GRE : GRE 점수

GPA : 평점평균

Rank : 졸업하는 학교의 등급 1,2,3,4. 최고 1부터 최저 4

표 8.12 심근경색 시작 후 48시간 이내의 심장마비

Death : 심근경색 48시간 이내이면 1, 아니면 0

Anterior : 심근경색 전력이 있으면 1, 아니면 0

hcabg : 관상동맥 우회수술(CABG)을 받은 적이 있으면 1, 아니면 0

표 8.13 투자 상품의 직접 마케팅

Response : 고객이 신상품에 투자하면 1, 아니면 0

Gender : 남성은 1, 여성은 0

Activity : 고객이 이미 은행의 다른 상품에 투자하고 있으면 1, 아니면 0

Age : 고객의 연령(단위 : 년)

표 8.14 클린턴 대통령의 탄핵 심판

Vote for impeachment article 1 : '예'이면 1, '아니요'면 0

Vote for impeachment article 2 : '예'이면 1, '아니요'면 0

Party affiliation of the senator

Political ideology the senator

Number of impeachment votes cast by the senator : 최대 2

Term of the senator : 첫 임기 상원의원이면 1, 아니면 0

Vote : 각 상원의원 출신 주에서 클린턴의 1996년 득표율

Year of next election : 상원의원이 재선을 노릴 경우

표 9.1 학교선택 자료

Y : 학교선택, 진학포기, 2년제대학 또는 4년제대학

X2 : hscath : 가톨릭학교 졸업자이면 1, 아니면 0

X3 : grades : 수학, 영어 및 사회과목 평균성적. 1이 가장 높은 성적이고 13이 가장 낮은 성적이므로 평균성적이 높을수록 학업성취도가 낮다는 것을 의미한다.

X4 : faminc : 1991년도의 가구소득(단위 : 천 달러)

X5 : famsiz : 가족 구성원 수

X6 : parcoll : 부모 중 대졸 이상의 학력을 가진 사람이 있으면 1

X7 : female : 여성이면 1

X8 : black : 흑인이면 1

표 9.3 교통수단 선택에 관한 자료

Mode : 선택, 항공기, 기차, 버스, 자가용

Time : 터미널 대기시간, 자가용은 0

Invc : 교통수단별 소요비용

Invt : 교통수단 내에서의 소요시간

GC : 총비용

Hinc : 가구소득

Psize : 동행자 수

표 9.8 직업선택의 다항회귀모형

Occup 1 : 노무자, 직공, 또는 수공기술자

Occup 2 : 사무직, 영업직, 또는 서비스직

Occup 3 : 관리직, 기술직, 또는 전문직

표 9.9 고등학생의 프로그램 선택

Prog : 일반 프로그램, 직업교육 프로그램, 학문 프로그램

Ses : 사회경제적 지위를 3단계로 구분한 범주형(더미) 변수

Write : 연속형 변수

10.3절 워킹맘에 대한 태도 : http://www.stata-press.com/data/lf2/ordwarm2.dta에서 다운로드 받을 것

response = 1(강한 반대), *response* = 2(반대), *response* = 3(찬성), *response* = 4(강한 찬성)

yr89 : 조사년도(1989년)

gender : 남성이면 1

race : 백인이면 1

age : 연령

ed : 교육기간

prst : 직업의 프레스티지

10.4절 대학원 진학에 대한 OLM 추정 : http://www.ats.ucla.edu/stat/stata/dae/ologit.dta에서 다운로드 받을 것

intention to go to graduate school

= 1(진학의사 낮음)

= 2(약간의 진학의사)

= 3(진학의사 높음)

pared : 부모 중 적어도 한 사람이 대학원 교육을 받았으면 1

public : 대학이 공립대학교일 경우 1

GPA : 학업성적 평균

표 10.7 정신건강 관련 자료

Mental health : 양호, 약화, 악화, 손상

SES : 사회-경제적 지위

Events : 인생사 지수

표 10.8 92개 미국 기업의 신용평가 자료

Credit rating : 1(최저)에서 7(최고)까지

Invgrade : 투자등급

Booklev : 레버리지

logsales : 로그 매출액

RETA : 유보이윤/총자산

WKA : 운용자본/총자산

EBIT : 영업이익/총자산

표 11.1 결혼 여성의 노동시간 및 관련 자료

표 4.4 참조

표 11.7 혼외정사에 대한 자료

Naffairs : 전년도의 혼외정사 횟수, 1, 2, 3, 4~10(7로 기록)

Gender : 남성은 1, 여성은 0

Age : 연령(단위 : 년)

Educ : 교육기간, 중졸=9, 고졸=12, 박사 또는 기타=20

Kids : 자녀가 있으면 1, 없으면 0

Ratemarr : 결혼생활에 대한 스스로의 평가, 1(매우 불행)에서 7(매우 행복)

Relig : 1~5의 척도로 평가한 종교성, 1이면 반종교적

Yrsmarr : 결혼생활 기간

Affair : 한 번 이상 혼외정사가 있었으면 1, 한 번도 없었으면 0

표 12.1 181개 기업의 특허와 R&D 지출 자료

P91 : 1991년에 승인받은 특허 건수

P90 : 1990년에 승인받은 특허 건수

LR91 : 1991년 R&D 지출의 로그값

LR90 : 1990년 R&D 지출의 로그값

Industry 더미 : 6개 산업에 대한 5개 더미변수

Country 더미 : 미국은 1, 일본은 0

R&D : R&D 지출

표 12.7 학자들의 생산성

$\mu_i = E(Y|XB)$: 지난 3년간 출판한 평균 논문 수

fem : 여성은 1, 남성은 0

mar : 기혼이면 1, 독신이면 0

kid5 : 5세 이하 자녀의 수

phd : 학위 프로그램의 질, 1에서 5

men : 지난 3년간 학자의 지도교수가 출판한 논문 수

표 12.8 결석에 대한 포아송 모형

daysabs : 학년도 동안의 결석일수

mathnce : 수학 표준화시험 점수

langnce : 언어 표준화시험 점수

gender : 여성은 1

표 13.1 유로/달러 환율에 대한 일별 자료(2000~2008년)

LEX : 일별 유로/달러 환율의 로그값

표 13.6 IBM 주식의 일별 종가(2000년 1월~2002년 8월)

LCLOSE : IBM 주식 일별 종가의 로그값

표 13.9 일별 달러/유로 환율(2012년 2월 3일~2013년 6월 16일)

LEX : 일별 달러/유로 환율 자료

표 13.11 미국의 월별 실업률(1948년 1월 1일~2013년 6월 1일)

UNRATE : 월별 민간 실업률(%)

표 14.1 미국의 분기별 PCE와 PDI(1970~2008년)

PDI : 개인가처분소득

PCE : 개인소비지출

표 14.8 3개월 및 6개월 만기 미국 재무성증권의 월별 수익률(1981년 1월~2010년 1월)

TB3 : 3개월 만기 미국 재무성증권의 수익률

TB6 : 6개월 만기 미국 재무성증권의 수익률

표 14.11 멕시코와 미국의 분기별 실질GDP(1980 I~2000 III)

MEXGDP : 멕시코의 GDP(단위 : 10억 미달러)

USGDP : 미국의 GDP(단위 : 10억 미달러)

주 : 두 시계열 모두 2000년을 100으로 표준화시켰다.

표 15.5 금의 일별 최고가, 최저가, 그리고 종가(2012년 5월~2013년 6월)

Open : 시가(단위 : 온스당 달러)

High : 최고가(단위 : 온스당 달러)

Low : 최저가(단위 : 온스당 달러)

Close : 종가(단위 : 온스당 달러)

표 16.1 미국의 1인당 실질 PCE와 PDI(1960~2008년)

　PDI : 1인당 실질 개인가처분소득

　PCE : 1인당 실질 개인소비지출

표 16.13 미국의 분기별 거시 자료(1960~2012년)

　Inflation : 연율로 표시한 GDP디플레이터의 분기별 증가율

　FedfundRs : 연방기금금리, 이자율의 한 가지 척도로 월별 수치의 분기별 평균

　Unrate : 민간 실업률, 월별 실업률의 분기별 평균

표 17.1 자선기부

　Charity : 현금 및 기타재산 기부액(전년도로부터의 이연은 제외)

　Income : 조정된 총소득

　Price : 1 − 한계세율, 한계세율은 기부 이전의 소득에 적용되는 한계세율

　Age : 64세 이상이면 1

　MS : 결혼했으면 1

　DEPS : 조세환급 대상 부양가족수

표 17.9 미국 48개주 생산성 향상에서의 공공투자의 역할

　GSP : 주내 총생산(gross state product)

　PRIVCAP : 민간자본

　PUBCAP : 공공자본

　WATER : 수자원 관리 자본

　UNEMP : 실업률

표 17.10 미국 49개 주의 전기 및 가스 수요(1970~1990년)

　Inc : 명목 가처분소득(단위 : 천 달러)

　def : 디플레이터, 1987 = 100

　tpop : 인구(단위 : 천 명)

　yd : 1987 불변가격 실질 가처분소득

　ydpc : 1987 불변가격 일인당 실질 가처분소득

　esrcb : 주택용 전기소비(단위 : 10억 Btu)

　esrcbpc : 일인당 주택용 전기소비(단위 : 10억 Btu)

　esrcd : 주택용 전기가격

　resrcd : 1987 불변가격 주택용 전기가격

　esrcbg : 주택용 천연가스 소비(단위 : 10억 Btu)

esrcbgpc: 일인당 주택용 천연가스 소비(단위 : 10억 Btu)

esrcdg: 주택용 천연가스 가격

resrcdg: 1987 불변가격 주택용 천연가스 가격

hdd : 인구를 가중치로 한 난방 일수

cdd : 인구를 가중치로 한 냉방 일수

주 : 원자료는 50개 주 및 DC까지 전 미국을 포함하고 있다. 표본기간은 1970~1990년이다.

표 17.11 미국 50개 주 및 워싱턴 DC에서 맥주세가 맥주 매출액에 미친 영향(1985~2000년)

Beer sales : 주의 일인당 맥주 매출액

Income : 소득(단위 : 달러)

Beer tax : 맥주에 대한 주의 세율

주 : 각 주는 *fts_state*로 표시하는 연방 수치 코드를 가지고 있다.

표 18.1 재범 관련 자료

black : 흑인이면 1

alcohol : 음주문제가 있으면 1

drugs : 마약전과가 있으면 1

super : 보호관찰 석방이면 1

married : 교도소에 있을 때 기혼이면 1

felon : 중형선고이면 1

workprg : 교도소 내 노동 프로그램에 포함되어 있으면 1

property : 재산범죄이면 1

person : 대인범죄이면 1

priors : 전과 횟수

educ : 교육연한

rules : 교도소 규칙위반 횟수

age : 연령(단위 : 월)

tserved : 복역기간(단위 : 월)

follow : 추적기간(단위 : 월)

durat : 재체포까지의 최대 시간

cens : 우측절단이면 1

ldurat : Log(durat)

표 18.9 14명의 달린 시간, 나이, 체중, 그리고 성별

Minutes : 런닝머신에서 달리며 보내는 시간(단위 : 분)

Age : 나이(단위 : 년)

Weight : 체중(단위 : 파운드)

Gender : 여성은 1, 남성은 0

Censored : 절단이면 0, 아니면 1

표 18.10 48명 환자에 대한 암 치료제 시험

Study time : 사망까지의 개월 수

Died : 환자가 사망했으면 1

Drug : 치료제 사용했으면 1, 위약이면 0

Age : 실험 시 환자의 연령

표 19.1 미국의 범죄율과 경찰예산 자료(1992년)

Crime Rate : 인구 100,000명당 범죄건수

Expenditure : 경찰예산(단위 : 달러)

표 21.1 SATA 자료에 대한 MRM 모형

GPA : 1학년 평점 평균(4.0 만점)

Quant : SAT 수리영역 점수

Gender : 여성은 1, 남성은 0

Prv : 사립학교 다녔으면 1, 아니면 0

New_GPA : GPA를 가장 가까운 정수로 반올림한 값

표 21.8 미국의 소고기 및 돼지고기 소비(1925~1941년)

CBE : 일인당 소고기 소비(단위 : 파운드)

CPO : 일인당 돼지고기 소비(단위 : 파운드)

PBE : 소고기 가격(단위 : 센트/파운드)

PPO : 돼지고기 가격(단위 : 센트/파운드)

DINC : 일인당 가처분소득(지수)

표 22.1 국민 교육 패널자료(NELS 자료)

Math : 수학시험 점수(종속변수)

제1단계 변수

SES : 학생의 사회경제적 지위

Homework : 주당 숙제하는 시간수

Race : 백인은 1, 비백인은 0

Parented : 부모의 교육수준

Ratio : 학생/교사 비율, 학급 크기의 한 척도

제2단계 변수

Schid : 학교 ID

Public : 공립학교는 1, 사립학교는 0

(*% minorities*) : 학교 내 소수인종 학생의 백분율

Geographic region : 북동부, 북중부, 남부 및 서부를 더미변수로 나타냄

Urban : 도시, 교외, 시골을 역시 더미변수로 나타냄

표 23.1 원래의 표본(1열)과 25개의 부트스트랩 표본

1열 : 표준정규분포에서 추출한 크기 25의 원래 표본

2~26열 : 1열에서 추출한 25개의 부트스트랩 표본

통계학 복습

이 부록은 기초통계이론에 대한 입문일 뿐 통계학에 대한 포괄적 지식을 제공하는 것이 아니다. 여기서 설명하는 기본 도구들은 이 책의 계량경제이론을 이해하는 데 필요한 것이다. 확률, 확률변수, 확률분포와 그 특성, 그리고 통계적 추론에 대하여 간략히 개관한다. 계량경제학에서 매우 중요한 4개의 분포에 대하여 언급할 것이다. (1) 정규분포, (2) t-분포, (3) 카이제곱(χ^2)-분포, (4) F-분포.

A.1 합산 기호

많은 수학적 표현들은 실용적인 기호를 이용하여 간단하게 나타낼 수 있다. 그리스 대문자 시그마(Σ)는 합산을 나타낼 때 이용하는 기호이다.

$$\sum_{i=1}^{n} X_i = X_1 + X_2 + X_3 + \ldots + X_n$$

좌변의 $\sum_{i=1}^{n} X_i$는 변수를 1(첫 값)에서 n(마지막 값)까지 합한다는 의미이다.[1]

$$\sum_{i=1}^{n} X_i, \ \sum X_i \quad \text{그리고} \quad \sum_{x} X$$

는 동일한 합을 나타내는 기호들이다.

Σ의 성질

1. $\displaystyle\sum_{i=1}^{n} k = nk$, 단, k는 상수이다.

예 : $\displaystyle\sum_{i=1}^{4} 2 = (4)(2) = 8$

---

1 이 부록은 이나스 켈리(Inas Kelly) 교수의 도움을 받아서 썼다. 일반적으로 대문자에 붙어 있는 하첨자 i는 이 대문자가 상수가 아니라 여러 값을 가질 수 있는 변수임을 나타낸다.

2. $\displaystyle\sum_{i=1}^{n} kX_i = k\sum_{i=1}^{n} X_i$

예 : $\displaystyle\sum_{i=1}^{2} 2X_i = 2\sum_{i=1}^{2} X_i = (2)(X_1 + X_2) = 2X_1 + 2X_2$

3. $\displaystyle\sum_{i=1}^{n} (X_i + Y_i) = \sum_{i=1}^{n} X_i + \sum_{i=1}^{n} Y_i$

예 : $\displaystyle\sum_{i=1}^{2} (X_i + Y_i) = \sum_{i=1}^{2} X_i + \sum_{i=1}^{2} Y_i = X_1 + X_2 + Y_1 + Y_2$

4. $\displaystyle\sum_{i=1}^{n} (a + bX_i) = na + b\sum_{i=1}^{n} X_i$, 단, a와 b는 상수

예 : $\displaystyle\sum_{i=1}^{3} (4 + 5X_i) = (3)(4) + (5)\sum_{i=1}^{3} X_i = 12 + 5X_1 + 5X_2 + 5X_3$

A.2 실험

핵심개념

- 통계적 실험 또는 확률실험이란 둘 이상의 결과가 나올 수 있고 그중 어떤 결과가 실현될 것인지 불확실한 관측 또는 측정과정을 말한다.
- 실험에서 나올 수 있는 모든 가능한 결과들의 집합을 모집단 또는 표본공간이라 한다.
- 사건이란 특정한 결과들의 모임으로 표본공간의 부분집합이다. 한 사건이 일어나면 동시에 다른 사건이 일어날 수 없는 경우 두 사건은 **상호배반**이다. 일어날 확률이 동일한 두 사건은 **동등발생**(equally likely) 사건이다. 사건들이 실험의 모든 가능한 결과를 망라할 때 **총체적으로 망라하는**(collectively exhaustive) 사건들이라 한다.
- 실험의 결과에 의해 값이 결정되는 변수를 확률변수라 한다. 확률변수는 보통 X, Y, Z 등의 대문자로 표시하고 확률변수가 갖는 값들은 x, y, z 등의 소문자로 표시한다. 이산형 확률변수는 유한개의 값, 또는 정수에 대응하는 무한개의 값을 가진다. 연속형 확률변수는 일정구간에 속한 모든 값을 가진다.
- 실험의 결과가 n개의 상호배반인 동등발생 사건으로 구성되어 있고, 이 중 m개의 결과가 사건 A에 해당할 경우, 사건 A의 확률은 m/n이다. 즉, $P(A) = m/n = (A$에 해당하는 결과의 수)/(결과들의 총수)이다. 확률에 대한 이러한 고전적 정의는 실험의 결과가 유한개가 아니거나 동등발생 사건이 아니면 유효하지 않다는 점에 유의하라.

동전 던지기 예를 살펴보면 이 개념들이 명확해질 것이다.

동전 던지기 예

2개의 공정한 동전을 던진다. 앞면을 H, 뒷면을 T로 나타내자. 가능한 결과는 앞면 2개, 뒷면 2개, 앞면과 뒷면, 그리고 뒷면과 앞면이다. 다시 말하면 이 실험의 표본공간은 S = {HH, HT, TH, TT}이다. 네 가지 결과는 각각이 하나의 사건이다. HH와 HT가 동시에 나올 수는 없으므로 두 사건은 상호배반이다. 각 사건의 확률은 1/4이고, 따라서 네 사건은 동등발생 사건이다. 네 사건의 확률을 합하면 100%, 즉 1이 되므로 이들은 총체적으로 망라하는 사건들이다.

A.3 확률의 실증적 정의

표 A.1은 어느 고아원에 있는 어린이 10명의 나이 분포이며 이 표를 요약한 것이 표 A.2이다. 각 나이별로 도수를 합해 놓았음을 알 수 있다.

표 A.1과 A.2의 도수분포는 확률변수 나이가 어떻게 분포되어 있는지 보여준다. 두 번째 열은 주어진 사건의 발생횟수, 즉 절대도수이다. 이 열의 숫자들을 합하면 총 발생횟수(이 경우에는 10)가 된다. 세 번째 열의 상대도수는 절대도수를 총 발생횟수로 나눈 것이다. 표에 나타난 바와 같이, 이 열의 숫자들을 합하면 반드시 1이 되어야 한다.

확률에 대한 실증적 또는 상대도수 정의란, 상대도수 계산에 이용된 관측치의 수가 충분히 크다는 전제 하에 상대도수가 확률의 근사값이라 보는 견해를 말한다. 따라서 충분히 큰 n번의 관측에서 사건 A가 m번 발생했으면, 사건 A의 확률 $P(A)$는 m/n이 되는 것이다. 고전적 정의에서와 달리, 결과들이 상호배반이거나 동등발생이어야 할 필요가 없다.

표 A.1 어린이 10명의 나이 분포

나이	절대도수	상대도수
5	1	1/10
7	1	1/10
7	1	1/10
7	1	1/10
8	1	1/10
8	1	1/10
8	1	1/10
8	1	1/10
9	1	1/10
10	1	1/10
		$\Sigma = 1$

표 A.2 어린이 10명의 나이 분포(요약)

나이	절대도수	상대도수
5	1	1/10
7	3	3/10
8	4	4/10
9	1	1/10
10	1	1/10
		$\Sigma = 1$

A.4 확률 : 성질, 법칙, 그리고 정의

1. $0 \leq P(A) \leq 1$

2. A, B, C, ...가 상호배반일 때

$$P(A + B + C + \cdots) = P(A) + P(B) + P(C) + \cdots$$

3. A, B, C, ...가 상호배반이고 총체적으로 망라하는 사건일 때

$$P(A + B + C + \cdots) = P(A) + P(B) + P(C) + \cdots = 1$$

4. A, B, C, ...가 통계적으로 독립인 사건들이면 $P(A, B, C \cdots) = P(A)P(B)P(C) \cdots$이다. 이 사건들이 동시에 발생할 확률이 개별사건 확률들의 곱과 같다는 의미이다.[2] $P(ABC \cdots)$는 결합확률이라 부른다.

5. A와 B가 상호배반이 아닌 경우에는 $P(A + B) = P(A) + P(B) - P(AB)$이다.

6. A와 A의 여집합 A'에 대해서는 $P(A + A') = 1$ 및 $P(AA') = 0$이 성립한다.

7. $P(A \mid B) = P(AB)/P(B)$; 단, $P(B) > 0$이다.

여기서 $P(A \mid B)$를 조건부 확률이라 부른다.

아래의 베이즈 정리는 조건부 확률의 응용이다.

$$P(A \mid B) = \frac{P(B \mid A)P(A)}{P(B \mid A)P(A) + P(B \mid A')P(A')}$$

A.5 확률변수의 확률분포

이산형 확률변수

이산형 확률변수가 갖는 값의 개수는 유한하거나 셀 수 있을 정도로 무한하다. 확률질량함수(probability mass function, PMF)는 다음과 같이 정의한다.

---

2 A와 B가 상호배반인 사건이면 $P(AB) = 0$임에 유의하라.

$$P(X = x_i) = f(x_i), \quad i = 1, 2, \ldots$$

f는 위 두 조건을 만족한다.

$$0 \leq f(x_i) \leq 1$$

$$\sum_x f(x_i) = 1$$

연속형 확률변수

연속형 확률변수는 일정 구간에 속하는 모든 값을 가지므로 가질 수 있는 값의 개수는 셀 수 없을 정도로 무한하다. 확률밀도함수(probability density function, PDF) f를 다음과 같이 정의한다.

$$P(x_1 < X < x_2) = \int_{x_1}^{x_2} f(x)\mathrm{d}x$$

여기서 $x_1 < x_2$이고, $\int$는 적분기호로 이산형 확률변수에 대하여 합산기호 Σ과 동일한 역할을 연속형 확률변수에 대하여 수행한다.

확률밀도 함수 f는

$$\int_{-\infty}^{\infty} f(x)\mathrm{d}x = 1$$

의 조건을 만족한다.

대문자 $F(x)$로 나타내는 누적분포함수(cumulative distribution function, CDF)는 확률변수의 PMF 또는 PDF와 다음과 같이 관련되어 있다.

$$F(x) = P(X \leq x),$$

여기서 $P(X \leq x)$는 확률변수 X가 x 이하의 값을 가질 확률이다. (연속형 확률변수에 대해서는 확률변수가 정확하게 x일 확률은 0임에 유의하라.)

CDF의 성질

1. $F(-\infty) = 0$, $F(\infty) = 1$

   여기서 $F(-\infty)$와 $F(\infty)$는 각각 x가 $-\infty$와 ∞로 접근할 때 $F(x)$의 극한이다.

2. $F(x)$는 감소하지 않는다. 즉, $x_2 > x_1$이면 $F(x_2) \geq F(x_1)$이다.

3. k가 상수일 때, $P(X \geq k) = 1 - F(k)$

4. $P(x_1 \leq X \leq x_2) = F(x_2) - F(x_1)$

다변량 확률밀도함수

지금까지는 하나의 확률변수 X의 확률밀도함수, 즉 일변량 확률밀도함수를 다루었다. 이제 Y

표 A.3 두 확률변수의 도수 분포

		X = 임금			
		$10	**$15**	**$20**	*f*(*Y*)
Y = DVD 보유량	**0**	20	10	10	40
	25	60	20	20	100
	50	0	20	40	60
	f(*X*)	80	50	70	200

표 A.4 두 확률변수의 상대도수 분포

		X = 임금			
		$10	**$15**	**$20**	*f*(*Y*)
Y = DVD 보유량	**0**	0.10	0.05	0.05	0.20
	25	0.30	0.10	0.10	0.50
	50	0.00	0.10	0.20	0.30
	f(*X*)	0.40	0.25	0.35	1.0

를 도입하여 가장 단순한 다변량 PDF인 이변량 PDF의 예를 살펴보자. 표 A.3은 200명의 평균임금(*X*)과 DVD 보유량(*Y*)이라는 두 확률변수에 대한 정보를 제공하고 있다. 이 표의 숫자들은 절대도수들이다.

표 A.3의 숫자들을 상대도수로 변환한 것이 표 A.4이다. 표의 확률들은 결합확률이라 부르고 *f*(*X*, *Y*)의 기호로 나타내며 이들을 모두 합하면 반드시 1, 즉 100%가 되어야 한다.

아래의 성질이 만족된다는 점에 유의하라.

1. 모든 *X*, *Y*에 대해 *f*(*X*, *Y*) ≥ 0이다.

2. 위에서 설명한 바와 같이, $\sum_x \sum_y f(X, Y) = 1$이다.

3. 표 A.4의 *f*(*X*)와 *f*(*Y*)는 주변확률들이다. *Y*가 갖는 값이 무엇이든 상관없이 *X*가 특정한 값을 가질 확률을 *X*의 주변확률이라 부르며, 그 분포가 *X*의 주변 PDF이다. 따라서

$$f(X) = \sum_y f(X, Y), \text{ 모든 } X\text{에 대하여}$$

$$f(Y) = \sum_x f(X, Y), \text{ 모든 } Y\text{에 대하여}$$

임을 알 수 있다.

4. 조건부 확률이란 다른 확률변수가 어떤 값을 가진다는 조건하에 한 확률변수가 특정한 값을 가질 확률을 말한다. 조건부 확률은 결합확률을 주변확률로 나눈 값과 같다. 기호로 간단히

$$f(Y\,|\,X) = \frac{f(X, Y)}{f(X)} \qquad \text{그리고} \qquad f(X\,|\,Y) = \frac{f(X, Y)}{f(Y)}$$

로 나타낼 수 있다. 예를 들어, 표 A.4에서 평균임금이 20달러라는 조건하에 DVD 보유량이 50일 확률을 계산해 보면 다음과 같다.[3]

$$f(Y = 50\,|\,X = 20) = \frac{f(X = 20, Y = 50)}{f(X = 20)} = \frac{0.20}{0.35} = 0.5714$$

5. X와 Y의 모든 값들에 대하여 결합확률을 주변확률들의 곱으로 나타낼 수 있으면, 다시 말해

$$f(x, y) = f(x)f(y), \quad \text{모든 } X\text{와 } Y\text{에 대하여}$$

가 성립하면, 두 확률변수 X와 Y는 통계적으로 독립이라 정의한다. 위 예에서 임금(X)과 DVD 보유량(Y)은 통계적으로 독립이 아니라는 것을 알 수 있다.

A.6 기댓값과 분산

확률변수의 기댓값은 확률분포의 1차 적률이라 부르기도 하며, 확률변수가 가질 수 있는 값에 해당 확률을 곱하여 더한 수치이다. 확률변수가 가질 수 있는 값들의 가중평균으로 보아도 괜찮다. 기댓값은 또한 모평균이기도 하며, 다음과 같이 나타낸다.

$$E(X) = \mu_x = \Sigma X f(X)$$

표 A.2의 수치들을 이용하여 고아들의 평균 나이를 계산해 보면

$$\mu_x = \sum_X xf(X) = 5(0.10) + 7(0.30) + 8(0.40) + 9(0.10) + 10(0.10) = 7.7$$

이고, 표 A.4의 수치들을 이용하여 200명의 평균임금을 계산해 보면

$$\mu_x = \sum_X xf(X) = 10(0.40) + 15(0.25) + 20(0.35) = 14.75$$

---

3 DVD 보유량이 50개일 비조건부 확률 $P(Y = 50)$이 30%인 데 비해 평균임금이 20달러로 높을 때의 조건부 확률은 57%로 이보다 높다. 임금이 높을수록 더 많은 DVD를 보유할 것으로 생각할 수 있으므로, 이것은 예상할 수 있었던 결과이다. 이 예제의 X와 Y는 통계적으로 독립이 아니라는 것을 곧 살펴보게 될 것이다.

이며, 그리고 200명의 평균 DVD 보유량은

$$\mu_y = \sum_Y yf(Y) = (0)(0.20) + (25)(0.50) + (50)(0.30) = 27.5$$

가 된다. 특수한 경우로 가중치, 즉 확률 $f(X)$가 모든 X에 대하여 동일하면, 위의 식은 단순평균과 같게 된다.

기댓값의 성질

1. $E(a) = a$; 단, a는 상수이다.
2. $E(X + Y) = E(X) + E(Y)$
3. $E(X/Y) \neq E(X)/E(Y)$
4. X와 Y가 통계적으로 독립이 아니면,[4] $E(XY) \neq E(X)E(Y)$이다.
5. $E(X^2) \neq [E(X)]^2$
6. $E(bX) = bE(X)$; 단, b는 상수이다.
7. $E(aX + b) = aE(X) + E(b) = aE(X) + b$; 단, a와 b는 상수이다.

따라서 E는 선형 연산자이다.

이변량 PDF가 주어졌을 때 두 확률변수의 곱의 기댓값은 다음과 같이 나타낼 수 있다.

$$E(XY) = \mu_{xy} = \sum_x \sum_y XYf(X, Y)$$

표 A.4를 이용하여 임금과 DVD 보유량의 곱의 기댓값을 계산해 보면,

$$\begin{aligned}
\mu_{xy} &= \sum_x \sum_y XYf(X, Y) \\
&= (10)(0)(0.10) + (10)(25)(0.30) + (10)(50)(0.00) \\
&\quad + (15)(0)(0.05) + (15)(25)(0.10) + (15)(50)(0.10) \\
&\quad + (20)(0)(0.05) + (20)(25)(0.10) + (20)(50)(0.20) = 437.5
\end{aligned}$$

가 된다.

다른 변수가 특정한 값을 가진다는 조건하에 계산한 기댓값을 조건부 기댓값(위에서 설명한 것은 비조건부 기댓값이다)이라 하며, 조건부 확률을 이용하여 다음과 같이 정의한다.

$$E(X \mid Y) = \sum_X xf(X \mid Y)$$

---

4 주의 : X와 Y가 통계적으로 독립이면, $E(XY) = E(X)E(Y)$이다. 하지만 $E(XY) = E(X)E(Y)$라 해서 X와 Y가 통계적으로 독립이라 할 수는 없다. 여전히 모든 X, Y에 대하여 $f(X, Y) = f(X)f(Y)$인지 확인해야 한다.

표 A.4의 수치들을 이용하여, DVD 보유량이 50이라는 조건하에 임금의 기댓값을 계산해 보자.

$$E(X \mid Y = 50) = \sum_X x f(X \mid Y = 50) = \sum_X x \frac{f(X, Y = 50)}{f(Y = 50)}$$
$$= (10)\left(\frac{0.0}{0.3}\right) + (15)\left(\frac{0.1}{0.3}\right) + (20)\left(\frac{0.2}{0.3}\right) = 18.333$$

모집단에서 무작위로 표본을 추출한다고 상정해 보자. 표본평균은 아래와 같이 정의한다.

$$\bar{X} = \sum_{i=1}^n \frac{X_i}{n}$$

각 관측치에 $1/n$이라는 동일한 확률이 부여된 단순평균임에 유의하라. 표본평균은 모평균 $mx = E(X)$에 대한 추정량으로 알려져 있다. 추정량이란 모수를 어떻게 추정할 것인지를 말해 주는 법칙 또는 공식을 말한다.

확률변수의 분산은 확률분포의 2차 적률이라 부르기도 하며, 평균을 중심으로 한 산포 정도를 측정한다. 기호로 다음과 같이 표현한다.

$$\mathrm{var}(X) = \sigma_x^2 = E(X - \mu_x)^2 = \Sigma(X - \mu_x)^2 \cdot f(X)$$

표 A.2의 수치를 이용하여 고아들 나이의 분산을 계산해 보자.

$$\sigma_x^2 = \sum_X (X - \mu_x)^2 f(X) = (5 - 7.7)^2(0.10) + (7 - 7.7)^2(0.30)$$
$$+ (8 - 7.7)^2(0.40) + (9 - 7.7)^2(0.10) + (10 - 7.7)^2(0.10) = 1.61$$

표 A.4의 수치를 이용하여 200명 임금의 분산을 계산해 보자.

$$\sigma_x^2 = \sum_X (X - \mu_x)f(X) = (10 - 14.75)^2(0.40)$$
$$+ (15 - 14.75)^2(0.25) + (20 - 14.75)^2(0.35) = 18.688$$

분산의 성질

1. $\mathrm{var}(k) = 0$; 단, k는 상수이다.
2. X와 Y가 통계적으로 독립일 때,

   $\mathrm{var}(X + Y) = \mathrm{var}(X) + \mathrm{var}(Y)$
   $\mathrm{var}(X - Y) = \mathrm{var}(X) + \mathrm{var}(Y)$

3. $\mathrm{var}(X + b) = \mathrm{var}(X)$; 단, b는 상수이다.

4. $\mathrm{var}(aX) = a^2\mathrm{var}(X)$; 단, a는 상수이다.

5. $\mathrm{var}(aX + b) = a^2\mathrm{var}(X)$; 단, a와 b는 상수이다.

6. X와 Y가 통계적으로 독립이고 a와 b가 상수일 때,

$$\mathrm{var}(aX + aY) = a^2\mathrm{var}(X) + b^2\mathrm{var}(Y)$$

7. $\mathrm{var}(X) = E(X^2) - [E(X)]^2$, 단 $E(X^2) = \sum_X X^2 f(X)$.

확률변수의 표준편차 σ_x는 분산의 제곱근과 같다. 표 A.2에서 고아들 나이의 표준편차는

$$\sigma_x = \sqrt{\sigma_x^2} = \sqrt{1.61} = 1.269$$

이다.

표본분산은 모분산 σ_x^2에 대한 추정량으로 다음과 같이 나타낸다.

$$S_x^2 = \sum_{i=1}^{n} \frac{(X_i - \overline{X})^2}{n-1}$$

표본분산의 분모는 자유도이며 동일한 표본으로 표본평균을 계산하는 과정에서 자유도 하나를 잃기 때문에 관측치의 수 n에서 1을 뺀 $(n-1)$과 같다.

표본표준편차 S_x는 표본분산의 제곱근이다.

A.7 공분산과 상관계수

공분산은 다변량 PDF에서 두 확률변수가 함께 변동하는 정도를 측정한다.

$$\mathrm{cov}(X,Y) = \sigma_{xy} = E[(X-\mu_x)(Y-\mu_y)] = \sum_x \sum_y (X-\mu_x)(Y-\mu_y) f(X,Y)$$

공분산을 다음과 같이 쓸 수도 있다.

$$\mathrm{cov}(X,Y) = \sigma_{xy} = E(XY) - \mu_x \mu_y = \sum_x \sum_y XY f(X,Y) - \mu_x \mu_y$$

표 A.4의 수치들을 이용하여 200명의 임금(X)과 DVD를 보유한 (Y) 사이의 공분산을 계산해 보자.

$$\sigma_{xy} = \sum_x \sum_y XY f(X,Y) - \mu_x \mu_y = (437.5) - (14.75)(27.5) = 31.875$$

공분산의 성질

1. X와 Y가 통계적으로 독립이면, $\mathrm{cov}(X,Y) = 0$이다.

2. $\mathrm{cov}(a + bX, \; c + dY) = bd\,\mathrm{cov}(X,Y)$; 단, a, b, c, d는 상수이다.

3. $\mathrm{cov}(X, X) = \mathrm{var}(X)$

4. $\mathrm{var}(X + Y) = \mathrm{var}(X) + \mathrm{var}(Y) + 2\,\mathrm{cov}(X, Y)$

   그리고

   $\mathrm{var}(X - Y) = \mathrm{var}(X) + \mathrm{var}(Y) - 2\,\mathrm{cov}(X, Y)$

공분산에는 상한과 하한이 없기 때문에($-\infty < \sigma_{xy} < \infty$), 두 변수 사이의 관계를 나타내는 척도로 상관계수가 보다 유용하다. 상관계수는 -1과 1 사이의 값을 가진다.

$$\rho = \frac{\mathrm{cov}(X, Y)}{\sigma_x \sigma_y}$$

상관계수의 성질

1. 상관계수는 언제나 공분산과 동일한 부호를 가진다.
2. 상관계수는 두 변수 사이의 선형관계의 척도이다.
3. $-1 \leq \rho \leq 1$
4. 상관계수는 단위를 갖지 않는 순수한 숫자이다.
5. 두 변수가 통계적으로 독립이면 공분산이 0이고 따라서 상관계수도 0이다.

   그러나 상관계수가 0이라 해서 두 변수가 통계적으로 독립인 것은 아니다.
6. 상관관계가 인과관계를 의미하지는 않는다.

   표본공분산은 모공분산 σ_{xy}에 대한 추정량이다.

$$S_{xy} = \frac{\Sigma[(X_i - \overline{X})(Y_i - \overline{Y})]}{n - 1}$$

마찬가지로 표본상관계수는 모상관계수 ρ에 대한 추정량이다.

$$r = \frac{S_{xy}}{S_x S_y}$$

A.8 정규분포

가장 중요한 확률분포는 종모양의 정규분포이다. 정규분포는

$$X \sim N(\mu_x, \sigma_x^2)$$

의 기호로 나타내며, 다음과 같은 PDF를 가진다.

$$f(x) = \frac{1}{\sigma_x \sqrt{2\pi}} \exp -\frac{1}{2}\left(\frac{X - \mu_x}{\sigma_x}\right)^2$$

정규분포의 성질

1. 정규분포곡선은 평균 μ_x를 중심으로 대칭이다.

2. 정규분포곡선은 평균에서 가장 높고 양극단으로 갈수록 낮아진다.

3. 정규분포곡선 아래의 전체 면적은 100%, 즉 1이고 $(\mu_x \pm \sigma_x)$ 구간의 면적은 약 68%, $(\mu_x \pm 2\sigma_x)$ 구간의 면적은 약 95%, 그리고 $(\mu_x \pm 3\sigma_x)$ 구간의 면적은 약 99.7%이다.

4. 정규분포는 2개의 모수 μ_x와 σ_x에 의해 완전히 결정된다. 일단 이 두 모수의 값만 알면, 앞의 정규분포 PDF로부터(또는 표준적인 통계학 교과서에서 제공하는 표를 이용함으로써) X가 어떤 구간에 속할 확률을 계산해 낼 수 있다.

5. 정규분포를 따르는 두 확률변수의 선형결합은 정규분포를 따른다.

   만약 $X \sim N(\mu_x, \sigma_x^2)$, $Y \sim N(\mu_y, \sigma_y^2)$, 그리고 $W = aX + bY$이면

   $X \sim N(a\mu_x + b\mu_y, \ a^2\sigma_x^2 + b^2\sigma_y^2 + 2ab\sigma_{xy})$이다.

정규분포를 따르는 변수들을 표준화시키면 비교가 용이해진다. 확률변수 X를 다음과 같이 변환하여 표준화시킨다.

$$Z = \frac{X - \mu_x}{\sigma_x}$$

변환의 결과로 얻게 되는 확률변수 Z는 평균이 0이고, 분산 1인 정규분포를 따른다.

$$Z \sim N(0, 1)$$

중심극한정리(Central Limit Theorem, CLT)에 의하면, X_1, X_2, X_3, $\cdots$, X_n이 평균 μ_x, 분산 σ_x^2인 모집단(반드시 정규분포를 따르는 모집단이어야 할 필요가 없다)에서 추출한 확률표본일 때 표본평균 $\overline{X}$의 분포는 표본 크기 n이 무한히 커짐에 따라 평균 μ_x, 분산 σ_x^2/n인 정규분포에 가까워진다.

$$\overline{X} \sim N\left(\mu_x, \frac{\sigma_x^2}{n}\right)$$

다음과 같은 변환을 통하여 $\overline{X}$를 표준화시키기도 한다.

$$Z = \frac{\overline{X} - \mu_x}{\sigma_x / \sqrt{n}} \sim N(0,1)$$

A.9 스튜던트의 t-분포

모분산이 알려져 있지 않을 때는 분포를 이용한다. $\overline{X}$를 표준화시킬 때 모표준편차 σ_x 대신에 표본표준편차 S_x를 쓰면 t-분포를 따르게 된다.

$$t = \frac{\overline{X} - \mu_x}{S_x / \sqrt{n}} \sim N\left(0, \frac{k}{k-2}\right)$$

t-분포의 성질

1. t-분포는 평균을 중심으로 대칭이다.

2. t-분포의 평균은 0이고 $k > 2$일 때, 분산은 $k/(k-2)$이다. k는 자유도로 여기서는 $n-1$(표본분산 공식의 분모)과 같다.

3. t-분포는 표준정규분포보다 분산이 크므로 보다 두터운 꼬리부분을 가진다. 그러나 관측치의 수가 증가함에 따라 t-분포는 표준정규분포로 수렴한다.

A.10 카이제곱(χ^2)-분포

Z와 t-분포는 표본평균 $\overline{X}$의 표본분포에 이용되는 반면, χ^2-분포는 표본분산

$$S_x^2 = \sum_{i=1}^{n} \frac{(X_i - \overline{X})^2}{n-1}$$

의 표본분포에 이용된다. 표준정규확률변수의 제곱은 자유도 1인 χ^2-분포를 따른다.

$$Z^2 = \chi^2_{(1)}$$

이제 Z_1, Z_2, Z_3, ..., Z_k가 k개의 독립인 표준정규확률변수(각각의 평균이 0이고 분산이 1)라 하자. 이들의 제곱합은 자유도 k인 χ^2-분포를 따른다.

$$\sum Z_i^2 = Z_1^2 + Z_2^2 + Z_3^2 + ... + Z_k^2 \sim \chi^2_{(k)}$$

χ^2-분포의 성질

1. 정규분포와 달리, χ^2-분포는 0에서 무한대까지의 양수값만 가진다.

2. 정규분포와 달리, χ^2-분포는 비대칭 분포이지만, 자유도가 증가함에 따라 점점 대칭으로 변하면서 정규분포에 접근하게 된다.

3. χ^2 확률변수의 평균은 k이고 분산은 $2k$이다. 단, k는 자유도이다.

4. W_1과 W_2가 서로 독립인 χ^2 변수들이고 자유도가 각각 k_1과 k_2이면, 이들의 합 $(W_1 + W_2)$도 χ^2 변수이고 그 자유도는 $(k_1 + k_2)$이다.

A.11 F-분포

F-분포는 분산비 분포라 부르기도 하며, 서로 독립인 두 정규 확률변수의 표본분산을 비교할 때 유용하게 쓰인다. X_1, X_2, X_3, ..., X_n이 평균 μ_x, 분산 σ_x^2인 정규모집단에서 추출한 크기 n의 확률표본이고, Y_1, Y_2, Y_3, ..., Y_m은 평균 μ_y, 분산 σ_y^2인 정규모집단에서 추출한 크기 m의 확률표본이라 하자. 두 모분산이 동일한가를 판정할 때 이용하는 아래의 분산비는 분자 자유도가 $(n-1)$이고 분모 자유도가 $(m-1)$인 F-분포를 따른다.

$$F = \frac{S_x^2}{S_y^2} = \frac{\Sigma_{i=1}^n (X_i - \overline{X})^2 / (n-1)}{\Sigma_{i=1}^m (Y_i - \overline{Y})^2 / (m-1)} \sim F_{n-1, m-1}$$

F-분포의 성질

1. χ^2-분포처럼 분포도 오른쪽으로 긴 꼬리를 가진 비대칭 분포이며 0과 ∞ 사이의 값만 가진다.

2. t 및 χ^2-분포에서와 같이, F-분포도 분자와 분모 자유도인 k_1과 k_2가 커짐에 따라 정규분포로 접근한다.

3. 자유도 k인 t-분포 확률변수의 제곱은 분자 자유도가 1이고 분모 자유도가 k인 F-분포를 따른다.

$$t_k^2 = F_{1, k}$$

4. 분모 자유도가 클 때, 분자 자유도와 F값의 곱은 근사적으로 분자 자유도를 자유도로 갖는 χ^2-분포를 따른다.

$$n \text{이 충분히 클 때, } mF_{m,n} = \chi_n^2 \text{이다.}$$

A.12 통계적 추론

통계적 추론(statistical inference)이란 모집단에서 추출한 확률표본에 근거하여 모집단의 특성에 대한 결론을 이끌어 내는 과정을 말한다. 통계적 추론에는 추정과 가설검정이 있다. 추정에서는 모집단으로부터 확률표본을 수집하여 $\overline{X}$(표본 통계량이라 부르기도 한다)와 같은 추정량을 계산한다. 가설검정(hypothesis testing)에서는 사전적인 판단이나 예측에 근거한 값이 참인지를 평가한다. 예를 들어, 모집단에서 여성의 평균키가 165cm인 것으로 가정하였다면, 여성들의 확률표본을 수집하여 그 표본에서의 평균키가 165cm와 통계적으로 유의하게 다른지 살펴보는 것이다. 이것이 가설검정의 핵심이다. 이 경우 귀무가설(H_0)과 대립가설(H_1)은 다음과 같이 설정한다.

$$H_0: \mu_x = 165 \text{ cm}$$

$$H_1: \mu_x \neq 165 \text{ cm}$$

이것은 양측검정이다. 만약 모평균의 참값이 단순히 165cm와 다른지가 아니라 165cm보다 작은지를 검정하려 한다면, 귀무가설과 대립가설을 아래와 같이 설정한다.

$$H_0: \mu_x = 165 \text{ cm}$$

$$H_1: \mu_x < 165 \text{ cm}$$

이것은 단측검정이다.

가설검정을 위하여 사용하는 방법에는 구간추정과 점추정의 두 가지 방법이 있다. 구간추정 (interval estimation)에서는 $\overline{X}$ 주변에 모평균의 참값을 포함할 것으로 보는 구간을 설정한다. 작성된 구간을 신뢰구간(confidence interval)이라 부르며 우리가 내릴 결론에 대한 신뢰 정도 는 제1종 오류를 범할 확률, 즉 참인 귀무가설을 잘못 기각할[5] 확률에 근거하여 결정된다. 제1 종 오류를 범할 확률을 관례대로 α로 나타내고, 다음과 같은 구간을 정의하자.

$$P(L \leq \mu_x \leq U) = 1 - \alpha, \quad 단, \quad 0 < \alpha < 1.$$

하한(L)과 상한(U)을 계산할 때는

$$t = \frac{\overline{X} - \mu_x}{S_x / \sqrt{n}}$$

을 이용한다.[6]

자유도가 충분히 크면, 95% 신뢰구간을 작성할 때 이용할 t의 임계값은 1.96이다.[7] t-분포 는 대칭이므로, -1.96과 1.96을 t값으로 이용하게 된다. 따라서

$$P(-1.96 \leq t \leq 1.96)$$

$$P\left(-1.96 \leq \frac{\overline{X} - \mu_x}{S_x / \sqrt{n}} \leq 1.96\right)$$

이므로 항을 정리하여 다음과 같이 95% 신뢰구간을 작성한다.

$$P\left(\overline{X} - 1.96 \frac{S_x}{\sqrt{n}} \leq \mu_x \leq \overline{X} + 1.96 \frac{S_x}{\sqrt{n}}\right) = 0.95$$

점추정에서는 $\overline{X}$와 같은 하나의 값을 구하여 제시된(즉, 가설화된) 모평균값과 비교함으로써 검정을 수행한다. 예를 들어, 21명의 여성을 확률표본으로 선정하여 키에 대한 정보를 수집한 결과 평균 $\overline{X}$가 162cm이고 표본표준편차 S_x가 2로 나왔다고 하자. α값 5%에서 위의 양측가 설을 검정하기 위해서는 t값을 계산한 다음 t의 임계값(자유도가 20이므로 2.086)과 비교하면 된다. t값은

$$t = \frac{\overline{X} - \mu_x}{S_x / \sqrt{n}} = \frac{162 - 165}{2 / \sqrt{20}} = -6.708$$

---

5 제2종 오류는 거짓인 귀무가설을 기각하지 않는 오류이고, 보통 두 종류의 오류 중 덜 심각한 오류라고 본다. (누군가에게 사형을 선고할 것인지 결정할 때, 당신이라면 무고한 사람을 처형―제1종 오류―하 는 것과 죄인을 처형하지 않는 것 중 어느 쪽을 택할 것인가?) 관측치의 수를 증가시키지 않고서는 두 종 류의 오류를 모두 최소화하는 것이 불가능하다. 때때로 계산해 보는 검정력이란 1에서 제2종 오류 확률 을 뺀 값을 가리킨다.

6 일반적으로 모분산은 알려져 있지 않다고 가정하므로 Z-분포가 아니라 t-분포를 이용한다.

7 표준적인 통계학 교과서에 수록된 t-분포표에서 이 값을 찾을 수 있다.

이다. −6.708의 절댓값이 2.086보다 크므로 우리는 모평균이 165cm라는 귀무가설을 (95% 신뢰수준에서) 기각하고 모평균이 165cm가 아니라는 대립가설을 채택하게 된다.

표본평균을 중심으로 하는 95% 신뢰구간은

$$P\left(\overline{X} - 1.96\frac{S_x}{\sqrt{n}} \le \mu_x \le \overline{X} + 1.96\frac{S_x}{\sqrt{n}}\right) = 0.95$$

$$P\left(162 - 2.086\frac{2}{\sqrt{20}} \le \mu_x \le 162 + 2.086\frac{2}{\sqrt{20}}\right) = 0.95$$

$$P(161.067 \le \mu_x \le 162.933) = 0.95$$

이다. 165는 신뢰구간의 바깥에 위치한다는 것을 알 수 있다. 따라서 95% 신뢰구간에 근거하여 우리는 키의 모평균이 165cm와 같지 않다는 대립가설을 채택하게 된다.

만약 양측검정이 아니라 단측검정을 수행하고자 한다면, (표에서 구하는) t의 임계값은 1.725이다. 값 −6.708은 절댓값에서 1.725보다 크므로 귀무가설을 기각하고, 모평균이 165cm보다 작다는 대립가설을 채택하게 된다.

단측검정에 이용할 95% 신뢰구간은 다음과 같이 구할 수 있다.

$$P\left(-\infty < \mu_x \le \overline{X} + 1.725\frac{S_x}{\sqrt{n}}\right) = 0.95$$

$$P\left(-\infty < \mu_x \le 162 + 1.725\frac{2}{\sqrt{20}}\right) = 0.95$$

$$P(-\infty < \mu_x \le 162.771) = 0.95$$

165는 신뢰구간의 바깥에 위치한다는 것을 알 수 있다. 따라서 95% 신뢰구간에 근거하여 우리는 키의 모평균이 165cm라는 귀무가설을 기각하고 모평균이 165cm보다 작다는 대립가설을 채택하게 된다.

점추정량의 성질

1. **선형성** : 관측치들의 선형함수인 추정량을 선형추정량이라 한다.

   예를 들어, $\overline{X} = \sum_{i=1}^{n} \frac{X_i}{n}$ 는 선형추정량이다.

2. **불편성** : 추정량 $\hat{\theta}$ 기댓값이 모수 θ와 같을 때, 즉 $E(\hat{\theta}) = \theta$일 때 $\hat{\theta}$에 대한 불편추정량이라 한다. 예를 들어, $E(\overline{X}) = \mu_x$이므로 $\overline{X}$는 μ_x에 대한 불편추정량이다. 단, μ_x와 $\overline{X}$는 각각 확률변수 X의 모평균과 표본평균이다.

3. **효율성** : 모수에 대한 불편추정량들을 비교할 때, 분산이 작은 추정량을 보다 효율적인 추정량이라 한다. 예를 들어, $\mathrm{var}(X_{\mathrm{median}}) = (\pi/2)\mathrm{var}(\overline{X})$이어서 $\mathrm{var}(\overline{X}) < \mathrm{var}(X_{\mathrm{median}})$이므로, 표본평균은 표본중위수보다 효율적인 추정량이다.

4. **최량 선형불편추정량(BLUE)** : 모든 선형불편추정량 중에서 최소분산을 가진 추정량을 최량 선형불편 추정량이라 한다.

5. **일치성** : 표본크기가 커짐에 따라 모수의 참값으로 접근해 가는 추정량을 일치추정량이라 한다.

6. **최소 평균제곱오차(MSE, Mean-Square-Error) 추정량**

   추정량 $\hat{\theta}$의 MSE는

   $$MSE(\hat{\theta}) = E(\hat{\theta} - \theta)^2$$

   로 정의된다. 반면 $\hat{\theta}$의 분산의 정의는

   $$var(\hat{\theta}) = E[\hat{\theta} - E(\hat{\theta})]^2$$

   이다. 둘의 차이는 $\hat{\theta}$의 분포의 산포도를 $var(\hat{\theta})$은 평균, 즉 기댓값을 중심으로 측정하는 데 비해 $MSE(\hat{\theta})$은 모수의 참값을 중심으로 측정한다는 것이다.

   간단한 산술을 통해

   $$MSE(\hat{\theta}) = E[\hat{\theta} - E(\hat{\theta})]^2 + E[E(\hat{\theta}) - \theta]^2$$
   $$= var(\hat{\theta}) + [bias(\hat{\theta})]^2$$

   임을 보일 수 있다. 보통 최량불편성 기준으로 분산이 작은 추정량을 얻을 수 없을 때 MSE기준을 사용한다. 물론 편의가 0일 때는 $MSE(\hat{\theta})$과 $var(\hat{\theta})$은 일치한다.

   F 및 χ^2-분포를 이용하여 가설검정을 수행하기도 한다. 연습문제 A.17과 A.21을 참조하라.

연습문제

A.1 다음 기호가 나타내는 것을 풀어 써라.

   (a) $\displaystyle\sum_{i=3}^{4} x^{i-3}$

   (b) $\displaystyle\sum_{i=1}^{4} (2x_i + y_i)$

   (c) $\displaystyle\sum_{j=1}^{2} \sum_{i=1}^{2} x_i y_j$

   (d) $\displaystyle\sum_{i=31}^{100} k$

A.2 주사위 1개와 동전 1개를 던질 때, 주사위는 짝수 그리고 동전은 앞면이 나올 확률을 구하라.

A.3 접시에 버터쿠키 3개와 초콜릿칩 쿠키 4개가 있다.

(a) 무작위로 집은 첫 번째 쿠키가 버터쿠키라면, 두 번째 쿠키 역시 버터쿠키일 확률은 얼마인가?

(b) 초콜릿칩 쿠키 2개를 집을 확률은 얼마인가?

A.4 100명 중 30명은 25세 미만, 50명은 25~55세 사이, 그리고 20명은 55세 이상이다. 이 중 *New York Times*를 읽는 사람의 비율은 범주별로 20, 70, 40%이다. 한 사람이 *New York Times*를 읽고 있을 때 이 사람이 25세 미만일 확률은 얼마인가?

A.5 식당에 20명의 야구선수가 있다. 메츠 선수 7명과 양키즈 선수 13명이다. 이들 중 4명의 메츠 선수와 4명의 양키즈 선수가 맥주를 마시고 있다.

(a) 양키즈 선수 한 명을 무작위로 선택할 때, 이 선수가 맥주를 마시고 있을 확률은 얼마인가?

(b) 양키즈 선수라는 사건과 맥주를 마시고 있다는 사건은 통계적으로 독립인가?

A.6 표본공간 내의 사건들을 그림 A2.1과 같은 벤다이어그램으로 나타내는 경우가 많다. 그림은 4개의 인종/민족 범주를 나타내고 있다. W = 백인, B = 흑인, H = 히스패닉, O = 기타. 그림에서 보는 바와 같이, 이 네 가지는 상호배반이고 총체적으로 망라하는 범주들이다. 이것은 무슨 의미인가? 설문조사에서 자신을 히스패닉이라 답한 사람들 중에는 자신이 또한 백인 또는 흑인이기도 하다고 답하는 경우가 자주 있다. 이것을 어떻게 벤다이어그램으로 나타낼 것인가? 이때 확률들의 합이 1이 되는가? 그런지 아닌지 밝히고 이유를 설명하라.

그림 A2.1 인종/민족 집단에 대한 벤다이어그램

A.7 어느 주식의 수익률에 관한 아래의 정보를 이용하여 수익률의 기댓값을 계산하라.

수익률	$f(x)$
01	0.15
10	0.20
15	0.35
30	0.25
45	0.05

A.8 다음과 같은 확률분포가 주어져 있다.

		X		
		2	**4**	**6**
Y	50	0.2	0.0	0.2
	60	0.0	0.2	0.0
	70	0.2	0.0	0.2

아래의 질문에 답하라.

(a) $P[X = 4, Y > 60]$은 얼마인가?

(b) $P[Y < 70]$은 얼마인가?

(c) X와 Y의 주변분포를 구하라.

(d) X의 기댓값을 구하라.

(e) X의 분산을 구하라.

(f) $X = 2$일 때 Y의 조건부 분포를 구하라.

(g) $E[Y | X = 2]$를 구하라.

(h) X와 Y가 독립인지 아닌지 밝히고 그 이유를 설명하라.

A.9 아래의 표는 월소득(Y)과 교육수준(X)의 이변량 확률분포를 보여주고 있다.

		X = Education		
		High School	**College**	$f(Y)$
Y = Monthly income	$1000	20%	6%	
	$1500	30%	10%	
	$3000	10%	24%	
	$f(X)$			

(a) 월소득과 교육수준의 주변확률함수 $f(X)$와 $f(Y)$를 구하라.

(b) 조건부 확률함수 $f(Y | X = 대졸)$과 $f(X | Y = \$3000)$을 구하라.
   (힌트 : 5개의 숫자를 구해야 한다.)

(c) $E(Y)$와 $E(Y | X = 대졸)$은 각각 얼마인가?

(d) $\text{var}(Y)$는 얼마인가? 구하는 과정을 설명하라.

A.10 통계학 교과서의 표들을 이용하여 다음 질문에 답하라.

(a) $P(Z < 1.4)$는 얼마인가?

(b) $P(Z > 2.3)$은 얼마인가?

(c) 점수의 분포가 평균 80이고 분산 25인 정규분포일 때, 무작위로 선택한 학생의 점수가 95 이상일 확률은 얼마인가?

A.11 병에 든 샴푸의 양은 평균 6.5온스, 표준편차 1온스인 정규분포를 따른다. 6온스 이하인 병은 병당 1달러의 비용을 들여 평균까지 다시 채워야 한다.

(a) 하나의 병에 6온스 이하의 샴푸가 들어있을 확률은 얼마인가?

(b) (a)에 대한 답을 이용하여, 100,000개의 병이 있을 때 다시 채우는 데 드는 비용이 얼마인지 계산하라.

A.12 $X \sim N(2,25)$이고 $Y \sim N(4,16)$일 때, 다음과 같은 X, Y의 선형결합의 평균과 분산을 계산하라.

(a) $X + Y(\text{cov}(X,Y) = 0$일 때)

(b) $X - Y(\text{cov}(X,Y) = 0$일 때)

(c) $5X + 2Y(\text{cov}(X,Y) = 0.5$일 때)

(d) $X - 9Y(X, Y$ 사이의 상관계수가 -0.3일 때)

A.13 두 주식의 수익률(단위 : %)을 X와 Y라 하자. $X \sim N(18,25)$이고 $Y \sim N(9,4)$이며 두 수익률 사이의 상관계수는 -0.7이라 한다. 두 주식을 같은 비율로 보유하는 포트폴리오를 구성하고자 한다. 포트폴리오 수익률의 확률분포는 무엇인가? 이 포트폴리오에 투자하는 것이 나은가 아니면 두 주식 중 어느 하나에만 투자하는 것이 나은가? 그 이유는?

A.14 통계표를 이용하여 다음의 경우 t의 임계값이 얼마인지 밝혀라(df는 자유도를 나타낸다).

(a) df = 10, $\alpha = 0.05$ (양측검정)

(b) df = 10, $\alpha = 0.05$ (단측검정)

(c) df = 30, $\alpha = 0.10$ (양측검정)

A.15 밥스 베이커리에 취업을 희망하고 있는 2명의 남자와 2명의 여자 등 4명의 지원자는 모두 동일한 자격요건을 갖추고 있다. 이 중 2명을 무작위로 선택해야 한다면, 선택된 2명이 동성일 확률은 얼마인가?

A.16 돈스픽토그래픽 엔터테인먼트 점에서 하루에 팔리는 만화책의 수는 평균 200, 표준편차 10의 정규분포를 따른다.

(a) 하루에 175권 이하가 팔릴 확률은 얼마인가?

(b) 하루에 195권 이상이 팔릴 확률은 얼마인가?

A.17 도시 양쪽에 2개의 의류가게를 가지고 있는 사람이 두 가게의 비즈니스 변동성이 같은지 알아보려 한다. 독립인 2개의 확률표본으로부터 다음과 같은 결과를 얻었다.

$$n_1 = 41일$$
$$S_1^2 = \$2000$$
$$n_2 = 41일$$
$$S_2^2 = \$3000$$

(a) 이 경우 어떤 분포(Z, t, F 또는 χ^2)를 이용하는 것이 적절한가? Z, t, F 또는 χ^2의 값을 구하라.

(b) 위에서 구한 값과 관련된 확률은 얼마인가? (힌트 : 통계학 교과서에 수록된 적절한 표를 이용하라.)

A.18 (a) $n = 25$일 때, 5%의 (단측)확률과 연관된 t값은 얼마인가?

(b) $X \sim N(20, 25)$이고, $n = 9$일 때 $P(\bar{X} > 15.3)$은 얼마인가?

A.19 미국인들은 한 달에 평균 3.6일 정도 몸이 좋지 않다고 느끼며 표준편차는 7.9일로 알려져 있다.[8] 몸이 좋지 않은 날의 수라는 변수가 평균 3.6일, 표준편차 7.9일의 정규분포를 따른다고 가정하자. 어떤 사람이 한 달에 5일 이상 몸이 좋지 않다고 느낄 확률은 얼마인가? (힌트 : 통계표를 이용하라.)

A.20 Shoes R U 사가 생산하는 구두의 사이즈는 평균 8, 분산 4인 정규분포를 따른다.

(a) 무작위로 선택한 구두의 사이즈가 6보다 클 확률은 얼마인가?

(b) 구두의 사이즈가 7 이하일 확률은 얼마인가?

A.21 모분산이 σ_x^2인 정규모집단에서 크기 n의 확률표본을 추출하여 표본분산 S_x^2을 얻는다고 하자. 통계이론에 의하면, 표본분산과 모분산의 비율에 자유도 $(n - 1)$을 곱한 값은 자유도 $(n - 1)$인 χ^2-분포를 따른다고 한다.

$$(n-1)\left(\frac{S_x^2}{\sigma_x^2}\right) \sim \chi_{(n-1)}^2$$

모분산이 σ_x^2인 정규모집단에서 30개의 관측치를 무작위로 추출하여 표본분산 $S_x^2 = 15$를 얻었다. 이 값보다 큰 표본분산을 얻을 확률은 얼마인가? (힌트 : 통계표를 이용하라.)

지수함수와 로그함수

제2장에서 회귀모형의 다양한 함수형태를 고려했고 그중 하나가 로그-로그 또는 반로그 형태의 로그모형이었다. 로그함수는 실증분석에 자주 등장하는 함수이므로 로그와 그 역인 지수의 몇 가지 중요한 성질을 공부해 두는 것이 필요하다.

두 수 8과 64의 관계를

$$64 = 8^2 \tag{1}$$

으로 쓸 수 있다. 이때 지수 2를 8을 밑수로 하는 64의 로그라 한다. 즉, 주어진 밑수(여기서는 8)에 대한 어떤 수(여기서는 64)의 로그는 밑수(8)를 몇 승(여기서는 2)해야 이 수(64)를 얻을 수 있는가를 나타내는 값이다.

---

8 이 자료는 질병통제센터에서 구할 수 있는 2008 행동위험요소 감시체제(2008 *Behavioral Risk Factor Surveillance System*)에서 얻은 것이다.

일반적으로

$$Y = b^X \ (b > 0) \tag{2}$$

이면

$$\log_b Y = X \tag{3}$$

이다.

수학에서는 (2)를 지수함수, (3)을 로그함수라 부른다. 이 식들을 보면 하나가 다른 함수의 역함수라는 것이 분명하다.

어떤 양수도 밑수가 될 수 있지만, 실제로 밑수로 쓰이는 것은 보통 10과 무리수 e = 2.71828.... 의 두 가지이다.

10을 밑수로 하는 로그를 **상용로그**라 한다. 예를 들어

$$\log_{10} 64 \approx 1.81; \quad \log_{10} 30 \approx 1.48$$

이다. 첫 번째는 $64 \approx 10^{1.81}$, 그리고 두 번째는 $30 \approx 10^{1.48}$임을 말하고 있다.

e를 밑수로 하는 로그를 **자연로그**라 한다. 따라서

$$\log_e 64 \approx 4.16 \quad \text{그리고} \quad \log_e 30 \approx 3.4$$

이다. 관행상 밑수가 10인 로그는 'log', 그리고 밑수가 e인 로그는 'ln'의 기호로 나타낸다.

상용로그와 자연로그 사이에는

$$\ln X = 2.3026 \log X \tag{4}$$

의 관계가 존재한다. 즉, 어떤 (양)수 X의 자연로그는 X의 상용로그의 2.3026배이다. 따라서

$$\ln 30 = 2.3026 \log 30 = 2.3026(1.48) \approx 3.4$$

로 앞에서의 계산과 일치한다. 수학에서는 보통 밑수로 e를 사용한다.

음수의 로그는 정의되지 않는다는 것을 기억해 두어야 한다.

로그의 몇 가지 중요한 성질을 소개한다. A와 B가 양수라 할 때 다음이 성립한다는 것을 보일 수 있다.

1. $\ln(A \times B) = \ln A + \ln B$ $\qquad\qquad\qquad\qquad\qquad\qquad\qquad\quad$ (5)

즉, 두 양수 A와 B의 곱의 로그는 두 수의 로그의 합과 같다. 이 성질은 셋 이상의 양수에 대해서도 성립한다.

2. $\ln\left(\dfrac{A}{B}\right) = \ln A - \ln B$ $\qquad\qquad\qquad\qquad\qquad\qquad\qquad\quad$ (6)

즉, A와 B의 비율의 로그는 A와 B의 로그의 차이와 같다.

3. $\ln(A \pm B) \neq \ln A \pm \ln B$ (7)

즉, A와 B의 합이나 차의 로그는 두 수의 로그의 합이나 차와 같지 않다.

4. $\ln(A^k) = k \ln A$ (8)

즉, A의 k승의 로그는 A의 로그의 k배이다.

5. $\ln e = 1$ (9)

즉, 1의 자신을 밑수로 한 로그값은 1(밑수가 10일 때 10의 로그값도 마찬가지)이다.

6. $\ln 1 = 0$

즉, 1의 자연로그값은 0이다. 마찬가지로 1의 상용로그값도 0이다.

7. $Y = \ln X$이면 $\dfrac{dY}{dX} = \dfrac{d(\ln X)}{dX} = \dfrac{1}{X}$ (10)

즉, X에 대한 Y의 도함수 또는 변화율은 X분의 1이다. 하지만 변화율의 변화율인 2차 도함수를 구하면

$$\frac{d^2 Y}{dX^2} = -\frac{1}{X^2}$$ (11)

이 된다. 로그의 변화율은 플러스이지만 변화율의 변화율은 마이너스이다. 다시 말하면 숫자가 커질수록 로그값이 증가하지만 증가율은 감소한다는 것이다. 예를 들어 $\ln(10) \approx 2.3026$이지만 $\ln(20) \approx 2.9957$이다. 이것이 로그변환을 비선형 변환이라 하는 이유이다. 그림 A2.2가 이를 분명하게 보여주고 있다.

8. 로그를 취할 수는 반드시 양수여야 하지만, 로그값은 양수뿐만 아니라 음수가 될 수도 있다. 다음 사실을 쉽게 증명할 수 있다.

$0 < Y < 1$이면 $\ln Y < 0$

$Y = 1$이면 $\ln Y = 0$

$Y > 1$이면 $\ln Y > 0$

로그와 백분율 변화

경제학자들은 GDP, 임금, 통화 공급량과 같은 변수들의 백분율 변화에 관심을 가지는 경우가 많다. 로그는 백분율 변화를 계산하는 데 매우 유용하게 쓰인다. 이를 위해 위의 식 (10)을

$$d(\ln X) = \frac{dX}{X}$$

로 써 보자. X의 변화가 매우 작을 경우(기술적 용어로는 무한소일 경우), $\ln X$의 변화는 X의 상대적, 즉 비율적 변화와 같은 것이다. 상대적 변화에 100을 곱하면 X의 백분율 변화가 된다.

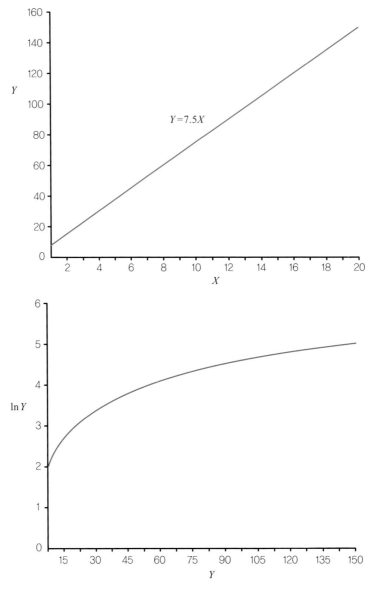

그림 A2.2 20개의 양수와 로그값들

실제 응용에서는 X의 변화$(=dX)$가 충분히 작을 때 $\ln X$의 변화로 X의 상대적 변화를 근사한다. 즉, X의 변화가 작은 경우

$$(\ln X_t - \ln X_{t-1}) \approx \frac{(X_t - X_{t-1})}{X_{t-1}}$$

$$= X\text{의 상대적 변화,}$$

$$\text{또는 } 100\text{을 곱할 경우에는 백분율 변화}$$

로 이용하는 것이다.

로그의 몇 가지 응용

배증시간(doubling time)과 70의 법칙

어떤 나라의 GDP가 연 3%의 비율로 성장하고 있다 하자. 이 나라의 GDP가 2배가 되려면 몇 년이 걸릴까? r = GDP의 퍼센트 성장률, 그리고 n = GDP 배증에 필요한 연수라 하자. 그러면 n은

$$n = \frac{70}{r} \tag{12}$$

의 공식에 의해 결정된다.

예를 들어 GDP성장률이 연 3%이면 약 23년 후에 GDP가 2배가 되고, 8%이면 약 8.75년 후에 2배가 된다. 여기서 70이란 수는 어디서 온 것일까?

이를 알아보기 위해 t기와 $t+n$기의 GDP를 $GDP(t)$ 및 $GDP(t+n)$의 기호로 표시하자(어느 에서 시작하는지는 중요하지 않다). 금융이론의 연속적 복리이자 계산공식을 이용하면

$$GDP(t+n) = GDP(t)e^{r \cdot n} \tag{13}$$

임을 보일 수 있다. 여기서 r은 (퍼센트가 아니라) 소수로 나타낸 성장률이고 n은 연수 또는 다른 편리한 시간 단위로 표시한 기간수이다.

이제

$$e^{r \cdot n} = \frac{GDP(t+n)}{GDP(t)} = 2 \tag{14}$$

를 만족하는 n과 r을 찾아야 한다. 양변에 자연로그를 취하면

$$r \cdot n = \ln 2 \tag{15}$$

를 얻는다.

주 : 식 (14)의 가운데 항에 대해서는 염려할 필요가 없다. GDP(또는 다른 경제변수)의 초기 값이 얼마인지는 배증시간에 아무 영향을 미치지 않는다.

그런데

$$\ln(2) = 0.6931 \approx 0.70 \tag{16}$$

이므로 식 (15)로부터

$$n = \frac{0.70}{r} \tag{17}$$

임을 알 수 있다. 우변의 분자와 분모에 100을 곱한 것이 바로 70의 법칙이다. 이 공식을 통

해 r의 값이 클수록 GDP 배증시간이 짧아진다는 것도 알 수 있다.

성장률에 관한 몇 가지 공식

로그변환은 시간에 의존하는 변수들의 성장률을 계산할 때도 매우 유용하다. 이것을 알아보기 위해 변수 W가 시간 t의 함수, $W = f(t)$라 하자. W의 순간(즉, 한 시점에서의) 성장률, g_W는

$$g_W = \frac{dW/dt}{W} = \frac{1}{W}\frac{dW}{dt} \tag{18}$$

로 정의한다.

하나의 예로

$$W = X \cdot Z \tag{19}$$

라 하자. 단, $W =$ 명목GDP, $X =$ 실질GDP, 그리고 Z는 GDP디플레이터이다. 이 변수들은 모두 시간에 따라 변한다. 식 (19)에 자연로그를 취하면

$$\ln W = \ln X + \ln Z \tag{20}$$

가 되고, 이 방정식을 시간 t에 대해 미분하면

$$\frac{1}{W}\frac{dW}{dt} = \frac{1}{X}\frac{dX}{dt} + \frac{1}{Z}\frac{dZ}{dt} \tag{21}$$

즉,

$$g_W = g_X + g_Z \tag{22}$$

의 식을 얻을 수 있다. 말로 설명하자면, W의 순간성장률은 X와 Z의 순간성장률의 합과 같다는 것이다. 이 예에서는 명목GDP의 순간성장률은 실질GDP와 GDP디플레이터의 순간성장률의 합과 같다는 것으로 경제학도들이 익히 알고 있는 사실일 것이다.

일반적으로 2개 이상 변수들의 곱의 순간성장률은 각 성분변수들의 순간성장률의 합과 같다.

마찬가지 방법으로 만약

$$W = \frac{X}{Z} \tag{23}$$

이면

$$g_W = g_X - g_Z \tag{24}$$

임을 보일 수 있다. 따라서 $W =$ (GDP로 측정한) 일인당 소득, $X =$ GDP, 그리고 $Z =$ 총인구라 하면, 일인당 소득의 순간성장률은 GDP의 순간성장률에서 총인구의 순간성장률을 뺀 값과 같으며, 이것은 경제성장을 공부한 학생이라면 잘 알고 있는 명제일 것이다.

찾아보기